DU MÊME AUTEUR

LIVRES PARUS

— *La libération de Metz, 1944*, 1986. Editions Serpenoise (Metz), 400 pages.

— *Les derniers nomades*, 1989. Editions L'Harmattan (Paris), 631 pages.

— *La contestation chez les cadres de l'Armée française, de 1650 à 1986*, 1990. Editions Résiac (Montsurs), 414 pages.

— *L'Armée française au Sahara, de Bonaparte à 1992*. 1992. Editions L'Harmattan, 320 pages.

ÉTUDES TERMINÉES

— *L'histoire de la garnison de Metz*, 6 tomes : 1552-1789, 1789-1815, 1815-1870, 1870-1918, 1918-1944 et 1944-1992.

— *L'histoire des combats de l'Armée française en Alsace et dans les Vosges, de 1444 à 1945*, 12 tomes.

— *Etudes sahariennes : préhistoire, ethnographie, justice, vie méhariste, dromadaire, etc.*

— *L'objection de conscience.*

LA LIBÉRATION DE METZ 1944

C. KIEFFER

La présente édition de cet ouvrage
publiée à l'occasion du
Cinquantenaire de la Libération
reprend le texte du livre publié
par le Général DENIS en 1986.

L'auteur qui, depuis, a eu accès à d'autres sources
et a pu recueillir d'autres témoignages,
en a considérablement enrichi la matière.

B.P. 89, 57014 Metz Cedex
I.S.B.N. 2-901647-59-6

Général (C.R.) Pierre DENIS

LA LIBÉRATION DE METZ 1944

Edition du Cinquantenaire

Editions Serpenoise

La libération de Metz en novembre 1944 a eu lieu il y a cinquante ans et pourtant des problèmes demeurent à ce sujet. Si la manœuvre américaine, de septembre à novembre, est en effet bien connue maintenant dans son ensemble, qu'en est-il des combats dans la ville même ? Pourquoi durèrent-ils du 18 au 22 alors que l'ennemi n'avait plus que des moyens assez limités ? Quel fut le rôle de la Résistance et des unités françaises dans cette bataille ?

L'étude de cette époque se heurte notamment à deux difficultés. La rareté des documents de valeur écrits alors oblige à faire appel à des témoignages, ce qui est toujours délicat, surtout longtemps après. D'autre part, un travail complet et objectif soulève des questions, des cas personnels eux aussi délicats, encore cinquante ans après. Est-il opportun de les raviver ?

L'auteur de ces lignes, s'il ne fut pas présent à Metz en 1944, s'est toujours intéressé à la riche histoire militaire de la cité et en particulier à celle des trois grandes dates de 1552, 1870 et 1944.

Pour cette dernière, il estime que la décroissance du nombre des témoins justifie un appel à eux avant qu'il ne soit trop tard, et que la réalité des faits doit être dès maintenant recherchée au profit autant des Messins actuels que de l'avenir, car elle est plus riche en enseignements que les idées gratuites ou déformées.

D'où ce texte qui tente de cerner l'ensemble de cette période capitale de l'histoire de Metz :

— en la replaçant dans son contexte par l'exposé des phases successives, d'une situation initiale en été 1944 à un épilogue après les journées de la libération [1],

— et en relatant pour chacune de ces phases les diverses composantes qui les marquèrent.

L'auteur est bien conscient que cette étude est encore incomplète et entachée d'erreurs. Il espère néanmoins que cet apport de faits inédits et de remarques sur d'autres données incitera des témoins à contribuer à la réalisation, aussi complète et objective que possible, de l'histoire de cette libération faite de joies et de drames comme toutes les œuvres humaines.

Il remercie enfin toutes les personnes qui ont bien voulu l'aider dans ses recherches, mais préfère ne pas citer de noms ici pour ne pas blesser involontairement les témoins, nombreux, qui ne pourraient être mentionnés.

---

1. Les quatre premiers chapitres constituent en fait une première partie qui retrace la période d'avant la libération elle-même : son attente. Le cinquième chapitre traite des journées décisives de novembre et le sixième de leurs suites.

1.

Situation initiale

(jusque fin août 1944)

Alliés

Situation générale (croquis n° 1) *

L'assaut final à travers la Manche fut décidé par les Alliés dès avril 1942. Ils eurent d'abord à réaliser les trois conditions préalables indispensables : l'acquisition de la liberté des transports maritimes en Méditerranée, l'obtention de la supériorité aérienne et la réalisation de tout un équipement matériel spécialisé. Parallèlement, le plan « Overlord » fut mis au point puis approuvé à la conférence de Québec en août 1943. La météorologie fit que le jour J fut le 6 juin 1944 alors que le débarquement en Provence, « Dragon », initialement prévu simultanément, n'eut lieu que le 15 août, faute d'un tonnage disponible suffisant.

L'objectif des opérations confiées au général Eisenhower le 12 février 1944 était « le cœur de l'Allemagne et la destruction de ses forces armées » [(1)].

Le plan Overlord prévoyait : (croquis n° 2)

Dès la consolidation de la tête de pont de Normandie, la conquête assez facile des ports du Cotentin et de Bretagne ;

Puis une attaque en force vers l'est, de part et d'autre de Paris, pour bousculer l'ennemi qui se serait accroché à la Seine et à la Somme.

En fait, ce fut l'inverse.

Les Alliés piétinèrent près de leur tête de pont.

Puis la percée d'Avranches, réussie le 30 juillet par le général Patton, permit une exploitation d'une vitesse inespérée alors que les Allemands s'accrochaient aux ports, bretons notamment.

La présence de la 15e Armée, restée dans le Pas-de-Calais [(2)], fit que cette exploitation se fit surtout vers l'est, vers Metz. Verdun et Commercy furent atteints le 31 août et une patrouille de reconnaissance arriva le lendemain 1er septembre devant le pont intact de Thionville sur la Moselle. Cette très rapide exploitation sur cette direction eut surtout pour résultat de réaliser la jonction, le 11 septembre, près de Sombernon, avec la 7e Armée américaine et ce que sera [(3)] la 1re Armée française venue de Provence (d'où front unique de la Suisse à la Manche et libération indirecte de tout le sud-ouest de la France).

Le problème de Paris. Pour ne pas risquer des destructions par des combats dans cette ville et pour n'avoir à prendre en charge que le plus tard possible le ravitaillement de sa population, Eisenhower avait décidé de déborder la cité des deux côtés afin qu'elle se rende ensuite. Le soulèvement prématuré voulu par les Communistes pour s'imposer au général de Gaulle obligea ce dernier à

---

* Seuls les croquis noirs et blancs sont inclus dans le texte. Les autres, polychromes, ont été regroupés en cahier, à la fin du volume.

1. Directive au Commandant en chef du corps expéditionnaire allié établie le 12 février 1944.
2. Les Alliés firent en sorte qu'Hitler crut que le débarquement en Normandie n'était qu'un leurre, que l'action principale aurait lieu au Pas-de-Calais. D'où le maintien de cette 15e Armée.
3. La 7e Armée U.S. comprenait le 6e corps d'armée américain et le 2e C.A. « B » français qui deviendra le 15 septembre la 1re Armée. La 7e Armée U.S. et la 1re Armée française formèrent alors le 6e groupe d'armées du général américain Devers.

demander aux Américains la rapide intervention de la 2e D.B. (général Leclerc) et de la 4e D.I. U.S. [4] *. Ceci obligea les Alliés à fournir aux Parisiens plus tôt que prévu quelque 4 000 tonnes [5] de ravitaillement par jour.

Mais l'effort allié demeurait dirigé vers le nord-est et non l'est (croquis n° 7)

Il ne s'agissait pas de poursuivre en Centre Allemagne vers l'est. « Dans les derniers jours d'août 44, nous savions que les Allemands avaient encore chez eux des réserves disponibles. L'idée de lancer des forces assez faibles (problèmes de ravitaillement et des délais de regroupement) à travers le Rhin et de les faire continuer en pleine Allemagne relevait de la plus pure folie » [6] (problème de la protection des deux flancs de l'avance).

La direction d'effort était le nord-est, le long de la côte. « Notre intention était d'attaquer vers le nord-est avec la plus grande force possible » [7] pour des raisons multiples. Le Rhin inférieur était le meilleur couloir de progression en Allemagne, en débordant par le nord les principaux ouvrages de la ligne Siegfried. Le gros de l'armée allemande s'y trouvait. Obligation de disposer du port d'Anvers (et des autres ports à son S.O.), et d'occuper ses arrières d'où l'ennemi lançait ses V2 et V1 contre la Grande-Bretagne. Intérêt de disposer des aérodromes belges.

Conclusion

Après les deux phases cruciales du débarquement et de la percée d'Avranches, la très rapide exploitation alliée vers l'est avait permis la jonction avec les troupes venues de Provence mais l'accrochage des Allemands aux ports de Bretagne et de la côte plus au sud renforçait la décision alliée de faire effort vers Anvers.

Le but d'Eisenhower était de porter la guerre en territoire allemand avant l'hiver, « d'établir, avant la halte inévitable (ravitaillement, hiver), une tête de pont sur le Rhin, menaçant immédiatement la Ruhr » [8]. Car la Ruhr était bien alors l'objectif militaire visé, avant l'objectif politique : Berlin.

La 3e Armée U.S. optimiste

Optimiste, elle l'était à cause de **son chef.**

Le général George Patton, particulièrement impétueux et haut en couleurs, était un spécialiste de l'arme « blindée » qui s'était déjà révélé être tel sur le front français en 1917-1918. Surnommé « sang et tripes », il gagna sa réputation [9] de « battant » en Afrique du Nord et en Sicile, d'où il fut relevé de son commandement pour avoir frappé un soldat hospitalisé jugé simulateur.

---

* Voir la liste d'abréviations et de signes conventionnels en fin d'ouvrage, après la bibliographie.

4. « J'espérais pouvoir différer la prise de la capitale... Les F.F.I., à l'intérieur de la ville, me forcèrent la main » (Eisenhower dans : « Croisade en Europe »).
5. Total indiqué par R. Caboz dans : « La bataille de la Moselle ».
6. Eisenhower dans : « Croisade en Europe ».
7. Eisenhower dans son « Rapport sur les opérations en Europe... ».
8. Eisenhower dans : « Croisade en Europe ».
9. « L'homme était un curieux mélange de tendances opposées... Son sort fut d'être un de ces hommes qui suscitent une admiration passionnée ou le sentiment inverse ». (Editeurs de Army times dans : « Patton 1917-1918 - 1941-1945 »).

Revenu en Grande-Bretagne, il y commanda avant le débarquement une 3e Armée encore fantôme destinée (opération « fortitude ») à faire croire à un débarquement dans le Pas-de-Calais. Il ne rejoignit la Normandie qu'en juillet. Puis ce furent la percée d'Avranches et le commandement d'une 3e Armée complètement formée. Dès lors « son nom et celui de son armée serviront aux gros titres de la presse du monde entier » [(10)].

Optimiste, elle l'était par **les succès déjà remportés.**

La réelle 3e Armée fut formée le 1er août par dédoublement de la 1re Armée américaine qui avait effectué le débarquement et avait reçu depuis de nombreux renforcements. Patton disposa des 8e, 12e, 15e et 20e corps d'armée. Après Avranches, il envoya le 8e C.A. « nettoyer » la Bretagne (moins les ports) et la Loire d'Angers. Le 15e (dont faisait partie la 2e D.B. française), après Paris, couvrit tout le dispositif allié au sud et assura les liaisons avec la 7e Armée U.S. Contournant Paris par le sud, le 20e corps sur la direction Fontainebleau-Epernay et, à son sud, le 12e corps sur la direction Sens, Vitry-le-François « fonçaient » sur la Lorraine, ayant parcouru quelque 600 kilomètres exaltants depuis Avranches [(11)].

Optimiste, elle l'était par **son impression sur l'ennemi.**

Elle ne disposait que de peu de renseignements précis.

Mais la rapidité inattendue de son avance confortait son idée qu'elle ne rencontrerait éventuellement qu'une défense relative sur la ligne Siegfried et que, jusque-là, l'ennemi n'utiliserait la Moselle et des forts trop anciens que pour une action retardatrice.

Optimiste, elle l'était par **l'ordre reçu le 25 août.**

Il s'agissait de continuer de foncer de façon à conquérir une tête de pont sur le Rhin, de Mayence à Karlsruhe...

Cet optimisme était partagé par **les deux corps d'armée** qui nous intéressent.

Le 12e C.A. du général Eddy continuait son exploitation sur la direction Vitry-le-François-Nancy, la 80e D.I. au nord, la 4e D.B. au sud, la 35e D.I. couvrant l'ensemble face au sud et la 26e D.I. n'ayant pas encore rejoint.

Le 20e C.A. était sous les ordres du général Walton H. Walker, lui aussi vétéran des combats dans l'Argonne en 1918. Il « ressemble à un bouledogue doté d'un visage trapu... il est l'ombre du maître (Patton) qu'il idolâtre... il est modeste... accessible... Il n'existe pas de culte du général Walker, aucune légende ni anecdote » [(12)].

Ce C.A. comprenait alors :

- La 5e D.I. du général Irwin (2e, 10e et 11e R.I.).
- La 90e D.I. du général Mac Lain (357e, 358e et 359e R.I.).
- La 7e D.B. du général Sylvester (combat commands A, B et R).

---

10. A. Kemp dans : « Lorraine - Album mémorial ».

11. La 3e Armée faisait partie du 12e groupe d'armées du général Bradley avec la 1re Armée U.S. qui, au nord de la 3e, exploitait elle aussi, mais plus lentement, en direction des Ardennes.

12. A. Kemp dans : « Lorraine - Album mémorial ». Le général Walker devait, lui aussi, être tué lors d'un accident d'auto alors qu'il était commandant en chef de l'Armée américaine en Corée.

L'ordre donné (croquis n° 3) par le commandant du 20e corps fin août était fort simple : continuer l'exploitation en passant la Moselle par surprise puis la Sarre, avec les trois divisions en ligne : la 5e D.I. face à Metz, la 90e D.I. face à Thionville et la 7e D.B. entre les deux.

Conclusion

La 3e Armée pensait pouvoir continuer sa rapide exploitation au moins jusqu'à la ligne Siegfried, libérant Metz au passage.

Allemands

Situation générale

Fin août, leur situation était très compromise.

Commandant suprême en France (« Oberbefehlshaber West »).

Il disposait de deux groupes d'armées :

- Le G.A. B du général Model au nord :
  - 88e corps d'armée en Hollande ;
  - 15e Armée du général von Salmuth dans le Pas-de-Calais ;
  - 7e Armée du général Dollman au nord de Saint-Nazaire.
- Le G.A. G du général Blaskowitz au sud :
  - 1re Armée du général Kurt von der Chevallerie, de Saint-Nazaire à Hendaye ;
  - 19e Armée du général Wiese sur la côte méditerranéenne.

Il avait naturellement étudié les diverses hypothèses de débarquement. *Cas 1 :* en Hollande. *Cas 2a :* au nord du Pas-de-Calais. *Cas 2b :* au sud du Pas-de-Calais. *Cas 3a :* en Normandie. *Cas 3b :* en Bretagne. *Cas 4 :* au sud de Saint-Nazaire.

Dans le cas 3a (prise du Cotentin), le plus proche de celui qui fut réalisé, le haut commandement Ouest prévoyait une avance principale vers Strasbourg avec rabattements vers Anvers et la Saône (croquis n° 4) [(13)] et, se doutant d'un autre débarquement en Méditerranée, prévoyait le repli a priori des 1re et 19e Armées en Champagne et Franche-Comté pour former avec le G.A. B un front arrêtant l'ennemi de la Somme à la Suisse (croquis n° 5) [(13)].

Les 18-19 août, alors que le débarquement de Provence avait eu lieu ainsi que le début de la retraite des 1re et 19e Armées, c'est encore vers l'est, et non le nord-est que ce commandement prévoyait la suite de la poussée ennemie (croquis n° 6) [(13)]. Il se trompait encore, au moins sur la direction de l'effort principal allié.

Dès avant le débarquement et compte tenu des moyens insuffisants possédés (notamment absence d'importantes réserves mobiles par suite de l'ordre de se défendre sur la côte, d'où étirement des forces disponibles), le commandement Ouest demanda en vain à Hitler d'alléger le dispositif linéaire côtier au profit d'une défense mobile en profondeur. Vers le 31 juillet, après la percée d'Avranches, les maréchaux Gunther von Kluge, alors commandant Ouest, et Rommel envoyèrent en vain au Führer un mémorandum demandant l'évacuation de la France en deux étapes alors qu'il en était encore temps. Il s'agissait d'abord de se reporter sur la ligne Rouen-Paris-Orléans-Dijon-frontière suisse puis sur la frontière ouest-allemande.

C'est notamment pour avoir autorisé la 7e Armée presque encerclée dans la « poche de Falaise » de s'en dégager dans la nuit du 16 au 17 août, que le Feldmarschall Gunther von Kluge fut rappelé par Hitler à son P.C. de Rasten-

13. Croquis extraits du *Studies* MS B 308 du général Bodo Zimmermann.

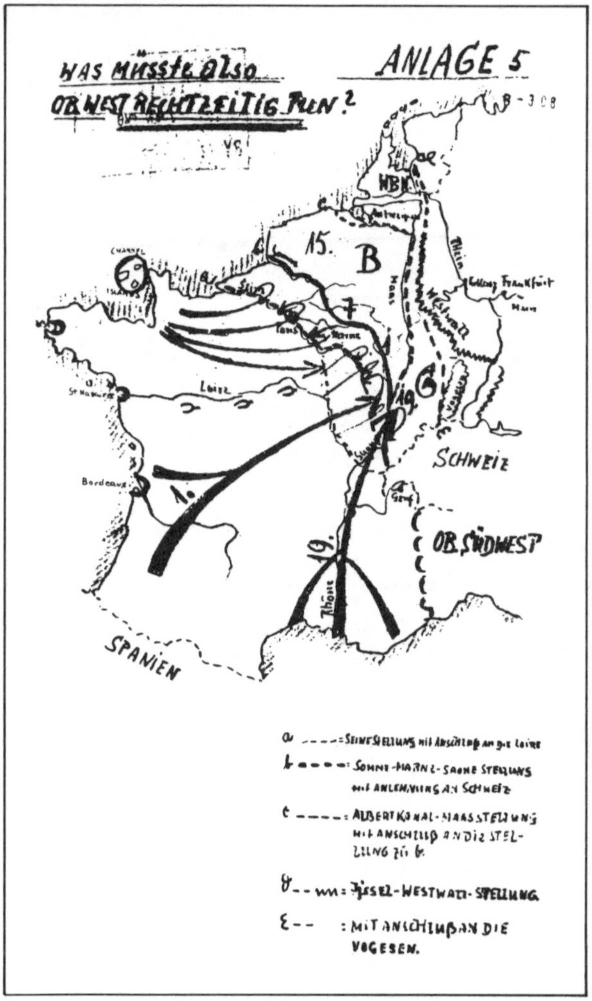

5

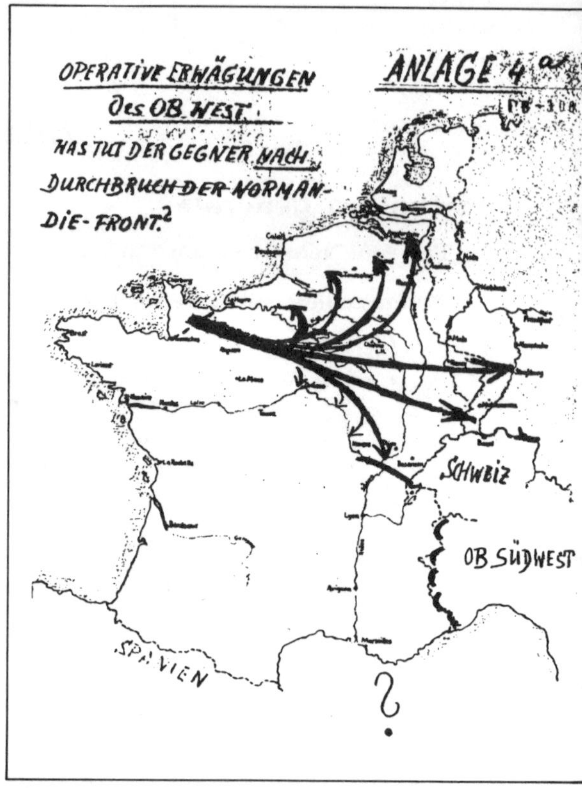

4

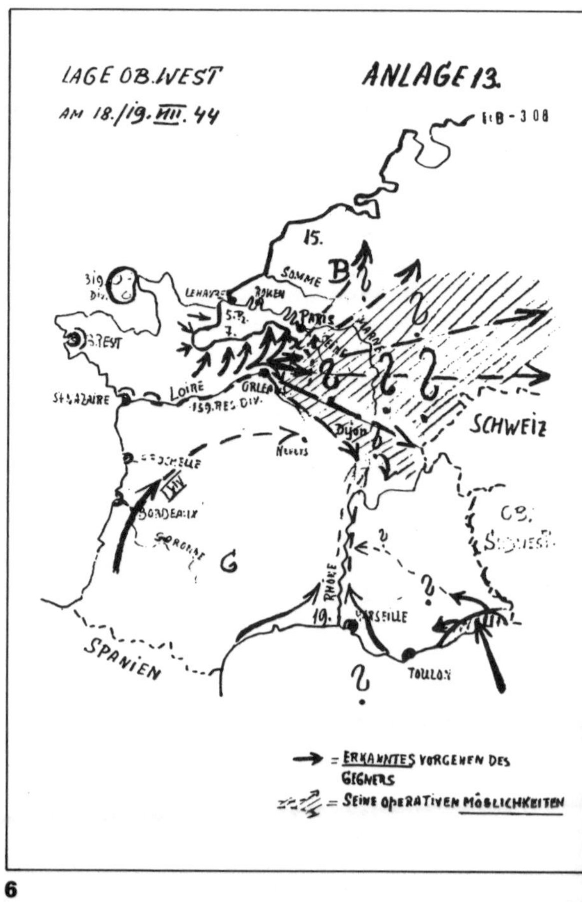

6

Croquis n° 4
Hypothèse d'un débarquement dans le Cotentin.

Croquis n° 5
Réactions face à cette hypothèse.

Croquis n° 6
Hypothèses des 18 et 19 août.

Source : Studies MS B 308, général Zimmermann.

burg, se suicida le 18 au matin à Metz [14] et eut pour successeur le Feldmarschall Model qui gardait pour autant son commandement du G.A. B.

Le Führer exigea ainsi une défense de l'avant :

- D'une part pour gagner du temps et garder du terrain à l'ouest du Rhin, afin certes de préserver le territoire du Reich, mais surtout pour permettre la construction de plates-formes de V2, le renforcement du Westwall [15] et la disposition d'un espace pour le lancement de la contre-offensive des Ardennes.
- D'autre part, en s'accrochant aux ports, pour freiner au maximum les ravitaillements ennemis.

Cette volonté eut pour conséquence que les ordres [16] de retrait des forces de l'ouest furent trop tardifs. Ce n'est que le 17 août, après le début du débarquement en Provence, que le Führer donna l'ordre de « repli général, derrière une ligne Seine-Yonne-Bourgogne », sauf pour les garnisons des ports qui devaient tenir encerclées. Le 18 donc, les 1re et 19e Armées commencèrent leur repli, la première n'étant harcelée que sur ses arrières par la résistance et la seconde tentant de freiner l'avance américano-française. Leur ligne à atteindre était en fait la première proposée plus de 15 jours auparavant, mais la situation avait fort empiré : progression des Alliés ouest-est et sud-nord.

Conclusion

Un dispositif en retraite générale et désarticulé.

- Au groupe d'armées B, la 15e Armée, la seule quasi intacte puisque très peu engagée, retraitait en ordre vers le nord-est, le long de la côte, tandis que ce qui restait de la 7e Armée refluait vers les Ardennes, coupé de la 15e Armée par l'avance alliée.
- Au groupe d'armées G, la 1re Armée ne commença sa retraite vers le plateau de Langres et la Lorraine que le 16 août et ne put ensuite se défendre sur la ligne Orléans-Clermont comme il lui fut prescrit. De son côté, la 19e Armée poussée par les Franco-Américains retraitait depuis le 29 août dans la vallée du Rhône en direction du Jura.

---

14. Il semble que c'est en allant à ce rendez-vous que le maréchal fit stopper sa voiture dans les tournants de Rozerieules surnommés « l'escargot ». Il absorba alors une capsule de cyanure et fut conduit à l'hôpital militaire Legouest. Son corps fut ensuite transféré au siège de la Gestapo, rue aux Ours, où il fut mis sous un catafalque.

15. Improprement dénommé « ligne Siegfried », ce *Westwall* n'était alors plus en état d'y permettre une bonne défense (la ligne Maginot non plus, surtout « à front renversé »). Tout en prescrivant une défense de l'avant, le Führer avait sagement ordonné, dès le 12 juillet, la remise en état de cette ligne fortifiée. Le chef de bataillon de réserve Charles Hermann, de Metz, agent de renseignements du réseau « Mission Lorraine » de Just Scharff (voir plus loin), obtint cette information dès le lendemain d'un général allemand revenant de la réunion au cours de laquelle l'ordre fut donné. Cette importante indication fut transmise dès le 14 à Londres par le réseau Mithridate de Nancy (voir plus loin), dix jours avant qu'elle soit communiquée par un agent de l'Intelligence Service.

16. A partir de l'attentat manqué du 20 juillet 1944 contre lui, Hitler intervint de plus en plus directement dans la conduite des opérations.

A Metz

Des forts non en état (croquis n° 8)

Metz, vieille et importante place forte, comptait 22 principaux forts et de nombreuses installations annexes construits entre 1866 et 1912 en deux enceintes entourant toute la ville.

La première enceinte, débutée en 1866 et non terminée en 1870, était à environ 4 km du centre de la cité et naturellement surtout tournée vers l'est. Il s'agissait principalement des forts du Saint-Quentin, de Plappeville, de Saint-Julien, de Queuleu et de Saint-Privat. Cet ensemble avait été terminé puis renforcé par les Allemands lors de leur première annexion.

La deuxième enceinte fut réalisée entre 1899 et 1912 et surtout tournée vers l'ouest cette fois et plus éloignée du centre de Metz (la portée des éventuels canons ennemis avait augmenté). De cet ensemble citons simplement les groupes fortifiés Lorraine, Jeanne-d'Arc et Driant sur la rive ouest de la Moselle, Verdun au sud de la ville et de nombreux ouvrages secondaires, comme par exemple « les septs nains », entre Jeanne-d'Arc et Driant.

Ces forts, non utilisés en 1914-1918, du moins pour le combat, pratiquement pas entretenus depuis lors, ne furent que peu réadaptés par les Français vers 1930 et pas par les Allemands après 1940. En 1943, ces derniers utilisèrent certains d'entre eux comme usines ou dépôts (17), mais surtout en prélevèrent des canons pour l'« Atlantikwall » (le mur de l'Atlantique) et le « Westwall » (ligne Siegfried). Lorsque, dans les tout derniers jours d'août, la réutilisation de ces forts fut enfin envisagée, ce ne sont que de tardives reconnaissances qui indiquèrent que demeuraient quatre pièces de 100 sous coupoles au fort Driant et deux fois trois pièces de 150 au fort Jeanne-d'Arc, démontées, prêtes à être enlevées. Ce n'est qu'alors qu'on s'efforça de trouver puis de ramener les munitions correspondantes, dispersées dans des dépôts à l'est de la Moselle (Bois de l'Hôpital et Saint-Hubert) et qu'on s'aperçut que l'enlèvement des appareils de visée ne permettait plus qu'un emploi en tir à vue.

Conclusion

Les Américains arrivaient. Une trop longue négligence ne permettait plus d'utiliser ces forts autrement que comme abris, P.C., voire petits postes de combat. De plus, faute d'effectifs, seuls les forts ouest de la ceinture extérieure pouvaient être tenus.

Une ville-étape de l'arrière, base logistique pour tout l'ouest.

Depuis 1940, la grande place forte n'était plus celle qui, à la frontière, « défendait l'Etat » face à l'est ou l'Empire allemand face à l'ouest. Pour la première fois, elle se trouvait loin de la frontière, des menaces prévisibles, en zone arrière d'Armée. Elle n'était plus qu'une ville étape et base logistique avec écoles et dépôts, dépendant de la 12e Région militaire (18) dont le siège était à Wiesbaden et le chef le général Schroth.

---

17. Cas par exemple des torpilles sous-marines du groupe fortifié « la Marne » (objectif détruit par l'aviation alliée).

18. La 12e Région militaire regroupait la Rhénanie, le Palatinat, la Sarre, la Westphalie, l'Eifel, le Luxembourg et la Moselle.

Elle n'était plus ainsi utilisée militairement que pour :

- Le transit d'unités utilisant l'important nœud routier et ferroviaire et les nombreux casernements.
- Le fonctionnement d'écoles bénéficiant d'une bonne infrastructure militaire et du renom historique de la cité (Ecoles de cadets, de sous-officiers et de transmissions) ou plus simplement de centres de regroupement et d'instruction des blessés.
- Des Etats-majors logistiques [19] et des dépôts facilement installés dans les vieilles fortifications proches (notamment dépôt d'habillement) ou dans l'importante infrastructure de la base aérienne de Frescaty (nombreuses pièces de rechange) sans parler des dépôts de munitions qui, dans le Bois de l'Hôpital par exemple, furent eux aussi l'objet d'attaques aériennes ennemies (le Bois de l'Hôpital, le 14 septembre).

Elle subit encore de sérieux prélèvements en hommes et en matériels pour le Front de l'ouest.

Conclusion : ni l'état d'esprit ni les moyens locaux ne prédisposaient à une rapide et efficace mise en défense. Il aurait fallu des délais. Ce ne fut pas le cas.

Une mise en défense trop tardive

Le 20 juillet, la 12e Région militaire, prudente, avait senti la nécessité de cette mise en défense. D'où :

- Ce jour-là, une réunion eut lieu dans ce but dans les sous-sols de la « Kommandantur » de Metz (Palais du Gouverneur). Elle fut présidée par le commandant d'armes, le général von Poten, vieil officier blessé à la tête en 1914-1918. La conférence échoua et le général, relevé de son commandement, y fut remplacé par le colonel Kemper, commandant l'Ecole de transmissions locale.
- Le 27 juillet, une nouvelle réunion eut lieu dans le même but, cette fois en présence des responsables civils et en premier lieu du Gauleiter Bürckel. Il fut alors décidé d'effectuer cette mise en défense notamment en stockant six semaines de farine, de céréales et de conserves, en répertoriant les points d'eau, « en invitant » les habitants francophiles à quitter la ville pour éviter tout « acte de sabotage et de trahison », et en subordonnant toute l'administration civile au commandement militaire local. Le Führer fit annuler ces décisions jugées prématurées (il avait le tort de vouloir s'en tenir à la « bataille de l'avant ») et, dit le colonel Kemper, les deux

---

19. - Etat-major du service de santé de la 12e Région militaire, disposant à partir du 6 juin 1944, de tous les hôpitaux civils et militaires du département.
- Etat-major du dépôt central de remonte des armées de campagne et des territoires occupés à l'ouest. Il disposait au quartier Bridoux de Borny d'un dépôt vétérinaire de 1 500 chevaux malades ou blessés (la traction hippomobile, surtout après fin 1942 par économie, était alors couramment utilisée pour les trains de combat et d'artillerie).
- Etat-major des services de ravitaillement et d'intendance avec de nombreux dépôts.
- Etat-major de réserves générales du service des munitions et dépôts.
- Etat-major des services de guerre, casernement et fortification.
- Trois Etats-majors de la Luftwaffe à Frescaty : celui de la 3e Luftflotte du maréchal de l'air H. Speerle, celui de la 5e division aérienne de chasse et celui du secteur aérien de la 12e Région militaire sous le général Meier.
- (Etat-major des services de sécurité du général Westmark, sous le général de brigade SS Toni Dunckern disposant des polices, de la Gestapo et d'un régiment de sécurité).

dernières mesures citées valurent au Gauleiter Bürckel « une très haute disgrâce. Il mourut de chagrin et de désespoir » [20].

- Conclusion : jusque fin août, aucun ordre de préparation de mise en défense ne fut donné. Néanmoins les grands responsables locaux, dont le général commandant la 462e division, naturellement fort préoccupés par l'évolution de la situation, avaient individuellement continué d'étudier leur problème mais, par crainte du Führer, n'avaient pu prendre aucune mesure.

Fin août seulement, cette mise en défense de Metz fut prescrite au général Walter Krause [21] qui commandait la 462e division (P.C. à Metz) depuis environ le 20 juillet et, depuis le 27 août, sera également commandant d'armes de la place, succédant à ce poste au colonel Kemper.

- Le 24 août au matin, par suite du passage ininterrompu et plus ou moins ordonné dans Metz d'éléments en retraite de la 1re Armée, ce général reçut l'ordre de la 12e Région militaire de « prendre toutes les mesures pour assurer à la frontière de la 12e Région militaire et particulièrement à Metz, le trafic routier et le maintien de l'ordre ». Il s'agissait uniquement de contrôler et d'assurer la régulation des colonnes. En conséquence, le général Krause prescrivit [21 bis] :
  - l'organisation de barrages [polices, régiment de sécurité (Feldgendarmerie) et éléments de la Wehrmacht] aux postes frontières, à une vingtaine de kilomètres à l'ouest et au sud de Metz pour vérifier les papiers ;
  - l'organisation de patrouilles sur les routes ouest pour contrôler les itinéraires et piloter les éléments en déplacement ;
  - l'organisation de postes de ravitaillement à Metz, Thionville et Luxembourg ;
  - l'organisation de patrouilles sur les itinéraires est pour contrôler et canaliser tout ce monde sur les divisions d'instruction de leurs armes d'origine.
- Le 25 août, le général commandant la 12e Région militaire, de passage rapide à Metz, approuva les mesures prises et les deux autorités échangèrent certainement leur appréhension de voir la ville non encore mise en état de défense. C'est vraisemblablement à la suite de cette visite et d'un accord officieux que le commandant de la 462e division ordonna à l'Ecole d'officiers locale de se préparer à combattre sur la ligne Saint-Privat-Ars alors que son supérieur mettait à sa disposition l'Ecole des chefs de groupe de Wiesbaden, mais il fallait des délais.
- Le 27 août seulement vinrent les ordres définitifs.

---

20. Les renseignements concernant ces deux réunions de juillet sont tirés des souvenirs du colonel Kemper, cité par Spiwoks et Stöber dans : « Endkampf zwischen Mosel und Inn (13e SS Armeekorps) ». Il sera fait mention au chapitre suivant d'une autre cause de disgrâce du Gauleiter : son ordre d'évacuation de la ville de Metz. Quoiqu'il en soit, lorsque Kemper ajoute qu'avec la mort de Bürckel « les Lorrains perdirent un ami », il s'agit de savoir quels Lorrains...

21. Les renseignements concernant la tardive mise en défense de Metz sont tirés des souvenirs du général Krause cités par Spiwoks et Stöber dans : « Endkampf zwischen Mosel und Inn (13e SS Armeekorps) » et par R. Caboz dans : « La Bataille de Metz : 25 août-15 septembre 1944 ».

21 bis. L'Ecole des cadets reçut ainsi un tel ordre le 24 mais, en fait, accomplit cette mission dès le 17 et le fit jusqu'au 2 septembre, dirigeant vers la Kommandantur de Metz quelque 4 000 soldats et 400 camions.

- la « situation s'aggravant... anarchie naissante et désertions constatées », le général Krause reçut l'ordre du général commandant la 12e Région militaire [22] cette fois de préparer la défense en utilisant, en plus de ses propres moyens dont les écoles militaires, tous les éléments en retraite et leurs matériels, en remettant en état les forts ouest et en préparant l'évacuation des personnels inaptes et des stocks inutiles [23] ;
- le 27 août au soir, le général Krause alla se présenter au général von der Chevallerie, commandant la 1re Armée, qui venait d'installer son P.C. à Vernéville. Celui-ci indiqua au général Krause qu'il passait sous les ordres de la 1re Armée (et non plus de la 12e Région militaire) « en liaison » (?) avec le 47e corps d'armée blindé commandé par le général von Junk. De plus, rapporta après guerre le général commandant la 462e division : « L'ordre formel me fut donné... de tenir à tout prix la place forte de Metz, ce suivant mon serment spécial au Führer, qui me fut rappelé par le général von der Chevallerie » ;
- ce dut être le même jour que le commandant de la 12e Région militaire ou celui de la 1re Armée nomma le général Krause commandant d'armes de la place ;
- cette fois enfin l'ordre était donné. Dès lors, mais il était trop tard, avec l'aide de l'administration (le Gauleiter facilita le transport de munitions), de la Feldgendarmerie et de la police (le général SS Toni Dunckern participa à la « mise hors de cause » de germanophobes), de volontaires du Parti mais surtout avec ses propres unités et écoles et le renfort des éléments en retraite récupérés (quelque 10 000 hommes avant les premiers combats dont 2 000 furent répartis dans la 462e division et le reste dirigé vers Sarrebrück), le général commandant cette grande unité put enfin préparer la défense de Metz. Mais il allait fatalement lui manquer moyens et délais. Jusqu'au 6 septembre, il ne s'agit que de la préparation de la défense, fébrile préparation qui sera encore handicapée par la « panique » dans Metz à partir du 30 août (voir plus loin).

Avec des moyens insuffisants

S'étant rendu compte tardivement que les forts n'étaient pas en état de défense (mais pouvaient servir à la mise à l'abri des réserves), le général Krause décida d'établir ses forces sur *la ligne générale :* Maizières-lès-Metz, Amanvillers, Gravelotte, Ars, Corny en faisant effort sur les routes menant de

---

22. Cet ordre était le suivant :
    - rassemblement de tous les cadres et hommes aptes au combat en les retenant au passage de Metz ;
    - réquisition de tous les véhicules militaires et civils passant à Metz ;
    - récupération de tout armement et munition transportés ;
    - préparation de l'évacuation de tous les gradés et hommes de la garnison de Metz inaptes au combat ;
    - préparation de l'évacuation des stocks de la place forte vers l'est ;
    - préparation active du plan de défense et de la forteresse par la transformation de la 462e division d'instruction en division d'armée en campagne, à l'aide des écoles militaires et des hommes récupérés ;
    - remise en état des forts ouest de la forteresse.
23. Ce fut au moins à partir de cette date que beaucoup d'administrations allemandes durent commencer à brûler les papiers inutiles.

l'ouest vers Metz et en imposant un combat mobile utilisant un profond réseau d'emplacements anti-chars (mais les barbelés et le temps pour les installer manquaient) et prévoyant la destruction des principaux ouvrages routiers et ferroviaires situés en direction de l'ennemi.

Les moyens dont il disposait.

- La 462e division de campagne. Créée fin juillet, cette division qui s'étendait initialement de Metz à Luxembourg, n'était pas destinée au combat. C'était plutôt un organisme qui regroupait des unités d'instruction fournissant des renforts à l'avant, qui s'occupait du traitement des blessés et qui supervisait les Ecoles militaires locales. Les cadres, officiers et sous-officiers, étaient généralement inaptes au combat par suite de blessures gênantes ou d'un âge trop avancé. Beaucoup de matériels manquaient, dont principalement les armes lourdes.
- L'Ecole d'officiers [23 bis]. Sous le commandement du colonel von Siegroth, la 16e promotion, la dernière, regroupait fin août 1944, 1 869 cadets qui terminèrent leurs études le 1er septembre. 1 400 furent alors nommés sous-lieutenants [23 ter] et 400 aspirants.
  Cette école avait reçu l'ordre le 27 août de se transformer en un « Kampfgruppe von Siegroth ». De plus, à partir du 2 septembre, il eut l'autorisation de se renforcer avec les effectifs (quelque 1 500 hommes dont des marins) et des matériels (dont véhicules et chevaux) des éléments de la 1re Armée en retraite récupérés. Enfin, d'importants appuis lui furent affectés.
  Il comprit alors, outre son état-major :
  - 3 bataillons à 3 compagnies d'infanterie et une compagnie antichar, ces trois dernières (les 1re, 5e et 11e) étant parfois regroupées en un 4e bataillon ;
  - Le 208e Kampfgruppe Schmidt ;
  - Le 70e Groupe d'artillerie à 3 batteries totalisant 10 pièces de 7,62 ;
  - une batterie d'obusiers de 105 ;
  - la 13e Compagnie de canons d'infanterie ;
  - le 86e Groupe d'artillerie antiaérienne ;
  - la 462e Compagnie divisionnaire du génie ;
  - le bataillon de transmissions de l'école de la Waffen SS ;
  - une unité blindée « pour emploi spécial ».

  Ainsi, le Kampfgruppe von Siegroth totalisa quelque 4 000 hommes dont 1 800 de l'école. C'était un fort groupement dont chaque section comptait une

---

23 bis. La 15e Armée allemande créa le 23 février 1942 à Beverloo (Flandres belges) un cours pour ses élèves officiers d'infanterie. Dix stages se succédèrent jusqu'au 1er octobre 1942. Ce jour là, ces cours furent transformés en une « Ecole VI d'aspirants d'infanterie » non réservée à la 15e Armée. Trois jours après débuta le onzième stage avec 1 100 élèves. Le 23 avril 1943 eut lieu le transfert officiel de cette école à Metz, aux casernes Serret et Roques, proches des terrains d'exercice de la « côte », de Jussy à Plappeville. En avril 1944, l'école reçut l'ordre d'instruire un nombre accru d'élèves. Elle occupa alors également le quartier des Vallières et la caserne Dupuis à Devant-les-Ponts et les effectifs passèrent à quelque 1 900 stagiaires.
Le colonel von Siegroth commanda l'école à partir du 14 juillet 1944. La plupart des renseignements concernant cette école proviennent de son historique portant sur la période du 1er octobre 1942 au 1er octobre 1944.

23 ter. Les élèves des 1er et 2e Groupes d'instruction furent nommés sous-lieutenants le 8 septembre pour prendre rang le 1er septembre.
« Sur l'ordre du 82e C.A. et de la 462e Division, des élèves nommés sous-lieutenants furent mutés : 52 à la 17e Panzergrenadierdivision « Götz von Berlichingen », 20 à l'état-major territorial de Sarrebrück, 17 à la 462e Division dont 2 officiers de liaison avec le Kampfgruppe ». (Historique de ce Kampfgruppe).

centaine de combattants alors que l'encadrement était surqualifié. La majorité des commandants de compagnie avait déjà combattu à l'échelon bataillon, les chefs de section avaient déjà commandé des compagnies et de jeunes promus remplissaient les fonctions importantes : tireurs de mitrailleuse, pointeurs d'armes lourdes, etc. A côté d'eux, d'autres militaires tenaient leurs postes déjà depuis plusieurs années et presque tous sur le front russe. En outre, les cadets, déjà fanatisés, l'étaient encore plus en raison de leur récente promotion, de la propagande qui montait leur résistance « en épingle » et en apprenant qu'ils allaient combattre sur les terrains rendus célèbres en 1870. Enfin, ils les connaissaient bien, ces terrains, pour y avoir fait leurs exercices et disposaient des précieux abris qu'étaient les anciennes fortifications. Cet ensemble était effectivement redoutable.

Mais il connut néanmoins de grosses difficultés.

- Il fallut très rapidement instruire et amalgamer les effectifs récupérés.
- Surtout, aucun ravitaillement ni renfort n'avait été prévu, organisé. L'école dut se débrouiller.
- Si les subsistances et l'habillement purent être fournis par les services de la garnison, le problème de l'armement se posa d'autant plus que les hommes de la 1re Armée n'avaient même plus tous leurs armes individuelles. Il fallut économiser et les armuriers eurent fort à faire.
- Le problème des munitions fut plus grave. Il n'y avait pas de dépôts locaux et les autres détenaient souvent des munitions françaises ou autres inadaptées. Des camions durent aller chercher du ravitaillement dans la région de Trèves et de Sarrebrück.
- L'Ecole de transmissions des Waffen SS et l'arsenal de Metz fournirent les matériels de transmissions. Par contre les outils d'organisation du terrain manquaient.
- Le Kampfgruppe ne disposa initialement que de 2 officiers et de 9 gradés du service de santé. Ces moyens furent renforcés par débrouillardise. 9 véhicules sanitaires (dont 5 hippomobiles) furent perçus. Une infirmerie de 40 lits fut montée. Bref, une centaine de blessés ou de malades purent être traités quotidiennement.
- Mais le problème principal fut celui du manque de moyens de transport, surtout en raison de la grande dimension du secteur à tenir. Tous les véhicules existant (dont les récupérés) furent utilisés, surchargés et vite endommagés. Les chevaux furent initialement insuffisants pour tracter les voitures idoines et les armes lourdes. Il fallut en acheter et prendre ceux de l'infirmerie vétérinaire du quartier Borny.

Bref, les services du Kampfgruppe eurent fort à faire.

- L'Ecole des transmissions. Sous le commandement du colonel Kemper déjà cité, c'était une école des Waffen SS et non de la Wehrmacht. Ses 2 000 hommes environ formaient un bataillon à quatre compagnies.
- Des unités d'instruction propres à la 462e division :
  - deux bataillons d'infanterie (n°s 208 et 282) ;
  - une compagnie de mitrailleurs ;
  - le 12e bataillon du génie à trois compagnies ;
  - un groupe d'artillerie à deux batteries de chacune trois pièces russes de 76,2. L'ensemble était hippomobile mais les ressources en chevaux de l'hôpital vétérinaire local (voir plus loin) et en harnais des magasins de matériel étaient trop faibles ;
  - le général Krause avait peu confiance dans ce total.

- Des éléments de D.C.A. : un certain nombre de batteries de pièces de 20 à 37 mm et un détachement de 88, l'ensemble étant destiné à effectuer des tirs contre des objectifs terrestres.
- Des services :
  - l'hôpital vétérinaire s'occupant de quelque 1 500 chevaux, pour la plupart inemployables ;
  - de nombreux éléments du Service de Santé ;
  - de nombreux magasins et dépôts de toutes sortes ;
  - des dépôts de munitions.
- Des éléments de l'Armée de l'Air, à Frescaty :
  - le P.C. du général Meier, commandant le secteur aérien de la 12e Région militaire ;
  - le P.C. d'une division de chasse (la 2e Luftflotte ?) ;
  - la base aérienne locale avec de nombreux dépôts de matériels variés.
- Pour mémoire : les polices, administrations et groupements divers locaux.
- Enfin des renforts arrivés entre le 29 août et le 7 septembre :
  - le régiment de sécurité n° 1010 sous les ordres du lieutenant-colonel Richter. Groupant 500 à 600 hommes constitués en deux bataillons de trois compagnies chacun, il retraitait de France et manquait d'armes lourdes. Par leur âge et leur état physique, beaucoup de ces militaires n'étaient pas aptes au combat ;
  - l'Ecole de sous-officiers de la 12e Région militaire (colonel Wagner) venue le 7 septembre. Ses quelque 1 500 élèves chefs de groupe, de section ou de pièce et leurs instructeurs formaient un ensemble hétérogène de bons éléments individuels qui devait se rôder pour devenir un Kampfgruppe à deux bataillons et une batterie ;
  - une batterie de quatre pièces de 105 également envoyée par la 12e Région militaire.

Un plan de dispositif face à l'ouest, continu mais de valeur inégale et réalisé seulement le 6 ou 7 septembre (croquis n° 9).

- Au centre, dans la région d'effort face aux deux axes venant de l'ouest : le Kampfgruppe de l'Ecole d'officiers. « Dès le 28 août, des éléments précurseurs allèrent reconnaître les emplacements de combat et, les jours suivants, les groupes d'instruction 1 et 2 allèrent y travailler. Sur proposition de l'école, la 462e Division accepta le tracé de la ligne principale de défense : en gros la ligne Amanvillers (inclus), Gravelotte (exclus) et Ars (inclus). Il s'agissait d'utiliser sur une vingtaine de kilomètres les principaux groupes fortifiés de la 2e ceinture ouest de Metz. Les avant-postes furent placés à Saint-Privat, Vernéville, à l'ouest de Gravelotte, à Gorze et à Novéant, sur les principales routes venant de l'ouest... A la demande de l'école, la population fut évacuée de 5 km de part et d'autre de la ligne principale de résistance... Le 4 septembre, un général inspecta la position et approuva les mesures prises... » (Historique du Kampfgruppe).

  Le dispositif fut le suivant lorsque le 3e Bataillon, initialement resté à Serret, rejoignit les deux autres.
  - Au nord, du nord du fort de Guise à la limite avec le Régiment Wagner (l'école de sous-officiers de la 12e Région Militaire), limite qu'était la ligne Saint-Privat-Woippy, était le 1er Bataillon articulé autour d'Amanvillers, la 3e Compagnie au nord, la 2e au sud et la 4e en réserve.
  - Au centre, du fort de Guise au fort Jeanne-d'Arc, le 2e Bataillon avait sa

6e Compagnie autour des forts de Guise et de Leipzig, sa 7e à hauteur des fermes Moscou et Saint-Hubert et la 8e en réserve.
- Au sud, du fort Jeanne-d'Arc à la Moselle, le 3e Bataillon tenait « les 7 nains » avec sa 9e Compagnie et le fort Driant avec sa 10e alors que sa 12e était en réserve.

Chacun de ces ensembles disposait d'appuis, dont sa compagnie antichar.

Enfin, « la sécurité des arrières fut assurée par des patrouilles chargées d'éviter pillages et sabotages (ils étaient donc craints...). Et d'autres commandos durent être utilisés en ville en raison de paniques de civils, d'autorités et d'employés qui avaient fui leur lieu de travail en abandonnant ou en détruisant des matériels de valeur ». (Voir plus loin).

- Au nord : de l'est de Saint-Privat à la Moselle en aval de Maizières-lès-Metz : le Kampfgruppe de l'Ecole de sous-officiers disposant du 1010e Régiment de sécurité et d'une compagnie du 12e Bataillon du génie.
- Au sud : de part et d'autre de la Moselle de Novéant et Corny : les deux bataillons d'instruction d'infanterie, ayant notamment miné la rive est au sud de Frescaty. A Novéant étaient deux compagnies renforcées du 208e Bataillon du Kampfgruppe Schmidt.
- Devant cet ensemble, face à l'ouest et surtout dans les agglomérations placées sur les principales routes furent placés des « sonnettes » ou de petits éléments retardateurs vraisemblablement fournis par les éléments postcurseurs de la 1re Armée en retraite. Ces divers postes avaient à jalonner l'ennemi et à le freiner par des embuscades antichars en avant de la ligne principale de défense.

Conclusion

Le général Krause disposait, grâce aux écoles, d'un bon nombre d'individualités de valeur.

Il était incompréhensible, dans la grave situation générale dans laquelle se trouvait l'armée allemande en France en août 1944, que les défenseurs ne disposent pas de toutes les armes lourdes et des munitions nécessaires.

Il était anormal qu'une préparation de la défense bien trop tardive prive ces éléments du rodage et des appuis (fortifications) nécessaires lors du raz-de-marée américain attendu d'un jour à l'autre. « Presque tout devait être improvisé » note un historique de la 462e division [24]. Soulignons à nouveau que depuis le 27 août, il ne s'agissait que d'une hâtive préparation de la défense, préparation qui fut encore perturbée par la « panique » dans Metz à partir du 30 août et ne fut vraiment en place, mais non encore rodée, qu'à partir du 7 septembre environ.

De plus, de part et d'autre de Metz, les autres divisions allemandes ayant encore moins d'atouts que la 462e (pas d'écoles, voire pas de forts) n'avaient aucune chance de ne pas être submergées par les soldats de Patton.

Enfin, entre la Moselle et le Westwall, n'étaient guère alors que des unités de la 1re Armée en cours de retraite vers ce Westwall, lui-même non en état d'opposer une sérieuse défense.

La voie était ouverte.

---

24. « Vorlaüfiger Gefechtsbericht der 462 V.G.D. über die Kämpfe um den Brückenkopf Metz ».

La population messine

Situation initiale

Metz fut occupé sans combat par les Allemands le 17 juin 1940. La Moselle fut dès lors annexée de fait (il n'avait pas été question de l'Alsace-Lorraine lors de l'armistice du 22-25 juin) mais plus officiellement lorsque, le 30 novembre 1940, elle fut incluse dans le Reich, dans le Westmark, dans le Gau Sarre-Palatinat dont le Gauleiter était Bürckel avec P.C. à Sarrebrück. « Il n'y a plus de Lorraine » déclara-t-il. Craignant à juste titre une certaine opposition de « l'Alsace-Lorraine » à cette annexion de fait, l'Allemagne de 1940 ne recréa plus cette entité, le Reichsland de 1871, mais au contraire la scinda : rattachement donc de Metz à la Sarre et de l'Alsace au pays de Bade. Lors des deux annexions, la Moselle, Metz furent ainsi coupés de l'ensemble lorrain et subordonnés à des entités extérieures : Strasbourg puis Sarrebrück.

Cadre de vie

Ravitaillement meilleur qu'à « l'intérieur ».

Metz bénéficiait du régime allemand puisque la ville était en Allemagne... tandis que les départements français voisins, en « zone interdite », subissaient un rationnement plus sévère.

Alertes et bombardements aériens [25]

Les alertes aériennes commencèrent à être nombreuses en été 1942 (passages des aviateurs anglais allant bombarder l'Allemagne) mais surtout à partir de l'automne 1943. Par exemple : 25 en novembre 1943, 30 en février 1944, une quarantaine en mars, plus de 70 en avril, plus de 50 en mai, 12 seulement en juin, une trentaine en juillet et plus de 50 dans les dix-huit premiers jours d'août.

Jusqu'en avril 1944, il ne s'agissait que de survols, les dix incidents survenus (sauf le 9 mars 1943 à Montigny) ne correspondant qu'à la chute d'un avion atteint ou au largage sans dégâts d'une à trois bombes par des bombardiers voulant se décharger au retour. Par contre, du 1er avril au 27 mai 1944, ce fut la préparation du débarquement puis, du 29 juin au moins au 18 août, l'entretien des destructions du potentiel aérien de Frescaty [26] (1er et 25 avril, 14 et 18 août), de l'important centre ferroviaire de Sablon-Montigny (1er et 25 mai, 29 juin et 12 août) [27], de l'usine d'hélices d'avion Hobuswerke de Woippy (27 mai et 18 août) etc. Malheureusement [28], à ces occasions, plus de 250

25. Le détail figure dans le minutieux « journal » tenu du 18 juin 1940 au 18 août 1944 par l'archiviste municipal, le Docteur Schrod.

26. Le château Bouchotte où fut signée la capitulation d'octobre 1870 fut totalement détruit lors d'un de ces bombardements. Le 25 avril, beaucoup d'Allemands et d'Ukrainiennes logées dans des baraquements le long du terrain furent tués. De nombreux appareils furent détruits. Goering serait venu à Frescaty une semaine auparavant.

27. Lors de ces bombardements, 41 locomotives furent détruites, les installations de la gare de triage et du dépôt de locomotives furent endommagées à 90 %, les ateliers de Montigny furent touchés à 70 %. De nombreuses femmes slaves durent rapidement combler les dégâts causés sur les voies.

28. Just Scharff, alors chef départemental des F.F.I. de la Moselle (voir plus loin), avait été chargé de transmettre aux Alliés les éléments permettant le bombardement des principaux objectifs du secteur. En ce qui concerne le nœud ferroviaire du Sablon, il avait émis un avis défavorable, estimant avec juste raison que ses dimensions restreintes causeraient d'inévitables débordements et donc des pertes dans la population civile.

civils furent tués, autant blessés, 222 maisons totalement détruites et beaucoup d'autres plus ou moins touchées, et cela spécialement au Sablon et à Montigny. Le 6 septembre, le général Eisenhower ordonna de cesser les bombardements stratégiques sur les nœuds de communication français, car leur destruction le gênait dès lors plus que l'ennemi.

Hétérogénéité de la population

Alors que des Messins n'étaient pas rentrés en 1940 ou, depuis lors (voir plus loin) avaient été expulsés, déportés ou incorporés, des Allemands de souche (militaires, fonctionnaires, commerçants ou autres) étaient venus nombreux, amenant également des prisonniers (surtout Russes) et des travailleurs transplantés (particulièrement Bessarabiens). Ce mélange, voulu, facilitait contrôle et délations, emprise.

Germanisation - Nazification

De *1871 à 1918*, l'Allemagne chercha à germaniser, à assimiler sa conquête : l'Alsace-Lorraine. Elle échoua finalement, malgré l'emploi de procédés généralement non brutaux jusqu'en 1914 (pensons à la façon, autorisée, dont se déroula par exemple l'inauguration du Monument du souvenir à Noisseville, le 4 octobre 1908). De *1940 à 1944*, l'ennemi eut le même but mais n'arriva, par ses outrances, qu'à se mettre à dos ceux des Lorrains qui n'étaient pas mal disposés à son égard. C'est qu'il agit cette fois brutalement et non avec ménagement, et qu'à la germanisation il ajouta la nazification.

La germanisation totale fut voulue et imposée dès juin 1940

Les noms de rue et de banlieue furent rebaptisés aussitôt.

La germanisation des prénoms puis des noms de famille fut prescrite fin 1940.

Les monuments français furent déboulonnés ou modifiés (monument aux morts) dès le premier été.

L'emploi de la langue française et l'utilisation du béret basque furent vite interdits. Les enseignants durent se recycler et les francophones assister à des cours du soir.

Les lois, le droit, les procédures, les fêtes allemandes furent imposés, dont le retour à la création d'un « grand Metz » par absorption des communes voisines (1er octobre 1940 et 1er avril 1941).

Il y eut mainmise relative sur l'économie, totale sur la presse.

Après la manifestation patriotique du 15 août devant la Vierge de la place Saint-Jacques, eurent lieu des expulsions massives et brutales (30 kg de bagages et 2 000 F) de francophiles et suspects (certains avaient déjà été expulsés à la mi-juillet. D'autres le seront à la mi-septembre et surtout du 11 au 21 novembre 1940).

La nazification pouvait s'implanter sur un terrain ainsi préparé et dégagé.

Encadrement : tout un ensemble de responsables et de fonctionnaires nazis dont des diverses polices [29] vint s'implanter à Metz.

29. Voir note 31.

Embrigadement progressif. Rapidement furent mises en place de multiples formations de tous genres auxquelles l'appartenance, d'abord volontaire, devint vite obligatoire et qui avait pour but de compromettre, de surveiller et de « former » (30) toute la population. Il était bien difficile d'échapper, du moins formellement, à cette emprise. Ce furent l'appartenance à la « communauté du peuple allemand », les formations de la jeunesse hitlérienne, les organisations professionnelles, le « Front allemand du travail » (permettant d'avoir un emploi), la formation paramilitaire N.S.K.K. (National Sozialist Kraft Korps), les brigades S.A. Mais plus grave fut l'introduction du Service obligatoire du travail, le 23 avril 1941, pour les jeunes de 17 à 25 ans puis, en août 1942, avec l'octroi obligatoire de la nationalité allemande, l'incorporation de force et la constitution du parti nazi mosellan en octobre 1942. Dès 1943, des jeunes de 16 ans, dont les lycéens, furent enrôlés dans la D.C.A. comme « Luftwaffenhelfer ». Après une rapide instruction, ils durent assurer le service des pièces, notamment à Woippy. « Il n'y a plus que des Allemands ».

Répression. Tel n'était évidemment pas l'avis de tous, d'où la mise en place d'organes répressifs (32) alimentés par les nombreuses polices (31) et les délations facilitées par l'hétérogénéité de la population et les surveillances réciproques nées des diverses formes d'embrigadement. Ce furent, en plus des spoliations, les internements aux deux maisons d'arrêt, à la prison militaire, au Grand et au Petit Séminaires, dans les caves de la Gestapo, 42, rue de Verdun, ainsi que, quand ces prisons furent pleines, dans les camps spéciaux de Queuleu (33), de Woippy (34) et de Plappeville. Il y eut également les déporta-

30. Des Messins furent envoyés en « recyclage » en Sarre-Palatinat.

31. Mentionnons :
- sous les ordres d'un préfet de police, les schupos et kripos, installés dans les commissariats de police, étaient chargés du maintien de l'ordre et des délits mineurs. Etant déjà d'un certain âge, ils étaient généralement assez compréhensifs,
- une police spéciale, commandée par le Obersekretär Fritz Bader, avait ses bureaux, 12, rue aux Ours,
- la Gestapo (police secrète d'Etat) avait à éliminer tout ce qui pouvait mettre en danger le régime nazi. Son chef, Anton Dunckern (*) avait pour titre : « Général brigade SS commandant des polices de sécurité de Sarre, Palatinat et Lorraine » (« SS Brigadeführer Befelshaber des Sicherheitspolizei in Saarpfalz und Lothringen »). Avec son Etat-major il était également installé, 12, rue aux Ours. La Gestapo avait des pouvoirs très étendus dont celui d'incarcérer sans mandat d'un juge ni sans limite de temps.

(*) Ce Munichois, né le 29 juin 1905, universitaire de droit, aimant la bonne vie, eut la chance d'avoir pour « amie » la sœur d'Himmler. Ce fait et sa vaste culture, rare chez les S.S., firent qu'il entra dans cette formation et y connut un avancement particulièrement rapide. Envoyé en Autriche après l'Anschluss, il y donna satisfaction et fut alors nommé en 1940 à Metz. Il s'y intéressa fort à la riche architecture locale, un de ses « hobbys ». Il aurait habité à Metz en Nexirue, dans l'immeuble Wiltzer.

32. Signalons au passage que le procureur général Welsch, de la Cour d'appel, avait le mérite de faire diminuer les peines des accusés lorrains pour raisons politiques (résistance).

33. Par suite de l'avance alliée, la grosse majorité des détenus fut envoyée le 17 août dans les camps de concentration plus à l'est, les femmes à Schirmeck et les hommes au Struthof. Quelques-uns furent transférés au camp de Woippy. Le camp de Queuleu, lui, fonctionna à partir du 12 octobre 1943. Son chef fut, à partir de fin novembre 1943, le brutal adjudant-chef S.S. Georges Hempen.

34. Ce camp était situé en bordure est de la route Metz-Maizières, à 1 km au nord du pont Eblé, en face des usines Hobus où travaillaient les prisonniers, dont des Ukrainiens et des Russes.
Dans une seule baraque en forme de Z étaient, outre les bureaux, 17 chambrées dans chacune desquelles s'entassaient 20 à 30 détenus sur deux étages de lits.
Le commandant du camp fut Fritz Kirschdorfer.
Le 20 août, des détenus furent évacués par chemin de fer à Sarrebrück.

tions de familles, en Silésie généralement, ou de condamnés, eux dans les camps de concentration. P. Wolff [35] signale enfin que fin août, la police craignant la formation de maquis en Moselle, établit une liste d'otages éventuels. Cette liste, retrouvée par cet auteur après la libération dans les archives de la police allemande, comportait notamment les noms d'anciens membres du conseil municipal de Metz restés dans la ville, d'industriels, de prêtres et de représentants de professions libérales.

C'est toute **une ambiance particulière** qui fut celle de « Metz sous la botte ».

Elle découlait du milieu urbain « épuré » et hétérogène, de la présence et de l'imbrication des organisations nazies, des efforts de la propagande ennemie qui multiplia les grandes manifestations de tous genres (dans la grande salle de l'Hôtel des Mines) et les grands discours. Elle fut marquée par de grands cas de conscience devant des mesures telles que l'incorporation de force (répression sur les familles), par des difficultés quotidiennes nées d'un cadre de vie nouveau, par une méfiance réciproque, pour certains par la crainte du lendemain, pour d'autres par la satisfaction des profits effectués, pour d'autres encore par l'espoir d'une libération prochaine et facile (problème des bombardements aériens), pour tous par une nervosité croissante due à la connaissance de l'approche rapide des Alliés (il y eut déjà l'espérance de l'annonce du débarquement, puis l'attente...)

Metz n'était plus une ville de France mais du Reich, dans laquelle la férule policière nazie était très lourde, dans laquelle presque tous les jeunes vrais Messins étaient absents, partis au Front russe... ou ailleurs, alors que immigrés allemands, bessarabiens et autres étaient de plus en plus nombreux. La situation locale fut très particulière et ne peut être comparée à celle d'une cité de l'« intérieur », même occupée. Cela fut particulièrement vrai pour les résistants, car ici, résister n'était pas défendre son pays occupé, mais trahir sa patrie officielle. Et pourtant...

Le 28 août, plus de 100 autres quittèrent le camp dans le même but. On n'eut plus jamais de leurs nouvelles. Or, le 2 avril 1963, lors du nivellement du futur embranchement de l'autoroute Metz-Thionville, le long du chemin de halage du canal de la Moselle, entre le pont Eblé et les cités du chemin de la Moselle, un engin mit à jour deux fosses communes d'ossements d'environ 2 × 20 m. Le lendemain, une troisième fut découverte à côté, et une quatrième, plus petite, un mois après. Cet ensemble, à 600 m du camp de Woippy, était sur un terrain alors militaire. La découverte de quelques boutons soviétiques est le seul indice possible car plus de cent corps, souvent nus, massacrés et non fusillés, ont été souvent recouverts de chaux vive. Une véritable identification est impossible. Les ossements, d'abord gardés au cimetière de l'est où des associations patriotiques auraient souhaité qu'ils fussent inhumés, furent finalement enterrés, puisque victimes de guerre, au cimetière militaire de Chambière, près de la chapelle. L'ossuaire ne fut inauguré que le 10 décembre 1965, en présence d'un représentant de l'ambassade l'U.R.S.S. La stèle indique qu'il s'agirait des restes de plus de cent prisonniers soviétiques et français. Certains pensent qu'ils seraient bien ceux du dernier convoi sorti du camp de Woippy, le 28 août, et avancent même que l'exécution collective pourrait être l'œuvre de Georges Hempen rendu disponible après l'évacuation du camp de Queuleu.

« Charles Pfrimmer émet encore une autre hypothèse... : d'un train venant de Compiègne vers le 28 août, auraient débarqué environ cent vingt personnes qui auraient été amenées sur le terrain militaire. Seraient-ce les cadavres de ces déportés par le dernier train ? Le mystère reste entier. » [*].

Il sera dit au chapitre suivant comment furent sauvés les derniers prisonniers de Woippy.

(*) Dans : « Tragédies mosellanes ; le fort de Queuleu à Metz » par le docteur L. Burger.

35. Dans : « Journal d'un résistant mosellan ».

AVIS

Dans ces derniers temps, et à différentes reprises, des lignes téléphoniques ont été coupées et des câbles de téléphone endommagés. Des civils, appartenant à la population des territoires occupés, ont été pris sur le fait.

Il est rappelé à ce sujet que l'acte de sabotage, ainsi que l'aide apportée au sabotage sont passibles de la peine de mort.

Les pénalités les plus sévères sont également encourues par qui, ayant connaissance d'actes de sabotage et de la personnalité du coupable, n'en avertit pas immédiatement la Kommandantur la plus proche.

Il est nécessaire que le service du téléphone fonctionne sans aucune interruption, afin de permettre le ravitaillement de la population dont l'autorité militaire a à se charger.

Il est donc dans l'intérêt de la population que des gens malfaisants soient au plus tôt appréhendés et livrés à la justice.

Le Général Commandant l'Armée.

Dès l'été 1940... (Archives municipales de Metz)

SOUS LA BOTTE

La nazification

(Coll. part.)

Metz, avenue R.-Schuman, 30 août 1942. « Journée de la Grande Allemagne ».

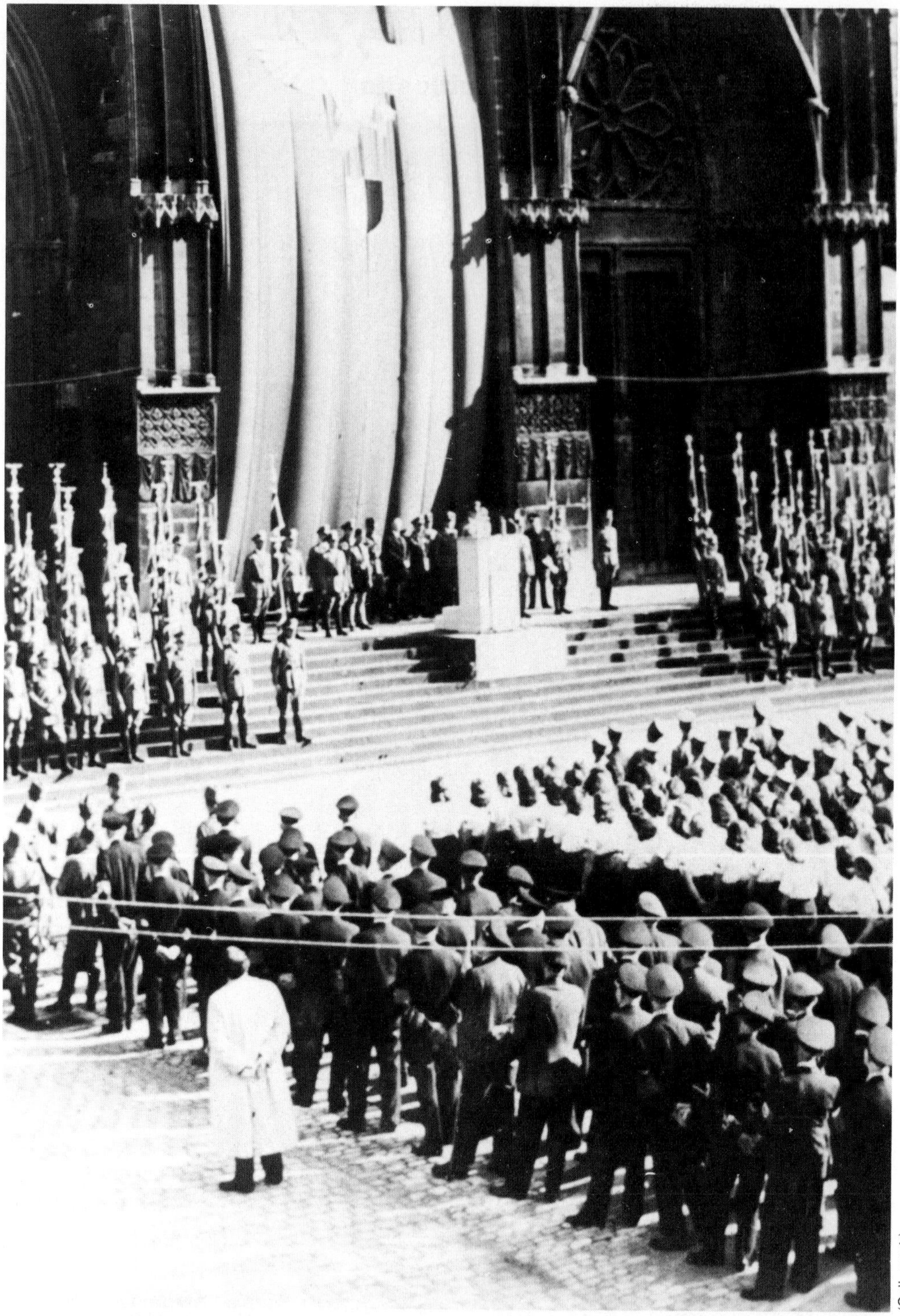

(Coll. part.)

Metz, place Saint-Etienne, 10 septembre 1943. Ouverture de la première journée du « Parti national-socialiste allemand des travailleurs » (N.S.D.A.P.).

(Coll. P. de Busson)

« Sie starben für das Reich ».

Messins requis

(Coll. part.)

Au travail devant la Porte Serpenoise.

Rue Poncelet.

(Coll. part.)

(Coll. part.)

Au travail, avenue Foch.

Bombardements

1er mai 1944.
Le Sablon

(Coll. P. de Busson)

1er mai 1944.
Dans les ruines.

(Coll. P. de Busson)

4 mai 1944. Obsèques des victimes du bombardement du 1er mai.

25 mai 1944. Le Sablon

(Coll. Thiriot)

La gare de triage bombardée.

(Coll. Thiriot)

Bombes d'avion.

27 mai 1944. Devant-les-Ponts

Vue générale. (Coll. P. de Busson)

(Coll. P. de Busson)

Récupération...

(Coll. P. de Busson)

Le problème de l'eau.

(Coll. P. de Busson)

Obsèques des victimes du bombardement du 27 mai 1944.

Résistance

Dès les premiers jours

Dès juin 1940, des personnes apitoyées par le passage de prisonniers français dans la ville, en aidèrent, même à s'évader. C'était alors assez facile.

De ce nombre furent de jeunes lycéens qui, avec des camarades apprentis, fondèrent à Montigny « L'Espoir français ». Ils voulurent de plus fonder une organisation paramilitaire s'occupant de renseignements, de sabotages, de contre-propagande et de récupération d'armes (21 de ces jeunes, de 17 à 21 ans pour la plupart, furent arrêtés en juin et juillet 1941 et lourdement condamnés en octobre 1942, dont deux à la peine de mort, heureusement commuée en dix ans de prison) [(36)].

Le 15 août 1940, ce fut place Saint-Jacques le pavoisement floral tricolore de la statue de la Vierge... et les expulsions qui suivirent, dont celle de Mgr Heintz [(37)].

C'est encore l'assistance aux Français et étrangers en situation de détresse, donc généralement aide aux évadés, qui fut le but initial de la « Mission Lorraine » dirigée par Robert Weber, Alfred Schouller et surtout J. Scharff [(38)] dont les activités professionnelles [(39)] justifiaient les nombreux déplacements entre Jœuf, Hayange, Metz, Nancy et Paris et facilitaient les contacts avec des personnalités diverses.

De nombreuses bonnes volontés et beaucoup de filières, telle celle bien connue de Sœur Hélène, continuèrent, et certaines jusque l'été 1944, d'assurer de plus en plus dangereusement le passage de la frontière aux personnes en danger, aux prisonniers évadés, aux pilotes alliés ainsi qu'aux réfractaires et déserteurs du Service obligatoire du travail puis de la conscription. Mgr Stenger a évalué en 1948 que 1 500 jeunes gens de Metz centre, 500 du Sablon, 150 de Montigny, 76 de Longeville-lès-Metz, etc. s'étaient « soustraits au Service obligatoire dans l'Arbeitsdienst et la Wehrmacht ».

---

36. « L'Espoir français » fut coiffé par le sous-réseau « Uranus Kléber » du réseau « Lorraine Kléber », sous-réseau lancé fin 1940, sous l'égide du Service de Renseignements de Vichy, à Nancy et présidé là par M. Tribout de Morembert.
Le montignien Paul Simminger, alias « Weygand », gagna Nancy en novembre 1940. Adjoint de M. Tribout dans son réseau, il passa des renseignements entre Metz (Alfred Dehlinger de « l'Espoir français ») et Nancy. Arrêté le 8 juillet 1941 avec trois Nancéiens (et des membres d'« Uranus Kléber ») ils furent tous les quatre condamnés à mort le 27 janvier 1943 et trois d'entre eux, dont Simminger, furent décapités à la hache à Cologne.

37. Le 15 août 1944, la même statue fut encore fleurie, par bravade mais sans ensembles tricolores...

38. Le lieutenant de réserve Scharff coopta notamment d'autres officiers de réserve. Il connaissait ceux de Thionville puisqu'il fut jusqu'en 1939 trésorier adjoint de leur association. Son ami le commandant Charles Hermann lui indiqua des officiers de réserve messins. Il avait également la chance de disposer d'une ligne téléphonique pratiquement clandestine entre Jœuf et Hayange donc de part et d'autre de « la frontière ». Dès l'automne 1940, il créa en Moselle la « Mission Lorraine ». Robert Weber fut son adjoint pour la tâche initiale d'assistance. En hiver 1940-1941 fut ajouté un réseau de renseignements confié à Alfred Schouller. Début 1941 naquirent des groupes de combattants, J. Scharff devenant, le 15 mai 1941, chef départemental de l'Armée Secrète de Moselle et ayant pour adjoint René Mangin de Saint-Julien-lès-Metz.

39. « Directeur attaché à la présidence du groupe de Wendel », M. Scharff habitait alors à Jœuf.

Après l'offensive allemande en U.R.S.S. (juin 1941), des communistes du groupe Mario [40] auraient effectué des sabotages dans les installations ferroviaires du Sablon et de Montigny [41]. Pendant l'hiver 1943-1944, Frescaty aurait été visé par d'autres saboteurs (citernes d'essence).

Dès janvier 1942 circulèrent des feuilles clandestines, comme celles dues à M. Lambert, conseiller municipal, ou de petits tracts tel celui gravé par Clément

Image gravée par Clément Kieffer.
(Coll. Thiriot)

---

40. - Ce groupe n'a été reconnu officiellement que par arrêté du 18 juin 1985. Dans : « Le groupe Mario, une page de la résistance lorraine », le docteur Léon Burger, frère de Jean Burger, fondateur du groupe et mort en déportation le 3 avril 1945, fait état d'arrestations à Metz à partir du 18 septembre 1943 (dont Jean Burger le 21) puis de treize employés aux ateliers de Montigny le 23 mai 1944. Au total, dans le « grand Metz », 72 déportés dont 44 déportés résistants auraient, d'après l'auteur, appartenu à ce groupe dès avant leur arrestation. Dans : « Montigny, cité cheminote », F. Leroy ajoute trois arrestations dans ces ateliers le 16 juin 1944 et deux le 5 juillet 1944. Les témoignages cités se réfèrent surtout à des arrestations pour motif politique (aucune indication de sabotages).
    - Dans le livre cité, le docteur Burger mentionne une enquête policière du 14 février 1952 dans laquelle il est écrit : « ... Parmi les milieux résistants mosellans, nombreux sont ceux qui contestent purement et simplement l'existence du réseau comme tel et ne veulent y voir que l'embryon d'un mouvement dont seules les bases furent jetées... ».

41. Ces installations ferroviaires sont particulièrement importantes. La gare régulatrice du Sablon est un nœud ferroviaire desservant toutes les directions, donc capital. La gare de marchandises, les dépôts et ateliers du Sablon et de Montigny abritaient et réparaient notamment de nombreuses locomotives (40 d'entre elles furent détruites par le bombardement du 1er mai 1944 et 31 le 12 août).

Kieffer, représentant la croix du Christ foudroyant la croix gammée ou encore les tracts lancés par les aviateurs alliés que les bons Allemands allaient déposer à la police contre un reçu.

Surtout, jusqu'alors, la résistance messine se caractérisa par :

- Sa modestie. Inévitable, compte tenu de la situation bien particulière de la ville alors (donnée essentielle).
- Par sa polyvalence. Beaucoup d'intéressés commencèrent par aider des prisonniers évadés puis en vinrent à chercher et transmettre des renseignements, à diffuser des tracts, voire à agir. La bonne volonté n'était pas limitative dans son objet. Elle ne l'était pas non plus dans l'obédience. On donnait un renseignement à qui était intéressé et des vêtements à qui en cherchait. Il n'y avait pas d'exclusivité et jusqu'à la libération, pas mal de résistants n'appartinrent à aucune filière, à aucun réseau, à aucun mouvement. Ils faisaient simplement et individuellement ce qu'ils pensaient devoir faire.
- Par son imprudence. Les admirables jeunes de « L'espoir français » parlaient trop et avaient tort de signer de très compromettants serments de fidélité à leur cause. Trop de personnes savaient que Mlle Suzanne Thiam qui, du reste, tenait à jour la liste des évadés aidés, faisait une collecte pour ces derniers, etc.

A partir de 1943, l'approche prévisible de la libération du territoire suscita une organisation croissante de la résistance, tant des réseaux de renseignement que des éléments d'action. Le débarquement du 6 juin puis l'exploitation vers la Lorraine ne firent qu'accélérer ce mouvement, autant du moins que cette situation bien particulière locale déjà décrite le permettait.

Fin août 1944, à l'époque étudiée dans ce premier chapitre, quatre années de guerre, d'expériences, de répression et de drames avaient clarifié la situation de la résistance. Son principal objectif initial, les passages de frontière, devenait sans objet à l'approche des alliés. Mais ce dernier fait augmentait le nombre de ceux qui se cachaient en ville en attendant la libération et donc la charge de ceux qui les abritaient et entretenaient. Dès avant mais surtout après l'arrestation définitive de Jean Burger (septembre 1943), des communistes voulant réellement « résister » se rallièrent individuellement aux réseaux de l'O.R.A. puis des F.F.I. (voir plus loin). L'obligation de la fourniture rapide de renseignements à une 3e Armée qui fonçait, exclua les lentes voies détournées utilisées jusqu'alors. Bref, en août 1944, la résistance se cristallisa à Metz autour du réseau de renseignements Mithridate et des F.F.I., qui se préparaient alors à l'action.

Avec des motivations variables

Un rapport [42] sur l'esprit public à Montigny, signé le 26 février 1942 par le délégué local du Front du travail précisait : « 50 % des 16 000 habitants... sont des adversaires complets du " Deutschtum " et surtout du régime actuel..., 40 % sont des hypocrites... Les 10 % qui restent peuvent être considérés comme de bons éléments... ». Il n'y avait pas pour autant 90 % ou 50 % de résistants !

42. Reproduit notamment dans « Clartés » : « numéro spécial sur la résistance en Moselle et la libération de Metz » imprimé le 6 juin 1945 à Metz sous le patronage de « l'Union lorraine de rénovation ».

Là, comme à Metz et ailleurs, la résistance, minoritaire, découlait de motivations diverses. Il y eut quelques patriotes, notamment des cadres de réserve. Des êtres particulièrement charitables vinrent en aide aux opprimés, et peu à peu en vinrent souvent à des vrais gestes de résistance. De fortes personnalités voulurent s'affirmer à elles-mêmes en faisant front devant les vexations de l'occupant. D'autres personnes voulurent pouvoir prouver le jour J aux Lorrains qui réintégreraient leur province que celles qui étaient restées avaient bien résisté activement. Il y eut surtout des bonnes volontés poussées par un mélange variable de ces motivations. Puis joua la cooptation : sur la base de l'amitié, de la profession, du voisinage, de l'appartenance à des associations, etc, d'où la formation d'équipes dont chaque membre à son tour recruta. Il y eut aussi l'occasion puis l'engrenage : des personnes, se trouvant par hasard devant un évadé demandant de l'aide, ne la refusèrent pas et un autre clandestin vint. Il y eut également des « durs » pas toujours désintéréssés... et ceux qui voulaient se faire dédouaner à la dernière heure.

Le cas des communistes, peu nombreux dans le « grand Metz », est plus délicat. Le courage et le dévouement individuels de ceux qui résistèrent sont à souligner mais « il faut bien voir qu'en 1942 les massacres de militants étaient le résultat de l'attitude du parti, qui désirait racheter sa politique de 1940 et de 1941. C'est pour faire oublier la trahison, la politique de collaboration, non avouée mais réelle, avec les Hitlériens que l'on a donné l'ordre de foncer tête baissée en 1942, que l'on a exécuté les missions les plus insensées et avec, en première ligne, les immigrés... excès nationalistes » (43). Comme à Paris et ailleurs, le P.C. chercha par ces excès, l'amalgame et la récupération, à se présenter faussement comme LE Parti de la résistance pour s'imposer face à de Gaulle lors de l'« insurrection nationale » à déclencher à la libération (44).

Réseau Mithridate

Pierre ***Jean Herbinger*** (45), ingénieur des mines, organisa dès 1940 un réseau de renseignements dans le midi au profit de « l'Intelligence Service » anglais. En été 1942, il alla à Londres contacter le général de Gaulle et le B.C.R.A. Depuis lors, revenu en France c'est pour eux que, devenu le « Colonel Bressac », il monta son réseau dénommé « Mithridate » avec P.C. à Lyon. Après des arrestations dans cette ville, il vint à Paris où il fut lui-même arrêté le 23 mai 1944. Il fut délivré par la résistance belge à Malines, le 2 septembre 1944, alors qu'il était transféré en train en Allemagne.

Mais son réseau était déjà bien implanté. Le commandant Lutz (dit Estrange puis Jean) en était à Nancy le chef pour l'Est (46). Just Scharff (47) en était,

43. R. Pannequin, chef F.T.P. du Pas-de-Calais, dans : « L'an prochain, la révolution » (éditions Mazarine).

44. Notamment dans « La nuit finira », Henri Frenay, chef du réseau Combat, a relaté « le noyautage systématique de la résistance par les communistes ».

45. Témoignage de Mme Granet, dossier 72 AJ 63 des Archives nationales.

46. Depuis au moins fin juin 1944, « Estrange » transmettait à Londres des renseignements sur Metz et sa région qui provenaient de l'agent 850 (celui-ci procurait également des informations sur Lunéville et ailleurs). Pour Metz, il s'agissait notamment de l'indication du chargement de torpilles en gare de Peltre (29 juin et 1er juillet) et du résultat du bombardement du 29 juin (5 à 7 juillet).

Le commandant Lutz avait mis en place l'antenne de Nancy, puis celle de Verdun (27 juillet) et de Metz. Il avait également demandé des « codes » pour monter Epinal (message n° 2316 du 29 juillet) et Londres « attendait » le « démarrage de Bar-le-Duc » (message 5111 du 12 août).

depuis décembre 1943, une antenne à Jœuf [48] où il disposait d'un poste américain de type M 02 Bliley (nom de code Playfair : « François » et indicatif : Frairdef F 2.000), et de deux opérateurs qualifiés, sous-officiers en congé d'armistice détachés par les réseaux.

A Metz :

- M. Albert Leroy, officier de réserve lui aussi, dirigeait après 1940 à la Préfecture de Metz le « service de liquidation des créances envers l'Etat français » (anciennes réquisitions), ce qui lui permettait de se déplacer officiellement en Moselle. Lui aussi commença par s'occuper d'évasions de prisonniers et de déserteurs, avec don de fausses cartes d'identité. Puis immatriculé E,876 (dit Raspail ou Simeon) à compter du 1er mars 1944 dans le réseau Mithridate, il faisait passer des renseignements militaires à Nancy (commandant Lutz) par Richard, aviateur de réserve affecté à la Trésorerie générale de Metz. Richard fut arrêté à Nancy. M. Leroy chercha alors l'efficacité par l'emploi d'un poste radio émetteur-récepteur. Mais il fallait un radio-télégraphiste.
- Le sergent de réserve Roger Bauler en était un, ayant servi en 1939-1940 au 18e régiment du génie télégraphiste de Nancy. Libéré comme Lorrain le 19 novembre 1940, il était revenu à Metz pour aider son père tenant un entrepôt de bière rue des Parmentiers. Dès le 1er décembre 1940, il aida Sœur Hélène en transportant des prisonniers évadés en Meurthe-et-Moselle dans sa camionnette de livraison. Puis la Sœur fut arrêtée. R. Bauler connaissait d'avant guerre M. Griboux (voir chapitre suivant sur les F.F.I.). Ce dernier, au courant des recherches de M. Leroy, en fit part à son ami. L'accord fut réalisé. Il fallait un poste radio.
- Grâce à M. Thisse [49], chef de la gare de marchandises de Metz en connivence avec les chefs de gare de Nancy et de Novéant (frontière), un appareil arriva de Nancy chez les Leroy le 1er août 1944 comme un simple colis. Ce poste émetteur-récepteur à quartz ne dépassait pas environ 25 sur 35 centimètres. Il fallait encore en connaître le mode d'emploi.

Mais il s'agissait surtout de prévoir une implantation vers l'est compte tenu de l'exploitation américaine : Strasbourg et au-delà. A la question d'Estrange (message 4474 du 25 août) : « Que devons-nous faire en cas d'avance alliée ? », le B.C.R.A. répondit deux jours après par message 58667 : « ... Devrez laisser sur place éléments de vos noyaux de renseignements les plus importants et replier le reste dans la mesure de vos moyens vers l'Allemagne — stop — Prévoir installation nouveaux noyaux en territoire allemand ». Dans le même but (mise en place d'agents de renseignements derrière les lignes allemandes) le commandant Scharff avait reçu la note de service S 5 non datée (début septembre ?) précisant notamment : « Il faut obtenir que soient organisés un secteur avec pour tête de ligne avancée Metz et un autre secteur avec pour tête de ligne avancée Château-Salins ; le premier comme direction de repli Sarrelouis l'autre Sarreguemines, Sarrebrück. Il faut que ces deux secteurs aient chacun leur chef qui se repliera avec les Allemands le plus possible et désignera un remplaçant au moment où il ne pourra plus se retirer plus loin lui-même... ».

47. Il était également membre du réseau « Alliance ».

48. En août 1944, son chef direct, Xavier Gilliot (neveu nancéien du général du même nom qui succéda à Metz au général Dody) lui transmit : « Pourriez-vous essayer d'atteindre Françoise (Béna) à Metz et lui dire de grouper les renseignements intéressants, d'organiser sur place ce qui est possible en ralliant ses possibilités aux vôtres, éventuellement avec une tête pour cette région-là ».

49. Il fut arrêté le même jour (coïncidence ?) et déporté. A son retour, il devint président local de « Résistance fer ».

- Le 2 août, le lendemain, arrivait chez M. et Mme Leroy, 57, rue de Reims à Montigny, « Raoul » (devenu le général d'aviation Blary à Paris), sans papiers du reste, dans la voiture de M. Chanteraine, chef du garage des mines de Giraumont. Ce dernier repartait, laissant Raoul avec ses codes et directives mettre au courant Roger Bauler et le ménage Leroy (Mme Leroy s'occupa initialement du chiffrement des messages. Ensuite, M. et Mme Bauler s'en chargèrent).
- Le message n° 1 fut envoyé ce même 2 août à Londres par Raoul E 852 pour indiquer son arrivée et la mise en route du réseau.
- Roger Bauler fut mis au courant et le poste transporté chez M. Kempnich, rue Serpenoise à l'angle de la rue du Lancieu, au 2e étage. Les messages 2 du 7 août, 8 du 9 et 9 du 10 étaient de service. Le dernier : « A Central (B.C.R.A. de Londres) de Raoul... Prière d'écouter attentivement nos rendez-vous-stop-n'oubliez pas que Metz est en Allemagne et que les libertés sont très limitées »... soulignait déjà difficultés et appréhensions. Les messages 3 à 7 des 8 et 9 août concernaient des renseignements : stationnement de trains militaires et surtout existence d'une usine de V1 (?) dans les anciennes carrières à chaux souterraines de Wittring.
- M. Kempnich ne voulant plus prendre le risque de l'hébergement du poste, celui-ci fut repris par la sœur de Bauler après une petite semaine et transporté chez l'horticulteur Scholtès, voisin et propriétaire des Bauler, 128, avenue de Strasbourg. De son côté, Raoul, mission remplie et faux papiers donnés par M. Leroy, regagna Nancy peu après le 10. M. Scholtès avait au fond de son jardin une maisonnette dont le rez-de-chaussée servait de garage. R. Bauler installa le poste dans le grenier à foin, au-dessus. Il y travailla avec Londres en graphie pendant deux à trois semaines, jusque fin août. Il y émit du 11 à fin août les messages 10 à 31 mais les numéros 17 à 27, du 16 au 24 août, ne purent être expédiés « faute de contact » (radio) [(50)]. Cet ensemble portait :
  - sur le résultat de bombardements en Allemagne mais surtout à Metz (12 août : 80 % de coups au but dans la gare de triage... 14 août : 16 avions démolis... 18 août : 19 avions démolis...) ;
  - sur des objectifs possibles du réseau ferré : « torpilles marines assemblées et chargées au fort de Verny » ;
  - sur l'arrivée à Metz et environs d'importants P.C. allemands en retraite, et le décès par empoisonnement de von Kluge constaté à Metz ;
  - sur les ultimes mesures de défense prises par la 462 V.G.D. ;
  - mais surtout, semble-t-il, sur la préoccupation du B.C.R.A. de voir installé à Strasbourg un nouveau correspondant : Marcel E 853. L'exploitation Patton était si rapide que c'était de Strasbourg et non plus de Metz que l'on voulait des renseignements...
- Tous ces messages, écrits par M. Leroy et codés par les Bauler, reprenaient des renseignements récoltés par M. Leroy lui-même lors de ses tournées et des contacts pris à ces occasions, par R. Bauler lors de ses tournées de ravitaillement à bicyclette, par Me Wolff [(51)], avocat à Metz,

---

50. Verdun se plaignait également. Estrange télégraphia donc le 25 août à Londres (n° 4588) : « Fais donc pression sur Centrale pour que l'impossible soit fait pour nous écouter avec patience et pour prendre tout notre trafic s'il vous intéresse toujours ».

51. A retracé son action de résistance dans : « Journal d'un résistant mosellan ».

par l'abbé Dero, par le chef de gare Thisse, par des agents divers dont Jean Trudin, capitaine des pompiers de Courcelles-Chaussy, l'ex-agent de police Hoerner, le luxembourgeois Albert Varnier, Paul Venner, Romain Zerwes [(52)], etc. Enfin, le dernier message, lui porté parce que trop long, était en partie signé du commandant Grégor, chef des F.F.I. Moselle (voir plus loin) qui faisait du reste état de la possibilité d'entrer en liaison par radio avec Nancy par l'intermédiaire du poste Scharff de Jœuf. La coopération semblait réelle.

- Tous ces messages comportaient des renseignements qui, s'ils n'étaient pas toujours pleinement exacts, c'était normal, fournissaient de forts intéressants objectifs, d'utiles comptes-rendus de bombardements en ville et des indications sur les déplacements ennemis.
- L'auteur n'a malheureusement pas connaissance des messages arrivés pendant ce mois d'août. Il y en eut.

F.F.I.

Les problèmes de commandement

- *Le secteur F.F.I.* de Metz a été homologué à compter du 1er janvier 1943 comme unité combattante de la résistance au titre de la région C - Mouvement de rattachement : Organisation de Résistance de l'Armée (cf. : Bulletin Officiel - édition méthodique - volume 328.3 - pages 388 à 390).
- *La région C* (les huit départements du nord-est, dont la Moselle et l'Alsace).
  - Le 26 novembre 1943, après l'arrestation d'Arrighi, Gilbert Grandval [(53)] devint chef de l'organisation militaire « Ceux de la Résistance » (C.D.L.R.) et chargé des huit départements du nord-est. A ce titre, il relevait du « Comité Action Militaire » (C.O.M.A.C.) qui dépendait lui-même du « Conseil National de la résistance » (C.N.R.).
  - Le 28 janvier 1944, par suite de l'arrestation de Schock, G. Grandval devint également le chef F.F.I. de la région C et le délégué militaire de cette même région (D.M.R.). Il était de ce fait sous les ordres du général Koenig qui avait reçu du Comité Français de Libération Nationale le commandement sur le théâtre d'opération Nord-Ouest (la France) des F.F.I. et des Forces Françaises Extérieures. Koenig était ainsi « le cordon ombilical entre la résistance intérieure et l'Etat-major interallié » [(54)]. Son représentant pour la « zone Nord » (de la France) était André Rondenay.

---

52. Romain Zerwes, coiffeur à Metz place Déroulède, avait obtenu une carte de frontalier grâce à une attestation du docteur Loevenbruck et retournait donc passer ses week-ends à Nancy. Il était mis au courant de mouvements V.F. par son ami Marcel Weber, sous-chef de gare à Vigy. Contacté par le commandant Lutz (responsable du réseau à Nancy) il lui apportait tous les lundis matin au conservatoire de musique les renseignements qu'il avait camouflés dans sa bicyclette mise aux bagages entre les deux villes (d'abord dans des chiffons sous la selle, puis dans un tube même du cadre de sa machine). Il a déclaré à l'auteur que chaque agent qui en avait besoin recevait 30 F pour « payer » ses informateurs, surtout du reste en nature : pelotes de laine ou kilos de café ramenés de Nancy. L'intéressé a dit par contre n'avoir jamais rien perçu à Metz de M. Leroy auquel il transmettait les renseignements les plus urgents.
53. Gilbert Hirsch-Ollendorf, alias Grandval en tant que chef F.F.I. de la région C, avait pour pseudonyme « Planète » en tant que délégué militaire régional de Londres. Il avait été sous-lieutenant d'aviation en 1940.
54. G. Grandval et A.J. Collin dans : « Libération de l'Est de la France ».

- G. Grandval, par ses deux fonctions, ne pouvait que subir l'antagonisme qui opposait le C.O.M.A.C., fort communiste, au général Koenig.
- Grandval avait ainsi en fait pris la place dans le nord-est du général Allemandet [55]. Le chef d'Etat-major de ce dernier (de l'Organisation de Résistance de l'Armée comme son « patron ») le lieutenant-colonel d'Ornant (dit Marchal) garda initialement son poste auprès de Grandval. Puis, s'entendant peu avec lui, fut nommé par ce dernier son adjoint pour la Moselle et l'Alsace, laissant sa fonction de chef d'Etat-major au lieutenant-colonel Paul Nerot.
- En fait, aucun de ces responsables ne vint en Moselle et ce département, a fortiori Metz, demeurèrent isolés. La situation particulière locale déjà décrite, la frontière compliquaient tout. Grandval n'avait que peu de moyens ; trop peu de parachutages d'armes furent réalisés et Londres dut juger utopique une telle opération en Lorraine « allemande », c'est pourquoi il décida de n'en pas faire là ! (de plus, il sera dit que la « Mission Lorraine » avait pu récupérer un certain armement dans la ligne Maginot. Londres, au courant, jugea peut-être que c'était suffisant). Bref, les résistants mosellans et messins durent surtout se débrouiller par eux-mêmes.

• *Le Commandement des F.F.I. de la Moselle*

- Jusqu'au 25 juillet 1944, il fut assuré par J. Scharff déjà cité comme « homme orchestre » de « Mission Lorraine » et comme participant aux réseaux « Mithridate » et « Alliance ». Il fut nommé le 15 mai 1941 chef départemental de l'« Armée Secrète » (A.S.) puis chef départemental de l'« Organisation de Résistance de l'Armée » (O.R.A.) [56], dont le chef pour la région Lorraine était alors le général Allemandet de Nancy. Ce dernier enfin fit de J. Scharff, le 20 janvier 1944, le chef départemental des F.F.I. de la Moselle.
- A ce titre, cet officier de réserve organisa son département autant qu'il lui était possible. Connaissant surtout le nord-ouest du département et exerçant sa profession dans le nord de la Meurthe-et-Moselle où il habitait alors, il disposa en été 1944 de brigades constituées dans les vallées de l'Orne, de la Fensch, et de la Moselle [57]. L'abbé Aloyse

---

55. Il évinça également ce général le 16 septembre 1944 quand fut créée la 20e Région militaire à Nancy.

56. Par le fait même, les formations de l'A.S. en Moselle se trouvèrent absorbées par l'O.R.A. (J. Scharff dans : « La libération de l'Est de la France »).

57. Début septembre, J. Scharff disposait :
 - Vallée de l'Orne (chef de secteur : Marcel Hermann).
   • Brigade de commandement : 23 hommes sous le lieutenant de réserve Ch. Remmel.
   • Brigade de Moyeuvre-Petite : 17 hommes sous adjudant de réserve N. Legrand.
   • Bridage de Moyeuvre-Grande : 9 + 40 prisonniers de guerre russes, lieutenant de réserve J. Hirschenam.
 - Vallée de la Fensch (chef de secteur : Robert Weber).
   • Brigade d'Algrange : 42 hommes sous sergent Fr. Schultz.
   • Brigade de Knutange : 34 hommes sous 2e Classe E. Provot.
   • Brigade de Nilvange : 57 hommes sous sous-lieutenant de réserve A. Rauscher.
   • Brigade d'Hayange : 86 hommes sous 2e Classe R. Weber.
   • Brigade de Fameck : 54 hommes sous sergent G. Kaffmann.
   • Brigade de Florange : 90 hommes sous lieutenant de réserve A. Bartringer.

Schilt, lieutenant de réserve lui aussi, groupa de son côté seize hommes à Bitche. D'autres brigades étaient « en formation » à l'est de la Moselle, notamment à Sarreguemines et Sarrebourg. L'adjoint de J. Scharff (alias commandant Emmanuel) l'entrepreneur René Mangin fut curieusement assassiné en juillet 1943 (câble tendu à travers la route alors qu'il descendait de Saint-Julien en motocyclette à son travail. La police conclut à un « règlement de comptes »... De fait, la victime, de « droite », avait des ennemis politiques). Il eut pour successeur son ami l'expert comptable Charles Saint-Paul, non réserviste mais qui, de par sa profession (il travaillait notamment avec les usines d'Hayange), pouvait se déplacer facilement dans le département [(58)].

- Le 25 juillet 1944 à Nancy, le lieutenant-colonel d'Ornant transmit à J. Scharff [(59)] la décision de G. Grandval : à compter de ce même jour, le commandant Krieger (dit Grégor) devenait le chef des F.F.I. de la Moselle et lui, Scharff, restait son adjoint... Ce dernier accepta... Il semble bien qu'il s'est agi là d'un des aspects de la rivalité entre giraudistes et gaullistes. Avec l'approche du dénouement, les seconds s'assuraient les places, or l'O.R.A. était considérée comme giraudiste (J. Scharff a dit à l'auteur n'avoir connu le général Giraud que quand celui-ci était gouverneur de Metz, de 1936 à 1939). Il se peut aussi que G. Grandval ait pris ombrage du fait que Just Scharff connaissait à Paris, Jean de Voguë, co-dirigeant du futur C.O.M.A.C. (Comité d'Action Militaire du futur Comité National de la Résistance) et le colonel Rondenay « délégué militaire de la zone Nord », les deux chefs du responsable de la région C...
- Il y avait un argument plus sérieux ou du moins plus avouable. J. Scharff était « l'homme orchestre ». Mais il ne pouvait pas tout faire (de vraies brigades n'existaient qu'au nord-ouest du département et à Metz, on le verra, elles n'étaient pas encore sérieusement organisées). Il est d'autre part indispensale de cloisonner les diverses activités de résistance pour assurer leur sécurité ; ce n'était pas le cas [(60)].

  Le général Allemandet, chef (groupes d'action A.S. puis O.R.A.) de J. Scharff avant d'être évincé par G. Grandval, se rendait compte de ce danger. « Au cours de nos conversations, je décelai bientôt que (ce) général n'avait qu'un enthousiasme modéré pour le rôle — qu'il n'estimait pas sans risques — que je tenais parallèlement dans la « Mission

---

- Vallée de la Moselle (chef de secteur : Bernard Grossmann).
  - Brigade de Thionville : 28 hommes sous 2e Classe J. Ritry.
  - Brigade d'Uckange 1 : 52 hommes sous sergent J. Cuisinier.
  - Brigade d'Uckange 2 : 22 hommes sous sergent J. Barnarius.

58. Il fut après la guerre chef d'une entreprise messine.

59. Convoqué à Nancy par un message du 24, J. Scharff y rencontra le 25 à 9 heures, le lieutenant-colonel d'Ornant et le colonel de Préval (alias Bayon), chef F.F.I. du département de Meurthe-et-Moselle. La réunion eut lieu rue Saint-Michel chez Mlle Hurstel qui dirigeait une pension de jeunes filles qui était l'un des P.C. de la résistance.
J. Scharff ne connut la véritable identité de Grégor que le 1er août par le commandant Charles Hermann que le commandant Krieger était venu voir la veille.

60. « Il y avait... une réelle incompatibilité entre la fonction de chef d'unités de combat que je devais continuer à assumer et celles très astreignantes, que j'occupais simultanément dans les réseaux ». J. Scharff dans : « La libération de l'Est de la France ».

Lorraine » (entr'aide-évasions et renseignements). Vers avril 1944 [61], J. Scharff suggéra au général de trouver un autre responsable pour la Moselle, lui-même pouvant demeurer aux côtés de celui-ci pour le seconder le cas échéant. Après quelques jours de recherches, le général lui indiqua le nom de M. Chevalier, concessionnaire Peugeot pour la Moselle, demeurant à l'angle des rues Mangin et de Pont-à-Mousson. J. Scharff s'y présenta. Le renseignement n'était pas bon. J. Scharff en rendit compte et proposa le commandant de réserve Charles Hermann, gendre de Moitrier, qui habitait rue Dupont-des-Loges et était déjà à Metz boîte aux lettres et conseiller de J. Scharff (lui indiquant notamment le nom d'officiers de réserve et de notabilités mosellanes pouvant être contactés). Mais l'intéressé refusa une responsabilité accrue.

Nancy était aussi au courant de la situation non satisfaisante du commandement mosellan et de ces échecs de tentatives pour y remédier. C'est pourquoi une solution fut recherchée du côté de l'Alsace, à l'organisation résistante plus poussée. Le 16 juin 1944, le commandant Kibler (« Marceau ») chef des F.F.I. alsaciens, parti de Raon-l'Etape avec le capitaine Rivière, franchit clandestinement la frontière pour rejoindre ses principaux adjoints en Alsace. Une réunion de quelques jours eut lieu au chalet de M. et Mme Groskost, retraité des chemins-de-fer, entre Grendelbruch et Schwartzbach (à 7 km Est-Nord-Est de Schirmeck). Avant son départ de Raon, le lieutenant-colonel d'Ornant (de lui-même ou sur l'ordre de G. Grandval ?) dit au commandant Kibler de demander à ses adjoints « s'ils pourraient lui indiquer quelqu'un qui serait prêt à s'occuper du département de la Moselle. Ce qu'ils ont accepté » [62]. De fait, le strasbourgeois Paul Freïss (« capitaine Jean-Paul », officier de liaison interdépartemental en Alsace) fit le nécessaire et réussit [63]. Son ami Gustave Lorentz, de Soufflenheim, lui indiqua Alfred Krieger. Au cours d'un repas en commun, P. Freïss l'estima et lui proposa donc ensuite cette responsabilité qui fut acceptée. P. Freïss le convoqua en conséquence à la deuxième réunion de Grendelbruch qui eut lieu à partir du 17 juillet. Cette fois le lieutenant-colonel d'Ornant lui-même avait accompagné le commandant Kibler. M. Krieger ne fut présent qu'une journée et s'entretint avec le lieutenant-colonel d'Ornant qui le nomma alors chef départemental, lui donna son surnom de Grégor et lui fixa les rendez-vous des 1er et 2 août avec J. Scharff (voir plus loin). Revenu d'Alsace vers le 23, le lieutenant-colonel était en mesure le 25 de faire part à ce dernier de la décision prise et des rendez-vous fixés (mais sans lui relater son voyage ni les circonstances de la nomination de son successeur...). Il faut enfin signaler qu'Alfred Krieger s'était intéressé dès avant

61. Le général avait alors été remplacé par G. Grandval, mais continuait de s'intéresser à la résistance.

62. Lettre du lieutenant-colonel Kibler à l'auteur, le 30 octobre 1985.

63. « Un second passage fut organisé quelques jours plus tard, le 17 juillet, pour recevoir le colonel Marchal (d'Ornant) et à nouveau le commandant Marceau (Kibler). Entre-temps j'avais trouvé l'homme responsable pour la Moselle... : Alfred Krieger, inspecteur de la Salec à Metz, nommé commandant des F.F.I. pour la Moselle avec le pseudonyme commandant Grégor. C'était une personne remarquable. Il m'avait été recommandé par mon ami et confident Gustave Lorentz, de Soufflenheim ». Paul Freïss dans : « Causerie du 23 novembre 1969 au Rotary-Club de Strasbourg ».

ces événements à la résistance messine. C'est ainsi qu'il eut notamment dès avril ou mai des « contacts informels » avec le lieutenant de réserve (et futur chanoine) Stenger [64]. Début mai, le traître Cridlig, interrogeant Jean Denis du réseau Navarre (voir plus loin) pour tenter de connaître le chef de la résistance messine, lui cita plusieurs noms, dont Krieger.

- Bref, discipliné, attaché à ses hommes et à sa mission et déjà fort engagé par ses autres responsabilités dans la résistance, J. Scharff n'avait plus qu'à passer ses consignes et à présenter ses principaux subordonnés à son successeur. Un rendez-vous à Metz était déjà fixé pour le 1er août, si impossible le 2, à 15 heures à la gare centrale de Metz. J. Scharff y vint les deux fois, accompagné de M. Stoeber, capitaine de réserve de l'Armée de l'Air chargé des plans de sauvegarde des mines de fer, des usines sidérurgiques et des charbonnages en Moselle. Krieger-Grégor fut présent le 1er août, mais ne vint pas au devant de J. Scharff comme il avait été convenu, avec mot de passe prévu. Ces hommes se virent mais Krieger croyant, peut-être, flairer un piège policier en apercevant M. Stoeber, non annoncé et placé en retrait de J. Scharff, s'en alla au bout d'une heure environ d'hésitation. Scharff revint le lendemain avec son compagnon. Il ne se souvient plus si Krieger était présent. Ce qu'il y a de sûr, c'est qu'ils ne se rencontrèrent pas. Scharff essaya encore et en vain de rencontrer son successeur par la suite, en fixant notamment un rendez-vous à l'église de Genibois à Jœuf. Ce fut Costa (un des chefs de brigade messins, voir plus loin) qui y vint et non le commandant Grégor. Son prédécesseur convoqua alors à Metz, le 28 août, tous ses subordonnés départementaux et fit inviter Krieger-Grégor par Jean Costa à ce « passage de consignes » (voir prochain chapitre).

- *Le Commandement des F.F.I. de Metz*
  - Il y avait un défaut de base. Il ne s'agissait toujours que du problème du chef départemental, titre un peu théorique. Ce qui manquait à Metz, comme dans beaucoup d'endroits, c'était un chef local apte à coordonner les efforts des bonnes volontés, à leur donner des ordres. Parmi ces « bonnes volontés » messines, certains responsables F.F.I. tels que Tribout, Griboux, Thiriot et Eisenkopf sentaient d'autant plus ce besoin grandissant qu'approchait l'échéance de la libération. Or l'organisation F.F.I. à Metz n'était qu'embryonnaire. Just Scharff, habitant alors à Jœuf et déjà trop pris, ne pouvait être aussi ce chef local et Saint-Paul semblait être inconnu de tous. Il fallait quelqu'un de connu et non marqué politiquement. Certains pensèrent au brasseur Jean Amos, mais il était lui trop en vue. Griboux et Tribout avaient l'énergie nécessaire et au moins le second de l'ambition mais n'avaient pas assez de relations. C'est alors que, par Nancy, un rendez-vous avec Krieger fut fixé. Au café des « Arts et Métiers », rue Gambetta, trois responsables : Eisenkopf, Thiriot et probablement Tribout (Costa ou Griboux) rencontrèrent effecti-

---

64. Celui-ci, homologué « capitaine attaché à l'Etat-major » (du commandant Krieger) du 1er janvier au 23 novembre 1944, s'occupait parallèlement et dès avant 1944 de passages de clandestins et de fournitures de renseignements. Son pseudonyme était « Luc-Xavier ». Au point de vue F.F.I., il fut donc bien un adjoint de Grégor, comme le capitaine Tribout et le commandant de gendarmerie Petit.

F.F.I.   P.C. le 5.8.1944

Alsace - Moselle   Moselle

Ordre de Mission

Par délégation des pouvoirs qui lui sont conférés par le Lieutenant-Colonel MARCHAL, commandant les FFI d'Alsace et de la Moselle, le commandant GREGOR, chef du département de la Moselle, nomme

Chef du Secteur de l'Arrondissement de ......METZ... VILLE............

Mr. ..Edmond MOPPERT..

avec mission :

1) De détruire l'Armée ennemie stationnée sur son territoire.
2) D'assurer l'ordre public et de mettre en place un commandement civil provisoire suivant les instructions qui lui sont donnés.
3) D'assurer, au besoin par la force, la conservation du patrimoine national et privé en s'opposant aux destructions tentées par l'ennemi et par les pillards.

et de réferer au Chef du département de la Moselle de l'accomplissement de cette tache ou de toutes difficultés pouvant surgir dans l'execution du présent ordre.

Il sera promu au grade de Capitaine des FFI par décision du Lieutenant-Colonel MARCHAL, commandant les FFI d'Alsace et de la Moselle, aussitot que les états de proposition pourront être soumis à l'approbation de celui-ci.

Le Commandant GREGOR
chef du département de la Moselle.

(Coll. Moppert)

F.F.I.

REGION MOSELLE

ORDRE DE MISSION

Par délégation de pouvoirs qui lui sont conférés par la note du 24 Juillet 1944, le Commandant GREGOR , chef du département de la Moselle, nomme

à la Direction de Police

le Capitaine de réserve WOLFF, avec attributions du même grade dans les F.F.I. stationnés en Moselle.

P.C. Moselle, le 31.8.1944

Le Commandant GREGOR
Chef du département de la Moselle

(Coll. Wolf)

Ordres de mission F.F.I.

vement Grégor. Ils se méfièrent d'abord de son accent alsacien mais l'homme sortit une attestation de la doublure de son chapeau. Il fut ainsi accepté et cette réunion dut avoir lieu peu après la nomination de l'intéressé puisque, dès le 5 août, celui-ci signait un ordre de mission (celui de Me Moppert) en tant que « chef départemental des F.F.I. de la Moselle ».

- Alfred Krieger (adjudant de réserve du génie homologué commandant en mars 1945) était un Alsacien protestant, ingénieur à la Salec [(65)] (Société Alsacienne et Lorraine d'Electricité) dont les bureaux étaient à l'angle de la rue Gambetta et de la rue Pierre-Perrat (actuel E.D.F.). Il aurait été arrêté par les Allemands du 3 juillet 1943 au 1er janvier 1944 [(66)].
- Conclusion : fin août, le problème du commandement local était malheureusement fort mal réglé. La passation des consignes n'était pas faite (en particulier des « plans de protection » — voir plus loin —) et le nouveau chef demeurait un inconnu pour la grande majorité de ses subordonnés messins et a fortiori pour tous les autres F.F.I. du département [(67)].
- Du moins avait-il un adjoint militaire indiscuté à Metz en la personne du capitaine de réserve René Tribout [(68)]. Inspecteur du travail à Metz dès avant 1940, il habitait pendant la guerre, rue du Roi-Albert à Queuleu. Il aurait été également liquidateur de biens spoliés. Il s'était fait faire, au plus tard en août, du papier à entête avec le titre de « Chef du secteur militaire Moselle ». En fait, très dynamique et courageux, il fut « le bras droit » militaire du commandant Krieger plus enclin à la politique qu'aux actions commandos.
- Les principaux responsables se seraient réunis deux à trois fois par mois de juin à août, le plus souvent dans le bureau de R. Tribout (inspection du travail, au rez-de-chaussée, rue Paul-Michaux, non loin de l'hôpital Bonsecours) parfois chez Mme Lebrun, rue de Pont-à-Mousson en face de l'actuel magasin Jaeger-Moser, parfois également rue Mazelle, au café « Au Vieux Metz » qui avait en cas d'alerte l'avantage de donner sur deux rues. Mais il s'agissait alors de réunions de camarades, non formelles, non suivies par tous, au cours desquelles on « se serrait les

---

65. Travaillant à la Salec à Strasbourg, il fut envoyé en septembre 1940 à Metz par sa Direction générale afin d'y sauvegarder les intérêts de cette société.
Celle-ci fut absorbée le 1er avril 1941 par la firme « Westmarkwerke A.G. » dont le siège était à Ludwigshafen.

66. Son homologation F.F.I. va du 15 janvier au 3 juillet 1943 et du 1er janvier au 19 novembre 1944.

67. M. Pierron, alors adjoint d'Edmond Fogt, chef F.F.I. du secteur de Sarreguemines, a indiqué à l'auteur qu'il se souvenait d'avoir vu dans cette ville le capitaine Tribout venu de la part du commandant Grégor pour traiter de questions F.F.I. Ce capitaine, par sa profession, pouvait se déplacer facilement dans le département. Tout début 1944, c'est probablement lui qui vint charger les résistants locaux de se renseigner sur l'usine de Wittring, informations qui intéressaient M. Leroy du réseau Mithridate de Metz (cf. les messages cités). Plus tard, Tribout vint annoncer qu'un parachutage aurait lieu aux environs de Rohrbach-lès-Bitche. (Il n'eut pas lieu). Peu de temps avant la libération de Metz, c'est probablement le même émissaire qui vint confier une mission particulière aux F.F.I. sarregueminois. De telles actions de responsables messins hors de Metz même seraient à préciser.

68. Il fut parfois connu, après la libération, sous le nom de Tribout de Lorbette. Son pseudonyme, peu connu, fut : « capitaine Thibaut » (ce René Tribout n'est pas à confondre avec l'archiviste Henri Tribout de Morembert).

F. F. I.

SECTEUR MILITAIRE MOSELLE

METZ, le 1. 9. 44

Le Capitaine TRIBOUT

Chef du Secteur Militaire

certifie

que Uettwiller René, né le 23 mai 1912,

est F.F.I. et appartient à la Brigade II (Moselle)

Fonctions : Chef de groupe (sergent)

LE CAPITAINE,

Chef du Secteur Militaire :

Tribout

Attestation du capitaine Tribout. (Coll. Eisenkopf)

coudes », on s'échangeait des renseignements, on recevait peut-être quelques directives mais certainement pas d'ordres.

- Signalons de plus que le chef de brigade Griboux [69] coopéra avec Tribout sur le plan militaire et que le lieutenant Kron [70], chef de la brigade F.F.I. d'Ancy-sur-Moselle, aurait parfois œuvré avec les brigades messines.
- Notons enfin que Saint-Paul semble bien n'avoir pas eu de contacts, du moins efficaces, avec ces divers responsables.

Les effectifs

- Les totaux officiels pour les F.F.I. de Metz sont :

Dates	Officiers	Sous/Officiers	Troupe	Total
1er janvier 1943	3	8	74	85
1er juillet 1943	8	54	246	308
1er janvier 1944	20	110	940	1 070
1er juillet 1944 (*)	41	138	1 039	1 218

(*) A la même date, en Moselle, il y aurait eu en plus : 2 239 membres du groupe Mario et 1 721 F.F.I. du reste du département. Sur ces 1 721, 458 avaient alors un certificat d'appartenance.

- Le 1er novembre 1984, sur les 1 218 F.F.I. messins, 255 seulement détenaient le certificat d'appartenance officiel. Parmi les autres, il y avait des « douteux » et des « vrais » qui, après la libération, ne s'occupèrent plus de cette tranche de leur passé.
- A la même date du 1er novembre 1984, sur les 255 « officiels » 127 étaient décédés, juste la moitié, et sur les 128 survivants, 45 seulement devaient encore habiter à Metz.
- Compte tenu du nombre réduit d'armes dont il disposait, J. Scharff voulut d'abord créer à Metz « un groupe franc » plutôt que plusieurs éléments mal armés. C'est donc ce groupe franc qui, prioritaire, fut dénommé le « secteur 1 » de Metz. Le « secteur 2 » regroupait toutes les autres bonnes volontés, celles des neuf brigades « en formation ». Krieger-Grégor eut ensuite la même idée et tenta de créer un autre « groupe franc » (on verra pourquoi un autre). Mais il sera dit que ces deux groupes ne participèrent pas en tant que tels aux actions de la libération. Seuls quelques membres de ces groupes francs ont dû agir alors mais en se raccrochant individuellement à l'une ou l'autre des neuf brigades. Il n'est donc pas question de ces deux groupes dans la répartition qui suit.

---

69. Un texte F.F.I. le nomme : « ex-adjoint au chef du secteur militaire des F.F.I. de la Moselle ».

70. Un document officiel, non daté, signé du chef départemental F.F.I., le commandant Krieger, indique : « Les premiers groupes de Résistance créés à Metz dépendaient du secteur de la Moselle sud, sous-secteur d'Ancy. Des éléments appartenant à ce groupe ont servi à l'encadrement de brigades créées ultérieurement à Metz ». Le lieutenant Griboux est, lui, beaucoup moins affirmatif. Quoiqu'il en soit, le lieutenant Kron, « résistant dans l'âme », était personnellement bien connu et apprécié des F.F.I. messins et ses propres volontaires auraient eu une activité soutenue, d'Ancy à Frescaty, à partir de novembre 1942. Ceci explique qu'il fut, après la libération, membre de la commission régionale d'homologation et liquidateur F.F.I. — mouvement O.R.A. — pour le département de la Moselle. (Vers le 1er novembre 1944, il prit liaison avec J. Scharff et le lieutenant de réserve Junk — voir plus loin).

- Un document du chef départemental F.F.I. Krieger indique après guerre la répartition grosso modo des 1 218 cités entre les neuf brigades dont il sera question plus loin :
  - 1re brigade (de commandement) : 30 hommes (dont 28 ayant le certificat officiel).
  - 2e brigade : 200 hommes (dont 39 ayant le certificat officiel).
  - 3e brigade : 100 hommes (dont 34 ayant le certificat officiel).
  - 4e brigade : 200 hommes (dont 60 ayant le certificat officiel).
  - 5e brigade : 200 hommes (dont 19 ayant le certificat officiel).
  - 6e brigade : 150 hommes (dont 14 ayant le certificat officiel).
  - 7e brigade : 127 hommes (dont 29 ayant le certificat officiel).
  - 8e brigade : 60 hommes (dont 17 ayant le certificat officiel).
  - 9e brigade : 150 hommes (dont 15 ayant le certificat officiel).
- Ce total de 1 218 est exagéré. Il provient de listes établies juste après la libération. Combien y eut-il de « vrais » F.F.I. qui, d'une part, le furent par conviction et non par intérêt divers, et d'autre part, furent effectivement actif avant le 22 novembre ?

La constitution des brigades (71)

- Rappelons qu'elle se fit *lentement et par cooptation.* Des personnes dynamiques avaient, depuis plus ou moins longtemps, contacté et recensé des bonnes volontés choisies suivant des critères professionnels, de voisinage, d'appartenance à diverses associations ou simplement amitié. Parmi ces équipes, certaines « résistèrent » d'une façon ou d'une autre avant novembre 1944 alors que d'autres se tenaient simplement prêtes pour le jour J. Parmi les premières surtout, certaines s'étoffèrent, des « contactés » contactant à leur tour d'autres personnes et le tout devint une unité de volume suffisant. Les chefs des petites équipes isolées par contre cherchèrent de leur côté un chef pour en obtenir directives (plus qu'ordres) et moyens (armement). De bouche à oreille, le nom des principaux résistants était connu et chacun choisit ainsi son « patron », quitte à en changer, patron à qui il annonçait simplement qu'il le rejoindrait le jour J avec tant de volontaires. Ces patrons, futurs chefs des brigades, officiers de réserve ou assimilés, ne connaissaient en fait que ces chefs d'équipe tenant lieu de sous-officiers (c'était bien ainsi pour la sécurité de l'ensemble) et les quelques individualités qui s'étaient directement raccrochées à eux.
- Il a déjà été dit qu'après la libération, les F.F.I. de Metz furent reconnus être organisés en neuf brigades (celles qui formèrent le secteur 2 du commandant Scharff). Ce ne fut que le résultat d'une lente évolution dont il sera reparlé et dont le détail est inconnu de l'auteur. Pour faciliter la suite de l'exposé, il est plus simple de présenter ces neuf brigades dès ce premier chapitre qui concerne la période allant jusqu'aux tout derniers jours d'août 1944.

---

71. Dans un document officiel, non daté, signé du chef départemental F.F.I., le commandant Krieger, celui-ci résume d'une façon trop optimiste, mais aimable pour son prédécesseur, ce travail d'organisation d'alors. « En août 1944, le rassemblement, la mise sur pied des brigades F.F.I. s'établirent en un temps record, grâce aux mesures prises antérieurement par le chef départemental. C'est ainsi que furent formées les neuf brigades F.F.I. qui devaient participer à la libération de la ville ».

- La 1re brigade de commandement, était sous les ordres du capitaine René Tribout, l'adjoint militaire déjà cité, « chargé de coordonner et fusionner les divers groupes de la ville » [72].

- La 2e brigade avait pour chef le lieutenant Guillaume Eisenkopf (alias Gilbert). Aspirant de réserve avant 1940, il servit ensuite à la Préfecture de Metz au « service de liquidation des créances envers l'Etat français » (avec M. Leroy). Lui aussi fut amené à la résistance par les prisonniers évadés. Un prêtre de Saint-Vincent lui demanda d'abord pour eux des vêtements, puis ce fut l'aide aux passages de frontière, enfin la confection de nombreux faux papiers grâce aux cachets officiels subtilisés à la Préfecture et dont le nom « Moselle » était par lui changé en celui d'un autre département de l'« intérieur », etc.
  Dès 1943, la future brigade se constitua peu à peu regroupant des bonnes volontés contactées pour la même raison ou à cause du voisinage (Mme Eisenkopf était enseignante à l'école de Borny où elle habitait avec son mari et leur jeune enfant) d'où le groupe du sergent Cometto, ou parce qu'anciens du lycée de Metz (où Eisenkopf étudia) ou par amitié (l'aspirant Antenat, de Montigny, préféra rejoindre Eisenkopf avec un groupe de 38 personnes dont Joseph Schaff plutôt que le montignien Griboux) etc. Cette brigade compta également un groupe de Woippy et un autre de Scy-Chazelles, ainsi que celui de l'adjudant Naudin qui, avec des camarades du quartier du Moyen-Pont, aurait « bousculé » des soldats allemands isolés pour leur prendre leurs armes. Il y avait encore le groupe du sergent-chef Roger Becker de la rue Mazelle [73] et des individualités tel le docteur Hubert Wiltzer [74]. Bref, une liste (exagérée) de 250 noms compte 9 groupes de 14 à 38 personnes et 40 individualités.

- La 3e brigade était celle du capitaine de réserve Joseph Bock. Elle regroupait particulièrement des habitants de Queuleu et quelques ouvriers portugais, espagnols et polonais. Cette brigade fut constituée à la fin en quatre sections.

- La 4e brigade était sous les ordres du lieutenant Henri Griboux de Montigny et comptait surtout des volontaires de cette localité. Leur chef, sous-lieutenant de réserve, habitait rue Saint-Paul et s'occupait de la maison de graines Fabre.
  A la base de la brigade fut le « groupe Jean-Jacques », commandé par Griboux dès janvier 1943 indique une lettre officielle [75], constitué officiellement le 15 novembre 1944 et dissous par P.V. le 15 décembre 1944

---

72. Extrait d'un document officiel, non daté, établi par le commandant Krieger après la libération.

73. Ce groupe appartenait initialement à la 5e brigade. Quand le chef de celle-ci, le lieutenant Thiriot, servit en fait directement les Américains à la libération comme on le verra, Becker et son groupe vinrent se rattacher à la 2e brigade du lieutenant Eisenkopf et les listes ne furent établies qu'après ces faits, après la libération.

74. Dès avant septembre, le responsable F.F.I. Henri Thiriot était venu, de la part du commandant Krieger, demander à Mme la doctoresse Burger d'être le médecin des F.F.I. Elle accepta de grand cœur. L'efficace action de cette belle-sœur de Jean Burger, chef du groupe « Mario », dont elle n'avait pas les idées politiques, sera relatée plus loin.

75. Lettre n° 9.596/1 F.F.C.I. du 22 décembre 1950 du chef de la section F.F.C.I. de l'E.M. de la 6e R.M. au général commandant la 6e R.M.

dit une autre [76]. Quoiqu'il en soit, l'équipe commença par la réalisation de faux papiers d'identité.

- La 5e brigade était commandée par le lieutenant Henri Thiriot. Cet élève-officier de réserve d'avant 1939 habitait rue Mazelle et travaillait à la quincaillerie Dufour, rue Haute-Seille. Dès le 6 octobre 1941, d'abord en liaison avec Sœur Hélène, il participa à l'évasion de 280 prisonniers de guerre français, dont il hébergea beaucoup au passage chez lui-même (ceci fit qu'un prisonnier, Ducup de Saint-Paul, repris après la frontière, dut trahir ce gîte, ce qui valut 5 mois de prison à l'une des sœurs de l'intéressé, Clotilde, préférant couvrir son frère). Ce dernier créa également une troupe scoute pour camoufler des jeunes et soutenir le moral de ceux qui ne pouvaient échapper aux contraintes nazies.
C'est avec tristesse qu'avant le débarquement, le lieutenant dut aller jeter dans la Seille, sous le pont de la voie ferrée, en bas de Plantières, une dizaine de fusils allemands qu'un employé de la quincaillerie avait camouflé dans le dépôt du magasin ; il venait d'être arrêté et pouvait parler.

- La 6e brigade fut ensuite celle du sous-lieutenant Justin Christ. Ce serrurier devenu lieutenant des pompiers à Metz, maréchal des logis de réserve, ami de Jean Costa (voir plus loin) avait regroupé des bonnes volontés à Magny principalement, ainsi qu'à Peltre et au Sablon. Une fiche questionnaire concernant sa brigade fait état d'un transport d'armes par camionnette, le 2 février 1944, de Metz à Magny. Avant novembre 1944, des wagons garés en gare de Peltre à l'emplacement dit : « Jardin des roses » auraient été sabotés.

- La 7e brigade, sous les ordres du lieutenant de réserve [77] Jean Berwick était « professionnelle ». Habitant en bas de Saint-Julien, il était en 1941 ingénieur de la ville s'occupant de l'usine d'électricité et des ateliers municipaux.
Dès 1943 furent contactés beaucoup de personnels du service des eaux (dont ceux de l'usine hydro-électrique d'Argancy), ainsi que certains de l'usine d'électricité et des T.C.R.M. L'adjudant Lebeau, du service des eaux, cacha (le 16 juillet ?) au château d'eau de la colline Sainte-Croix, quelques armes (fusils de chasse, P.A. de 6,35, voire grenades) jusqu'alors gardées frauduleusement par des camarades (le texte officiel F.F.I. non daté déjà cité mentionne : « le 16 juillet 1944, transport d'armes et d'explosifs dans l'usine d'électricité »).

- La 8e brigade, la plus petite en effectifs, était celle du lieutenant Georges de Znaniesky, de son métier kinésithérapeute. Ce dernier, officier de réserve en 1939, avait dû être au préalable sous-officier de réserve puisqu'il présidait alors « l'association de sous-officiers de réserve de Metz-frontière » (en fait les S.O.R. des 146e et 162e R.I.). Avec des camarades de cette association, dont l'adjudant Philippe Stamer, il fit partie de la brigade F.F.I. Costa jusqu'à quelques jours de la libération. Il

76. Lettre n° 122/3 du 31 janvier 1946 du général commandant la 21e R.M. (Metz) à l'E.M. Air de Paris.

77. Son père avait été adjudant allemand et son grand-père officier français...

prit alors son indépendance, regroupa d'autres amicalistes et forma ainsi la 8e brigade, avec Philippe Stamer comme adjoint et 31 autres amis ; total : 33.
Une fiche questionnaire remplie par G. de Znaniesky en mars 1950 mentionne : « Fin 1940, récupération d'armes et de munitions dans le nouveau canal près de Longeville-lès-Metz ».

- La 9e brigade avait pour chef le lieutenant Jean Costa. Cette unité était peut-être celle au noyau le plus ancien. Son chef, italien d'origine, autodidacte, apprenti devenu entrepreneur, non cadre de réserve, avait en effet recruté dès le 24 février 1941 dans la région de Mars-la-Tour les éléments de son groupe : « Lorraine, tu respireras bientôt ».

• Il faut enfin signaler l'existence, au moins théorique, des deux « groupes francs ».

- Il a été dit que le secteur 1 de Metz était le groupe franc qu'avait voulu créer J. Scharff en priorité. Il lui fallait pour cela un chef particulièrement dynamique et expérimenté. Saint-Paul lui fit faire la connaissance de cet homme : Pierre Gloutier. Ce chef de la cellule communiste de la rue des Allemands à Metz avant 1939, habitué aux « coups durs », revint de captivité fin 1941. Il se joignit d'abord à des groupes isolés de passeurs communistes louant leurs services... Il préféra venir avec des camarades s'intégrer à la « Mission Lorraine », créant la « filière ou sous-réseau Leclerc » (c'était son surnom) de passage de clandestins. Cette filière œuvra notamment avec Sœur Hélène, amie d'une parente de Gloutier [(78)]. Après l'arrestation de la Sœur, ce dernier profita de son nouvel emploi de chauffeur-livreur d'une boulangerie de coopérative à Rombas [(79)] pour faire passer la frontière à Froidcul à des prisonniers évadés. Dénoncé (vengeance d'anciens camarades ?) il fut arrêté le 25 août 1943 et déporté [(80)]. Jusqu'à ce jour et parallèlement, il avait été nommé par Scharff chef du secteur 1 de Metz, donc du « groupe franc » espéré. Disposant de ses soirées, il avait regroupé 34 de ses amis messins, courageux gens de métier, communistes, connaissant particulièrement bien les techniques utilisées dans les corps francs. De plus, ce même Gloutier confectionnait de fausses cartes d'identité (il en vendit notamment une au lieutenant Thiriot — voir plus loin — expliquant ultérieurement à J. Scharff qu'il devait payer jusqu'à 7 000 F les faux cachets qu'il devait se procurer).

- Après l'arrestation de Pierre Gloutier, Saint-Paul fut chargé de ce commando, du secteur 1 de Metz, en même temps qu'il assurait les fonc-

---

78. Pierre Gloutier a indiqué avoir disposé de 18 personnes à partir du 15 décembre 1941. Sur ces 19 résistants (lui compris), 9 seulement étaient de Metz dont le docteur Hubert Wiltzer et René Hecq. Les autres étaient de ses connaissances pouvant servir de filière ailleurs, (1 à Mulhouse, 2 à Malancourt, 1 à Merlebach, 2 à Nancy, 3 à Dijon et 1 à Valence).
Sur ces 19, cinq furent déportés (Pierre et Marie Gloutier, Roger Maillard de Nancy, Louis et Marthe Pochon de Malancourt-la-Montagne).
Début 1945, l'effectif officiel du groupe fut de 34.

79. Emploi trouvé grâce à M. Souvigny de la « Mission lorraine ».

80. Revenu de déportation, il fut quelques années gardien du musée de Gravelotte puis partit dans le Midi où il mourut en 1973.

tions d'adjoint « militaire » du commandant Scharff. Mais il n'était pas connu des amis de Gloutier qui, néanmoins, auraient parfois de l'été 1943 à l'été 1944 coupé à l'explosif les lignes téléphoniques aériennes desservant le « Frontleitstelle West » (centre de régulation de la Wehrmacht) installé avenue Foch.

- C'était bien ce groupe franc créé par Gloutier qui avait été chargé par Scharff des actions principales donc des actions concernant les ponts et la poste centrale (voir plus loin).
- Faute de passation de consignes entre les deux chefs départementaux et de l'absence probable de contacts entre Saint-Paul et les divers responsables du secteur 2 de Metz, le commandant Krieger ignorait l'existence de ce qui restait de ce groupe. Lui-même et son équipe désiraient pourtant disposer d'un tel élément. Mme Louise Lebrun, qui travaillait aux archives départementales et était la secrétaire F.F.I. du commandant Grégor, lui fit connaître son neveu : le jeune François Ull. Ce jeune homme de la classe 1923 « kamikaze particulièrement débrouillard », réfractaire, prétendait notamment pouvoir ramener de précieux renseignements en se déguisant lui-même en soldat allemand. Pour le moment, arrêté le 15 septembre 1943 (pour la « récupération » d'une bicyclette allemande ?) et s'étant évadé dès le 30 du même mois, il vivait clandestinement depuis lors à Devant-les-Ponts, changeant parfois de cachette et continuant à prendre des contacts avec la résistance par l'intermédiaire de sa tante. Avait-il alors réellement constitué une équipe, un corps franc ? Avait-il de l'armement ? Quoiqu'il en soit, il était directement à la disposition du commandant Grégor.

L'armement

Quatre faits sont à noter.

- Il n'en vint pas de l'extérieur.
  - Il n'y eut pas de parachutages d'armes en Moselle. Rappelons que Londres décida dès 1943 de ne pas en faire dans ce département [81]. Il sera dit qu'en octobre 1944 Londres envisagea un parachutage au profit de l'équipe Mithridate de Metz. Mais il ne s'agissait alors que de l'envoi de fonds, de matériel radio et de ravitaillement.
  - Les armes disponibles le jour J ne pouvaient être que des armes clandestinement conservées depuis 1940 ou prises aux Allemands depuis lors. Effectivement, J. Scharff en avait fait récupérer. « J'avais envisagé... d'offrir à K. (Krieger) une certaine quantité d'armes et de munitions du stock encore disponible entreposé depuis sa récupération en 1941 et

81. J. Scharff avait étudié la possibilité de tels parachutages en Moselle. Vers septembre 1943, il en demanda un sur le Stromberg, hauteur proche de Sierck. Un mois plus tard environ, le général Allemandet lui indiqua qu'il n'y aurait pas de telles opérations. En août 1944, le commandant Scharff dut prévoir la sauvegarde d'installations industrielles. « Préoccupé par l'importance de cette dernière mission dévolue aux F.F.I. et dans l'espoir d'obtenir les parachutages souhaités, je m'adressai directement à Londres par la voie du réseau Mithridate. Le 23 août seulement, une réponse me parvint, via le poste nancéien de ce réseau qui disait textuellement : « Il sera difficile, sinon impossible d'équiper les groupes d'usines... Il conviendra donc de ne pas trop compter... sur une aide extérieure et de s'organiser en conséquence » (« La Libération de l'Est de la France » par J. Scharff).

1942 dans l'abri fortifié du Stresling... » [82]. L'absence de contact entre les deux chefs déjà indiqué et qui le sera encore au chapitre suivant ne facilita rien. De plus, par prudence (il valait mieux n'armer les « durs » du secteur 1 qu'au dernier moment et le secteur 2 n'était encore qu'« en formation »), ce don d'un lot d'armes [83] ne fut prévu que vers le 1er septembre, en fait trop tard, on le verra.

- Le total des armes détenues par la résistance messine fut ainsi très faible. Qu'avaient « récupéré » les camarades de Gloutier ? Les neuf brigades messines n'avaient pratiquement pas d'armement. La pauvreté du seul coup de main tenté par elles et décrit au chapitre suivant le prouvera suffisamment. Et il y avait le problème des munitions.
- Mais le détail est inconnu. Beaucoup de personnes aiment garder chez eux clandestinement une arme. De plus, la méfiance était alors particulièrement de règle...
- Quoiqu'il en soit, cette recherche d'armes était bien la principale préoccupation des F.F.I. et de leurs chefs [84]. Il y avait donc des armes récupérées en 1940 et cachées depuis. Il y avait celles prises à l'ennemi, par exemple sur les hommes « bousculés » par l'équipe Naudin et lors d'occasions telles que celle qui se serait présentée vers le 1er août 1944. Deux wagons destinés à l'Allemagne auraient alors stationné au triage du Sablon. Une caisse en partie abîmée aurait montré à des prisonniers du fort de Queuleu utilisés là comme main-d'œuvre qu'elle contenait des fusils de chasse et de petits revolvers déposés à la police en 1940. Quelques-unes de ces armes auraient été prises par ces prisonniers en liaison avec des F.F.I.
- Conclusion : les F.F.I. n'avaient pas de quoi faire une opération militaire. Leurs armes, très peu nombreuses, étaient non recensées mais dispersées dans les diverses équipes. Le commandant Scharff n'avait pas encore fait livrer une partie de son stock.

Les missions

- D'une façon générale :
  - La situation bien particulière de la Moselle y obligeait à une adaptation des missions données de l'« Intérieur » ou de Londres.

---

82. J. Scharff, dans : « La Libération de l'Est de la France ». Il s'agissait d'armes et de munitions abandonnées en juin et juillet 1940 dans les ouvrages et dépendances de la Ligne Maginot. Des hommes de « Mission Lorraine » les y avaient systématiquement recherchées puis stockées dans des abris fortifiés ou casemates, dont celle du Stresling (près de l'Immerhof, non loin d'Hettange-Grande) et de Sentzig (proche du village du même nom, près de Cattenom). En juillet 1944, J. Scharff disposait ainsi de 2 mortiers de 81 et de plusieurs caisses de munitions correspondantes, d'une mitrailleuse Hotchkiss, de 9 fusils-mitrailleurs modèle 1924-1929, de 650 fusils et mousquetons, de cartouches, de 3 000 grenades F.1 et de 300 casques français. Il avait enfin reçu depuis peu 3 pistolets-mitrailleurs Sten donnés par son ami le responsable départemental de la Marne qui, lui, avait reçu des parachutages d'armes.

83. Le commandant Scharff ne se souvient plus de la composition de ce lot, mais sait qu'il avait destiné 2 des 3 pistolets-mitrailleurs Sten dont il disposait au secteur 2, pense qu'un fusil-mitrailleur modèle 1924-1929 devait être prévu également pour lui, en plus des fusils, mousquetons et grenades.

84. Un document officiel, non daté, signé du « chef de secteur » F.F.I. fait état de la « création de dépôts d'armes et de munitions à Metz et environs » le 2 février 1943 par 3 hommes, le 8 septembre 1943 par 12 hommes, le 2 mars 1944 par 21 hommes, le 6 juillet 1944 par 7 hommes et le 18 août 1944 par 30 hommes...

- Néanmoins s'y est retrouvé, mais atténué compte tenu des moyens locaux limités, le dilemme de base que la résistance connut à Paris, ailleurs, partout, toujours. Le communiste Jean Burger fut fidèle dans l'esprit à la consigne politique de Villon : « Il faut organiser le maximum d'attentats pour contraindre les Allemands à exercer des représailles... A chaque exécution, cinquante volontaires viennent s'inscrire chez nous » (le P.C.). Just Scharff, au contraire, conscient de ses faibles moyens, voulant éviter des représailles et disposer d'un potentiel maximum le jour J, interdit toute action militaire prématurée. Il appliquait ainsi l'esprit de l'instruction du 16 avril 1944 du général Koenig [85].

- Le 25 mars 1944, l'Etat-major de la région C (G. Grandval) sortit son instruction n° 1 qui peut se résumer ainsi :
  - Action immédiate : perturbation des transports et de la production, recherche et châtiment des traîtres, action contre les troupes.
  - Le jour J :
    - neutralisation des voies de communication, attaque des moyens de transport, attaque des forces armées (P.C., moyens de liaison, dépôts, D.C.A., troupes) ;
    - protection des ouvrages d'art et des installations industrielles ;
    - élimination des fonctionnaires et leur remplacement par des personnes sûres. Répression de la trahison.

- Au moins dès le 5 août 1944, dix jours après sa nomination, le commandant Krieger — donc bien conscient de son nouveau titre — s'était fait faire des « ordres de mission » dactylographiés standard destinés à chaque « chef de secteur de l'arrondissement de... » de son département. Il suffisait de remplir l'intitulé de cet arrondissement et le nom du responsable désigné « avec mission :
  - de détruire l'armée ennemie stationnée sur son territoire ;
  - d'assurer l'ordre public et de mettre en place un commandement civil provisoire suivant les instructions qui lui sont données ;
  - d'assurer, au besoin par la force, la conservation du patrimoine national et privé en s'opposant aux destructions tentées par l'ennemi et par les pillards ».

  Il s'agissait de la transmission étrangement simplifiée de l'instruction du 25 mars ! Les paragraphes 2 et 3 étaient grosso modo repris mais tout le début était « résumé » dans : « détruire l'armée ennemie stationnée sur son territoire » ! C'était au moins clair et concis mais particulièrement irréaliste compte tenu de l'armement détenu !

  Un tel ordre de mission, signé le 5 août, fut envoyé à Me Edmond Moppert, nommé « chef du secteur de l'arrondissement de Metz ville »... Celui-ci fit faire dès le même mois un cachet [86] avec ce titre par le graveur Bogner... mais a dit à l'auteur n'avoir retenu de ces trois points que le fait qu'il avait été chargé de préparer une municipalité française.

---

85. « Les chefs doivent faire preuve d'une audace sans cesse accrue, mais se rappeler néanmoins que si leurs décisions ont les plus grandes chances de ne pas nuire effectivement à l'ennemi, et de ne gêner par contre que les populations françaises, soit dans le présent, soit dans l'avenir, mieux vaut pour eux, à coup sûr, s'abstenir... ».

86. Cet ordre de mission et ce cachet sont aux archives départementales de Metz classés, avec d'autres papiers Moppert, sous le numéro 41 J 2.

- En ce qui concernait « l'armée à détruire », les F.F.I. de Metz n'eurent toujours pas plus de précisions, d'ordres, ni de moyens.
- Le problème des ouvrages d'art (Grandval) ou de patrimoine national (Grégor) souleva celui des « plans ».
- Le problème des ouvrages d'art.
  - Au moins dès 1943, le commandant Scharff et son équipe étudièrent à Metz (et à Thionville) le problème des « points sensibles », notamment des ponts et des centraux téléphoniques. Prévoyant le débarquement, il s'agissait en effet d'envisager comment gêner l'arrivée de renforts. Cette préoccupation devint un ordre lorsque fin juin 1944 le lieutenant-colonel d'Ornant transmit à J. Scharff celui de prévoir sa participation aux nouveaux « plans » officiels :
    - jaune : action contre les dépôts de munitions ;
    - rouge : action contre les dépôts de carburant ;
    - violet : action contre les lignes téléphoniques ;
    - vert : action contre le trafic ferroviaire ;
    - tortue : guérilla contre les convois routiers ;
  - A Metz même, il s'agissait surtout des plans violet et vert, donc déjà étudiés. Enfin, le 25 juillet 1944, le lieutenant-colonel d'Ornant indiqua au commandant Scharff à Nancy (en même temps que la nomination de Krieger) que les nouveaux ordres étaient au contraire d'empêcher les Allemands de freiner l'exploitation américaine par des destructions. Il fallait dorénavant protéger les ouvrages d'art et les principales installations notamment industrielles. Ce furent ce que le commandant Scharff appela les « anti-plans ».
  - La préparation des plans vert et violet à Metz jusqu'en août ne pouvait consister qu'en un relevé des objectifs possibles (lieux d'obstruction des voies ferrées et destruction du central téléphonique de la poste de la rue Gambetta), en leur reconnaissance, leur choix, l'étude très sommaire de la façon d'agir, et si possible la préparation de l'action à mener (carte n° 10).
  - Ce travail préalable devait naturellement tenir compte des moyens très restreints disponibles, donc éviter toute utopie telle que l'attaque et la destruction d'un pont important défendu par l'ennemi hors de la proximité des Américains.
  - Ce travail préalable ne pouvait également n'être que superficiel car l'exécution dépendait de facteurs alors inconnus : les armes disponibles, le dispositif ennemi, la situation générale, la position des Américains. Il ne s'agissait que d'une ébauche de « plans ».
  - Ces derniers enfin, par prudence, ne pouvaient être écrits en dehors d'un repère sur une carte.
  - A Metz, Scharff, Saint-Paul, Marcel Hermann [87], Gloutier et Mangin avant son assassinat reconnurent les objectifs possibles dès 1943 et le genre d'action souhaité. Il s'agissait :

87. Ingénieur à Nilvange, devenu, début septembre 1944, adjoint militaire de J. Scharff, après la disparition de fait de Saint-Paul (voir plus loin). (Ne pas confondre avec Charles Hermann déjà cité).

S.t Eloy
la Maison Neuve
la Grange aux Dames
le Coupillon
le Sansonnet
la Maison de Planche
la Ronde
Devant les Ponts
F.t Moselle
Ile Chambière
F.t Fred.c Charles
METZ
I. S.t Simphorien
Longeville-les-Metz
Montigny les-Metz
Sablon
Nancy
Ateliers
la Horgne au Sablon
S.t Privat
Seille

- d'obstruer la voie ferrée par des déraillements à effectuer près de deux ponts en remblai, celui du passage de Plantières et celui de la rue Lothaire [88]. Il s'agissait d'y appliquer le « procédé Gloutier » : traverses fixées au sol entre les rails face au train attendu ;
- de faire sauter le central téléphonique de la poste ;
- dans le cadre du plan tortue, de prévoir des embuscades contre des convois à hauteur des carrefours boulevard Saint-Symphorien et Clémenceau, avenues Kennedy, de Nancy et de Tassigny, ainsi qu'à hauteur des Ponts des Morts, Moyen et des Grilles ;

- La préparation de ces actions avait pris deux formes :
  - Saint-Paul avait été chargé, avec le secteur 1, de mettre discrètement en place des madriers et des liens divers à proximité des deux ponts V.F. choisis. Cela fut-il fait ?
  - le commandant Scharff lui-même, Saint-Paul et un certain Julien entrèrent en contact à la poste centrale avec deux sympathisantes : Mme Manderen et son amie « Victorine ». Il était prévu que l'attaque de la poste se ferait à partir de la place Mangin, pour neutraliser par le feu la façade nord-ouest et les entrées donnant sur les rues Gambetta et d'Austrasie.
- En juillet 1944, à Briey, MM. Scharff et Saint-Paul exposèrent au lieutenant-colonel d'Ornant ces « plans ». Ce dernier les approuva.
- Ce sont ces « plans », entre autres, dont le commandant Scharff voulait entretenir son successeur. Ils n'étaient encore fatalement que très sommaires mais leur ébauche était utile pour, par une longue préparation, éviter une improvisation de dernière heure. Encore fallait-il que l'étude de ces plans soit poursuivie, l'action coordonnée, les armes reçues, les exécutants désignés et résolus...

88. Avaient également été repérés et portés sur des cartes du commandant Scharff d'autres ponts V.F. de la ceinture messine : route Sablon-Magny, rue Franiatte, près du pont de Verdun, pont de fer...

Plan n° 10. Destructions dans Metz prévues par le commandant Scharff.

Conclusion

Dans les tout derniers jours d'août 1944 :

Le 20e Corps de l'Armée Patton, continuant sa rapide et facile exploitation vers le Rhin, s'apprêtait à submerger Metz « dans la foulée ».

Ni la 1re Armée allemande en pleine retraite ni la 462e V.G.D. de Metz n'étaient en mesure de l'en empêcher sérieusement.

Dans Metz allemande, à la population hétérogène, la résistance connaissait fatalement des difficultés particulières. Une liaison radio renseignements (89) venait d'être mise en place mais les bonnes volontés destinées à l'action, les F.F.I., faute de moyens, de préparation, de commandement bien en place et de nette répartition des tâches n'étaient pas prêts à remplir un rôle efficace.

---

89. Le lieutenant Eisenkopf a indiqué à l'auteur l'existence d'un autre poste radio émetteur. Juste à la libération, une sœur de l'hospice Saint-Nicolas le lui donna. A son tour il le remit à Mme Munier (maison Frey) et la piste se perd.
D'où venait ce poste, servit-il, à qui et dans quelles conditions ? Le F.F.I. Paul Thisselin a affirmé à l'auteur qu'un tel poste exista bien dans cet hospice et y fut utilisé par « un lieutenant de Sarreguemines ». Notamment un dimanche d'avant la libération, pendant les vêpres, aurait été envoyé un important renseignement recueilli la veille par le marchand de vins Ebersweiler (magasin à l'angle de la rue Vigne-Saint-Avold et de la place Mazelle). Il aurait alors enivré un haut responsable de la Hobuswerke qui était venu chercher du vin et cet homme aurait indiqué la présence d'une usine souterraine de V2 près du champ de manœuvre de Giessen... Le mercredi suivant, elle aurait été totalement détruite par bombardement... (M. Ebersweiler aurait également caché un poste dans une citerne à vin ; c'était peut-être le même).
De son côté le lieutenant Thiriot, pourtant « mis à l'abri » un moment dans cet hospice (voir plus loin) et devant en connaître les résistants, n'a aucun souvenir d'un tel poste.

2.

L'arrêt des Américains

(période du 1er septembre)

Conséquences de l'arrivée imminente des Américains

La « panique » allemande

Les civils

« A l'approche des Américains, une panique avait éclaté à Metz [1] par suite de mesures erronées [2] du commandement civil » [3].

Le 30 août, le Gauleiter Bürckel prescrivit [4] aux fonctionnaires et aux immigrants allemands de se replier la nuit suivante vers Sarrebrück en n'emmenant qu'un poids limité de bagages et en laissant a fortiori leur mobilier en place.

La nuit suivante, « c'était un véritable sauve-qui-peut » [5]. Alors que des éléments en retraite de la 1re Armée, les uns en ordre, les autres avec des moyens de fortune continuaient de traverser la ville vers l'est, les fonctionnaires et leurs collaborateurs, dont police, gestapo et magistrats, différentes organisations nazies et une bonne partie de la population « importée » leur emboîtèrent le pas [6].

Les militaires

« Cette panique avait empiété sur une partie des services administratifs militaires » [7].

Le responsable des dépôts d'habillement d'armée, pour éviter que ce matériel tombe aux mains de l'ennemi, en fit brûler de lui-même, comme le règlement le prescrivait du reste [8].

---

1. Metz ne fut pas la seule ville à connaître un tel fait : « La panique est si grande à Nancy que, le 31 août, les Allemands abandonnent la prison Charles III, permettant à leurs victimes de s'enfuir » (G. Grandval, dans : « Libération de l'Est de la France »). Plus loin, l'auteur indique que c'est le 1er septembre que les « Allemands ont évacué tous leurs services et (que) la Gestapo elle-même s'est repliée ».
2. Des Messines ont indiqué à l'auteur que cette « erreur » aurait été due à ce que les Allemands croyaient les Américains arrivés à Pagny (sur Moselle) alors qu'il s'agissait de Pagny (sur Meuse). Certes, le désordre était grand et des reconnaissances américaines commençaient à s'infiltrer à l'est de la Meuse, mais le Gauleiter dut prendre sa décision, du reste compréhensible, sur des données plus générales.
3. Général von Knobelsdorff, commandant la 1re Armée allemande, dans le « Studies » MS B-222 : « Beurteilung der Lage bei Uberlage der 1. Armee am 10.9.1944 durch mich ».
4. C'est pour cette faute que le Führer aurait poussé à la mort le Gauleiter Bürckel le 28 septembre. Il fut remplacé par Willy Stöhr.
5. P. Wolff, dans « Journal d'un résistant mosellan ».
6. A vrai dire, dès le 20 août, des fonctionnaires de Metz avaient discrètement réussi à renvoyer leurs familles en Allemagne et, vers le 25, des immigrés dans les vallées de la Seille et de la Nied s'étaient également repliés vers l'Est.
7. Général von Knobelsdorff, commandant la 1re Armée allemande, dans le « Studies » MS B-222 : « Beurteilung der Lage bei Überlage der 1. Armee am 10.9.1944 durch mich ».
8. « Hitler envoya à Metz auprès de l'Oberkommando n° 1, Heinrich Himmler, avec mission d'étudier la situation exacte et organiser la ligne Siegfried. Devant la destruction de tous les stocks militaires, Himmler entra dans une colère folle et fit fusiller, à Frescaty, l'intendant militaire responsable des stocks de la place fortifiée de Metz. Puis il donna l'ordre de faire venir des S.A. et des mineurs sarrois avec des camions pour évacuer vers Sarrebrück tout ce qui pouvait encore l'être » (colonel S.S. E. Kemper). Citation reprise par R. Caboz dans « La bataille de Metz ».

De même, des munitions furent détruites le 31 dans un fort sans ordre supérieur (à cette occasion, trois sapeurs furent, par maladresse, emprisonnés par l'explosion et ne se dégagèrent qu'au bout de trois jours avec leurs seuls couverts...).

Des responsables des fortifications partirent en en emmenant les clefs (ou les plans ?).

Mais le fait le plus grave pour Metz fut la destruction volontaire d'une grande partie du trésor culturel local. En 1939, l'archiviste départemental français, M. Griveaud, avait fait évacuer son dépôt à l'abbaye de Ligugé (département de la Vienne). Les Allemands les firent revenir à Metz, dans les bâtiments de la Préfecture, après l'expulsion de l'archiviste français en août 1940. Celui-ci fut remplacé par le docteur Ruppel qui avait trois assistants dont MM. Ewig et Schrod. Le 1er novembre 1942, un nouveau directeur nommé, M. Buttner, n'ayant pas rejoint, le professeur Eugène Ewig fut nommé, tandis que M. Schrod était affecté aux archives de la ville. M. Ewig n'était pas le seul de cet ensemble à être antinazi et bien conscient des intérêts culturels locaux. Dès janvier 1943, une grande partie des fonds fut mise à l'abri dans le sous-sol du dépôt et dans des caves de la Banque de France. En mai 1944, après les premiers bombardements de la ville, la Direction des archives de Berlin demanda à M. Ewig de transférer ses trésors en Allemagne. Celui-ci, prudent, eut le courage de n'envoyer que quelques documents à Heidelberg et à Spire en septembre (que sont-ils devenus ?). Par contre, craignant bombardements et combats dans la ville, il fit entreposer peut-être le plus précieux, les séries L et Q et les principaux documents de la série M (1800-1870) ainsi que les dossiers du cabinet du Président de Lorraine (1870-1918) et du cabinet du Préfet de la Moselle (1918-1940) dans un bâtiment militaire désaffecté du fort de Saint-Quentin. Y furent également stockés de nombreux manuscrits et incunables de la bibliothèque municipale et des objets du musée. Dans la nuit du 30 au 31 août, un officier du 13e C.A. S.S. en retraite, fit incendier bâtiment et contenu. Tout fut détruit. « Le responsable de ce désastre aurait été jugé sommairement et fusillé ». On peut du moins l'espérer !

Par contre, le général Krause, commandant alors la 462e Division de campagne ne fait pas état de cette panique... Elle ne dut probablement pas modifier le dispositif de défense en cours d'installation à l'ouest de Metz mais dut au moins toucher le moral de ses troupes ainsi que celui de celles qui continuaient leur retraite par Metz vers Sarrebrück, plus ou moins en ordre. Des Messins, au passage, échangèrent contre des marks les francs français que ces hommes ramenaient de l'« Intérieur ».

Les ponts

Des textes F.F.I. font état d'actions entreprises par des partisans autour du 1er septembre pour tenter de déminer les ponts afin d'en éviter la destruction. Cela serait à prouver et eut été inutile. On ne sait si les charges de démolition étaient déjà en place ou simplement à proximité des ouvrages d'art, mais ce qui est sûr, c'est qu'aucun pont de la ville ne sauta avant le 4 et que ceci était bien normal puisque des éléments de la 1re Armée continuaient de retraiter par Metz.

Le branle-bas de la résistance

Le 31 au matin, l'étonnement et la joie des Messins ne faisaient que rendre plus urgente et plus complexe la prise de mesures notamment par les F.F.I.

Le renseignement

Ce n'est que le 4 septembre, par message n° 32, que Mithridate transmit : « Garnison Metz et administration repliées depuis 31, Police assurée par 500 S.A. Réserve de 2 000 S.S. motorisés à Metz. Couverture de Metz très faible sauf concentration troupes région Gravelotte. Dépôts munitions sautés le 31. Ponts minés non sautés ». Sans discuter du détail de ce texte, on peut penser que les délais d'envoi d'une telle nouvelle importante peuvent provenir de l'effervescence locale d'alors ou d'une saturation du réseau, dans ces jours cruciaux.

C'est vers fin août que R. Bauler ramena le poste chez lui, au 1er étage du 130, avenue de Strasbourg, la maison voisine de celle de l'horticulteur Scholtès. Dès avant ce transfert, le radio ayant remarqué de petites coupures de courant et craignant que ce fut pour repérer son émission (son poste était branché sur le réseau électrique urbain), obtint un accumulateur, le poste ayant été livré avec un redresseur. L'ensemble était ainsi autonome et fonctionnait au-dessus d'un agent de la Gestapo lorrain habitant le rez-de-chaussée... Celui-ci ignora ce trafic mais connaissait bien les sentiments francophiles de l'opérateur. Il ne le dénonça pas. Quant à l'accumulateur, il fallut le recharger de temps en temps. Mme Bauler le transportait alors chez un garagiste ami, cachant l'appareil dans la poussette de son enfant...

Le même 4, le message 35 disait : « Ponts sur Moselle à Moulins-lès-Metz et Longeville sautés le 4 à 16 heures ». Les éléments jalonnant l'avance ennemie depuis Verdun, la 17e S.S. Panzergrenadierdivision von Berlichingen, furent recueillis par le secteur ouest de la défense messine pour la plupart au cours de la nuit du 2 au 3 septembre et allèrent se regrouper près de Saint-Avold. Il n'y avait plus de passages de troupes à prévoir. Les ponts devenus militairement inutiles de part et d'autre de Metz entre Novéant et Uckange furent donc détruits le 4, après que, dans la matinée, les Allemands aient évacué à l'est du fleuve les habitants de la rive ouest. Ce fut donc le cas des deux ponts routiers indiqués par les résistants. Par contre, ceux-ci ne signalèrent pas alors la destruction le même soir ou dans la nuit des deux ponts ferroviaires au sud-ouest de la ville, de la ligne de Nancy passant à partir d'Ars sur la rive ouest de la Moselle, rive que les Allemands savaient ne pouvoir empêcher les Américains d'atteindre bientôt. Sautèrent donc le pont sur la Moselle à l'est — nord-est d'Ars et le pont sur l'ancienne route principale de Nancy à Moulins-Saint-Pierre. Total : 4 ponts. Ne restèrent que les ponts nécessaires pour la liaison, les ravitaillements avec les éléments défendant Metz sur la rive ouest (comme on le verra, les Américains, au lieu d'arriver dans notre cité début septembre, ne le firent que 80 jours plus tard ; le pont de Longeville redevenant alors utile pour la défense dut être réparé sommairement car fut à nouveau détruit en novembre).

La police [9]

Le départ soudain de magistrats [10] et des personnels pénitentiaires obligeait de faire vite pour sauver les détenus politiques sans libérer les criminels.

Dans le cadre de la mission d'assurer le maintien de l'ordre et de mettre en place des fonctionnaires sûrs, Krieger désigna par écrit ce 31 août : « à la direction de Police le capitaine de réserve Wolff ».

Dès le 31 au matin, ce dernier avait appris à la prison de la rue Maurice-Barrès le départ dans la nuit du directeur et de tous les gardiens allemands. Ne restaient que les gardiens et détenus français. Me Wolff, M. Liska et Mlle Lucie Simon (greffier du « Tribunal spécial ») vinrent demander à M. Reitel, « surveillant chef », et à M. Thisse, « commis greffier », le registre d'écrou et, après comparaison avec le registre du Tribunal spécial, le procureur fit donner un bulletin de sortie à chaque détenu politique ainsi qu'à trois Français condamnés à mort par le tribunal militaire. Parmi ces trois, le commissaire spécial Jérôme Willig et l'inspecteur de police Klein, sans familles à Metz, allèrent se cacher jusqu'à la libération à l'hospice Saint-Nicolas dans le dispensaire des femmes atteintes de maladies vénériennes. Ce dispensaire était tenu par Sœur Marie née Elisabeth Burg et les Allemands n'y entraient jamais par crainte de contagion... (On verra que d'autres résistants y rejoignirent plus tard ces deux clandestins).

Au camp de Woippy, la libération des déportés et des prisonniers de guerre russes encore présents fut un autre succès. Le 1er septembre à 2 heures du matin, le commandant du camp n'ayant plus de liaisons avec l'extérieur et sachant que la Gestapo était partie ordonna à ses gardiens de le suivre, sans bruit mais en laissant les chiens circuler librement dans le camp éclairé. S'en rendant compte au matin, le F.F.I. local Pierre Kopp, de Woippy, tua les chiens au fusil et fit fuir les 540 détenus.

Au grand séminaire (utilisé en partie comme prison ; rappel) le dénouement fut moins favorable. Jean Wieczorek, F.F.I. local de la 2e brigade (lieutenant Eisenkopf) y fut abattu de cinq à six balles de pistolet-mitrailleur dans la poitrine donc tirées de près. Ç'aurait été lors d'un essai d'évasion vers l'actuelle avenue Jean-XXIII. Wieczorek avait été fait prisonnier le 2 août alors qu'avec son frère (qui put s'enfuir en traversant la Moselle à la nage) il tentait de dérober des armes dans un dépôt de la Wehrmacht à l'île du Saulcy.

Des actes de pillage dans les dépôts allemands et surtout ceux de l'Intendance, rue du 20e-Corps et à Bellecroix, eurent lieu. Par exemple un train de ravitaillement, surtout en farine, abandonné juste au sud-ouest du pont V.F. de la rue Saint-Ladre, fut très largement « visité » avant le retour de patrouilles allemandes. Plus au sud, le fort Saint-Privat fut l'objet de nombreuses « récupérations » d'objets les plus divers... dont des armes. Le 1er septembre, à un jour près, trois Montigniens ; l'aspirant Antenat, ancien du S.T.O., revenu et caché rue Litaldus, Alphonse Koch, « Malgré-Nous », réfractaire caché rue Saint-Ladre et Paul Hanser compté depuis lors dans la section

9. P. Wolff dans : « Journal d'un résistant mosellan ».

10. Avant son départ, le procureur général allemand Welsch (« qui défendit toujours la population lorraine face aux autorités nazies » : P. Wolff, rappel), avait fait libérer tous les détenus de nationalité allemande à la prison centrale de Metz et avait passé ses pouvoirs à M. Liska qui fut substitut du procureur de la République en 1940.

Antenat de la 2e brigade F.F.I. (lieutenant Eisenkopf) s'y rendirent. Les deux premiers ramenèrent entre autres quelques grenades quadrillées françaises dans une musette, deux carabines ou mitraillettes et des munitions. Surpris par une patrouille à la sortie, ces deux se camouflèrent puis purent revenir tandis qu'Hanser était tué [11].

Les armes

Le chef F.F.I. Griboux savait par indiscrétion que des armes (probablement un dépôt provisoire pour les permissionnaires) étaient stockées dans un local du Service des Eaux de la ville de Metz, place Saint-Thiébaut, occupé par la police. Dès avant la « panique », il décida d'aller en prendre. En pleine nuit, seulement armé d'un revolver et suivi de deux hommes sans armes, il escalada le mur et ils s'emparèrent de quelques fusils, pistolets et grenades. Le total, assez peu important (l'intéressé ne se souvient plus de ce qu'il était), fut distribué sans délai à des membres de la brigade et fut son seul armement.

Rappelons que le lot d'armes dont la livraison à Metz avait été prévue par le commandant Scharff autour du 1er septembre n'eut pas lieu. C'était trop tard.

Le 29 août, des F.F.I. du Service des Eaux (brigade Berwick) auraient coupé l'eau du fort Driant.

Le 30 août, des membres de l'équipe Kosobeck du Sablon auraient pris des armes et des munitions au poste de police du Sablon, rue des Robert.

Vers le 1er septembre, profitant de la « panique », trois F.F.I. de l'usine hydroélectrique d'Argancy prirent quelques fusils et les cachèrent dans le canal à câbles de la centrale.

Le (ou vers le) 1er septembre, le commandant Krieger demanda à l'ex-coiffeur Romain Zerwès d'aller chercher des armes chez les Gueppratte, conserverie Kinnel à Ban-Saint-Martin. R. Zerwès y alla, chargea cinq fusils entourés dans une couverture sur son vélo, passa le pont-du-Sauvage en même temps que des troupes allemandes en retraite et vint cacher son paquet, 3, avenue de Nancy chez le coiffeur Spielmann dont il avait été l'apprenti ; François Ull vint prendre ces armes quelques jours après.

Le commandement

Il était plus que temps de savoir qui commandait.

Echec de la réunion du 28 août

Le 28 août, comme prévu, eut lieu la réunion de passation de commandement prescrite par le commandant Scharff.

- Furent effectivement présents au cabinet du docteur Béna, 8, place Saint-Louis, à côté du commandant Scharff, les leaders suivants du « secteur 2 » : Tribout, Costa, Eisenkopf et Thiriot ainsi que L. Stenger [12] et P. Michel et enfin quelques autres personnes non du secteur 2.

---

11. Le 1er septembre, deux personnes furent tuées par arme à feu, rue de la Grève, caserne Moltke. Le lendemain à 10 h, une autre fut tuée de la même façon près de son domicile, rue Saint-Privat à Montigny.

12. Mgr Lucien Stenger, fut un des résistants mosellans qui, dès son retour au foyer en 1940, se mit naturellement au service de nombreux Français pourchassés par la Gestapo et des prisonniers de

- Il manquait les deux principaux intéressés : « A nouveau K. ne se présenta pas » [(13)] et « de son côté, le responsable du secteur 1 de Metz (Saint-Paul), qui avait eu connaissance de l'ordre du jour de la réunion, renonça et n'y vint pas » [(13)]. Krieger avait pourtant été invité. Saint-Paul n'aurait pas eu confiance en lui...
- Quoiqu'il en soit, la réunion eut lieu et « le capitaine Tribout... de même que les autres cadres présents, manifestèrent un vif dépit à mon annonce de la nomination de K. (Krieger) — qu'ils paraissaient connaître — comme chef des F.F.I. de la Moselle. Ils en prirent néanmoins acte et demandèrent à réfléchir » [(13)]. Les participants durent surtout être particulièrement gênés...
- C'était un nouveau fiasco grave, étant donné l'attente de l'arrivée des Américains d'un jour à l'autre.

Nouveau contre-ordre

- Le commandant Scharff rendit compte, dès le 29, au lieutenant-colonel d'Ornant de l'échec de cette nouvelle réunion.
- Le 31 août au soir, il recevait de lui un message lui annonçant que la nomination de Krieger-Grégor était annulée. Le destinataire redevenait donc chef départemental.
- Le 19 septembre à Waville (15 km au nord-ouest de Pont-à-Mousson), le commandant Renard (alias Radoux) de l'Etat-major de G. Grandval, accompagné du colonel de Préval, chef des F.F.I. de Meurthe-et-Moselle, vint confirmer de la part de son chef au commandant Scharff son rétablissement rétroactif dans ses fonctions de chef départemental de la Moselle. A cette occasion, J. Scharff fit dire au colonel Grandval « que les brigades messines, n'ayant pu recevoir leurs armes, ne seront pas en mesure d'exécuter la plupart des " plans " ».

Echec de la réunion du 3 septembre

- « Contrarié par la tournure... qu'avait prise cette réunion (du 28) » [(14)], J. Scharff en convoqua une ultime de tous les chefs de secteur [(15)] du

---

guerre évadés. Il mit lui-même en place plusieurs filières d'évasion pour sortir hors des nouvelles frontières imposées par l'Allemagne hitlérienne.
En outre, il rallia, comme informateur, un réseau de renseignement. Pendant la guerre, il était lui-même officier de renseignement.
Mgr Stenger fit partie de la Résistance intérieure comme officier adjoint du Commandant Gregor, commandant les F.F.I. de Moselle et ensuite comme secrétaire général du Comité Départemental de la Libération de la Moselle. Enfin, il fut liquidateur du réseau Résistance-Est Moselle, créé à son initiative.

13. J. Scharff dans : « La libération de l'est de la France ».
14. J. Scharff dans : « La libération de l'est de la France ».
15. Il ne faut pas oublier que les commandants Scharff et Krieger étaient les chefs F.F.I. non de Metz mais de tout le département de la Moselle. C'est notamment pourquoi le premier, s'il avait prévu la réunion du 28 août à l'échelon de Metz, en avait déjà prévu une autre le lendemain pour passer à Krieger cette fois les consignes du reste du département, notamment « l'important plan de protection des ouvrages et installations de la Moselle (et non de Metz seulement), le plan de sauvegarde des mines et usines ». C'est à nouveau une réunion à l'échelon départemental qu'il souhaitait le 3 septembre.

département, le 3 septembre, à Metz, pour faire le point [16] et annoncer qu'il reprenait le commandement. Krieger y fut invité.

- « Et le 3 septembre, nos tentatives, en compagnie des responsables des secteurs situés à l'ouest de la Moselle, pour franchir la nouvelle ligne du front ennemi, déjà partiellement en place, échouèrent... J'appris d'ailleurs plus tard que, de toute façon, K. n'eût pas été présent à ce rendez-vous manqué » [14].
- Jusque vers le 7 septembre Scharff et d'autres essayèrent en vain de pénétrer dans Metz.

Conclusion

- Le problème du commandement des F.F.I. de la Moselle était enfin réglé pratiquement. Le commandant Scharff était dorénavant coupé de Metz par l'avance américaine (voir plus loin). Il ne put plus intervenir. Krieger, non au courant de ce contre-ordre, était bien le chef à Metz et les deux hommes ne se virent pour la première fois que le 21 novembre dans cette cité, après la libération...
- Mais il était mal réglé.
  - A l'échelon départemental, au lieu d'un chef, il y en eut plusieurs :
    - le commandant Scharff garda le commandement des secteurs de l'Orne, de la Fensch et de Thionville, c'est-à-dire de l'ouest de la Moselle libérée en septembre et coupée du reste du département jusqu'en novembre,
    - le commandant Kriger ne fut en fait le chef qu'à Metz et environs,
    - dans l'est du département, les commandants des secteurs F.F.I. (Saint-Avold, Sarrebourg et région de Sarreguemines) se débrouillèrent jusqu'à la libération de leur territoire.
  - A Metz même, le secteur 1, pourtant prioritaire pour le commandant Scharff (devant recevoir le plus d'armement, censé être au courant des « plans » et les avoir préparés) s'esquiva. Les hommes du groupe franc créé par Gloutier n'avaient pas pris liaison avec Saint-Paul (et vice-versa), ne le connaissant pas. Ce groupe franc n'existait plus. Quelques-uns de ses membres s'incorporèrent à titre individuel dans des brigades du secteur 2 [17]. Quant à Saint-Paul, gravement malade et n'ayant vraisemblablement pas de contacts avec ce secteur 2, il n'intervint plus tout en restant le chef officiel du secteur 1. Restait ce secteur 2. Théoriquement François Ull et ses hypothétiques camarades auraient dû prendre la relève de l'autre corps-franc. Mais ils ne devaient pas se connaître. Rien ne fut fait et ni le commandant Krieger ni ses adjoints n'y remédièrent, non au courant des « plans ».

L'essai d'organisation

Romain Zerwès a déclaré à l'auteur que le soir du jour où il avait transporté cinq fusils (le 1er septembre à un jour près), il avait assisté dans les bureaux

---

16. Le commandant Scharff avait pris contact le 1er septembre avec les troupes américaines à Regret (près de Verdun) et avait donc de nouveaux éléments à communiquer à ses subordonnés.

17. Ce fut au moins le cas parmi les anciens, du docteur Hubert Wiltzer (inscrit à la 2e brigade) et de René Hecq (5e brigade).

de la Salec (où travaillait le commandant Krieger) à une *réunion* de 8 à 10 résistants dont MM. Krieger et Leroy, peut-être Wolff et Griboux. Ces résistants discutaient l'opportunité d'occuper le lendemain la Préfecture et peut-être d'autres points importants, profitant de la « panique ». Il s'agissait en somme de devancer — un peu — les Américains, comme à Paris, il y avait quelques jours, et à Nancy, deux semaines après. La décision fut négative. M. Griboux ne se souvient pas d'une telle réunion mais la qualifie de plausible. Ce qui ne l'était pas, plausible, c'était l'efficacité d'un soulèvement prématuré par des F.F.I. ni armés ni sérieusement organisés. Mais la situation exigeait du commandant Krieger, chef local maintenant incontesté à Metz, de faire quelque chose des bonnes volontés rassemblées. Il était temps !

Deux *mesures* primordiales furent effectivement prises.

- ***L'ordre F.F.I. n° 1 en date du 3 septembre*** (voir document page suivante)
  - Il est l'œuvre du « chef du secteur militaire Moselle » : le capitaine Tribout (probablement aidé par Griboux). Il y a encore confusion de fait entre les F.F.I. Moselle et Metz.
  - Le mot de passe : « LO... » est : « Lorraine, tu respireras bientôt », la devise de l'ancien groupe de M. Costa.
  - Il n'est pas question de neuf brigades (ou huit, la 1re étant celle de commandement) mais de trois groupements. D'autre part, il n'y a que trois destinataires : les lieutenants E. (Eisenkopf), T. (Thiriot) et C. (Costa). Rappelons que les neuf brigades n'ont été entérinées qu'après la libération et formées que lentement à partir d'équipes très diverses. Les neuf brigades n'existaient pas encore en tant que telles. Du reste, la future 1re brigade de commandement du capitaine Tribout n'avait pas à être destinataire. Les futures 2e, 5e et 9e sont citées. Le capitaine Griboux (4e) travaillait avec Tribout. La 7e (capitaine Berwick) était faite de techniciens de l'eau et de l'électricité spécialisés dans leur domaine, à part. La 8e brigade ne fut détachée du lieutenant Costa (9e) qu'en novembre. Restent les futures 3e et 6e brigades. Quand les éléments de bases correspondants se rattachèrent-ils au mouvement et à qui ?
  - Le découpage des zones d'action était normal.
    - Le lieutenant Eisenkopf, chef du groupement I, habitant Borny, devait rassembler ses premiers éléments sur « le pré de la Seille » pour agir à « Metz Queuleu et ville centre ».
    - Le lieutenant Thiriot, chef du groupement II, habitant rue Mazelle, devait faire de même à « Metz plage » pour agir à « Devant-les-Ponts et Metz nord ».
    - Le lieutenant Costa, chef du groupement III, habitant boulevard Saint-Symphorien, regroupait les siens au jardin botanique pour agir à Montigny et au Sablon.
  - L'énoncé des missions fait apparaître :
    - Que la première d'entre elles était de se substituer à la police, notamment pour éviter les pillages, et non de préparer des actions militaires (c'était sage, compte tenu des moyens détenus).

F.F.I.   P.C. le 3. Septembre 1944.

Secteur Militaire Moselle
Etat-Major.

SECRET

ORDRE (No. 1.)

concernant la mise sur pied du dispositif de surveillance et de sécurité.

I.) Etat d'alerte.

L'état d'alerte est déclanché par le mot de passe : LO.................
Ce mot de Passe est transmis verbalement par les Chefs de Groupement à leurs subordonnés directs, qui le transmettent verbalement aux échelons inférieurs. A la réception de cet ordre la mobilisation parcielle des effectifs est réalisée.

Des effectifs sont à désigner parmis les forces F.F.I. logées sur place et pouvant être touchées rapidement par courrier.

II.) Point de rassemblement.

Groupement I. Le pré de la Seille (emplacement exact à désigner par le chef du groupement) .

Groupement II. Metz-plage. (emplacement exacte à désigner ....)

Groupement III. Le jardin botanique (emplacement exacte ....)

III. Missions et zones d'action.

Groupement I. Metz-Queuleu . Ville-centre.

Groupement II. Devant-les-Ponts et Metz-Nord.

Groupement III. Montigny et Sablon.

Les Chefs de Groupement réaliseront dès maintenant avec leurs subordonnés directs l'étude des dispositions de détail à prendre pour réaliser:

a) la protection contre le pillage et la surveillance générale incombant en temps normal aux forces de police,

b) la réalisation rapide, en tenant compte des possibilités maximums de la situation du terrain et de l'armement, d'un dispositif offensif ou défensif suivant la situation donnée.

IV.) P.C.)

Le P.C. du Chef de Secteur est le même qu'en temps normal.

V.) Liaisons.

Les Chefs de Groupements détacheront aux P.C. un agent de liaison. (Motocycliste ou cycliste si possible).

VI. Groupe Franc.

Les ordres seront donnés verbalement par le Chef de Secteur.

NOTA.

La mise sur pied du dispositif prévu ci-dessus pourra être réalisée le cas échéant simultanément avec l'ordre de rassemblement général déja prévu par les ordres verbaux donnés précédemment.

Cette mesure pourra également précéder ou même suivre le rassemblement général.

....

Comptes rendus verbaux des Chefs de Groupement: à effectuer dès que possible.

Le Chef du Secteur Militaire:

(Coll. Eisenkopf)

- Que la seconde, militaire, était particulièrement vague. Il était fatal qu'elle soit ainsi, étant donné l'incertitude de la situation, du terrain et de l'armement le jour J. Il eut été utile de désigner les objectifs prioritaires dans chaque zone d'action.
- Que la conduite à tenir n'était pas précisée, tant vis-à-vis des Américains que des Allemands.
- Que le problème du renseignement n'était pas soulevé.
- Qu'il n'était pas question de la protection des ponts ni du central téléphonique. On peut penser que ce problème devait faire partie des ordres donnés verbalement par le chef de secteur au « groupe franc ».

- On peut noter enfin qu'à juste titre, était prévue une mobilisation en deux temps : la « mobilisation partielle » des éléments pouvant être touchés rapidement et le « rassemblement général ».
  - Le responsable militaire demandait à ses subordonnés d'être « dès maintenant » les responsables des dispositions de détail « à prendre » et de lui en rendre compte « dès que possible ».
- En conclusion, cet ordre :
  - avait l'immense avantage d'exister enfin et d'être correct ;
  - mais il avait deux graves défauts : il était beaucoup trop tardif (surtout étant donné l'évolution de la situation) et incomplet, surtout en ce qui concerne « la protection des ouvrages d'art — conservation du patrimoine national », préoccupations qui apparaissaient pourtant dans les ordres donnés par la région C puis par le commandant Krieger lui-même. L'affaire des « groupes francs » n'était toujours pas nette.
  - Il n'était qu'un début qui exigeait de tous un effort pour être amélioré, précisé dans des ordres ultérieurs. Il y aurait eu environ deux tels ordres écrits ultérieurs. Ils restent bien malheureusement inconnus de l'auteur.

- ***Le message Mithridate n° 34 du 5 septembre*** (voir document page suivante)
  - Ce message écrit par le commandant Grégor lui-même et adressé au lieutenant-colonel Marchal [18] est abondamment raturé.
  - Le texte initial était : « Urgent. Demande de réponse immédiate. Organisation Moselle en cours — Stop — Dispositif de déclenchement Metz fin prêt. Armement très précaire — Stop — Garnison et Services allemands repliés — Stop — Police assurée par faibles éléments S.S. et S.A. — Stop — 2 000 hommes casernés proximité terrain aviation Frescaty... avec mission défendre contre troupes parachutées — Stop — Préconise parachutage hommes et armes au nord-est de Metz — Stop — Pour empêcher destruction des ponts qui sont chargés action combinée avec nos propres forces possible — Stop — Votre intervention urgente éviterait grosses destructions. Prière donner instructions précises par échelon Service Renseignements.
  - Le texte corrigé, envoyé, fut « Urgent — Demande de réponse immédiate. Organisation Moselle au point — Stop — Dispositif de déclenchement

18. Rappel : Le lieutenant-colonel d'Ornant, alias Marchal, était le chef O.R.A. de l'Alsace et de la Moselle.

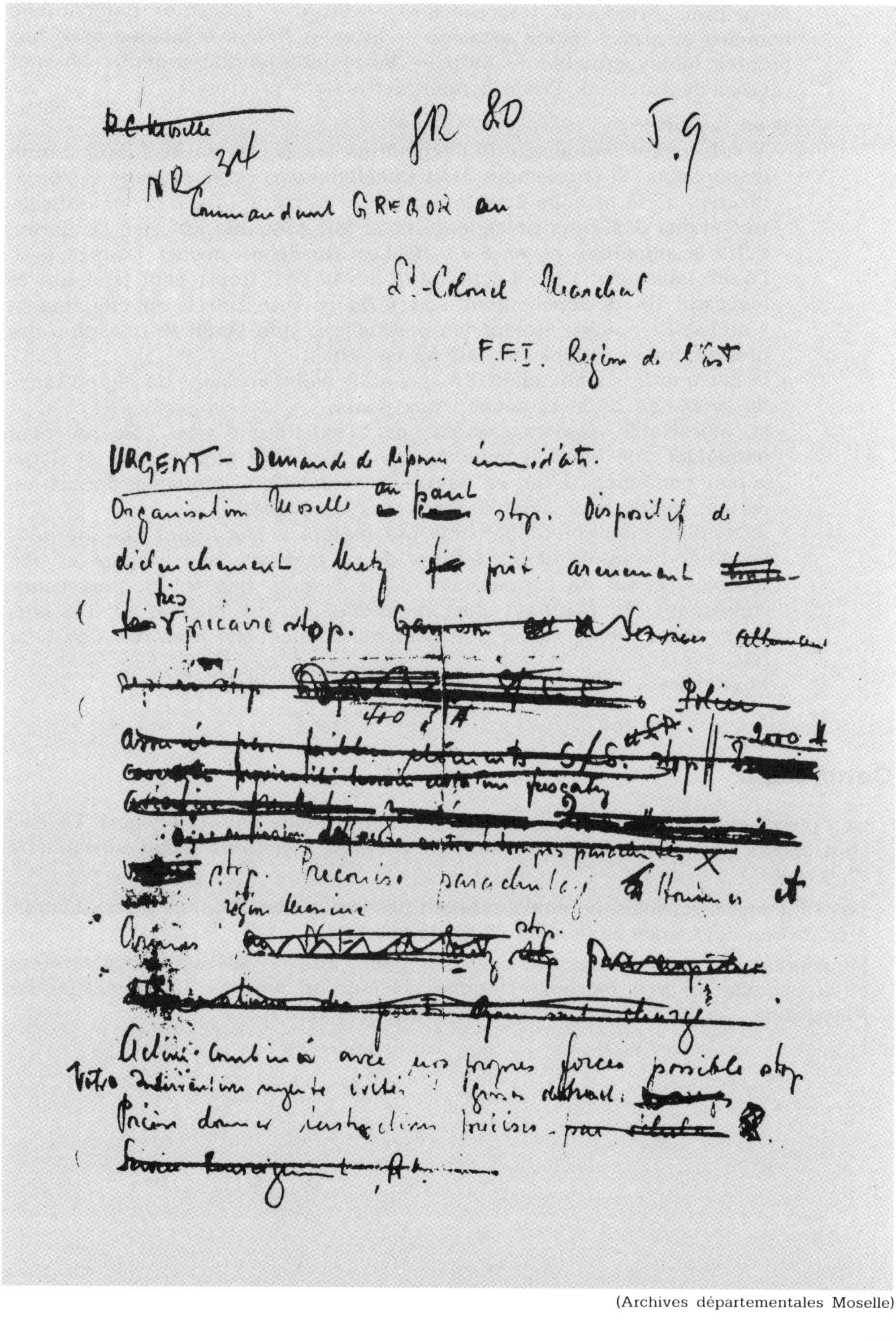
R.C. Moselle

GR 80 5.9

NR 34

Commandant GREGOR au

Lt-Colonel Marchal

F.F.I. Région de l'Est

URGENT – Demande de réponse immédiate.

Organisation Moselle au point stop. Dispositif de déclenchement Metz prêt armement très précaire stop. Garnison et services allemands

400 S A

stop. Préconise parachutage hommes et armes région Messine stop.

Action combinée avec nos propres forces possible stop

Votre intervention urgente

Prière donner instructions précises par

(Archives départementales Moselle)

Metz prêt. Armement très précaire — Stop — Préconise parachutage hommes et armes région messine — Stop — Action combinée avec nos propres forces possible — Stop — Votre intervention urgente éviterait grosses destructions. Prière donner instructions précises ».

- Il en ressort :
  - le surprenant optimisme de l'expéditeur sur les formations dont il était responsable. Si l'armement était effectivement « très précaire », l'organisation de la Moselle était loin d'être « au point » (confert les difficiles tractations des jours précédents et la fort probable absence de liaison entre le signataire et les F.F.I. de l'est du département). D'autre part, l'ordre messin n° 1 du 3 septembre devait être trop récent pour que le dispositif de déclenchement soit à Metz « fin prêt » ou simplement « prêt ». Et quelles étaient les possibilités, que serait le rôle de « nos propres forces » dans une action combinée ?,
  - le fait que le commandant Krieger était bien conscient de l'importance du problème de la protection des ponts,
  - la regrettable méconnaissance par l'expéditeur que l'on ne peut demander une réponse immédiate au sujet d'un parachutage et d'une action combinée. L'un et l'autre devaient être préparés depuis un certain temps pour avoir des chances de succès,
  - la fébrilité bien compréhensible qui régnait à Metz dans ces journées capitales (la forme et les ratures de ce message peu préparé et non recopié, l'envoi de ce message 34 le 5 alors que le 35, plus court, concernant les ponts et déjà mentionné, partit bien le 4). De plus l'expéditeur devait savoir que l'ennemi commençait à se ressaisir (voir plus loin),
  - la coopération entre les F.F.I. et le réseau Mithridate.

Conclusion

La « panique » allemande ne faisait que faciliter la tâche des Américains. La voie était encore plus libre. Aucun obstacle réel n'était à craindre jusqu'au moins le Westwall.

Les F.F.I. messins, isolés, ne représentaient pas le potentiel militaire qu'en donnait à croire leur chef, mais ils feraient ce qu'ils pourraient.

Metz presque vide d'Allemands, avec ses ponts intacts, ses industries arrêtées et la pagaille un peu partout attendait de jour en jour sa libération par les Américains... et ils n'arrivèrent que 80 jours plus tard !

L'arrêt

Le fait

Le 1er septembre, la 3e Armée Patton était pratiquement immobilisée à cause du manque de carburant alors que une reconnaissance [19] avait déjà été poussée jusqu'au pont de Thionville, que Verdun était occupé et que la défense allemande à Metz (et sur la Moselle comme au moins jusqu'au Westwall) était quasi nulle ! Ce n'était pas le moment !

Effectivement, le 7e C.A. depuis le 26 août, le 12e C.A. depuis le 27, avaient connu de graves problèmes croissants de carburants. Il n'avaient pu être momentanément palliés que par deux ravitaillements par air à Reims et par l'inespérée récupération de stocks allemands abandonnés [20] notamment à Sens, Châlons et Commercy.

Les besoins moyens journaliers de la 3e Armée étaient en août de 6 000 tonnes, dont 1 800 000 litres de carburant. Il ne fut fourni que 450 000 litres le 28 août et 145 000 le 30 [21].

Les causes

Non une manœuvre contre la Lorraine

« La Lorraine mosellane (a été) sacrifiée à des appétits politiques » [22].

Certes, le ravitaillement de la population parisienne par les Alliés leur a créé une surcharge de quelque 4 000 tonnes/jour et cela plus tôt qu'ils ne l'avaient désiré (rappel) et cet avancement dans les prévisions a été dû à une cause politique : l'obligation pour le général de Gaulle de ne pas se laisser déborder par les communistes parisiens.

Mais :

- il faut comparer les 4 000 tonnes des Parisiens aux 6 000 nécessaires à une seule Armée et il y en avait pas mal sans parler des nombreux services et réserves générales ;
- de plus, les Parisiens n'étaient pas les seuls civils à ravitailler ;
- et, compte tenu de la rapide exploitation américaine, la libération de Paris n'aurait pu être retardée que de peu de jours, non jusque début septembre.

---

19. Patton lançait sa reconnaissance très en avant. Les « patrouilles à longue distances », de 40 à 60 kilomètres devant le reste des forces, pouvaient ainsi renseigner à temps, créer l'insécurité sur les arrières ennemis et se défendre énergiquement grâce à leur relative puissance de feux (chars légers et automitrailleuses en plus des éléments sur jeeps armées).

20. Des ennuis découlèrent alors du fait que les Allemands utilisaient surtout une essence synthétique à 100 octanes alors que le carburant américain n'était qu'à 60 octanes.

21. Indications données par A. Kemp dans : « Lorraine, album mémorial. 31 août 1944-15 mars 1945 » mais le général Eisenhower dans : « Les opérations en Europe du corps expéditionnaire » écrit : « Il fallait quotidiennement sur le front 4 millions de litres d'essence pour permettre aux colonnes blindées de soutenir le rythme impétueux de leur progression ». Il est vrai qu'il ne parle que des colonnes blindées et il y avait beaucoup d'autres utilisateurs.

22. R. Caboz dans : « La bataille de Metz, 25 août-15 septembre 1944 ». Sous-titre : « Lorrains, si vous saviez ».

En conclusion :

La libération de Paris, anticipée de quelques jours, pour une raison politique sérieuse : l'affirmation du général de Gaulle face au P.C.F. et aux Américains (23)

- n'a créé à ces derniers qu'une surcharge supplémentaire passagère et non décisive,
- était une nécessité du moment non destinée à « sacrifier » la Lorraine, ou n'importe quelle autre région, mais il est exact qu'elle tombait mal pour la Lorraine,
- a été peu appréciée par les Alliés à cause de la façon de faire de la 2e D.B. (mouvements sans ordre, prise de matériels et de carburant aux Américains (24)) mais admise par eux (25) qui auraient été fort gênés par la naissance d'une sorte de guerre civile en France.

Non une manœuvre contre le général Patton

« Le soi-disant manque de carburant annoncé et ressenti à la 3e Armée américaine n'était probablement que le moyen utilisé par le haut commandement allié pour contenir momentanément la fougue de cette prestigieuse unité et faire observer ses ordres par le général Patton, qui était à sa tête » (26).

- Cette appréciation du commandant Scharff reflète certainement et d'une façon déjà modérée, l'état d'esprit de l'Etat-major de cette 3e Armée quand lui-même prit pour la première fois contact avec lui le 1er septembre près de Verdun.
- « Quand Eisenhower décida d'accorder le soutien maximum à Montgoméry, un vent glacé souffla sur l'enthousiasme de Patton et de son Etat-major... Patton réagit de façon qu'on ne peut décemment transcrire » (27).
- Patton (28) « n'hésita jamais à se rebeller contre un ordre qui lui paraissait menacer la sécurité ou l'efficacité de ses troupes » (29). Or il avait bien précisé son idée de manœuvre à son Etat-major le 31 juillet : « Foncer, c'est réduire les pertes... Notre plan fondamental consiste à avancer et à

23. Il venait seulement, le 15 août 1944, d'être reconnu par les Alliés « Président du Comité français de libération ».

24. Le général Bradley dit au général Leclerc qu'il avait convoqué : « Vous avez gagné votre marche sur Paris contre les communistes, mais nous n'oublierons jamais vos manières peu amicales ». Du reste, comme « punition collective et morale », la 2e D.B., avant de quitter Paris où elle était en panne d'essence, dut envoyer tous ses véhicules non chenillés chercher de l'essence à Cherbourg pour la 3e Armée avant, dans un second voyage, d'y aller chercher son propre ravitaillement.

25. Général Eisenhower : « De Gaulle vient de nous forcer la main et nous devons l'aider, pour éviter la catastrophe dont nous serions jugés responsables ».

26. J. Scharff dans : « La libération de l'est de la France ».

27. Les Editeurs de *Army Times* dans : « Patton 1917-1918 - 1941-1945 ».

28. Lors d'une conférence à Chartres le 2 septembre, au cours de laquelle les généraux Eisenhower, Bradley et Patton auraient notamment étudié les problèmes logistiques du moment, le commandant de la 3e Armée aurait déclaré : « Mes hommes peuvent bouffer leur ceinture, mais mes chars ont besoin d'essence ». Dans son livre : « War as I knew it », Patton a affirmé, à propos de la limitation en carburant : « Voici l'erreur la plus monumentale de toute la guerre ». Il aurait pensé qu'une forte poussée vers l'est aurait alors fait écrouler la défense allemande, aurait terminé la guerre avant l'hiver.

29. Les éditeurs de *Army Times* dans : « Patton 1917-1918 - 1941-1945 ».

continuer d'avancer quels que soient les obstacles que nous rencontrerons ». Et il était bien conscient qu'il « suffisait » de « foncer » pour continuer son exploitation victorieuse, lui permettant immédiatement de submerger notamment Metz qu'il savait peu défendu et de donner la main aux forces venant de Provence. Son « exaltation » (29) et celle de ses hommes étaient compréhensible.

- Enfin Patton n'avait pas que des amis. Son supérieur du moment, le général Bradley, avait été son subordonné en Sicile, ce qui ne simplifiait rien. Un des camarades de promotion du général commandant la 3e Armée était le général John Lee, chef de la logistique alliée, que « Patton n'appréciait guère » (29) et qui était en train de s'installer largement dans Paris en consommant donc beaucoup de carburant...

Mais :

- Même s'il l'avait voulu, le général Lee ou un autre grand subordonné n'aurait pu ainsi « brimer » une armée sans l'accord du commandement suprême d'Eisenhower.
- Et ce dernier n'avait aucune raison d'arrêter exprès l'exploitation vers l'est alors qu'il était le premier intéressé par l'immédiat double objectif de la prise de la Moselle, de Metz, de Nancy alors peu défendus (intérêt stratégique et psychologique) et de la liaison avec le groupe d'armées Devers pour encercler toutes les forces du sud-ouest de la France en train de se replier. Au pire, malgré une situation générale des plus favorables, pouvait-il craindre une élongation exagérée « en doigt de gant » de la 3e Armée (le G.A. Montgomery était encore bien en retrait, le 25 août seulement au sud de la Seine de Rouen). Si c'eut été le cas, si un reliquat d'essence était encore disponible, il suffisait de prescrire à la 3e Armée, quitte ensuite à la priver effectivement de carburant si elle n'obtemperait pas, de s'arrêter au-delà de la Moselle et après liaison avec les forces du sud, mais pas avant.

Mais deux simples raisons principales (30)

La panne logistique

- Elle fut prévue dès avant le débarquement mais n'eut pas lieu comme il avait été pensé. Les planificateurs alliés escomptaient débarquer assez facilement puis rencontrer une grosse résistance sur la Seine puis la Somme (cf. croquis n° 2). Un arrêt avait donc été prévu au sud de la Seine pour recompléter les dotations. La « bataille de l'avant » exigée par Hitler avait tout modifié : piétinement initial, non prise des ports bretons par les Américains puis exploitation alliée inespérée.

---

30. A ces deux raisons principales s'ajoutaient fin août deux faits :
   - L'étirement exagéré, voire l'« éclatement » de la 3e Armée américaine.
     - Le général Patton ne disposait que de deux corps d'armée : le 12e et le 20e.
     - Son 15e C.A., en retard, avait pour mission de couvrir la 3e Armée au sud et d'assurer la liaison avec les forces venant de Provence.
     - Son 8e C.A. venait de « nettoyer » la Bretagne et n'avait pas encore rejoint.
   - L'absence d'appui aérien
     Le 19e Tactical Air Command agissait encore sur Brest. La facile exploitation à travers la France avait rendu ce fait possible mais l'appui renseignements et feux allait manquer ensuite.

- Cette vitesse d'exploitation vers l'est (jusqu'à 65 kilomètres par jour), jointe aux très nombreuses destructions sur les voies de communication (destructions dues aux bombardements alliés) et également à un « coulage » important, estimé à 10 % du total (prises de la 2ᵉ D.B... et de la 3ᵉ Armée sur les stocks des voisins, mais surtout « troc » de carburant par les G.I. pour des femmes ou autres)... l'emportèrent sur les énormes efforts réalisés pour assurer les ravitaillements : gros travaux de remise en état des routes et des voies ferrées, importation de locomotives, création d'axes routiers spécialisés : les « grand'routes de la Boule Rouge » (red ball highways), ravitaillement par air, pose d'un premier oléoduc puis d'un second après prise de Boulogne, récupération de stocks ennemis, etc.
- Seuls peuvent, dans ces conditions, trouver anormal le fait qu'il « n'y avait qu'à... » ceux qui ne se sont pas occupés de logistique.

L'effort nord

- Rappelons que l'effort principal, et lui aussi « normal », des Alliés était vers la Ruhr par le nord-est et non l'est. « Si nous avons marqué le pas sur le front faisant face à l'Allemagne, c'est en partie à cause de ma décision d'utiliser le maximum de nos forces dans le nord » [31].
- Rappelons aussi que le 25 août Montgomery n'avait pratiquement pas encore atteint la Seine à Rouen alors que les Américains étaient à Troyes. Il était temps que l'aile gauche progresse pour prendre Anvers, dégager des ports (d'où possibilité de ravitaillement) et mettre la Grande-Bretagne à l'abri des nouveaux engins allemands.

Conclusion

Il était normal qu'il n'y ait plus d'essence pour tout le monde — il faut être réaliste — et que ce qui était disponible soit consacré à l'effort vers le nord-est malgré l'intérêt de prendre l'ennemi de vitesse à l'est, au moins sur la Moselle et, par une jonction, d'encercler les restes de la 1ʳᵉ Armée allemande. Il faut choisir.

« Les problèmes de ravitaillement nous obligèrent finalement à nous arrêter lorsque nous atteignîmes l'Allemagne. Mais la grande vitesse de notre progression en France avait rendu cette situation inévitable » [31].

31. Général Eisenhower dans : « Les opérations en Europe du corps expéditionnaire allié ».

La reprise en mains allemande

Il faut dès l'abord souligner que cette reprise en mains ne fut pas alors la conséquence de cette panne de carburant. Elle fut prévue, commandée dès avant que cette panne soit connue par les Allemands. Par contre, ce problème de ravitaillement ayant stoppé de fait pendant quelques jours l'avance américaine, celle-ci lorsqu'elle reprendra (chapitre suivant) se heurtera à une position qui aura eu le temps de s'améliorer.

La mise en défense

Les ordres

Le 24 août 1944, Hitler ordonna d'édifier une ligne de défense avancée longeant notamment la Moselle et incluant les places fortes de Metz et de Thionville. Le Gauleiter Bürckel fut chargé de la faire réaliser.

Ce n'est que le 27 août (rappel) que le général Krause reçut l'ordre de la 12e Région militaire de préparer le plan de défense de Metz et de remettre les forts en état.

R. Caboz [(32)] indique que le 30 août, le Führer aurait ordonné de tenir le Westwall au nord de Sierck et la Moselle au sud (dont les forts de Metz). A. Kemp [(33)] note de son côté qu'une directive d'Hitler, en date du 1er septembre, ordonna la réhabilitation de ce Westwall.

Le 2 septembre, le général Krause fut élevé au rang de « Commandant de forteresse » [(34)].

R. Caboz [(35)] mentionne que le Führer aurait ordonné le 4 septembre d'arrêter la retraite, de proclamer le département de la Moselle « zone de guerre » et ne se serait rendu compte du relatif arrêt américain que le 6.

Les commandements

Le général Krause dépendit :

- à partir du 27 août, du général von Funck, commandant le 47e corps d'armée blindé,
- à partir du 2 septembre, du général Sinnhuber, commandant le 82e corps d'armée,
- à partir du 7 septembre (chapitre suivant), du général des Waffen SS Priess, commandant le 13e corps d'armée SS.

---

32. Dans : « La bataille de Metz » et « La bataille de la Moselle ».

33. Dans : « Lorraine, album mémorial ».

34. La directive n° 11 du Führer en date du 8 mars 1944 précisait le rôle de ces forteresses : « Elles sont destinées à empêcher l'ennemi d'occuper ces secteurs d'importance opérationnelle décisive. Elles devront se laisser encercler, et ainsi fixer le plus grand nombre d'unités possible, puis mettre en place les conditions favorables pour le lancement de vigoureuses contre-attaques... Leurs commandants engageront leur honneur en remplissant leur mission jusqu'à la fin. Seul le commandant en chef, sous réserve de mon accord express, pourra permetttre une capitulation ».

35. Dans : « La bataille de Metz » et « La bataille de la Moselle ».

Ces rapides modifications étaient le reflet de la délicate situation allemande : fin de la retraite et réorganisation de la défense. « Jamais la place forte de Metz n'avait vu autant d'Oberkommando en si peu de temps, mais pas d'unités à commander » épilogua le général Krause après guerre.

La 462e division de campagne n'occupa ses P.C. de combat qu'à partir du 3 septembre [(36)] :

- P.C. du général Krause : fort de Plappeville,
- P.C. du Kampfgruppe ouest (Ecole des cadets) : fort Saint-Quentin,
- P.C. du secteur nord : le fort des Bordes (à l'est de la Moselle), d'abord tenu par le commandant en second de l'Ecole des cadets puis par le colonel commandant l'Ecole de sous-officiers venue de Wiesbaden.
- Le manque de matériels et de spécialistes des transmissions rendit précaires les liaisons entre ces ensembles, surtout avec les éléments du sud.

Les troupes

C'est pendant ces journées de crise que le général Krause mit en place à l'ouest de la Moselle le dispositif de défense déjà décrit et qui faisait effort le long des routes principales venant de l'ouest. Il fallait du temps et les effectifs et matériels disponibles étaient insuffisants (rappel). Le seul atout du défenseur était la qualité de ses cadets et stagiaires d'écoles militaires. Mais l'Ecole des chefs de groupe n'arriva de Wiesbaden que le 7 septembre.

Les éléments de la 17e Panzergrenadierdivision (Götz von Berlichingen) qui jalonnaient l'ennemi depuis Verdun, furent recueillis dans la nuit du 2 au 3 septembre par la ligne de défense de la 462e division de campagne. Ils se regroupèrent près de Saint-Avold (rappel). Dès lors, la 462e division était seule, directement face aux Américains. En conséquence, « je devais rappeler aux officiers et écoles, dès le matin, le serment spécial prêté au Führer » a indiqué après guerre le général Krause.

« Le dimanche 3 septembre, des milliers d'ouvriers mineurs sarrois arrivèrent à Metz pour exécuter des travaux de fortifications dans les forts autour de Metz » [(37)].

Les forts

L'Ecole des cadets locale [(37 bis)] et Hermann Röchling, ingénieur venu de Sarrebrück avec une équipe de spécialistes du 3 au 6 septembre, remirent en état de tir les quatre pièces de 100 et de 150 des forts Driant (A) et Jeanne-d'Arc ainsi que les systèmes d'éclairage, de ventilation et d'approvisionnement en munitions de ces ouvrages.

La réfection des liaisons téléphoniques fut également réalisée.

Le tri et l'apport des munitions furent effectués à partir des dépôts de l'est de la Moselle.

---

36. Une déposition faite après guerre par le général Krause a été notamment reprise par deux auteurs (Spiwoks-Stöber dans : « Endkampf zwischen Mosel und Inn » et R. Caboz dans : « La bataille de Metz ») et diffère dans les deux citations à propos de l'emplacement des P.C. La synthèse ci-dessus doit être bonne.

37. P. Wolff dans : « Journal d'un résistant mosellan ».

37 bis. L'historique de l'Ecole des cadets de Metz indique que le rééquipement du fort Driant fut entrepris par les cadets à partir du 10, c'est-à-dire après la remise en état de la « batterie Moselle » à 2 tubes de 100 mm.
Le même texte relate ce que fut cette dernière remise en état (suite, page 77).

Le manque de temps ne permit guère la réfection des réseaux de barbelés mais des mines antipersonnel et antichars furent posées.

Conclusion : entre le 6 et le 9 septembre, ces deux forts en particulier furent en état d'effectuer des tirs, mais seulement à vue directe par suite de l'enlèvement antérieur des appareils de visée.

Les ponts

Rappelons que quatre [38] d'entre eux sautèrent le 4 septembre à 16 h au plus tard, après que les Allemands aient ordonné l'évacuation par la population de la rive ouest de la Moselle. En fait, des habitants vinrent se réfugier à Metz, tandis que d'autres étaient entraînés vers Boulay et Sarreguemines et que d'autres encore se cachaient soit sur place soit même dans les bois des environs [39].

Conclusion

Le 6 ou 7 septembre, le plan de défense [40] de la forteresse de Metz était sensiblement réalisé, mais de valeur inégale.

Il était alors un des éléments du plan général de défense d'une 1re Armée allemande réorganisée (chapitre suivant).

Lors de l'irruption des Américains à Dornot, le 7 septembre au matin, les Allemands, surpris, n'avaient qu'une section renforcée au fort Driant et aucun tir n'était prévu dans cette zone. Allant donc reconnaître une position de batterie, le chef de la compagnie lourde du 3e Bataillon de l'école constata le 8 que la batterie Moselle n'était pas en état de tirer alors que sa position, à vue directe de l'ennemi, était idéale. Dès lors, avec des officiers-élèves, il réaménagea fébrilement l'ensemble, allant chercher les matériels nécessaires et constituant des pelotons de pièce avec des élèves et des marins néophytes mais volontaires. Dès la nuit du 9 au 10, tout était prêt et, à minuit, si le premier tir d'essai fut un échec, le second fut réussi. Dès lors, dès le 10 à l'aube, la batterie réalisa des tirs très efficaces malgré une contre-batterie américaine sans effet sur la fortification.

Le 11, un coup au but des Américains ne fit que blesser trois servants.

Le 12, par suite d'un incident technique, un des deux tubes éclata. Il fut remplacé.

38. Les ponts routiers sur la Moselle de Moulins et de Longeville, les ponts ferroviaires : sur la Moselle à l'est-nord-est d'Ars-sur-Moselle et sur la R.N. de Nancy à Moulins-Saint-Pierre.

39. Ce fut le cas par exemple d'habitants de Marange-Silvange. Sachant que des villages voisins venaient d'être libérés sans dommage et espérant donc que ce serait très prochainement leur tour, au lieu de se laisser replier, ils fuirent vers la forêt voisine. « Ils ont laissé leur maison telle quelle et n'ont pour la plupart strictement rien emporté, même pas de vêtements ! Ils pensaient reprendre possession de leurs biens dans les heures suivantes. Ils ne se doutaient pas que leur village resterait pendant plus de deux mois dans un « no man's land » où les patrouilles allemandes deviendraient plus fréquentes que les américaines. Les habitants ont, par la force des choses, trouvé refuge à Pierrevillers ou à Malancourt-la-Montagne, dans le plus grand dénuement » (Dr G. Adrian, exposé du 23 novembre 1984 à l'Université de Metz). Autre exemple : celui de Novéant évacué le 4 septembre. « Certaines familles novéantaises telle que celle de M. Muller, vont être embarquées dans des " half-tracks " et conduites à Gorze par des G.I.'s rieurs, distribuant chocolat et chewing gum à tous. Le lendemain, les familles étaient à nouveau rentrées et cela jusqu'à cinq évacuations en une semaine pour la même famille. Et elle n'était pas la seule ». R. Caboz dans : « La bataille de la Moselle ».

40. C'est dès avant cette époque que les Allemands avaient pris des mesures pour la mise à l'abri, voire la défense des principaux bâtiments « sensibles » de la ville. La poste centrale, par exemple, avait été l'objet d'importants travaux : voute de ciment sur le central téléphonique, renforcement des principaux locaux par des murs de briques et des poutrelles métalliques, occlusion des soupiraux et fenêtres du rez-de-chaussée à part une meurtrière par ouverture, prévision de la vie de tout le personnel dans les caves par de multiples réalisations : nombreuses portes blindées, dispositif d'observation et de filtrage des gaz entre les portes, water-closets, possibilité par des blindages mobiles et des escaliers sommaires de boucher des ouvertures ou de sortir en cas d'absence d'électricité, mesures contre le phosphore, réserve

Le retour des Allemands à Metz

L'évacuation des fonctionnaires et immigrés allemands par ordre de Bürckel fut vivement critiquée par ses supérieurs [41]. Elle eut entre autres conséquences celle d'encombrer les routes et les relations ferrées alors que l'armée était en retraite puis en réorganisation.

Une partie [42] de ces mêmes personnes rejoignit donc Metz, notamment au cours de la nuit du 3 au 4 septembre, au grand désappointement des habitants francophiles.

Ce retour, la reprise en mains allemande marquèrent le début d'une nouvelle forme d'épreuve pour les Lorrains : la réquisition, dès ce 4 septembre, pour aller participer aux travaux d'organisation du terrain découlant du nouveau plan défensif allemand (chapitre suivant).

Ce retour eut une autre conséquence plus grave pour les F.F.I. locaux. Lors de la « panique » allemande, des résistants [43] s'étaient compromis [44], avaient été repérés (car même alors avaient dû rester des éléments non francophiles, du moins prêts à se « dédouaner » auprès des divers services de police revenus).

Pendant plusieurs jours, des F.F.I. se cachèrent donc, mais leur famille restait menacée. C'est peut-être à cette époque que se situe par exemple le cas de trois chefs de brigade. Prévenu de la menace par un ami coiffeur à la Gestapo, M. Griboux fit cacher sa femme chez une amie, rue de Reims. Recherchés, MM. Costa et Eisenkopf durent également se cacher. Auparavant, le premier ayant pu fuir, son épouse fut arrêtée, déportée et mourut en Allemagne, ce que son mari ne se pardonna pas. Mme Eisenkopf fut elle aussi arrêtée chez elle, à l'école de Borny, mais prétendit aux Allemands avoir demandé le divorce. Elle

---

d'eau dans la cour de la poste et sur le square voisin (emplacement actuel de la statue du général Mangin), etc. Des mesures du même genre (réserves d'eau, communication obligée entre les caves, etc.) furent prises ailleurs en ville. Ce n'est peut-être par contre qu'à cette époque que furent réalisées d'autres défenses, tel l'aménagement des caves et du rez-de-chaussée du lycée de jeunes filles place de Maud'huy (là aussi, caves reliées entre elles et ouvertures fermées sans meurtrières). Des munitions pour armes automatiques y furent stockées à la disposition de la police.

41. Pour se défendre, le Gauleiter Bürckel révoqua le chef de la police allemande à Metz et d'autres fonctionnaires (P. Wolff dans : « Journal d'un résistant mosellan »).

42. Revinrent surtout les Allemands en service, indispensables. D'autres et des familles ne réapparurent que pour déménager.

43. Des pillards des jours précédents furent alors également repérés. Plusieurs furent arrêtés, dont un fut fusillé le 7 à 16 h (d'autres voulurent se venger à la libération de leurs dénonciateurs). Les autorités allemandes demandèrent à ceux qui s'étaient indûment servis dans les dépôts (vivres, cigarettes) de restituer leur prise. Certains le firent. Plus simplement, des Messins avaient pavoisé trop tôt. Par exemple, à la poste centrale, ce furent les Allemands qui retirèrent un drapeau tricolore oublié lors de leur retour... Le 7, deux Polonais et un Ukrainien furent tués par coups de feu, tous les trois, à 21 h, au Strandbad. S'agissait-il de prisonniers évadés ou de déserteurs repris et fusillés ?

44. MM. Liska et Reitel furent alors avisés qu'ils seraient emmenés en Allemagne aux lieux et places des détenus politiques qu'ils avaient libérés quelques jours auparavant. L'intervention probable du procureur général allemand Welsch « bien disposé à l'égard des Lorrains » et la situation critique de l'armée allemande firent qu'aucune suite n'a été donnée à ces menaces. (Mme Jemmi-Reitel)

fut relâchée mais dut rester consignée chez elle et y subir sept interrogatoires et perquisitions. Le couple avait un jeune enfant. C'est en vain que des SS occupant le rez-de-chaussée de la maison furent chargés de capturer le mari lorsqu'il reviendrait voir son fils ; il s'en abstint. Finalement l'épouse put s'enfuir avec son enfant, la veille de son départ en déportation ; elle avait été prévenue par un garde autrichien avec lequel flirtait sa bonne.

Conclusion

L'espoir d'une libération de Metz encore facilitée par une « panique » dans la cité était déçu.

Cette « panique » ne fut que temporaire ; les Américains se trouvèrent en panne d'essence et, dès avant, les Allemands s'occupèrent enfin d'une mise en défense qui, si elle n'était encore que précaire vers le 6-7 septembre, n'en existait pas moins et se renforçait de jour en jour.

Les F.F.I. de Metz, eux aussi « in extremis », tentèrent de s'organiser mais l'échec — prévisible — de l'attaque d'un petit poste leur prouva que la bonne volonté ne suffisait pas. Du moins avaient-ils réglé en fait le problème du commandement et se dirigeaient-ils (ordre n° 1) vers une organisation plus sérieuse. Le retour des Allemands dans la cité et la prudence accrue de ceux qui s'étaient dévoilés trop tôt allaient freiner la mise au point de ce qui restait à faire, dont la protection des ponts et celle du central téléphonique non encore réglée.

3.

De la Meuse à la Moselle-Seille

(jusqu'au 25 septembre)

Le renforcement allemand

La 462e division se rôde

Ses moyens ne furent pas augmentés.

Le seul renforcement fut de quelques pièces d'artillerie de campagne qui vinrent étoffer l'insuffisante artillerie des forts.

Par contre, malgré le général Krause, au moins une partie des pièces contre avions qu'il avait englobées dans sa ligne de défense ouest, fut reprise par la 1re Armée (vers le 15 septembre) pour assurer la défense anti-aérienne des convois circulant à l'est de la Moselle.

De même, sa réserve, l'Ecole de transmissions, fut transférée près de l'aqueduc d'Ars [(1)], engagée le 8 septembre à Corny (voir plus loin) et en fait récupérée par la 17e division Götz von Berlichingen.

Mi-septembre, à partir du 11 ou du 12, la 462e division de campagne devint la 462e division d'infanterie. Pratiquement cela se résuma à nommer Régiments les Kampfgruppe déjà formés mais valut au moins le renforcement en artillerie déjà signalé.

Le 17 septembre fut enfin le dernier jour de commandement du général Krause placé en « réserve de commandement » et remplacé le lendemain par le général Vollrath Lübbe.

Mais elle gagnait en cohésion et continuait d'améliorer **son dispositif** dont la mise en place ne se termina que le 6 septembre, déclara le général Krause après guerre.

Le demi-tour de la 1re Armée

Metz faisait partie d'un ensemble défensif général.

Coup d'arrêt et improvisations de début septembre

Le 6, « Hitler dépêchera d'urgence, par avion, le Reichsführer SS Heinrich Himmler [(2)] auprès du général Blaskowitz, alors dans les Hautes-Vosges où il a transporté l'O.B.K. (le haut commandement) du groupe d'armées G en retraite de Provence et il intimera l'ordre d'arrêter la retraite, de se porter au devant de l'ennemi sur la Moselle » et de tenir sans idée de recul la ligne Trêves-Metz-Nancy-Belfort [(3)].

« A partir du 6 septembre, l'O.B.K. groupe d'armées G avait arrêté sa retraite et fit front, avec les éléments des unités retraitant de l'ouest » [(4)].

---

1. Le colonel Kemper, commandant cette école, a souligné après guerre qu'il avait refusé que l'on détruise l'aqueduc romain bien qu'il servit au réglage des tirs américains contre ses hommes en position près de là.
2. Après l'attentat manqué du 20 juillet 1944, Himmler fut nommé « commandant en chef de l'Armée de remplacement ».
3. R. Caboz, dans : « La bataille de Metz ».
4. Général Krause : déclarations d'après-guerre.

R. Caboz [3] mentionne « l'improvisation par ordre et contre-ordre, ainsi que l'impuissance des Etats-majors (des corps d'armée de la 1re Armée allemande) pendant cette période critique à la recherche des divisions placées sous leur commandement par Hitler, divisions alors en complète déliquescence et dispersées ».

Le 6 septembre, le général von Knobelsdorff remplaça à la tête de la 1re Armée le général von der Chevallerie. « Ce n'est que du 8 au 12 septembre que les premiers éléments de la 1re Armée allemande reconstituée arrivèrent en Lorraine » [4].

Il s'agissait d'unités particulièrement disparates et incomplètes, faites d'un rapide amalgame d'éléments en retraite et de nouvelles recrues. « Cette 1re Armée reconstituée comprenait au 7 septembre le 13e C.A. SS... les 80e et 82e corps d'armée et le 47e corps d'armée blindé. Tous ces corps d'armée furent constitués en Allemagne (dans la région de Breslau) avec deux ou trois divisions de la Wehrmacht et une de SS pendant la période de fin juillet au 4 septembre 1944. C'était à vrai dire les premières et seules réserves destinées au front de l'ouest. Les hommes venaient d'un côté de la « Hitlerjugend », de l'autre des unités rescapées du front ouest et pour la plupart, des hommes des services d'occupation ouest, ainsi que des unités de la Luftwaffe au sol, Flack comprise, et des transmissions. Cet ensemble forma l'essentiel des divisions SS et de la Wehrmacht, dont les divisions nouvelles de Volksgrenadiere du peuple allemand levées pour cela et peu instruites (grenadiers du peuple allemand). A cette date, ces corps d'armée n'étaient, à vrai dire, de loin pas complets, tant en effectifs qu'en matériels et surtout en armement d'artillerie et antichars. Ils n'étaient encore qu'en formation, après un mois de début de rassemblement » [5]. Le général von Knobelsdorff [6] détaille, peut-être en la noircissant encore, la mauvaise situation le 10 septembre des hommes et des matériels de cette armée dont il venait de prendre le commandement. Il ajoute qu'il était bien conscient et avait rendu compte qu'avec de si faibles moyens (et une complète infériorité aérienne) il ne pourrait, sans renforts, empêcher l'ennemi de franchir la frontière.

Sa mission, donnée par Hitler lui-même, était pourtant pour gagner du temps, de tenir cette frontière au nord de Sierck puis la Moselle, les forteresses de Thionville et de Metz incluses, ces dernières devant, s'il le fallait, se laisser encercler.

Le commandement suprême voulait que soient tenues simultanément les lignes de défense de la Moselle-Meurthe (Thionville, Metz, Nancy), de la ligne Maginot et du Westwall. C'était impossible par manque d'effectifs. Le général Knobelsdorff préconisa donc au contraire un combat retardateur.

Le Führer exigea à nouveau une « bataille de l'avant », sur la Moselle. Quand le nouveau commandant de la 1re Armée put réorganiser son dispositif, il sera dit que les Américains avaient déjà atteint la Moselle au nord et au sud de Metz. La défense allemande ne pouvait donc s'accrocher sur les hauteurs ouest du fleuve. Une autre solution était de faire l'effort défensif sur la rive est elle-même. Elle était trop exposée aux vues et aux coups de l'ennemi pour

5. Déposition après-guerre du colonel SS Kurt von Einem, chef d'Etat-major du 13e corps d'armée SS.

6. Dans la déposition d'après guerre MS. B-222.

cela et contenait de plus des méandres gênants. Le général décida donc [7] de ne laisser qu'une ligne de surveillance de nuit sur la rive est, d'axer sa défense sur les contre-pentes des hauteurs bordant la Moselle à l'est et de mener une manœuvre mobile s'étayant sur les travaux d'organisation du terrain (ligne de la Seille, de la Nied, etc.) à réaliser par la population mobilisée par le Gauleiter.

Le dispositif général de la 1er Armée, englobant Metz, fut donc :

« Le 13e corps d'armée SS fut le premier à faire mouvement vers l'ouest le 4 septembre, et ses premières unités arrivèrent le 7 septembre » [8]. Ce jour-là, ce corps d'armée en reconstitution reçut mission d'« empêcher une percée vers la Sarre avec, avant tout, le renforcement du front en train de se constituer sur la Moselle avec la tête de pont de Metz contre l'attaque de l'ennemi ». Jusqu'au 10 septembre, il était chargé du secteur allant de Koenigsmacker à Arry, P.C. initial à Boulay. Il disposait, du nord au sud :

- De la 559e Volksgrenadierdivision, créée en été 1944 [9] et incomplète (de Koenigsmacker à Hauconcourt).
- De la 462e division de campagne (Metz, de Hauconcourt à Ars).
- De la 17e Panzergrenadierdivision SS « Götz von Berlichingen » qui, créée en 1943, détruite en grande partie dans l'ouest de la France, avait mené le combat retardateur de Verdun à Metz (d'Ars à Arry). Cette division prit ainsi à son compte en fait l'ex-secteur sud de la 462e division, la soulageant d'autant mais gardant certains des éléments de cette division qui y étaient déjà en position, dont l'Ecole de transmissions (rappel) et le 282e bataillon de remplacement.

Du sud d'Arry jusqu'à Baccarat-Mirecourt, le 47e corps d'armée blindé (P.C. à Luppy), étrillé en Normandie, disposant :

- De la 3e Panzergrenadierdivision, à hauteur de Pont-à-Mousson, grande unité qui avait retraité parallèlement et au sud de la 17e P.G.D. SS et qui était une des meilleures de l'ordre de bataille.
- De la 553e Volksgrenadierdivision, face à Nancy. Elle n'avait été créée elle aussi qu'en été 1944 mais était renforcée par quelque 10 000 hommes de l'Armée de l'Air et du Service du Travail.
- De la 15e Panzergrenadierdivision, probablement alors en réserve.

Au nord de Koenigsmacker, le 82e corps d'armée [10] disposant notamment :

- De la 19e Volksgrenadierdivision.

Le 10 septembre, la 1re Armée (P.C. Saint-Avold) dut céder à la 19e Armée, au sud, l'Etat-major du 47e corps d'armée blindé et la 15e Pz.G.D., alors que sa limite sud avec cette 19e Armée était remontée à hauteur de Dombasle-Arracourt. En conséquence :

---

7. Sa déposition d'après guerre MS. B-222.

8. Déposition après guerre du colonel Kurt von Einem, chef d'Etat-major du 13e corps d'armée SS.

9. En été 1944, Himmler, ramenant à 16 ans l'âge de la conscription et « râclant les fonds de tiroir », récupéra quelque 500 000 nouveaux combattants répartis dans de nouvelles divisions ayant le titre honorifique de « grenadiers du peuple » (Volksgrenadiere) mais ne totalisant qu'environ 10 000 hommes, chacun des trois régiments d'infanterie ne comprenant que deux bataillons.

10. Le 80e et ce corps d'armée n'étaient que des commandements territoriaux sur la côte atlantique. Ils n'avaient donc aucune unité de renseignement ni logistique.

- Le 13e corps d'armée SS (P.C. Courcelles) coiffa les 462e, 17e, 3e et 553e divisions.
- Le 82e corps d'armée, P.C. à Merzig, fut chargé des 19e et 559e divisions.
- Plus au nord, de Remich à Vianden-Bitburg, limite de la 7e Armée, le 80e corps d'armée [11] rassembla la 36e V.G.D. et les restes de la 57e division et de la D.B. Lehr.
- La 48e division appartenait à la 1re Armée. Début septembre, elle était en repos et reconstitution à l'arrière. Par la suite, elle vint prendre le secteur face à Thionville, la 559e V.G.D. se rabattant plus au sud. Cette zone clé de Thionville-Metz, menacée par l'avance américaine (voir plus loin) fut ainsi renforcée, trois divisions s'y substituant aux deux précédentes, et la 462e fut soulagée en abandonnant à la 559e la partie nord de son ancienne zone.

Conclusion

Malgré une situation fort compromise, les Allemands surent réorganiser une position défensive sur la Moselle, Metz inclus.

Le commandement avait pour cela « fait feu de tout bois » pour ne pas dire avait « râclé les fonds de tiroir », faisant faire demi-tour ou poussant en avant les éléments les plus disparates amalgamés dans des unités fatalement non rodées et démunies notamment d'armes lourdes. Il fallait du temps pour que ce dispositif conçu dès avant la panne américaine devienne efficace. Il fut progressivement réalisé devant Metz le 6 septembre, a indiqué le général Krause, et les premiers renforts de la 1re Armée lui arrivèrent le 7...

La panne américaine laissa aux Allemands au moins un temps minimum inespéré et énergiquement exploité, car il va être indiqué que l'attaque américaine, ainsi retardée, ne débuta justement qu'autour du 6 septembre.

---

11. Le 82e et ce corps d'armée n'étaient que des commandements territoriaux sur la côte atlantique. Ils n'avaient donc aucune unité de renseignement ni logistique.

La reprise de l'avance américaine (croquis n° 12)

Rappelons que le 31 août, la 3e Armée créa deux têtes de pont sur la Meuse, à Verdun et Commercy, têtes de pont utilisées le 1er septembre pour faire passer des éléments dont les deux groupements de reconnaissance. Ce même 1er septembre, jour où le commandant Scharff prit contact avec des officiers de l'Etat-major de la 7e D.B. américaine à Regret (à l'ouest de Verdun), la reconnaissance du 20e corps fonça dans plusieurs directions, dont celle de Thionville (rappel). Là, les trois chars légers, guidés par deux civils thionvillois, ne firent demi-tour qu'après avoir constaté que le grand pont de cette cité n'était pas sauté.

Dans les jours qui suivirent, la panne de carburant ne permit que de petits mouvements, surtout de reconnaissance entre Meuse et Moselle, pour renseigner sur le dispositif ennemi (éléments en retraite et position de la 462e division) ainsi que sur le terrain (notamment points de passage, dont les ponts à occuper si possible). Le 4, l'une de ces patrouilles ayant à sa tête le chef de corps du 3e groupement de cavalerie tomba dans une embuscade près de Rezonville sur l'axe Mars-la-Tour-Gravelotte.

Le haut commandement n'avait pas attendu les vives doléances de Patton, par exemple à la réunion du sommet de Chartres le 2 septembre, pour faire le maximum afin de permettre à la 3e Armée de reprendre sa progression. Il faut noter que, pendant l'arrêt de cette armée, le groupe d'armées de Montgomery, bien ravitaillé, avait bien progressé le long de la côte, repoussant la 15e Armée allemande et atteignant Anvers le 4 septembre. Il n'y avait plus dès lors de proéminence vers l'est. De Boulogne un nouveau pipe-line fut lancé (rappel) mais surtout la remise en état de terrains d'aviation permit un important ravitaillement par air de carburant entre Rennes et Reims puis de là, la constitution par voie routière d'importants stocks dans la région de Verdun.

Dès le 4, le problème du ravitaillement était grosso modo résolu. L'optimisme était revenu.

Le 5, le général Bradley vint au P.C. de son subordonné et la reprise de la mission initiale lui fut prescrite [12]. Il s'agissait à nouveau, après avoir fait une tête de pont sur la Moselle, de percer le Westwall et de franchir le Rhin dans la région de Mayence pour attaquer vers Francfort... Patton, mal renseigné sur les forts et ayant sous-estimé l'ennemi, pensa que le franchissement de la Moselle ne serait qu'une formalité et que la seule faible résistance rencontrée, sur le Westwall, serait facilement bousculée par les blindés...

---

12. R. Caboz dans : « La bataille de la Moselle », indique que l'ordre de reprise de l'attaque vers le Rhin fut donné par Patton pour le 4 septembre à 3 h 30. Il ne s'agissait que du 12e C.A. du sud.

Le 12e C.A. se porte sur la Seille

La Meurthe et Nancy (jusqu'au 15 septembre)

Au sud de la limite de corps d'armée Saint-Mihiel-Pont-à-Mousson (ces villes incluses au 12e C.A.), ce dernier assurait surtout la couverture sud de l'ensemble du dispositif tant que le 15e C.A., retardé, ne pouvait remplir cette mission. Le 12e C.A. du général Manton Eddy comprenait les 35e et 80e D.I. et la 4e D.B.

Rappelons que la Meuse avait été franchie à Commercy le 31 août et une tête de pont créée le 1er septembre. Le 4, le corps d'armée était sur la rive est de la Meuse, de Vaucouleurs à Saint-Mihiel.

Il avait lui aussi pour objectif le Rhin.

Il fallait d'abord franchir la Moselle et la Meurthe, à Nancy.

La 35e D.I., au sud, étant chargée de la couverture, le plan initial, du 4, fut de prendre Nancy en tenaille par un grand débordement d'un régiment de la 80e D.I. renforcé d'un Combat Command de la 4e D.B., franchissant la Moselle à Pont-à-Mousson, débordant la ville par Champenoux et revenant en front renversé sur la ville alors qu'un autre régiment, partant de Toul, viendrait à sa rencontre progressant, lui, vers l'est.

L'action commença dès le 4, avant celle du 20e C.A. au nord.

Dès le 5, le 319e R.I. prenait Toul et une tête de pont à l'est de la Moselle [13] mais, au nord, le 317e R.I. ayant atteint la Moselle à hauteur de Pont-à-Mousson fut violemment repoussé lors de ses tentatives, répétées, de traversée à Pagny-sur-Moselle et à Blénod-lès-Toul. A partir du lendemain, le 318e prenait Marbache et s'approchait de Dieulouard. Mais l'effet de surprise avait échoué pour cet effort principal au nord.

Le 15e C.A. arrivant, prenant à son compte la couverture sud et la liaison (le 14) avec les éléments venus de Provencce, la 35e D.I. devint disponible. Une autre manœuvre fut montée. Au lieu d'un mouvement en tenaille de l'est et de l'ouest, il s'agissait de déborder Nancy par deux attaques vers le nord-est, de part et d'autre de la ville, avec effort au sud, par la 35e D.I., étant donné l'importante résistance nord de la bonne 3e Pz.G.D. allemande.

Au nord, la tête de pont américaine à hauteur de Dieulouard (d'Autreville à Mousson), malgré un très beau raid blindé jusqu'à Arracourt les 13 et 14, fut violemment contre-attaquée et piétina.

Au sud, malgré de sévères échecs passagers (Flavigny le 10), la 35e D.I. franchit la Moselle les 11 et 12 de Bayon à Pont-Saint-Vincent, puis la Meurthe de Damelevières le 13 et, débordant Lunéville par l'ouest, réalisa le 15 une tête de pont à Dombasle au-delà du canal de la Marne au Rhin, tandis qu'à l'ouest l'infanterie longeait le même jour la Meurthe à Chartreuse et Saint-Nicolas-de-Port.

---

13. Cette tête de pont ne progressa pas jusqu'au 10 au-delà de Gondreville et Villey-le-Sec. Toul était entouré de quelques vieux forts. Celui de Gondreville fut pris par les Américains. Mais ils échouèrent devant celui de Villey-le-Sec qu'ils n'occupèrent que le 10 lorsque ses défenseurs se replièrent d'eux-mêmes devant le débordement ennemi. Nancy n'était pratiquement pas défendu par des forts.

Ainsi le 15, le 12e corps bordait la Meurthe en amont et en aval de Nancy, prêt à continuer son double mouvement, surtout à l'est de la ville.

A Nancy, après la « panique » du 31 août-1er septembre, le colonel Grandval, chef de la région C et chef F.F.I. local en fait, avait demandé en vain un parachutage d'armes le 2. « Serions maîtres situation si disposions mille hommes armés ». Le parachutage n'eut pas lieu. La résistance nancéienne put du moins, à partir du 11, renseigner les Américains. Le 13, le colonel Grandval dut interdire formellement à Michel Herr, représentant des F.T.P. à l'Etat-major régional, de déclencher immédiatement une action insurrectionnelle prématurée. Par contre, le 14, devant la dégradation de la situation intérieure (destructions, pillages, retraite) et l'avance américaine, le chef de la région C décida « déclenchement cette nuit action pour libération Nancy ». « Aux toutes premières heures de la matinée du 15 septembre, tous les services publics sont aux mains des F.F.I... La ville est libérée. 24 F.F.I. ont hélas été tués au cours de ces ultimes combats » [14]. Les Américains entrèrent dans la ville à 11 h.

Jusqu'à la Seille

Une fois encore, le haut commandement allemand, le Führer lui-même allaient réagir. Pour gagner du temps et de l'espace, pour couvrir la Sarre, il allait contre-attaquer malgré un nombre trop restreint de chars et d'artillerie et une supériorité aérienne totale ennemie qui allait être décisive. Le brouillard fréquent gêna aussi les Allemands, les empêchant d'utiliser la plus grande portée des canons de leurs chars.

La première idée fut de lancer la 5e Armée blindée (ce qui en restait...) de Charmes vers Bar-le-Duc pour couper les arrières de la 3e Armée. Des moyens furent regroupés sous le commandement du général Manteuffel. Ils étaient trop faibles, surtout à cause de l'arrivée du 15e corps américain déjà cité (il comprenait la 79e D.I. américaine et la 2e D.B. du général Leclerc). De plus, la jonction des 3e et 7e Armées U.S., le 14, privait le défenseur d'une base de départ possible.

Du 18 au 20, la contre-attaque allemande se réduisit à la région de Lunéville, pris et repris. Devant l'échec final, Hitler remplaça le 21 le général Blaskowitz à la tête du groupe d'armées G par le général Balck tandis que, ce même jour, le 12e corps avait progressé jusqu'à Frouard, Champenoux, Arracourt. Le lendemain 22, il prenait position au-delà du coude de la Seille, jusqu'à Fresne-en-Saulnois (déjà atteint du reste le 13 par le raid lancé à partir de Dieulouard), en faisant refluer les éléments de la 553e V.G.D. vers le nord, entre Moselle et Seille au nord-nord-est de Nancy, et en stoppant une nouvelle contre-attaque ennemie dans la région de Moyenvic.

Le Führer, malgré les pertes, continua de prescrire aux débris de la 5e Armée blindée, en liaison avec la 1re Armée, de rejeter les Américains au sud du canal de la Marne au Rhin. A partir du 24, mais surtout du 27 au 30, eurent effectivement lieu de dures contre-attaques dans la région de la forêt de Grémecey, dans la boucle de la Seille à l'ouest de Château-Salins. Avec de lourdes pertes, l'ennemi ne parvint qu'à repousser les Américains, qui avaient reçu la 6e D.B. en renfort, que de quelques kilomètres.

---

14. G. Grandval et A.J. Collin dans : « La libération de l'est de la France ».

Le 30 septembre, la contre-offensive allemande prit fin.

Elle n'avait pu atteindre son objectif direct : repousser l'ennemi. Mais indirectement elle avait obtenu de lui causer de sérieuses pertes, de lui interdire de déboucher, d'exploiter « dans la foulée » le franchissement de la Meurthe.

Le 12e C.A. avait atteint la Seille mais avec des pertes et dans des délais inattendus (la boue aussi en fut cause). Il lui fallait au moins se réorganiser avant l'exploitation prévue vers le Rhin...

Enfin, le 12e C.A. n'étant qu'en couverture du 20e, cette exploitation dépendait des résultats obtenus plus au nord, sur la direction principale, par ce 20e corps.

Le 20e C.A. butte sur les forts, la Moselle et la Seille

Le nouvel optimisme initial

Rappelons qu'après la conférence du 5, l'ordre fut de franchir le Rhin puis d'attaquer vers Francfort, la prise de Thionville, de Metz [15], de la Moselle n'étant que le premier temps de la mission du 20e C.A. D'où :
Le 3e groupement de reconnaissance devait rapidement reconnaître le Rhin et ses ponts.

La 7e D.B. devait foncer prendre ces ponts en contournant les centres de résistance dont le nettoyage incombait aux deux D.I.

La 5e D.I. devait, au passage, prendre Metz, le 2e R.I. en franchissant la Moselle à Metz et le 11e R.I. à Corny.

La 90e D.I. devait, au passage, prendre Thionville.

L'arrêt devant les forts de Metz (croquis n° 13)

Dès le 4, le 3e groupement de cavalerie de reconnaissance et de renseignements du 20e corps avait pris le contact avec les premiers éléments allemands (de Fléville à Waville) mis en place, dit R. Caboz [16], la nuit précédente seulement. Si, le matin, un détachement américain (dont le chef de corps) était tombé dans une embuscade (rappel), le soir de ce 4, la reconnaissance avait atteint l'ouest de Thionville, le sud d'Audun-le-Roman, l'ouest d'Abbéville, de Mars-la-Tour, de Chambley et d'Arnaville.

Le 6 au matin, la 5e division se porta sur sa base de départ, à l'est de Fresnes-Etain. Le 357e R.I. de la 90e D.I. en fit de même au nord. Le reste de sa division ne rejoignit que le soir ; il avait dû attendre son ravitaillement en essence dans la région de Reims. La 7e D.B. était en retrait, à l'est de Verdun.

La 7e D.B., dépassant l'infanterie, et mal renseignée [16 bis] s'engagea rapidement vers l'est, articulée en deux Combat Commands (plus un troisième en réserve) de chacun deux Task Forces, ces quatre colonnes attaquant le long des quatre principales routes menant à la Moselle pour chercher un passage vers ce fleuve.

Au nord, le C.C.A. progressa sur les axes Fléville, Briey, Sainte-Marie-aux-Chênes et Conflans-Vernéville. Les éléments de tête des deux T.F., dépassant la reconnaissance, buttèrent sur les défenses de Sainte-Marie-aux-Chênes et de Vernéville. Devant cette résistance et craignant à juste titre le terrain

---

15. Début septembre, Radio Londres diffusa à peu près ceci : « La bataille pour Metz a commencé. L'artillerie et l'aviation pilonnent la ville dans un bruit de tonnerre ». Une Messine ayant de la famille « à l'intérieur » dit à l'auteur combien elle avait craint que cette tonitruante action psychologique erronée y créa d'inutiles appréhensions.

16. Dans : « La bataille de Metz ».

16 bis. G. Perrin, chef cantonnier de Mars-la-Tour, y organisa la résistance début septembre. Le 5, il fut emmené en jeep à Etain pour fournir des renseignements sur la région attaquée. Le 6, il y fit des reconnaissances et en rapporta les résultats au général Thomson, commandant le C.C.B. de la 7e D.B. Le 7, il servit de guide à l'infanterie dans le Bois des Ognons.

coupé et les routes encaissées de la « côte » plus à l'est, tout le C.C. obliqua vers le nord-est et, par la vallée de l'Orne, gagna Mondelange puis longea la Moselle jusqu'à Hauconcourt [17]. Y ayant repéré un emplacement de franchissement possible, il y attendit ordres et moyens du génie tandis que l'ennemi, replié à cet endroit sur la rive est, tirait de là sur lui.

Au sud, les deux T.F. du C.C.B. attaquèrent le long de la route Mars-la-Tour-Rezonville et Chambley-Gorze. Celui du nord, ayant également butté sur l'ennemi à Rezonville put, au cours de la nuit du 6 au 7, grâce à des résistants assurant le guidage, traverser le Bois des Oignons et arriver le 7 à l'aube sur la crête dominant la Moselle et Le Chêne. Quant au T.F. du sud, après accrochage à Gorze, il se trouvait également le 7 au matin en bordure de la Moselle, entre Novéant et le sud-ouest d'Arnaville.

Conclusion : compte tenu des défenses rencontrées et du terrain, la 7e D.B. avait évité le centre du dispositif pour atteindre la Moselle au nord d'Hauconcourt et au sud d'Ancy. C'était logique mais cela laissait le seul 2e R.I. de la 5e D.I. face à la principale position défensive. Du moins, avant leur esquive, les T.F. avaient-ils bousculé les « sonnettes » et éléments retardateurs qui se trouvaient sur les grands itinéraires à l'ouest des avant-postes du Kampfgruppe von Siegroth.

Dès le 7 [18], les deux premiers bataillons de ce 2e R.I., et le 8 le troisième, arrivèrent au contact de ces avant-postes et de la ligne principale de résistance de l'école [19].

Réduction des avant-postes (5 à 9 septembre).

- Le 6, le C.C.A. attaqua à plusieurs reprises l'avant-poste de Saint-Privat. Ses défenseurs (3e Compagnie) se replièrent la nuit suivante.
- Vernéville fut plus coriace. De durs combats eurent lieu du 5 au 8, notamment au château et dans son parc. Ses défenseurs (1re Compagnie antichar) ne rejoignirent le Bois des Génivaux que dans les premières heures du 9.
- Le 5, le colonel commandant le 3e Régiment américain de cavalerie avait été fait prisonnier à l'ouest de Gravelotte. Le 6, les attaquants bousculèrent la section qui s'y trouvait, prit la ferme de la Malmaison, encercla le village de Gravelotte et l'attaqua vigoureusement. Les défenseurs (7e Compagnie) se replièrent le 7 vers 3 heures.
- La 5e Compagnie antichar mit en défense Gorze dès le 31 août. Le 6, les Américains buttèrent sur elle. La nuit suivante, ils débordèrent cette résistance en gagnant la Moselle par le bois nord-est. Le 7, pris à revers,

---

17. Un autre élément atteignit Silvange par Pierrevillers.

18. Le 7, le 1er Bataillon du 2e R.I. fut stoppé par de violents tirs à l'ouest d'Amanvillers. Plus au sud, le 2e Bataillon ne put dépasser Vernéville. Le 8, les tirs d'artillerie et de mortiers stoppèrent ces bataillons alors que le 3e rejoignit et patrouilla à hauteur de Gravelotte. Le 9, le 2e R.I. fut rattaché à la 7e D.B.

19. « Dès le 8 septembre, je fus obligé de resserrer mon front. Saint-Privat fut abandonné au nord et la ligne de défense fut reportée sur les hauteurs à l'est de la localité, les blindés ennemis ayant réussi à forcer la passe de Saint-Privat et atteint la Moselle au nord de Metz. De même, je fus obligé de rectifier ma ligne de défense au sud-ouest de Metz. L'ennemi, très certainement guidé partout par des autochtones, avait réussi à traverser les forêts au sud de Rezonville ». (Général Krause, cité par R. Caboz dans : « La bataille de Metz »).

l'avant-poste se défendit et, la nuit suivante, dut, sur ordre, par la vallée, rejoindre Novéant et franchir la Moselle.

- Novéant était tenu par le Kampfgruppe Schmidt (deux compagnies renforcées du 208e Bataillon) placé sous les ordres du Kampfgruppe von Siegroth (rappel). Il fut attaqué le 7 au matin par les éléments qui venaient de s'infiltrer dans les bois nord. Il reçut l'ordre à 11 h 30 de repasser la Moselle après la 5e Compagnie de Gorze la nuit suivante. Ce fut exécuté avec des moyens très précaires.

Les échecs devant la ligne principale (du nord au sud) :

- Face au secteur nord de la défense allemande, celui tenu par l'école de sous-officiers de Wiesbaden et le 1010e Régiment de sécurité, la principale attaque fut menée le 11 par des éléments du C.C.R. de la 7e D.B. Ils progressèrent de Pierrevillers vers Sémécourt mais furent stoppés par les feux des défenseurs de la côte du Bois de Fèves qu'ils ne purent refouler complètement. Dans ce secteur, le général Krause a estimé que les attaquants avaient perdu 15 blindés.
- A la jonction des Kampfgruppe Wagner et von Siegroth, la 3e Compagnie arrêta le 12 une attaque du C.C.R. alors que, plus au nord-est, le 14, l'infanterie américaine pénétra assez profondément dans les Bois de Fèves avant d'être refoulée.
- Les combats les plus durs eurent lieu pour Amanvillers (et la ferme de Montigny, 1 km plus au sud).
  Le 6, les Américains submergèrent le poste allemand de la cote 303 (1 km au sud d'Habonville) mais échouèrent devant Amanvillers.
  Le 7, le 1er Bataillon du 2e R.I. attaqua en vain cette agglomération et la ferme sud.
  Le 8, les Américains, faisant le point, se contentèrent de bombarder leurs objectifs.
  Le 9, avec alors l'appui d'un T.F. du C.C.A., l'assaillant attaqua sept fois Amanvillers et deux fois la ferme de Montigny. Il perdit le soir le peu de terrain qu'il avait chèrement conquis.
  Du 7 au 9, le I/2e R.I. perdit 228 hommes...
  Les 10 et 11, de nouvelles attaques furent sanctionnées par les mêmes échecs.
  Le 12, le I/2e R.I. dut être relevé par le III/2e R.I. qui, le 13, échoua lui aussi contre la ferme de Montigny. Les 12 et 13, ce furent surtout les chasseurs-bombardiers et les artilleurs qui intervinrent.
- Du moins, entre Vernéville et Gravelotte, les Américains réussirent-ils à s'emparer des Bois des Génivaux et de La Charmoise après d'âpres combats.
  Dès le 4, la reconnaissance américaine avait mitraillé les lisières qui, les 5 et 6, furent bombardées par l'artillerie.
  Le 7, le II/2e R.I. réussit à pénétrer dans la lisière ouest du Bois des Génivaux.
  Les 8 et 9, l'attaque piétina malgré l'appui de chars, face notamment à la 1re Compagnie antichar alors revenue de Vernéville.
  Le 10, l'essentiel du Bois des Génivaux fut pris et l'ennemi se replia dans le Bois de la Charmoise au cours de la nuit suivante pendant laquelle les Américains occupèrent la ferme Grenouille.

Les 11 et 12, on se battit dans le Bois de la Charmoise et la 1re Compagnie allemande l'évacua le 12 au soir.

Dans ce secteur, la ligne principale de résistance n'avait pas eté rompue mais avait été entamée, le front passant dès lors sur le plateau à l'ouest du fort de Guise et des fermes de Leipzig et de Moscou.

- Face au ravin de la Mance, les Américains avaient pour base de départ le 7 : Gravelotte et le Bois des Ognons et, à partir du 12, le sud du Bois des Génivaux.

  Jusqu'au 15, le III/2e R.I. puis le 359e R.I. de la 90e D.I., qui le releva le 14, ne firent que de vaines attaques partielles.

  Les 15 et 16, ce 359e réussit à progresser à partir du sud du Bois des Génivaux.

  Il reprit son attaque le 19 et arriva jusqu'au pont de la route Gravelotte-Metz.

  Le 20, une contre-attaque allemande rétablit la situation.
- Il semble enfin que rien de sérieux n'ait été tenté face au fort Driant.

Conclusion

Ce fut l'échec complet. Le général Krause [(20)] a estimé après guerre que les Américains avaient dû perdre dans ce secteur 25 blindés, détruits par Panzerfaust [(21)], et quelque 150 prisonniers. Le chef de corps du 2e R.I. rendit compte dès le 9 avoir déjà perdu 14 officiers et 332 hommes.

De son côté, l'historique de l'école des cadets précise que le Kampfgruppe aurait perdu au total quelque 1 200 personnels dont :

- parmi l'encadrement propre de l'école : 5 officiers instructeurs et 2 officiers adjoints tués, 3 disparus et 8 blessés ;
- parmi les aspirants pour la plupart promus officiers : plus de 100 tués, de 50 disparus et de 180 blessés.

Certains de ces tués ont été enterrés au cimetière militaire de Chambière. En novembre 1944, un grand monument a été érigé à la mémoire de tous les morts du Kampfgruppe à Méseritz, au nouvel emplacement de l'école (voir plus loin).

L'autorisation de la fin des combats ne fut donnée que le 14 septembre par le 20e Corps. Et la 5e D.I. finit ce jour là d'être relevée par la 90e D.I.

L'échec face au centre était prévisible, dû :

A l'impréparation de l'attaque : manque de renseignements sur l'ennemi, les forts, manque de cartes détaillées, sous-estimation de l'adversaire.

Au terrain et au mauvais temps favorables aux défenseurs.

A ceux-ci eux-mêmes, des cadets bien décidés et connaissant bien leur zone et à leurs moyens. A ce sujet, A. Kemp [(22)] s'étonne avec juste raison de la densité des tirs d'artillerie dont furent victimes les assaillants, compte tenu de l'affirmation après guerre par les chefs allemands de leur manque de munitions alors. « On peut donc penser que soit les Américains ont exagéré soit que les Allemands ont reçu d'importants renforts que le commandant de la division n'a pas cru devoir mentionner dans ses rapports » [(22)]. Les pertes

20. Citations par Spiwoks et Stöber dans : « Endkampf zwischen Mosel und Inn ».

21. Les premiers lance-fusée antichar allemands.

22. Dans : « Lorraine, album mémorial ».

américaines ne peuvent être mises en doute. Par contre, il est compréhensible que dans leurs déclarations d'après guerre, les généraux allemands, battus, aient eu tendance à sous-estimer leurs moyens de 1944.

Mais ces durs combats du 2e R.I. américain avait eu pour avantage de fixer les meilleures troupes de la défense allemande alors que le 20e corps était en train (voir plus loin) de débuter au sud de Metz un franchissement de la Moselle permettant — à plus ou moins longue échéance — de déborder la ville et ses défenses.

L'arrêt devant la Moselle en aval

Rappelons que la 90e D.I. était en retard par manque d'essence.

Elle n'attaqua donc que le 7 au matin, avec pour premier objectif de s'emparer des hauteurs à l'ouest de la Moselle de Thionville.

Cette D.I. n'avait pas le contact avec sa voisine du nord : le 5e corps de la 1re Armée américaine. Elle dut donc étaler son dispositif, engageant ses trois régiments d'infanterie en ligne au lieu d'en garder un en réserve. Il est vrai que son adversaire, la 559e V.G.D., était médiocre et elle aussi étirée.

Dans la nuit du 7 au 8, du sud-est au nord-ouest les 357e, 358e et 359e R.I. s'étendaient d'Avril (nord de Briey) à Mercy-le-Haut, ayant encerclé le 7 Briey qui se rendra le lendemain.

Dès le 6, le général commandant la 1re Armée allemande avait obtenu la 106e [23] brigade blindée « Feldhernhalle » du colonel Baeke pour contre-attaquer dans le flanc gauche, nord, de la 90e D.I. L'action débuta dans la nuit du 7 au 8 et perturba fortement le dispositif allié, passant grosso modo entre les 358e et 359e R.I., rencontrant le P.C. de la 90e D.I., etc. Mais cette contre-attaque ne pouvait réussir car, faute de renseignements, elle avait été montée a priori (la rencontre du P.C. n'était due qu'au hasard) et ses effectifs étaient trop faibles pour faire face aux contre-attaques U.S. de jour. La 90e D.I. affirma avoir détruit ou capturé 30 chars, 6 engins semi-chenillés et une centaine d'autres véhicules. Dès le 9, le groupe d'armées G indiqua que la brigade blindée était réduite à 9 chars et canons d'assaut.

Après avoir attendu en vain une nouvelle contre-attaque le 9, la 90e D.I. reprit sa progression le 10, s'alignant le soir d'Hayange à Aumetz et continua assez facilement jusqu'au 13.

Ce jour-là, le 357e R.I. borda la Moselle d'Uckange tandis que le 358e R.I. prenait la rive ouest de Thionville et que le 359e poussait vers le nord pour chercher la liaison avec le 5e corps et des points de franchissement.

La 90e D.I. avait ainsi atteint ce 13 son premier objectif. Une suite d'ordres et de contre-ordres lui prouva que la suite des événements ne correspondrait pas à l'optimisme initial mais dépendait des difficultés rencontrées plus au sud par le 20e corps et surtout du succès ou non de son débordement de Metz par le sud.

---

23. Cette brigade blindée, formée en août comme d'autres avec les rescapés des combats blindés en Normandie, était dotée de chars neufs et comprenait un bataillon de chars à effectifs théoriques : 33 chars Panther et 11 canons d'assaut, un bataillon d'infanterie motorisée, une compagnie du génie et des services.

Début du débordement sud

Le 7 au matin, le C.C.B. de la 7e D.B., et le 11e R.I. de la 5e D.I. étaient parvenus sur les hauteurs boisées dominant à l'ouest la Moselle, du nord de Dornot au sud d'Arnaville, de part et d'autre des résistances allemandes de Novéant et d'Arnaville et au sud de celle d'Ancy — fort Driant, etc. Le T.F. du C.C.B. venu face à Gravelotte (comprenant notamment le 23e bataillon d'infanterie motorisée) avait, évitant les résistances du centre du dispositif, dévié vers le sud et, à travers le Bois des Oignons avait gagné de nuit les arrières du hameau Le Chêne (juste au nord de Dornot). Il y fut alors rejoint par les 2e et 3e bataillons du 11e R.I. venus eux de l'ouest et ayant débordé et réglé la résistance de Gorze. Plus au sud, un autre T.F. du C.C.B., du carrefour « Les Baraques », avait atteint de nuit le Rudemont, rejoint par une partie du 1er bataillon du 11e R.I., l'autre partie ayant pu s'infiltrer jusqu'au « Haut-de-la-côte » au sud-sud-ouest d'Arnaville.

Il s'agissait toujours de « foncer », de franchir *la Moselle* pour gagner le Rhin. Trois essais de franchissement eurent donc lieu, de plus en plus importants.

Dès *le 7 après-midi*, le 23e bataillon d'infanterie motorisée, téméraire, mais l'optimisme régnait encore, tenta l'affaire avec trois barques. Elles furent repoussées avec pertes. Mais des erreurs de transmission firent que le commandement crut qu'une tête de pont avait été réalisée.

Le même 7, le T.F. C.C.B. et le 11e R.I. reçurent donc l'ordre de franchir à hauteur de **Dornot** dès le 8 au matin (croquis n° 14).

Mais dès le 7, une grande confusion, pour ne pas dire plus, régnait dans ce secteur américain. (Le général Thomson commandant le C.C.B. fut relevé de son commandement, accusé à tort d'avoir abandonné cette tête de pont. Il ne fut réhabilité qu'en 1948). Les ordres initiaux trop vagues n'avaient pas prévu les difficultés rencontrées du fait du terrain et de l'ennemi, d'où entassements, cisaillements d'unités, problèmes de subordination, etc. De plus le cirque naturel de Dornot est dominé au nord par le fort Driant et à l'est par le groupe fortifié Verdun d'où vues et tirs étaient particulièrement aisés.

Quoiqu'il en soit, le 8 au matin, le dispositif d'attaque fut en place : une compagnie réduite du 23e bataillon au nord, devra attaquer Jouy-aux-Arches pendant qu'au sud les compagnies du 2e bataillon du 11e R.I. devront prendre l'ouvrage Saint-Blaise avant que le 3e bataillon, venu ensuite, s'empare de l'ouvrage Sommy et couvre l'ensemble vers le sud. Des appuis de mortiers et d'artillerie [23 bis] ont pu finir par se mettre en place, mais insuffisants ainsi que

---

23 bis. Chacun des R.I. américains bénéficiait de l'appui direct d'un bataillon d'artillerie de campagne (obusiers de 105 mm). Ainsi, à la 5e D.I., le 50e Bataillon était adapté au 2e R.I., le 46e au 10e R.I. et le 19e au 11e R.I. En plus, le 21e Bataillon était « élément organique » de division ainsi que le 284e Bataillon et renforçait donc les trois premiers bataillons cités en fonction de la situation.
Par exemple, le 284e Bataillon fut en position le 1er septembre près de Douaumont, le 2 près du fort du Rozelier, le 3 près de Ronvaux et le 5 près de Saint-Hilaire. Il y resta du 5 au 7 en raison de la panne de carburant.
Le 7, il gagna le sud-est de Buxières, en appui du 10e R.I., attaquant en direction du Rupt de Mad (Waville et Vandelainville).
Le 8, il se mit en batterie à la ferme Sainte-Catherine (2 km à l'est de Gorze) et, avec les 19e et 21e Bataillons, appuya le franchissement de la Moselle à Dornot. (Le P.C. du bataillon, était alors dans la ferme même, les batteries au nord de celle-ci et la batterie des services en arrière, près de Chambley). Il tira ce jour là 1 200 coups.

les moyens du génie qui s'étaient faufilés à travers les encombrements de véhicules entassés dans Dornot et pris à partie par l'artillerie adverse.

Bref, le 8, de 11 h à 17 h, malgré de violents tirs ennemis, quatre compagnies de fantassins, 38 hommes du 23e bataillon et deux sections lourdes franchirent le fleuve. En fin d'après-midi, tandis que l'attaque sur Jouy était décommandée par suite des faibles effectifs du 23e, les deux compagnies F et G, progressèrent vers le fort Saint-Blaise. L'ennemi ne réagit plus mais les Américains arrivés devant les défenses extérieures buttèrent sur toute une succession de barbelés, murs et fossés. Il leur fut impossible de les franchir alors que « le fortin est dégarni, et ses canons non opérationnels à ce moment » [24] [25]. Ordre fut donné de rejoindre la rive.

C'est dans ce mouvement de repli, sur un terrain assez dégagé entre le fort et le « Bois-du-fer-à-cheval » qui se trouve entre la Moselle et la route nationale et dans lequel attendaient les autres éléments, que les deux compagnies furent prises sous un feu violent et précis (tir direct du fort Driant, etc.) en même temps qu'elles furent contre-attaquées sur leurs deux flancs par des éléments de la 17e Pz.G.D. SS [26]. Peu d'hommes rejoignirent le bois.

Jusqu'au 10, c'est dans ce bois que les survivants, renforcés par la Compagnie K, se défendirent vaillamment face aux contre-attaques et aux tirs d'artillerie, profitant de la nuit pour évacuer les blessés et recevoir vivres, munitions et piles pour les postes radio.

A partir de ce 10, la « batterie Moselle », remise en état, exécuta, à vue directe, des tirs particulièrement efficaces.

Ce n'est que le 10 que l'ordre d'évacuation fut donné et difficilement réalisé à partir de 21 h. Si les blessés purent être évacués par quelques bateaux, la majorité des hommes durent, après avoir jeté leurs équipements dans la Moselle, franchir cette rivière à la nage ou, pour ceux qui ne savaient pas nager, en se tenant à une corde tendue entre les deux rives. L'eau était glacée et le courant violent. « De nombreux hommes se noient » a affirmé un témoin.

Le maintien de cette petite tête de pont, malgré les pertes sévères subies, était dû à ce qu'elle fixait effectifs et attention de l'ennemi alors que le 20e corps préparait enfin sérieusement un important franchissement plus au sud, à Arnaville.

L'échec de Dornot aurait coûté plusieurs centaines de morts aux Allemands. Il mit hors de combat 50 % des effectifs américains engagés. L'estimation officielle des pertes est de 745 tués, blessés ou disparus.

---

24. A. Kemp dans : « Lorraine, album mémorial ».

25. Dans « La bataille de Metz », R. Caboz précise que le fort n'était gardé que par quelques hommes qui, lors de l'attaque américaine, s'enfuirent en direction d'Augny.

26. Les deux bataillons qui tenaient le secteur attaqué dépendaient initialement du secteur sud de la 462e division. Il s'agissait d'un bataillon de remplacement, le bataillon Voss, formé surtout de convalescents et peu mordant semble-t-il alors et d'un bataillon formé par l'Ecole des transmissions. Mais la 17e Pz. G.D. SS coiffait maintenant l'ensemble au sud d'Ars et prit à son compte les contre-attaques, ayant à remédier à une certaine confusion crée par de faux renseignements dus en particulier à ce que les Américains avaient, sans le savoir, attaqué à la limite des deux bataillons.

« L'urgence de la situation et le besoin d'exploiter une désorganisation allemande supposée, forcent les Américains à tenter un franchissement de la rivière sans préparation suffisante en prenant des risques considérables. Mais il y a longtemps que toute chance de succès à partir de la vitesse et de la surprise a disparu » [27].

Le franchissement d'Arnaville (croquis n° 15)

Dès le 8, les Américains comprirent que la tête de pont de Dornot, trop exposée, ne pouvait être la base d'un important franchissement. C'était trop près des défenses immédiates de Metz. L'ordre fut donc donné au colonel Bell, commandant le 10ᵉ R.I. de la 5ᵉ D.B., de préparer un nouveau franchissement plus au sud, à Arnaville, plus loin des vues, des coups, des forts de la ceinture messine.

Cette fois enfin l'action fut bien préparée.

- Le régiment désigné disposa du 9 pour faire ses reconnaissances et donner ses ordres.
- Des appuis sérieux furent mis en place : 13 groupes d'artillerie [27 bis] de campagne et la promesse d'intervention de chasseurs bombardiers, retirés de leur mission contre Brest.
- Les moyens du génie devaient suffire à régler les délicats problèmes rencontrés : suite d'obstacles différents (V.F., canal, Moselle).
- La 84ᵉ compagnie chimique mit en place six écrans de fumigènes autour d'Arnaville, notamment pour boucher la vue du fort Driant pouvant prendre la Moselle en enfilade.

L'attaque du 10 se déroula dans de bonnes conditions bien que le fond de la vallée fut nu et boueux. Du côté ennemi, Arry était (rappel) la limite des secteurs de la 17ᵉ SS Pz.G.D. au nord et de la 3ᵉ Pz.G.D. au sud et la 17ᵉ comprenait dans ses rangs, à hauteur de Corny, le 282ᵉ bataillon de remplacement provenant de la 462ᵉ division. L'objectif des Américains était la première crête est avec les côtes 386 et 310. Le 1ᵉʳ bataillon du 10ᵉ R.I. (effort principal) conquit 386 et le second bataillon 310. Les points initiaux étaient atteints.

Le 11, les Américains voulurent couvrir cet objectif au sud et au nord en prenant les deux villages en cause :

- Au sud, Arry était base d'attaques allemandes. Le 3ᵉ bataillon du 10ᵉ R.I. fut lancé contre ce village, l'occupa... et retraita à la ferme Voisage, en réserve, car il n'y avait pas d'autres unités disponibles.
- Au nord, ce qui restait du 3ᵉ bataillon du 11ᵉ R.I., ramené de Dornot, fut lancé contre Corny mais ne put s'emparer que des premières maisons.

Du 11 inclus au 14.

- La tête de pont, encore mal assurée, subit des tirs et de sévères contre-attaques répétées, surtout à partir d'Arry, contre la côte 386 par le

---

27. A. Kemp dans : « Lorraine, album mémorial ».

27 bis. Le 284ᵉ Bataillon d'artillerie, déjà cité, appuya de la ferme Sainte-Catherine le franchissement d'Arnaville puis la progression à l'est de la Moselle. Le front s'éloignant vers la Seille, le bataillon quitta sa position le 18 septembre pour, par le pont de bateaux d'Arnaville, se mettre en batterie à la ferme Voisage, à 1,2 km au nord - nord-ouest d'Arry, le P.C. étant à La Lobe, à 800 m à l'ouest d'Arry.
Du 18 au 30, le bataillon appuya ainsi de 4 000 coups la difficile progression des 2ᵉ et 10ᵉ R.I.
Le 284ᵉ n'avait alors à déplorer que 2 tués et 22 blessés depuis le début de la campagne.

8e Pz.G.R. de la 3e Pz.G.D. et, venant de l'est, par le 115e Pz.G.R. de la 17e SS. Pz.G.D.

- Ces contre-attaques furent stoppées notamment par l'appui aérien (qui détruisit Arry). Mais le commandement américain préparait le renforcement et l'élargissement de sa tête de pont par la réalisation de deux ensembles de points de franchissement à hauteur d'Arnaville permettant notamment la traversée du C.C.B. de la 7e D.B. (pont fixe à partir du 12).

Le 15, double extension de la tête de pont :

- Vers le sud, par le C.C.B. prenant, après Arry et la côte 400, les villages de Vittonville et de Mardigny.
- Vers l'est, par le 1er bataillon du 10e R.I. s'emparant de la côte 396 qui domine la vallée de la Seille.
- Dès lors, la tête de pont était fermement accrochée et pouvait servir de base de départ vers la Seille. Mais ce succès avait nécessité une semaine et avait été payé par de lourdes pertes. Le seul 10e R.I. avait perdu dans ces combats 25 officiers et 700 sous-officiers et hommes tués et blessés (autant que le 11e R.I. à Dornot).

Echec du débordement de Metz par le sud. Arrêt devant la Seille

Dès le 14, le 20e corps, toujours optimiste, conçut une grande *manœuvre d'encerclement* de Metz. L'effort serait fait au sud par toute la 7e D.B., suivie de la 5e D.I., exploitant à partir de la tête de pont d'Arnaville vers l'est-nord-est pour déborder la cité par le sud puis rejoindre le 90e D.I. attaquant, elle, de Thionville vers le sud-est.

Pour cela, il fallait *regrouper 7e D.I. et 5e D.I.*

Dès le 13, la 90e D.I. eut l'ordre de s'étendre vers le sud, vers Metz, pour rendre disponible le C.C.A. de la 7e D.B. et le 2e R.I.

De fait, ce transfert eut lieu dans la nuit du 14 au 15.

- Le C.C.A. vint se regouper vers Pagny-sur-Moselle y préparant un franchissement.
- La 90e D.I. s'étendit donc vers le sud, alors qu'au nord un élément de reconnaissance renforcé trompait l'ennemi sur son faible nombre. Le 358e R.I. s'étira de Thionville [28] à Uckange. L'unité de reconnaissance de la 90e division patrouilla d'Uckange à Maizières-lès-Metz. Le 357e prit le contact depuis cette localité jusqu'à Saint-Privat. Le 359e R.I. enfin fit face au sud de cette agglomération. Le 357e R.I. attaqua en vain les 15 et 16 au nord-est d'Amanvillers, face aux ouvrages Canrobert. Il ne put que s'accrocher aux carrières d'Amanvillers. Au sud, c'est en vain également que le 359e essaya de forcer la ligne allemande le 15 à l'est de Malmaison et le 16 près de Gravelotte. Aux mêmes endroits ce furent les mêmes échecs que ceux que subit le 2e R.I. du 7 au 13. Le mauvais temps fut une nouvelle cause de fatigue et de pertes pour ces fantassins américains non abrités. Les combats cessèrent le 17. Du moins avaient-ils fixé la défense ennemie de ce secteur.

---

28. Du 12 septembre au 9 novembre, les F.F.I. tinrent seuls le front de Manom à Beauregard sous la haute surveillance d'officiers de la 90e D.I.

Il fallait d'abord *traverser la Seille.*

Patton voulait contourner Metz par un raid blindé du C.C.A. de la 7e D.B., couvert au sud par le C.C.R., et suivi du C.C.B. et de la 5e D.I. C'était, à une plus petite échelle, l'idée de la 3e Armée fonçant en pointe jusqu'au Rhin et au-delà, avec les mêmes problèmes de couverture de flancs de plus en plus longs et de l'élongation des ravitaillements.

Patton ne se rendit pas compte ou ne voulait pas reconnaître l'état d'usure de ses forces. Ses unités avaient subi de lourdes pertes que ne comblait pas qualitativement l'arrivée de jeunes recrues. Des problèmes de ravitaillement, cette fois en munitions car il ne s'agissait plus de foncer, continuèrent de se poser surtout pour l'artillerie. Le mauvais temps précoce gêna les assaillants et restreignit l'appui aérien réclamé aussi ailleurs. Les Allemands avaient également subi de lourdes pertes mais les survivants étaient à l'abri, connaissaient leur terrain et bénéficiaient d'appuis d'artillerie qui, s'ils n'étaient pas aussi puissants que souhaités, étaient du moins plus importants que pouvait le faire penser la pénurie en munitions dont firent état leurs chefs après la guerre.

Les 16 et 17, ce n'est qu'après de durs combats et dans de très mauvaises conditions climatiques que les villages du bas de la crête de départ, surtout Marieulles, furent pris.

Du 18 au 20, l'objectif était la prise des trois villages de la rive ouest de la Seille : Sillegny, Coin-sur-Seille et Pournoy-la-Chétive. Il fallait pour cela descendre, au sortir des bois, des croupes dénudées bien vues des artilleurs allemands de la rive est (29) et les villages voisins servirent de bases de départ et d'abris à des éléments blindés de contre-attaque.

- Le 19, après de très durs combats, le C.C.R. ne put s'emparer de Sillegny mais le C.C.B. prit Longeville-lès-Cheminot, plus au sud.
- Le 20, l'infanterie parvint, au prix de très lourdes pertes, à occuper Coin-sur-Seille et Pournoy-la-Chétive.

Mais les 20 et 21, les Allemands contre-attaquèrent vigoureusement le saillant de Pournoy. S'étant bien rendus compte du danger de cet essai de débordement par le sud, ils y avaient renforcé leur défense, en y ramenant en particulier des éléments du nord de Metz où ils s'étaient aperçus que les Américains avaient laissé peu de monde. C'est ainsi que la 106e brigade blindée Feldherrnhalle (30) participa à ces contre-attaques.

Les défenseurs de Pournoy tinrent sous le choc mais étaient épuisés. Ils durent être relevés au cours de la nuit du 23 au 24 et, le 25, Pournoy-la-Chétive et Coin-sur-Seille furent abandonnés par les Américains qui se replièrent sur les hauteurs boisées à quelque deux kilomètres plus à l'ouest.

C'était l'échec.

---

29. Dont ceux du groupe fortifié de l'Aisne qui offrait au moins aux défenseurs des abris sûrs.

30. Elle avait contre-attaqué la 90e D.I., le 8 septembre, au nord de Briey.

Réactions

Retour de l'administration Française

M. Rebourset et son équique

Une préfecture de la Moselle subsista à Montauban après 1940 avec M. Bourrat, préfet replié.

Le 2 septembre 1944, le Commissaire de la République de Toulouse télégraphiait : « Prière inviter fonctionnaires tous grades ayant appartenu au 16 juin 1940 à administration de l'Etat, départements et communes Bas-Rhin, Haut-Rhin, Moselle, se tenir prêts à rejoindre immédiatement leur ancien poste — Stop — Interdire Alsace et Lorraine aux fonctionnaires qui selon votre jugement se sont notoirement compromis par leur attitude à l'égard d'ennemi et le prétendu gouvernement de Vichy. Adresser liste... ». La réponse pour la Moselle fut : « Tout ce personnel, sauf un... a eu depuis les événements de 1940 une attitude patriotique irréprochable ». Il s'agissait de ramener de Montauban à Metz 31 fonctionnaires, 48 m^3 ou 7 500 kg d'archives et de matériels ainsi que les nombreux personnels ayant trouvé un poste dans diverses préfectures de l'« Intérieur ». Le 6 septembre, la « Direction générale des Services d'Alsace et de Lorraine » notifiait à Montauban : « Prière préparer remise en place Metz échelon votre préfecture replié Montauban ». Une ordonnance du 15 septembre prescrivit le rétablissement progressif de la législation française en Moselle :

- Article 2 : Tous les textes allemands deviennent nuls et non avenus sous réserve des mesures transitoires de l'article 5.
- Article 3 : La législation en vigueur le 16 juin 1940 redevient la seule applicable.
- Article 5 : Pour assurer la continuité administrative entre le jour de la libération et celui de la réinstallation des services français, « l'autorité compétente prendra toutes les mesures transitoires nécessaires ».

  Une ordonnance sur l'organisation administrative en Alsace-Lorraine, parue au Journal Officiel du 19 octobre, prescrivit aux trois préfets (paragraphe 4 de l'article 2) « de préparer et proposer au gouvernement toutes mesures législatives susceptibles de réaliser l'unité de législation entre les départements du Bas-Rhin, du Haut-Rhin et de la Moselle et les autres départements ».

Le 5 septembre 1944 au soir, Me Rebourset fut chargé par le ministère de l'Intérieur des fonctions de « préfet de la Moselle » avec également titre de « Commissaire de la République » [31] pour ce département. Cet avocat très connu à Metz avant guerre, ayant obtenu six citations comme officier français en 1914-1918, président des officiers de réserve de la ville [32] avant 1940, dut être alors remarqué par le chef de corps du 507e régiment de chars. M. Rebourset s'était replié « à l'intérieur » et y avait participé à la résistance dès 1943. Cachant sous une réserve apparente une grande finesse d'esprit et un

31. Ce titre donné uniquement aux préfets de Moselle et d'Alsace, leur donnait quelques pouvoirs accrus.

32. Il organisa notamment à ce titre le beau congrès national de 1929.

grand cœur, il fut proposé au général par M. de Courcel, directeur des services d'Alsace-Lorraine au ministère de l'Intérieur. Dès le 6, le nouveau préfet fut reçu par M. Charles Blondel, commissaire de la République pour l'Alsace-Lorraine et par le général de Gaulle lui-même « entre deux portes ». Il s'agissait « d'affirmer sans tarder la présence française dans les départements d'Alsace et de Lorraine ». Mais M. Rebourset n'avait pas encore de désignation écrite.

Le nouveau préfet avait gardé un très bon souvenir de Raymond Mondon qui, avocat, avait fait un stage dans son étude avant guerre. Ce futur maire, replié lui aussi après avoir été blessé le 14 juin 1940, étant alors lieutenant au 161e R.I., avait été reçu au concours de la Magistrature et fut juge d'instruction à Saint-Mihiel en 1941. Recherché par les Allemands, il leur échappa en sautant par la fenêtre puis en gagnant la région parisienne où il évita de nouveau de justesse une arrestation. Le préfet Rebourset obtint, dès le 5 au soir, son accord pour être son chef de cabinet.

Le 7 septembre, M. Rebourset partit pour Metz (ainsi que les nouveaux préfets du Bas-Rhin et du Haut-Rhin). A Bar-le-Duc, ils furent arrêtés (l'attaque américaine venait seulement de commencer). Probablement dès le 8, le nouveau préfet, pour se renseigner, alla voir le sous-préfet de Briey. C'était M. Gandar qui venait de remplacer l'ancien administrateur. Probablement le même jour, MM. Rebourset et Gandar allèrent à Gorze qui venait d'être libéré et dont M. Mondon avait dû vanter les avantages (proximité de Metz, grands bâtiments, habitants bien connus de M. Mondon originaire d'Ancy). Le préfet Rebourset comptait s'y installer. Avec M. Gandar il s'y renseigna auprès de M. Bazin, régisseur de la ferme de l'hospice puis rejoignit Paris pour rendre compte de la situation et demander une désignation écrite. Entre-temps, M. Mondon vint le 10, seul, à Gorze, y retrouva ses parents évacués d'Ancy et y présida une manifestation patriotique rétablissant la première municipalité en Moselle libérée. Mais la nuit du 10 au 11, plus de cent obus de 150 tirés du fort Driant mirent fin à la fête. Les autorités (le préfet était revenu de Paris) jugèrent alors que l'administration ne pouvait s'établir dans cet endroit trop exposé. Le 11, elles décidèrent de se fixer à Mars-la-Tour provisoirement. Ce village n'était pas trop éloigné de Metz, était sur la route de cette ville à Verdun, et disposait d'un hôtel-restaurant permettant la réalisation de quelques bureaux et d'une popote, chacun logeant chez l'habitant. Il ne s'agissait du reste encore que de MM. Rebourset, Mondon et Gandar et d'un gendarme chauffeur-secrétaire-dactylo. Le nouveau préfet avait connu au barreau de Metz, Me Henri Béna. Alors replié à la préfecture d'Annecy avant, par suite de ses activités dans la résistance, de vivre sous un faux nom à Paris. Lui aussi fut « chargé de mission » par M. de Courcel et devint en fait sous-chef de cabinet lorsqu'il rejoignit le 20 septembre.

L'équipe, lentement étoffée, n'avait qu'à attendre la libération de la Moselle en prévoyant les problèmes posés (dont celui du retour des autres fonctionnaires). M. Rebourset assura les liaisons à Paris. Lui-même et ses adjoints prirent contact avec le général Dody, les autorités américaines, les responsables locaux, les officiers de liaison, etc. Il s'agissait de régler les problèmes posés, notamment d'essayer de concilier le désir des personnes évacuées de rejoindre leurs villages qui venaient d'être libérés et celui des Américains d'empêcher ces retours pour ne pas être gênés dans leurs opérations.

Trois problèmes

Dès le 7 septembre (Mithridate était bien renseigné), M. Leroy télégraphiait à Londres : « Apprenons nomination Me Rebourset préfet Moselle — Stop — Groupement élus et population demandent désignation député Robert Schuman — Stop — Unification réglementation locale avec celle intérieur indispensable dès libération — Stop — Seule loi allemande en vigueur en Moselle et Alsace actuellement — Stop — Faisons confiance général de Gaulle pour trouver avec Schuman solution donnant satisfaction à population mosellane tout en respectant nos traditions et usages ». Que représentait alors effectivement M. Leroy ? Il n'était pas le seul en tout cas à craindre le complexe de supériorité dont feraient preuve les Messins de retour dans leur cité et à espérer pouvoir régler les problèmes entre « restés » avant ces « revenus ». D'autre part, la personnalité du député Schuman était bien connue.

Dès le 12 septembre, le nouveau préfet dut faire placarder l'affiche suivante imprimée à Bar-le-Duc et ayant pour gros titre : PILLAGE. « Le préfet de la Moselle attire l'attention de la population délivrée, sur la nécessité de l'ordre dans le pays. Il est rigoureusement interdit de s'approprier les biens abandonnés, qu'il s'agisse de biens des particuliers, des collectivités, comme de ceux des armées alliées ou ennemies. Tout acte de pillage exposera ses auteurs aux sanctions les plus graves ».

Le 30, Mithridate câbla : « Se saisir de R..., directeur asile Gorze et maire allemand Novéant, ancien capitaine français ayant travaillé profit Allemands ». Il était accusé d'être à l'origine des tirs de la nuit du 10 au 11. Il fut effectivement appréhendé par des militaires venus de Verdun. Le 10 octobre, Londres demandait des renseignements « sur R... actuellement arrêté ». Le 14, Metz précisait : « R... est capitaine d'active rayé des cadres parce que germanophile. A Gorze à débâcle, reconnu directeur asile Gorze par Allemands. Maire Novéant, responsable expulsion partie poulation Gorze et Novéant. Schuman au courant ». En fait, ce R... fut en prison à Metz en avril 1945, en sortit et fut jugé par contumace en 1947.

La vie à Metz [33]

Retour des Allemands [34]

Il est à rappeler avec sa quadruple conséquence :

Consternation des francophiles.

Crainte des habitants s'étant compromis d'une façon ou d'une autre pendant la « panique » allemande.

Nervosité des occupants.

Elimination du Gauleiter Bürckel, « mal vu » par Himmler. Début septembre, la chancellerie du Parti envoya Stöhr, chef de service de la N.S.D.A.P. [35] comme « fondé de pouvoir » du Gauleiter et « commissaire de la défense pour les

33. Cf : « Journal d'un résistant mosellan » de P. Wolff et messages du réseau Mithridate.

34. Certains de ces fonctionnaires revenus repartirent du reste dans la nuit du 7 au 8, lorsque le bruit courut que Metz serait déclaré « territoire militaire ».

35. « Nationalsozialistische Deutsche Arbeiter Partei ».

travaux de fortification ». En fait il était adjoint et successeur désigné de Bürckel qui mourut le 28 septembre à Neustadt d'une « maladie pneumo-vasculaire ». Il semble qu'il fut « prié » de se suicider [36]. Stöhr lui succéda.

Arrivée d'évacués et crainte d'évacuation

Les 4 et 5 (rappel), la police revenue, aidée par beaucoup de S.A. venus de Sarre, voulut évacuer à l'est de la Moselle les habitants des villages [37] à l'ouest de cette rivière, dont ceux de la banlieue messine : Longeville-lès-Metz, Ban-Saint-Martin, Devant-les-Ponts et Fort-Moselle. Il fallait tout abandonner alors qu'on attendait les Américains d'un jour à l'autre. Certains s'enfuirent, d'autres se cachèrent. Beaucoup vinrent se réfugier chez des parents ou amis ou occupèrent des logements qui venaient d'être évacués par les Allemands. Les derniers enfin furent évacués vers la Sarre par voie ferrée. C'est ce dernier sort que connurent, le 7, des habitants de Sémecourt, Maizières-lès-Metz et Amnéville qui avaient échappé aux premières rafles mais avaient été découverts lors des « chasses à l'homme » qui suivirent. Ils furent amenés de force à la gare de Metz, en convoi à pied encadré par des S.A.

La crainte de l'approche américaine fit prévoir la destruction des ponts dans la ville même, d'où l'évacuation préalable des quartiers correspondants par les habitants, et leurs réticences. Ce fut le cas, le 15, autour du Pont-des-Morts et, le 21, aux environs de la rue de la Garde et du quartier Saint-Vincent.

C'est enfin pour éviter des pertes par suite des tirs de l'artillerie américaine (voir plus loin) que l'ordre fut donné le 25 septembre d'évacuer une partie de l'avenue de Nancy et, deux jours après, la rue de Verdun jusqu'à la rue Mozart.

Toutes ces évacuations brutales compliquaient les problèmes d'hébergement et de ravitaillement d'un nombre croissant de personnes dont l'obsession, si près de la délivrance, était de rester près de leurs biens pour les surveiller.

Réquisition des hommes

Le 15, les Allemands décidèrent, il était temps, d'évacuer par camions les matériels des usines installées dans les forts de Metz. Il fallait de la main-d'œuvre. Les Lorrains, requis, furent regroupés tous les matins à 7 h devant la Trésorerie générale et emmenés en camions vers les lieux de travail [37 bis].

Bien plus importante fut la réquisition des « Schanzer », hommes contraints à des travaux de terrassement défensifs, d'organisation du terrain, généralement encadrés par des S.A. sarrois ou des soldats de la 2e réserve venus de Rhénanie.

- Dès le mois d'août, certains, peu, furent requis.
- Le 9 septembre, tous les hommes de 16 à 65 ans eurent l'ordre de s'inscrire pour participer aux importants travaux que venait de prescrire le nouveau commandant de la 1re Armée allemande voulant (rappel) une défense en

36. Des officiers SS lui rendirent visite deux heures avant sa mort...

37. Saint-Privat, Amanvillers, Gravelotte, Maizières-lès-Metz, Hagondange, Talange, Woippy, Lessy, Sainte-Ruffine, Scy-Chazelles.

37 bis. Entre autres, des machines-outils du fort Driant furent évacuées rue Clothilde Aubertin et chargées là sur des wagons partant en Allemagne.

PILLAGE

Le Préfet de la Moselle attire l'attention de la population délivrée sur la nécessité de l'ordre dans le pays.

Il est rigoureusement interdit de s'approprier les biens abandonnés, qu'il s'agisse de biens des particuliers, des collectivités, comme de ceux des armées alliées ou ennemies.

Tout acte de pillage exposera ses auteurs aux sanctions les plus graves.

Le Préfet de la Moselle,

Officier de la Légion d'honneur,

12 Septembre 1944.

Marcel REBOURSET.

(Archives municipales de Metz)

profondeur. Il s'agissait de travaux [37 ter] autour de Metz (Frescaty notamment) puis dans Metz même, mais également dans les « lignes » plus à l'est. La « position [38] de la Nied » continuait le tracé même de la rivière de Sanry-sur-Nied à Koenigsmacker (cf. croquis n° 16) où elle rejoignait l'autre position : celle de la ligne Maginot.

- Dès lors, les Messins s'ingénièrent par tous les moyens à éviter ces travaux de campagne tandis que les Allemands, par tous les moyens également, dont chiens policiers, firent la chasse aux nombreux « Schanzer » réfractaires, surtout à partir du 16. Ceux qui étaient pris furent envoyés à la caserne Barbot.
- Le nombre insuffisant [39] des requis présents et leur faible rendement firent annuler les premières exemptions (par exemple membres de la magistrature et du barreau) et procéder à des rafles (ce fut notamment le cas à Plantières le 21).
- Le 20 [40] commencèrent les travaux défensifs dans Metz même particulièrement autour de la place Saint-Louis et près de la cathédrale (un fossé anti-char coupa la rue du Palais et un autre la rue Ambroise-Thomas).
- Le 29 enfin des « Schanzer » locaux furent envoyés en Sarre.

Déménagements allemands

L'évacuation citée des matériels des usines installées dans les forts n'était qu'une partie des déménagements allemands après leur retour début septembre.

Dès le 6, des colonnes de camions vinrent charger les objets abandonnés lors de la « panique », n'oubliant pas les vivres des subsistances militaires. De nombreux matériels ferroviaires (dont aiguillages) des divers dépôts et ateliers messins partirent en Allemagne pour réparer le réseau gravement endommagé par les bombardements alliés. « Déménagement machines des ateliers chemins de fer Montigny commencé hier. 150 [41] wagons attendent leur chargement », télégraphia Mithridate à Londres le 27. L'Institution Sainte-Chrétienne fut un des établissements vidés. « On vit la place de la gare, tel un immense hall de déménagement, envahie de meubles et de colis les plus divers attendant de pouvoir être expédiés vers la Heimat » a noté Mlle Hanriot en ajoutant qu'une bonne partie de ces objets, dont un certain nombre de meubles, appartenait à des Messins qui avaient dû quitter leur logement pour une raison ou pour une autre, logements occupés depuis lors par des Allemands.

Le 16 partit le journal « Metzer Zeitung ». Le 21, le tribunal et les services d'archives reçurent l'ordre de préparer l'évacuation de leurs documents. L'archiviste antinazi déjà cité, le docteur Ewig, fit en sorte, en ce qui le concerne, que rien ne parte. Par contre, des registres d'état-civil du tribunal et une partie des dossiers du tribunal spécial furent évacués sur Heidelberg.

---

37 ter. Dans son rapport remis le 8 novembre aux Américains, Jean Denis cite beaucoup de ces travaux, à Metz et surtout aux environs (cf. « La nasse », paru aux Editions Serpenoise).

38. Plus à l'est étaient la « position des hauteurs de la Sarre » et le « Westwall ».

39. Mithridate indiqua dès le 11 le résultat de la convocation citée du 9 : « Majorité ne s'est pas présentée ».

40. Dès le 27 Mithridate émettait : « Allemands creusent fossés antichars dans rues Metz et aménagent nids mitrailleuses coins rues principales surtout dans le centre de Metz ».

41. En fait 68 wagons auraient été chargés de machines outils et d'outillage divers. De plus le 19 septembre les Allemands dynamitèrent d'importantes installations : château d'eau, chaufferie, sous-station, compresseur d'air, ponts roulants, plaque tournante et chariots transbordeurs.

De leur côté, les soldats allemands eurent l'autorisation d'envoyer à leurs familles des colis de 15 kg. Achats en ville et envois de colis furent nombreux.

Il y aurait eu enfin réquisition des bicyclettes [42] le 12 puis des motocyclettes et automobiles.

Pénurie croissante

Toutes les mesures citées : venue d'évacués, déplacements de Messins, prélèvements allemands en plus des difficultés croissantes de circulation, se soldèrent fatalement par des difficultés de ravitaillement. « Les stocks de vivres commencent à s'épuiser, la Wehrmacht se servant d'abord — Stop — Pour l'instant manque lait, beurre, vin — Stop — Ration pain va être diminuée » annonça Mithridate à Londres le 17 septembre. Effectivement commencèrent les longues queues devant les boulangeries pour n'obtenir qu'un mauvais pain.

Bombardements américains

Beaucoup de raids continuèrent à passer de nuit sur la ville pour se rendre en Allemagne, parfois salués au passage par des batteries mobiles de D.C.A. tirant de la ville même.

- Le 11 furent bombardés par l'aviation : Frescaty, le fort Saint-Julien et le fort de Queuleu. Treize civils furent alors tués dont dix rue Charles-Didion à Montigny (dont quatre de la seule famille Jung) et trois au 223 de la rue de Pont-à-Mousson, de l'autre côté des ateliers S.N.C.F. Les 27 et 29, ce fut le tour des forts du secteur Saint-Blaise puis du fort Saint-Quentin et de Lorry, les Américains ajoutant des « sauf conduits » pour les soldats allemands voulant déserter [43].

Mais s'y joignit dorénavant l'artillerie.

- Les Messins commencèrent à entendre la canonnade le 5.
- Le 6, un obus frappa le mur de l'évêché (près de la porte Serpenoise), et y blessa un passant, M. Menken, qui décéda le 9 au soir.
- Depuis lors [44], ces tirs se répétèrent [45], bien que les casernes soient vides. Mais ce n'est que le 27 septembre que Mithridate l'indiqua à Londres [46] et, de plus, les Allemands tiraient de la ville la nuit avec des batteries mobiles de D.C.A. ainsi qu'avec une ou deux grosses pièces d'artillerie lourde sur voie ferrée, camouflées le jour (chapitre suivant).
- Ainsi des tirs sporadiques d'artillerie tuèrent huit personnes jusqu'au 25 inclus et endommagèrent pas mal d'immeubles. Ce fut notamment le cas le 9 dans la rue Pasteur, le 12 au Ban-Saint-Martin, le 15 dans la région du

---

42. Renseignement Mithridate. En fait des Allemands « se servirent » sans réquisition.

43. Mithridate, le 10, indiqua à Londres que « les déserteurs allemands ne sont plus traduits devant les tribunaux, mais reconduits à leur unité. Moyenne journalière dans région messine : 200 » (ce total devait être difficile à connaître).

44. A partir du 7, les Américains purent observer directement Metz de la région de la Croix-Saint-Clément.

45. Un capitaine d'artillerie américain de la 5e D.I. qui fut en position face à Metz, a indiqué à l'auteur qu'il ne s'agissait pas alors naturellement de tirs systématiques a priori, mais bien de tirs sur des objectifs repérés, notamment à l'aide d'avions d'observation...

46. Message n° 69 : « Inutile de canonner les casernes de Metz et le fort Bellecroix, ils sont vides ».

jardin botanique de Montigny (parfois utilisé comme emplacement de batterie par la D.C.A.) et dans celle de la gare des marchandises. La pièce à longue distance n'y était plus mais le dépôt voisin de l'établissement Fox et le chantier Bour et Thielen furent atteints. Le 25 le quartier Sainte-Thérèse fut visé. Le 27 ce fut le tour de la Poste et de la place Jean-Moulin [47].

Conclusion

De ville de garnison de l'arrière, Metz était devenu place forte du front.

La venue des Américains espérée d'un jour à l'autre, lors de la « panique », par les francophiles se faisait maintenant attendre et, à l'espoir déçu s'ajoutaient les nouvelles difficultés et craintes citées auxquelles s'ajouta encore un couvre-feu décrété le 8, de 21 h à 6 h.

Metz était devenu une « ville morte », indique P. Wolff [48]. Chacun restait chez lui, inquiet du lendemain et s'efforçant de ne pas être « Schanzer ».

La résistance

Il faut d'abord rappeler que les quelques F.F.I. qui s'étaient *dévoilés* au début du mois eurent d'abord, au retour des Allemands, à se faire oublier.

L'appréhension causée par le retour des Allemands et la volonté d'agir de *François Ull* (corps franc du commandant Grégor) furent à l'origine d'un mariage clandestin. Dans la crainte d'une nouvelle arrestation de l'intéressé, il était urgent de régulariser sa liaison avec Mlle Léocadie Janik : ils avaient déjà eu un enfant. Le 8 septembre 1944, rue Serpenoise, chez M. Kempnich eut donc lieu un mariage clandestin civil puis religieux. Etaient présents, outre les deux intéressés, Mme Janik mère, Mme Louise Lebrun, tante de François Ull, le commandant Grégor, les chefs F.F.I. Tribout et Eisenkopf, l'abbé Dero, ex-« professeur au grand séminaire » et un agent de liaison. L'acte de mariage stipulait « Ce jour, le huit septembre mil neuf cent quarante-quatre, devant Nous, maire de la ville de Metz, représenté par son adjoint, M. Kempnich, faisant fonction d'officier de l'Etat civil, procédant en clandestinité, suivant autorisation spéciale du commandant Grégor, chef du département de la Moselle, ont comparu... en foi de quoi nous les avons déclaré unis par le mariage... ». Ensuite l'abbé Dero procéda au mariage religieux (en fait, les deux « époux » durent se « remarier », cette fois officiellement, le 29 septembre 1945).

C'est à cette époque qu'un collaborateur de la Gestapo, Georges *R...*, essaya de s'infiltrer dans les rangs F.F.I. et indiqua que le déclenchement de l'insurrection en Lorraine serait indiqué par la sonnerie de toutes les cloches des églises dont la Mutte de la Cathédrale. Ce bruit se propagea effectivement. Le piège ne fut jamais mis en œuvre... L'intéressé fut arrêté à Metz dès le 22 novembre. Il passa devant la Cour de justice de la Moselle le 7 novembre 1946.

Puis le grand problème pour tous les Messins, dont les résistants, fut de survivre, d'échapper aux réquisitions, de pas être **« Schanzer ».**

---

47. Signalons enfin que la manipulation d'engins explosifs causa la mort de deux enfants, l'un de 10 ans, rue des Huiliers, le 11 septembre, l'autre de 9 ans, à Marly, le 15.
48. Dans : « Journal d'un résistant mosellan ».

Pour cela, comme les autres Messins, les résistants et leurs chefs utilisèrent plusieurs procédés :

- Certains se cachèrent « simplement ».
- Mais il était préférable d'être exempté officiellement.
- Un des procédés fut d'obtenir et de remplir un faux titre d'exemption. M. Griboux (chef de la 4e brigade) fut un de ceux qui s'en occupa. Un vrai imprimé fut photographié par M. Bour. Après mise au point par M. Schernhammer, dessinateur clicheur pour un journal local, M. Paùly, travaillant également pour la presse, fit un cliché en zinc. L'imprimeur Gueblez en tira alors des exemplaires, de nuit, faisant tourner la courroie de sa machine à la main pour ne pas faire de bruit. Les exemplaires trouvaient facilement preneurs. Encore fallait-il connaître à l'avance la couleur du papier nécessaire car elle était changée tous les mois !
- Un autre procédé fut d'être officiellement exempté pour raison médicale. Les médecins furent beaucoup sollicités à l'occasion de maladies imaginaires ou au moins exagérées, d'abcès ou autres handicaps provoqués. Mme la doctoresse Marguerite Burger, épouse du docteur Burger alors arrêté et belle-sœur du fondateur du groupe Mario, Jean Burger, déporté, en fut un exemple particulièrement intéressant. Accusée d'avoir participé à l'évasion de son beau-frère (elle servit alors effectivement d'agent de liaison), elle fut arrêtée en décembre 1942 et internée jusqu'à mai 1943 au grand séminaire. Dès ce moment, aidant le docteur Riegler, médecin autrichien de cette prison, elle put soulager le sort des Lorrains incarcérés. Par la suite, elle fut désignée comme adjoint à ce praticien puis à son successeur venu vers août 1944, le docteur Scholz [(49)]. En tant que doctoresse « sous contrat », elle dut dès lors remplir ses fonctions médicales quelques heures par jour au grand séminaire, tout en continuant à exercer à son compte dans son cabinet de la rue Serpenoise. Un hasard providentiel fit que ses deux chefs successifs étaient anti-nazis, ce qui facilita grandement les mesures de sauvegarde qu'elle prit. Elle pense que le docteur Riegler, aimant un peu trop la mirabelle, se rendit compte des actes illégaux « commis » par son aide mais ferma les yeux alors que le docteur Scholz, médecin militaire de la Wehrmacht, aurait haï les nazis, notamment les SS et la Gestapo qu'il qualifiait de « brigands ». De plus, les décisions médicales prises par Mme Burger étaient sans appel, n'avaient pas à être homologuées par ces responsables. Elle put ainsi agir bien avant la période étudiée dans ce chapitre (rappel) et pour des actions bien plus importantes que des exemptions de « Schanzer ». Son but fut d'empêcher le maximum de prisonniers lorrains de partir en Allemagne. Pour cela elle décréta de fausses épidémies (notamment de scarlatine), allant jusqu'à en réinventer une autre avant la fin de la période de quarantaine de la première. Elle envoya également des personnes menacées se faire opérer d'une appendicite ou autre par en particulier le docteur Wilhelm à Sainte-Blandine, d'où pas mal s'évadèrent. Elle décida enfin que des détenus étaient « incapables d'être transportés ». Il y avait aussi les abcès de fixation et d'autres stratagèmes qui permirent d'empêcher, au moins de retarder, des départs en déportation. Ce fut le cas de F.F.I. dont Michel Bertrand, arrêté en 1944. Le lieutenant Thiriot (chef de

---

49. Le docteur Arnulf Scholz naquit le 17 juin 1904 à Flensburg (Allemagne).

la 5e brigade) prévint la doctoresse, qui en parla à « son collègue ». Celui-ci hospitalisa (pour rien) le prisonnier à l'hôpital Bonsecours où Mme Burger et ses collègues lorrains lui firent un abcès de fixation qui l'y maintint jusqu'à la libération. Le docteur Scholz était seul habilité à exempter pour le travail de terrassement. Le même lieutenant Thiriot qui avait alors à s'occuper de ses hommes ne fut pas le seul à en profiter, comme il sera dit au chapitre suivant.

Le réseau Mithridate continua de remplir sa mission.

Le radio R. Bauler continua de manipuler de chez lui.

Londres [50] espérant encore le succès de franchissement de la Moselle, cherchait des renseignements dans les profondeurs du dispositif allemand et aurait donc voulu que l'équipe messine s'y transporte.

- Le 13 septembre, il lui demanda ainsi de se replier le 14 « dans un rayon de 10 km autour de Boulay ». Dès le 15, Metz répondit : « Impossible de me replier région Boulay, Metz étant gardé par ceinture de SS » (?).
- Le 27, le commandant Lutz (« Estrange »), le chef du réseau Mithridate dans l'Est, après avoir transféré son propre poste de Verdun à Nancy, par suite de la prise de cette ville, et croyant encore à la percée, demanda aux Messins « de vous replier avec troupes allemandes et si possible avec poste. Si non que opérateur radio essaye joindre Strasbourg pour aider prendre contact. Communiquez-nous urgence boîte aux lettres ». Le 27, la réponse fut : « Impossible actuellement quitter Metz. Boîte aux lettres Strasbourg est station essence place Aurélie Strasbourg. Demander Charles de la part de Marcel ».

Les Alliés, étonnés de la résistance rencontrée, réclamèrent les 13, 19 et 26, des renseignements à ce sujet, renseignements qui malheureusement devaient transiter par Londres, Metz n'ayant jamais pu, malgré des essais répétés, entrer directement en liaison avec la 3e Armée à Verdun libéré [51]. Metz répondit par trente-trois messages du 5 au 30 septembre. Ils portaient sur ;

- La position avant ennemie, d'Amanvillers à Ars : occupation, minage, forts non occupés, etc. (renseignements forcément assez vagues, car à l'ouest de la Moselle c'était « le front »).
- Les mouvements à l'est de la Moselle : arrivée de deux divisions de renfort dont : la 17e SS Pz.G.D., emplacements de P.C., de batteries et de dépôts, etc. Ces informations étaient particulièrement précises, qu'il

50. D'une part le colonel Grandval, chef de la région C, caché à Nancy jusqu'à la libération de cette ville, fut naturellement un des destinataires des messages de Mithridate (le Service historique de l'armée de terre à Vincennes détient dans les archives de la région C, copie des messages reçus de Mithridate notamment les télégrammes 56 à 78 du 21 septembre au 3 octobre). D'autre part, la région C Nancy put recevoir au moins juqu'au moment où elle fut coupée de Metz par l'avance américaine des renseignements sur Metz et sa région par d'autres voies que l'antenne Mithridate de Metz. C'est ainsi qu'elle avait reçu le 5 septembre (avant l'arrivée des Américains à la Moselle, donc lorsque des passages étaient encore possibles) des informations concernant Metz même (utilisation par les Allemands de l'école des frères de Queuleu et de l'ancienne école professionnelle, etc.) ainsi que ses environs immédiats (croquis — donc porté — des emplacements de défense contre avions défendant Frescaty le long de la route de Nancy, entre Tournebride et Jouy).

51. Message du 18 de Metz à Londres : « Impossible établir contact avec Verdun... ». Réponse de Londres le 19 : « Puisqu'impossible liaison par radio Verdun-Metz, câblons sur Verdun tous renseignements vous transmettrez ».

s'agisse de la localisation de ces P.C. (par exemple châteaux de Chelaincourt et d'Urville) ou des dépôts d'essence et de munitions (coordonnées géographiques indiquées) ou d'autres indications (par exemple le 28 : « 15 (chars) Tigres répartis dans Rémilly — Stop — Attention ferme Faulx-en-Forêt refuge prisonniers et réfractaires et lieu parachutage excellent ». Cet ensemble dut fort intéresser les Alliés et les « Schanzer ».

- La vie à Metz et l'optimisme qui y régnait.
  - Message du 14 : « De source sûre, j'apprends que troupes de région messine ne disposent plus de munitions pour Panzerchreck et seulement 8 000 coups artillerie qui sont réservés aux SS. Seraient sur le point évacuer région messine ou au moins rive gauche Moselle ».
  - Message du 17 : « Population Metz rive droite Moselle ne sera pas évacuée — Stop — Tous les ponts de Metz à part ceux de la Seille sont minés — Stop — Maisons environnant ces ponts évacuées le 16 — Stop — Moral toujours excellent — Stop — Les stocks de vivres commencent à s'épuiser, la Wehrmacht se servant d'abord... ».
  - Message du 19 : « Situation région messine inchangée. Les Allemands ont à peu près fini de déménager leurs stocks et ont quitté la ville — Stop — 2 000 Lorrains raflés sont partis pour Faulquemont travailler aux fortifications — Stop — Il est probable que le reste suivra — Stop — Les rafles ont cessé depuis le 17, la police étant partie (?) — Stop — La ville est très calme et attend avec impatience sa libération — Stop — A part les troupes au contact, il ne reste pas d'Allemands entre le front et la Nied ».

Une dangereuse vélléité F.F.I.

Vers le 18, l'ambiance était à nouveau à l'espoir dans Metz qui devait connaître « grosso modo » l'avance alliée à la Moselle et aux forts, le débordement en cours par le sud et la libération de Nancy avec l'aide finale des F.F.I. locaux. Le chef des F.F.I. de Metz ne pouvait rester silencieux.

Ce dernier et M. Leroy, responsable local Mithridate, s'entendant bien alors, échangeaient leurs renseignements et le premier pouvait bénéficier du poste du second.

Le 18, le radio R. Bauler émit donc le message suivant, reprenant pour l'O.R.A. l'essentiel de ses renseignements envoyés à Londres les 14 et 17, mais en ajoutant une dangereuse affirmation : « Les F.F.I. s'apprêtent à libérer Metz »... Voici le texte : « Veuillez transmettre commandant Grégor à colonel Marchal (lieutenant-colonel d'Ornant) F.F.I. région Est — Stop — Pénurie munitions persistante chez Allemands qui auraient reçu ordre repli général — Stop — Malgré effectifs réduits par suite levée en masse Lorrains 16 à 60 ans, F.F.I. s'apprêtent à libérer Metz — Stop — Demande appui allié urgent ». Ce n'était donc pas les F.F.I. messins qui offraient d'aider localement les Américains lorsque ceux-ci auraient besoin d'eux mais les premiers qui voulaient déclencher la libération de la ville et demandaient donc l'appui allié urgent... Ç'eut été une catastrophe car aucun progrès n'avait été vraisemblablement réalisé par les F.F.I. depuis le début du mois.

Le 20, rendu heureusement plus prudent, le commandant Grégor faisait télégraphier au colonel Marchal : « Calme absolu théâtre opérations messin oblige différer action libération en raison précarité armement — Stop — Pour assurer succès entreprise offensive et entraver destruction ponts, indispensable connaître horaire probable intervention alliée — Stop — Absolument prévoir livraison armes et munitions par premiers échelons alliés arrivant - Stop - Sans aucune liaison avec vous prière instante transmettre directives... ». Cette fois, on redevenait sérieux. L'action des F.F.I. ne pouvait être efficace que subordonnée à l'action américaine (et non l'inverse) et après réception d'armes et de munitions (par les premiers éléments puisque les parachutages étaient impossibles). Cette dernière condition, à « prévoir absolument », avait du reste pour conséquence très importante que les F.F.I. ne pouvaient pratiquement rien faire de significatif (problème des ponts...) avant l'arrivée des Américains. Tout ceci apparut bien en novembre.

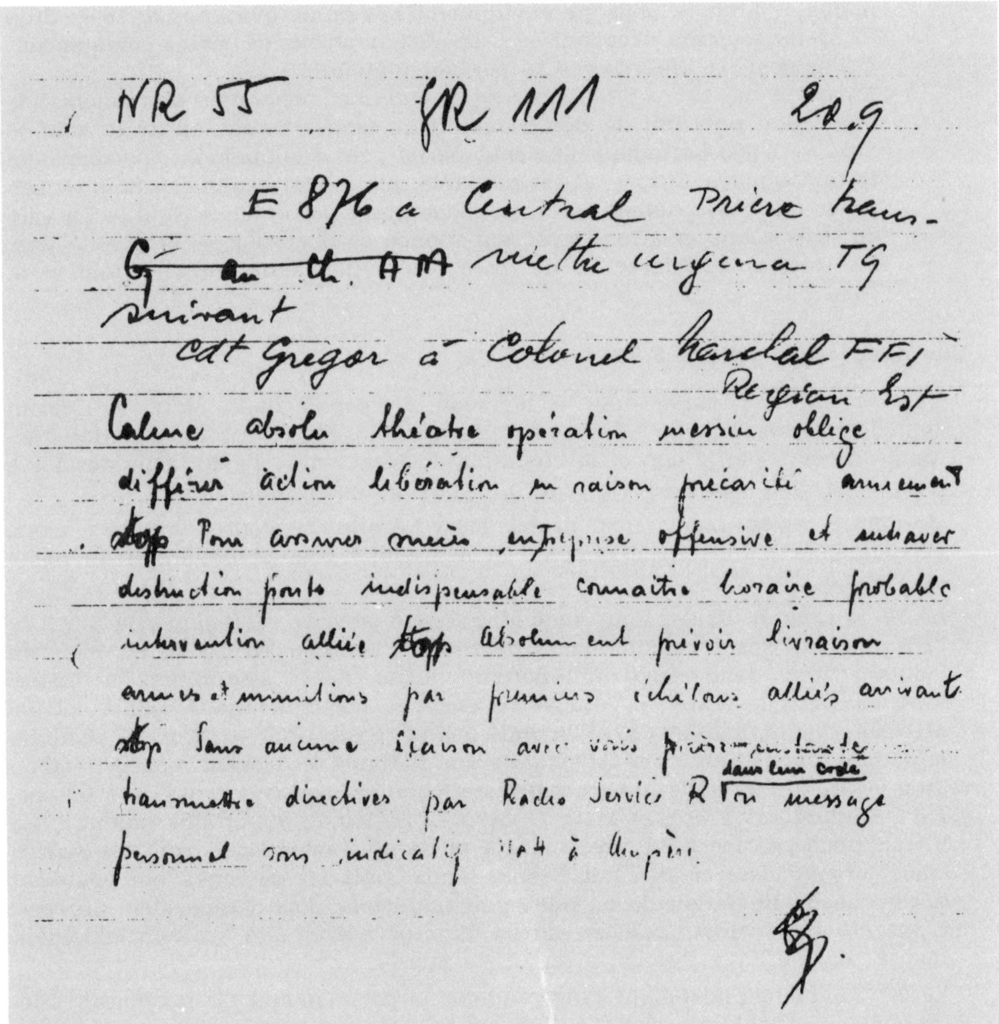
NR 55 GR 111 20.9
E 876 a Central Prière trans-
~~G au Ch. AA~~ mettre urgence TG
suivant
Cdt Gregor à Colonel Marchal FFI
Région Est
Calme absolu théâtre opération messin oblige
différer action libération en raison précarité armement
stop Pour assurer succès entreprise offensive et entraver
destruction ponts indispensable connaître horaire probable
intervention alliée stop Absolument prévoir livraison
armes et munitions par premiers échelons alliés arrivant
stop Sans aucune liaison avec vous prière instante
transmettre directives par Radio Service R dans leur code ou message
personnel sous indicatif 1104 à Chapin.

(Archives départementales Moselle)

Conclusion

Voyant la situation intérieure de la ville se détériorer (chasse à l'homme, déménagements allemands, problèmes de ravitaillement, bombardements, etc.) alors que les Alliés étaient à nouveau attendus d'un jour à l'autre et que la connaissance de la libération (finale...) de Nancy par les F.F.I. servait de stimulant, il était « normal » que la population messine, la résistance et en premier lieu le chef F.F.I. prennent leurs désirs pour la réalité.

Elle n'en avait pas du tout les moyens. Le commandant Grégor eut la sagesse de s'en apercevoir à temps et la population comprit qu'elle devait encore attendre.

Après une nouvelle euphorie c'était une nouvelle désillusion, donc le doute sur la conduite à tenir, donc la demande de directives. Dès le 20, le chef départemental F.F.I. en réclamait à son supérieur. Le 29, le chef du réseau Mithridate faisait de même : « Situation sans changement depuis un mois commence par inquiéter population messine qui constate évacuation journalière matériels et stocks de vivres — Stop — Evacuation totale ville de Metz est à craindre ; partie hommes 16 à 60 ans ramassés rafles ont déjà quitté Metz — Stop — Etant donné difficultés actuelles commander les hommes, quelles sont les consignes à passer à la population — Stop — Gauleiter Bürckel serait mort hier ».

Problèmes stratégiques alliés

Début septembre, grâce à la priorité logistique accordée au 21ᵉ groupe d'armées de Montgomery, celui-ci avait pu repousser la 15ᵉ Armée allemande le long de la côte et, le 5, était entré dans Anvers. La 3ᵉ Armée Patton n'était plus en pointe, le front s'était élargi (et le 14 allait rejoindre celui des forces venues de Provence).

Mais des problèmes de ravitaillement se posaient encore (il faudrait attendre le dégagement et la remise en état d'Anvers) ainsi que celui d'une certaine usure des hommes après ce dur début de campagne. Eisenhower n'avait pas les moyens d'attaquer partout ; il fallait choisir.

Or, des jalousies personnelles et surtout des intérêts divergents secouaient la coalition. Chacun des deux grands alliés, et le général de Gaulle prétendait en être un troisième sur pied d'égalité, voulait tirer la couverture « à lui », les Américains rappelant que seul leur effort de guerre avait permis la reconquête en cours, les Anglais soulignant les sacrifices consentis par eux qui, seuls, avaient tenu en 1940, et les Français arguant qu'on se battait sur leur territoire avec l'aide (gonflée) d'une armée à eux et de résistants.

Les plans en présence

Pour dégager le port d'Anvers et ses arrières d'où partaient V1 et V2 contre l'Angleterre, Montgomery proposa de diriger un grand raid sur Berlin, via la Ruhr, le reste du front restant sur la défensive pour lui laisser tous les moyens disponibles. C'était bien l'effort nord initial, mais utopique (en doigt de gant) et exagéré face au reste du front. Eisenhower refusa.

Il aurait préféré le plan Devers, donnant le beau rôle aux Américains : la 3e Armée remonterait vers la Sarre-Palatinat pour y passer le Rhin, couverte au sud par les troupes venues de Provence, débordant les Vosges par l'ouest, la nouvelle 7e Armée [52] bordant le Rhin au nord de Saverne et la nouvelle 1re Armée [52] française tenant les crêtes vosgiennes de Saverne à la Suisse (Devers craignait de s'engager dès le début en Haute-Alsace par le couloir de Belfort).

Le général de Gaulle, pour s'affirmer dans l'alliance, souhaitait que ce soit un Français qui commanda le nouveau 6e groupe d'armées créé, comprenant la 7e Armée U.S. et la 1re Armée française, au lieu de l'américain Devers. Il espéra également pouvoir créer une nouvelle armée à base de F.F.I. et refusa que la Haute-Alsace soit initialement et délibérément tenue à l'écart.

La conférence de Bruxelles (10 septembre)

Après d'âpres discussions [53], le général Eisenhower fit décider la reprise de l'effort nord initial. Mais il fallait pour cela franchir d'abord Meuse et Rhin. La grande opération aéroportée d'Arnheim fut lancée.

Un compromis en fait

Les Américains, surtout Patton (en pleine bataille sur la Moselle), obtinrent quelques « restes » pour pouvoir continuer leurs actions secondaires. Mais le 15, le général Eisenhower précisa bien que : « toutes les ressources disponibles du groupe d'armées centre (Bradley) doivent être investies dans le soutien de l'action de la 1re Armée pour s'emparer de têtes de pont près de Cologne et Bonn afin d'aider à la prise de la Ruhr ».

De Gaulle obtint que la 1re Armée française puisse attaquer par Belfort au lieu de rester sur les crêtes.

Le rôle du général en chef n'était pas simple !

L'échec d'Arnheim

L'opération aéroportée sur les passages de la Meuse et du Rhin, du 17 au 22, fut finalement un échec.

L'ordre d'arrêt à la 3e Armée (22 septembre)

Il fallait en revenir aux réalités, choisir cette fois franchement l'effort nord donc arrêter au sud. Ce fut l'ordre donné le 22 septembre à Patton qui était du reste bien forcé de se rendre compte alors de l'échec final de son franchissement de la Moselle.

---

52. Les forces *« Dragoon »* venues du Midi devinrent le 15 septembre le 6e groupe d'armées du général US Devers. Il comprenait alors la 7e Armée américaine du général Patch, provisoirement réduite au 6e corps d'armée, et l'« armée B » du général de Lattre de Tassigny qui devint autonome sous le nom de 1re Armée (rappel).

53. Furent présents, du côté français, le général Juin, représentant le général de Gaulle et le général de Lattre de Tassigny, commandant la 1re Armée.

Conclusions

Pour la deuxième fois, les Américains étaient arrêtés devant Metz.

Le premier arrêt autour du 1er septembre était dû à une panne d'essence aggravée par l'effort consenti au nord et non vers l'est.

Sans cette panne, il est certain que l'Armée Patton aurait submergé la Moselle et Metz et continué son exploitation au moins jusqu'au Westwall, probablement jusqu'au Rhin et au-delà. Après guerre, le général Knobelsdorff [(54)] a déclaré : « Si la 3e Armée américaine avait énergiquement tenté ce coup (continuation de l'exploitation d'août), elle aurait selon toute vraisemblance enfoncé la très douteuse capacité de combat de la 1re Armée allemande, elle aurait en peu de jours atteint le Rhin grâce à son utilisation maximum de la motorisation et de la supériorité aérienne et aurait pu le franchir sans rencontrer une résistance particulière ». Ce même chef dit son étonnement devant cet arrêt et conclut : « C'était le bonheur de la 1re Armée... j'avais de ce fait le temps de créer un nouveau front défensif, de réorganiser les troupes et de recevoir des renforts. La grande chance de l'Américain était perdue pour lui ».

Vers le 22 septembre, les Américains s'arrêtèrent pour la deuxième fois devant Metz. La cause en fut triple :

- La réorganisation de la défense allemande avait été décidée avant la « panne » U.S., mais profita d'elle. Le 20e corps attaqua le 6 et le général Krause a indiqué que sa défense ne fut en place que ce même jour... Le rôle de l'« Ecole no 6 pour aspirant-officiers d'infanterie de Metz » (son titre officiel) fut primordial dans ce succès. Aussi : « à la suite de la défense héroïque de la forteresse de Metz par le Kampfgruppe von Siegroth... combat mené contre un adversaire largement supérieur en nombre et en matériel, le Führer a décidé la création d'une bande de bras pour immortaliser ce fait d'armes ; comme décoration et insigne commémoratif, elle portera l'inscription « Metz 1944 »... bande de tissu noir avec une inscription « Metz 1944 » en fils d'argent, bordée d'une soutache en fils d'argent... La décoration sera portée sur le bas de la manche gauche... La bande de bras sera attribuée par le chef du Kampfgruppe le général-major von Siegroth... à celui qui a été engagé du 27 août au 25 septembre 1944 dans le cadre du Kampfgruppe von Siegroth... au moins sept jours de combat (ou blessé)... Le jour prévu pour la remise est fixé par le quartier général du Führer au 24 octobre 1944 » [(55)].
- L'usure des Américains. Hommes fatigués, effectifs diminués, éléments de relève non encore rodés. Matériels mis à mal par la défense en Normandie puis par une longue exploitation et enfin par une nouvelle résistance allemande. Relative pénurie cette fois surtout en munitions.

---

54. Studies MS. B. 222.

55. Extraits de l'ordonnance sur la création de la « bande de bras » « Metz 1944 », parue le 22 janvier 1945 au Bulletin Officiel de l'armée de terre allemande, et du texte d'application correspondant.

- Le mauvais temps, favorable aux défenseurs abrités et handicapant les deux atouts alliés cités par le général allemand : la motorisation et la supériorité aérienne des assaillants, sans parler des fatigues et pertes (engelures) causées aux fantassins ayant à lutter contre le froid et la boue en plus d'une défense inattendue.

La conséquencce de ce second arrêt fut « la pause d'octobre ». La troisième attaque américaine, la bonne enfin, ne débuterait que le 8 novembre, un mois et demi plus tard.

4.

La « pause » d'octobre

(25 septembre-8 novembre 1944)

(croquis n° 17)

La réorganisation alliée

L'ordre d'arrêt

Le 22 septembre, par suite de l'échec de l'opération aéroportée d'Arnheim, le général Eisenhower, dans son nouveau quartier général de Versailles, précisa fermement la priorité absolue de l'effort Nord, donc le dégagement et l'utilisation du port d'Anvers, obligatoire condition préalable, puis le débordement de la Ruhr, par le nord, par le 21e groupe d'armées, appuyé au sud par la 1re Armée américaine. En conséquence, la 3e Armée ne devra engager aucune action offensive de plus que ce qui lui sera permis par la situation générale, après que les ressources nécessaires à l'effort final auront été allouées.

Le 23, à Verdun, le général Bradley, qui a déjà transmis les ordres ci-dessus par écrit au général Patton, lui ajoute qu'en conséquence sa 7e D.B. va être donnée à la 1re Armée américaine pour appuyer son action prioritaire et que son 15e corps va être rattaché à la 7e Armée américaine pour faciliter son ravitaillement (par Marseille et non par les ports de la Manche).

Le général Patton n'a qu'à s'incliner d'autant plus qu'il connaît alors l'échec final de sa tentative de franchissement de la Moselle et de la Seille. Le 25 :

Il adresse donc à ses subordonnés des ordres détaillés pour cette phase défensive.

Mais il demande déjà au général Bradley l'autorisation d'effectuer quelques opérations locales. Bradley, en approuvant le principe, demande le même jour à Eisenhower d'autoriser la 3e Armée à « faire des réajustements d'importance mineure en ce qui concerne son front actuel ». C'est accordé.

Le but du général Patton

Il était double.

Fixer l'ennemi pour éviter qu'il dégarnisse le front au profit du nord et, pour cela, lui faire croire à une reprise imminente de l'attaque.

Préparer cette nouvelle offensive en aménageant la base de départ (« Nous n'attendons que le signal pour reprendre notre carrière de conquérants ») et en remettant à niveau hommes, matériels et stocks de ravitaillement.

Pour cela :

Ne pas organiser une forte position défensive avec gros travaux, champs de mines, etc., mais ne laisser que des avant-postes soutenus en arrière par des forces de contre-attaques restreintes.

Faire sauter les deux verroux qui, au nord et au sud de la tête de pont allemande de Metz, à l'ouest de la Moselle, en gênaient le débordement : Maizières-lès-Metz et surtout le fort Driant.

Réorganisation

Le dispositif

La 3e Armée transféra donc la 7e D.B. à la 1re Armée et le 15e corps à la 7e.

Il fut par contre renforcé :

- Au nord, par la 83e D.I., du 21 septembre au 11 octobre, venant relever les éléments de cavalerie chargés de donner le change entre Thionville et Luxembourg. Après s'être reposés, ces éléments (43e groupe de reconnaissance de cavalerie) reprirent leur secteur, renforcés en artillerie, génie, d'une unité blindée « simulée » et « de F.F.I. très faiblement équipés, la valeur d'un bataillon » [(1)].
- Au sud, et fort tardivement (du 18 au 21 octobre), en prévision de la reprise de l'attaque, par la 95e division [(1 bis)], venant remplacer la 5e D.I. [(1 ter)] dans la tête de pont d'Arnaville, pour permettre à cette dernière de « souffler » avant le nouveau jour J. Le 20 octobre, le 2e R.I. gagna ainsi la région de Morfontaine, le 10e R.I. celle de Joppecourt et le 11e R.I. celle d'Errouville.

L'activité

Au contact, à part les deux actions du fort Driant et de Maizières-lès-Metz (voir plus loin), elle ne fut guère que de patrouilles, par des éléments du génie ou des services, peu aptes à ce genre de combat mais récupérés pour permettre aux autres unités d'être retirées des lignes à tour de rôle pour être rassemblées dans des camps à l'arrière.

A l'arrière, le but était double :

- Faire reposer des hommes épuisés par une longue série de combats dans de mauvaises conditions météorologiques (d'où bon ravitaillement, perception de nouvelles tenues, loisirs organisés dont cinéma, etc.) et remettre en état les matériels qui avaient fort souffert eux aussi.
- Amalgamer les jeunes recrues et parfaire l'entraînement de tous par des séances d'instruction, dont certaines spécialisées. A l'ouest de Thionville, à tour de rôle, les unités vinrent ainsi apprendre aux dépens d'ouvrages

---

1. A. Kemp dans : « Lorraine, album mémorial ».

1 bis. Composition de la 95e D.I. du 8 au 22 novembre 1944 :

- Eléments organiques :

• Cdt et E.M. de la 95e D.I.	Maj. Gen. Harry L. Twaddle
• Artillerie divisionnaire 95e D.I.	Col. Mark McClure
• 377e Régiment d'infanterie	Col. Fred E. Gaillard
• 378e Régiment d'infanterie	Col. Samuel L. Metcalfe
• 379e Régiment d'infanterie	Col. Clifford P. Chapman
• 920e Bon. d'artillerie de campagne	Lt. Col. Thomas R. Brown
• 358e Bon. d'artillerie de campagne	Lt. Col. Alexender R. Sewall
• 359e Bon. d'artillerie de campagne	Lt. Col. Edward W. Watkins
• 360e Bon. d'artillerie de campagne	Lt. Col. Walter F. Ulmer
• 320e Bataillon du génie	Lt. Col. James I. Crowther
• 95e unité de reconnaissance	Cap. Moses M. Cutler
• 95e Compagnie de transmissions	Cap. George W. Buschbaum
• 95e Compagnie d'intendance	Cap. Arnold C. Johnson
• 95e Compagnie de Q.G.	Cap. Edward J. Miller
• 795e Compagnie du matériel	Cap. Wayne F. Wentz
• 95e Bat. de Cdt de l'art. div.	Cap. Victor C. Eissler

- Unités rattachées :

• 607e Bon. de Tank Destroyer	Lt. Col. Harold S. Sundt
• 778e Bataillon de chars	Lt. Col. Preston R. Bishop
• 547e Bon. d'artillerie antiaérienne	Lt. Col. George T. Stillman

1 ter. Jusqu'à cette relève, la 5e D.I.

- fut appuyée par les feux des 46e, 50e, 274e et 695e Bataillons d'artillerie ;
- put enfin percevoir de nouveaux habillements.

de la ligne Maginot, comment attaquer des fortifications, problème que ces G.I. avaient douloureusement découvert devant Metz et qu'ils connaîtraient encore (ligne Maginot à l'est de la Moselle et surtout Westwall).

Le 12e corps d'armée

Pendant cette « pause » d'octobre, le 12e corps remplit sa double mission de fixation de l'ennemi et de préparation de la nouvelle attaque, en réduisant la tête de pont allemande au sud de Nomeny.

Du 1er au 4 octobre, des attaques partielles d'infanterie échouèrent.

Les 8 et 9, le général Eddy réalisa cette fois une puissante attaque concentrique avec les 35e et 80e D.I. et surtout la 6e D.B., nouvellement affectée (rappel). L'ennemi fut alors refoulé, sauf dans les villages de Letricourt et de Aulnois-sur-Seille, des hauteurs dominant au sud cette dernière rivière.

Conclusion

A part les importantes actions du fort Driant surtout et de Maizières-lès-Metz, la 3e Armée « soufflait », fixait l'ennemi avec un minimum de moyens et préparait sa nouvelle attaque.

Cet allègement du dispositif était rendu possible par la situtation de l'ennemi, lui aussi fort éprouvé et ayant curieusement une mission semblable à celle de son adversaire à ceci près que, chez les Allemands, l'offensive préparée l'était par d'autres forces que celles de Lorraine.

La réorganisation allemande

L'arrêt, en fait inespéré, des Américains, mi septembre, d'Anvers à la Suisse, via la Moselle, de Thionville à Metz, forçait le haut commandement allemand, pratiquement le Führer, à revoir toute sa stratégie face à l'Ouest.

Il semble bien que ce soit dès cette époque qu'Hitler ait conçu sa contre-offensive des Ardennes. Dès lors, tout le reste en découlait.

Mission

En Lorraine, il s'agissait dorénavant :

De tenir [(2)] le front actuel et avec le minimum de forces (sans demander de renforts) afin de :

Laisser à la contre-offensive une base de départ aussi vaste que possible.

Ne pas hypothéquer les unités prévues pour la réaliser.

De fixer les Américains, afin qu'ils ne prélèvent pas des éléments dans ce secteur pour renforcer plus au nord l'objectif de von Rundstedt.

Commandement

Le Führer voulut des hommes nouveaux pour cette reprise en main, pour cette nouvelle phase.

Le général von der Chevallerie avait été remplacé le 6 septembre par le général von Knobelsdorff (rappel) à la tête de la 1re Armée allemande.

A la suite de l'échec de la contre-attaque de la 5e Armée blindée allemande au sud-ouest de Lunéville, le général Joannes Blaskowitz fut remplacé par le général Balck à la tête du groupe d'armées G, le 21 septembre. Trois jours avant, ce dernier général avait été reçu par Hitler qui tenait à lui donner lui-même des directives précises (le général Blaskowitz reprendra du reste ce même commandement le 24 décembre).

A Metz enfin, le général Krause fut relevé de ses fonctions le 18 septembre et remplacé par le général Lübbe. Le général Knobelsdorff a écrit après guerre que le général Krause n'avait pas une « forte personnalité ». Ce dernier, après guerre également, put pourtant, et à juste titre, affirmer avoir laissé à son successeur « un front défensif stable sur la rive occidentale de la Moselle ».

Dispositif et difficultés

A l'échelon supérieur

Depuis le dispositif réalisé vers le 15 septembre et indiqué précédemment, le fait nouveau de la deuxième quinzaine de ce mois a été l'inclusion de la 5e

2. Le 16 septembre, le Führer prescrivit à la 1re Armée de renforcer les bords du saillant de Metz afin d'éviter tout encerclement alors que le chef de cette armée avait demandé (rappel) de mener une défense en profondeur. C'était de nouveau la « bataille de l'avant » qui était imposée.

Armée blindée allemande entre les 1re et 19e, entre Château-Salins et Baccarat. Cette Armée comprenait alors les 11e et 21e D.B., les 111e et 113e brigades blindées, la 15e Pz.G.D.

Pour tenir son front le plus économiquement possible, le général Balck, nouveau chef du groupe d'armées G, voulut faire... comme Patton : alléger son dispositif au contact pour se constituer une réserve blindée de contre-attaque. Les 3e et 15e Pz.G.D. furent donc retirées du front et regroupées à l'est du Rhin. Mais elles passèrent ainsi, en fait, aux ordres du maréchal von Rundstedt, commandant en chef dans l'Ouest, et plus encore sous ceux d'Hitler lui-même... (début novembre, le groupe d'armées G n'aura pour seule réserve que la 11e D.B...).

Dans un souci d'allègement de l'avant, la 559e Volksgrenadierdivision fut relevée début octobre devant Thionville par la 416e D.I., venant du Danemark et comprenant de nombreux malades.

L'effort fut fait dans la profondeur par la suite de la réalisation, par le maximum de « Schanzer » encadrés, des lignes fortifiées déjà indiquées dont celle de la Nied, la plus proche. Faute de canons anti-chars, cette défense en profondeur fut à base de tranchées antichars et de champs de mines (croquis n° 16).

Enfin le groupe d'armées G tenta de réaliser des stocks en vue de parer à la nouvelle attaque américaine prévue. Mais le général Balck eut là aussi les mêmes difficultés que le général Patton. Les ravitaillements allèrent en priorité ailleurs : plus au nord, dans le secteur d'Aix-la-Chapelle, directement menacé par la 1re Armée américaine, et pour les unités préparant la contre-offensive des Ardennes.

A la 462e division d'Infanterie

Prélèvement de cadres.

Le manque de cadres dans les nouvelles unités formées en dehors de Metz fit multiplier les prélèvements des meilleurs éléments des anciennes Ecoles de cadets de Metz et de sous-officiers de Wiesbaden, dès avant les combats du fort Driant (voir plus loin). Ils furent remplacés par des renforts divers, dont de jeunes recrues — aviateurs et marins — qui n'avaient pas la même qualité. « Il en résulta une sérieuse diminution de la puissance de combat » de la division [3]. « La puissance défensive de la garnison est réduite, non pas en nombre, mais en efficacité de combat » a déclaré après guerre le général von Mellenthin, chef d'Etat-major du groupe d'armées G [4].

La fin du Kampfgruppe von Siegroth.

- 45 % des élèves de l'école enrôlés dans ce Kampfgruppe furent ainsi progressivement retirés jusqu'au 14 septembre pour renforcer ailleurs d'autres unités. Le surencadrement local ne pouvait être accepté dans cette période de crise. Et les prélèvements continuèrent.
  Mais la situation à Metz ne pouvait permettre un trop grand affaiblissement du secteur principal. Il fut donc décidé de laisser provisoirement sur place

3. Compte rendu du combat de la 462e division.
4. *Studies*, MS A. 999.

un certain nombre d'officiers, de sous-officiers et de soldats de l'école chargés d'amalgamer les nouveaux renforts cités avant de rejoindre dès que possible l'école dans sa nouvelle garnison.

- En effet l'armée allemande avait un très grand besoin de cadres, un trop grand nombre d'anciens ayant disparu au cours des quatre années de guerre. Et il était impossible de continuer les cours à Metz. Il fut donc décidé de transférer l'école à Méseritz, aux Pays-Bas.

Un échelon précurseur fut constitué dès le 15 septembre. Le 20, le Haut commandement Ouest désigna le colonel Stössel von der Heide pour prendre le commandement du nouveau Kampfgruppe, prévit la réalisation d'un bataillon de marche et d'un bataillon de forteresse pour remplacer les partants et décida que serait laissée à Metz la majorité des armes, véhicules et matériels. Une centaine de wagons transporta en Hollande les divers bagages et moyens d'instruction de l'école [4 bis]. Jusqu'au 26 septembre, le nouveau Kampfgruppe Stössel se constitua, les unités se reformant et les relèves s'effectuant.

La fin officielle du Kampfgruppe von Siegroth fut le 24 septembre. A cette occasion, ce colonel souligna dans un « ordre du jour régimentaire » son « extraordinaire fierté » d'avoir eu l'honneur de commander un régiment de 1 800 jeunes officiers qui, grâce à « leur fanatisme et à leur esprit de sacrifice », s'opposèrent victorieusement pendant trois semaines à une écrasante supériorité ennemie.

Le 22 septembre, le général commandant la 1re Armée allemande adressa de vives félicitations officielles au chef de l'école, à ses instructeurs et à ses élèves pour leur « héroïque action dans la tête de pont de Metz ».

Le 25, le commandant des écoles de cadets d'infanterie fit de même.

Le 29 suivant, ce fut le tour de l'inspecteur général des écoles. Ces trois autorités — comme von Siegroth — terminaient naturellement leurs proclamations par l'affirmation de leur confiance totale dans la victoire finale du Reich et de son Führer.

Le 17 octobre, le Haut commandement allemand décida que dorénavant l'école se dénommerait l'« Ecole VI d'aspirants d'infanterie, Metz ». Enfin, le 24 octobre, le général Keitel, commandant suprême de la Wehrmacht, décida la création d'une « bande de bras » pour honorer ces combattants (voir dernier chapitre).

- De con côté, le colonel Stössel termina son « ordre du jour régimentaire » du 25 septembre, le premier jour du Kampfgruppe dont il prenait le commandement, par : « Soyez constants devant l'ennemi, soyez fidèles au Führer et croyez fermement à notre victoire ».

Réorganisation.

Après les combats du fort Driant, la 462e division d'infanterie devint la 462e Volksgrenadierdivision. C'était un honneur qui lui était fait mais qui n'apportait aucun moyen nouveau. Il ne s'agissait que d'une nouvelle articulation [3]. Le général Lübbe, dont le chef d'Etat-major fut le commandant Zimmermann à compter du 5 octobre, disposa des unités suivantes :

---

4 bis. La 17e promotion, de 1 800 élèves, fut en place à Méseritz dès le 4 octobre.
Le 8 eut lieu une prise d'armes au cours de laquelle le colonel von Siegroth magnifia à nouveau les combattants de Metz, et les cours débutèrent le 9.
Le 15, von Siegroth fut muté à Potsdam et son successeur fut le lieutenant-colonel Glöklen qui commandait jusqu'alors le 3e Groupe d'instruction.

- 1 215e Volksgrenadierregiment (les restes du Kampfgruppe de l'Ecole des cadets, colonel Siegroth).
- 1 216e V.G. Regiment (restes de l'Ecole de sous-officiers de Wiesbaden, lieutenant-colonel Stolz).
- 1 217e V.G. Regiment [5] (régiment de sécurité 1 010 et parties des bataillons de remplacement, lieutenant colonel Richter).
- 1 462e régiment d'artillerie (regroupant le 761e régiment d'artillerie et les 33e et 70e groupes de remplacement et d'instruction d'artillerie. Le total comprit quatre groupes : l'un à 3 batteries de 6 pièces de 75, deux de deux batteries de 4 105 et un à trois batteries de 4 ou 6 76,3, colonel Palm).
- 1 462e groupe de chasseurs de chars (à trois compagnies dont une lourde de sept canons de 88 et une de canons d'assaut pas encore réalisée, capitaine Lautenschläger).
- 462e compagnie de fusiliers.
- 1 462e bataillon du génie (ex 12e bataillon de remplacement et d'instruction du génie. Deux compagnies, commandant Masselmann).
- 1 462e bataillon de remplacement de combat (une compagnie de commandement et trois compagnies. Ex éléments de l'Ecole des cadets, capitaine Grathwohl).
- 1 462e compagnie de transmissions (commandant Friemel).
- 1 462e compagnie des services (dix unités de transport, ravitaillement et santé réalisées que partiellement, commandant Wildt).

Relèves.

- Début octobre, la tête de pont à l'ouest de la Moselle fut tenue, du nord au sud, par la totalité des 1 216e puis 1 217e V.G. Regiment et le second bataillon du 1 215e V.G. Regiment, le premier bataillon de ce dernier régiment étant en réserve.
- Après les durs combats du fort Driant, les éléments du second bataillon du 1 215e qui l'avaient défendu y furent relevés par un « groupe de fortification Driant » nouvellement constitué.
- Après les durs combats de Maizières-lès-Metz, le 1 216e V.G. Regiment fut relevé le 30 octobre par le 1er bataillon du 1 215e, vint se reposer à Metz, devint régiment de réserve de corps d'armée et, à ce titre, fut envoyé dans la nuit du 9 au 10 novembre dans la région de Thionville pour y renforcer la 19e V.G. Division. Ce régiment fut alors perdu pour la 462e V.G. Division.

Difficultés [6]

- Le 17 septembre, les unités de la division furent prévenues que le manque croissant en habillement et équipements (notamment sacs à dos) rendait impossible pour un temps indéterminé la satisfaction des besoins correspondants.

---

5. Chacun des 1 215e, 1 216e et 1 217e V.G. Regiment comprenait deux bataillons de chacun une compagnie de commandement et trois compagnies de combat et l'ensemble intégra les effectifs du 782e bataillon territorial local.
6. Elles apparaissent dans les ordres logistiques journaliers de cette 462e V.G. Division, datés du 13 septembre au 11 novembre 1944 (RH 26-462/2).

- Le 18 septembre, il fut indiqué que le manque de carburant obligeait au remplacement des véhicules à moteur par des véhicules hippomobiles.
- Le 28 septembre, il était rappelé aux troupes que, malgré les manques, elles n'avaient pas à faire des réquisitions chez les civils, la Moselle faisant partie du Reich.
- Le 3 octobre furent annoncées une réduction du trafic postal et des mesures destinées à mettre fin à un relâchement de la discipline constaté. Chaque caserne messine eut alors une unité désignée pour s'assurer de la propreté des locaux après le départ des troupes de passage. Trois pancartes furent placées dans chaque localité du territoire du 82e corps d'armée rappelant l'obligation de passer par la Kommandantur pour disposer d'un cantonnement, de ne pas « se servir » soi-même (« qui pille sera fusillé ») et de respecter les règles de la circulation.
- Le 5 novembre : interdiction de se confectionner des « souvenirs » avec du métal de la Wehrmacht.
- Le 9 novembre : recensement des maréchaux-ferrants (pénurie de chevaux en état).
- Le 10 novembre : ordre de confectionner des installations de fortune pour l'épouillage.
- Le 11 novembre : annonce de sévères punitions aux conducteurs de véhicules parlant à des civils et indication que la division ne pourra plus fournir qu'une partie des rations de pommes de terre, légumes et fourrage. Le reste devra être trouvé par les unités dans la zone des combats.
- Conclusion : la 462e V.G.Div. se heurta à des difficultés logistiques croissantes et à certains actes d'indiscipline.

COMBATS ET COMBATTANTS

La Résistance

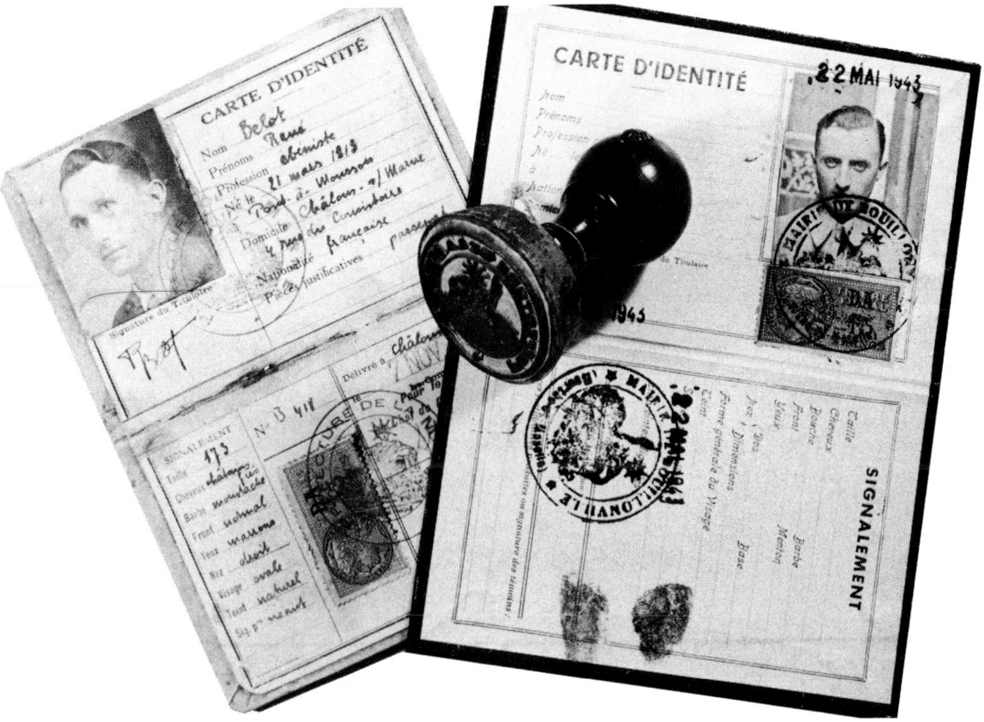

(Coll. G. Eisenkopf et H. Thiriot)

▲ *Fausses cartes d'identité.*

A gauche, celle de G. Eisenkopf, par lui-même (avec un de ses cachets « trafiqués »).

A droite, la carte de H. Thiriot, confectionnée par P. Gloutier.

(Coll. H. Thiriot)

◀ *La place Saint-Jacques, le 15 août 1944.*

(Coll. part.)

▲ *Le mariage de François Ull, le 8 septembre 1944.*
Assis à gauche : les époux. Assis à droite : les témoins, le commandant Krieger (Grégor) et Mme Lebrun. Debout, de gauche à droite, la mère de la mariée, un agent de liaison, l'abbé Dero, MM. Kempnich, Eisenkopf et Tribout.

(Coll. P. de Busson)

◀ *Cellules du fort de Queuleu.*

Le café Bellevue, à l'angle de la rue Lothaire et de l'avenue A.-Malraux. ▼

(Coll. part.)

Les Allemands

Général W. Krause, responsable de la défense de Metz du 27 août au 17 septembre 1944. ▶

(Coll. Spiwoks et Stöber)

(Coll. Spiwoks et Stöber)

▲ *Général V. Lubbe, responsable de la défense de Metz du 18 septembre au 13 novembre 1944).*

Général H. Kittel, responsable de la défense de Metz du 14 au 21 novembre 1944. ▶

(Bundesarchiv-Militärarchiv)

(Coll. Spiwoks et Stöber)

Le colonel von Siegroth, commandant l'Ecole des cadets de Metz.

(Coll. Spiwoks et Stöber)

Le colonel S.S. E. Kemper, commandant l'Ecole des transmissions S.S. de Metz.

(E.C.P. Armées-France)

Grenadier.

(E.C.P. Armées-France)

Lance roquette.

Les Américains

Les généraux George S. Patton, commandant la 3e Armée (à gauche), et Walton H. Walker, commandant le 20e corps d'armée

(Coll. part.)

(The Lorraine Campaign, Cole)

Le général Manton S. Eddy, commandant le 12e corps d'armée.

(Historique du 20e corps)

Pont américain lancé à Arnaville, le 12 septembre 1944.

Char américain en feu sur les bords de la Moselle, le 12 septembre 1944. (Official U.S. Army Photo)

Pièce de 155 sur chassis Sherman. (The Lorraine Campaign, Cole)

(Historique du 20e corps)

Lorrains réfugiés dans une mine abandonnée.

Le fort Driant

Octobre 1944.
Vue aérienne du fort. ▶

◀ *Vers le 1er octobre 1944. P.C. souterrain où furent établis les plans d'attaque du fort.*

Octobre 1944. Chars américains détruits sur le fort même. ▶

(Photographies extraites de l'*Historique du 20e corps*)

30 septembre 1944 : Etain. Le ▶ général Eisenhower (à droite) étudie avec le général Patton (à gauche) l'attaque du fort Driant.

Octobre 1944. Bombardement aérien du fort Driant. ▼

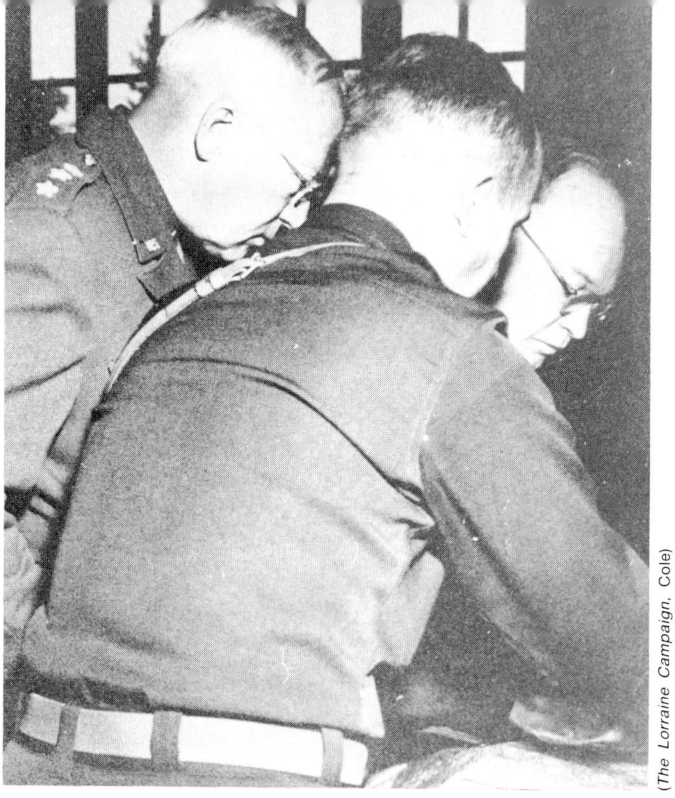

(The Lorraine Campaign, Cole)

(The Lorraine Campaign, Cole)

(Coll. Spiwoks et Stöber)

Bande de bras allemande.

Les unités françaises

Le Régiment de Paris

Mars-la-Tour, 30 septembre 1944. Revue du 1er bataillon.

Les autorités au cours de cette prise d'armes. De gauche à droite, le général Dody, le général Walker et le colonel Fabien.

(Photographies extraites de l'*Historique du 20e corps*)

(Historique du 20e corps)

▲
Verdun, 4 novembre 1944. Défilé du 16e B.C.P. devant le général Walker.

(Coll. Cel Pochard)

Le lieutenant-colonel Pochard, commandant la future 1re demi-brigade de chasseurs à pied.

(Coll. Cel Pochard)

Eléments du 8e B.C.P. déminant à l'Est de Gravelotte, entre le 16 et le 21 novembre 1944. ▶

L'entrée dans Metz

(Official U.S. Army Photo)

Eléments de la 5ᵉ D.I. pénétrant, à la mi-novembre 1944, au sud de Metz.

(Coll. part.)

▲
Pénétration aux abords de Metz.

◀ *Le pont Fournier en février 1985. MM. Berwick, Thiriot et Adrian à l'endroit où un sous-lieutenant allemand se suicida.*

(Coll. part.)

« Nettoyage » d'une caserne messine, à la mi-novembre 1944. ▶

(Historique du 20ᵉ corps)

Les combats autour de la Préfecture

Reddition, 21 novembre 1944

Canon face à la Préfecture, à l'angle de la rue du pont de la Préfecture et de la place de Chambre.

(E.C.P.Armées-France)

(Coll. P. de Busson)

On distingue un drapeau blanc à l'une des fenêtres de la Préfecture

(E.C.P.Armées-France)

Rue du pont de la Préfecture. Le capitaine de la Vasselais s'approche seul de la Préfecture pour parlementer. A gauche, à la hauteur du pont, le corps du F.F.I. Wojtecki, tué le 20 au matin.

(Coll. P. de Busson)

L'archiviste E. Ewig, plénipotentiaire. A droite, le capitaine de la Vasselais.

(Coll. P. de Busson)

Reddition des premiers Allemands, rue du pont de la Préfecture.

Place de Chambre : char M 3 du T.F. Bacon et F.F.I.
(Coll. P. de Busson)

◄ *Fouille des prisonniers au même endroit.* (Coll. P. de Busson)

(Coll. P. de Busson)

21 novembre 1944. Rue du pont de la Préfecture. Le capitaine de la Vasselais interroge...

(Coll. P. de Busson)

Le capitaine de la Vasselais à la tête d'une file de prisonniers allemands, en bas de la Fournirue. Au premier rang : le lieutenant et son « fanatique ».

Les forts

(Historique du 20e corps)

« Nettoyage » d'un blockhaus par une charge de T.N.T.

(Historique du 20e corps)

Début décembre 1944. Entrée du fort de Plappeville.

(Historique du 20e corps)

8 décembre 1944. Prisonniers sortant du fort Driant.

(Historique du 20e corps)

Le fort Driant, le 8 décembre 1944.

Destructions

(Coll. P. de Busson)

Maizières-lès-Metz.

(Coll. P. de Busson)

Ars sur Moselle.

Le pont du Sauvage, détruit le 18 novembre 1944, à 11 heures. (Coll. P. de Busson)

(Coll. P. de Busson)

Pont sauté sur le canal, entre le pont de fer et le Pont des Morts. Au fond, l'église Saint-Simon et Saint-Jude.

Poste centrale, détruite ▶
le 19 novembre 1944,
à midi.

(Coll. P. de Busson)

L'église de Borny,
au matin du 8 janvier 1945.
▼

(Official U.S. Army Photo)

Le fort Driant : triple échec américain au sud
(27 septembre au 12 octobre 1944)
(croquis n° 18)

Les bases

Le fort

Ce « groupe fortifié » fut construit par les Allemands pour couvrir Metz face au sud-ouest, pour barrer la vallée de la Moselle en liaison avec le groupe fortifié Verdun, lui à l'est de la rivière. Ce « Feste Kronprinz », bâti sur la croupe dominant le ravin de la Mance et la Moselle, fut terminé en 1911.

Cette fortification couvrant 134 hectares comprenait essentiellement deux ensembles de chacun : deux batteries cuirassées sous coupoles, l'une de trois pièces de 100 (portée 7 km) et l'autre de trois pièces de 150 (portée 10 km). Un important ouvrage central bétonné abritait P.C., logements, usine électrique (moteurs diesel), infirmerie, etc. Cinq casernes en casemates bétonnées étaient destinées aux fantassins assurant la défense de l'ensemble. Des observatoires cuirassés et des cloches de guetteurs assuraient les vues. Tout un ensemble de blockhaus bétonnés pour mitrailleuses et mortiers ainsi que des positions et abris d'infanterie facilitaient la défense. Un important réseau de galeries souterraines et de transmission reliait entre eux tous ces ouvrages. Un rempart fortifié couvrait les faces nord et sud alors que de nombreuses défenses acccessoires, barbelés et champs de mines entouraient l'ensemble et cloisonnaient encore les superstructures, notamment les batteries. Au sud-est du fort, à l'intérieur de l'enceinte générale était « la batterie Moselle » de deux pièces de 100 également bien abritée et entourée d'obstacles.

L'ensemble, peu réadapté et réarmé en 1930, avait été à l'abandon depuis 1940 et divers matériels y furent prélevés (rappel). Par contre, le 7 juin 1944 (peut-être avant), les firmes Hobus et VDM avaient aménagé dans le fort une usine de pièces d'avions. Un document fait état d'un sabotage le 14 juin par la résistance lors de cette installation. En août, l'organisation Todt serait venue déménager cette usine souterraine mais ne put tout emmener. Fin août, début septembre, un tardif mais intense effort de remise en état de défense par les militaires lui avait rendu une indéniable efficacité dont les Américains venaient de subir les effets. Le 29 août enfin, des F.F.I. du Service des eaux (7e Brigade Berwick) auraient coupé l'alimentation en eau du fort (rappel).

Les défenseurs

Le général Colin [7] a indiqué qu'y furent identifiés au cours des combats de septembre à novembre 1944 des éléments des 208e et 698e bataillons de remplacement, du 1 419e bataillon de forteresse, du 179e groupe de reconnaissance et surtout huit compagnies [8] comprenant un certain nombre d'anciens élèves de l'Ecole des cadets de Metz qui s'y relevèrent. Il y eut également des éléments récupérés parmi les unités en retraite. Ce fut, par exemple, le cas d'hommes du 938e régiment d'artillerie côtière, dont le « Malgré-nous » René Furnstein.

---

7. Dans : « Les combats du fort Driant ».

8. Les 1, 2, 3, 4, 5, 9, 10 et 12e compagnies.

Il précise que ces éléments étaient dopés [9] par une intense propagande fondée sur l'apparition prochaine d'armes secrètes qui forceraient la décision. « C'était ce qu'était venu leur dire Himmler lors d'une inspection en août ».

Ces derniers cadets, dont certains servaient aux simples postes de spécialistes (rappel), avaient l'avantage de connaître leur terrain, les coins et recoins de leur fort, de savoir que les ouvrages et batteries mobiles des environs pouvaient balayer leur propre superstructure, que celle-ci était à l'abri des coups « normaux » des Américains et que leur maîtrise de la route menant au fort à Ars leur permettait renforts, relèves et ravitaillements.

Les attaquants

Ils furent handicapés, outre par les qualités même des défenseurs et de la fortification, d'une part par leur méconnaissance de tels forts [10], en ignorant les plans, les traquenards, la résistance aux coups et, d'autre part, par le fait que d'autres missions prioritaires et le mauvais temps empêchèrent Patton de disposer de l'appui des bombardiers les plus lourds.

Les trois échecs

Le 17 septembre, le général Walker avait prévu une opération « Thunderbolt » pour le 21 à base d'un important bombardement aérien. L'action fut reportée puis abandonnée le 25. Elle eut été un échec. Comme fut un échec le simple largage de bombes au napalm de 500 kg du 26 au 30.

L'échec du 27 septembre

La première attaque eut lieu le 27 septembre. Encore optimistes, les Américains n'envoyèrent qu'un bataillon (le second bataillon du 11e R.I. qui était resté face au fort pendant les combats des têtes de pont au sud) renforcé d'une compagnie de chars [10 bis].

Après une « préparation » par l'aviation puis l'artillerie, deux compagnies ne purent rien contre les barbelés malgré l'appui de blindés et la fumée émise par une compagnie chimique. C'était l'échec et le retrait, dès ce 27.

L'échec du 3 au 5 octobre

Dès le lendemain, Patton prescrivit une nouvelle attaque le 3 octobre [10 ter]. Cette fois les moyens furent plus importants. Le même bataillon fut renforcé par une compagnie du 1er bataillon et par une unité composite de onze chars (cinq chars

---

9. Les 9e et 10e compagnies se seraient engagées par écrit de « combattre jusqu'au bout ou d'être abattues par leurs officiers ».

10. Le 8 septembre, les Américains n'avaient fait que reconnaître les abords du fort Saint-Blaise.

10 bis. Le second bataillon du 11e R.I. fut directement appuyé par :
- la Compagnie B du 735e Bataillon de chars Sherman,
- le 19e Bataillon d'artillerie en appui direct,
- la Compagnie C du 7e Bataillon du génie,
- la Compagnie D du 81e Bataillon chimique (fumigènes),
- la Compagnie C du 15e Bataillon médical.

10 ter. Le 2, des patrouilles reconnurent les itinéraires d'approche des blindés.

légers, quatre obusiers auto-moteurs de 105 mm et deux tank-dozers : tanks équipés de pelles de bull-dozers pour combler les fossés). Le génie prépara tout un ensemble d'explosifs contre les obstacles barbelés, dont des charges allongées mises en place par les chars. L'emploi de lance-flammes fut prévu. Un gros appui par les chasseurs bombardiers, l'artillerie [10 quater] et les mortiers envoyant des obus fumigènes fut planifié.

Dès le début de l'attaque, le 3, des déboires apparurent. Le mauvais temps empêcha l'appui aérien, les deux tank-dozers tombèrent en panne et la pose d'explosifs par les chars échoua. Néanmoins une violente et vaine préparation d'artillerie fut effectuée et l'attaque débuta.

Il s'agissait d'attaquer par le nord-ouest et le sud-ouest afin d'encercler l'ouvrage principal pour le prendre à revers.

Au nord-ouest, la compagnie E du second bataillon du 11ᵉ R.I. prit une caserne mais ne put s'emparer d'un observatoire cuirassé proche. Elle fut clouée sur place.

Au sud-ouest, l'attaque principale put, difficilement, se rendre maître de deux casernes puis progresser au-dessus des deux batteries du sud vers celles du nord. Mais les violents tirs des défenseurs et des batteries voisines arrosant la superstructure et les abords, les contre-attaques de nuit de fantassins allemands sortant alors de leurs abris sur un terrain bien connu d'eux et l'arrivée probable de renforts par la route d'Ars neutralisèrent également cette percée sud-ouest, après avoir causé des pertes sévères : 50 % des assaillants et neuf blindés hors de combat.

Dans la nuit du 5 au 6, les survivants épuisés étaient relevés... car le commandement insistait.

L'échec du 7 au 12 octobre

La nouvelle attaque prévue le 7 allait bénéficier d'un appui d'artillerie accru et être exécutée par la « Task Force Warnock », du nom du général Warnock, adjoint au général commandant la 5ᵉ D.I. Il disposait du 1ᵉʳ bataillon du 10ᵉ R.I., du 3ᵉ bataillon du 2ᵉ R.I., du 735ᵉ bataillon de chars et du 7ᵉ bataillon du génie.

---

10 quater. Après l'échec devant la Seille puis celui de la première attaque du fort Driant, le 284 ᵉ Bataillon d'artillerie de campagne quitta le 30 septembre ses positions de la ferme Voisage, à l'est de la Moselle, pour revenir à ses anciens emplacements de la ferme Sainte-Catherine près de Gorze.
Il renforça de là l'action du 19ᵉ Bataillon d'artillerie du 11ᵉ R.I. lors des deux — vaines — attaques du groupe fortifié du 3 au 12 octobre. Du 1ᵉʳ au 5, le 284ᵉ tira 6 458 coups dont 2 189 lors de la préparation du 3.
Dans la nuit du 7 au 8, le brigadier L.F. Wilkinson fut chargé de porter le « plan de feux » entre deux P.C. Mal renseigné, il finit par entrer dans un abri... plein d'Allemands ! Conscient de l'importance du document qu'il portait, il profita de la confusion initiale pour s'enfuir... Non atteint par les tirs ennemis, il rejoignit ses lignes. Il put ainsi donner quelques renseignements sur le fort. Patton le fit décorer de l'« étoile d'argent ».
Du 1ᵉʳ au 12 octobre, le 284ᵉ eut 1 mort, 3 blessés et 3 prisonniers.
Il avait tiré 13 383 coups mais ses obus de 105, et même les bombes d'avion, ne pouvaient pénétrer le béton de la fortification.
Jusqu'au 22 octobre, le bataillon resta à Sainte-Catherine, appuyant la 5ᵉ D.I. lors de ses faibles activités au contact.

Le général voulut mener une double action : s'emparer de la caserne sud-est par une attaque sur les superstructures tandis qu'un autre élément s'infiltrerait par les souterrains des casernes sud-ouest déjà prises pour gagner les batteries sud.

Le 6 au soir, des patrouilles renforcèrent la ligne de départ et s'emparèrent d'un observatoire blindé au sud de la caserne sud. Mais, sans que les Américains le sachent, les défenseurs le reprirent et l'un d'eux, parlant anglais, continua de téléphoner à ses « supérieurs » pour discuter des plans d'attaque du lendemain...

L'action en surface échoua dès le 7 sous les tirs ennemis et causa pertes et prisonniers aux assaillants.

Restait l'attaque risquée par la galerie souterraine. La compagnie en cause (du 10e R.I.) renforcée en génie s'engagea, dut faire sauter une porte blindée, dégager au chalumeau des obstacles entassés, vaincre une nouvelle porte blindée... puis ce fut un âpre combat dans le souterrain et le 9 à 17 h, l'explosion d'une forte charge tuant quatre hommes, en blessant huit et intoxiquant vingt-trois autres. Le combat très dur se poursuivit trois jours encore, en vain.

Au cours d'une réunion qui eut lieu le 10 au matin, le chef d'état-major de la 3e Armée et les généraux Walker, Irwin et Warnock décidèrent l'évacuation du fort. Dans la nuit du 12 au 13, les Américains se replièrent donc et les sapeurs firent sauter tout ce qui pourrait encore servir à l'ennemi, utilisant pour cela 6 000 livres d'explosifs.

Dès lors les assaillants se contentèrent de « marquer » le fort.

Le 17 octobre, un char américain eut la chance d'atteindre l'une des deux coupoles de la « batterie Moselle » et de la fausser, rendant son utilisation impossible. Les Allemands évacuèrent alors cette batterie, en repliant les servants dans le fort lui-même.

Dans celui-ci, une seule pièce d'artillerie fut mise hors de service par les attaquants : celle de 150 mm sud-est de la batterie nord-ouest. (Outre les dégâts causés lors des attaques qui viennent d'être citées, les autres, que l'on voit actuellement, ont été produits après guerre, en particulier lors de destructions officielles d'explosifs).

Conclusion

C'était l'échec complet, le premier subi par Patton qui eut au moins le courage et la sagesse de l'admettre [11]. La 5e D.I. avait perdu la moitié de ses effectifs engagés. 64 tués, 547 blessés et 187 disparus.

Du côté allemand, cette victoire incontestable fut fort montée en épingle par la propagande nazie et renforça la célébrité des cadets.

---

11. Mais il voulut se venger en faisant détruire le fort par un bombardement cette fois massif. Ce fut l'opération « Vengeance ». Des missions plus urgentes puis le mauvais temps firent qu'elle n'eut lieu que le 7 novembre, la veille de l'attaque décisive. Ce soir-là, de très nombreux bombardiers pilonnèrent les forts de Metz, dont le groupe fortifié Driant, et pratiquement en vain.

La participation française

L'aide technique, les plans

Les Américains ne connaissaient pas les forts, n'en avaient pas les plans.

Le capitaine du génie Nicolas [12], officier d'active qui, avant 1940, avait travaillé à la ligne Maginot, fut détaché comme conseiller technique pour les fortifications auprès de la 3e Armée. Il put efficacement aider ainsi la 5e D.I. qui, d'autre part, bénéficia en plus de plans au 1/20 000e alors qu'elle ne travaillait avant qu'avec des cartes routières.

Parallèlement : « le 17 septembre nous remettons à l'Etat-major du 20e corps américain... la totalité des plans directeurs de cette région (les groupes fortifiés dont Driant), mis à jour et annotés de mémoire par Emile Tonnelier de notre brigade de commandement, qui connaît parfaitement le secteur pour avoir été, avant la guerre, agent technique à la Chefferie du génie de Metz qui avait la charge de ces ouvrages. Ces plans ont été complétés, pour ce qui est des défenses extérieures les plus récentes, par des relèvements effectués par moi-même, au cours de plusieurs missions aériennes avec un avion d'observation et son pilote, de la base de Mars-la-Tour, mis à ma disposition par le G.2. Air » [13].

« L'issue n'apparaît cependant qu'avec la prise de Nancy le 15 septembre. Là-bas se trouve un officier français, le colonel Collier, ancien " patron " du génie de Metz. Juste avant l'arrivée de la Wehrmacht en 1940, il s'était emparé des plans des forts et les avait cachés dans le sud du pays, à Lyon. On les récupère et ils sont immédiatement expédiés au Q.G. du 20e corps où une équipe spéciale d'étude est créée » [14].

Ainsi, le capitaine Nicolas, disposant d'une documentation intéressante, put très efficacement aider cette équipe, réalisant lui-même des plans détaillés exploitables par tous. « On crée aussi des maquettes des forts de Metz pour que les différentes unités puissent les étudier. Tout ce travail est complété par des reconnaissances aériennes et un bataillon topographique du génie ainsi que des experts en modèles réduits amenèrent leur contribution à l'œuvre finale » [14].

En fait, les attaquants ne disposèrent de bons plans du fort que le 28, au lendemain du premier échec.

Ces documents furent aussitôt étudiés par les officiers de renseignement du 11e R.I. profitant également des informations recueillies lors de l'action du 27.

Ils en déduisirent que « le fort était beaucoup plus formidable qu'on l'avait pensé » (Colonel Stanley Hays : « The assault on fort Driant »).

---

12. Cet officier commanda le 2e régiment du génie de Metz en 1950 et finit sa carrière comme général.
13. J. Scharff, breveté observateur aérien, dans : « La libération de l'Est de la France ».
14. A. Kemp dans : « Lorraine, album mémorial ».

Les renseignements, guidages, patrouilles [15]

Le « maquis ».

Un document « officiel » F.F.I. du « secteur d'Ancy-sur-Moselle » indique : « En juillet 1944 : création du maquis dans la forêt aux abords du fort Driant. Ce maquis se composait de 250 hommes dont 180 volontaires russes. Le P.C. était installé dans le village d'Ancy-sur-Moselle, au domicile même du chef de secteur (le lieutenant Edouard Kron). C'est de là que furent transmis au commandement allié des renseignements de la plus haute importance. A partir du 9 septembre, les groupes F.F.I. s'associent aux éléments avancés américains, auxquels ils servent de guides et d'agents de liaison. En coopération avec l'armée américaine, des patrouilles furent envoyées aux abords du fort Driant pour repérer les emplacements des batteries ennemies (mobiles)... Le groupe de Russes [16] affectés au maquis ayant été retiré par les Américains, le maquis ne comptait plus que quarante hommes qui se trouvaient dans le « no man's land » entre les lignes américains et allemandes, aux abords directs du fort Driant. Des patrouilles furent organisées sans interruption... Dans l'après-midi du 17 septembre, le groupe obtint un renfort : trente-cinq volontaires F.F.I. provenant des départements limitrophes commandés par le lieutenant Christ et l'adjudant Caboz ».

Le corps franc « Passe-Partout » [17].

- Ancy était effectivement dans le « no man's land ». Malgré l'ordre d'évacuation par les Allemands, le 4 septembre, le maire du village (Henri Mondon) et quelque trois cents habitants y restèrent, s'y cachant pour surveiller leurs biens. Une patrouille américaine vint le 8 au soir mais repartit à Gorze dès le lendemain. Jusqu'au 16, ce fut l'angoisse (têtes de pont de Dornot puis d'Arnaville).
- L'adjudant de carrière René Caboz, F.F.I. à Montauban, en partit le 3 septembre « comme chef d'un groupe de Lorrains, la plupart des Messins désirant rentrer à Metz mais ne pouvant aller plus loin par suite de l'avance américaine ». Le 16, arrivé à Ancy et ne pouvant aller au-delà, l'ensemble gagna Gorze. Là, l'adjudant Caboz, après entente avec les autorités françaises et américaines, décida d'aller occuper Ancy avec sa section réduite et la mission :
  - « empêcher les patrouilles ennemies de faire des incursions dans Ars-sur-Moselle ;

---

15. Le lieutenant de réserve Junk fut mis le 9 septembre, par M. Schouller de la « Mission Lorraine », à la disposition du 20e corps et plus particulièrement de la 5e division pour assurer la liaison avec la résistance au sud de Metz. Il entra notamment en contact avec le lieutenant Kron.

    M. Gabriel Perrin, chef cantonnier à Mars-la-Tour, dirigea du 8 septembre au 4 octobre le ravitaillement et la police dans son canton. A la demande du préfet Rebourset, il assura au camp de Mariaville la garde de quelque 100 internés politiques provenant de la Moselle. Ce camp, créé à la demande des Américains et du préfet, rassemblait des étrangers et certains Français suspectés de « collaboration ».

    G. Perrin s'engagea alors (lieutenant commandant la 10e Compagnie du 26e R.I.) et M. Caboz lui succéda au commandement du camp cité.
16. Ils se trouvaient dans des baraquements d'Ars-sur-Moselle.
17. Rapport de l'adjudant Caboz, commandant le corps franc F.F.I. « Passe Partout », sur son activité pendant la période du 17 août au 1er novembre 1944.

- garder les barrages de mines interdisant l'entrée nord du village aux engins blindés ;
- renseigner sur les positions ennemies ;
- rendre compte des infiltrations qui pouvaient se produire le long de la Moselle, par la route départementale, Novéant qui n'est pas tenu, Dornot évacué et Ancy-sur-Moselle » [17].

- Le 18 au soir, le corps franc vint à Ancy, bien accueilli par la population rassurée et mit en place son dispositif : un groupe près de la gare, un autre en bordure nord du village, un poste d'observation dans le clocher, un poste de liaison à Novéant.
- Du 19 au 24, vie d'avant-postes : patrouilles et renseignements fournis aux Américains de Gorze (deux liaisons par jour par la Croix-Saint-Clément).
- Par suite d'imprudences, les Allemands repérèrent les activités dans Ancy et le bombardèrent le 25. L'agent de liaison René Vidal fut tué, le chef de groupe Pierson grièvement blessé, trois autres F.F.I. plus légèrement atteints ainsi que trois villageoises. L'adjudant demanda renforts, contre-batterie et évacuation des blessés. Il n'obtint qu'une équipe féminine de la Croix rouge [18] et, le soir, une demi-section américaine.
- Préparant l'attaque du fort Driant le 27, les Américains ordonnèrent le 26 au corps franc d'évacuer de force sur Gorze les habitants d'Ancy. Ce fut réalisé dans la nuit du 27 au 28 (après l'échec du premier assaut américain) par la Croix-Saint-Clément. Nuit au cours de laquelle le corps franc reçut l'ordre de se replier lui-même. Ce fut fait les 28 et 29 par Novéant.
- « Les autorités américaines nous refusant l'honneur d'être en premières lignes [19] », refoulé, l'adjudant vint se mettre le 30 septembre à Mars-la-Tour, à la disposition de M. Rebourset, préfet de la Moselle, qui lui confia le commandement du camp d'internement avancé de la ferme de Mariaville (près de Mars-la-Tour).

---

18. Cette équipe appartenait à la « mission Croix rouge française » pour la Moselle qui, partie de Paris le 14 septembre sous la direction du docteur Georges Adrian, arriva à Gorze le lendemain. Les habitants de cette localité ne représentaient que le quart de toute la population présente. Le reste consistait soit en réfugiés des villages voisins accrochés là pour rester près de chez eux avec l'espoir d'y empêcher les vols, soit en Bessarabiens importés par les Allemands, non évacués par eux puis regroupés dans un camp par les Américains. Momentanément installée à l'hospice, l'équipe fut tout de suite confrontée à trois problèmes : participation à la réalisation du fichier pour la recherche de personnes dont les familles étaient sans nouvelles, mise sur pied et formation d'équipes d'urgence et solution des difficultés locales dues à l'affluence de réfugiés, à la pénurie de ravitaillement et aux questions de santé. Mais c'est l'évacuation des vieillards malades de Novéant et d'Ancy qui fut alors la principale préoccupation de cette équipe lors de son séjour à Gorze (exposé du docteur Adrian, le 23 novembre 1984, à l'université de Metz).
19. Rapport de l'adjudant Caboz.

Maizières-lès-Metz : succès américain au nord

(3 au 30 octobre 1944)

(croquis n° 19)

Les Américains occupaient, en septembre, au nord de Metz, la ligne Talange — Bois l'Abbé (nord-ouest de Maizières-lès-Metz) — forêt de Jaumont. Ils avaient devant eux, à l'ouest, la crête boisée et fortifiée de Fèves et, à l'est, l'agglomération de Maizières, obstacle entre cette crête de Fèves et la Moselle pour s'infiltrer vers Woippy et Metz entre la « côte » et la rivière. Prendre la localité améliorait donc la base de départ pour l'attaque future, fixait l'ennemi et servait d'entraînement aux troupes au cours de la « pause ».

Dès le 7 après-midi, deux patrouilles de trois chars légers de la 7e D.B., parties d'Hagondange et traversant en particulier Maizières-lès-Metz, purent atteindre Ladonchamp et Sainte-Agathe et revenir sans avoir rencontré d'Allemands.

Du 10 au 13, au contact de Maizières, la 7e D.B. s'abstint de toute action offensive, se contentant d'échanger des coups de canon avec la rive est (région de Vigy). La mission de la division était de surveiller les abords de la Moselle et de Maizières.

Du 13 au 17, du départ de la 7e D.B. à l'arrivée de la 90e D.I. la relevant, les Allemands réoccupèrent la cité et les deux crassiers ainsi que celui d'Hagondange. Il s'agissait de l'Ecole de sous-officiers de Wiesbaden (Kampfgruppe, devenu le 1 216e V.G. Regiment).

Après relève de la 7e D.B. par la 90e D.I., le 17, le 357e R.I. tint le secteur et n'insista pas (il dut reprendre des positions le 21 septembre au prix de pertes sérieuses).

L'idée d'attaquer Maizières prit corps à partir du 24 septembre [20] et fut réalisée du 3 au 30 octobre.

Le 3, par surprise, deux compagnies du 357e R.I. sortirent du Bois l'Abbé et s'emparèrent du terril voisin qui domine la localité. Elles s'y accrochèrent alors que l'ennemi, au lieu de se replier, se retrancha dans les maisons de la localité.

Le 7, l'attaque fut reprise par deux compagnies partant du sud du crassier tenu et ayant pour mission, après une grosse préparation d'aviation [21] et d'artillerie et avec le soutien de chars, de s'emparer de la partie nord et des forges ouest de Maizières. L'action réussit malgré une téméraire contre-attaque allemande sur le terril.

Du 8 au 11, malgré des renforts de la 19e V.G.Div. et l'appui de trois groupes d'artillerie sur la rive est, les Allemands ne purent que se défendre par de durs combats de rue contre la pression nord-sud des Américains aveuglant par fumigènes les observateurs du crassier sud.

---

20. Ce jour-là, les Américains envoyèrent des F.F.I. (la compagnie du capitaine Pizel de l'arrondissement de Briey, sous les ordres du commandant Jean Cosson) reconnaître les bois à l'ouest et au sud-ouest de Silvange. Le 25 au matin, les 64 hommes furent accrochés par les Allemands près de la ferme de Jailly (3 km à l'ouest de Maizières-lès-Metz). Ils eurent 23 blessés et 3 tués : le lieutenant Marcel Daize (qui avait servi dans l'armée d'armistice) et les sergents Pecchioli et Duthil. Un monument commémore sur place le fait.

21. En octobre, deux escadrilles américaines bombardèrent régulièrement la cité de 17 à 18 h.

Du 12 au 25, la restriction imposée de munitions d'artillerie de gros calibre (encore le problème du ravitaillement et du choix de l'effort) obligea l'assaillant à ne s'en tenir qu'à de petites actions isolées et à une vaine action psychologique (haut-parleurs incitant l'ennemi à se rendre).

Le remplacement du général Mac Lain à la tête de la 90e D.I. par le génral Van Fleet coïncida avec la décision de la reprise de l'attaque sur Metz, donc avec la possibilité de bénéficier d'importants appuis d'artillerie.

Les 26 et 27, après de très durs combats, une compagnie parvint à prendre pied dans une partie de l'hôtel de ville de Maizières, le centre de la résistance ennemie.

Les 28 et 29, eut lieu l'assaut final : grosse préparation et contre-batterie d'artillerie, attaque nord-sud par deux compagnies et sud-nord par trois autres. Dans la soirée ne résistaient plus que l'hôtel de ville (encore) et quelque îlots au sud de l'agglomération.

Le 30, ces poches de résistance furent « nettoyées ».

L'importance des appuis fit que les assaillants ne perdirent que cinquante-cinq combattants lors de l'assaut final mais, par sa défense acharnée (toujours la bataille de l'avant), le 1 216e V.G. Regiment dut subir des pertes énormes.

La base de départ américaine vers Metz avait été améliorée et l'ennemi avait perdu beaucoup de combattants de qualité.

La participation française

Notabilités et administration

Après Mars-la-Tour, le préfet Rebourset et sa petite équipe s'installèrent officiellement, le 10 octobre, à 16 h, à Hayange ou Me Béna, dont la belle-famille est de cette ville, avait préparé bureaux et cantonnement. Il y avait là au moins plus de place pour recevoir les divers fonctionnaires et responsables qui se rassemblaient pour préparer la libération du reste du territoire et le retour à Metz.

Le 19 septembre, une circulaire partie de Montauban enjoignit à tous les fonctionnaires concernés de se préparer à rejoindre la Moselle au reçu d'un nouvel ordre. Ce dernier dut être donné assez rapidement à quelques hauts fonctionnaires. Le 9 octobre, de Mars-la-Tour, le préfet Rebourset pria entre autres ses collègues de Meurthe-et-Moselle et de Meuse de faire en sorte que les fonctionnaires mosellans détachés dans leur préfecture rejoignent Hayange, ce 10 à 16 h. De cette ville partirent le 25 octobre d'autres convocations concernant des personnes alors en service dans les préfectures de « l'Intérieur ».

Les bureaux s'installèrent dans le « Prisunic », le préfet dans le bureau central des de Wendel, alors qu'une cantine se constituait dans un hôtel-restaurant et que les fonctionnaires logeaient chez l'habitant.

Etaient présents le 12 octobre, outre MM. Rebourset, Mondon, Béna et Gandar, M. Gabriel Hocquard (22), maire de Metz d'avant 1940, replié à Annecy où il professait, un haut fonctionnaire de la Sûreté, M. Jean Babin, nouvel inspecteur d'Académie de la Moselle auquel le général de Gaulle avait lui-même donné la double consigne de rouvrir les écoles au plus vite et de respecter le statut scolaire particulier en Moselle d'avant 1939. D'autres responsables devaient être présents. M. Etienne Jung, déjà Secrétaire général administratif de la préfecture de Metz avec M. Bourrat, puis à Montauban, reçut l'ordre dans cette ville de rejoindre Hayange avec un « échelon réduit des services ». Parti le 13 octobre, cet ensemble y arriva le 20 après être passé par Vichy et Paris.

D'autres encore arrivèrent par la suite, dont Mgr Heintz, évêque de Metz, expulsé dès le 16 août 1940 et revenu en Moselle le 27 octobre (le préfet Rebourset alla l'accueillir à Aumetz et revint avec lui assister, à 17 h, à une cérémonie d'action de grâces dans l'église d'Hayange). M. Serot, député de Metz et ancien président du Conseil général de la Moselle, arriva à Hayange pendant cette cérémonie (23). Le lendemain, ce fut le tour de M. Schuman. Vinrent également M. Chanrion, nouveau Secrétaire général pour les Affaires économiques, ainsi que les futurs sous-préfets, dont M. Marchand pour Metz-Campagne, et, le 9 novembre, M. Grac, Trésorier payeur général.

Toutes ces autorités préparaient l'avenir et faisaient face aux difficultés du moment, notamment en réglant avec les Américains, par les officiers de liaison, dont le lieutenant Albert Thil, attaché à la préfecture, la délicate question du

22. Venu s'informer, il dut repartir à Annecy pour faire notamment des réunions d'information aux réfugiés (Grenoble, Chambéry, Lyon) avant de revenir définitivement dans sa cité.

23. Il repartit ensuite pour le centre de la France informer les réfugiés (causerie à Riom le 17 novembre, etc.).

retour, de l'évacuation, de la circulation des civils dans les nouvelles régions libérées. Les Alliés continuaient — c'était normal — à ne pas vouloir être gênés par la population alors que celle-ci — c'était normal aussi — voulait rentrer chez elle pour éviter les pillages [24]. Le 12 octobre, tout le quadrilatère Corny-Pournoy-Longueville-lès-Cheminot-Champey fut évacué par les Américains qui ne mettaient pas toujours les formes nécessaires... Avec les maires intéressés et les Américains, la préfecture dut s'occuper des arrêtés réglementant la circulation (autorisations spéciales et interdictions), le couvre-feu (de 21 h à 6 h à l'ouest de la Moselle, généralement de 19 h à 6 h à l'est), le black-out, etc.

Le préfet disposait alors :

De deux compagnies de gardes mobiles (une à Angevillers et une à Conflans-Jarny).

De Groupes mobiles de réserve (G.M.R.).

- Le G.M.R. du Petit Thouars (venu de Bar-le-Duc le 13 octobre) à trois sections : Moyeuvre-Grande, Hayange et Thionville.
- Le G.M.R. Poitou à Nancy.

Conclusion :

« Première ville libérée du département, Hayange est proclamé chef-lieu de préfecture ainsi que siège épiscopal et le restera tout le temps que le front sera stabilisé sur la Moselle, c'est-à-dire deux mois » [25].

Commandement militaire

Le colonel Grandval, chef de la région C (F.F.I.), avait été nommé, après la libération de Nancy, commandant de la 20e Région militaire dont le territoire était les départements de Meurthe-et-Moselle, Vosges et Meuse.

Le 12 septembre, le général Dody [26] qui commandait jusqu'alors la 2e D.I.M., fut nommé gouverneur militaire de Metz et commandant de la 21e Région militaire [27] qui couvrait le seul département de la Moselle. Il rejoignit Verdun [28] et les Américains, le 20.

Son instruction générale n° 1 du 6 novembre reprend sa mission. « La mission primordiale est d'intensifier l'effort de guerre et d'aider en particulier les armées alliées. Dans ce but, à tous les échelons et en toutes circonstances :

---

24. Dans « Le Lorrain », édition de Riom du 28 octobre, le préfet Rebourset lança un appel aux réfugiés mosellans. « L'heure sonne de la libération de nos villes et de nos villages... Je partage votre impatience... Cependant je viens vous demander instamment de vous abstenir de toute hâte. Comprenez les raisons d'ordre militaire et administratif qui motivent mon appel... Il convient que notre retour se fasse dans l'ordre. J'attire votre attention sur la nécessité de vous munir d'un laissez-passer... Dans les zones des batailles..., des autorisations individuelles données par les autorités militaires... A bientôt chez nous ».

25. A. Printz dans : « Hayange d'un siècle à l'autre ». Rappelons qu'en fait, M. Rebourset fut d'abord à Mars-la-Tour, du 11 septembre au 10 octobre.

26. Il avait notamment commandé le 150e R.I. à Verdun avant guerre.

27. Elle ne fut officiellement créée que par décret du 21 octobre.

28. Son P.C. fut à l'hôtel Vauban puis 10, rue Saint-Maur.

Organiser activement des unités et les préparer au combat en faisant appel à tous les volontaires et en les amalgamant par une discipline française, volontaire et confiante.

Maintenir l'ordre et la sécurité, compte tenu de la situation particulière de la Moselle, incluse dans la zone des armées, donc en état de siège, et zone d'opérations de l'armée américaine.

Assurer la liaison, étroite et cordiale, avec les autorités civiles françaises et les autorités militaires américaines ».

Son premier ordre du jour fut : « Je prends à la date du 20 septembre 1944 le commandement militaire de Metz. Au travail, tous ensemble, en étroite et cordiale liaison avec les autorités et les populations civiles ainsi qu'avec nos alliés et amis américains, afin d'achever sans retard la libération du territoire et de reconstruire au plus tôt dans l'ordre et la paix française... Je fais mien le vieil adage messin : ayons la paix dedans, nous aurons la paix dehors ».

Après ce salut et cet appel à l'effort et à l'entente, le général Dody eut, lui aussi, à mettre en garde. Une affiche diffusa son « avis aux populations libérées » : « Il est rappelé que les seules autorités constituées ont qualité, sauf le cas de flagrant délit, pour ordonner à des arrestations et y faire procéder... Toute personne qui, sans droit ni qualité, procéderait de sa propre initiative à des réquisitions, visites domiciliaires ou arrestations, serait immédiatement déférée au Tribunal militaire siégeant en Cour martiale »...

Le 15 novembre, le général Dody disposait d'un Etat-major de quatorze officiers dont le colonel Collignon, chasseur, était le chef et dont faisait notamment partie le lieutenant de Vaulx (2e bureau).

Le lieutenant-colonel Poirot, sapeur, avait été nommé commandant de la subdivision (en fait, adjoint du général), et bénéficiait à Jarny d'un petit Etat-major territorial.

A Verdun, le capitaine Renaud dirigeait le Quartier général disposant de la compagnie de Q.G. du lieutenant Conre (total : 119 personnes).

A Verdun était aussi un bureau de comptabilité régional (trois cadres) et le poste de liaison d'arrondissement n° 7 (dix cadres).

Constitution d'unités régulières françaises

La libération, en septembre, de la très grande majorité du territoire français posait le problème de la destination des éléments F.F.I., parfois encombrants par leurs visées politiques, leur indiscipline ou leurs exactions, alors que, surtout face aux Américains très circonspects (ils voulaient imposer leur gouvernement militaire A.M.G.O.T.), il était très urgent de renforcer la participation militaire française dans l'alliance et d'assurer le maintien de l'ordre à l'intérieur. La consigne du général de Gaulle était de « pousser des soldats français partout où c'était possible ». Le 19 septembre [29], le ministre de la Guerre indiquait donc aux commandants des régions militaires, que « les divers commandements

29. Dès le 28 août, un texte avait édicté les règles d'intégration des F.F.I. et avait prescrit « la création d'unités de sécurité des arrières susceptibles d'être transformées en unités combattantes ».

locaux F.F.I. sont purement et simplement sous vos ordres ; ils doivent être, au surplus, intégrés dans un délai aussi court que possible, dans votre Etat-major de région et dans le commandement des subdivisions ». Les F.F.I. des régions libérées avaient donc à choisir entre un engagement dans des formations régulières destinées au combat de l'avant ou à la sécurité des arrières et leur retour à la vie civile.

Unités de la 20ᵉ Région militaire

Le 26ᵉ R.I.

- Par décision n° 121/R 20 du 18 septembre (trois jours après la libération de Nancy), le colonel Grandval décida de recréer le 26ᵉ R.I. à compter du 20, afin que les F.F.I. locaux choisissent entre s'y engager pour la durée de la guerre ou rentrer chez eux. Les volontaires des maquis de la « zone Est » formèrent le 1ᵉʳ bataillon, ceux de la « zone Ouest » le 2ᵉ et le « groupe Lorraine 42 », le 3ᵉ. En fait, le seul 2/26ᵉ R.I. sous le commandement du lieutenant-colonel Bourdillat, donna naissance au 26ᵉ R.I. à nouveau réorganisé le 1ᵉʳ février 1945.
- Ce 2/26ᵉ R.I. (également 1/20ᵉ bataillon de marche), eut, le 9 novembre, la garde du drapeau de la région C. Le porte drapeau en était le sous-lieutenant Roumignac et l'emblème portait sur une face : « Honneur et Patrie, Forces Françaises de l'Intérieur, Région C » et, sur l'autre, le blason des huit départements de cette Région et la devise : « Il n'est pas nécessaire d'espérer pour entreprendre ».

Dès fin septembre, le colonel Grandval reçut la visite du capitaine Taelmann, ancien chef de musique du 26ᵉ R.I. qui avait camouflé ses instruments. Il reconstitua donc une musique dont la première participation à une prise d'armes fut le 7 octobre, place de la Carrière, et cette musique devint en fait musique de garnison.

Les autres bataillons de marche

- Initialement furent formés six bataillons de marche de la 20ᵉ Région : le 1/20ᵉ (2/226ᵉ R.I.), le 2/20ᵉ (formé de F.T.P.), le 3/20ᵉ (1/26ᵉ R.I.), le 4/20ᵉ (2/149ᵉ R.I.), le 5/20ᵉ (3/26ᵉ R.I.) et le 21/20ᵉ (5ᵉ B.C.P.).
- Le 2/20ᵉ fut formé par les F.T.P. du commandant Richard [(30)] se dénommant : « Commandant aux opérations départementales militaires F.T.P.F. de Meurthe-et-Moselle et du nord de la Meuse ». Il s'agissait de Charles Stenger, qui tenait avant guerre, à Metz, un café-restaurant rue aux Ours. Les hommes étaient habillés de tenues bleues de chasseurs avec bandes moletières et casques français ou américains. Ils portaient sur le bras l'écusson : « Division Lorraine ».

---

30. Dans : « La libération de l'Est de la France », J. Scharff a noté : « Dans la région de Briey, un certain " commandant R... ", âgé d'environ 25 ans, une forte personnalité, commandait un groupe de résistants indépendant. Je crois me souvenir que le chef des F.F.I. de ce secteur eut du fil à retordre avec ce personnage fantasque et avec son groupe indiscipliné et inconsidérément porté sur la rapine et le pillage, qui incommodait fortement la population et la police ».

Le 1er régiment de Paris [31]

- Mi-septembre, le colonel Grandval reçut du général Koenig le télégramme suivant : « Colonne Fabien, forte environ 2 000 hommes, a quitté région parisienne direction nord-est ; si arrive chez vous, vous souhaite bonne chance ». De fait, juste avant le 15 septembre, après avoir suivi la 28e D.I. de la 1re Armée américaine à Saint-Quentin et Mézières, le 1er régiment de Paris du colonel Fabien arriva à Mars-la-Tour et sa région par Verdun. Cette unité de Francs-Tireurs-Partisans de la banlieue parisienne ayant participé à l'« Insurrection » de la capitale, tint du 21 au 28 septembre [32] un créneau du secteur alors redevenu calme, Gravelotte-ferme Saint-Hubert (les Américains étaient heureux de pouvoir ainsi relever une partie de leur 359e R.I.). L'ensemble fut passé en revue à Mars-la-Tour même, le 30 septembre, par les généraux Dody et Walker. L'impression fut « mitigée » et l'Américain ne put pas ne pas se souvenir de la façon avec laquelle ces mêmes F.F.I., fort mal équipés, avaient « forcé la main des Alliés à Paris au détriment de la logistique de son 20e corps... Néanmoins la légende d'une photographie de ce défilé parue dans l'historique du 20e corps est : « ces troupes firent partie intégrante du corps et, malgré leur équipement dérisoire, se battirent bravement ». De plus, dès le 16 septembre, le capitaine Giacobbi, officier de liaison français auprès de la 5e D.I., rendait compte à propos de ces éléments : « Il y a un manque de discipline... Dans l'état actuel où elles (ces troupes F.F.I.) se trouvent, les services que l'on peut attendre d'elles ne seront rien en comparaison du

---

31. Après les combats de Paris, l'ouvrier militant communiste Pierre Georges, dit colonel Fabien, créa le 1er septembre à Nanteuil-le-Haudouin la « colonne Fabien » regroupant le bataillon « du Mont Valérien » (commandant d'Alsace), le bataillon « la Marseillaise » (commandant Dax) et la compagnie « Guy Lachambre » (capitaine Rousseau). Le 9 septembre, l'ensemble fut renforcé par le bataillon Gérard (F.T.P. du Nord, des Ardennes et de la Meuse), par la compagnie Lebon (15e arrondissement de Paris) et par la compagnie F.T.P. de Soissons. Le 11, le total devint le « groupement tactique de Lorraine », qui reçut par la suite de nouveaux renforts F.T.P. parisiens (le bataillon « République », une compagnie du bataillon Pierre Semart, la compagnie Michel, le bataillon « de la Jeunesse » et la section F.T.P. du maquis de la Montagne noire de Reims). Le total fut constitué en un 1er et 2e régiment de marche de Paris, appuyés par un « bataillon lourd ». Début décembre, ce groupement tactique fut intégré à la 1re Armée du général de Lattre de Tassigny et rejoignit Vesoul le 10 sous le nom de « Brigade de Paris » pour y être passée en revue par le général et affectée à la 9e division d'infanterie coloniale. Renforcée du « corps franc Paris 18e », elle redevint le « 1er régiment de Paris » et fut dans le secteur d'Habsheim. Le 27 décembre, c'est pour le moins par imprudence qu'en manipulant une mine à son P.C., le colonel Fabien trouva la mort avec quatre de ses principaux subordonnés. Le 12 janvier, le régiment devint le 151e R.I. F.F.I. à trois bataillons et des unités régimentaires. Il fut renforcé le 2 février par le bataillon F.T.P. Ruat du maquis de la Loire et passa le 13 février à la disposition de la 2e division d'infanterie marocaine. Le 1er mars enfin, renforcé du bataillon F.T.P. de l'Aveyron mais surtout des cadres européens de quatre bataillons de tirailleurs marocains dissous, il devint le 151e R.I. qui allait franchir le Rhin le 31 mars à Germersheim. Ces renseignements sont extraits du tome 6 des « Grandes Unités françaises ». Historiques succincts réalisés par le service historique de l'Armée de Terre en 1980. Depuis, Pierre Durand dans « Qui a tué Fabien ? » (éditions Messidor), s'en tient à une chronologie un peu différente.

32. Il s'agissait du 1er bataillon de marche (commandant Maroy). La 1re compagnie patrouilla au sud-est de Gravelotte dans le ravin de la Mance les nuits des 22, 23 et 24 septembre. La même unité patrouilla au nord-est le 25 et y participa le lendemain à une petite attaque américaine. Dans la nuit du 27, la 3e compagnie eut pour objectif une carrière au sud de Gravelotte. Du 27 au 28, deux sections de la 4e compagnie tinrent une partie de la route Gravelotte-Metz.

désordre qu'elles pourront éventuellement provoquer... Il y a (déjà) eu des vols et des menaces à main armée ; il y a eu des mesures prises arbitrairement ; il y a eu des arrestations... ».

- Simultanément, pour aider le 3e groupe de cavalerie américain, le 1er régiment du commandant Dax avait été poussé le 19 septembre au nord de Thionville (P.C. à Hettange) et une partie des effectifs tint un secteur le long de la Moselle près de Cattenom, de ce 19 septembre au 15 ou 19 octobre. Le bataillon du commandant Gérard qui, du 23 au 27 septembre, eut la responsabilité d'une partie du Bois de l'Abbé (ouest de Maizières-lès-Metz) pour soulager le 357e R.I., rejoignit le commandant Dax vers le 1er octobre. Plusieurs procès-verbaux de gendarmerie témoignent alors de faits regrettables. Le général Dody, responsable territorial en Moselle, dut écrire le 7 octobre au colonel Fabien : « La réputation de la " Résistance " et celle du pays tout entier n'ont rien à gagner au renouvellement d'incidents du genre de ceux dont je suis saisi... Se soulever à Paris et ailleurs contre le boche, bravo ! — se soulever au su et au vu de tout le monde, contre les autorités françaises, cela ne peut être toléré... ». Moins diplomate, le commissaire de police de Thionville rendit compte à son chef : « L'unanimité de la population, les services américains... la municipalité et moi-même formulons la prière de nous débarrasser au plus tôt du 1er régiment de France composé pour la plus grande partie de ramassis de voyous et de hors-la-loi... On peut considérer que si des mesures adéquates ne sont pas prises immédiatement, la grosse majorité de l'opinion thionvilloise, déjà si mélangée et si expectante, se tournera en faveur des Allemands... ».
- Concrètement, alors que le 21 octobre le colonel Grandval envisageait l'emploi d'un bataillon de ce régiment pour garder les arrières américains, le général Dody transmit le 25 à son « collègue de Nancy » : « En complet accord avec préfet Moselle, m'oppose absolument à utilisation unité Fabien, visée par votre lettre 21 octobre relative à cordon sanitaire ».
- Et le régiment fut poussé dans la région de Montmédy [33].

Unités de la 21e Région militaire (croquis n° 20)

La première demi-brigade de chasseurs de Lorraine

- Le nouveau gouverneur de Metz, ancien chasseur, avait besoin de troupes pour aider les Américains, assurer ses propres missions territoriales et régler la situation des F.F.I. devenus disponibles. Il pensa à reconstituer la 1re demi-brigade de chasseurs, les « chasseurs de Metz à fourragères rouges » [34] d'après 1919, d'autant plus qu'il devait savoir qu'un des trois bataillons, le 8e, était déjà sérieusement en cours de reconstitution.

---

33. Dans « Qui a tué Fabien ? », Pierre Durand explique ainsi la fin des combats du groupement tactique de Lorraine : « En octobre, l'armée américaine poursuit son offensive vers l'Allemagne et se trouve séparée du groupe tactique de Lorraine ». C'est inexact... Le 20e corps était bien toujours là et avait encore besoin d'une infanterie « de complément ». Les diverses citations données expliquent la relégation du groupement dans la région de Montmédy jusque début décembre et l'arrivée de nouvelles unités françaises.

34. Le 8e B.C.P. fut en garnison à Metz de 1919 à 1931 (quartier Barbot), puis à Forbach jusqu'en 1936 et enfin à Toul. Le 16e B.C.P. fut en garnison à Metz de 1919 à 1931 (quartier Grandmaison), puis à Saint-Avold jusqu'en 1936 et enfin à Toul. Le 26e B.C.P. fut le 3e

- *Le 8e B.C.P.*
  - Ce bataillon fut reconstitué le 7 septembre à l'Ecole militaire de Paris sous les ordres du lieutenant-colonel Pochard [34 bis]. Ses hommes étaient d'anciens chasseurs fils, parents ou amis de chasseurs, résistants divers dont un bon nombre avait fait partie de la Société parisienne de préparation militaire Sidi-Brahim. Par la suite, cet ensemble fut renforcé par des éléments du 8e B.C.P. O.R.A. (Magnac-Laval) de la Haute-Vienne qui, auparavant 6e bataillon de l'O.R.A. R5, comprenait notamment des éléments de l'ex 8e B.C.P. de l'Armée d'Armistice. Le total de 806 hommes, le 1er novembre, était de qualité, à effectifs complets, bien encadré (plus du quart des officiers étaient d'active) et assez correctement armé, équipé et motorisé. Il ne manquait que les transmissions et le rodage de l'ensemble.
  - Le général Dody avait obtenu ce bataillon comme « troupe de souveraineté à Metz, son ancienne garnison ». Il dut, pour la garder, se défendre auprès du général de Lattre qui avait demandé au ministre son affectation à son armée.
  - Le 8e B.C.P. fit mouvement par voie ferrée les 21 et 22 octobre de Paris à Ancemont (6 kilomètres de Verdun). « La présence d'une unité officiellement constituée comme le 8e B.C.P. fait la meilleure impression sur la population de Verdun et de Lorraine qui n'a encore reçu que des contingents U.S.A. et la formation Fabien » [35].
  - L'appellation officielle du 8e B.C.P. fut initialement « 1/21e bataillon de Sécurité ».

- *Le 16e B.C.P.* [36]
  - Le 1er septembre fut formée à Troyes la « compagnie Alsace-Lorraine ». Sous les ordres du capitaine Xhaard, de Pont-à-Mousson, elle regroupait deux sections F.F.I. et une section F.T.P. de l'Aube avec une section F.F.I. de la Marne. La moitié de ces résistants étaient des Alsaciens. Le 20 septembre, la compagnie vint à Nancy, caserne Hugo, pour être la 101e compagnie de Sécurité. Le 25, elle participa à la prise d'armes organisée lors de la venue du général de Gaulle. Le 6 octobre, la compagnie reçut son drapeau et ses quatre fanions de section portant les noms de Strasbourg, Metz, Colmar et Mulhouse.
  - Les 10 et 11 octobre, la compagnie fit mouvement par terre jusqu'à Hannonville pour être à la disposition de la 21e Région. Par note du 27 octobre, reçue le 5 novembre, la 101e compagnie de Sécurité était dissoute à compter du 20 octobre (!) et devenait à la même date le 2/21e bataillon de marche, destiné à devenir le 16e B.C.P., sous le commandement du chef de bataillon Paul Aubry. Le 23 octobre, l'ensemble allait cantonner à Haudainville, était à trois compagnies mais, le 1er novembre,

---

bataillon de la demi-brigade jusqu'en 1929 (il fut en garnison à Metz de 1919 à 1923, puis à Thionville ensuite). Dissous alors, il fut remplacé par le 30e B.C.P., ex-alpin, qui fut en garnison à Metz jusqu'à 1931, date à laquelle il gagna Sarreguemines puis, en 1936 Saint-Nicolas-de-Port.

34 bis. Une plaque rappelant ce fait a été inaugurée le 11 avril 1992 dans la cour Coquedin de L'Isle de cette école.

35. Réponse du général Dody au général de Lattre demandant l'affectation de ce bataillon.

36. Extraits du Journal de marche de la 101e compagnie de Sécurité.

ne comptait encore que 178 hommes, ceux du capitaine Xhaard devenu commandant de la 1re compagnie, en fait d'une de ses anciennes sections.

- Le 4 novembre, le 2/21e (16e B.C.P.) défila à Verdun devant le général Walker puis le commandant Aubry remit la fourragère rouge à ce dernier, nommé caporal d'honneur, alors que le chef d'Etat-major du 20e corps, le colonel Collier, était fait chasseur de 1re classe.

- *Le 30e B.C.P.*
  - Le général Dody prescrivit le 25 octobre la création à Angevillers du 3/21e bataillon de Sécurité. Il était destiné à devenir le 30e B.C.P. Sous les ordres du chef de bataillon du Cheyron du Pavillon, il était formé par les F.F.I. de l'arrondissement de Thionville engagés volontaires. Il ne totalisait encore que 49 hommes le 1er novembre.
  - Un autre 30e B.C.P., né en Charente des maquis Foch et Bir-Hakeim, puis du bataillon de Sécurité de la Charente-Maritime vit le jour le 1er novembre à Saintes. Le 16 janvier 1945, ce second 30e B.C.P. fut dissous, ses éléments renforçant les 30e et 16e B.C.P. de Lorraine.

- *La première demi-brigade*

  Dès l'arrivée à Verdun du lieutenant-colonel Pochard, alors commandant le 8e B.C.P., le général indiqua à ce dernier son intention de lui confier le commandement de la demi-brigade de chasseurs en cours de constitution. Mais il fallait déjà mettre sur pied les 2/21 (16e B.C.P.) et 3/21 (30e B.C.P.). Le 1er novembre, l'ordre de bataille de la 21e Région ne comportait donc que les trois bataillons de sécurité (B.C.P.), le lieutenant-colonel commandant son 8e (il avait néanmoins, dès le 23 octobre, pris contact avec le commandant Aubry du 2/21 (16e B.C.P.).

- *Conclusion*

  Début novembre, la reconstitution de la demi-brigade des « Chasseurs de Metz » était en cours. Mais seul était assez complet le 8e B.C.P., « plus riche d'enthousiasme que d'entraînement » (37). Le 16e B.C.P. en était encore à sa compagnie initiale et le 30e B.C.P. commençait seulement sa mise sur pied. L'ensemble, restreint, était encore loin d'être opérationnel.

Les autres formations

- *Le « Centre d'organisation régional »*
  - Il fallait également prévoir la reconstitution d'unités des autres armes en reprenant les numéros de traditions : 507 pour les blindés (le régiment du colonel de Gaulle à Montigny), le 61e R.A., le 2e Génie, le 18e des Transmissions, le 402e F.T.A.
  - Le Centre d'organisation, également appelé 11/21e bataillon, eut cette tâche. Formé fin octobre à Fresnes-en-Woëvre sous les ordres du capitaine Nicoloff, il n'était encore qu'embryonnaire le 1er novembre.

37. « Le cor de chasse », n° 6, de juin 1954. Il a été dit que le 8e B.C.P. ORA de Haute-Vienne, surtout formé de cadres et de chasseurs du 8e B.C.P. de l'armée d'armistice vint renforcer vers le 20 octobre à Paris le 8e B.C.P. créé sur place. En fait, ce ne fut le sort que de certains de ses engagés. Les autres furent « avec tristesse et amertume » affectés début novembre au 30e B.C.P. et rejoignirent alors au camp d'Angevillers l'embryon de ce bataillon.

- *Le 4/21 (1/151e R.I.)*
  La demi-brigade de chasseurs en constitution pouvait éventuellement, dans l'avenir, être mise à la disposition des Alliés ; il fallait que le général Dody dispose d'une unité d'infanterie territoriale. Ce fut le 4/21e bataillon, appelé à devenir le 1er bataillon du 151e R.I. de Metz. Mais sa constitution, à Fresnes-en-Woëvre également, ne débuta que peu avant mi-novembre.
- *La Compagnie de Gendarmerie de la Moselle*
  Cette unité, destinée à assurer l'ordre dans le département à sa libération, attendait ce moment à Mars-la-Tour sous les ordres du chef d'escadron Lebas. Cette unité ne totalisant que 210 hommes et n'ayant que deux voitures, 5 motocyclettes et 58 armes le 1er novembre était fort insuffisante pour faire face à sa tâche d'avenir.

Le 2e Groupe d'escadrons du 4e Régiment de la Garde [38]

- La Garde républicaine mobile avait été créée en 1927 pour assurer le maintien de l'ordre intérieur. En juin 1940, elle devint « la Garde » en zone libre et outre-mer et demeura après l'occupation de la zone libre par les Allemands en 1942. Elle comprenait alors deux brigades de trois régiments de chacun huit escadrons (4 motorisés, 2 à motocyclettes et 2 à cheval). Chaque escadron était d'environ 3 officiers et 100 gardes, sous-officiers de carrière équipés d'armes individuelles et de fusils mitrailleurs, mais sans mortiers ni moyens de transmission.
- Début août 1944, les quatre escadrons motorisés [39] du 4e régiment étaient en déplacement à Vichy. Le 3e (capitaine Gardien) venait du Puy, le 4e (lieutenant Cambours) venait de Montluçon, le 5e (capitaine Riehl) venait de Saint-Etienne et le 8e (capitaine Brustel) venait de Montbrison. Ces quatre escadrons furent constitués le 30 en un 2e Groupe d'escadrons sous les ordres du chef d'escadron Daucourt et celui-ci reçut l'ordre « de se porter immédiatement dans les monts lyonnais pour participer avec les F.F.I. de cette région à la libération de Lyon ». Parti le soir même, le groupement rencontra le 1er septembre les premiers éléments du 2e Régiment de Spahis de l'Armée de Lattre de Tassigny. Le 3, les gardes pénétrèrent dans Lyon. Du 4 au 7, ils assurèrent la garde de prisonniers de guerre, le contrôle de l'aérodrome et le service d'ordre lors de la venue du général de Gaulle.
- Le 28 septembre, le groupe reçut l'ordre de rejoindre Paris par voie ferrée. Il y fut dès le 29. Le 4 octobre : ordre de se porter à Nancy par le même moyen. Départ le 5. Arrivée à Bar-le-Duc le 6 où le train fut stoppé par les Américains. Débarquement. L'état-major et le 8e Escadron restèrent à Bar-le-Duc, le 3e escadron à Vavincourt, le 4e à Longeville-en-Barrois et le 5e à Naives.

---

38. Le problème du maintien de l'ordre dans les régions libérées poussa le ministre de la Guerre à annoncer le 9 octobre 1944 qu'« il importe que les régiments de la Garde républicaine soient reconstitués au plus tôt ». Il prescrivait donc impérativement à tous les gardes alors engagés dans les rangs F.F.I. de rejoindre leurs régiments d'origine avant le 15 septembre. Une réorganisation eut alors lieu (voir chapitre suivant).
39. Ils disposaient de camionnettes à gazogène (éventuellement essence) aux parois légèrement blindées et d'autocars. Chaque escadron possédait une V.L. et plusieurs motocyclettes et sidecars.

- Le 21 octobre, le groupe fut placé sous les ordres du général commandant la 21ᵉ Région militaire [40] qui le mit à la disposition du général Walker.
- Les gardes restèrent dans la région de Bar-le-Duc, certains aidant les veuves de Robert-Espagne, de Couvonges et de Beurrey à rentrer la récolte, leurs maris ayant été fusillés par les Allemands le 29 août. Le 1ᵉʳ novembre, le groupe, dont le P.C. était resté à Bar-le-Duc, comptait 11 officiers et 382 gardes disposant de 14 camionnettes (pouvant transporter 21 tonnes de ravitaillement), de 12 cars totalisant 360 places, de 5 VL, 12 side-cars et 12 motocyclettes.

Conclusion

Le général Dody se trouvait devant une double difficulté.

- Il lui fallait rapidement mettre sur pied les unités nécessaires pour la libération de son département : unités qu'un allié qui se voulait à part entière devait mettre à la disposition des Américains et unités qui devaient pouvoir assurer le maintien de l'ordre pour contrer l'intention « aussi stupide que scandaleuse » [41] des Américains d'imposer en France un gouvernement militaire allié. Or il avait bien peu de moyens. Les engagés volontaires étaient peu nombreux et pas toujours de la qualité requise. Le commandement de la 21ᵉ Région ne disposait que de la valeur de deux bataillons et d'une compagnie de fantassins dont les uns n'étaient pas rodés et tous manquaient des appuis nécessaires. Il ne s'agissait que d'une infanterie légère qui ne pouvait « faire le poids » contre une défense allemande organisée et décidée.
- Malgré cela le général Dody harcela les Américains pour qu'ils acceptent la participation française lors de la nouvelle offensive qui se préparait. Le général Patton, officier de carrière tenant beaucoup à la bonne présentation des troupes, n'avait pas confiance dans les F.F.I. et encore moins après l'incident de Paris et les problèmes soulevés ensuite par la colonne Fabien. La tenue des chasseurs fut un bon point. Surtout le 20ᵉ C.A., depuis ses récents échecs, devenait plus compréhensif, se rendant compte de son besoin d'une infanterie de complément pour décharger la sienne très éprouvée. Le 13 octobre, le principe de l'aide selon les possibilités des troupes françaises fut accepté.

Les officiers de liaison

Ces officiers représentaient une forme d'aide au moins aussi utile pour les deux partenaires. Ils étaient de trois catégories [42] : liaison administrative, liaison tactique et renseignements.

---

40. Télégramme nᵒ 463/E.M.G.G./3.0. du 21 octobre du ministère de la Guerre au « Gouvernement militaire de Metz et Verdun, Verdun : « ...Groupe d'escadrons Dancourt mis à votre disposition en attendant libération 10ᵉ Région et réorganisation envisagée de la Garde républicaine... ».
41. Grandval et Collin dans : « Libération de l'Est de la France ».
42. Il n'est pas fait mention ici des personnels du ministère des Déportés et Réfugiés, « personnel destiné par sa formation à s'occuper des populations déplacées et de leur rapatriement ». Il s'agissait de la « Mission médicale française » et des personnes remplissant des fonctions d'administration générale.

La Mission Militaire de Liaison Administrative (M.M.L.A.)

- « Ce groupe, sous la direction de l'Etat-major général de la Défense nationale, assure la liaison entre les chefs militaires alliés et l'administration civile française. Il se divise en deux sous-catégories :
  - personnel destiné à remplir ses fonctions dans toutes les parties de la zone française libérée (il fut admis par la suite que ces personnels seraient également utilisés en Allemagne) ;
  - spécialistes de l'Alsace-Lorraine [43]. Ce groupe a reçu une formation spéciale concernant le dialecte, les coutumes et les problèmes intérieurs de ces deux provinces... (Sa) fonction sera éventuellement d'assurer le passage progressif du contrôle militaire au contrôle civil [44] » (ces spécialistes n'avaient pas à acccompagner les armées en Allemagne).
- A chaque échelon (de la division au groupe d'armées), ces officiers étaient sous le contrôle du sous-chef d'Etat-major du bureau des Affaires civiles (G.5) « pour l'affectation, l'administration et la discipline » et étaient sous les ordres des « officiers commandants tactiques » auxquels ils étaient rattachés.
- Fin 1944, ces fonctions furent notamment tenues :
  - à l'échelon 5ᵉ DI.US, par le capitaine Giaccobi ;
  - à l'échelon 95ᵉ D.I., par l'aspirant Arvengas ;
  - à l'échelon 20ᵉ C.A., par le commandant Sorbac et le capitaine Audu ;
  - à l'échelon 3ᵉ Armée, par le commandant Sorbac (à partir de décembre) ;
  - à l'échelon 12ᵉ groupe d'armées, par le lieutenant-colonel Rotival, jusque fin octobre 1944, puis par le lieutenant-colonel Clemençon ;
  - à l'échelon central, par le lieutenant-colonel Rotival après fin octobre.

  En ce qui concerne les spécialistes de l'Alsace-Lorraine, cinq arrivèrent au 20ᵉ corps le 15 octobre et furent ainsi afffectés : commandant Flecher à Hayange, capitaine Flocard à Jarny, lieutenant Reitter à Thionville, lieutenant Christ à Briey, sous-lieutenant Blatz auprès du colonel commandant l'artillerie du 20ᵉ corps. Par la suite, le lieutenant Asion fut chargé de Sarreguemines et le lieutenant Rechenman de la région Saint-Avold/Forbach.
- Tous ces officiers furent particulièrement précieux pour renseigner [45], servir de lien et aplanir les difficultés entre le commandement américain et les autorités civiles françaises et leur faire prendre les mesures nécessaires.

---

43. Ce groupe comportait, le 20 octobre, 27 officiers (dont le commandant Lutz, responsable du Bas-Rhin) sur l'effectif théorique de 37.

44. Mémorandum n° 37 du 10 décembre 1944 du bureau des Affaires civiles du 12ᵉ groupe d'armées.

45. Les comptes rendus hebdomadaires ou particuliers de ces officiers sont particulièrement précieux pour connaître de qui se passa alors dans les régions déjà libérées : problèmes de circulation, d'évacuations brutales par les Américains des F.F.I. locaux, du ravitaillement, de pillages, des camps de « personnes déplacées », etc. En ce qui concerne Metz, le commandant Sorbac, officier de liaison aux « Affaires civiles » du 20ᵉ corps, rendait compte le 29 octobre : « La ville qui était presque totalement évacuée... contiendrait maintenant de 80 à 90 000 personnes (réfugiés)... La disette est déjà grande et le ravitaillement sera sûrement un grave et difficile problème au moment de la libération. Sur ma demande, le lieutenant-colonel Libcke (chef américain des « Affaires civiles » du 20ᵉ corps) a adressé le 25 octobre 1944 un rapport à la 3ᵉ Armée demandant la constitution d'un C.A. dépôt, réservé pour Metz ». Dans la marge, l'officier de liaison de la 3ᵉ Armée annota : « Le dépôt du G 5 Army (du bureau des Affaires civiles de la 3ᵉ Armée) a les vivres pour la population de Metz en réserve. Mais l'Armée n'a pas le personnel nécessaire pour constituer un deuxième dépôt. Le transport des vivres entre

C'est bien ce que témoigna le préfet Rebourset en écrivant, le 18 novembre, au commandant Sorbac : « Par votre grande compréhension de problèmes locaux, particulièrement ardus, vous avez facilité ma tâche et mes relations avec les autorités militaires américaines, montrant ainsi combien était utile et nécessaire la présence des officiers de liaison français... ».

La Mission Militaire de Liaison Tactique (M.M.L.T.)

- Cette M.M.L.T. était en fait chargée de renseigner le commandement français, à Paris, sur les opérations américaines en cours. Disposant d'officiers de liaison dans chacune des divisions du 20e corps, le capitaine de la Vasselais, à cet échelon, avait pour chef le colonel Le Bel, chef de la M.M.L.T. auprès du 12e groupe d'armées.
- La famille du capitaine Guy de la Vasselais résida à Metz jusqu'au 4 février 1871, date à laquelle le grand-père de l'intéressé, « directeur des transmissions de l'Empereur, et ses cinq enfants furent invités à quitter le territoire de la Lorraine allemande dans les trois jours, sous peine d'internement dans une forteresse en Allemagne... La ville de Metz a toujours beaucoup marqué mon père... » (46). Celui-ci remplit ses fonctions au 20e corps du 13 août 1944 au 5 avril 1945, mais malheureusement ses comptes rendus manquent au Service historique de l'armée de terre du 18 novembre au 27 décembre 1944.
- Le diplôme remis en avril 1945 au commandant de la Vasselais récemment promu et signé par les généraux Walker et Collier (ce dernier également promu depuis peu) montre combien son rôle ne se résuma pas à renseigner sur ce que faisaient les Américains mais à agir efficacement en prenant surtout contact avec les F.F.I. locaux et en effectuant de téméraires patrouilles derrière les lignes (près de La Chartre-sur-le-Loir, son véhicule fut alors mitraillé, son chauffeur blessé et son radio tué...) Le double résultat de ces actes de bravoure dus à son initiative fut de faciliter l'avance américaine mais surtout d'éviter les destructions inutiles, les Américains, avares du sang de leurs hommes à juste titre, préférant détruire au préalable les résistances rencontrées, réelles ou supposées. A neuf occasions dont Chartres (47), Epernay et Verdun (48), l'action du capitaine « rendit inutile le bombardement prévu » ou sauva de la destruction pont ou écluse.

---

le dépôt et Metz peut être fait en trois heures ». Le 12 novembre, le commandant Sorbac indiquait : « Je viens d'apprendre que la 3e Armée a donné des ordres au 20e corps pour établir ce dépôt (demandé pour Metz) dans notre zone pour 500 tonnes environ. Ce dépôt sera probablement à Hayange ».

46. Extrait d'une lettre du fils du capitaine de la Vasselais à l'auteur.
47. « A Chartres, prenant contact avec les unités locales de la résistance française, vous avez obtenu le succès d'éviter la destruction de la ville et de la cathédrale en évitant les bombardements d'artillerie » (extrait du registre des archives du 20e corps).
48. « A Verdun, ayant reçu d'une unité de résistance française l'information qu'un certain F.F.I. avait les plans pour prévenir la destruction du pont de la Meuse, vous avez contacté cet homme qui a coupé les câbles électriques et vous avez ainsi permis la capture de la ville sans destruction » (extrait du registre des archives du 20e corps).

La mission « Epinard »

- Ce n'était pas le rôle officiel des membres de la M.M.L.T. de contacter les résistants locaux. Cela incombait à une équipe spéciale : « la mission Epinard », dépendant de la D.G.S.S. de Paris. Cette équipe avait à renseigner sur les arrières de l'ennemi en récoltant notamment les informations obtenues par les agents des réseaux (Alliance, Darius, Mithridate, Simon, Lacier et Vedette) et par ceux qu'elle recrutait, envoyait et payait elle-même.
- Une « note pour les officiers détachés aux C.A. et aux divisions » précisait la « destination à donner à tous les agents de renseignements (B.C.R.A. et I.S.) contactés dans le secteur de C.A. ou D.I. Il appartient aux officiers détachés aux C.A. et D.I. de contacter les agents de renseignements stationnés dans leur secteur à quelque réseau qu'ils appartiennent. Les agents sont interrogés par eux au point de vue renseignements militaires qu'ils peuvent fournir. Ils reçoivent ensuite l'ordre de se présenter à l'Etat-major F.F.I. du chef-lieu du département le plus proche, au B.C.R.A... Ne seront dirigés immédiatement sur l'armée que les chefs de réseau importants présentant un intérêt spécial, désirant reprendre au plus vite contact avec le B.C.R.A. ainsi que les agents porteurs de renseignements stratégiques intéressant l'armée ou le groupe d'armées ».
- La cheville de cette mission Epinard à la 3e Armée était le lieutenant-colonel Bilbane (de son vrai nom le lieutenant-colonel Réthoré), commandant le « Service de renseignements sur les opérations » de cette Armée Patton. Son chef direct était le lieutenant-colonel Debesse, probablement au 12e groupe d'armées mais il faisait aussi, ainsi que ses subordonnés, des liaisons directes à Paris avec la D.G.S.S. et correspondait directement avec le B.C.R.A. à Londres. Le 7 octobre, il était secondé à la 3e Armée par les lieutenants Monnier et de Carpentier et le sous-lieutenant Michel. Il disposait d'autres officiers dans les divisions mais avait besoin de cinq officiers parlant allemand.
- Par exemple, Roger Senzic et une quinzaine d'autres agents de renseignements recrutés par la D.G.E.R. furent affectés à la 35e D.I. du 12e corps de la 3e Armée. A la disposition des chefs des 2e Bureaux de cette division et des régiments, ils leur fournissaient les renseignements demandés, envoyant un double de leur papier au lieutenant-colonel Bilbane. Ces agents avaient à renseigner sur les arrières ennemis d'une façon générale mais reçurent également des missions particulières, telles que la recherche d'informations sur des collaborateurs notoires ou, en Allemagne, la constatation des dégâts dans les grands ensembles économiques. Leur tâche fut, en France, facilitée par les contacts pris en zone non encore libérée avec les organisations de résistance connues d'eux. Par contre en Alsace-Lorraine, annexée de fait, et ayant donc moins d'ensembles structurés, leur rôle fut moins aisé. Néanmoins, de tels agents français, surtout lorsqu'ils pouvaient bénéficier de l'aide de réseaux ou de F.F.I. locaux, représentaient pour les Américains une source particulièrement efficace de renseignements.

Difficultés

Cette superposition de bonnes volontés à la recherche du renseignement et une certaine suspicion assez compréhensible de la part des Américains étaient sources de difficultés.

- Le 2 octobre, le lieutenant-colonel Bilbane apprit « par hasard » que les Américains n'accréditaient comme agents de renseignements français que ceux qui étaient porteurs d'un ordre de mission signé Soustelle, Peladon ou Navarre. Le lieutenant-colonel prescrivit alors à tous les réseaux d'envoyer à Paris la liste de leurs agents pour lesquels ils demandaient un tel ordre de mission.
- Le 7 octobre, le même Bilbane rendait compte : « Les officiers de liaison tactique exagèrent et je vous demande d'être énergique auprès du colonel Le Bel (chef de la M.M.L.T.) pour que cela cesse. C'est vital pour la sécurité de nos réseaux et aussi pour sauver la vie de quelques Français envoyés en mission un peu à la légère... ». Il y avait dû avoir interférences...

Conclusion

Malgré ces interférences (par exemple, les actions du capitaine de la Vasselais avec des F.F.I.), des jalousies et des suspicions inévitables, tout cet ensemble d'officiers de liaison français fut alors indispensable tant pour les Américains que pour les Français (et leurs comptes rendus demeurent de précieux témoignages).

L'Air Avancé Nord-Est (48 bis)

Dès le débarquement de juin 1944 fut décidée la création d'unités chargées de récupérer pour la France les bases aériennes évacuées par l'ennemi.
Ainsi fut créé, à partir notamment de F.F.I. de la région de Pont-à-Mousson, l'« Air Avancé Nord-Est » dont la première mission fut la reprise du terrain d'Essey-lès-Nancy le 17 septembre. Dès le 30 suivant, le capitaine Dalémont, chef de l'ensemble, désigna un détachement qui, sous les ordres de l'aspirant Philippe, fut chargé d'occuper, dès que possible, l'infrastructure militaire de Metz. Les Américains acceptèrent d'intégrer cet élément (bénéficiant donc des équipements et du ravitaillement U.S.) au 11e R.I. de la 5e D.I., en attente à Arnaville et qui eut ensuite pour mission de nettoyer le sud de Metz, entre la Moselle et la Seille.
Jusqu'au 18 novembre, le détachement, en attendant de pouvoir se rapprocher de Frescaty, a, à la demande des Américains, participé à la surveillance du secteur Novéant-Arnaville. Le détachement était cantonné dans la salle de patronage du village et allait chercher son ravitaillement américain à Onville.

48 bis. Renseignements fournis par B. Lépine qui appartint à cet élément et s'occupe particulièrement de « l'Amicale des Anciens de l'Air Avancé Nord-Est et du corps franc d'Arnaville ».

La vie et la résistance messines

La vie à Metz [49] [50]

La continuation voire l'aggravation des difficultés de septembre accentuaient la paralysie de la cité et la nervosité des occupants [51], alors que l'attente qui se prolongeait commençait à faire fléchir le moral [52] de la population.

---

49. Notamment P. Wolff dans : « Journal d'un résistant mosellan ».

50. Le « moral » des Mosellans (et non des seuls Messins) a été analysé par les officiers de liaison française auprès des unités américaines lors d'entretiens qui eurent lieu le 6 octobre au Quartier général du 12e groupe d'armées. Ce « moral » fait l'objet de la conclusion du compte rendu établi quatre jours après. En voici le texte :
   - « les industriels approuvent la politique du gouvernement mais craignent le communisme ;
   - toute la population réclame des mesures rapides d'ordre. Est opposée à l'anarchie et demande des actes et moins de discussions ;
   - l'élément F.T.P. F.F.I. discrédite le mouvement communiste aux yeux de la population [tenue et attitude du groupe du colonel Fabien (1er régiment de Paris ?)] ».

51. Cette nervosité, ces appréhensions transparaissent bien à travers les textes d'affiches alors placardées. Par exemple :
   - le 23 septembre, le commandant d'armes signait l'appel suivant : « Nos soldats se battent dans la tête de pont de Metz depuis trois semaines. Pendant ce temps, la population a reconnu qu'il en va dans ce combat de l'existence ou de l'anéantissement du peuple allemand et donc également de la Lorraine.
     Des citoyens qui croyaient trouver leur salut chez les Anglo-Américains sont autant désabusés que ceux qui, dans un aveuglement absurde, cherchaient et peut-être cherchent encore une meilleure existence grâce au bolchevisme.
     Du côté du commandement, tout est fait, dans les circonstances actuelles, pour rendre la vie de la population messine aussi supportable qu'il est possible. Mais tous les habitants de Metz doivent y participer par leur prise de position et leur travail.
     Il est bien compréhensible que ceux qui voudraient intervenir par leur travail pour gêner l'action militaire ou resteraient à part oisifs seront très vite repérés, pris et conduits à recevoir une sévère punition.
     La paix et l'ordre seront maintenus à tous prix.
     Tous doivent participer à ce but et au moindre indice ou même présomption d'un préparatif de sabotage, faire connaître ces observations à la police, au parti ou au commandant d'armes ».
   - le 25 septembre, le chef de la police accroissait le contrôle des habitants en leur prescrivant de se présenter à ses services. Mi-octobre, les évacués hébergés à Metz depuis le 31 août étaient invités à se faire connaître à la police avant le 20, sous peine d'être suspectés de pillage ;
   - le 28 septembre, le commandant d'armes précisait que toute réquisition par des unités ou des soldats isolés était interdite ;
   - le 30 septembre, la même autorité faisait placarder : « Celui qui pille sera fusillé » ;
   - le 27 octobre, le chef de cercle et maire de Metz lançait aux Messins un appel pour le Volkssturm et les travaux d'organisation du terrain.
     « Nous vivons à une époque dont chacun éprouve la gravité... Tous les Allemands du Reich, de 16 à 60 ans, à l'exclusion de la population indigène lorraine sont incorporés à partir d'aujourd'hui dans les unités armées du Volkssturm. Ceux des Lorrains qui seront volontaires pour ce Volkssturm armé seront admis aussitôt.
     Tous les autres Lorrains du sexe masculin des classes 1884 à 1928 inclus, seront incorporés dans un Volkssturm spécial et affectés exclusivement à la construction de positions. Ils se feront inscrire demain 28 octobre 1944, jusqu'à 17 h, à l'Ecole de la Monnaie, entrée place de l'Abreuvoir... Si l'ennemi parvenait à progresser davantage, toute la Lorraine, y compris la ville de Metz, deviendrait un désert, un champ de ruines... ».

52. A noter cependant le réconfort qu'apportait une émission radio alliée écoutée clandestinement par certains, dont MM. Schwendimann et Antenat, de Montigny. Tous les soirs, vers 19 ou 20 h, pendant un quart d'heure environ, le poste « Atlantic Center » diffusait en allemand des

La chasse aux « Schanzer » [53]

Le nouveau Gauleiter Stöhr ne fit que l'accentuer, multipliant réquisitions et rafles qui n'avaient pour but que de trouver de la main-d'œuvre pour les terrassements défensifs décidés en ville et surtout à l'est, mais également de rassembler, de contrôler la population masculine [54] pour l'empêcher de faire de la résistance.

Le 3 octobre, par les journaux et des affiches, les hommes furent convoqués pour le lendemain à la caserne Barbot. Peu se présentèrent. Le 27 octobre, nouvelle convocation, cette fois avec trois jours de vivres et une couverture. Le 4 novembre, les agents de police distribuèrent des feuilles individuelles de mobilisation. Sur les 500 requis, 150 seulement furent présents le lendemain à la caserne Barbot. Mais des rafles y ramenaient des « Schanzer ».

Le 8 octobre, un bon nombre de ces encasernés fut conduit à Frescaty et sur les bords de la Seille pour y effectuer des travaux défensifs. 27 d'entre eux furent tués par des obus américains, dont 19 à Frescaty même... Le 10, de tels travailleurs furent emmenés de nuit dans le même but dans la région de Boulay, etc.

---

informations particulièrement précises sur les combats autour de Metz. A partir de quand fonctionna-t-il, de où et dans quelles conditions et fut-il beaucoup écouté ?
Parallèlement et depuis au moins 1942, l'aviation alliée envoyait souvent sur la ville des tracts destinés tant aux soldats qu'aux civils (par exemple, le « Front Post », dont le seizième numéro parut le 26 septembre 1944). De bons Allemands remettaient officiellement à la police les exemplaires qu'ils trouvaient. D'autres circulèrent.

53. Des travaux de mise en défense furent également continués pendant cette période dans la ville même. Ce fut le cas de quelques tranchées antichars, emplacements de batterie et trous invididuels. Des meurtrières furent creusées au Grand Séminaire et à la Banque de France. Il y eut le renforcement de caves et l'obstruction de fenêtres, par exemple dans la région du quai Vautrin, le long du bras de la Moselle ou au lycée de jeunes filles place Maud'huy tenant au moins en partie lieu d'annexe de l'immeuble de la Gestapo de la rue Leclerc de Hautecloque. Les diverses forces de police se rendaient compte que leur mission allait devenir une mission de combat. D'autres retranchements, aux emplacements de défense choisis (caserne Riberpray), durent également être renforcés pendant cette période.

54. Pour éviter d'être embrigadés alors que les Américains étaient si proches, de jeunes Messins tentèrent courageusement mais témérairement de rejoindre ces derniers. Ce fut, par exemple le cas de Arthur Disch, appelé au service militaire, et de Raymond Guth, craignant de l'être. Vers le 13 octobre, ces deux jeunes gens, lors d'une mission de « Schanzer », gagnèrent Chailly. Des évacués de Talange leur indiquèrent là leurs maisons. Ayant fait un petit radeau de quelques planches pour supporter leurs vêtements, ils gagnèrent de nuit la rive de la Moselle au nord du pont d'Hauconcourt. Franchissant tranchées et barbelés allemands de la berge, ils se mirent à l'eau tirant leur radeau supportant le balot de leurs effets mis dans leur manteau. La crue les déporta et les fit atterrir... sur une île à hauteur de la ferme de Mancourt. Les baluchons s'ouvrirent ; ils ne sauvèrent que leurs manteaux... Le lendemain, à l'aube, Disch traversa le bras ouest, accosta mais, repéré par les Allemands de la rive est, fut grièvement blessé par eux. Guth, dans son île, se camoufla sous l'eau, s'étant mis de l'herbe sur la tête pendant que l'artillerie américaine tirait sur la berge d'où venait de partir les coups... Guth traversa à son tour la nuit suivante et chercha en vain son compagnon (une patrouille allemande du no man's land qu'était alors la zone entre le canal et la Moselle l'avait pris et conduit près de Thionville ; il décéda peu après). Le survivant gagna le canal en se cachant dans les champs de betteraves pour éviter les patrouilles allemandes puis, à l'aube et dans la brume, passa le canal sur les débris du pont V.F. au nord-est de Talange. Arrivé dans ce village, avec son seul manteau, il y rencontra un Américain... puis un gendarme français. Il fut alors habillé, interrogé à plusieurs reprises par les uns et les autres (apprit qu'il avait traversé des zones minées...) et une jeep de la Military Police le conduisit enfin chez une tante à Jarny.

La recherche de fausses exemptions et de faux certificats médicaux s'accrut d'autant plus que les professions initialement exemptées (notamment le personnel judiciaire et le Barreau) ne le furent plus, d'où protestations et compromis. Le docteur Scholz continua d'être fort sollicité par l'intermédiaire de Mme la doctoresse Burger. Mes Moppert et Wolff rencontrèrent ces deux médecins le 29 octobre et obtinrent au moins pour eux le billet souhaité.

Déménagements allemands

Ils continuèrent. Le 4 octobre, Mithridate annonça : « Allemands enlèvent rails et traverses chemin de fer sur toutes lignes. Une seule voie laissée sur Metz-Bouzonville et Metz-Boulay ». Le 9, les divers instruments agricoles et articles ménagers de la quincaillerie Broquard et des établissements Weber remplirent huit wagons envoyés en Allemagne alors que la poste déménageait en partie. Le 14, Mithridate rendait compte « Allemands continuent piller Metz, enlèvent machines industries locales, vident magasins ».

Pénurie croissante

Dans la ville coupée de l'extérieur et surpeuplée, les queues surtout aux boulangeries, s'allongèrent. Mithridate indiqua le 14 octobre : « Situation alimentaire région messine toujours plus difficile. Pour période 4 semaines jusqu'aujourd'hui, 100 grammes beurre au lieu 500, 4 livres de pommes de terre au lieu de 20 ». Effectivement si certains avaient fait des stocks et si d'autres « se débrouillaient » par du troc ou autre, les personnes ne disposant que de leurs tickets de rationnement, plus ou moins honorés, étaient confrontées à une gêne croissante. A partir du 20 octobre, la ration de pain fut diminuée à 250 grammes par jour et le lait manqua.

Le 17 octobre, Londres demanda à Mithridate l'effectif de la population messine par catégories. La réponse du 20 fut : « Armée de terre et aviation inexistant : au maximum 200. SS néant, à part Gestapo : environ 50. Population civile : 90 000 rationnaires lorrains. Allemands : néant ». Cet échange devait découler de la préoccupation des Alliés, avant même la demande du commandant Sorbac (cf. un renvoi précédent), de prévoir le ravitaillement de la ville lors de sa libération.

Bombardements américains (croquis n° 21)

Ils causèrent des pertes importantes parmi la population civile. Du 20 septembre inclus au 9 novembre inclus, quatre-vingt-quatorze personnes furent ainsi tuées dans le grand Metz : quinze par l'aviation et soixante-dix-neuf par l'artillerie.

Toutes les victimes de bombardements aériens furent atteintes aux abords de la cité même (à l'exception d'un Messin, tué, le 7 octobre, place Saint-Louis par une bombe probablement larguée d'un avion en difficulté, qui venait de bombarder le cimetière de l'Est) : sept à Magny le 22 octobre (des chasseurs bombardiers attaquèrent alors en piqué le viaduc situé entre cette localité et le Sablon, tuant habitants et « Schanzer ») et sept autres à Grigy-Borny le 8 novembre.

Les bombardements d'artillerie furent les plus meurtriers au début de la « pause », jusqu'au 11 octobre. Le 26 septembre, sept personnes furent tuées dont six autour de la rue Saint-Livier (Sablon). Le lendemain, un civil fut atteint rue du Général-Ducrocq (bas de Queuleu) et, le 28, un Ukrainien au camp de Frescaty. Le 2 octobre : trois tués (deux à Montigny, un à Augny). Le 5 : trois autres (deux rue de Pont-à-Mousson, un à Magny). Du 7 au 11 inclus fut la période la plus sévère. Le 7 : trois tués (deux Porte des Allemands, un à Marly). Le 8 : vingt-sept victimes (dont dix-neuf « Schanzer » à la ferme Saint-Ladre (Frescaty) et les autres dispersées en ville). Du 9 au 11, dix-huit civils atteints mortellement dont onze autour des gares de voyageurs et de marchandises et quatre à Queuleu (rue de Queuleu près du pont et abords du collège des Frères). Du 12 octobre au 30 octobre, il y eut moins de victimes, les Américains attendant la reprise des opérations et la population étant peut-être moins imprudente. Pendant cette période, il n'y eut « que » quatorze victimes, une par jour ou aucune, sauf le 18 où elles furent trois et le 20 deux, géographiquement dispersés. Du 31 octobre au 8 novembre, il n'y eut aucun tué. Le 9 novembre, quelqu'un fut tué rue Chabert à Queuleu. Les victimes suivantes ne seront atteintes que le 17, lors de l'investissement de la ville.

Bien sûr, les Messins n'apprécièrent pas. Mithridate câbla le 9 : « Population messine navrée et exaspérée bombardements des 7 et 8 dont seule population indigène à eu à souffrir. Il n'y a plus à Metz que des isolés de la Wehrmacht. Bombardement du 8 à 4 h ferme Saint-Ladre : 28 Lorrains tués et 40 blessés. Tous travailleurs tranchées sont des Lorrains requis de force. Population messine a déjà bien assez à souffrir du régime instauré par Allemands pour ne pas augmenter ces souffrances par bombardements absolument inefficaces au point de vue militaire ».

Les tirs américains avaient au moins un but : réaliser une contre-batterie car eurent lieu de « fréquents tirs allemands au cours de la nuit par des batteries mobiles, notamment depuis l'avenue Foch, le jardin botanique à Montigny, ce qui permet d'expliquer les tirs américains sur ces quartiers » (55). Mais il faut bien admettre que les artilleurs allemands manquaient de scrupules en tirant de la ville puis en s'éclipsant avant les « retombées » et que les artilleurs américains faisaient un peu de même en espérant pouvoir atteindre un objectif assez ponctuel ou fugitif dans une ville.

Mais ces tirs surent aussi être efficaces quand l'objectif était important et peu mobile. Le 11, deux jours seulement après le message déplorant les bombardement des 7 et 8, Mithridate annonça : « Une pièce de 350 sur V.F. à environ 100 m entrée gare marchandises de Metz à droite allée charretière et hangar est rentrée dans hangar dès fin de tir ». Les Américains eurent le temps de préparer leur intervention. La pièce envoya 20 obus sur Jarny le 19, mais Metz transmit le 22 : « Bombardement du 20 sur gare marchandises Metz a atteint objectif. Canon de 350 démoli et 22 artilleurs tués. Plus aucun trafic sur cette zone ». Cette fois, un avion d'observation avait bien réglé les 120 coups de 155 envoyés par le 733e bataillon d'artillerie de campagne (56). Mais le même

---

55. P. Wolff dans : « Journal d'un résistant mosellan ».

56. A. Kemp, dans : « Lorraine, album mémorial », fait état de l'existence d'un canon de 280 sur voie ferrée qui tira sur Jarny les 5 et 7 octobre et se cachait dans un tunnel la nuit. Le 7, il fut contrebattu par l'artillerie américaine et aurait subi « quelques dégâts » puisqu'il ne reprit son tir sur Jarny que le 19 mais le 20 fut détruit. Il s'agit de la pièce objet de ces deux messages. Cependant R. Bauler, le radio de Mithridate, a indiqué à l'auteur qu'il y avait deux canons sur V.F. L'un, dont l'existence avait été indiquée par l'ancien agent de police Hoerner, fut celui détuit le 20 à Metz. L'autre, caché dans le tunnel de Failly et n'en sortant que pour

message continuait : « Fortifications établies autour hôpital Bon Secours et Cathédrale absolument inefficaces au point de vue militaire. Aucun emplacement canon antichar dans ces deux quartiers. Aucune des tranchées faites à Metz ou à intérieur ville n'est occupée. Il est complètement inutile de comprendre quartier Bon Secours dans tirs de harcèlement. Seule population civile messine en souffre ».

La résistance à Metz

Les F.F.I.

Pendant la « pause » d'octobre, le commandement local dut sortir un ou deux nouveaux « ordres F.F.I. ». Les connaître serait d'importance capitale pour savoir ce qu'au moins il avait prévu. L'auteur n'en a malheureusement pas connaissance.

Un fait important fut l'arrestation le 8 octobre de François Ull [57] au café du Rond-Point, 17 avenue de Lattre-de-Tassigny (près du lycée de jeunes filles). Il était alors caché, mais peut-être pas très discrètement, au 1er étage de cet immeuble avec deux déserteurs (Roger Zonka et Armand Arbeche). Le trio fut arrêté lors d'une alerte due à des tirs d'artillerie américains et, après un séjour dans les prisons messines, fut déporté. Les trois hommes revinrent à Metz après la libération, mais Roger Zonka mourut du typhus contracté en Allemagne. En février 1946, François Ull fut accusé par le fils de M. Communaux d'avoir causé la déportation de son père, concierge de l'Ecole des sourds-muets (près de l'église Sainte-Ségolène). Ce dernier était également agent de la résistance comme Mlle Jeannette Klein, habitant avec sa mère [58] au second étage de l'immeuble du café du Rond-Point. François Ull a déclaré, le 14

tirer, eut sa présence et ses heures de sortie indiqués par Jean Trudin, capitaine des pompiers de Courcelles-Chaussy. Les Anglais vinrent le bombarder quand il était en position de tir et le détruisirent. Ce pourrait être la pièce qui fut contrebattue le 7. Il y a également le canon sur V.F. qu'indiqua P. Wolff dans : « Journal d'un résistant mosellan » à la date du 15 septembre. Cette pièce tirait quelques coups de nuit de la gare de Metz puis se cachait le jour dans le tunnel de Saint-Bernard (ligne Metz-Vigy). Ce devait être un des deux ci-dessus. Enfin Jean Denis, dans son rapport remis aux Alliés le 7 novembre (voir plus loin), indique : « Une pièce de gros calibre sur rails est stationnée sur la ligne de chemin de fer de Teterchen-Bouzonville-Ebersviller. On pense que cette pièce se camoufle sous le tunnel de Teterchen... Près de la ferme de la Horgne, une batterie sur rail se déplace jusqu'à la gare de Metz ». En fait, ce ou ces canons sur voie ferrée disposaient des possibilités suivantes. Ils tiraient parfois de la gare de marchandises se camouflant dans des hangars proches. Ils pouvaient utiliser la ligne militaire n° 13 construite par les Allemands en 1908 et reliant Metz à Anzeling. Sur ce trajet étaient les tunnels de Failly (construit entre 1903 et 1908, de 770 mètres de long et proche du viaduc) et de Saint-Hubert (ou Saint-Bernard). A Anzeling, les pièces pouvaient, par Bouzonville, gagner les deux tunnels de Teterchen (totalisant 996 mètres juste à la sortie de la gare, l'ouvrage nord-est sur la voie Thionville-Hargarten et l'ouvrage sud sur l'ouvrage Hargarten-Boulay). Les Allemands ont dynamité ces quatre tunnels en novembre 1944 lors de leur repli. Par la suite, le fait que le viaduc de Failly ait été lui aussi détruit et que cette ligne n° 13 comptait 10 % d'ouvrages d'art l'ont fait abandonner. Le terrain correspondant a été vendu de Metz à Anzeling (le département a racheté le tronçon Vigy-Bettelainville pour la réalisation du chemin de fer touristique de La Canner). Les deux tunnels de Teterchen ont par contre été rétablis et sont en service.

57. Avant son arrestation, François Ull se cacha un moment chez sa tante, Mme Lebrun, où vivait déjà clandestinement M. Eisenkopf.

58. Ces deux femmes furent également déportées et en revinrent.

février 1946, avoir envoyé le 7 octobre, veille de l'arrestation, Mlle Klein porter à M. Communaux un papier le prévenant qu'il viendrait reprendre son uniforme, ses armes et munitions. L'agent de liaison fut éconduit et rendit le 8 le papier à François Ull. C'est ce document que trouva la Gestapo chez ce dernier et qui causa l'arrestation du destinataire qui mourut en déportation. La plainte aurait été classée. Avant le 8 octobre, François Ull aurait essayé de traverser les lignes pour rejoindre les Américains. Il échoua après s'être balafré et avoir déchiré ses vêtements dans les obstacles rencontrés. A cette époque, avait-il contacté d'autres agents que les deux cités ci-dessus ? Pouvait-on parler d'un véritable « corps franc » ? Le 14 février 1946, l'intéressé à indiqué que le jour de son arrestation, il tapait à la machine une « circulaire à mes chefs de groupe »... Le commandant Grégor et les siens, forcément prévenus de ces faits, n'ont pas cherché ou du moins trouvé un successeur pour commander ce « corps franc ».

Il semble que, pendant cette même pause, et à part l'arrestation ci-dessus il n'y eut pas de faits F.F.I. importants. L'essentiel était pour chacun d'éviter d'être « Schanzer » et pour les responsables de prévoir (59) la libération tant attendue.

La seule indication importante est celle de P. Wolff (60) en date du 7 octobre : « Nous avons été avertis au Conseil de la Résistance de l'annonce conventionnelle qui sera donnée par radio Londres pour nous aviser du jour de la venue des troupes américaines sur Metz. Il nous est demandé entre autres, de faire notre possible pour empêcher la destruction des nombreux ponts de la ville par l'armée allemande ». Le même auteur note le 11 novembre : « Par notre poste, nous avons été avisés que la phrase suivante émise par la B.B.C. à Londres : « Charlemagne viendra vous rendre visite demain. Garder les ponts », indiquerait le jour fixé pour l'entrée des troupes alliées dans Metz ». Le renseignement venait du poste Mithridate. Quand au « Conseil de la Résistance », il s'agissait en fait de contacts informels de divers responsables. Mais L. Stenger a affirmé à l'auteur que ce « Conseil départemental de la Résistance » a bien existé sous cette appellation avant la libération. Il regroupait quelques responsables (7 à 8 ?) dont MM. Krieger, Tribout, Stenger, Moppert et Wolff. Il ne s'agissait en fait que d'un conseil messin.

Une certaine brouille, par jalousie probablement, entre l'équipe Krieger et M. Leroy fit que la première ne passa plus de messages par la radio Mithridate.

Réseau Mithridate

Pendant cette période (à des dates exactes inconnues de l'auteur), le poste fut transféré quelques jours chez l'abbé Dero, rue Mazelle, aumônier de la prison militaire et de l'hôpital Legouest. Mais la cachette n'était pas sûre. M. et Mme

---

59. Ce serait début novembre que Romain Zerwès fut chargé de porter au curé de Vigy un ordre F.F.I. le nommant maire provisoire à la libération. R. Zerwès y alla avec son ami Marcel Weber, sous-chef de gare local. Dénoncés, les deux messagers furent arrêtés et auraient été condamnés à mort par un tribunal improvisé créé par des blindés SS de passage. Ils furent néanmoins relâchés dans la nuit par la Feldgendarmerie ce qu'aurait obtenu M. le curé grâce au chantage (menace de représailles après la libération proche de la région). Les deux hommes vinrent se cacher chez « Germaine », amie de Marcel Weber, habitant à Metz près de la prison militaire (voir plus loin).

60. P. Wolff dans : « Journal d'un résistant mosellan ».

Bauler reprirent donc le poste... la veille d'une perquisition en règle... et les vacations furent dès lors assurées chez les Leroy, 57 rue de Reims. Le 14 octobre, une lampe du poste ne fonctionna plus. Le radio eut la chance d'en trouver une semblable chez un de ses amis de la ligne Maginot, Arthur Wilpert, dépanneur radio rue Gambetta.

Le dernier message départ est le n° 104 du 22 octobre. Les originaux des messages suivants ont été ou bien brûlés par M. Leroy lors de la grave perquisition du 7 novembre (voir plus loin) ou ont été donnés au chanoine Anneser, lorsqu'il préparait son livre : « Vautours sur la Lorraine », paru en 1948 [61].

Le dernier message connu reçu à Metz est le n° 37 du 18 octobre qui, du reste, est un télégramme de félicitations que Jean (le commandant Lutz, chef du réseau à Nancy) retransmettait de Londres (Centrale) : « De Centrale - Stop - Commandements français et alliés nous chargent vous adresser félicitations et remerciements pour magnifique travail toute votre équipe - Stop - Comprenons bien difficultés grandissantes de votre mission - Stop - Savez combien attachons importance puisqu'elle constitue source primordiale tous renseignements votre secteur - Stop - Encore bravo et amitiés de tous. Jean ».

La grande majorité des vingt-six messages émis du 3 au 22 octobre concernait des renseignements sur l'ennemi et sur la ville de Metz. De la première catégorie : emplacement de dépôts de munitions, du canon de 350, de lignes de défense etc. Pour Metz : annonce de la mobilisation de nouvelles classes et de la création du Volkssturm (19 octobre) mais message du 22 : « D'après Dunkern, Lorrains pas incorporés dans Volkssturm » ; comptes rendus de la chasse aux « Schanzer », des difficultés de ravitaillement, des tirs d'artillerie ; repli de l'hôpital Legouest à Boulay (14 octobre) etc.

Mithridate avait également à répondre aux préoccupations particulières [62] du B.C.R.A. de Londres (onze messages reçus du 28 septembre au 18 octobre).

- Le 4 octobre, de Londres : « Etudions possibilité parachutage matériel postes et ravitaillements. Auriez-vous possibilité nous indiquer terrain 400 sur 400 m minimum et disposez-vous d'équipes pour réception et transport ». Le 28 septembre, Metz avait déjà indiqué : « Ferme Faux-en-forêt, refuge prisonniers et réfractaires et lieu parachutage excellent ». Le 14 octobre : complément : « Manque fonds ; ai du avancer jusqu'à présent 30 000 F. Ai terrain parachutage et équipe pour réception et transport ». Dès le 16, Londres répondait : « Alpha : sommes d'accord tenter parachutage qui s'appellera Morteau sur terrain nous signaler devant se trouver à plus 35 kilomètres des lignes - Stop - Recevrez par cette opération fonds, matériel radio et ravitaillement. Bravo : diamètre minimum du terrain 400 - Stop - Nous donner coordonnées exactes sur carte Michelin 200 000 ainsi que distances en kilomètres par rapport à trois villes. Charlie : Nous dire si équipe de réception qu'avez récupérée est expérimentée - Stop - Vous enverrons ultérieurement indications sur balisage et conventions B.B.C. Delta : Précisez-nous vos besoins en fonds, matériels et vivres ». Puis plus

---

61. Les documents en cause devaient être ensuite déposés aux Archives nationales. Ils n'y sont pas et l'héritière du Chanoine a affirmé à l'auteur ne rien posséder.

62. Sans revenir sur les demandes de renseignements sur le dispositif ennemi ou l'effectif de la population messine.

rien. En fait, des terrains de parachutage furent recherchés notamment par MM. Leroy et Bauler, lors de randonnées à bicyclettes en quête de renseignements et de ravitaillement. Un très bon endroit fut repéré à Domangeville (boucle de la Nied) où Mithridate avait du reste un fermier agent. Ce terrain fut jugé trop rapproché de Metz par Londres. Un autre fut alors proposé, plus éloigné, mais Londres annonça qu'un régiment de chars ennemi y stationnait ! Cet échange de renseignements dut avoir lieu entre le 22 octobre et le 7 novembre. R. Bauler a affirmé à l'auteur qu'aucun parachutage n'eut finalement lieu [(63)].

- Le 10 octobre, par Londres, le commandant Lutz (à Nancy) demanda à Metz « de faire immédiatement après retraite allemande razzia dans bureaux Gestapo, police, Arbeitsamt, Wirtschaftsamt, N.S.D.A.P. Saisir tous cachets et formulaires officiels et militaires ainsi que papiers vierges état-civil » [(64)]. Le 14, Metz répondait : « Ai pris bonne note razzia à effectuer. N'ai pu l'effectuer le 1er septembre, les Allemands n'étaient pas tous partis ». En fait la consigne fut passée à Pierre Wolff officiellement désigné depuis le 31 août par le commandant Grégor comme directeur de la police dès la libération.
- Le réseau Mithridate était toujours préoccupé d'avoir des renseignements sur l'ennemi plus en profondeur. Le 4 octobre, il émettait : « Paris nous dit que vous êtes replié à Boulay, confirmez... ». Metz répondait le 7 : « Suis toujours à Metz avec radio. Autres agents sont ramassés ou camouflés. Difficultés toujours croissantes pour circuler environs Metz. Il nous est impossible de nous replier actuellement. Nous ne pouvons pas quitter nos emplois sans être immédiatement repérés ». Le commandant Lutz insistait. Londres émit le 14 : « Recevons de Estrange (le commandant Lutz) — Stop — Citation : n'avons pas encore contact avec Strasbourg — Stop — Vous prie demander à Metz envoyer agent féminin à Strasbourg avec renseignements suivants... (indications techniques) — Stop — Donnez réponse si accord ou non — Stop — Fin citation comprenons difficultés qu'avez pour circulation. Vous laissons seul juge si possibilité accomplir cette liaison ». Le même 14 (?) Metz émettait : « Ai envoyé agent à Strasbourg ». Il précisait le 22 : « Agent retour Strasbourg. Personnel au complet et matériel en ordre. Après dure alerte a dû cesser émission. Strasbourg vous appelera sur... ». Il envoyait, le même 22, deux autres messages débutant chacun par : « Strasbourg communique... ». L'un donnait l'emplacement de dépôts militaires. Le second indiquait où se trouvaient Pétain, Hitler et Himmler [(65)]. En fait, c'est le radio R. Bauler qui alla lui-même en train à Strasbourg pendant le week-end du 18 pour apporter les indications techniques nécessaires, former un radio local et essayer la liaison pendant deux jours. A son retour, il passa le 22 deux messages de Strasbourg puisque cette ville n'émettait pas.

---

63. Des bruits de parachutage d'argent circulent... Il est même question d'un envoi entre le château et l'étang de Mercy. Ce n'eut pas été discret... Ajoutons que le radio a confié à l'auteur que hors mission officielle, il avait demandé, en cas de parachutage, une montre (la sienne était hors d'usage), des pneus de bicyclette et des bas de soie pour son épouse... Ils l'auraient bien mérité.

64. Il s'agissait de faciliter la confection de faux papiers pour les agents de renseignements envoyés derrière les lignes allemandes.

65. « Pétain au château Hohenzollern, à Sigmaringen. Hitler au Kniebis, près Fribourg dans Forêt noire. Himmler au château de Himmelsberg, près Sarrebrück ».

Le mardi 7 novembre, vers 15 h, alors que R. Bauler, Jean Trudin (agent Mithridate, capitaine des pompiers de Courcelles-Chaussy amenant des pommes de terre) étaient avec le couple Leroy au domicile de ces derniers, 57 rue de Reims, eut lieu une perquisition allemande. Dès l'alerte donnée, M. Leroy alla brûler des documents (les derniers messsages ?) et Mme Leroy monta au grenier retirer l'antenne, remettre le poste dans sa malette placée au fond d'une malle en dessous de vieilles poupées. Les enquêteurs ne regardèrent pas en dessous de ces poupées... Par contre, ils furent intéressés par des cigares trouvés dans le sac de R. Bauler qui expliqua qu'il travaillait, c'était vrai, à la Manufacture des tabacs et leur proposa de venir en chercher chez lui le lendemain vers midi. Le matin, il en obtint du directeur très compréhensif, M. Dero [(66)], et les policiers ne vinrent pas...

Dès ce 7 au soir, Mme Leroy alla cacher le poste dans une maison sinistrée qui leur appartenait rue de Pont-à-Mousson, tandis que le radio allait cacher hors de chez lui ses divers documents de transmissions, au risque d'être filés... Dès le 8, P. Wolff récupérait le poste et le cachait chez lui. Vers le 15, R. Bauler allait deux fois chez cet avocat pour reprendre le contact. En vain. Le 24, après la libération de Metz, lors du déjeuner offert dans cette ville par le lieutenant-colonel Bilbane (Réthoré) à l'équipe des agents de Mithridate (voir plus loin), cet officier lui indiqua que Londres avait estimé que l'arrêt brusque de l'émission signifiait l'arrestation du réseau et n'avait plus écouté...

Cette intrusion dans l'avenir a été faite pour indiquer quelle fut la fin du réseau Mithridate à Metz, fin fort regrettable la veille même (coïncidence seulement ?) du début de la troisième offensive américaine, celle qui allait enfin submerger, libérer Metz et pendant laquelle la continuation de la liaison radio, du dialogue avec Metz eut été fort utile.

Réseau Navarre (croquis n° 21)

Ce n'est pas par simple coïncidence avec le lancement de cette attaque que le dernier agent de cet autre réseau présent à Metz fut rappelé chez les Américains, ce même 7 novembre, mais justement parce que les Alliés voulaient alors le maximum de renseignements et savaient qu'après le 8 le franchissement des lignes devenait impossible.

Originaire d'Auboué, Jean Denis [(67)], blessé le 14 juin 1940, en même temps que le lieutenant Mondon, puis réformé, entra clandestinement à Metz le 20 juin 1941 et y participa à une organisation de filiéristes et passeurs en liaison notamment avec M. Jean Noblesse. Il fut arrêté le 5 février puis le 15 avril 1943, s'évada la première fois, fut relâché la seconde par des policiers espérant ainsi « filer » l'intéressé et arrêter l'ensemble du réseau. Le 30 mai, prévenus d'une descente de police, qui eut lieu effectivement le 1er juin 1944, MM. Denis et Noblesse, entre temps incorporés au réseau SR ultérieurement appelé Navarre, passèrent la frontière puis gagnèrent Le Mans et ensuite la région d'Azay-le-Rideau, où ils participèrent aux combats de la libération dans les rangs F.F.I.

---

66. Frère de l'Abbé et père du pharmacien.

67. Homonyme et non parent de l'auteur.

Début octobre 1944, ces deux résistants reçurent pour mission de rentrer à Metz pour en fournir des renseignements. C'était une tâche d'autant plus délicate que les intéressés étaient connus de la police locale. Néanmoins, le 13 octobre, J. Denis et J. Noblesse passèrent la Moselle [68] à hauteur de Mondelange, guidés par Camille Gornik [69]. Le trio entra à Metz le 14. Après un court arrêt chez M. Chabot, 27 rue de Tivoli, il alla 26 rue des Trois-Evêchés chez Mme Veuve Louis. Jean Denis a noté avoir pris « le jour même contact avec des patriotes sûrs... La totalité des renseignements fut collationnée sur place. Un plan détaillé du système défensif de Metz fut établi. M. Krieger, Me Wolff et M. Leroy du réseau Mithridate vinrent leur rendre visite (au trio). La possibilité de passer des messages fut demandée à ce dernier, le poste émetteur qui devait être mis à leur disposition étant hors de marche ». P. Wolff a écrit [70] : « Nous leur apportons régulièrement du ravitaillement et nous leur donnons des nouvelles au sujet de la situation vu qu'ils n'osaient pas sortir en ville ». M. Leroy enfin, le 20 octobre, télégraphiait à Londres : « Ai contacté deux agents. Sont envoyés par Paris à Metz. Tous deux appartiennent au secteur du Mans. Se proposent organiser un passage régulier lignes. Prière confirmer exactitude de ces indications ». Il était normal que le réseau Mithridate se méfie ! Comme il était normal que les membres du réseau Navarre, trop connus de la police locale, restent prudents. Mais la coopération entre résistants n'alla pas jusqu'à l'utilisation du poste de R. Bauler par Jean Denis qui n'en avait pas et ne put organiser un passage régulier des lignes, si du moins ce fut son objectif. Quoiqu'il en soit, les agents de J. Denis, dont Mlle Hauss, collectaient le maximum de renseignements.

Le 30 octobre, Noblesse et Gornik, « après bien des péripéties », repassèrent la Moselle en crue à la nage et de nuit et remirent à l'Etat-major allié « d'importants documents ».

Jean Denis, resté seul, continua son travail, ayant alors élu domicile 2 rue du Pont-Rouge, dans un immeuble évacué par les locataires allemands et mis à sa disposition par M. Jean Wiedmann, puis 7 rue du Rempart Saint-Thiébaut dans un autre appartement vide appartenant à M. Keil.

Les 2, 3 et 4 novembre, un des « messages personnels » de la B.B.C. de Londres « Arsène [71] à Jean », indiquait à ce dernier que son compagnon était bien arrivé et que lui-même devait rejoindre les troupes américaines à Mondelange avec les derniers renseignements (la nouvelle offensive débutait le 8).

Chez « Germaine », amie de Marcel Weber, Jean Denis, dans un immeuble de la place Mazelle touchant à la prison militaire, rejoignit Marcel Meyer, Romain

---

68. Après franchissement de nuit de la Moselle à l'est de Mondelange sur une barque légère et progression jusqu'au bois de Schmolholtz, malgré barbelés et fusée éclairante, le trio suivit une ligne à haute tension jusqu'au Bois de Rugy. Après un arrêt pour se reposer, malgré le froid, et attendre l'aube, la marche prudente reprit le long de la même ligne jusqu'au village de Vigy où le guide connaissait une famille polonaise sûre. Les trois hommes gagnèrent ensuite le Bois de Failly puis contournèrent Metz à l'est de Vantoux et de Borny pour entrer à Queuleu (voir croquis n° 22).

69. Avant 1944, ce jeune homme fut condamné à quatorze mois de travaux forcés pour avoir récupéré et caché des armes et des explosifs abandonnés en 1940 par les troupes françaises dans la forêt de Flévy. Revenu ensuite à Metz, il en partit début septembre 1944 par l'itinéraire qu'il reprit le 13 octobre avec les deux résistants.

70. Dans « Journal d'un résistant mosellan ».

71. Le premier prénom de M. Noblesse était Jean et le second : Arsène.

Zerwés et Marcel Weber déjà cités. Ces trois derniers étaient des agents de Mithridate. R. Zerwés a indiqué à l'auteur qu'avec M. Weber, il voulait rejoindre Nancy pour apporter des renseignements au commandant Lutz et qu'il était chargé d'accompagner Jean Denis. Dès le 29 septembre, Marcel Meyer (agent 8 533) avait fait dire au même commandant Lutz par le poste radio messin « qu'il serait utile qu'il rejoigne Nancy au plus tôt ». Le 10 octobre, la réponse de Londres fut : « Sommes d'accord avec Estrange (Lutz) pour que Marcel n'entreprenne périlleux voyage Nancy que si nécessité absolue ». De son côté, Jean Denis a affirmé à l'auteur que ce trajet en commun décidé par M. Krieger n'avait pour but que de faciliter le passage de chacun des agents.

Le 7 au soir, les quatre partirent, jouant les « Schanzer » égarés. Ils gagnèrent par la rive de la Moselle le « café de la Mère Francis » (en bas de Saint-Julien) et y montèrent dans une barque déjà repérée mais qui prit l'eau. Ils durent donc écoper silencieusement tout en ramant jusqu'au barrage d'Argancy. Il était prévu de franchir ce barrage en transportant la barque à terre, puis de continuer de descendre la Moselle avec elle jusqu'à Mondelange où les Américains devaient attendre les agents. La présence d'Allemands au barrage et le mauvais état de l'embarcation firent abandonner ce projet. Les quatre hommes longèrent dès lors, à pied, la rive ouest du fleuve vers le nord. Après s'être un moment réchauffés dans une écurie à hauteur d'Hauconcourt, le quatuor tomba à l'est de Talange sur un avant-poste allemand qui... après discussion... [72] les laissa continuer dans un no man's land miné vers ce village. A l'aube du 8, un avant-poste américain les y arrêta et les conduisit dans un café d'Hagondange où ils furent identifiés et félicités. De Nancy, où R. Zerwés et son ami remirent leurs renseignements, ceux-ci firent passer par la B.B.C. le message : « de Marcel à Fernand. Veuillez préparez le nécessaire pour moi ainsi que pour tous nos amis ». Ils annonçaient ainsi que la mission s'était bien terminée pour eux.

De son côté, Jean Denis remit aux Américains des renseignements « qualifiés de sensationnels » [73]. Ils détaillaient la situation dans Metz (Schanzer, ravitaillement, problèmes de circulation, importance du pont de Magny). Ils précisaient les effectifs de la police (total : 750 hommes) et des résistants (« on pouvait compter sur 380 à 400 patriotes » [74]). Ils portaient sur le dispositif ennemi (plan indiquant les travaux défensifs, le minage des ponts : tous, sauf ceux de la Seille), la localisation des batteries de 77 et de 105 etc. L'agent apportait également d'autres renseignements sur les environs : effectifs des forts, travaux de terrassement, canons sur voie ferrée, dispositifs pour lancement de V1 entre Merzig et Battelainville, emplacements de P.C. et de batteries, etc.

---

72. Les agents commencèrent par se faire passer pour des « Schanzer » égarés... Mais l'adjudant-chef de poste resta sceptique. Marcel Meyer qui parlait très bien allemand lui avoua alors... qu'ils étaient des ouvriers qui revenaient d'Allemagne et voulaient rejoindre leurs familles. Le don d'alcool et de cigarettes facilita la décision prise par le gradé allemand mais après qu'il ait d'abord fait boire les voyageurs et que chacun de ses hommes lui ait donné son accord de « n'avoir rien vu ».

73. Récit de Jean Denis.

74. Rappelons que l'effectif officiel des F.F.I. messins fut, dès le 1er juillet 1944, de 1 218 hommes dont 41 officiers et 138 sous-officiers. Just Scharff estime qu'ils n'étaient que 329 « auxquels sont venus s'ajouter d'autres combattants, sans armes, en nombre restreint, m'a-t-on dit ».

Conclusion

L'auteur n'a pas connaissance de mesures prises pendant la « pause » d'octobre par les responsables F.F.I. pour améliorer leur organisation (il faudrait connaître les ordres n°s 2 ou 3...).

Ce qui est sûr, par contre, c'est l'élimination et le départ le 7 novembre (la coïncidence avec la veille de la date de l'attaque ne doit pas être fortuite dans les deux cas) du seul poste et d'une partie des agents de renseignements dont la résistance disposait à Metz.

L'absence de cette liaison radio — car après le déclenchement de l'offensive, le franchissement des lignes devenait encore bien plus aléatoire — allait être un sérieux handicap pour les « patriotes » messins qui, de surcroît, n'étaient toujours pas armés. De plus ils ne semblaient pas avoir réglé le problème de la prise en compte des consignes (« plans »), ni celui de la création d'un véritable « Corps franc » après l'arrestation de François UII.

La résistance messine, quelques jours avant le jour J, n'était donc pas en mesure de mener une action très efficace, coordonnée et les Alliés devaient le savoir (75).

75. Ils avaient questionné à ce sujet J. Scharff, en septembre à Moncel, et ce responsable avait confirmé ses dires le 19 septembre à Waville au commandant Radoux pour le colonel Grandval.

5.

La prise de Metz

(8 à 22 novembre)

(croquis n° 22)

Préparatifs offensifs alliés

Décisions U.S.

Haut commandement

Le 18 octobre, les généraux Eisenhower, Montgomery et Bradley se rencontrèrent à Bruxelles pour décider la suite des opérations, la reprise de l'offensive. Montgomery demanda à nouveau tous les moyens disponibles pour attaquer au nord de la Ruhr. Bradley préféra une double action de part et d'autre de la Ruhr avec, au sud, dans son groupe d'armées une pression à partir d'Aix-la-Chapelle, jointe à une action de Patton partant de la Sarre. Eisenhower décida un compromis : effort au nord, mais action secondaire au sud, dont celle de Patton « lorsque la logistique le permettra ». Il s'agissait donc d'une vaste offensive pour se porter au Rhin, d'Arnhem à Karlsruhe, avec effort nord.

En fait, le 21 octobre, le général Bradley prescrivit à ses trois armées (1re, 9e et 3e) de se tenir prêtes à marcher sur le Rhin le 10 novembre.

3e Armée

Dès le 18 octobre, Patton, toujours trop optimiste, prétendit pouvoir reprendre son attaque sans délai et atteindre le Westwall en trois jours puis le Rhin de Mayence, Darmstadt et enfin Francfort, car c'était toujours bien un franchissement du Rhin qui était l'objectif final.

Pour cela, ayant enfin compris le sérieux des défenses de la place forte de Metz, il eut pour intention de déborder puis d'encercler cet ensemble, en portant son dispositif sur la Nied [1] puis, tout en « nettoyant » cet obstacle dépassé, d'exploiter vers le Westwall sarrois à « forcer » par les blindés pour « coiffer » ensuite le Rhin.

Pour réaliser cette manœuvre, il conçut, dès ce même 18 octobre, deux plans : les plans A et B.

- Plan A. Encerclement par un double débordement de valeur égale au nord et au sud. Une partie du 20e corps fixant Metz au centre, une D.I. et une D.B. attaqueraient de Thionville vers le sud-est, tandis que le 12e corps, renforcé d'une D.I. du 20e, se porterait de Pont-à-Mousson vers le nord-est.
- Plan B. Encerclement par un double débordement, mais avec effort sud. Les 20e et 12e se lanceraient de Pont-à-Mousson/Nancy vers le nord-est pendant que le 3e corps venant d'arriver (voir plus loin) fixerait Metz et ferait franchir une de ses divisions plus au nord vers le sud-est.

---

1. La Nied, très grosso modo, forme un angle droit relativement parallèle à l'angle droit de la Moselle puis de la Seille. Les Américains tenaient ce dernier angle droit sauf à son sommet : Metz. Deux actions lancées, d'une part du nord de la Moselle, de Thionville vers le sud-est, jusqu'à la Nied inférieure (relativement perpendiculaire à la direction de l'attaque et donc objectif naturel) et d'autre part du sud, de la Seille en amont de Nomeny ves le nord-est, jusqu'à la Nied supérieure (là aussi relativement perpendiculaire à la direction de l'attaque et donc objectif naturel) rejoignant leurs ailes dans la région de Sanry-sur-Nied, au sommet de l'angle droit de ce cours d'eau, débordaient et encerclaient par là même la protubérance ennemie de Metz, à l'angle Moselle-Seille.
Le prochain bond devait atteindre la rivière Sarre et le Westwall par une action sud-ouest/nord-est partant de la Nied supérieure, celle-ci étant relativement parallèle à la Sarre.

Le principe de ces plans fut approuvé par le général Bradley le 22, mais son application ne devait pas avoir lieu avant le 5 novembre, un jour après la reprise de l'offensive par les 1re et 9e Armées.

Après une réunion le 31 octobre, Patton décida le 3 novembre d'adopter le plan A : double débordement équilibré, et donna des ordres. Le 12e corps devait atteindre la Nied supérieure puis la Sarre. La mission du 20e corps fut : « Encercler puis détruire l'ennemi à Metz, s'emparer d'une tête de pont sur la Sarre. L'objectif principal est la destruction ou la capture de la garnison de Metz sans mener ni le siège ni l'occupation des fortifications de Metz ».

20e corps d'armée

Dès le 3 novembre, le général Walker donna ses ordres découlant de l'intention suivante :

- Diversion préalable par un franchissement de la Moselle par la 95e D.I. à Uckange et la prise du sud de Maizières-lès-Metz.
- Large enveloppement nord, à partir de Kœnigsmacker, par la 90e D.I. et la nouvelle 10e D.B. (voir plus loin) pour s'emparer des ponts de la Nied inférieure et de la Sarre en aval du confluent, éliminer les forces ennemies refluant de Metz et rejoindre au sud-est le 12e corps.
- Encerclement court au sud par la 5e D.I. progressant en liaison avec ce 12e corps.
- Après isolement de Metz, assaut général concentrique pendant que les autres éléments continueraient leur exploitation vers la Sarre.

Jour J

Il avait été fixé, le 18 octobre, au 10 novembre pour la 3e Armée.

Le 2 novembre, il fut convenu d'attaquer entre le 5 et le 8 en fonction de la météorologie.

Celle-ci fut effectivement très mauvaise. Mais l'action ne pouvait être retardée davantage. La date du 8 fut donc définitivement retenue (c'était le deuxième anniversaire du débarquement d'Afrique du Nord, lorsque le général Giraud avait lancé à Radio Alger : « A bientôt dans Metz délivrée »).

Problèmes

Météorologie

Il y avait trente ans qu'elle n'avait pas été si mauvaise.

Les pluies diluviennes et les températures fraîches multiplièrent les maladies (début octobre, 18 000 des 220 000 hommes de la 3e Armée étaient « hors service » pour grippe, gelures et autres maladies dues au mauvais temps). La même cause détrempant les terrains et inondant les vallées compliquait beaucoup la circulation et les franchissements (abords des ponts recouverts de plus d'un mètre d'eau).

Ce même mauvais temps empêcha très souvent tout appui aérien, l'atout des Américains.

Il modifia même les ordres initiaux. Le franchissement de la Moselle à Uckange ne devait être qu'une « feinte » avec repli moins de quinze heures plus tard. Les difficultés de la traversée près de Kœnigsmacker firent qu'au lieu d'un simple aller-et-retour fut lancée à Uckange une véritable attaque secondaire malgré le fait que les préparatifs initiaux, volontairement indiscrets, y aient empêché tout effet de surprise et renforcé la défense ennemie.

Effectif

Rappelons que le 12e corps avait été renforcé par la 6e D.B. et le 20e (qui avait perdu la 7e D.B.) par la 95e D.I. De plus, ce 20e corps reçut la 10e D.B. débarquée en septembre (comme la 95e D.I.), 19 groupes d'artillerie, 7 bataillons de tank-destroyers, 3 bataillons de chars et 4 groupes de F.T.A.

La 3e Armée totalisait alors 3 corps d'armée (elle venait de recevoir le 3e corps le 10 octobre mais il ne s'agissait que d'un Etat-major sans troupes) groupant 6 D.I., 3 D.B. et de nombreux renforcements (38 groupes d'artillerie, 33 unités du génie, 19 de chars, 22 de F.T.A.). Elle bénéficiait enfin de l'appui du 19e Tactical Air Command.

Le 20e corps disposait de 30 bataillons d'infanterie, de 500 chars et de 700 pièces d'artillerie.

Mais ces effectifs n'étaient pas tous complets ni rôdés.

Il fallut réorganiser le dispositif compte tenu des nouvelles missions données et du fait que des unités étaient en camps de repos.

- Du 31 octobre au 2 novembre, la 5e D.I. (qui était au repos et à l'instruction dans la région de Crusnes) rejoignit ses anciens emplacements, à l'est d'Arnaville.
- La 95e D.I. ainsi relevée glissa au nord, face au saillant de Metz [(2)]. Les trois régiments d'infanterie, renforcés par des chars, des T.D. et des sapeurs, étaient alignés sur un front de 42 km, la seule concentration étant autour de Maizières-lès-Metz. Le commandant de division estima avoir affaire à 8 000 défenseurs.

---

2. Dispositif de la 95e D.I., le 8 novembre à midi (voir croquis, page suivante) :
   - Limite nord : Uckange - Trieux.
   - Limite sud : Novéant - Vandelainville.
   - P.C. de division : N.E. de Jœuf.
   - P.C. de l'artillerie divisionnaire : N.O. de Moyeuvre.
   - La T.F. Rosoff le long de la Moselle, du confluent de l'Orne à Hauconcourt.
   - 377e R.I. : P.C. : Rombas.
     1/377e : S.O. d'Uckange.
     2/377e : autour de Silvange.
     3/377e : Maizières-lès-Metz.
   - 378e R.I. P.C. : Sainte-Marie-aux-Chênes.
     1/378e : étalé du Point-du-Jour à Saint-Privat, face aux ouvrages Canrobert.
     2/378e : en réserve de division à Batilly.
     3/378e : étalé de Saint-Privat à Chantrenne, face à Amanvillers et au fort de Guise.
   - 379e R.I. P.C. : ferme Caufre.
     1/379e : de Gravelotte à l'ouest du fort Driant, face aux « 7 nains » et au fort Driant.
     2/379e : de Gravelotte à Chantrenne, face aux ouvrages centraux.
     3/379e : en couverture légère, de l'ouest du fort Driant à Novéant.
   - 359e Bataillon d'artillerie : autour de Vionville.

95ᵉ D.I. – 8 novembre 1944

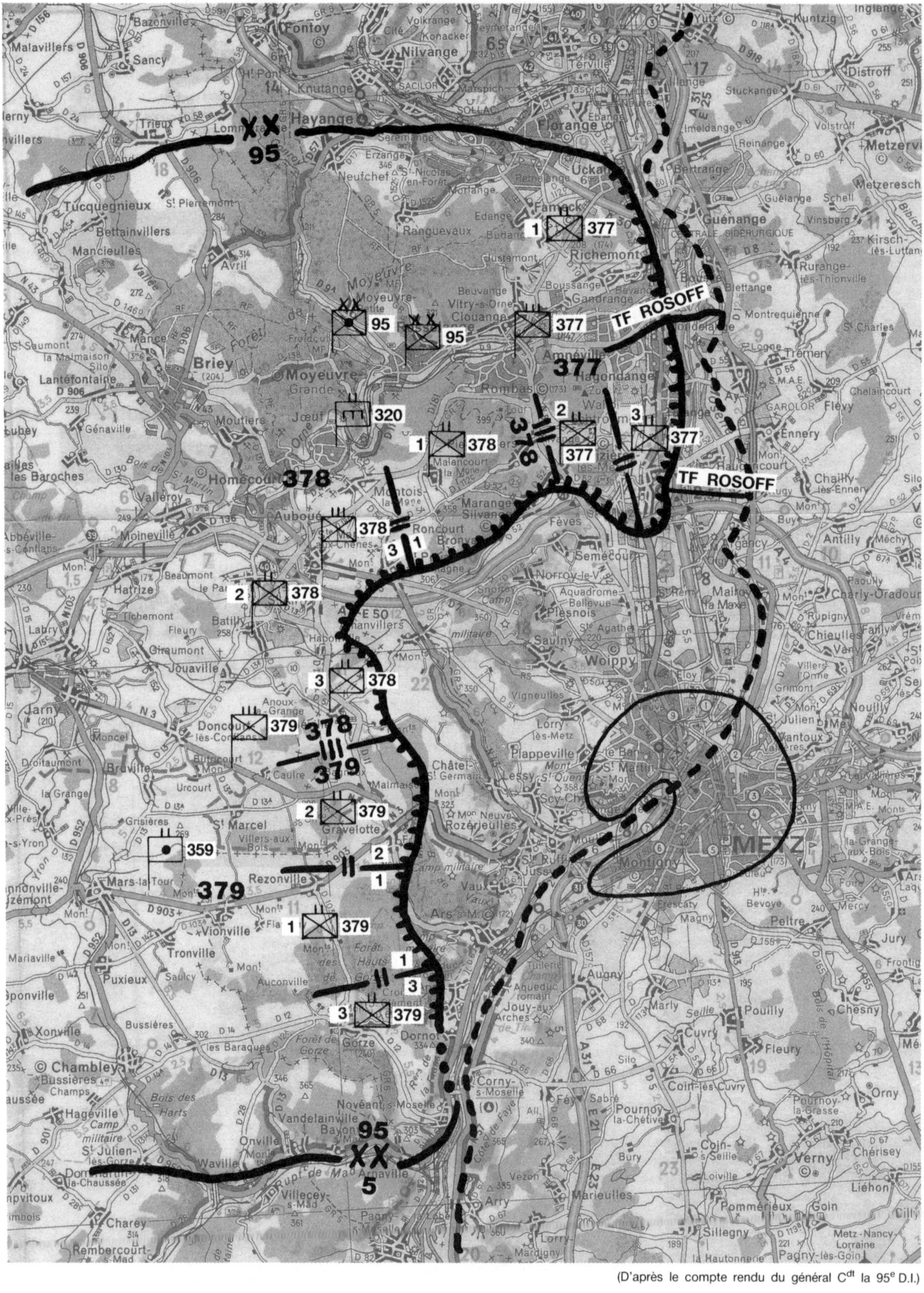

(D'après le compte rendu du général C^dt la 95ᵉ D.I.)

- La 90e D.I. et la 10e D.B. restèrent en arrière du front, le minimum de cadres étant autorisé à aller près de la rive pour reconnaître leurs sites de franchissement dans le secteur alors tenu par le 3e groupe de reconnaissance [(3)]. Pour que tous ces mouvements préparatoires ne soient pas repérés par l'ennemi, l'« opération Casanova » fut montée. Il s'agissait de leurrer les Allemands en plaçant de faux canons, en faisant entendre de faux bruits d'unités en mouvement, en donnant aux nouveaux venus les numéros, insignes, etc. des unités déjà en place.

Logistique

Des stocks d'approvisionnement avaient été constitués, mais en quantité juste suffisante. L'obligation, à cause du mauvais temps, de livrer des équipements adaptés, les routes défoncées, boueuses ou inondées, les ouvrages d'art refaits sommairement, l'insuffisance des moyens de transport, de pneus et de gas-oil se conjuguaient pour obliger à des économies et à des artifices malgré la réalisation de nouvelles voies ferrées à l'arrière.

Le plus simple et courant palliatif fut d'utiliser du matériel (notamment canons et leurs munitions) pris à l'ennemi. Ce fut le cas de pas mal de pièces de 77, 88 ou 100 et même de pièces de 76,2 prises aux Russes par les Allemands et données par eux à leurs unités de second ordre, telle la 462e V.G.D.

Conclusion

Cette fois, l'attaque fut bien préparée [(3 bis)].

Mais la 3e Armée avait son potentiel handicapé par le fait que l'effort des Alliés, donc le soutien préférentiel, était ailleurs, et par un très mauvais temps qui rendit aléatoire l'appui aérien, un des principaux atouts des Américains.

Néanmoins « un certain vent d'optimisme souffle au 20e corps d'armée U.S. à ce moment » [(4)], puisque son potentiel global, début novembre, était supérieur à celui de début septembre.

---

3. Le groupe s'empara les 4 et 5 novembre de la petite tête de pont allemande subsistant à l'ouest de la Moselle : celle du village de Berg d'où l'on pouvait trop bien observer les préparatifs de la future offensive.

3 bis. Jusqu'au 22 octobre, le 284 e Bataillon d'artillerie resta à Sainte-Catherine, près de Gorze.
Le 22, après relève de la 5e D.I. par la 95e D.I., le bataillon repartit près d'Arry, avec de nouveau le P.C. à La Lobe pour préparer la reprise de l'attaque sur la rive est de la Moselle.
Le 30, des éléments allèrent reconnaître de nouveaux emplacements près de Mardigny.
Le 1er novembre, la 5e D.I. reprit sa place et le 284e eut jusqu'au 8 à envoyer des obus pleins de tracts conviant les Allemands à se rendre. Les servants auraient préféré tirer de vrais projectiles pour « venger leurs pertes »...
Le 7, les officiers du bataillon allèrent à Pagny-sur-Moselle pour assister à une réunion générale présidée par Patton lui-même, général que beaucoup virent alors pour la première fois. Il leur expliqua sa manœuvre et leur prescrivit de « pousser » jusqu'au Rhin.

4. A. Kemp dans : « Lorraine, album mémorial ».

Unités françaises [5]

Le 13 octobre, après les pressions répétées du général Dody, le général Patton avait accepté le principe d'une participation des nouvelles unités françaises à la prochaine attaque sur Metz.

Les chasseurs

Le 11 novembre, le lieutenant-colonel Pochard passait le commandement du 8e B.C.P. au capitaine Conti. Lui-même devenait non pas chef de la 1re demi-brigade (elle ne sera officiellement créée que le 16 janvier 1945) mais fut dès lors « commandant des troupes ». Avec un petit Etat-major totalisant 22 personnes le 15 novembre, il installa son nouveau P.C. à Jarny, près de celui du 20e corps. C'est dans ces jours-là que, raconte le lieutenant-colonel, « lorsque je fis part de mon désir d'entrer dans Metz avec mes trois bataillons, le général Walker me dit : vous entrerez à Metz, non pas derrière nous, mais avec nous ». En fait, il fut entendu que, par suite de l'inexistence d'une véritable demi-brigade constituée et à cause du caractère sommaire des effectifs, armements et rodage des trois bataillons, chacun d'eux serait mis à la disposition d'une division américaine différente et n'interviendrait qu'en deuxième ligne.

Le 8e B.C.P., encore à Dieue, vit ses effectifs passer de 806 à 856 du 1er au 15 novembre.

Le 16e B.C.P. était resté à Haudainville avec des effectifs stationnaires (de 178 à 184).

Le 30e B.C.P., toujours à Angevillers, avait reçu, le 5 novembre, 132 anciens du 8e B.C.P. arrivés de Limoges et était ainsi passé de 49 à 183 combattants.

Il y avait maintenant, au total, la valeur d'une compagnie en plus (le 30e B.C.P.) et un élément de commandement opérationnel : le petit Etat-major du lieutenant-colonel Pochard. Le 17 novembre, le général Dody rendait compte au ministre de la Guerre, en parlant des trois bataillons de chasseurs encore appelés aussi 1/21e, 2/21e et 3/21e bataillons de sécurité : « trois... des cinq bataillons créés dans un premier stade... doivent être considérés comme pouvant satisfaire, dans la limite de leurs possibilités, aux besoins exprimés par les Alliés ».

---

5. Il n'est fait mention ici que des préparatifs militaires français. De son côté, le préfet Rebourset et ses collaborateurs continuaient à régler les « problèmes du moment » et à prévoir l'avenir. Les premiers apparaissent notamment dans le compte rendu hebdomadaire en date du 12 novembre du commandant Sorbac, officier de liaison auprès du 20e corps. Ce texte fait mieux comprendre l'ambiance d'alors mais concerne la région et non Metz même. Il suffit donc ici d'en mentionner des têtes de chapitre : nomination du sixième sous-préfet de Briey depuis la libération, après arrestation du cinquième ; demande de rattachement de l'arrondissement de Briey au département de la Moselle ; circulation interdite à partir du 7 novembre et arrêtés préfectoraux correspondants ; difficultés du ravitaillement (réorganisation en Moselle sous la direction de l'intendant lieutenant-colonel Bigard, création d'un dépôt de 500 tonnes (rappel) pour la population à libérer, prêt de 48 camions US) ; évacuation trop brutale, le 6 novembre, d'Hagondange et de sa région, d'où lettre de protestation du préfet au 20e corps et sa réponse polie (regrettables impératifs du temps de guerre) ; création de commissions de sauvegarde dans les villages évacués ; arrestation d'Allemands résidant en Moselle ; pillage par les Américains des usines d'Hagondange après le 27 septembre ; camps de « personnes déplacées », etc.

Les gardes

Le 21 octobre, le groupe d'escadrons Daucours était placé sous les ordres du général Dody, commandant la 21ᵉ Région militaire qui le mit à la disposition du général commandant le 20ᵉ corps (rappel).

Les 8 et 9 novembre, les unités firent mouvement comme suit, à partir de la région de Bar-le-Duc vers celle de Verdun :

- L'Etat-major du groupe et le 8ᵉ escadron à Haudainville (3 km sud-est de Verdun).
- Le 3ᵉ escadron sur Angevillers (près de Thionville) [5 bis].
- Le 4ᵉ escadron sur Saulx-en-Woëvre.
- Le 5ᵉ escadron sur Monthairons (15 km au sud de Verdun).

Le 15 novembre, l'ensemble se déplaça à nouveau vers l'est, sauf le 3ᵉ escadron qui demeura à Angevillers.

- L'Etat-major du groupe et le 4ᵉ escadron se portèrent à Conflans-Jarny (P.C. du 20ᵉ corps et du lieutenant-colonel Pochard).
- Le 5ᵉ escadron alla à Jeandelize (5 km ouest de Conflans).
- Le 8ᵉ escadron gagna Jaulny, au sud de Chambley.

Conclusion

- Comme les chasseurs, le groupe d'escadrons était bien maintenant à la disposition du général Walker (P.C. réunis et escadrons poussés vers la Moselle).
- Il est vraisemblable que, depuis le 21 octobre, ces unités eurent pour mission d'assurer la sécurité des arrières des troupes, les Allemands continuant d'avoir des éléments spécialisés et probablement des sympathisants chargés de les renseigner voire d'opérer d'intéressantes destructions.

Les autres unités

Dans son compte rendu déjà cité du 17 novembre, le général Dody indiquait : « Les deux autres bataillons ont été constitués au titre du territoire ; l'un répond à la formule bataillon « subdivisionnaire », l'autre fonctionne comme Centre régional d'organisation et d'instruction. Ils en sont encore au stade de démarrage, faute de personnel et de matériel d'instruction, la Région n'ayant aucune ressource propre ».

En fait, le 4/21ᵉ bataillon de Sécurité (1/151ᵉ R.I.) ne comprenait encore, le 15 novembre, à Fresnes-en-Woëvre qu'un officier (le chef de bataillon Gastaud) et un sous-officier.

De son côté, également à Fresnes, le C.R.O.I. (11/21ᵉ bataillon de Sécurité) du capitaine Nicoloff était passé d'un effectif total de 10 à 50, du 1ᵉʳ au 15 novembre.

---

5 bis. Les Américains n'ayant fourni que 300 litres d'essence, l'escadron dut s'arrêter le 9 à Audinville et ne gagner Angevillers que le lendemain.
Le 11, il participa à des prises d'armes à Moyeuvre, Hayange, Florange, Rombas et Angevillers, et le 16, il reçut l'ordre d'assurer la garde des agences postales d'Angevillers, Volmerange, Oetrange et Boulange.

Le général Dody, avec son Etat-major, sa compagnie de Q.G. (passée de 80 à 144 entre le 1er et 15 novembre) et son bureau de comptabilité régional (trois personnes) était encore à Verdun.

Le poste de liaison d'arrondissement n° 7 (de 10 personnes) avait fait mouvement de Verdun à Knutange.

La compagnie de gendarmerie de la Moselle était restée à Mars-la-Tour, avec les mêmes effectifs.

Enfin le lieutenant-colonel Poirot, commandant la subdivision de la Moselle, avait quitté Jarny avec son petit Etat-major, n'y laissant que les cinq officiers du poste de sécurité militaire (dirigé par le chef de bataillon Ollè-Laprune) pour gagner Hayange, être ainsi à côté des nouvelles administrations, dont la préfectorale.

On peut enfin signaler que le général Dody terminait son compte rendu du 17 novembre en indiquant son projet de reconstituer la 42e division « dans un deuxième stade... Le 3e régiment (les deux premiers étant la 1re demi-brigade de chasseurs et le 151e R.I.) de cette grande unité pourrait être le 150e R.I., dont un bataillon est déjà remis sur pied à Verdun, son ancienne garnison. Je me propose en effet, quand le moment opportun sera venu, de vous demander le rattachement des arrondissements de Briey et de Verdun à la 21e Région ».

Conclusion

Le 20e corps disposait en fait de deux bataillons (dont un de la garde) et de deux compagnies françaises. Il était entendu que l'ensemble prendrait part à l'offensive prévue mais, compte tenu de ses moyens précaires et de la spécificité des divers éléments, les gardes assureraient surtout la sécurité des arrières alors que chaque bataillon de chasseurs, un par division U.S., ne pourrait participer qu'au « nettoyage », en deuxième ligne.

Le général Dody ne disposait que de 212 gendarmes, d'une compagnie de Q.G. étoffée et d'un embryon de centre d'organisation et d'instruction.

Du moins les pions étaient-ils en place : P.C. du lieutenant-colonel Pochard, des gardes et de la sécurité militaire près de celui du 20e corps, P.C. de la subdivision près de celui des nouvelles administrations. Le général Dody gardait à Verdun recul et indépendance.

Préparatifs ennemis

A l'échelon supérieur

Mission

Elle demeurait inchangée, bien qu'en octobre le maréchal von Rundstedt ait proposé l'abandon du saillant de Metz. Il s'agissait toujours de couvrir la contre-offensive des Ardennes prévue en menant à nouveau une bataille de l'avant : en tenant le front actuel, en y incluant la forteresse messine et en faisant en sorte qu'elle ne soit pas encerclée.

Le 9 au matin encore, l'ordre du jour de Hitler et du haut commandement stipulait : « ordre est donné, pour l'honneur de la grande Allemagne, aux unités nazies tenant le front Ouest, de défendre Aachen et Metz jusqu'à la dernière pierre et le dernier homme » (6).

Moyens

Il fallait toujours tenir ce front avec le minimum de troupes pour ne pas consommer celles qui seraient engagées dans la contre-offensive.

Le haut commandement, leurré par les Américains, s'attendait à une attaque américaine dans la région de Thionville, le 9 novembre. Il fit donc renforcer un peu ce secteur par cinq groupes d'artillerie et la pose de 20 000 mines, tout en gardant son dispositif plus dense de Corny à Château-Salins.

Le dispositif général fut peu modifié. La 5e Armée blindée quitta son secteur au sud et sa 11e D.B., seule réserve de la 1re Armée, fut regroupée à l'est de Metz. Furent au contact, du nord au sud, faisant partie de la 1re Armée (7) :

- Le 82e corps à trois divisions :
  - la 416e division du général K. Pflieger, du sud de Trêves à Kœnigsmacker. 8 500 hommes âgés, répartis notamment dans cinq régiments d'infanterie à deux bataillons chacun seulement, et dans deux groupes d'artillerie. Un seul bataillon en réserve (Saarburg) ;
  - la 19e V.G.D. du colonel K. Britzelmayer face à Thionville, un peu plus forte : 9 000 hommes en trois R.I. dont un en réserve à Distroff, et trois groupes d'artillerie ;
  - la 462e V.G.D., de Maizières à Corny (voir plus loin).
- Le 13e SS (8) corps à trois divisions :
  - la 17e Pz.G.D. de Corny au nord de Nomeny. Recomplétée à 16 000 hommes mais n'ayant que peu de chars et de canons d'assaut. Un R.I. en réserve à Courcelles-Chaussy et le groupe de reconnaissance également en réserve à l'est de Metz ;
  - la 48e division dans le secteur de Nomeny ;
  - la 559e V.G.D. devant Château-Salins.
- Le 89e corps à deux divisions :
  - la 361e V.G.D. entre la Seille et le canal de la Marne au Rhin ;
  - la 553e V.G.D. face à Lunéville.

---

6. R. Caboz dans : « La bataille de la Moselle ».
7. Cette 1re Armée était responsable du secteur allant du sud de Trêves au sud de Lunéville. La 19e Armée la continuait de là à la Suisse. Les deux Armées formaient toujours le groupe d'armées G.
8. N'avait plus de SS que le nom.

Conclusion

Le haut commandement s'attendait à une offensive américaine et les responsables locaux ne se leurraient pas sur son issue. Le général von Arnim, commandant le 13e SS corps a noté, il est vrai après la guerre : « Nous étions conscients du fait que le corps ne pourrait pas résister à une offensive menée sur l'ensemble du front. Le corps ne disposait d'aucune réserve et on ne devait s'attendre à l'arrivée d'aucun renfort » [9].

Néanmoins, le potentiel défensif allemand n'avait pas été renforcé pendant la « pause » d'octobre. La Wehrmacht n'avait plus de réserves en dehors de celles qui (troupes et ravitaillement) étaient destinées à la contre-offensive. Le temps avait joué pour les Américains aux réserves innombrables.

La 462e V.G.D.

Le général Heinrich Kittel

Ce Bavarois, né le 31 octobre 1892 à Gerolzhofen, marié le 17 mai 1930 (deux enfants), nommé colonel le 1er avril 1938, commanda le 42e régiment de Grenadiers du 1er septembre 1939 au 30 avril 1941. En réserve de commandement jusqu'au 15 avril 1942, il fut alors sur le front de l'Est commandant d'armes successivement des places de Stalino, Rostov, Saporoshje, Lemberg et Cracovie. Les pièces officielles indiquent qu'il fut nommé le 29 octobre 1944 par ordre K 405 commandant de la forteresse et de la (462) division de Metz.

Lui-même [10] a relaté, après guerre, que le haut commandement allemand voulut, fin octobre, constituer à Metz une « division de forteresse pour renforcer cette 462e V.G.D. et qu'il reçut à Cracovie, le 26 octobre, l'ordre de rejoindre cette ville pour la commander. Il se présenta le 7 novembre au P.C. de la 1re Armée (à Saint-Avold) pour apprendre que le projet de création avait avorté. Il rejoignit néanmoins Metz le 8 et dès le lendemain [11], apprit que la 1re Armée en revenait à la première décision. Lui-même devait à Metz avec l'Etat-major de la 49e division, venu de la région d'Aix-la-Chapelle vers le 2 novembre, devenir le noyau de la nouvelle « division de forteresse » de Metz placée sous les ordres du général Luebbe, commandant (rappel) la 462e V.G.D. et la forteresse de Metz. Dès ce jour, le nouveau chef désigné commença à préparer sa mission (paragraphe suivant). Il visita chaque jour les emplacements de combat de la 462e V.G.D., étudia les cartes de situation détenues par l'Etat-major de la 49e D.I. (installé d'abord à Metz à la caserne Thomassin puis à Sainte-Barbe, à 12 km à l'est de Metz), prit contact avec la 17e SS Pz.G.D. le 11, au groupe fortifié de la Marne et le 13 après-midi, au fort Lauvallière. Son but, sa mission était de faire acccélérer la construction des fortifications de campagne à l'est de Metz. Le 12, il fut convoqué au P.C. du 82e corps, au sud de Saarlautern, en raison d'un télégramme du groupe d'armées G le désignant au commandement de Metz alors qu'en même temps, dans cette ville, le général Luebbe était atteint d'un infarctus [12]. Le matin du

9. Spiwoks-Stöber dans : « Endkampf zwischen Mosel und Inn ».
10. Dans le « Studies » n° B.079 (interrogatoire du 10 janvier 1946).
11. Le 9, c'était le lendemain du début de l'offensive américaine...
12. Ce fait a été indiqué par le général Kittel après guerre. S'agit-il d'une réalité ou d'un prétexte au changement de commandement ?

13, les deux généraux allèrent au P.C. des trois régiments de l'ouest de la Moselle. A midi du même jour, le général von Knobelsdorff, chef de la 1re Armée, vint à Metz et y entendit les intentions et remarques du général Kittel. Le 14, ce dernier fut nommé commandant la 462e V.G.D. et de la forteresse de Metz en remplacement du général Luebbe.

F. Monroe Ludden, qui a interrogé (13) le général Kittel le 10 janvier 1946, alors que ce dernier était prisonnier des Américains, dit de lui qu'il était « un Bavarois parlant lentement, digne et méticuleux. Il se caractérisait lui-même comme le " chef des catastrophes " (sur le front de l'Est et à Metz)... C'est un homme qui exécuta des ordres sans espoir de succès. Il fit cependant exécuter ces ordres à la perfection et il eut le souci de choisir ses grands subordonnés pour leur résolution ».

Sa mission

S'il semble bien que, depuis début septembre, le Führer avait décidé la contre-attaque des Ardennes et en faisait tout dépendre, notamment l'obligation de retarder l'avance américaine en Lorraine, il y avait encore un certain doute sur la façon d'obtenir ce retardement. Le chef de la 1re Armée allemande avait demandé de mener un combat dans la profondeur. Diverses positions avaient été préparées par les « Schanzer » entre la Moselle et le Westwall. En conséquence, le général Kittel a pu déclarer après guerre (14) qu'« on pouvait supposer que le haut commandement pensait à un combat retardateur au cours duquel Metz devait être abandonné dans le cadre du repli ». Par contre, le général Luebbe avait reçu le 6 novembre un ordre du groupe d'armées G reprenant un ordre du Führer du 2, et prescrivant que Metz devait être tenu coûte que coûte et donc être aménagé pour une défense tout azimut. Cette prescription catégorique et nouvelle prenait de court le commandement messin. A l'est de la Moselle, seul un fossé était en cours de réalisation de part et d'autre du fort Saint-Julien. Rien d'autre n'était prévu, préparé et les « Schanzer » étaient de moins en moins nombreux.

Le 12 novembre, un nouvel ordre du groupe d'armées G ne faisait que répéter que Metz devait être tenu jusqu'au dernier homme. Le lendemain, c'est encore ce que prescrivit le chef de la 1re Armée venu à Metz, bien qu'en même temps, il ait refusé les renforts demandés, faute de disponibilités.

Le 16, le général Kittel reçut l'ordre, complémentaire, de fixer le maximum de forces ennemies afin de faciliter le décrochage de la 1re Armée qui aurait lieu le lendemain et de retarder l'attaque du Westwall par les Américains.

Le 17, le même général fut rendu personnellement responsable de l'exécution d'un nouvel ordre : la destruction de tous les points névralgiques de Metz et en particulier de tous les ponts.

Le 19 enfin, le décrochage de la 1re Armée étant terminée, le commandant de la forteresse messine reçut l'ordre d'y résister le plus longtemps possible et d'y retenir le maximum d'ennemis pour alléger la pression américaine contre cette 1re Armée.

Bref, il fallait tenir coûte que coûte, même encerclé.

---

13. Document Ethint 77 : « An Interview with General Heinrich Kittel ».
14. Dans le « Studies » MS.B.079.

Ses moyens

Un ***Etat-major tactique,*** à l'échelon de la forteresse, ne fut créé que le 14 novembre, alors que celui de la 462e V.G.D. était insuffisant en effectifs et matériels. De plus, le commandant d'armes de la Place (le colonel Meier succéda mi-octobre au colonel Kemper), ne disposait que d'un petit Etat-major sédendaire composé notamment de sapeurs chargés de diriger les travaux des « Schanzer ».

La 462e V.G.D. fut amputée le 10 novembre de son 1 216e V.G.R., transféré à la 19e D.I., au nord. Pour pallier ce départ, un nouveau régiment fut créé sous les ordres du colonel Anton. Il regroupait une partie du 1 010e régiment de sécurité prélevée sur le 1 217e V.G.R., un bataillon d'infanterie de forteresse [15], un bataillon de mitrailleuses de forteresse [15], quelques canons d'accompagnement et une compagnie anti-chars. Cet ensemble fut appelé 1 010e régiment ou régiment Anton.

Les prélèvements déjà signalés, et qui continuèrent, des meilleurs éléments des Ecoles de cadres, amoindrirent la qualité de l'ensemble car les remplaçants n'étaient souvent que des « demi-soldats ».

La 462e V.G.D. reçut par contre un certain nombre d'unités diverses [16], ***en renfort*** mais dans les tout derniers jours, trop tard :

- Le 1 419e bataillon d'infanterie de forteresse [17].
- Le 810e bataillon de mitrailleuses lourdes de forteresse [17].
- Le 811e bataillon d'infanterie de forteresse.
- Les 45, 48e et 53e bataillons de mitrailleuses de forteresse.
- Le 55e bataillon du génie de forteresse.
- Les 1 311e et 1 519e groupes d'artillerie de forteresse.
- Les 2/1, 3/1, 11/1, 16/1 et 17/1 bataillons de position.

De son côté, le général Kittel [18] indique ***le total*** suivant :

- 1 215e V.G.R. (colonel von Stoessel) à deux bataillons : 800 combattants.
- 1 010e régiment de sécurité (colonel Anton) constitué comme il a été indiqué. Sans véhicules ni cuisines roulantes. Etat sanitaire et équipement insuffisants. Deux bataillons : 600 combattants.
- 1 217e V.G.R. (lieutenant-colonel Richter). Assez éprouvé par les combats. 2 bataillons : 400 combattants.
- 1 462e bataillon de fusilliers (chef de bataillon Voss), initialement en réserve au groupe fortifié Verdun, puis poussé pour empêcher le double débordement du fort Jeanne d'Arc par les Américains. Bonne troupe de 300 combattants.
- 1 462e régiment d'artillerie. Deux groupes hippomobiles de 105. 900 artilleurs (le 14 ou 15 novembre, un train amena 48 pièces de divers modèles dont des italiennes, avec 300 coups par pièce).
- Partie des 1 311e et 1 519e régiments d'artillerie de forteresse : 300 hommes servant les pièces des forts ou « haut le pied ».

---

15. Donc sans véhicules.
16. Cf. Compte rendu de combat de la 462e V.G.D. (RH 26-462/1).
17. Peut-être ceux qui formèrent le régiment Anton.
18. Dans : « Studies » n° B.079.

- 1 462e bataillon du génie. 300 sapeurs répartis en deux compagnies et vingt endroits de destination et de destruction en ville. Hommes à peine utilisables en fantassins, compte tenu de leur âge.
- 1 462e groupe de chasseurs de chars à trois compagnies, bien équipé et motorisé.
- 1 462e groupe de transmissions à deux compagnies renforcées par le personnel du réseau téléphonique de la forteresse et des stations radio de campagne de 200 et 100 watts : 400 hommes.
- Un bataillon de Volkssturm [(19)] formé de 400 policiers, civils et déserteurs placés sous le commandement d'un « major » de police. « Capacité de combat nulle ; fidélité réduite ; des F.F.I. enrégimentés » jugea le général Kittel !
- Un bataillon de 700 hommes de toutes origines (les divers services de la garnison) sous les ordres du commandant d'armes, le colonel Meier. « Capacité de combat très réduite, armement hétéroclite ».
- Un détachement du service du travail commandé par un « major » de police et engagé le 16 au nord de la ville : 200 hommes.
- Les 45e, 48e et 53e bataillons de mitrailleuses de forteresse à effectifs respectif de 300, 400 et 300 combattants.
- Le 805e bataillon de mitrailleuses lourdes de forteresse à 500 combattants.
- Un bataillon de mitrailleuses de forteresse au numéro inconnu arrivé le 16. 300 combattants.
- Un bataillon d'infanterie de forteresse au numéro inconnu arrivé le 16. 400 combattants.
- Les 1/1, 3/1, et 11/1 bataillons de position totalisant 400 combattants.
- Les Etats-major de forteresse n°s 25 puis 22, le premier sous les ordres du colonel SS von Matzdorff.
- Un groupe lourd de F.T.A. au numéro inconnu. 700 hommes.
- Le 55e bataillon du génie à 300 sapeurs arrivé le 17 et alors utilisé comme de l'infanterie.
- Le général Kittel a indiqué qu'à sa prise de commandement, le 14 novembre, il disposait de 12 000 hommes dont 7 500 de la 462e V.G.D. dont 5 500 combattants. Il s'agissait donc de quelque 10 000 hommes disponibles renforcés d'environ 1 000 autres les 16 et 17. Mais le total était de valeur inégale.

Les ***fortifications*** de Metz étaient un atout de la défense.

- Un atout restreint par le manque d'effectifs (il était impossible d'occuper sérieusement les forts et leurs intervalles ; un choix s'imposait), par la remise en état insuffisante des défenses (l'artillerie n'était pas encore complète bien que des pièces aient été transférées des ouvrages de l'est dans ceux de l'ouest ; seuls de nouveaux champs de mines avaient pu être réalisés autour des forts de l'ouest et du sud ; les travaux de campagne autour et entre les forts de l'est de la ville n'étaient encore qu'ébauchés), et par des conditions de vie parfois restreintes (des forts n'avaient plus de groupes électrogènes, d'autres avaient leur système d'alimentation en eau qui avait été détruit, mais les grosses pluies de l'automne 1944 remplirent les citernes).

---

19. Il fut d'abord utilisé comme « garde ponts » aidant la police, puis participa aux rafles destinées à regrouper les « Schanzer » défaillants.

- Mais un triple atout réel :
  - sur le plan psychologique. L'élévation de Metz au rang de forteresse (rappel) et la publicité faite par les Allemands sur leurs succès au fort Driant ne pouvaient que créer chez les Américains, très au courant des combats pour ce groupe fortifié, une psychose favorable à la défense. Le général Kittel parle à juste titre de « bluff » mais d'un bluff qui, grâce au fort Driant, réussit effectivement ;
  - il offrait aux défenseurs : abris, observatoires, fossés antichars, réseau de liaisons enterrées [20], etc. ;
  - il mettait à leur disposition une artillerie quasi invulnérable mais manquant des accessoires de tir, ce qui accrut gravement les délais d'exécution des tirs. Le bilan de la remise en état était le suivant :
    Fort Lorraine : 2 pièces de 105,
    Fort de Plappeville : 2 pièces de 150,
    Fort Jeanne d'Arc : 6 pièces de 105 et 6 de 150,
    Fort Driant : 6 pièces de 100 et 6 de 150,
    Forts Sommy et Saint-Blaise : 2 pièces de 100,
    Forts de l'Aisne et de l'Yser : ?.

Les moyens de liaison du général Kittel étaient les suivants :

- Un très bon réseau téléphonique souterrain de forteresse dont le central était dans la casemate de l'île Chambière qui demeure encore au square du Luxembourg, au sud-ouest de la tour vestige du temple de garnison. Ce réseau de la « ceinture fortifiée de Metz » fut réalisé par les Allemands. Débuté le 13 février 1890, il fut agrandi, amélioré entre 1894 et 1897, après 1910 et surtout entre 1914 et 1918. Un central Siemens de 600 directions (également relié à celui de la poste centrale) assurait les liaisons vers et entre tous les ouvrages fortifiés répartis en six secteurs. De plus, huit réseaux spécialisés (infanterie, artillerie, aviation, projecteurs, F.T.A., service auto, alarme, incendie) s'ajoutaient au réseau général alors que chaque ouvrage disposait lui-même de trois réseaux indépendants créés entre 1901 et 1906 (réseau intérieur de chaque batterie, réseau entre les batteries et les observatoires et réseau d'infanterie dont un sous-central par caserne). Enfin, sauf dans une direction, les cables de ce réseau étaient immergés dans les cours d'eau qu'ils franchissaient et n'étaient donc pas coupés, eux, lors de la destruction des ponts.
- Un réseau téléphonique « de campagne », doublant le premier mais en fait coupé par les tirs d'artillerie ennemis et, a précisé le général, « probablement par l'action des F.F.I. à partir du 19 novembre ».
- Un double réseau radio : de 200 watts avec le haut commandement et le groupe d'armées G, et de 100 watts avec la 1re Armée (alors à Saint-Avold).
- Quelque 200 pigeons voyageurs furent livrés le 16 et répartis entre le P.C. (caserne Riberpray) et les forts de Plappeville, Jeanne-d'Arc et Driant. Mais les colombophiles, les cages et la nourriture n'avaient pas suivi.
- Beaucoup de petits matériels manquèrent.

---

20. En particulier un réseau de tir et d'observation pour toute la rive gauche de la Moselle avait son centre au fort de Plappeville.

La seule réserve relativement mobile [21] du général Kittel fut le 38e SS Pz.G.R. à 800 hommes renforcé en artillerie. Appartenant à la 17e SS Pz.G.D., il en fut détaché, ves le 15 ou 16 [22] novembre, au bénéfice de la 462e V.G.D., mais son chef fut tué au nord de Frescaty dès le lendemain ou le surlendemain et le régiment rejoignit sa division d'origine le 18 ou 19.

Une logistique insuffisante

- Le 12 novembre, la garnison n'avait que deux jours de ravitaillement. Metz insista pour en recevoir pour quatre semaines. Le 14, un train n'amena que de quoi livrer trois semaines aux forts Jeanne-d'Arc et Driant, deux semaines aux forts de Plappeville et du Saint-Quentin et une semaine au fort Saint-Privat. Il n'y avait plus de boulangerie militaire ni d'unités logistiques.
- En ce qui concerne les munitions, l'infanterie n'en avait que pour sept jours de combat, l'artillerie de campagne pour trois et les F.T.A. pour cinq.
- Le manque d'explosifs empêcha le général Kittel, déclara-t-il, de faire sauter tous les ponts comme il en reçut l'ordre. Certains demeurèrent donc (voir plus loin), notamment des ponts de voie ferrée et sur la Seille.
- Le ravitaillement des forts en eau potable, la répartition des moyens de transport et les soins aux blessés durent être improvisés.
- En réponse à une très pressante demande, un train de ravitaillements divers (munitions, explosifs, matériels d'éclairage et sanitaires, gas oil, etc.) arriva le 17 au matin dans le tunnel de Failly mais ne put aller plus loin, la ligne étant sous le feu de l'artillerie américaine.

Conclusion

- Le 13 novembre (rappel), le Général commandant la 1re Armée vint à Metz. Le général Kittel a noté à cette occasion : « Ma demande de réserves mobiles en chars, chasseurs de chars et infanterie motorisée fut refusée... Ma critique sur la force et la capacité de combat des troupes ainsi que sur l'état des travaux et du ravitaillement fut écoutée ainsi que ma critique de voir mon nom lié dans l'histoire militaire à une " forteresse " qui ne remplissait pas les conditions répondant aux prévisions faites d'un combat assez long ».
- Le potentiel militaire de Metz avait plutôt diminué pendant la « pause d'octobre » par suite des hésitations du commandement sur la tactique locale à suivre, par suite des prélèvements des éléments de valeur qui avaient stoppé l'avance américaine en septembre et surtout par suite du fait que la Wehrmacht n'avait plus d'autres réserves de toutes natures que celles qui étaient mises à part, destinées à l'offensive des Ardennes. Il n'y avait rien à attendre.

---

21. Son parc automobile avait été en partie détruit lors des combats précédents. Le régiment rejoignit la 462e V.G.D. en véhicules, mais ces derniers retournèrent aussitôt à la 17e SS Pz. G.D.

22. Une compagnie, dès le 14 au soir.

Son intention

Le nouveau responsable de la défense de Metz était très conscient de l'insuffisance des moyens dont il disposait pour la défense de toute l'enceinte extérieure de la forteresse, longue de quelque cinquante kilomètres.

Dès ce même 13, il avait donc exposé au général commandant la 1re Armée son intention de réduire son périmètre défensif. « Je fis part de mon intention, pour obtenir un dispositif de plus longue durée, de rassembler mes forces sur la rive gauche de la Moselle et de poursuivre la défense des points de passage de la Moselle dans le périmètre des quatre forts Jeanne-d'Arc, Driant, Plappeville et Saint-Quentin. Je ne reçus pas un accord mais l'indication d'avoir à conduire les opérations selon les circonstances ».

Ces circonstances allaient fatalement amener des combats de rues en même temps que les forts de l'ouest se défendraient. Le jour de sa prise de commandement, le 14, le général, tirant profit de son expérience sur le Front russe, fit diffuser cette directive [23].

« Il est possible que les fantassins et les chars ennemis réussissent à percer à la lisière de la ville. En conséquence, voici ce que j'ordonne :

a. Pendant la journée, les mitrailleurs et la plus grande partie des hommes occuperont les premier et deuxième étages des maisons formant le coin des rues. Chaque entrée sera gardée par deux sentinelles.
b. Les maisons qui forment le coin des rues seront au moins occupées par un groupe de combat.
c. La nuit, des hommes occuperont le rez-de-chaussée.
d. Les marches dans les rues et la fuite devant l'ennemi qui vient d'apparaître sont formellement interdites. Chaque rue doit sembler vide et les hommes doivent s'embusquer.
e. On n'ouvrira le feu que lorsque l'ennemi ne pourra pas se couvrir.
f. Au lieu d'être déployée en profondeur, la ligne de défense sera linéaire et échelonnée en hauteur jusqu'aux toits.
g. Les équipes armées de Panzerfaust (roquette antichar) se porteront au rez-de-chaussée des maisons. Ouvrez les fenêtres. Faites des embuscades.
h. Il est interdit de traverser les rues. Il est impératif, lorsqu'on occupe une maison, d'aménager une voie de communications hors d'atteinte des tirs ennemis par les cours et les jardins. Percez les murs ».

Son dispositif le 14 (croquis n° 23)

Mais même « sans espoir de succès », il fit « exécuter ses ordres à la perfection » avec le dispositif suivant découlant de l'intention citée : l'effort sur la rive gauche.

Pour la facilité du commandement (proximité du central du réseau téléphonique souterrain), le général installa son P.C. à la caserne Riberpray, tandis que son remplaçant éventuel était au fort Saint-Quentin.

Les trois régiments d'infanterie de la 462e V.G.D. continuaient à tenir ce secteur principal. Du nord au sud :

23. Citée par A. Kemp dans : « Lorraine, album mémorial ».

- Le 1 215e V.G.R. de la Moselle à la ligne Le Sansonnet-Lorry (exclus)-Fèves (inclus). Un P.C. à Woippy. Le 1/1 215e bataillon, de la rivière à la route nationale Maizières-Woippy [24]. Le 2/1 215e à l'ouest.
- Le 1 010e régiment de sécurité, de la limite ouest du 1 215e à la ligne Ban-Saint-Martin-Saint-Quentin (exclus)-ferme de Leipzig (incluse). Le 1/1 010e dans le secteur forts Lorraine et Canrobert, le 2/1 010e au sud.
- Le 1 217e V.G.R. de la limite sud du 1 010e à Ancy. P.C. au Saint-Quentin. Le 1/1 217e bataillon, P.C. à Jeanne-d'Arc, de la ferme de Leipzig à l'ouvrage de Vaux. Le 2/1 217e bataillon au sud, P.C. au fort Driant.

Depuis le 13 au soir (voir plus loin), les Américains avaient conquis la ligne Pouilly-Sanry-sur-Nied, en rejetant donc la 17e SS Pz.G.D. Ils se trouvaient dès lors, au sud, directement opposés à la 462e V.G.D. entre le groupe fortifié Verdun et l'ouvrage de Chesny-Nord. Sur ce front, la 462e alignait, de l'ouest à l'est, sous le commandement de l'Etat-major du 25e régiment d'infanterie de forteresse (P.C. à Magny puis au fort Saint-Privat) :

- Le 53e bataillon de mitrailleuses de forteresse, de la Moselle à la route Fey-Augny.
- Le 48e bataillon de mitrailleuses de forteresse (P.C. à Marly), de cette route à la route Pouilly-Magny.
- Le 45e bataillon de mitrailleuses de forteresse (P.C. à Peltre), de cette route à celle de Strasbourg.
- Le 805e bataillon de mitrailleuses lourdes de forteresse était en réserve au fort Saint-Privat.

Au sud-est, en liaison avec la 17e SS Pz.G.D. (P.C. fort de Lauvallières) dont la limite avec la 462e V.G.D. à partir de la nuit du 13 au 14 fut cette route de Strasbourg au sud de Grigy puis Borny et Ventoux, étaient :

- Le 1/1er bataillon de position à Chesny Nord.
- Le 3/1er bataillon de position au château de Mercy (un peu en dehors de la limite).
- Le 11/1er bataillon de position au nord-ouest de Grigy.

Au nord-est enfin, la limite avec la 19e V.G.D. était Ennery-Vry. La 462e V.G.D. n'avait aucun élément dans tout le nord-est de Metz.

La seule réserve de la 462e V.G.D. était le 462e bataillon de fusiliers du chef de bataillon Voss qui venait d'être engagé (voir plus loin) dans la région du fort Jeanne-d'Arc, ainsi qu'une compagnie du 1 462e groupe de chasseurs de chars dont les deux autres compagnies avaient été données en renforcement au 1 215e V.G.R. et au 25e régiment d'infanterie de forteresse.

Artillerie et F.T.A.

- Le commandement de l'artillerie fut au fort de Plappeville (problème des liaisons).
- Le colonel Vogel commandait un groupe nord (P.C. au nord de Woippy), disposant dans cette région de 30 pièces de 105 tirant vers le nord et le nord-est.

---

24. En fait, au nord des fermes des Tappes, le secteur était en très grande partie inondé.

- Le colonel Palm (chef de corps du 1 462e régiment d'artillerie) commandait un groupe sud (P.C. au sud du fort de Queuleu) ayant à tirer vers le sud et le sud-ouest. Il fut gêné par le manque d'observatoires et de tracteurs de pièces mais fut renforcé par des éléments des 1 311e et 1 519e groupes d'artillerie et de forteresse, et par les 48 canons d'infanterie arrivés le 14 ou 15 (rappel). 18 de ces pièces furent mises en position sur la ligne Augny, Marly, Peltre. 16 autres le furent au nord de Frescaty, Magny, Grigy. D'autres encore furent placées au sud de la gare de marchandises du Sablon. Les dernières assurèrent l'appui direct des trois bataillons de mitrailleuses de forteresse qui faisaient face au sud.
- L'artillerie des forts eut pour mission d'assurer les tirs lointains, de détruire les préparatifs d'attaque ennemis et d'empêcher les franchissements de la Moselle.
- Le groupe lourd de F.T.A. fut d'abord en position dans la région : gare centrale, Plantières, Vallières face aux attaques aériennes. Le front se resserrant autour de la ville, ces attaques ne furent plus guère à craindre et, d'autre part, les pièces de F.T.A. étaient les seuls canons disposant de leurs attelages mobiles. Elles furent donc surtout employées comme artillerie contre les blindés. Deux batteries renforcées de canons de 20 millimètres gagnèrent le sud de Maizières à la disposition du colonel Vogel. Une seule batterie resta en ville, à la gare des marchandises du Sablon.

Ponts.

- Rappelons que quatre ponts avaient été détruits le 4 septembre : deux ponts ferroviaires (sur la Moselle près d'Ars et sur la R.N. de Nancy à Moulins-Saint-Pierre) et deux ponts routiers sur la Moselle (à Moulins et Longeville).
- Au moins le dernier fut sommairement réparé après le retour des Allemands quelques jours après.
- Depuis lors, et surtout après l'ordre de destruction du 17 novembre, le 1 462e bataillon du génie avait préparé la destruction d'une vingtaine de ponts et de la poste centrale, mais les charges d'explosifs n'avaient pas encore été placées sous les ponts de la Seille. Ces sapeurs enfin occupaient ces points sensibles, prêts à les faire sauter.

Conclusion

Le général Kittel était bien conscient de l'insuffisance de ses moyens et du moral de ses troupes [25]. Son intention ne pouvait donc qu'être, puisque tout repli lui était interdit, de s'accrocher aux principaux forts de la rive gauche de la Moselle pour empêcher ainsi aussi longtemps que possible les Américains d'utiliser l'important nœud de communications qu'est Metz.

---

25. Cela transparaît particulièrement bien dans le très énergique ordre du jour qu'il fit diffuser dès son premier jour de commandement, le 14 novembre (ce texte est cité en anglais par Feuermann et Cranz dans leur historique de la 95e division). « P.C. du commandant de la forteresse Metz, le 14 novembre 1944 » :
   1) J'ai pris le commandement de la défense de la forteresse Metz depuis le 14 novembre 1944 à midi.
   2) Les témoins d'une bataille de frontière millénaire observent les soldats maintenant engagés dans la bataille. C'est mon devoir de même que celui de tous les officiers, de tenir la forteresse Metz, même au risque de nos vies. J'attends que tous les soldats prouvent leur

C'était une mission sans espoir pour lui qui venait d'en être chargé le 14 et allait être blessé et fait prisonnier une semaine après, n'ayant pu éviter la première prise de force de Metz depuis Attila. Il était vraiment « le chef des catastrophes ».

---

valeur au combat, en mémoire de leurs ancêtres qui combattirent sur les champs de bataille de Metz en 1870 et 1914 (?).

3) L'efficacité au combat des troupes présentes est variable. Un entraînement irrationnel, un engagement stupide et une mauvaise distribution de la douceur et des égards sont le plus souvent le lot des réserves. Elles ne sont pas là pour neutraliser les percées dues à l'insouciance, à l'insuffisance des reconnaissances et au manque de liaisons.
4) La contre-attaque avec des réserves est trop souvent utilisée et dépense inutilement des forces qui pourraient être mieux employées ailleurs. J'exige donc et ceci s'applique particulièrement aux commandants d'unité sur le front, une plus grande activité de la part des avant-postes, des reconnaissances d'observation permanentes, des reconnaissances par petits groupes en avant de la ligne principale de résistance et une liaison constante avec les unités sur les deux flancs. Chaque commandant, du chef de section à l'échelon supérieur, doit avoir une petite réserve. Un commandant sans réserve peut être comparé à une boîte aux lettres vide qui ne sert à rien. Aussitôt que ses dernières réserves ont été engagées, le commandement perd toute initiative.
5) Le sérieux de la situation m'oblige à annoncer ce qui suit : les chefs et les unités qui perdent des hommes, que ce soit comme prisonniers ou comme déserteurs, feront l'objet d'un rapport.
   Les familles des déserteurs subiront les conséquences des désertions.
   Il est intolérable de recevoir un compte rendu de l'artillerie annonçant que des groupes de soldats abandonnent leurs armes sans combats pour se rendre à l'ennemi ou disparaître ensemble.
6) Si je découvre des soldats flânant dans Metz, je les ferai abattre sur le champ. Les déserteurs et ceux qui se laissent capturer doivent s'attendre à être la cible de notre propre artillerie comme nos ennemis.
7) Il est interdit à toute unité ou service de ravitaillement de Metz et des environs de distribuer quoique ce soit aux soldats, quelle que soit la durée depuis laquelle ces soldats ont quitté leur unité. Les estafettes, le personnel des transmissions, etc., auront des autorisations écrites. Le soi-disant « ravitaillement personnel » cessera immédiatement. Tous les soldats de Metz seront affectés à une unité dans les 24 h.
8) Le confort de nos combattants doit être amélioré. C'est le devoir des commandants de veiller à ce que les soldats possèdent au moins deux chaudes « Supervised » (?).
9) (Le paragraphe 9 comporte des consignes très précises sur la façon de préparer et mener le combat de rues. Les points a à h inclus ont déjà été cités).

i) Le combat dans les localités épuise rapidement l'énergie des troupes. C'est pourquoi tout doit être fait pour stopper l'ennemi en dehors des villes. Les chars ayant réussi à s'infiltrer doivent être traités au Panzerfaust.

j) Mes expériences de la bataille autour et dans les grandes villes (m'ont appris que) les rumeurs prennent des proportions gigantesques. Tous les jaseurs, les colporteurs de rumeurs, les menteurs délibérés, les responsables qui imaginent de faux comptes rendus pour manquer à leur devoir, les inventeurs de fantômes et les clowns habituels doivent être réprimandés pour leur stupidité par des personnes de sang froid. Par exemple, le 14 novembre 1944, le bruit a couru que les chars ennemis seraient dans la ville dans les 10 minutes. Au lieu d'arrêter immédiatement ce type de colporteurs, de meneurs, les gens m'ont ennuyé avec des questions sur la vérité de ce compte rendu. Tout commandant doit s'en tenir au point de vue suivant : « là où je suis, il n'existe aucune rumeur mais seulement des faits ». Ce que mes yeux n'ont pas vu est de l'escroquerie à 99 %.

Général Lieutenant Kittel ».

Le début de l'encerclement par les ailes

(croquis n°s 23 et 24)

Le franchissement à Uckange par la 95e D.I. (8 novembre)

Après le 8, la limite nord de la 95e D.I. avec la 90e fut reportée de l'Orne à la hauteur de Thionville inclus.

La mission n'était plus de faire une simple diversion (rappel) mais d'établir une tête de pont à Imeldange [26] et de s'y cramponner en attendant d'être rejoint par la tête de pont principale. Cette « opération Casanova » avait été précédée de beaucoup de mesures destinées à tromper l'ennemi et à obtenir des renseignements sur l'occupation de la rive est (des F.F.I. y participèrent).

Le 8 au crépuscule, une compagnie du 320e bataillon du génie d'assaut passa la Moselle et fraya un passage sur la rive est en faisant sauter les mines et une partie des barbelés.

Le 8 à 21 h, la compagnie C du 1/377e R.I. franchit à son tour et se retrancha pour la nuit.

Le 9 au matin, elle fut rejointe par la compagnie B et une section lourde. Mais elle subit des tirs d'artillerie allemande et la Moselle en crue coupa cet ensemble de la rive ouest. Il dut être ravitaillé par de petits avions d'observation d'artillerie, larguant très bas rations et munitions après décollage d'Amnéville.

Dans la nuit du 11 au 12, la baisse de la crue permit au reste du bataillon de rejoindre ces premiers éléments qui avaient beaucoup souffert de l'ennemi, de la crue du fleuve et du temps exécrable.

Malgré ces conditions défavorables, cette tête de pont secondaire avait été réalisée et allait permettre d'attaquer Metz sur une nouvelle direction, à l'est de la Moselle.

---

26. Au cours de la nuit du 8 au 9, les deux autres bataillons du 377e R.I. firent une autre diversion en élargissant leur avance dans Maizières-lès-Metz, pour faciliter leur attaque ultérieure sur Metz. L'ordre donné le 7 était de repousser l'ennemi du bois Hannibois à Hauconcourt inclus. Devant la forte résistance du 1 215e V.G.D. (ayant relevé le 1 216e), ils ne purent que s'emparer le 9 du terril sud de la ville et de Brieux-Château alors que des inondations isolaient une petite résistance à Hauconcourt.
Un historique du 377e R.I. détaille cet échec de son deuxième bataillon. Partant du Bois l'Abbé, il avait pour mission de s'emparer de Hannibois, boqueteau situé entre le Bois l'Abbé et Semécourt. Il fallait pour cela s'emparer d'abord des deux moulins de Jailly et Ferceau. L'attaque au cours de la nuit du 8 au 9 échoua. Les Amércains parvinrent sur leur objectif, mais les nombreuses pertes dues aux champs de mines et aux tirs d'artillerie adverses les forcèrent à se replier dans le Bois l'Abbé. Le moulin Ferceau ne fut réoccupé que le 12 et le bataillon reprit son avance vers le sud le 15, avec le 3e bataillon.
Ce dernier, à l'est du premier, à Maizières-lès-Metz même, devait, lui, prendre le crassier sud et le château de Brieux au sud-est de la ville. Dans les deux directions, une première attaque le 8 au soir fut également repoussée avec pertes. La seconde réussit aux deux endroits le 9 au soir après de très durs combats. Les Allemands inondèrent alors la région du château de Brieux-Hauconcourt en faisant une brèche dans le canal des mines. Les Américains purent se maintenir au château, isolés, mais la montée des eaux le 14 obligea les derniers Allemands d'Hauconcourt à évacuer ce village. Le lendemain, le 3e bataillon attaquait vers Woippy.
Le 23 novembre 1991, quatre anciens G.I. de la Compagnie I inaugurèrent au château Brieux une plaque commémorant leurs durs combats.

La tête de pont nord (9 au 14 novembre)

Il s'agissait pour la 90e D.I., disposant de l'appui de 25 groupes d'artillerie, d'effectuer *un double franchissement* afin de gagner une tête de pont permettant de lancer la 10e D.B. vers l'est (la basse Nied et la Sarre) et à l'infanterie de se rabattre vers Boulay (encerclement lointain et nord de Metz).

L'adversaire était double

- Les Allemands, tenant notamment le fort de Kœnigsmacker (construit avant 1918, comme le fort Driant et équipé de canons de 100) et l'ouvrage de Métrich, faisant partie de la ligne Maginot avec des 75 et 135 sous tourelle mais n'étant plus opérationnel.
- Le très mauvais temps : pluies, inondations, boue, froid mais gênant aussi la défense ennemie (évacuation des rives mêmes et passage des bateaux américains au-dessus des champs de mines de ces mêmes rives).

La tête de pont initiale (9 et 10 novembre)

Le 358e R.I. devait traverser la Moselle à Cattenom face à Kœnigsmacker et son fort. Le 359e franchirait à Malling en direction de Kerling. Le 357e, initialement en réserve, exploiterait les premiers résultats après avoir « nettoyé » l'ouvrage de Métrich.

Le 9 à 3 h 30 (de nuit pour bénéficier de la surprise) et malgré le temps, les deux régiments réussirent leur franchissement et commencèrent à attaquer les 300 hommes et la garnison du fort de Kœnigsmacker. Cette fois, ils agirent méthodiquement (destructions successives des obstacles) et avec du matériel adapté contre un adversaire qui n'avait pas la qualité des cadets qui défendirent Driant.

Le 10, malgré l'arrivée du régiment de réserve, l'ensemble était stoppé moins par les contre-attaques ennemies (Kerling fut réoccupé) que par la résistance des deux forts (Kœnigsmacker n'était qu'entouré et Métrich encerclé) et surtout par la crue qui interdit tout franchissement d'armes lourdes et de ravitaillement. Les Américains étaient coupés de leurs arrières et vulnérables si l'ennemi avait disposé d'importantes réserves.

Le franchissement à Thionville (11 à 14 novembre)

Pour renforcer sa tête de pont et permettre le débouché de la 10e D.B., le 20e corps devait disposer d'un pont. Il était impossible, avec la crue, d'en construire un dans la zone de Kœnigsmacker. Il fallait en faire un à Thionville (les Allemands tenaient toute la rive est). D'où l'ordre donné le 10 à 15 h au 2e bataillon du 378e R.I., seul bataillon de réserve de la 95e D.I. qui tenait ce secteur.

Du 11 au 13, ce bataillon formé de recrues arriva avec de lourdes pertes à occuper l'île de la gare puis, après le canal, à s'emparer du fort de Yutz (construit par Cormontaigne au XVIIIe siéle) avant de dégager Basse-Yutz et Haute-Yutz afin de mettre le site de construction du pont à l'abri des tirs rapprochés. Le 13, c'était réalisé et une liaison établie avec les unités de la 90e D.I. au nord-est.

Le 14 en fin d'après-midi, un pont Bailey était achevé et permettait le passage de quelques blindés et canons pour soutenir la tête de pont ; mais surtout il fut aussitôt après utilisé par la 10e D.B.

Ce même 14, pour prendre liaison avec le 1/377e R.I. (celui de la diversion d'Uckange), le 2/378e attaqua et prit le fort d'Illange (du même type que celui de Kœnigsmacker). Le 15, il dégagea ce 1/377e qui, toujours sans armes lourdes, avait commencé le 13 de se rapprocher de Thionville en prenant Bertrange puis Imeldange mais avait été violemment contre-attaqué et avait perdu ce deuxième village.

Ce dégagement avait été opéré par le colonel Bacon, un des chefs de la 95e D.I. Il avait formé un groupement tactique avec le 2/378e (celui du franchissement de Thionville) et le 1/377e (celui de la diversion d'Uckange) renforcé d'une section de reconnaissance de la 95e D.I., du 807e bataillon de tank-destroyers [26 bis] et de la compagnie D du 778e bataillon de chars. On reverra bientôt ce groupement Bacon dont le chef était connu pour sa grande énergie.

De Bertrange à Yutz, la tête de pont était assurée et la 10e D.B. y avait un moyen de franchissement.

La suite de la tête de pont de Kœnigsmacker (11 au 13 novembre)

Le 10, les trois R.I. de la 90e D.I. étaient donc stoppés par la crue et les forts.

Le 11, ils prirent ces derniers et la crue diminua.

Le 12, la tête de pont fut contre-attaquée par le 35e Pz.G.R. de la 25e Pz.G.D. (renforcé de dix chars et canons d'assaut) alors au repos au camp de Baumholder. L'ennemi progressa jusqu'à deux kilomètres du pont en construction à Malling mais fut finalement stoppé par le tir de vingt groupes d'artillerie (cette contre-attaque avait été réclamée dès le 9 par le général Balck, commandant le groupe d'armées G, mais la pénurie de carburant et de camions la retarda). La contre-attaque perdit 400 tués, 150 prisonniers, 4 chars et 5 canons d'assaut.

Pendant ce temps, les sapeurs réalisèrent deux ponts. Celui de Malling fut en service ce même 12 et celui de Cattenom le 13.

L'exploitation par la 10e D.B.

Cette division avait l'ordre de foncer d'une part vers la Sarre de Merzig (Combat Command B) : toujours l'objectif prioritaire du 20e corps, et, d'autre part, vers Bouzonville (C.C.A.) pour couper la retraite éventuelle des éléments de la région de Metz.

Le 14, les deux C.C. franchissaient la Moselle à Malling et Thionville et, après dépassement de l'infanterie, commençaient leur double exploitation. Le 18 novembre, le C.C.A. atteignait Bouzonville et le C.C.B. la frontière allemande, etc.

Conclusion

Le 14 novembre, le franchissement de la Moselle au nord était réalisé avec la création d'une solide tête de pont de Sierck à Illange (et le début de l'exploitation par la 10e D.B.).

---

26 bis. Ce bataillon était composé d'une compagnie de commandement et des services, d'une compagnie d'éclairage et de trois compagnies de trois sections de quatre half-track armés chacun d'un canon de trois inchs.

En ce qui concerne Metz, la poussée nord de l'encerclement se mettait en place dans de bonnes conditions (le jour même où le général Kittel prenait son commandement) bien que le passage de deux bataillons à l'est de la Moselle ait modifié les plans initiaux. Néanmoins, ce 14, le commandant de la 95e Division demanda et obtint l'autorisation d'attaquer Metz immédiatement du nord au sud, des deux côtés de la rivière.

La pénétration sud

Le 12e corps (8 au 16 novembre)

Il avait pour mission de s'emparer de têtes de pont sur la haute Nied française et la Roth (relativement parallèles à la haute Seille qui était, grosso modo, sa base de départ) pour exploiter ensuite vers la Sarre et, par là même, déborder par le sud et au loin le saillant messin.

Les trois D.I. étaient, du sud-est au nord-ouest, la 26e, la 35e et la 80e. Derrière elles étaient les 4e et 6e D.B. attendant qu'une tête de pont suffisante au nord-est de la Seille soit livrée pour que chacun des deux Combat-Command formés par chaque D.B. puisse exploiter.

Les objectifs divisionnaires étaient :

- 26e D.I. et C.C. A de la 4e D.B. ; les hauteurs nord de Dieuze.
- 35e D.I. et C.C. B de la 4e D.B. : Morhange.
- 80e D.I. et 6e D.B. : Han-sur-Nied, voire Faulquemont.

L'attaque débuta le 8 au matin.

Les 15 et 16, le 12e corps avait atteint ses objectifs, du nord de Dieuze à Rémilly, malgré :

- Le mauvais temps : boue, crue de la Seille puis froid.
- Une sérieuse défense allemande renforcée par les contre-attaques de la 11e D.B., seule réserve du groupe d'armées G qui, dans la nuit du 9 au 10, fit mouvement de l'est de Metz vers le sud-est pour contre-attaquer sans succès durable :
  - le 10, de la forêt d'Amélicourt vers l'ouest, contre la 35e D.I. ;
  - le 11, de Morhange vers le sud contre la 26e D.I.

De plus, pour aider la 5e D.I. du 20e corps (voir plus loin), le C.C.A. et la 6e D.B. sortit de ses limites et vint s'emparer de Sanry-sur-Nied malgré la faible contre-attaque de ce qui restait de la 21e D.B. allemande (19 chars et 3 canons d'assaut) renforcée par des éléments de la 36e V.G.D.

Bref, le 12e corps était prêt, de Sanry-sur-Nied au nord de Dieuze, à exploiter vers la Sarre.

La 5e D.I. du 20e corps (8 au 14 novembre)

La mission de cette division, renforcée de sept groupes d'artillerie [26 ter], était, en liaison avec le 12e corps (aidé du C.C.A. de la 6e D.B.), d'attaquer vers l'est pour

---

26 ter. Le 284e Bataillon d'artillerie, en batterie près d'Arry depuis le 22 octobre, participa le 8 à une très importante préparation (« un mortel holocauste de feux ») sur tous les emplacements ennemis repérés ou suspectés. Puis, de la même place, il renforça le 19e Bataillon d'artillerie du 11e R.I.
Le 15, en raison de l'avance de l'infanterie, le 284e se porta à Pournoy-la-Chétive et Coin-lès-Cuvry (P.C. à Coin) et les artilleurs purent, en traversant les villages libérés, constater l'efficacité de leurs tirs (ruines...).

couper les liaisons de Metz vers le sud-est en créant une tête de pont sur la Nied de Sanry à Ancerville, puis de progresser vers le nord, vers Metz.

La difficulté supplémentaire pour cette D.I. était de s'étirer sur une vingtaine de kilomètres, sans réserves, puis de faire un changement de direction de 90 degrés. Pour son adversaire, toujours la 17e SS Pz.G.D. (qui, si elle n'avait jamais été réellement SS, n'était également plus guère « blindée », ne disposant plus que de peu d'engins), le problème était de reculer sans rompre la liaison avec Metz, ce qui lui était prescrit.

Après avoir relevé la 95e D.I., le 1er novembre, la 5e D.I. était articulée ainsi : au sud, le 2e R.I. faisait face à Cheminot ; au nord, le 11e R.I. tenait le front de Corny à l'ouest de Sillegny. Le 10e R.I. était entre les deux.

Pour aider les fantassins empêtrés dans la boue et la crue de la Seille, l'aviation intervint en masse les 8 et 9 contre les forts, les gares et le P.C. (dont celui de la 17e SS Pz.G.D., le 8) mais les nuages restreignirent la précision de ces attaques.

Le 2e R.I., devancé en fait par le C.C.A. de la 6e D.B., occupa son objectif dès le 12 et s'y maintint malgré les contre-attaques des 13 et 15. De cette région l'artillerie américaine put tirer jusqu'à Courcelles-Chaussy, gênant fort ainsi les communications Metz-Sarrebrück.

Le 10e R.I., restant entre les 2e et 11e R.I., se porta, le 12, de la Seille de Pommerieux, à la route de Strasbourg, à Silly-en-Saulnois.

Dès lors, 10e R.I. et 11e R.I. (de la Seille à la Moselle) progressèrent vers le nord, vers Metz [(27)]. Le 10e R.I. occupa le 13 le fort désarmé de l'Yser [(28)] puis, le 14, la partie sud du Bois de l'Hôpital retirant ainsi de bons observatoires à l'artillerie adverse. Le 11e R.I. réoccupa le 13 la région de Pournoy-la-Chètive et de Coin-les-Cuvry qu'il avait dû abandonner en septembre et, le lendemain, s'empara des fermes de Sommy [(29)] et de Prayelle, au sud-est du groupe fortifié de Verdun ; mais le 3/11e R.I. attaqua en vain ce dernier. Depuis le début de l'attaque, ces régiments avaient ainsi conquis la moitié de la distance qui les séparait de Metz.

Metz

La défense allemande (croquis n° 25)

Dès le 9, commencement du double mouvement aux ailes, les responsables de la défense de Metz [(30)] avaient compris qu'il s'agissait du début de l'encerclement

27. Dans cette progression vers le nord, la largeur du front obligea la 5e D.I. d'engager tous ses bataillons en ligne. Le premier échelon ne fit que dépasser les résistances rencontrées qui, le plus souvent, s'esquivèrent ensuite alors d'elles-mêmes vers le nord. Un rapport du 20e corps précise que « le principal problème fut d'entrer à Metz avant que la majorité des combattants soit évacuée à cause du mauvais temps (pieds gelés) ». Il plut jusqu'au 14, puis neigea, ce qui créa des inondations et un terrain détrempé ou gelé. 40 % des hommes eurent des gelures, indique le rapport qui poursuit : « Le terrain lui-même n'était pas favorable » (grands espaces découverts où planait la menace des soudaines actions des forts).

28. Le fort de l'Aisne fut occupé par surprise par le 2/10e R.I. dès le 11. Il profita du retard d'une relève ennemie dans cet ouvrage. Le 13, le 2/10e R.I. prit Fleury puis Pouilly mais le 1/10e R.I., s'il prit le fort Chesny sud (inoccupé), ne progressa guère dans le sud du Bois de l'Hôpital.

29. Une compagnie allemande y fut faite prisonnière.

30. A nouveau désignée comme « forteresse » vers le 6 novembre.

de leur saillant. Le général Kittel a indiqué [31] avoir pensé que les 10e D.B. (du nord) et la 6e D.B. (du sud) se rencontreraient à Faulquemont, fermant la nasse. Il était normal que ces généraux pensent à la solution la plus grave pour eux. Mais, pour les Américains :

- L'objectif principal était la Sarre puis au-delà, et non Metz, d'où l'envoi de la 10e D.B. déjà vers Merzig.
- Comme pour Paris et Nancy, il était préférable de déborder la cité pour inciter les défenseurs à se retirer quand c'était encore possible afin d'éviter de difficiles combats et de graves destructions dans les villes (mais il était bien prévu de battre ensuite ces troupes en retraite en pleine campagne).

Jusqu'au 11, Metz n'avait pas été directement touché par les combats.

Le 12, seul le 45e bataillon de mitrailleuses de forteresse dut se replier de Sillegny sur Chesny.

Le 13, la poussée indiquée ci-dessus du 10e R.I. jusque dans la partie sud du Bois de l'Hôpital et du 11e R.I. au sud du groupe fortifié de Verdun, avait obligé à réorganiser les zones de responsabilité le 13 au soir. Jusqu'alors, la 17e SS Pz.G.D. avait pour secteur le sud de la ligne Corny-sud du Bois de l'Hôpital-fort de la Marne. Les Américains étant arrivés au contact de la limite sud de la 462e V.G.D., ce n'est plus que par l'est et non plus également par le sud que la 17e devait dès lors assurer la liaison avec Metz puisque cette liaison lui était prescrite. A partir du 13 au soir, la limite entre les deux divisions ne fut donc que nord-sud : de l'est de Chesny aux Bordes, et non plus est-ouest. De son côté, le colonel von Matzdorf transféra son P.C. du secteur sud de Magny au fort Saint-Privat. Dans la nuit, l'artillerie du groupe sud se replia de la région de Peltre au Sablon et à Queuleu tandis que des trains de marchandises étaient déchargés. Certains de ces trains avaient été endommagés par des tirs U.S. et le général Kittel a pensé après guerre, à tort, que ce fait était dû aux F.F.I., renseignant les Américains par radio de l'arrivée de tels convois.

Le 14, fut le jour de la prise de commandement du général Kittel.

- La 5e D.I. progressa au sud du groupe fortifié Verdun et dans le Bois de l'Hôpital. Le colonel von Matzdorf reçut l'ordre de reprendre et de tenir le 15 la ligne Jouy-fort de Verdun-ferme de Prayelle-Marly-Pouilly et lisière sud du Bois de Crépy. Il avait perdu le 14, dans les deux régions attaquées, 500 « disparus ».
- A l'ouest de la Moselle, les Américains [32] s'emparèrent dans la matinée, de la ferme de Leipzig [33], de la ferme Saint-Hubert et des deux petits

31. *Studies*, n° B.079.

32. La 95e D.I. du général Twaddle avait reçu mission, le 7 novembre, d'entrer dans Metz en débordant les forts dès la réalisation de l'encerclement de la ville à l'est par les 90e et 5e D.I. Le 13 novembre, devant l'évolution favorable de la situation, le général eut l'autorisation de commencer son attaque dès avant la fin de cet encerclement. Il décida donc que l'action de part et d'autre du fort Jeanne-d'Arc débuterait le 14 et celle dans la région de Maizières le lendemain.

33. Compagnies E et F du 2/379e R.I. ayant pour mission de s'emparer des hauteurs de cette ferme, entre les forts de Guise et Jeanne-d'Arc, et de continuer si possible jusqu'au sud-est du fort Jeanne-d'Arc.

ouvrages voisins de Jussy nord et Jussy sud [34], ainsi que du moulin de la Mance. Le 462ᵉ bataillon de fusiliers du chef de bataillon Voss contre-attaqua dans l'après-midi avec l'appui d'éléments du fort Jeanne-d'Arc. L'assaillant fut rejeté du moulin de la Mance mais ne put qu'être encerclé plus au nord dans Leipzig et dans l'ensemble Saint-Hubert-Jussy (ces deux « chaudrons » furent ravitaillés le soir par avion).

Conclusion

- Dès le 14, la 462ᵉ V.G.D. avait subi quatre attaques et devait maintenant combattre également face au sud, alors qu'elle n'avait plus elle-même de réserves disponibles.
- L'intention initiale de se battre le plus loin possible du centre de la ville devait être, faute de réserves, abandonnée dès les premiers jours de véritable combat.

La population

8 novembre. Brutale évacuation des habitants de Woippy, tirs d'artillerie sur Queuleu et bombes sur Grigy.

9 novembre. « La panique s'empare du personnel allemand des administrations revenu à Metz sur ordre supérieur » [34 bis].

10 novembre. L'île Saint-Symphorien était inondée. A l'hôtel des Mines (avenue Foch), la police et la Volkssturm prescrivirent que les personnes n'ayant pas respecté l'ordre de mobilisation du 4 novembre (« Schanzer ») ne percevraient plus de cartes de ravitaillement.

11 novembre. Les détenus politiques arrêtés après le 4 novembre furent évacués en Allemagne.

12 novembre. Grande manifestation place d'Armes au son de la Mutte, en l'honneur du serment des résidents allemands et de quelques traîtres lorrains embrigadés dans le bataillon de Volkssturm qui venait d'être créé.

Le même jour, alors que la population apprenait que la route de Boulay était coupée, le bruit de l'évacuation forcée de tous les habitants le 14 sema la panique.

- Le 13, des affiches annoncèrent effectivement cette évacuation de force par voie ferrée dès le soir même et indiquèrent les dispositions à prendre : emport de trois jours de vivres, etc. Le Kreisleiter (sous-préfet) fit répandre des tracts en ville : « On se battra rue par rue, maison par maison ; il faut évacuer la ville ».
- Le 14, le quartier Saint-Vincent fut le premier visé mais les départs furent arrêtés par manque de moyens de transport (ils devaient venir de Sarre).

Conclusion

Alors que l'arrivée des Américains était cette fois imminente, des Allemands cherchaient à quitter la ville, d'autres encore à participer à sa défense tandis que les Lorrains voulaient s'accrocher à leurs demeures, malgré les risques de combats de rue que laissaient prévoir les mesures défensives prises dans la ville même et la détermination officielle répétée de les utiliser avec énergie.

---

34. Compagnies A et B du 1/379ᵉ R.I. ayant pour mission de s'emparer des quatre des « 7 nains » les plus au nord puis, si possible, des hauteurs du nord-ouest du village de Vaux.

34 bis. P. Wolff dans : « Journal d'un résistant mosellan ».

La fin du combat centralisé (croquis n° 26 et 27)

Déroulement général de la suite et de la fin des combats

L'ensemble de la bataille fut fatalement complexe, les faits étant enchevêtrés. Pour permettre de mieux replacer chacune des actions dans son contexte général, il a été jugé opportun de retracer dès maintenant les grandes lignes, les principales phases des opérations jusqu'à la fin de la libération de Metz.

Depuis début septembre, la 462e V.G.D. était au contact des Américains à l'ouest de la Moselle, et leur tenait tête dans ce saillant inclus dans le système général de défense de la 1re Armée allemande.

Depuis les 13 et 14 novembre, la poussée de la 5e D.I. U.S. au sud avait amené celle-ci au contact de la 462e, la 17e SS Pz.G.D. n'étant plus en liaison qu'à l'est.

Les 14 et 15, le détachement Bacon, longeant la rive est de la Moselle vers le sud, se heurtait aux éléments de la 19e D.I. allemande. Il allait bientôt prendre le contact de la 462e au fort Saint-Julien, créant une troisième direction de menace directe sur la ville.

Jusqu'au 21, Metz subit effectivement une triple attaque concentrique : celle de la 95e D.I. (377e à 379e R.I.) au nord-ouest, celle des 10e et 11e R.I. de la 5e D.I. au sud, et celle du détachement Bacon au nord-est.

Plus à l'est, la 10e D.B. et la 90e D.I. au nord, le 12e corps et le 2e R.I. de la 5e D.I. au sud étaient en train de réaliser un second débordement de Metz, lui plus éloigné.

Un grave problème se posa alors à la 1re Armée allemande et donc au groupe d'armées G. Jusqu'alors, conformément aux ordres, la 1re Armée avait — difficilement — gardé le contact avec la forteresse de Metz. Ce saillant devenait « un doigt de gant » et la pénétration américaine sur les deux ailes en profondeur menaçait d'encercler non seulement Metz — c'était prévu, admis — mais d'autres unités, dont le 13e SS corps et sa 17e SS Pz.G.D. Or ces éléments étaient bien utiles pour la défense ultérieure du Westwall et de la zone de départ de la contre-attaque des Ardennes. Le 16, le général Balck décida donc de permettre enfin à la 1re Armée, au 13e corps, pratiquement à la 17e SS Pz.G.D. de retraiter le 17 en abandonnant le contact avec Metz. La 462e V.G.D. ne se battit ainsi en combat centralisé, dans le cadre de la 1re Armée, que jusqu'au 16 inclus.

Le 17, la 462e, coupée de la 1re Armée, fut livrée à elle-même. Le général Kittel continua ce jour-là un combat centralisé à son échelon.

Mais, débordé par l'ennemi et ne pouvant compter sur une contre-attaque de dégagement menée de l'extérieur, il dut se résoudre à prescrire un combat décentralisé à partir du 18, ses forces se regroupant à partir de la nuit du 17 au 18 dans des centres de résistance et des points d'appui ayant pour mission de tenir, isolés, aussi longtemps que possible.

D'autre part, la pénétration nord-sud du 377e R.I. de Woippy vers la caserne Riberpray, P.C. du général Kittel, empêcha celui-ci et les autres éléments encore à l'est de la Moselle de se regrouper en temps voulu à l'ouest, dans les principaux forts.

A partir du 18, les Américains eurent donc à « nettoyer » ces résistances et à ramasser avec les F.F.I. les Allemands qui, entre ces résistances, ne pouvaient fuir ou attendaient d'être faits prisonniers.

Dans la ville même, ce « nettoyage » dura du 18 au 22 novembre. Les forts, qui ne furent que débordés et encerclés jusqu'alors, n'eurent plus qu'à se rendre ensuite individuellement.

Il faut souligner que, pendant ces actions, les deux belligérants eurent à faire face à d'importants **problèmes d'effectifs.**

Les Allemands avaient peu de réserves, donc de possibilités de contre-attaquer, d'autant plus que si, autour de Metz, les unités se battirent souvent avec une remarquable énergie malgré leur situation fort compromise, en ville même, surtout à la fin, pas mal d'éléments des services divers ne firent qu'attendre leur capture.

Les Américains, eux, eurent leurs effectifs fort entamés par la défense ennemie et le mauvais temps. Par exemple, à la T.F. Bacon, le 1/377e R.I. perdit presque la moitié de ses hommes dans les durs combats de Bertrange et d'Imeldange et le 2/378e R.I. subit 279 pertes avant d'atteindre ce bataillon. De plus, l'existence même de cette T.F., due à la modification du plan initial, fit que les 377e et 378e R.I. n'eurent que deux bataillons chacun à l'ouest de la Moselle.

Ce déficit humain des deux parties eut notamment deux conséquences.

Les assaillants ne purent attaquer partout. Ils ne le firent que sur les axes d'effort, en se contentant de déborder de grosses résistances (les forts) et en faisant des « impasses ». Par exemple, lorsque les deux bataillons du 378e se concentrèrent au nord-ouest de Semécourt pour attaquer le 15 Fèves, etc., ils ne laissèrent à leurs anciens emplacements, sur quelque treize kilomètres de front, que trois sections placées sous les ordres du commandant de la compagnie des services et composées de ses secrétaires, mécaniciens, cuisiniers, etc. renforcés d'une section antichar. De même, les Américains ne purent laisser qu'un très faible rideau au nord, le long de la rive ouest de la Moselle (la T.F. Bacon n'était pas encore à la hauteur du 3/377e) et au sud, du Bois des Ognons à Dornot face au fort Driant.

Mais la faiblesse relative des défenseurs permettait aux Américains d'agir ainsi. Dans son compte rendu des opérations, le général commandant la 95e Division a indiqué que lors de l'attaque de Metz, à partir du 15, « les distances étaient si grandes, le front si étendu, que les unités d'attaque de la division n'avaient pas à se soucier des liaisons avec leurs voisins ». En fait, la Task Force Bacon et les trois régiments d'infanterie menèrent chacun une action séparée.

La 5e D.I., surtout le 11e R.I., on le verra, connurent les mêmes problèmes.

Le 15 : menace nord sur la 462e V.G.D. [35]

Echec des contre-attaques à l'échelon 1re Armée

Un groupement tactique de la 25e Pz.G.D. contre-attaqua pendant quatre heures, à Distroff, la tête de pont réalisée par la 90e D.I. au nord-est de Kœnigsmacker. Il perdit en vain 8 chars et 150 tués.

35. Ce 15, le détachement Bacon se réorganisa à Bertrange. Le 1/377e, très éprouvé, n'avait plus que des effectifs très restreints : compagnie A : 2 officiers et 40 hommes, compagnie B : 2 officiers blessés et 70 hommes, compagnie C : 2 officiers et 110 hommes. La compagnie D perdit 2 officiers et 12 hommes lors de la traversée de la Moselle.

La 17e SS Pz.G.D. contre-attaqua de même l'avancée américaine de Sorbey-Sanry (avec toujours le 38e SS Pz.G.R., la seule réserve). Elle regagna un peu de terrain autour de Sorbey mais la tête de pont américaine de Sanry ne fut pas mise en danger.

La menace nord sur la 462e V.G.D.

Ce 15, Allemands et Américains n'étaient pas en force pour régler les premiers par la destruction et les seconds par une percée réalisée par un élément réservé le sort des deux « chaudrons » du nord et sud du fort Jeanne-d'Arc. Le bataillon Voss en entier, ce qu'il en restait, était occupé à encercler l'élément sud.

Au sud, la contre-attaque allemande prévue le 15 au matin n'avait pu être montée. Au cours de la journée, la pression de la 5e D.I. fut faible [36], cette division se réorganisant.

Mais l'événement principal s'était passé au nord [37]. De la région de Maizières-lès-Metz étaient parties deux attaques :

- Le 378e R.I. avait débordé la crête de Fèves par l'est [37 bis] (en passant dans le secteur du 377e R.I.) et avait pu ainsi s'emparer de l'extrémité est de cette crête, dont l'ouvrage et le village de Fèves, sans se heurter au fort Canrobert plus au sud-ouest. Il avait complété son action en occupant le village tout proche de Semécourt et en poussant jusqu'au Bois de Woippy [38]. L'importante crête de Fèves était ainsi entamée et ne pouvait plus gêner la progression plus à l'est du 377e R.I. entre la « côte » et la Moselle. De petites contre-attaques allemandes partant du fort Canrobert échouèrent.
- Effectivement le 377e R.I. attaqua vers le sud, vers Woippy, Metz. Le 2e bataillon progressa à l'ouest de l'axe central (route nationale et voie ferrée) et s'empara le soir de Sainte-Agathe. Le 3e bataillon dut d'abord déloger l'ennemi de la « cité des Romains » (près du crassier sud). Puis la compagnie J progressa jusqu'à la ferme des Grandes Tappes, tandis que, plus à l'est, dans un terrain découvert et en partie inondé, les compagnies I et K se portèrent de la ferme Amelange à La Maxe, en ayant fait sauter le pont d'Amelange sur le canal des Mines.
- Conclusion
  Ce coin enfoncé vers Metz était d'autant plus menaçant que le 1 215e V.G.R., qui défendait cette zone, perdit alors son 1er bataillon (acculé à la Moselle par l'attaque américaine, il passa la rivière dans la nuit du 15 au 16) et que le général Kittel n'avait plus de réserves réelles.

---

36. Le 2e R.I. s'empara de Mécleuves dans la matinée et repoussa dans l'après-midi une contre-attaque lancée de l'ouvrage de Sorbey vers l'est. Les 1er et 2e bataillons du 11e R.I., débordant par l'est le groupe fortifié Verdun, s'emparèrent d'Augny et de la croupe boisée du champ de tir d'Orly.

37. C'est par erreur que, dans son compte rendu d'après guerre (*Studies* MS.B.070), le général Kittel a indiqué que cette action avait eu lieu dès le 14 novembre.

37 bis. Cette action profita de la surprise créée par cette attaque venue du nord alors qu'elle était attendue du nord-ouest. (Au cours de la nuit du 14 au 15, les deux bataillons du 378e R.I. s'étaient ainsi déplacés, ne laissant que les trois sections déjà citées à leurs emplacements).

38. Pendant que le 1/378e R.I. concentré au nord-est, attaquait la crête de Fèves à partir de la ferme de Frémecourt (compagnies A et C) et que sa compagnie B prenait Semécourt et le bois de Woippy, un Task-Force Saint-Jacques (nom du capitaine) fixait l'ennemi au nord-ouest de la crête citée.

Le 15 au soir, le général Kittel s'efforça néanmoins de renforcer son dispositif au nord et au sud.

- Au nord, il fit venir une des compagnies du 1 462e bataillon de fusiliers (Voss), pourtant déjà trop juste en effectifs pour contenir les Américains de Jussy nord et sud. Puis arrivèrent une compagnie du 38e SS Pz.G.R. (de la 17e SS Pz.G.D.), le détachement du Service du travail qui venait d'être constitué et une compagnie de police, ces deux derniers éléments ne pouvant servir que d'« unités d'alerte ».
- Au sud, dans la nuit du 15 au 16, fut engagé le bataillon du Volkssturm créé le 12 et jusqu'alors resté au centre ville. Ses 400 hommes furent répartis entre les forts Saint-Privat et Queuleu mais, indiqua le général Kittel, « après leur première nuit de campagne, (l'unité) était très épuisée, la capacité de combat pratiquement nulle ».
- Au moins cette nuit du 15 au 16 permit-elle de pousser avec les derniers véhicules disponibles du ravitaillement aux forts Driant, Jeanne-d'Arc, Plappeville et Saint-Quentin (les pivots de la défense) et des munitions aux unités d'artillerie, de F.T.A. et d'infanterie.
- Dans cette même nuit arriva enfin en réserve au fort Bellecroix (en raison de la nouvelle menace du nord-est) un élément du 38e SS Pz.G.R., toujours le même, le seul.

Conclusion

Le 15, les contre-attaques, fatalement réduites, menées à l'échelon supérieur, n'avaient pas été décisives.

La défense messine, inchangée à l'ouest, avait été peu attaquée au sud, mais, surtout, était maintenant menacée au nord par la poussée à l'ouest du fleuve vers Woippy, donc vers le cœur de la défense. Dans la nuit du 15 au 16, le général Kittel avait mis en place ses « fonds de tiroir ». Il ne pouvait plus que subir, avec des troupes dont le moral était ébranlé, ce qui se conçoit facilement. De toutes façons, l'ordre impératif de tenir à tout prix lui interdisait l'évacuation de certains éléments vers l'est par les rares itinéraires non encore coupés par l'encerclement de l'ennemi, mais déjà tenus sous son feu.

Le 16 : aggravation et isolement

L'aggravation de la situation

La progression continua, de très légers éléments ayant à maintenir entre les axes d'effort de chaque régiment le contact avec l'ennemi et, si possible, la liaison entre amis.

Le secteur ouest était peu modifié [38 bis]. Les deux « chaudrons » subsistaient, mais le 2/379e R.I. avait pu s'emparer des fermes de Moscou et de Saint-Hubert au nord-ouest du fort Jeanne d'Arc.

---

38 bis. La carte de situation du 16 novembre à midi du général commandant la 95e D.I. indique un double débordement du fort Jeanne-d'Arc.

Au nord, le 2/379e aurait progressé vers Maison-Neuve.

Au sud, le 1/379e aurait occupé les ouvrages de Jussy, donc dégagé, là, les Américains encerclés, ce que ne précise pas le texte lui-même.

Au sud :

- Le 3/11e R.I. encercla la compagnie du 53e bataillon de mitrailleuses de forteresse qui tenait le groupe fortifié Verdun alors que les deux autres bataillons du régiment, malgré les tirs du fort Driant et une petite contre-attaque, tentèrent de s'emparer de l'ensemble du terrain d'aviation par un double débordement. A l'ouest, le 1/11e R.I. progressa mais butta finalement sur les casernes de l'aérodrome. A l'est, le 2/11e R.I., aux effectifs affaiblis par de nombreuses gelures, fut stoppé dès 500 mètres d'attaque, notamment par des tirs de pièces d'artillerie embossées sur la voie ferrée est-ouest du sud de Montigny. Le lieutenant-colonel von Matzdorf reçut l'ordre de préparer une nouvelle ligne de défense au sud-ouest de Montigny, d'Alger à la ferme Bradin.
- A l'est de la Seille, le 3/10e R.I. s'empara de la partie nord du Bois de l'Hôpital dans la nuit du 15 au 16 et, le 16, occupa les villages de Chesny et de Peltre ainsi que probablement l'ouvrage de Chesny nord. Ceci permit au 2/10e R.I., à l'ouest, de progresser. La boucle de la Seille de Marly était initialement dans la zone de responsabilité du 11e R.I. Celui-ci ayant fort à faire, le 2/10e R.I. eut mission de s'en occuper le 16. Il y réussit ce jour-là et continua sur Magny où il pénétra le soir même.
- A l'est de la route de Strasbourg, malgré une nouvelle contre-attaque restreinte près de Sorbey, le 2e R.I. dut probablement reconquérir le terrain perdu le 15. Il occupa, au matin, le village de Sorbey évacué et l'ouvrage du même nom se rendit à 16 h.

Au nord :

- Le 3/378e R.I. exploita le succès en profiant de l'angle mort où il se trouvait (en contrebas de la côte par rapport aux grands forts de la rive ouest) pour s'emparer de cette côte, de Saulny à Plesnois, ainsi que de Lorry, en partant du Bois de Woippy. Une petite contre-attaque allemande ne put infléchir ces succès.
- Plus à l'est, le 2/377e R.I. put, après de durs combats, s'emparer de Woippy [39] mais, à l'est, le 3e bataillon subit un double échec. Les compagnies K et L attaquant de La Maxe le fort Gambetta ne purent s'en emparer et durent rejoindre leur base de départ, après avoir subi de lourdes pertes. Il en fut de même plus près de la Moselle, une compagnie devant faire demi-tour devant Thury à cause des tirs d'artillerie venant du fort Saint-Julien. Les forts Déroulède et Gambetta tenaient (c'est en vain que, ce 16 au soir, la compagnie E du 2e bataillon attaqua le premier. Elle dut se replier elle aussi devant « l'ouragan d'acier venant des canons du fort »).

Au nord-est.

- Le groupement Bacon commença, le 16 au matin, son attaque le long de la rive est de la Moselle. Il était formé en deux colonnes, chars en tête, progressant relativement parallèlement le long de la grande route. Quand une des colonnes butait sur une résistance, l'autre la débordait. La progression fut ainsi rapide. Le détachement était alors opposé au 1 216^{e}

39. La compagnie E y fit prisonnier un commandant de régiment et son Etat-major (le 1 215e V.G.R. ?), s'empara d'un dépôt, de quatre pièces de 105 et de munitions.

V.G.R., ce régiment qui avait été prélevé sur la 462e V.G.D. pour renforcer la 19e D.I. et faisait la jonction entre ces deux divisions. Le 16 au soir, le détachement Bacon était à hauteur d'Ay et de Montrequienne [(40)] donc non encore au contact de la 462e V.G.D., mais le général Kittel avait été prévenu par la 1re Armée de l'arrivée de cette nouvelle menace.

Conclusion

Si l'ouest tenait, les Américains [(40 bis)] étaient arrivés près de Magny et surtout à Woippy.

Les décisions prises

A l'échelon 462e V.G.D. le général Kittel dut prescrire aux éléments du 1 010e régiment de sécurité encore accrochés dans les forts Canrobert et Lorraine et dans cette région, fort menacés d'être coupés, de se replier de nuit sur la ligne fort de Plappeville — ferme de Leipzig. Ce fut réalisé mais dès ce moment le général Kittel ne fut plus en liaison avec le commandant de ce régiment.

Beaucoup plus importante fut la décision du général Balck, commandant le groupe d'armées G, de prescrire enfin, malgré les ordres, le repli de la 1re Armée, pratiquement de la 17e SS.Pz.G.D., pour que ces troupes ne soient pas incluses dans l'encerclement en cours par la 90e D.I., la 10e D.B. et le 12e corps. Ceci signifiait l'isolement de Metz. De fait, dès le 16 au soir, la limite entre les deux divisions fut modifiée. La 17e SS Pz.G.D. était chargée du sud de la Nied en aval de Sanry et le 82e corps du nord de cette rivière. En fait, il n'y avait plus rien entre les limites de la 17e SS Pz.G.D. et la 19e V.G.D. La 462e V.G.D. fut directement rattachée hiérarchiquement à la 1re Armée, et non plus au 82e corps puisque celui-ci n'existait pratiquement plus pour la 462e division.

Pour boucher ce trou, alors que progressait du sud vers le nord, à l'est de la Seille, les 10e et 2e R.I. de la 5e D.I. et qu'accourait du nord le détachement Bacon, à l'est de la Moselle, le général Kittel prescrivit :

---

40. Le 1/377e R.I. ayant attaqué à 8 h, prit Guenange et Bousse. Le 2/378e R.I. buttant sur une résistance au sud de ce dernier village, le 1/377e R.I. la déborda en s'emparant de Rurange à 15 h puis de Montrequienne une heure plus tard.

40 bis. Le 16 à midi, tandis que la T.F. Bacon, les 377e et 378e R.I. attaquaient séparément vers le sud, vers Metz, que le 379e R.I. s'infiltrait entre les grands forts ouest et que des éléments très légers « faisaient du volume » dans les importants intervalles laissés à découvert (le long de la Moselle, entre les 378e et 379e et face au fort Driant), l'essentiel du commandement et des appuis de la 95e D.I. était dans la région de la vallée de l'Orne (voir croquis).
Le P.C. de la division et de l'artillerie divisionnaire étaient restés depuis le début de l'opération à Moyeuvre Grande et Moyeuvre Petite.
Le P.C. du 320e Bataillon du génie était de même resté près de Jœuf. Les P.C. des deux régiments du nord étaient venus au nord de leurs directions d'attaque (377e de l'est de Rombas à l'ouest d'Hagondange et 378e de Sainte-Marie-aux-Chênes à Pierrevillers).
Trois bataillons d'artillerie et le bataillon de chars étaient en position dans la vallée de l'Orne pour pouvoir appuyer l'attaque des 377e et 378e R.I. (358e et 360e Bataillons d'artillerie près de Montois-la-Montagne, 778e Bataillon de chars et 920e Bataillon d'artillerie près de Rombas) cette dernière unité s'apprêtant à aller appuyer la T.F. Bacon à l'est de la Moselle.
Le 359e Bataillon d'artillerie s'était porté de Saint-Marcel à 3 km plus à l'est pour appuyer le 379e R.I. dont le P.C. était resté aux fermes de Caulre.

95e D.I. – 16 novembre 1944

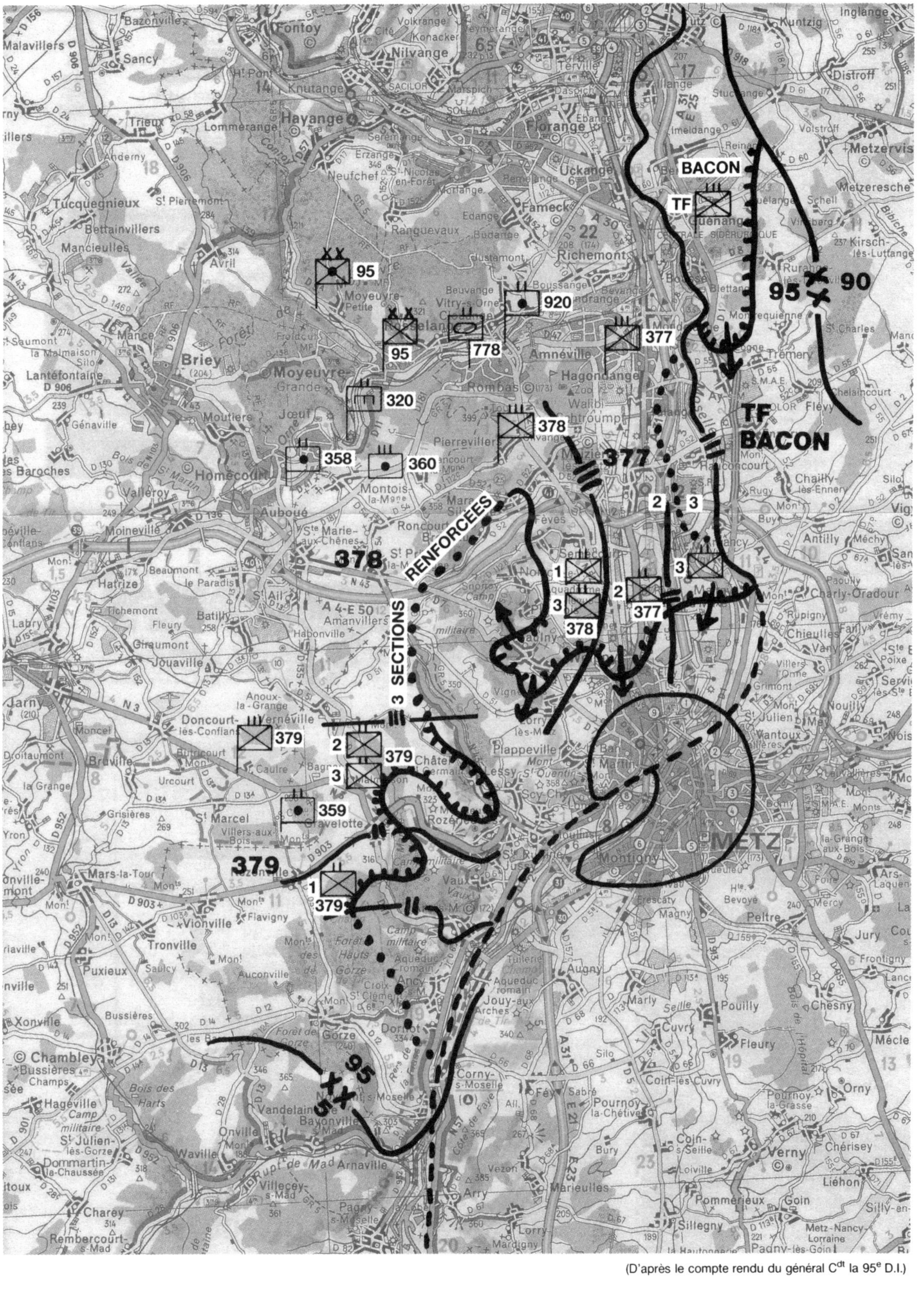

(D'après le compte rendu du général Cdt la 95e D.I.)

- De regrouper son ultime réserve, ce qui restait du 38e SS Pz.G.R. toujours sur la brèche, au fort Bellecroix et de récupérer tous les véhicules de ravitaillement pour permettre de transporter cette unité.
- De former face à l'est un nouveau commandement. Il fut placé sous les ordres du chef de l'Etat-major du régiment de forteresse n° 22, avec P.C. au fort de Queuleu, disposant notamment du 45e bataillon de mitrailleuses de forteresse (ayant ramené son P.C. de Magny au fort de Queuleu), d'un autre bataillon de mitrailleuses de forteresse (numéro inconnu) aussitôt mis en place au fort Saint-Julien et des 1, 3 et 11/1er bataillon de position. Le groupement d'artillerie sud, ayant transféré son P.C. au fort des Bordes, appuyait cet ensemble avec ce qui lui restait.

La dégradation de la situation fut à l'origine de trois autres mesures :

- L'hôpital militaire Legouest fut évacué le 16 au soir.
- Un dernier train de ravitaillement fut attendu dans la nuit.
- La menace nord et le souci d'avoir moins de ponts à surveiller aurait poussé le général Kittel [41] à faire sauter dans la nuit cinq ponts : les deux de la voie ferrée Metz-Woippy (celui de l'abattoir et le pont mixte), le pont Eblé, le pont des Morts et le Moyen-Pont.

Conclusion

L'étau se resserrait dangereusement au sud et surtout au nord (Woippy), alors que tout l'est était maintenant découvert.

Le général Kittel reçut de la 1re Armée la nouvelle mission d'attirer à lui le maximum de forces ennemies pour faciliter le décrochage de cette 1re Armée et retarder l'attaque américaine contre le Westwall.

Le 17 : seul jour de combat centralisé de la 462e V.G.D. isolée

Ce jour-là, les derniers éléments de la 1re Armée encore à Metz (services divers, dont certains de la 17e SS Pz.G.D.) partirent vers la Sarre, laissant la 462e V.G.D. isolée.

L'étau se resserre

Ouest de la Moselle

- Le secteur sud-ouest demeura calme (sans changement pour les éléments américains encerclés à Jussy et à la ferme de Leipzig).
- Au nord, par contre, la pression américaine se poursuivit.
  - Le 20e corps prescrivit ce jour-là à la 95e division de pénétrer dans la banlieue de Metz pour y prendre les ponts intacts. En conséquence, la D.I. lança à 13 h 30 une attaque combinée : le 3/378e bataillon vers Longeville et le 2/377e R.I. vers le Sansonnet.
  - Le 1/378e R.I. U.S. s'empara des forts Canrobert, toujours tenus car les défenseurs n'avaient pas reçu l'ordre de repli. Les ouvrages Kellermann [42]

---

41. C'est du moins ce qu'il a indiqué après guerre (« Studies » MS.B.079).
42. Un rapport du 20e corps indique par contre que ce fort ne fut occupé que le 18 par le 1/378e R.I. L'ouvrage était alors vide.

et Lasalle, vides, furent également occupés ainsi que le fort Lorraine évacué par les Allemands s'étant repliés sur ordre. Le contact dut être perdu entre les adversaires plus au sud. Le 3/378e progressa en direction des hauteurs au nord de Longeville (l'est du fort Saint-Quentin).

- Le 377e R.I. [(43)] continua sa poussée au sud de Woippy [(44)] débordant les ouvrages Gambetta et Déroulède et se battant (2/377e) dans le Sansonnet. Trois blindés de reconnaissance s'étant infiltrés à Devant-les-Ponts sur les arrières ennemis en furent chassés mais après y avoir causé un grand trouble et des enchevêtrements de convois. Le général Kittel ne put envoyer en renfort dans ce secteur que le 55e bataillon de Pionniers, venant d'arriver de l'est et utilisé comme de l'infanterie.

- De son côté, le 2/379e R.I. se serait infiltré jusqu'à l'est du fort Jeanne-d'Arc.

Est de la Moselle.

Les Américains arrivèrent, ce jour-là, au contact des trois grands forts de la rive droite : Saint-Privat, Queuleu et Saint-Julien.

- Le 11e R.I. U.S., continuant d'encercler, avec une compagnie renforcée du 3e bataillon, la compagnie du 53e bataillon de mitrailleuses de forteresse tenant le groupe fortifié Verdun (le reste du 3/11e occupa Jouy-aux-Arches), progressa vers le fort Saint-Privat tenu par le lieutenant-colonel Matzdorf, l'attaqua en vain et commença donc à amorcer son double débordement. Un P.C. s'installa près des ruines du château Bouchotte.
- Le 10e R.I progressa sur deux directions.
  - Le 2/10e, dans la matinée, « nettoya » Magny en chassant les défenseurs allemands de la petite colline de l'actuel square de l'amitié. Dans l'après-midi vinrent renforts et blindés. Des éléments continuèrent par la grand route de Metz et vers le fort de Queuleu. Le soir, des F.F.I. de la 6e brigade (Justin Christ) participèrent à la garde de nuit pour les Américains cantonnant dans le village (le P.C. de la brigade fut installé au 1er étage du café Vigneulle, place de l'Eglise). Le lendemain, ces F.F.I. récupérèrent des Allemands cachés dans et près du village ainsi qu'à Peltre et dans les caves du château de Mercy. Le 17 au soir, le 2/10 réalisa l'encerclement du fort de Queuleu [(45)] où se trouvait, avec l'Etat-

---

43. Pour éviter la réédition de l'échec du 3e bataillon la veille, échec dû à une progression en terrain découvert et bien vue des artilleurs du fort Saint-Julien, ce 3e bataillon fut ramené de La Maxe sur Woippy où il dépassa le 2e bataillon et d'où il attaqua vers Metz. Quant au 2e bataillon, il suivit le 3e, progressant le long de la route principale, compagnie G en tête, compagnie F derrière elle et compagnie E en réserve. L'ensemble se regroupa le soir au Sansonnet. Le 17, à la tombée de la nuit, le lieutenant Waeber (3e section de la compagnie E) reçut l'ordre d'aller reconnaître le pont Eblé, sur le canal, au sud-est. Avec quatre sergents et un « premier soldat », l'officier eut la chance, évitant une pièce de 88 et s'infiltrant en pleine obscurité et hors de la route, d'arriver à son objectif : il était encore intact. Par contre, c'est pendant qu'il était près de ce pont (vers minuit ?), que le pont mixte en aval sauta. La patrouille rejoignit le Sansonnet sans encombres.

44. L'artillerie américaine commença à s'en prendre à partir de ce 17 au quartier Saint-Vincent : celui du P.C. du général Kittel. En particulier, deux ou trois obus tombèrent sur l'église (le clocher servait de poste d'observation) et un projectile tua un cheval rue Goussaud.

45. R. Caboz dans : « La Bataille de la Moselle » note : « Le général Walker, après la prise du fort du Queuleu par le 10e R.I. et surtout des hauteurs de Queuleu dominant le sud de Metz, va donner l'ordre d'arrêt et de mise en défensive à ce régiment pour permettre aux derniers défenseurs de Metz de retraiter sous la pression concentrique vers la route de Strasbourg et

major du 22e régiment de forteresse, le 45e bataillon de mitrailleuses de forteresse et le 11/1er bataillon de position.

- Le 3/10e R.I., sortant du Bois de l'Hôpital, occupa Grigy.

- Le 2e R.I. U.S. ne progressa pas, étant relevé le soir par la 6e D.B. du 12e corps (par exemple, le 2/2e R.I. se replia sur Pontoy).
- Au nord [46], le groupement Bacon continuant à progresser sur deux axes (le 2/378e sur la route Ay-Malroy et le 1/377e par Trémery, Flevy-Ennery,

---

de Sarrebrück en sachant très bien qu'il ne pourra aller très loin, butant alors sur l'encerclement élargi au nord-est de Metz ».

Il est très possible, plausible, qu'un tel ordre d'arrêt fut donné dans l'intention de permettre un repli évitant des combats, des destructions, des pertes dans la ville même. Comme il est sûr, on le verra, que cette possibilité n'a pas été utilisée par les défenseurs.

M. de Vaulx, alors offficier du 2e bureau (renseignements) du général Dody, a fait part à l'auteur d'une hypothèse que lui indiqua un officier de liaison français auprès des Américains. Ces derniers auraient renvoyé au général Kittel des sous-officiers allemands prisonniers, pour lui dire que sa défense était sans espoir et aurait comme seul résultat l'inutile destruction de Metz. En conséquence, les Américains laissaient libre la route de Saint-Avold jusqu'au 19 et « demandaient » au général d'en profiter pour faire replier toutes ses troupes. Parallèlement, le général SS Dunckern, craignant un tel repli contraire aux ordres reçus, aurait lui, ordonné (voir plus loin) la destruction des ponts de la Seille pour couper cette retraite... Ce serait d'une part l'avance trop rapide du 377e R.I. au sud de Woippy, enfonçant un coin vers le cœur de la défense, arrivant trop tôt sur les ponts, y prenant de vitesse les défenseurs à l'ouest de la Moselle et, d'autre part, cette destruction des ponts de la Seille qui auraient empêché le général Kittel d'effectuer ce repli. Il est possible que les Américains aient envoyé de tels émissaires pour tenter de provoquer un repli souhaité mais jusqu'à preuve du contraire, le reste de l'hypothèse ne semble pas fondé. Dans son interrogatoire de janvier 1946 par les Américains, le général Kittel n'a pas fait mention de ces contacts officieux alors qu'il a fait état de l'ultimatum qu'il reçut plus tard (voir plus loin) du 377e R.I. Pourquoi les questionneurs n'auraient-ils pas soulevé ce problème qui, vrai, aurait été à la base des combats de Metz ? La pénétration U.S. de ce 377e R.I. au nord, du 10e R.I. au sud rendait impossible un repli vers l'est de l'essentiel de la défense, les forts de l'ouest de la Moselle, à partir du 17 (ce même jour ne partirent que de petits éléments de la 1re Armée, à l'est de la rivière). Pour que ce soit possible, il fallait arrêter plus tôt les 377e et 10e R.I. ; ce ne fut pas fait. Les ponts de la Seille sautèrent les 18 et 19 (sauf deux), à la barbe des Américains venant de l'est pour les empêcher d'entrer en ville et non plus tôt et dans le but inverse. Le général Kittel, prenant son commandement le 14, n'aurait pu (un tel repli exigeait des délais de préparation) ne le réaliser que le 15 ou plutôt le 16. Il ne le pouvait moralement pas, venant tout juste de prendre le commandement d'une forteresse montée en épingle par la propagande nazie, et dont la défense était formellement exigée par Hitler. De plus, il savait que le moral de ses troupes était atteint. Un repli en catastrophe à travers la ville de Metz avait toutes les chances de se terminer en relative débandade, préjudiciable pour tous alors que les forts offraient le maximum d'atouts pour la défense et la cohésion des défenseurs ayant de bons chefs. Il semble bien que le général Kittel, qu'il ait été contacté ou non par les Américains, prit la plus sage décision :

- s'en tenir à sa mission, qui était de fixer le maximum d'adversaires et de les empêcher le plus longtemps possible d'utiliser le nœud de communications de Metz [*] ;
- tout en évitant les destructions inutiles en ville [*] ;
- donc en fondant sa défense sur les principaux forts, et en faisant sauter les ponts et le central téléphonique.

Cette poussée du 377e R.I. au sud de Woippy, qui ne put être que sur ordre, au lieu d'avoir empêché les garnisons des forts de se replier vers l'est, sur Metz puis Saint-Avold, ne permit pas au contraire au général Kittel de transférer son P.C. vers l'ouest, au fort Jeanne-d'Arc. Bref, il était normal que les Américains essaient d'obtenir le repli de la 462e V.G.D. comme il était normal que le général Kittel ne le prescrive pas entre le 14 et le 16, alors qu'un tel mouvement était encore peut-être possible mais certainement difficile.

* Ce fut également le double objectif du défenseur de Paris.

46. Le 17, les restes du 1er bataillon du 1 215e V.G.R., qui avait franchi la Moselle à Olgy dans la nuit du 15 au 16, rejoignirent l'île Chambière par Malroy et Saint-Julien. Ils étaient épuisés.

Antilly et Chieulles) [47], rejeta les derniers éléments du 1 216ᵉ V.G.R. de la 19ᵉ V.G.D. et se trouva donc au contact de la 462ᵉ V.G.D. Le général Kittel, prévenu de cette menace, envoya en renfort une batterie de F.T.A. jusqu'alors dans la région de Woippy, avec mission de prendre l'ennemi à parti au plus loin (à hauteur de la route Malroy-Chieulles) puis de renforcer le fort Saint-Julien. Le groupement Bacon butta, le 17, sur ces éléments.

Conclusion

Le 17 au soir, l'ennemi avait pris pied dans la banlieue nord-ouest de Metz (le Sansonnet) ; il y était à moins de 2 km du P.C. du général Kittel, tandis qu'à l'est de la Moselle, les trois principaux forts étaient pratiquement investis.

L'absence de réserves

A l'appel du fort Saint-Quentin, ce général donna l'ordre au 38ᵉ SS Pz.G.R., qu'il croyait être alors en réserve au fort Bellecroix, d'aller dégager cette fortification. Cela n'eut pas lieu car ce régiment s'était replié vers l'est... (de sa propre initiative, a pensé le général Kittel, ou sur ordre de la 17ᵉ SS Pz.G.D., compte tenu de l'ordre de repli de la 1ʳᵉ Armée ?).

La seule réserve nouvelle fut le 55ᵉ bataillon du génie envoyé en renforcement d'infanterie au sud de Woippy.

Il restait pourtant des hommes théoriquement disponibles : quelque 700 isolés ou autres se trouvant à l'intérieur même de la ville. Le général chercha à encadrer cet ensemble mais échoua, n'ayant pas trouvé de chefs à la personnalité suffisante pour utiliser ces éléments devant surtout penser au moyen d'éviter de participer aux derniers combats [48].

Il n'y avait plus de réserve.

Le problème des liaisons

Dès le 15, un certain nombre de lignes téléphoniques aériennes aurait été exprès coupées par crainte d'interception par l'ennemi, dont les F.F.I.

Les difficultés de liaison semblent avoir causé notamment la perte de contact avec le fort Canrobert et, plus gravement, avec le 1 010ᵉ régiment de sécurité. Elles furent peut-être également cause du départ inattendu du 38ᵉ SS Pz.G.R.

Le 17 au soir, le général Kittel aurait prescrit la destruction du pont du Sauvage reliant l'île Saint-Symphorien à Longeville (il ne sauta que le 18 à 11 h, voir plus loin). Ce n'est qu'alors que le commandement allemand s'aperçut que

---

47. Le 2/378ᵉ R.I. était bloqué à Malroy par des tirs venant de Chieulles. De Rupigny, le 1/377ᵉ attaqua par surprise ce dernier village, s'en empara grâce à l'appui de ses chars et récupéra outre 110 prisonniers, quatre pièces de 150 mm, quatre de 105 mm, une de 88 mm et une anti-aérienne de 20 mm. Les Américains ne perdirent dans cette affaire qu'un tué et un blessé.

48. Le moral d'une partie des défenseurs était de plus en plus atteint. Le 17, les pertes allemandes furent de 600 hommes (surtout au 1 215ᵉ V.G.R.) mais en grande majorité il s'agissait d'« absents ». Cette proportion allait croissante. Par contre, chaque fort avait à sa tête un chef de valeur décidé à tenir jusqu'au bout.

dans ce pont passaient les circuits téléphoniques civils reliant les deux rives de la Moselle... Avec les forts de l'ouest, les pivots de la défense, le général ne put plus utiliser que la radio, le circuit téléphonique militaire et les agents de liaison.

Les liaisons de la défense perdaient de leur fiabilité.

D'où les décisions du 17 au soir (croquis n° 28)

Le général Kittel se rendit compte que, dans ces conditions, il lui était impossible de diriger lui-même la défense centralisée, coordonnée de l'ensemble. Il lui fallait prescrire une défense décentralisée, laissant l'initiative à chacun des chefs des centres de résistance avec mission de tenir le plus longtemps possible.

Lui même décida de garder pour le moment son P.C. à la caserne Riberpray au lieu, comme prévu, de rejoindre de nuit le fort Jeanne-d'Arc pour être près des autres forts, les bases de la défense ultérieure. Les routes de la banlieue nord-ouest de Metz étaient alors trop obstruées pour permettre le passage du convoi du P.C. de division. Un départ fut prévu le 18 au matin.

Le général prescrivit :

- Au 1 215e V.G.R. de reculer pas à pas, dans la nuit du 17 au 18, du sud de Woippy jusqu'au fort Saint-Quentin.
- Aux éléments du 1 010e régiment de sécurité récupérés au sud-ouest du fort Saint-Quentin de se regrouper au fort de Plappeville et d'y être sous les ordres du colonel Vogel, l'artilleur de la 462e V.G.D.
- Au bataillon Voss et au 1er bataillon du 1 217e V.G.R. de tenir le fort Jeanne-d'Arc et d'y préparer le P.C. de division.
- Au 1 217e V.G.R. moins son 1er bataillon, de s'accrocher au fort Driant.
- Aux responsables des forts de Verdun (une compagnie du 53e bataillon de mitrailleuses), de Saint-Privat (lieutenant-colonel Matzdorf avec E.M. du 25e régiment de forteresse et 48e bataillon de mitrailleuses), de Queuleu (E.M. du 22e régiment de forteresse et 45e bataillon de mitrailleuses) et de Saint-Julien (un bataillon de forteresse et une batterie de F.T.A.) d'y tenir « jusqu'aux dernières cartouches ».

En ce qui concerne les « isolés » (49) en ville, le général ne put que désigner un responsable par caserne, faire distribuer des munitions, faire organiser la défense de l'île de Chambière avec 400 « isolés » et prescrire que les quelque 250 hommes de la caserne Barbot prennent en charge la défense des ponts de l'est de l'île Saint-Symphorien (boulevard Saint-Symphorien, champ de course).

Enfin, le général reçut, ce 17, un ordre le rendant personnellement responsable de l'obligation de ne laisser tomber aucun pont utilisable aux mains de l'ennemi : d'où d'abord cette décision concernant le pont du Sauvage.

---

49. M. Paul Berviller, « malgré-nous » ayant pu se faire rapatrier à Metz pour raison médicale mais interpellé le 16 au soir par une patrouille d'officiers dut se présenter, le lendemain 17, à 9 h, à la caserne Ney (l'aile longeant l'avenue Robert Schuman était le siège de la 4e compagnie de protection). Avec une cinquantaine d'autres « isolés » ainsi regroupés, l'intéressé fut conduit à pied à la caserne des Vallières (la majorité des ponts n'avait pas encore sauté). Là, l'ensemble reçut la mission d'attaquer les Américains alors à Lorry... En fait, non encadrés et mal armés, ils restèrent là et s'y laissèrent faire prisonniers par la suite. M. Berviller, lui, partit seul par Plappeville et Bonne Fontaine rejoindre les Américains dans ce même Lorry, le même soir, et leur servit d'interprète.

A Metz

Mise en défense

Le rapprochement du front vers le centre de la ville obligea les artilleurs allemands à y mettre en batterie leurs pièces, mais en en changeant leurs emplacements pour qu'elles ne soient pas repérées. Il y en eut notamment à Queuleu, Bellecroix et Saint-Julien, mais également en centre ville. Ce fut le cas à l'angle de la rue Serpenoise et de « en bonne ruelle », ainsi qu'en bas du 42 rue des Clercs, ces deux pièces étant en batterie face à la place de la République. Un autre canon fut installé boulevard Poincaré dans l'ancienne tour des remparts qui, devant la place de la République, servit de belvédère. Une pièce antichar fut placée dans le petit jardin situé devant le palais du gouverneur. Un canon ou une mitrailleuse lourde fut posté au débouché de la rue Tête d'or, place Saint-Louis, etc.

Des médecins messins [(50)] s'élevèrent contre l'ordre d'évacuation des civils hospitalisés afin de laisser la place aux militaires blessés lors des durs combats de rue prévus. Des ambulances devaient venir d'Allemagne pour charger les premiers. Elles ne vinrent pas.

L'évacuation des civils se fit sous trois formes :

- Il a été dit qu'une évacuation [(51)] systématique avait été prescrite le 13 et donna lieu à une nouvelle « chasse à l'homme ». La 18e compagnie de gendarmerie de campagne [(52)] vint spécialement dans ce but de Mannheim... et repartit sans avoir rempli sa mission. La coupure, le 17, de la dernière voie ferrée conduisant vers Bouzonville mit fin au problème (des trains emmenant des Messins évacués durent s'arrêter à la gare de Vantoux et les voyageurs durent revenir à pied).
- Des habitants de maisons proches des ponts qui allaient sauter furent forcés de les quitter pour aller se réfugier chez d'autres Messins. Mais la destruction tardant parfois, certains revinrent se cacher chez eux.
- Des civils allemands enfin évacuèrent la ville avec l'aide de la Feldgendarmerie.

---

50. Des civils messins préparèrent des postes de secours clandestins en prévision des combats de rue annoncés. Ce fut le cas, par exemple, chez Mlle Lanique, 67 ou 69 rue des Allemands, en contact avec les F.F.I. Des lits pliants furent apportés, un médecin désigné et des personnes du quartier préparèrent des bandes. Mais finalement tout ce matériel fut évacué avant la libération par crainte d'une perquisition. Le poste de secours installé par le docteur Boskowitz au sous-sol de l'hôpital Saint-André, bénéficiant d'un groupe électrogène fourni par les services municipaux, était en fait destiné aux F.F.I.

51. Le 12 ne seraient partis que 12 volontaires et 25 le lendemain. A la suite des fouilles de la police, l'effectif des parties avoisina les 800 les 14 et 15.

52. Dans sa déposition du 24 mai 1951, à l'occasion de la comparution du général SS Dunckern devant le Tribunal militaire permanent de Metz (audience du 1er juin 1951), le général Kittel a déclaré : « Mi-novembre 1944, je reçus l'ordre d'évacuer la ville de Metz de toute la population civile, avec le concours de la 18e compagnie de gendarmerie de campagne qui était déjà arrivée de Mannheim. Dunckern, interrogé par moi parce que connaissant la situation locale, demanda énergiquement que la population civile puisse rester et proposa de ne pas exécuter l'ordre d'évacuation. En conséquence, j'obtins le départ de la Feldgendarmerie et la population civile put rester à Metz »...
Dans sa déclaration aux Américains MS.B.079, le même général Kittel indiqua que la non évacuation des civils, le 16, par huit compagnies de Feldgendarmerie arrivées de Darmstadt le même jour au matin dans ce but ne fut pas réalisée, parce que la police n'était alors plus maîtresse de la situation (voir plus loin l'action des F.F.I. indiquée par le général).

Polices et dignitaires

A. Kemp [53] indique que, le 16, le « Kreisleiter » (le chef local du parti nazi) se replia avec son Etat-major et un certain nombre de sympathisants [54].

P. Wolff [55] a noté les 16-17, le départ nocturne de la police et de la Gestapo pour Sarrebrück. « Il ne reste à Metz que des militaires ».

Le général Kittel [56] a déclaré après guerre avoir ordonné au général SS Anton Dunckern, chef de la Gestapo, de partir également. Himmler prescrivit le contraire. Le général Dunckern fut alors nommé à la tête du centre de rassemblement des égarés et des fuyards.

Le même général Kittel [57] a avoué que la police ne contrôlait plus la situation.

Propagande nazie

A partir du 12 parut une « feuille d'information de combat » annoncée comme devant paraître tous les deux jours.
Le n° 1, du 12 vraisemblablement, intitulé « Achtung Metz », indiquait que l'ennemi voulait prendre la ville et qu'il fallait l'« en empêcher pour gagner le temps nécessaire à l'utilisation à plein des armes nouvelles » : les V2.
Le n° 2 : « Mensch oder Material ? » affirmait que si les Anglo-Saxons estimaient que le matériel l'emportait sur les hommes, pour les Allemands c'était le contraire et c'est pourquoi leurs troupes surclassaient leurs adversaires disposant de tout un matériel.
Le n° 3 : « Latrinenparolen » s'élevait contre les « bobards » qui couraient, accusant leurs porteurs de sottise et menaçant les plus coupables de comparaître devant le tribunal militaire.

---

53. Dans : « Lorraine, album mémorial ».
54. Dans : « Studies » MS.B.079, le général Kittel a précisé, après la guerre, que le Kreisleiter partit le 16 au matin avec le Gauleiter Stöehr venu lui rendre visite.
55. Dans : « Journal d'un résistant mosellan ».
56. A l'occasion du procès du général Dunckern devant le Tribunal militaire permanent de Metz (audience du 1er juin 1951), le général Kittel déclara le 24 mai 1951 :
« En novembre 1944, j'ai été nommé commandant de la forteresse de Metz. En cette qualité j'avais, en vertu d'une ordonnance spéciale du commandement suprême de la Wehrmacht — soit « Führerbefehl » n° 11 — qualité de donner tous ordres à toutes autorités militaires et civiles de la place fortifiée de Metz.
« Lorsque j'arrivai à Metz, le général de brigade de police Anton Dunckern vint se présenter et me déclara qu'il était Polizei-President (préfet de police) de Metz. Je lui répondis que je n'aurais pas besoin de lui et lui donnai l'ordre écrit de quitter Metz avec ses services aussi rapidement que possible ».
« Le lendemain, Dunckern se présenta à nouveau et déclara qu'il s'était mis télégraphiquement en rapport avec Himmler, chef de la police allemande à Berlin, et qu'il avait reçu l'ordre strict de rester à Metz. Je tins compte de cela et déclarai à Dunckern que, dans ces conditions, j'étais obligé de l'utiliser comme un membre de la Wehrmacht et qu'une activité policière n'était plus à envisager pour lui. Sur mes ordres, Dunckern joignit alors la réserve des chefs près la Ortskommandantur de Metz et fut, de là, versé dans les cadres de la Wehrmacht chargés de la défense de la ville. Il en résulte que Dunckern était indiscutablement soumis aux ordres de l'Armée... ».
De fait, dès qu'il fut fait prisonnier, le 20 novembre (voir plus loin), l'intéressé fut toujours traité comme général de l'Armée. La déposition ci-dessus cache mal la méfiance qui régnait entre l'Armée et les services d'Himmler et le fait que le général Dunckern n'eut en fait aucun rôle dans la défense de Metz. Mais elle montre le fair-play d'un général allemand couvrant néanmoins un de ses pairs théoriques accusé de « crime de guerre ».
57. Dans : « Studies » MS.B.079.

Achtung Metz!

Der Gegner will Metz beiderseits umklammern, so sagt der Wehrmachtbericht vom 11. 11. 44.

Der Gegner braucht Metz. Denn er kann nicht an Metz vorbei, wenn er weiter in die Westmark will.

Der Gegner will aber weiter in die Westmark, wie er ins Ruhrgebiet wollte.

Was wollen wir?

Wir wollen:

Die Westmark ebenso schützen, wie die Kameraden um Aachen und Arnheim das Ruhrgebiet geschützt haben.

Wir wissen:

Ohne Westmark keinen Stahl, kein Eisen, keine Kohle für die neuen Waffen.

Die neuen Waffen sind da!

Die ersten **neuen Jäger** haben bei Arnheim gekämpft. Ihre Produktion läuft ohne Unterlaß über und unter der Erde weiter.

Die Zerstörungen von **V 2** werden jetzt offen von der englisch-amerikanischen Presse zugegeben. Churchill hat im Unterhaus erklärt, daß es zur Zeit kein Abwehrmittel dagegen gibt.

Unser Kämpfen hat also einen ganz klaren Sinn:

Schutz der Westmark — Zeitgewinn für die neuen Waffen und Volksgrenadier-Divisionen. Was der Gegner in Ostpreußen erlebte, soll er auch hier erleben:

Ungeheuer blutige Verluste.

Der Platz Metz als vorgeschobener Brückenkopf unserer Heeresgruppe gibt in Zukunft alle zwei Tage ein kurzes Nachrichten-Flugblatt für Offizier und Mann heraus.

Es enthält: Die wichtigsten Ereignisse — hervorragende Leistungen von Einzelkämpfern — Abschmieren der lächerlichen Parolen und Feindagitation.

Kampfnachrichtenblatt Nr. 1.

Mensch oder Material?

Was ist stärker: Der Mensch oder das Material?

Der Anglo-Amerikaner sagt: Das Material.

Wir sagen: Der Mensch, und zwar deshalb, weil der Gegner trotz der ungeheuren Materialüberlegenheit uns nicht klein gekriegt hat und uns nicht klein kriegen wird.

Wer hat es denn dazu gebracht, daß die Front wieder zum Stehen kam?

Wer hat denn in der Normandie dieser ungeheuren Überlegenheit ohne eigenen Jägerschutz wochenlang standgehalten?

Wer hat denn auf dem Rückzug durch sein energisches Zupacken die Unordnung gemeistert?

Wer ist es denn jetzt, der an der ganzen Westfront der Überlegenheit der Anglo-Amerikaner trotzt? — **Der tapfere deutsche Soldat.**

Warum halten unsere Festungen am Atlantik so lange? **Weil die deutschen Besatzungen tapferer sind als die Amerikaner mit ihrem Material.**

Der deutsche Mensch ist dem Material überlegen.

Daß das zur Zeit unendlich schwer ist, weiß jeder von uns: Der Infanterist im nassen, verschneiten Grabenloch, die Einheit, über der der Artillerie-Beobachter steht, die Männer, die plötzlich Panzern gegenüberstehen.

Aber Eines sehen wir daraus: wie hart und tapfer der deutsche Soldat ist. Beispiele unserer Kameraden:

Da ist ein Unteroffizi[illegible] Abschnitt plötzlich von 6 Amerikanern umzingelt und sie rufe[illegible] hoch!« Er zieht die Pistole und sagt: »Mitgehen!« und bringt die 6 Amerikaner nach Hause.

Da rücken bei einem anderen Regiment 40 Amerikaner mit ungeheuer viel Sprengmunition an. Ihr Vorstoß wird vereitelt durch ein paar **tapfere Kerle.**

Kameraden! In jeder Gruppe ist ein solch tapferer Kerl.

Mut und Wille zum Zupacken werden immer wieder die anderen Kameraden zu solchen Heldentaten anspornen.

Aus dem Wehrmachtsbericht: Heftige Kämpfe beiderseits Metz. Feindliche Panzerkräfte abgefangen. Um Metz bisher 222 amerikanische Panzer und Panzerspähwagen vernichtet. Feindliche Angriffe gegen die Festung St. Nazaire gescheitert. Vergeltungsfeuer weiter auf London.

Kampf-Nachrichtenblatt Nr. 2.

"Latrinenparolen"

nennt der Soldat die Gerüchte, die von

Schwätzern, Gespenstersehern und Hanswursten

verbreitet werden. Damit hat er auch schon sein Urteil über sie gefällt.

Wer aber auf diese Latrinenparolen hört und sie weiterträgt, der muß von vernünftigen Kameraden seiner

Dummheit

verwiesen und der **Lächerlichkeit** preisgegeben werden, wie neulich von einem kaltblütigen Kanonier, der sagte:

„Wie stark der Feind eingebrochen ist, ob Gruppe oder Bataillon, das hängt davon ab, wieviel Angst einer hat."

Vor ein paar Tagen verbreitete ein Technischer Inspektor in einem Metzer Fort das unwahre Gerücht, der Feind stände schon 8 km vor einem Ort im Hinterland, und trug dadurch Unruhe in die Truppe.

Er wurde — wie es sich gehört — alsbald festgenommen. Am nächsten Tage trat auf Befehl des Herrn General sofort ein Standgericht zusammen, das den Betreffenden aburteilte.

So muß jedem Schwätzer die **Quittung** erteilt werden:

Durch **Lächerlichmachen,**

Tritt in den Hintern unter Kameraden

oder für die schlimmsten:

Kriegsgerichtsurteil.

Aus dem Wehrmachtbericht:

Südlich Diedenhofen zerschlugen unsere Grenadiere vollends den feindlichen Brückenkopf und machten mehrere hundert Gefangene. Bei Gravelotte sowie beiderseits der Seille stehen sie in heftigen Abwehrkämpfen. Deutsche Panzerverbände vereitelten im Kampfgebiet zwischen der Nied und Mörchingen erneute Umfassungsversuche des Feindes. 22 nord-amerikanische Panzer wurden vernichtet.

Metzer Kampfnachrichtenblatt Nr. 3.

L'approche des Américains, qui n'était pas un « bobard », mit fin à cette série à l'efficacité douteuse.

Les F.F.I.

Premières manifestations.

- P. Wolff [58] relate que les 16 et 17 novembre, « des groupes F.F.I. entreprennent des coups de mains sur des postes militaires pour s'emparer d'armes et de munitions ». De son côté, le général Kittel a noté, après la guerre [59], que « le 16 après-midi, le bruit avait couru de la présence de chars américains en ville, ce qui avait provoqué des pavoisements. Un monde jusqu'alors inusité se déplaçait dans les rues du centre. Des F.F.I. à brassards bleu-blanc-rouge apparaissaient, arrêtaient des soldats isolés et leur prenaient leurs armes. La police allemande n'était plus maître de la situation ».

Il dut s'agir de quelques actes isolés facilités par l'ambiance nouvelle : espoir grandissant dans l'arrivée des Américains, relative disparition du service d'ordre, crainte de la population — et de certains soldats allemands — dans la perspective des combats de rue annoncés.

- quelques soldats isolés auraient été alors (ils ne furent pas les premiers) désarmés puis parfois fait prisonniers [60] ou jetés dans la Moselle ;
- le lieutenant André Schwartz et son équipe, exploitant le fait que d'autres isolés ne demandaient qu'à se cacher et à prendre des vêtements civils, en mirent certains « à l'abri », désarmés, dans les caves fortes de la Trésorerie générale... ce qui créa en particulier le problème de leur ravitaillement ultérieur...

Le lancement officiel, spectaculaire (et manqué) des F.F.I. de Metz [60 bis]

L'imminente arrivée des libérateurs obligeait le commandant Krieger à prendre — enfin — ses troupes en main (il n'était alors connu que de quelques responsables) et à « faire quelque chose » car l'ordre F.F.I. n° 1 du 3 septembre était resté en fait « lettre morte », les Allemands ayant su « occuper » et éparpiller les résistants éventuels en en faisant des « Schanzer ».

- Le commandant Grégor fit convoquer de bouche à oreille les F.F.I. qu'il put contacter à une réunion de grande importance au cours de laquelle il se

58. Dans : « Journal d'un résistant mosellan ».

59. Dans : « Studies » MS.B.079.

60. Dans : *« Le Républicain Lorrain »* du 28 novembre 1964, le lieutenant de réserve H. Griboux, ex-chef de la 4ᵉ brigade F.F.I., raconte qu'ainsi, dans des caves, quelque 200 soldats allemands auraient été désarmés puis cachés jusqu'à la libération.
François Geraunon, F.F.I. de la 3ᵉ brigade (Bock), habitant alors 68 rue de Queuleu, a indiqué à l'auteur avoir, avec Eugène Voller, chacun armé d'un révolver, le 17 novembre, ou plutôt le 16, fait prisonniers et désarmé près de chez lui une quinzaine d'Allemands démoralisés descendant la rue en charrettes hippomobiles.
Léon Legris, de la même brigade, a également raconté avoir fait prisonniers dans la nuit du 17 au 18, ou le 18 au matin, la quinzaine d'Allemands gardant le garage et dépôt d'essence de l'hôtel de ville, rue de la Princerie.
Quelques jours avant la libération, des fusils et des grenades placés par les Allemands derrière le préventorium de Queuleu et repérés par une habitante du quartier furent récupérés par les F.F.I.
Le 18, ou dans la nuit du 18 au 19, un soldat allemand fut tué devant le 27-29 quai Félix-Maréchal.

présenterait à tous, organiserait l'ensemble et gonflerait le moral de ses troupes. Cette réunion cruciale, la seule du reste, dut avoir lieu le 16 ou le 17 novembre [60 bis] au café « Au vieux Metz », rue Mazelle, dont une sortie arrière sur le boulevard Maginot pouvait permettre une fuite rapide. Il y eut une trentaine de présents. René Tribout présenta son chef qui, de son côté, confirma ses principaux subordonnés dont R. Tribout comme son responsable militaire. Il semble que l'organisation de l'ensemble se soit arrêtée là.

- Mais il était opportun, par un coup d'éclat, de souder cet ensemble disparate et de montrer à ceux qui allaient revenir de « France » que ceux qui étaient restés n'avaient pas attendu passivement. Quelque temps avant cette réunion, le responsable Eisenkopf et certains de ses équipiers avaient bien pensé la même chose. L'un d'eux avait soulevé l'idée d'attaquer le poste de deux mitrailleuses jumelées qu'il avait repéré devant le café « Bellevue » situé à l'angle de la rue Lothaire et de la route de Magny (actuelle avenue Malraux). Il ne semblait guère y avoir d'autres soldats que les deux sentinelles [60 ter]. Ce projet, retenu, fut proposé lors de la réunion elle-même et accepté.
- Pour avoir plus de chances de succès, il fut décidé que, pendant que l'équipe principale placée sous les ordres du capitaine Tribout agirait directement par la route de Magny, deux autres équipes la couvriraient d'une part par l'avenue Louis-le-Débonnaire et d'autre part par la rue Saint-Pierre. Enfin, Krieger se fit fort, pendant ce temps, avec d'autres F.F.I., de prendre les armes d'occupants de voitures qui, passant place Mazelle, demanderaient la direction de Sarrebrück : la porte des Allemands. C'était donc un grand plan de bataille destiné à récupérer des armes... par des assaillants quasi non armés. Grégor demanda des volontaires parmi les présents et quelques autres le rejoignirent.
- Tribout, Eisenkopf, Becker, Olinsky et une quinzaine d'autres F.F.I. partirent donc en pleine nuit du café « Au vieux Metz » vers la gare de marchandises puis le café « Bellevue » (croquis n° 11). En route, quelques prudents s'esquivèrent. Quatre autres environ, prenant la rue des Messageries, arrivèrent trop tard. Un peu avant l'objectif, il n'y avait plus qu'une dizaine d'hommes ne disposant que de deux revolvers ou guère plus. Il est à signaler que les rares témoins civils rencontrés (il n'y avait alors que des jardins maraîchers et ni l'heure, ni la situation ni la nuit noire — aucun éclairage extérieur — ne prédisposaient aux sorties), devinant le but poursuivi ou mis au courant par les acteurs, les dissuadèrent vigoureusement par crainte des représailles ! Néanmoins Eisenkopf partit seul

---

60 bis. Dans la première édition de cette étude, l'auteur, faute de renseignements précis, a estimé que cette attaque aurait pu avoir lieu début septembre 1944. Depuis lors, de nouveaux témoignages situent cette action capitale par sa signification... et non ses résultats, le 16 ou le 17 novembre (à préciser) et la replacent dans un cadre plus général : les tentatives simultanées menées par la rue Saint-Pierre et l'avenue Louis-le-Débonnaire.

60 ter. En fait, ce poste était plus important que prévu. Le F.F.I. Adrien Mayer, qui travaillait alors aux chemins de fer, a indiqué à l'auteur qu'il s'agissait d'un local où couchaient les hommes qui étaient de garde à la gare de marchandises. A cette gare passaient ou stationnaient de nuit des trains de déportés, de requis du S.T.O., de prisonniers russes, etc. Il fallait donc en fermer toutes les issues vers Queuleu et le Sablon. D'autre part, il n'y avait pas là des mitrailleuses mais un quadritube anti-aérien et antichar en batterie à l'angle nord-ouest du carrefour Lothaire-Magny.

ATTAQUE PAR LES F.F.I.
CAFÉ « BELLEVUE »

282.1

VERS 15 NOVEMBRE 1944

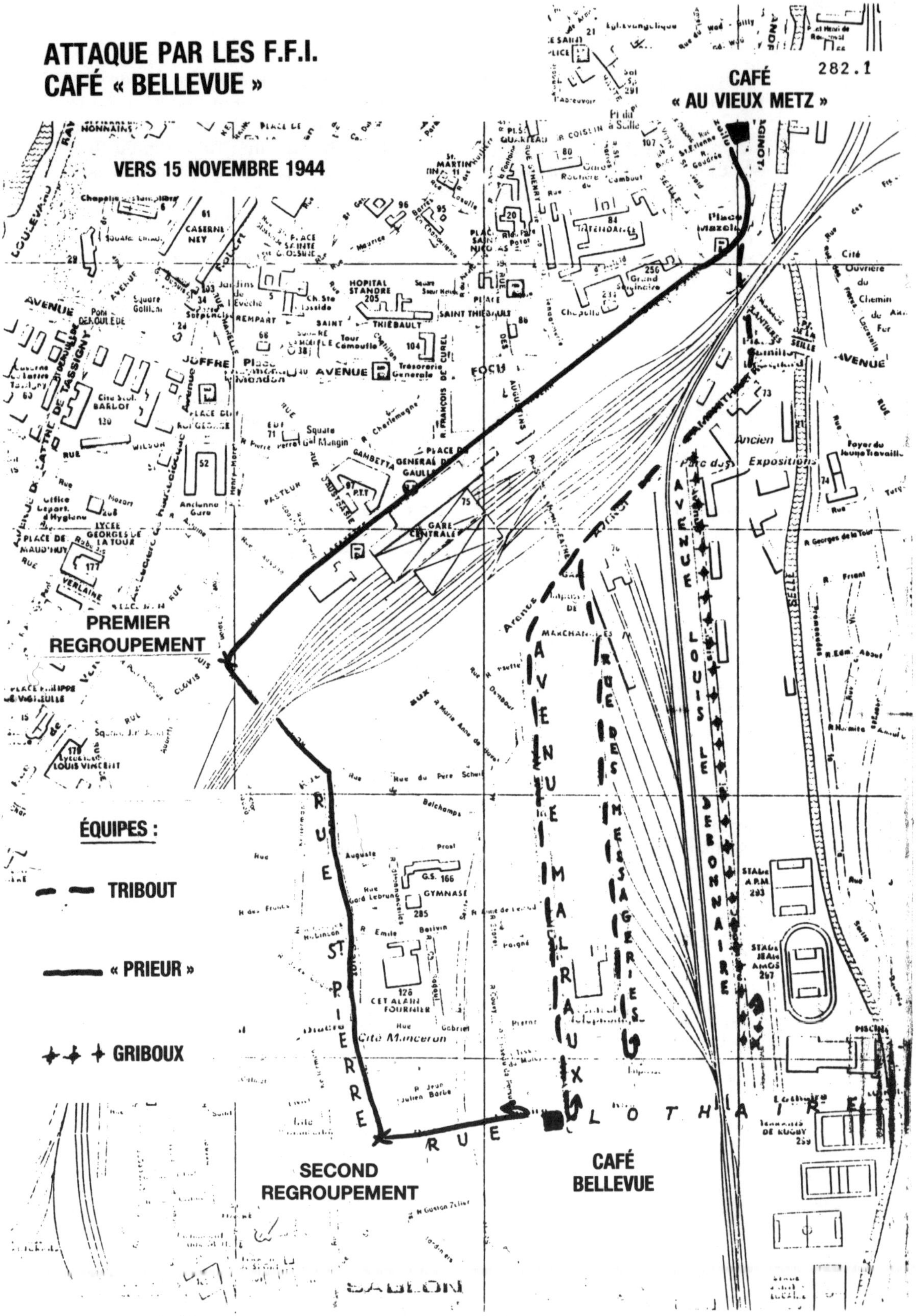

reconnaître l'objectif en allant parler à la sentinelle, puis revint au reste du groupe qui s'était camouflé en attendant. L'intrépide Tribout, le chef de cette expédition, décida l'attaque avec deux groupes. Lui-même, armé d'un revolver, suivi de Becker, d'Olinsky et d'un autre F.F.I. attaquerait directement par la porte d'angle tandis que Eisenkopf, débordant par les jardins avec quelque cinq hommes, se porterait à la porte de la rue Lothaire et n'attaquerait par là que sur ordre de Tribout. De fait, ce dernier arriva à la porte d'angle, revolver au poing, l'ouvrit et cria : « Hände hoch »... Une quinzaine d'Allemands (!), couchés dans la salle du café, s'exclamèrent : « Amerikaner » ! Se rendant compte du nombre inattendu d'ennemis, le capitaine Tribout s'écria : « Foutez le camp, il y a plein de monde ! » tandis qu'il tirait dans le ventre de l'Allemand qui se trouvait à un mètre de lui. Ce fut alors le sauve-qui-peut général vers la gare par la route de Magny et les jardins voisins. Les quelques civils locaux firent de même. La nuit complète fit que des fuyards butèrent sur des obstacles (Tribout heurta violemment de la tête un poteau et dut être soutenu par Becker et Sigismond Olinsky ; celui-ci a indiqué à l'auteur avoir alors reçu un coup de crosse à la mâchoire par la sentinelle qu'il n'avait pas abattue, son pistolet s'étant enrayé ; d'autres s'empêtrèrent dans les clôtures de jardin). L'obscurité facilita leur fuite car, après un moment de flottement, les Allemands tirèrent un peu partout, surtout avec leur quadritube, dans l'axe de la route de Magny. Quelques fusées éclairantes furent lancées, mais trop tard ; les F.F.I. étaient déjà loin, non poursuivis et s'étant dispersés. Chacun gagna un lieu sûr. Le lendemain, prudemment et anxieusement, le contact fut repris. Aucun homme n'avait été atteint par balle ! Quelle chance et quelle peur !

- Simultanément, l'équipe Griboux avait progressé le long de l'avenue Louis-le-Débonnaire. Quand ces F.F.I. entendirent la pétarade, ils firent demi-tour.
- L'autre « débordement » fut par la rue Saint-Pierre. Un premier regroupement avait été fixé à une vespasienne située à la sortie nord-ouest du passage du Sablon. Là, vers 17 heures, un « commandant » (qui ?) confia au futur docteur Prieur [60 quater] (« malgré nous » déserteur) un pistolet Mauser à crosse amovible dans un étui en bois et quelques cartouches (qui s'avérèrent par la suite ne pas être les bonnes !). Puis ce chef indiqua la mission aux hommes armés : en liaison avec l'équipe Tribout, neutraliser les mitrailleuses puis les occupants du café, les F.F.I. sans arme s'emparant alors de celles des Allemands... Il souhaita enfin « bonne chance » à un « lieutenant » (qui ?) et à la douzaine d'hommes qui, deux par deux, par la rue Saint-Pierre, gagnèrent le carrefour de cette rue avec

60 quater. Le docteur Prieur a narré à l'auteur ce que fut cette action et a ainsi permis de connaître sa date approximative. Ce « Malgré nous », déserteur caché à Metz, tint à accompagner dans cette expédition aventureuse son frère Henri, F.F.I. prévenu par son camarade Oleggini. Avec eux étaient Bruno Piérarski, Claude Duverneuil, Conrad Munsch et d'autres, dont le « lieutenant », dont il ne se rappelle plus les noms.
Il avait prêté à son frère son pistolet P. 38. Connaissant les armes allemandes, il hérita du P.A. Mauser. Claude Duverneuil avait un 7,65. Munsch dit avoir reçu un P.A. dans un 2e ou 3e étage de la rue Pasteur. Et le « lieutenant » était armé. C'était tout.
Lors de la fuite qui suivit la pétarade, Prieur cacha son arme et celle de Duverneuil dans un tas de détritus puis ces deux hommes se cachèrent rue Pasteur jusqu'à la libération. Prieur alla reprendre alors les deux armes.

la rue Lothaire. De là, les deux frères Prieur allèrent en reconnaissance au café Bellevue, déjouèrent la méfiance des sentinelles, constatèrent notamment la présence d'une pièce quadritube impossible à neutraliser et revinrent au carrefour Manceron dire que cette attaque était « suicidaire ». Le lieutenant persista néanmoins et l'équipe progressa prudemment vers le café. Il faisait alors presque nuit. Arrivés à 60 mètres, les attaquants entendirent la vive réaction allemande à l'attaque de l'équipe Tribout. Eux aussi s'enfuirent donc par où ils étaient venus et eux aussi sans autre dommage qu'une peur bien compréhensible.

- Pendant ce temps, le commandant Krieger, avec quelques autres F.F.I., avait donc essayé de désarmer place Mazelle des Allemands en voiture. Là aussi ce fut l'échec, ces derniers étant sur leur garde, prêts à tirer.
- Ces actions un peu folles, faute de moyens (quelques mauvais pistolets) et de coordination furent donc un échec. Elles montrèrent au moins la détermination de quelques F.F.I. messins et sauvèrent ainsi l'honneur quelques jours seulement avant l'entrée des Américains. Les résistants locaux ne pouvaient alors guère faire plus que contribuer à créer chez l'ennemi la psychose des « terroristes ».

L'ordre reçu : les ponts

- Ces « terroristes » ne pouvaient, ne purent donc exécuter l'ordre reçu d'avoir à assurer la non destruction des ponts à l'arrivée des libérateurs. Ils n'en avaient pas les moyens. Malheureusement Grégor avait eu le tort, par son message du 5 septembre, de faire croire le contraire. Les Américains comptèrent donc sur ces non-destructions pour pouvoir accélérer leur progression. Les ponts effectivement sautés les retardèrent et ils en firent grief aux résistants, ne comprenant pas quelles étaient leurs possibilités réelles, particulièrement réduites. (Pourtant J. Scharff en avait prévenu les Américains et Grandval en septembre (rappel)).
- Rappelons que la résistance messine, au moins le commandant Grégor, savait que le jour fixé pour l'entrée des Américains dans Metz serait annoncé par la B.B.C. de Londres par la phrase : « Charlemagne viendra vous rendre visite demain. Gardez les ponts ». Ce même message indiquait bien la mission donnée par le commandement aux F.F.I. messins : garder les ponts.
- Dans son « journal » [61], le lieutenant-colonel Bilbane, chef du service de renseignements sur les opérations de la 3e Armée américaine (« mission Epinard »), a noté :
  - le 15 : « envoi à Londres d'un télégramme donnant l'heure H aux F.F.I. de Metz pour éviter la destruction des ponts » ;
  - le 16 : « envoi d'un nouveau télégramme à Londres pour fixer l'heure H aux F.F.I. de Metz. Liaison motocycliste à Verdun [61 bis] pour demander au commandant Villars l'envoi d'un agent à Metz pour donner l'ordre verbal au commandant Grégor de déclencher l'action prévue sur les ponts de Metz » ;
  - le 17 : « retour du motocycliste envoyé en liaison à Verdun, mission accomplie ».

61. Dossier 8 P 11 au Service historique de l'armée de terre.

61 bis. J. Scharff ne fut pas informé de cette liaison.

- A. Kemp [62] indique : « La B.B.C. a ordonné d'empêcher la destruction des ponts, relayée pour cela par les programmes radiodiffusés par le 20e corps d'armée U.S. en clair le 17 novembre ». Un rapport du 20e corps mentionne effectivement : « le 17 novembre à midi, le 20e corps alerta les F.F.I. par un code radio préétabli de prendre les mesures nécessaires pour empêcher l'ennemi de détruire les ponts franchissant la Moselle à Metz ». De son côté, le général commandant la 95e D.I. a noté dans son compte rendu d'opérations : « Le 17 à midi, le 20e Corps a alerté les F.F.I. de Metz d'avoir à se préparer à maîtriser les dispositifs de mise à feu des destructions des ponts de la Moselle ». Les F.F.I. messins pouvaient-ils, ont-ils écouté ces programmes ?
- Cole [63], de son côté a écrit : « La B.B.C. a diffusé aux F.F.I. de Metz de saisir ces ponts, mais les Allemands ont noté une faible activité française jusqu'au 18 novembre tard ».
- Quelques personnes ont dit à l'auteur avoir entendu ce message qui aurait été diffusé deux jours de suite.
- Cette diffusion eut lieu le 17. Si elle fut répétée, le premier message fut du 16.

Il faut enfin rappeler, à la veille de la phase finale, une partie du message du commandant Grégor envoyé le 20 septembre par le poste Mithridate messin : « Pour assurer succès entreprise offensive et entraver destruction ponts, indispensable connaître horaire probable intervention alliée — Stop — Absolument prévoir livraison armes et munitions par premiers échelons alliés arrivant ».

---

62. Dans : « Lorraine, album mémorial ».
63. Dans : « The Lorraine campaign ».

Le nettoyage de la ville (18 à 22 novembre)

Le 18 : investissement de la ville et des forts
(croquis n° 28 et 29)

Considérations générales

Les Allemands

- La défense décentralisée.
  - Le général Kittel prescrivit le 17 aux éléments à l'ouest de la Moselle de se replier pas à pas sur les principaux forts « après rupture du front ». Le 18 au matin, apprenant du fort de Plappeville la pénétration américaine vers les ponts de la Moselle, il prescrivit à 10 h le repli général sur les forts. Néanmoins quelques éléments demeurèrent à l'extérieur, non contactés ou ayant reçu l'ordre de renseigner sur l'ennemi et de le freiner, notamment devant les ponts.
- Le central téléphonique de la poste principale.
  - Le combat décentralisé prescrit permettait, dans l'esprit de l'ordre reçu de détruire tout ce qui pouvait servir aux Américains, d'ordonner la neutralisation de cet important central.
  - Le général Kittel a indiqué [64] avoir donné l'ordre, le 18 au soir, de le faire sauter, ce qui coupa toutes les liaisons téléphoniques sur la rive droite de la Moselle et avec l'arrière, la 1re Armée. Seules quelques liaisons radio permirent dès lors le contact avec cette 1re Armée et les forts locaux.
  - Il sera dit qu'en fait, ce central ne fut détruit que le 19 à 11 h 55, à l'annonce (un peu prématurée) de l'approche des Américains.
  - Rien n'autorise à penser que l'ordre fut mal exécuté, trop tard. Il est plus simple et plus normal d'admettre que, pour profiter le plus longtemps possible de liaisons faciles avec ses subordonnés de la rive est, le général Kittel a donné certes le 18 au soir l'ordre de détruire ce central, mais seulement à l'approche des ennemis, ce qui fut le cas.
- Les ponts.
  - Quelques-uns avaient déjà été détruits (rappel).
  - Dans la nuit du 17 au 18, vers minuit, sautèrent ceux du centre ville, notamment ceux franchissant le bras mort de la Moselle entre le pont des Grilles et le pont Moyen (inclus), le pont de Thionville et le pont mixte sur la Moselle et les deux ponts sur le canal, compte tenu des destructions précédentes. La ville était ainsi, le 18 au matin, coupée en trois zones isolées les unes des autres : la petite île de la place de France (entre Moselle et canal), les îles Chambière et du Saulcy [65], le reste : soit la ville à l'est du bras mort et l'île Saint-Symphorien. La destruction des points de passage sur le bras mort prouve qu'au moins à partir de cette date, aucun repli n'était envisagé de l'ouest vers l'est de cette coupure.
  - Ne restèrent alors que les ponts aux deux extrémités du boulevard Saint-Symphorien, au nord-ouest et au sud-est de l'île du même nom, et

---

64. « Studies » MS.B.079.

65. Le pont entre l'île et la place du Saulcy ne fut jamais détruit, cette île ne présentant pas d'intérêt et n'ayant effectivement joué aucun rôle lors des combats de novembre 1944.

les points de passage sur la Seille. Ces ponts ne furent pas détruits systématiquement, préalablement, dans cette nuit du 17 au 18 ou avant, mais ne devaient sauter qu'au dernier moment, à l'arrivée de l'ennemi. Ce fait, au moins pour ce qui concerne la Seille, prouve que l'hypothèse d'une destruction voulue par le SS Dunkern pour empêcher le repli de la Wehrmacht ne tient pas du tout. Pourquoi le général Kittel garda ces ponts intacts jusqu'au bout ? A l'ouest de la Moselle (Devant-les-Ponts, Longeville), dans l'île Saint-Symphorien et entre le bras mort et la Seille en dehors des forts se trouvaient de petits éléments et surtout des isolés et des non-combattants ainsi que des policiers voire des civils allemands dont le départ vers l'est ne lésait pas la défense. Pourquoi ne pas les laisser tenter leur chance de rejoindre les lignes allemandes ?

Les Américains

- Il faut rappeler que leurs effectifs étaient assez faibles et encore diminués par la maladie due à des pluies continuelles et à un manque de repos dans de bonnes conditions.
- Si le 20e corps avait eu de gros bataillons, il aurait pu se permettre d'éviter les forts, de les contourner et de les encercler pendant que d'autres éléments s'infiltraient entre eux jusqu'au centre de la ville. Le manque relatif de combattants ne le leur permit pas. Il fallait essayer de ne pas laisser en arrière des éléments de bouclage autour de résistances dépassées qui gênaient la progression de leurs feux.
- C'est pourquoi, ce 18, des attaques de forts eurent lieu : Plappeville, Saint-Privat, Queuleu, Saint-Julien et Bellecroix (alors qu'après le nettoyage de la ville, il suffira presque d'attendre que les forts tenant encore se rendent d'eux-mêmes).
- Il faut enfin rappeler l'échec de l'idée de manœuvre du moment du 20e corps. Le 17, les F.F.I. avaient été prévenus d'avoir à empêcher la destruction des ponts et la 95e D.I. avait reçu l'ordre de « foncer » les prendre. Or, dit un rapport du 20e corps, « aux premières heures matinales du 18 novembre, des patrouilles virent de la rive ouest de la rivière de gros incendies dans Metz. Juste avant l'aube, une série de fortes explosions ébranla la cité. Les F.F.I. n'avaient pas réussi à contrôler les ponts et les Allemands étaient en train de les faire sauter, abandonnant les troupes qui tenaient encore dans les forts Driant, Jeanne-d'Arc, Plappeville et Saint-Quentin ».

L'investissement de la ville et des forts (cf. croquis n° 29)

Dans le sens contraire des aiguilles d'une montre.

Débordant les forts Déroulède et Gambetta ainsi que la batterie du Chêne (cette dernière fut prise le 18 après-midi), les deux bataillons du 377e R.I. progressèrent dans le Sansonnet et ***Metz nord*** et attaquèrent le long de la route de Thionville vers le canal. Le 3/377e progressa au sud de la route, et, à 15 h, la compagnie K renforcée franchit ce canal à hauteur du port et occupa le sud de l'île. Le 2/377e R.I. attaqua par la route même vers son objectif : le pont Eblé, et cela de nuit, le 18 au matin. La compagnie G progressa le long du « boulevard du 88 », du nom de cette pièce déjà repérée et qui créa des pertes. Les compagnies E et F suivaient, chacune sur un côté de cette route de Thionville. Avant le jour, les premiers éléments arrivèrent au pont Eblé, constatèrent qu'il venait d'être détruit, mais mal, ce qui permit le passage. Par contre, des mines firent des victimes. A 9 h 30, le message envoyé par le 2e bataillon fut : « Ils sont passés. Nous avons besoin de brancardiers ». La compagnie G nettoya l'île de la ***place de France***, y capturant notamment 250 hommes, deux pièces de 88 mm et quelques canons anti-aériens de 20 mm. Arrivée sur la rive ouest de la Moselle, elle y surprit, par ses tirs, des Allemands s'organisant sur la rive est, dans l'île Chambière. Les compagnies E et F restèrent à l'ouest du canal, prêtes à attaquer l'île Chambière. Pendant toute la journée, des canons d'assaut tirèrent sur le fort Gambetta (et probablement le fort Déroulède) pour les neutraliser. Simultanément le Génie répara le pont pour y permettre le passage de jeeps, une équipe incita en vain avec des haut-parleurs les défenseurs de l'île Chambière à se rendre tandis que l'artillerie continuait à bombarder le quartier Saint-Vincent, incendiant notamment la Manufacture des tabacs, touchant à nouveau l'église et créant pas mal de dégâts.

Le 378e R.I. était lui aussi réduit à deux bataillons [66]. Ces éléments durent d'abord reprendre le contact après l'esquive de l'ennemi la nuit précédente. Puis le 1/378e occupa le fort Decaen trouvé vide et attaqua le fort de Plappeville. Cet ouvrage forme en fait un ensemble avec celui du ***Saint-Quentin***. Là se trouvaient ce qui restait de l'Etat-major et du 1er bataillon du 1 215e V.G.R., du 2/1 010e régiment de sécurité, du 55e bataillon du génie, de l'artillerie divisionnaire (pouvant régler les tirs des forts Jeanne-d'Arc et Driant) et quelques isolés ; total : 650 hommes. Ils disposaient de deux obusiers d'infanterie et de 18 jours de vivres mais manquaient de munitions, de mines, de barbelés, de pain, de pommes de terre, de sel et de café. Les deux compagnies américaines ne purent que prendre à 16 h, les abords du fort, puis commencer l'investissement de l'ensemble. De son côté, le 3/378e R.I. déborda les forts Decaen, Plappeville et Saint-Quentin par l'est, grâce à des fumigènes gênant les observateurs ennemis et parvint au ***pont du Sauvage***. Là, la compagnie de tête chassa l'élément qui défendait le pont et le franchit avec une section à 11 h juste au moment où les Allemands le firent sauter. Huit hommes périrent avec lui, alors que trois autres qui étaient déjà passés furent très courageusement récupérés par le lieutenant Crawford qui alla les chercher en bateau. Le bataillon nettoya la rive ouest en fin de journée.

Le 3/379e R.I. avait reçu l'ordre, le 17 à 16 h, de venir dégager les éléments du 2e bataillon encerclés dans la ferme de Leipzig. Il y réussit effectivement le 18 puis repartit vers le sud, tandis que le 2e bataillon nettoyait les abords ouest du fort Jeanne-d'Arc (fermes de Moscou et de Saint-Hubert) et l'investissait. Là était principalement le 1/1 217e V.G.R. et le 462e bataillon de fusiliers du major Voss. Plus au sud, le 1/379e R.I. reprit liaison avec les éléments qui étaient encerclés à Jussy et continua [67] par le village de Vaux jusqu'à la

---

66. Rappelons que le détachement Bacon était essentiellement constitué du 1/377e et du 2/378e R.I.

67. Le général Kittel, dans « Studies » MS.B.079, indique la prise sans combat, ce 18 après-midi, des villages de Vaux, Jussy, Sainte-Ruffine, Rozérieulles, Châtel-Saint-Germain, Scy-Chazelles et Moulins-lès-Metz.
A Scy-Chazelles, trois familles étaient restées sur place, cachées malgré l'ordre d'évacuation donné par les Allemands. A l'arrivée des Américains (venant de Sainte-Ruffine), un homme et trois femmes allèrent à leur rencontre avec un drapeau blanc. Les G.I. commencèrent par mettre l'homme contre un mur, pour le fusiller (?). Après cris et « explications », ces quatre personnes poussées par les Américains durent aller de maison en maison pour montrer qu'il n'y avait pas d'Allemands...

Moselle et le pont, démoli, de ***Moulins-lès-Metz***. Plus au sud, le 3/379e R.I. encercla avec deux compagnies quelques éléments se défendant dans les deux ouvrages de Vaux (nord et sud) et dans le fort de Marival et se porta vers le fort Driant. Le régiment reçut alors l'ordre de contenir les forts Jeanne-d'Arc et Driant et de « nettoyer » tout ce secteur.

A l'est de la Moselle et au sud, le 11e R.I. devait continuer de fixer avec une compagnie renforcée (du 3e bataillon) la compagnie du 53e bataillon de mitrailleuses de forteresse dans le groupe fortifié Verdun, ainsi qu'avec le 2e bataillon le fort Saint-Privat défendu par l'Etat-major du 25e régiment de forteresse et le 48e bataillon de mitrailleuses de forteresse. Une attaque de ces derniers forts échoua. Le 1er bataillon progressa peu dans le sud de Montigny. Entre 16 h et 17 h, trois chars américains patrouillèrent rue de ***Frescaty***. Le reste du 3e bataillon progressa le long de la vieille route et du canal jusqu'à Constantine et Alger.

A l'est de la Seille, le 10e R.I. encerclait le fort de ***Queuleu*** depuis le 17 au soir avec son 2e bataillon. Il essaya en vain de s'en emparer le 18. Là, la défense était assurée par quelque 500 hommes appartenant à l'Etat-major du 22e régiment de forteresse, du 45e bataillon de mitrailleuses de forteresse, au groupe sud de l'artillerie divisionnaire et au Volkssturm. Au-delà, le 1er bataillon continua sa progression. Il dut occuper la caserne Grandmaison. Le 3e bataillon, venant de Grigy prit ***Borny*** en fin de journée, vers 17 ou 18 h, et ne dut donc guère continuer ce soir-là vers Plantières ou Vallières. Ce village de Borny, où la maison du Bon Pasteur avait été transformée par les Allemands en hôpital, n'abritait plus, ce 18, que quelques patrouilles ou isolés, et surtout une pièce anti-aérienne [(68)] en batterie dans le jardin de cette maison et qui tira antichar ce même jour contre les assaillants. Ce dut être, avec le clocher de l'église, l'objectif principal et préalable des Américains (canonnade [(69)] d'environ 5 à 11 h, puis des bombardements aériens [(70)] environ de 12 à 15 h). Les cinq servants de la pièce furent effectivement tués.

Le 10e R.I. ayant donc occupé les hauteurs de Queuleu, des formations d'artillerie américaine vinrent s'y mettre en batterie pour, notamment, tirer à vue directe contre le fort Saint-Quentin.

A l'est de la route de Strasbourg, le 2e R.I. reçut l'ordre de foncer vers le nord pour s'aligner sur le 10e R.I. et achever l'encerclement éloigné de la ville. Il devait pour cela prendre liaison au nord avec la 90e D.I., après avoir coupé la dernière route encore libre, celle de Courcelles-Chaussy menant à Sarrebrück. Le régiment s'empara de Courcelles-sur-Nied puis monta une manœuvre pour s'emparer du groupe fortifié de ***La Marne***. Le 1/2e R.I., de Courcelles-sur-Nied traversa le grand Bois de Champel et vint faire face au fort, à la lisière ouest

---

68. Ce jour-là, un petit avion d'observation américain fut abattu près du fort des Bordes. Fut-il atteint par le canon de Borny ?
69. Pendant celle-ci, le père Eugène Kœgler fut tué vers 9 h près du vieil abri bétonné de la « Barre », proche de ladite maison (grâce à ce Rédemptoriste, curé du village, les quelques villageois encore présents avaient pu se mettre à l'abri dans de tels vieux ouvrages d'artillerie au lieu d'être évacués). Ce matin-là, le prêtre allait voir un vieillard malade, malgré les conseils de prudence donnés par les deux personnes qu'il cachait alors. En chemin, il croisa deux Allemands. Un obus U.S. les tua alors tous les trois. Un autre habitant, imprudemment sorti, lui par curiosité, fut tué près du Monument aux morts.
70. Il n'y eut alors pas d'autres victimes civiles mais l'église fut atteinte, la ferme Jacquard incendiée et beaucoup de toits soufflés.

de la forêt. Le 3/2e R.I., partant de Frontigny, progressa à Jury, au sud du fort. Enfin, le 2/2e R.I., profitant que le 10e R.I. était déjà nettement plus au nord, traversa la zone arrière de ce régiment. Par le Bois de l'Hôpital puis Peltre, où quelques F.F.I. servirent de guides, ce bataillon attaqua le fort par sa face ouest. Du reste, la petite garnison se rendit (à 14 h) sans avoir tiré un coup de feu, précise un rapport du 20e corps (il s'agissait du 3/1er bataillon de position). Avant la nuit, ce 2/2e R.I. occupa les bois nord-ouest d'Ars-Laquenexy, et le 1/2e R.I. ce dernier village.

Au nord-est enfin, le détachement Bacon dut d'abord bousculer la ligne de défense (renforcée de pièces anti-aériennes utilisées en antichar) sud Malroy-Chieulles.

- Le 2/378e, partant de Malroy, attaqua ensuite le ***fort Saint-Julien*** à revers. Il en prit les défenses extérieures puis, en début d'après-midi, le fossé qui entoure le fort lui-même, défendu par 362 hommes. Le général Kittel a indiqué, après guerre [71], qu'il s'agissait là d'un bataillon de mitrailleuses de forteresse dont il avait oublié le numéro. A. Kemp [72] pense qu'il devait s'agir du 1er bataillon du 1 215e V.G.R. (commandant Weiler) ramené à l'est de la Moselle dans la nuit du 15 au 16 novembre [72 bis]). Quoiqu'il en soit, pour franchir le fossé, le 2/378e ne pouvait qu'utiliser le pont menant à la porte principale blindée. Il fallait faire sauter cette dernière. Deux chars légers tirant à la mitrailleuse dans les meurtrières pour en neutraliser les défenseurs, un canon de 37 mm tenta de forcer l'obstacle, sans succès. Un tank-destroyer envoya, de 45 m, contre cette porte, des obus explosifs antipersonnel et des obus de rupture. En vain. Ils ne firent que de petits trous. Un automoteur de 155 mm expédia encore de plus près dix obus dans la porte elle-même, sans résultat. Il visa alors l'encadrement bétonné et en vint enfin à bout après vingt nouveaux coups, mais la nuit était venue. La garnison se rendit alors. Mais leur chef, le commandant Weiler, insulta les Américains. L'un d'eux prit son pistolet et le lieutenant Johnson ses jumelles puis des G.I. arrachèrent ses pattes d'épaule, ses insignes et ses boutons.
- Le 1/377e R.I., parti de Chieulles, déborda le fort Saint-Julien par l'est avec la mission de s'emparer du village du même nom puis du fort Bellecroix. La compagnie A « nettoya » le faubourg en y faisant 312 prisonniers puis l'ensemble descendit vers Metz.
  - Arrivée par la rue Jean-Burger à l'embranchement de cette rue avec celle dénommée François-Simon. Les Américains y récupérèrent un canon antichar allemand et un servant blessé d'origine polonaise. Puis le colonel Bacon prescrivit au lieutenant Johnson commandant le 2e peloton de la Compagnie B du 807 e Bataillon de tank-destroyer de se porter à ce carrefour pour faire face à une éventuelle contre-attaque provenant de cette rue Fr.-Simon et un char fut envoyé dans cette dernière à une cinquantaine de mètres de là. Un peu plus loin, au 44, habitait M. Berwick, le chef de la 7e brigade F.F.I. Il détenait un plan de la ville sur lequel avaient été portés tous les renseignements sur l'ennemi recueillis lors de contacts précédents avec d'autres chefs F.F.I., et voulait prévenir du

71. « Studies » MS.B.079.

72. Dans : « Lorraine, album mémorial ».

72 bis. C'est bien ce major qui commandait alors au fort.

minage de l'angle du boulevard de Trêves au nord-ouest du ***fort Bellecroix*** (cf. croquis n° 32). Il vint au char et, sortant son brassard tricolore, essaya de s'expliquer avec le chef du char. Ce dernier l'envoya à son chef de section dont le P.C. était proche, à l'école Saint-Julien, rue Jean-Burger. Là, ce lieutenant, pris par le combat en cours et se méfiant des civils, ce qui était a priori normal, fut plutôt désagréable et ne voulut pas tenir compte de l'indication donnée du minage de la route à moins d'un kilomètre de là. Mais il consentit à envoyer le chef F.F.I., en jeep, à son capitaine dont le P.C. était encore à Malroy. Ce fut fait. Le commandant de compagnie prit le plan, remercia et annonça que l'indication du coude miné arrivait trop tard. Les premiers véhicules américains avaient déjà sauté... [73].

- De fait, le docteur Adrian, chef de la « Mission Croix rouge française pour la Moselle » [74] arrivé avec son équipe vers 14 h ce 18 novembre à Saint-Julien et ayant continué à pied avec une seule infirmière vers Metz, put voir ce qui se passait. « Au niveau du café Schoppmann (angle de la rue de l'Abattoir) les Américains montaient dans des jeeps et s'élançaient les uns après les autres vers le tournant à angle droit (boulevard de Trêves). Ils étaient pris, à cet endroit, sous le feu d'un tir en enfilade provenant d'un fossé du fort Bellecroix (En fait, une mitrailleuse allemande tirait d'un orifice réalisé à plusieurs mètres de hauteur dans l'épais mur d'escarpe du fort longeant son fossé nord). Leurs véhicules explosaient (coude miné). D'autres soldats partaient en groupe à l'assaut en courant (pour déborder ce coude et neutraliser la défense à hauteur du fossé) et étaient fauchés dès qu'ils arrivaient près de la gorge. Nous avons été ahuris et subjugués par ce courage et la folle témérité de ces soldats américains qui, malgré ce carnage, formaient à chaque fois de nouvelles vagues d'assaut » [75]. Le débordement du coude fatal [76] réussit finalement, un blindé étant venu au tournant d'où il neutralisa la mitrailleuse.

- Les Américains s'occupèrent alors du « nettoyage » de ce fort Bellecroix, œuvre de Cormontaigne au XVIIIe siècle et servant d'entrepôt. Les

---

73. L'officier américain apprit au chef F.F.I. la présence d'officiers de liaison français à Hayange et l'y fit conduire en jeep. M. Berwick put renseigner ces derniers et, à leur demande, coucha sur place pour revenir le lendemain, en jeep, avec un capitaine et un lieutenant français, à Metz. Il les guida, ce 19 matin, à l'école Paixhans où était un P.C. américain et des chefs F.F.I. messins. Puis, laissant ces personnes, il reprit contact avec les F.F.I. de sa brigade et rejoignit plus tard l'usine d'électricité, son P.C. de brigade.

74. Cette mission, composée d'un groupe d'infirmières et de secouristes puis du docteur Robert Wolf pris en charge à Bar-le-Duc, quitta Paris le 19 septembre, arriva le 15 à l'hospice de Gorze, puis créa plusieurs postes à Moyeuvre, Hayange, Thionville puis Rodemack. Le P.C. de la Croix rouge resta à Gorze. Le 18 novembre au matin, l'élément du docteur Adrian partit vers Metz avec l'autorisation et l'aide des Américains.

75. Exposé du docteur Adrian, le 23 novembre 1984, à l'Université de Metz.

76. En fin d'après-midi, le docteur Adrian repassa à cet endroit. « Les combats avaient cessé dans ce fameux tournant. Mais, pour poursuivre ma route (sur la rive ouest par le pont Sainte-Barbe), il fallait marcher à cet endroit sur un magma de boue, de débris métalliques de toutes sortes. Ceci explique que l'on ait encore retrouvé, là, des squelettes de soldats lors de chaque réfection de la route, jusqu'à ces dernières années » (déclaration du docteur à l'Université de Metz, le 23 novembre 1984). De fait, les restes du sergent Ira Smith de la Compagnie D du 377e R.I., conducteur d'une des jeeps-mitrailleuse détruites, ne furent découverts que lors de travaux d'urbanisme effectués en 1979.

compagnies A puis C y firent facilement prisonniers les occupants [77], mais vers 14 h une très puissante explosion tua 17 hommes et blessa 59 autres. Il s'agissait d'une triple explosion.

- Les deux principales, extraordinairement violentes, eurent lieu sur le glacis boisé du fort, entre le fameux tournant et le café Hein. C'est à cet endroit, sur cette route, que les hommes de la Compagnie C ramenant vers le nord-est les prisonniers faits dans le fort, furent frappés par ces deux explosions : souffle énorme et très nombreux débris de grosses pierres et d'arbres projetés au loin, d'où le nombre élevé des victimes. Des prisonniers allemands présents durent participer au dégagement des G.I.'s. La compagnie en cause dut, en raison de ses fortes pertes et du « choc » psychologique reçu, être regroupée et réorganisée à Saint-Julien alors que le reste du dispositif s'apprêtait à recevoir une contre-attaque... qui n'eut pas lieu. Il n'y avait plus d'ennemis à proximité.
- La troisième explosion eut lieu dans une maison située non loin du tournant, mais à l'ouest du boulevard de Trèves. Cette explosion ne réussit qu'à souffler le toit de l'immeuble, ne causant pas de pertes. (Le capitaine Molloy, commandant la Compagnie B du 807e Bataillon de tank-destroyer était alors, avec son équipe et sa voiture de commandement, le long de cet immeuble situé près du boulevard. Lui et ses hommes furent indemnes mais un gros tronc d'arbre projeté par les autres explosions, vint s'encastrer entre les ponts avant et arrière du véhicule...
- Les deux principales explosions furent particulièrement importantes. (L'auteur se demande si les charges correspondantes n'auraient pas été placées dans les anciens souterrains creusés sous les glacis et a noté que, jusqu'en 1940, le 2e Régiment du génie stockait des explosifs dans ce fort Bellecroix).
  Mais surtout, ces explosions intervinrent juste au pire moment pour les Américains, lors du passage de la Compagnie C à proximité. Hasard d'un déclenchement à retardement réalisé par des Allemands avant leur capture ? L'auteur pense plutôt à une mise à feu à ce moment même. Par un observateur ennemi qui serait resté camouflé, cet observateur pouvant du reste être un civil nazi ? Plus simplement par une des victimes tirant un fil piège aboutissant par exemple à un

77. Un historique du 377e R.I. indique : « La compagnie A attaqua le fort du côté de la rue (le boulevard de Trèves) et ne se heurta qu'à un tir d'armes de petit calibre quand elle pénétra dans le bâtiment, ramassant quelques centaines de prisonniers. Quelques petites escarmouches se déroulèrent encore à l'intérieur du fort mais la résistance prit rapidement fin. Les prisonniers furent désarmés et conduits à l'arrière par la compagnie C. La compagnie C poussa ensuite en avant le long de la route qui bordait l'extrémité nord du fort. Des unités des deux compagnies se regroupaient aux environs. Juste vers 15 h, deux formidables explosions se produisirent à l'intérieur du fort et le long de la route... 8 hommes de la compagnie C furent instantanément tués par l'explosion et 49 blessés. Le dénombrement final des pertes accusa 17 tués et 59 blessés pour le bataillon... La réorganisation ne se fit que lentement, la plupart des hommes étaient abrutis ou incapables de se tenir debout. Le commandant du bataillon rapporte qu'il s'avéra néanmoins nécessaire de conduire personnellement de nombreux soldats en position pour se préparer à contenir la contre-attaque à laquelle on s'attendait à ce moment. Une compagnie de chars fut jetée en avant et prit position mais la contre-attaque ne vint pas. Le bataillon évacua ses blessés... ».

objet placé en bord de route et attirant la convoitise d'un G.I. (pistolet automatique ou autre) ?

- Le reste du bataillon eut la chance de trouver alors le ***pont Sainte-Barbe*** intact (le dernier pont de la Seille en aval, à hauteur des Subsistances militaires). Pourquoi n'avait-il pas sauté ? Dès le 18 dans la journée, prévenus par des enfants et des femmes de Saint-Julien venant se ravitailler rue des Allemands de l'arrivée des Américains dans leur agglomération, des F.F.I. rôdaient sur la rive ouest de la Seille [78]. Parmi eux, M. Becker a indiqué à l'auteur qu'il avait vu les fils de mise à feu coupés. Serait-ce l'œuvre de F.F.I. ? Cela n'est pas prouvé. Par contre les Américains durent neutraliser le système de destruction dès qu'ils prirent le pont. Le général Kittel [79], puis A. Kemp [80] ont repris la thèse indiquée, ce dernier se référant à un historique du 377e R.I. [81]. Cette non destruction serait due à l'arrivée trop tardive de l'équipe responsable. Avant elle, quelques Américains auraient franchi le pont. N'arriva qu'alors l'élément allemand armé d'une mitrailleuse chargé de faire sauter le pont. Les Américains déjà passés, trop peu nombreux, ne se seraient pas dévoilés mais l'arrivée inattendue d'un camion amenant des canots d'assaut fit déclencher le combat. Le groupe d'observation américain élimina la mitrailleuse et ses servants et les autres défenseurs se replièrent. Il est

78. Dans la matinée, des F.F.I. arrêtés par les Allemands près de la porte du même nom auraient été près d'être fusillés, lorsqu'une femme précisa aux défenseurs l'arrivée imminente des Américains et donc leurs représailles si des résistants étaient passés par les armes. Cet avis aurait sauvé ces derniers.

79. « Studies » MS.B.079.

80. « Lorraine, album mémorial ».

81. Voici ce que narre un historique du 377e R.I. : « Le 1er bataillon devait pénétrer dans Metz même, en franchissant la Seille juste à l'extrémité sud du fort Bellecroix. Des barques d'assaut avaient été amenées vers l'avant, car on admettait que les Allemands auraient certainement détruit le pont qui franchissait la Seille à cet endroit. Pour des raisons inconnues, le pont n'avait pas sauté et les Allemands se contentèrent de le défendre avec une seule mitrailleuse et quelques fusils. Le premier soldat, Armand C. Brooks de la compagnie de l'Etat-major contribua largement à la capture du pont intact. Il occupait un poste d'observation avancé, installé dans un bâtiment situé juste en face du pont, observant les consignes données par le premier lieutenant Robert L. Darrah, officier de renseignements du bataillon. Vers le milieu de la matinée du 19 novembre, les troupes de la compagnie B qui occupaient le secteur aux alentours du pont se replièrent pour se regrouper en vue de l'attaque. Brooks et quelques hommes de la compagnie B restèrent seuls dans la maison. Les hommes regardaient d'une fenêtre du deuxième étage, au travers d'un passage inférieur de la voie ferrée et au-delà du court espace du pont jusque dans la ville de Metz. Subitement, des soldats allemands firent leur apparition aux abords du pont situé du côté de Metz (celui de la Seille) et mirent une mitrailleuse en position pour en assurer la défense. Les hommes n'ouvrirent pas le feu, sachant qu'ils étaient seuls dans ce secteur. A ce moment, un camion de 2,5 tonnes dévala la route en traînant une pleine charge de barques d'assaut et se dirigea vers le pont défendu par la mitrailleuse. Au moment où le camion tourna le coin vers le pont, la mitrailleuse ennemie ouvrit le feu. Brooks et les hommes installés dans la maison y répondirent aussitôt. Brooks abattit le tireur ainsi qu'un autre soldat qui traversait le pont en courant et qui guettait, caché au coin du passage inférieur (sous la voie ferrée). Les prisonniers vinrent se mettre en sûreté dans le bâtiment occupé par nos soldats. Des infirmiers allemands vinrent enlever leurs blessés ; la mitrailleuse étant liquidée, aucune tentative de défendre le pont ne fut plus entreprise. A 11 h du matin, les hommes de la compagnie B franchirent le pont, se déployèrent, et à midi le bataillon commença à se diriger vers les parties de la ville qui lui étaient assignées. Vers 13 h, le bataillon tenait... son objectif : le secteur situé en face du fort ».

curieux que les assaillants n'aient pas créé immédiatement une sérieuse tête de pont au-delà de cet ouvrage trouvé miraculeusement intact ! Il est par contre sûr que les premiers Américains franchirent la Seille à cet endroit le 18 en fin d'après-midi et non le 19 en fin de matinée. Notons pour terminer que le docteur Adrian, repassant sur le pont le 19 à l'aube, y vit entre la Seille et le pont voie ferrée (non sauté) un sous-lieutenant allemand qui venait de se suicider. S'agissait-il du responsable de la destruction non réalisée ?

- Ayant ainsi réalisé facilement une tête de pont à l'ouest de la Seille, le 18 après-midi, le 1/377e R.I. l'exploita aussitôt en occupant l'arsenal entre le boulevard Paixhans et la Seille. Un élément pénétra prudemment un peu en ville des deux côtés de la rue Marchant mais, la nuit venant vite (fin novembre), s'en tint aux débuts de cette rue. Un P.C. s'installa à l'école Paixhans. Une compagnie pénétra par contre par la rue des Tanneurs et les rues voisines jusqu'à la place des Paraiges, très important carrefour de la vieille ville. Elle eut l'ordre de s'y arrêter. Pendant ces mouvements, effectués avec une grande méfiance mais sans rencontrer de résistance, au moins sérieuse, les Américains étaient en liaison avec les F.F.I., notamment l'équipe Becker de la brigade de Henri Thiriot alors prévenu. Ceux-ci servirent de guides et facilitèrent les dispositions prises pour la nuit indiquant les dépôts, cafés (celui du Tigre Bock, rue Mazelle) et autres endroits [82] les plus propices pour un repos gardé par des sentinelles.

• Pendant ces actions [83] des 2/378e et 1/377e R.I., l'élément de reconnaissance du groupement Bacon chercha en vain le contact avec le 10e R.I. vers Vallières.

Les ponts de la Seille (aval).

• Les cinq ponts de la route de Magny, entre le Sablon et Magny : un pont routier sur la Seille, deux ponts voie ferrée sur la route et deux ponts voie

---

82. Les Américains auraient reçu l'ordre de ne pas pénétrer, par méfiance, chez les habitants eux-mêmes.
M. Darfschlag a vu :
- le 18 après-midi, une mitrailleuse allemande placée au carrefour de la rue des Tanneurs et de Saulnirue pour battre la rue de la Basse Seille. La caserne Krien lui masquait quelques blindés américains déjà arrivés dans le jardin public bordant la Seille à cette hauteur ;
- le même soir, des Américains venir place des Paraiges par la rue des Allemands et y placer au moins une mitrailleuse à l'angle des rues des Allemands et Mazelle ;
- le lendemain matin, deux soldats allemands tués gisant au bord de la place, entre les rues Mazelle et Haute Seille.

83. Un historique du 377e R.I. rapporte que le 18 après-midi, un prêtre vint dire à un cuisinier du 1/377e R.I., alors à Charly (nord-est de Metz) : « Je sais où se trouve par ici un câble relié aux mines et autres engins de destruction répartis partout dans la ville de Metz ». Le texte précise que l'officier de renseignements de la division « avait été en contact avec des F.F.I. de Metz et avait appris que tous les engins de démolition à l'intérieur de la ville étaient reliés à un central, mais les F.F.I. avaient été incapables de dire où ce dernier se trouvait. C'était peut-être celui-ci ». Après tractations, l'abbé conduisit dans les champs l'officier du contre-espionnage et un sapeur à une fosse recouverte d'un couvercle. Ils en firent sauter la serrure et découvrirent « des tableaux et des fiches et d'innombrables petits fils conduisant directement vers Metz ». Il détruisirent l'ensemble à coups de hache et « aucune explication ne fut jamais fournie à propos de cet incident ». L'explication est simple : il s'agissait d'un des trois « puits de coupure » de Charly-ouest, est et sud, c'est-à-dire d'un des nombreux répartiteurs téléphoniques du très bon réseau de la fortification de Metz dont il a déjà été fait mention...

ferrée juste au nord-ouest sur voie ferrée durent sauter préventivement dans la nuit du 17 au 18.

- Le 18, dans la matinée, le pont Lothaire sauta avant l'arrivée des Américains [84].
- Le 18 au soir, les cinq ponts proches de l'ancienne foire exposition (deux ponts routiers sur la Seille, dont celui menant à la caserne Féraudy), un pont voie ferrée sur la Seille et deux ponts voie ferrée sur les rues n'étaient pas sautés. Les charges explosives du pont routier sur la Seille près de l'entrée de l'ancien parc des expositions ne furent mises en place que le 18, en milieu de journée.
- Les deux ponts de la Porte des Allemands sautèrent à 15 h, après que les riverains aient été prévenus. Le pont principal fut complètement détruit mais des canalisations du petit pont reliant la rive est à la Porte elle-même ne sautèrent pas avec le gros œuvre, permettant encore un relatif passage acrobatique. Cette destruction fut effectuée non sous la menace immédiate de l'ennemi, mais il n'était pas loin ! Peu avant, des soldats allemands étaient encore dans la rue des Allemands avec quelques éléments semblant vouloir se défendre alors que d'autres hésitaient pour le moins.
- Les deux ponts en aval, les ponts Sainte-Barbe (l'un sur la Seille, l'autre, voie ferrée sur rue) n'avaient pas sauté. Ce 18 après-midi, le combat était décentralisé. Une certaine pagaille bien compréhensible régnait, surtout dans les divers éléments (isolés, personnels des services, voire déserteurs) qui tournaient en ville, déjà pris au piège. De plus, y avait-il encore suffisamment de sapeurs pour former des détachements de destruction à chaque pont ? Enfin (rappel), le général Kittel a indiqué ne pas avoir eu assez d'explosifs pour faire détruire tous les ponts (cf. croquis n° 21). Ce dernier argument explique la non destruction de beaucoup de ponts de chemin de fer, dont celui du pont voie ferrée Sainte-Barbe et du pont routier Féraudy ne débouchant que sur la caserne du même nom (l'actuelle caserne des pompiers) et ne permettant pas à des véhicules venant de l'est d'y parvenir par suite du haut remblai de la voie ferrée de Metz-Thionville. Mais ce manque d'explosifs ne semble pas avoir pu concerner le pont Fournier sur la Seille. Ou bien il y eut une faute, fort explicable dans la situation du moment, ou bien c'est l'élément qui fit sauter les ponts de la Porte des Allemands, à 15 h, qui ensuite alla pour la même raison au pont Sainte-Barbe mais y fut devancé par les Américains... Dans ce cas, la non occupation permanente de ce pont par un élément de défense-destruction était en elle-même une faute.
- Tout ceci montre au moins que les ponts de la Seille n'ont pas été détruits sur l'ordre du général Dunckern pour empêcher la garnison de retraiter vers l'est.

Conclusion

Le 18 au soir, la ville était totalement encerclée, investie, avec toujours la poussée principale au nord :

---

84. Craignant que la destruction du pont ne crée des dégâts au voisinage, des sœurs de l'annexe du couvent des sœurs de la maternité toute proche, posèrent au préalable sur ce pont deux « Agnus Dei », genre de scapulaires bénis par le Pape et faits de la cire d'un cierge pascal.

- Le 2/377e R.I., maître de l'île de la place de France, n'était plus séparé du P.C. du général Kittel (la caserne Riberpray) que par le cours principal de la Moselle.
- A l'est, le détachement Bacon était arrivé au cœur de la cité, la place des Paraiges, mais n'y trouvait que des éléments adverses peu combatifs et était coupé de l'île Chambière par la destruction de tous les ponts du bras de la Moselle.
- Plus au sud, le 3/378e R.I. s'apprêtait à prendre pied dans l'île Saint-Symphorien, tandis que le 1/10e R.I. abordait Queuleu et que le 1/11e R.I. approchait de Montigny.

Le 18 au soir, les fortifications étaient également encerclées.
- Les Américains n'avaient pu s'emparer des forts de Plappeville (85), de Saint-Julien, de Queuleu et de Saint-Privat, ce qui leur fixait malencontreusement des effectifs (mais c'était bien là la mission des défenseurs).
- De plus, subsistaient au moins deux ensembles de petites résistances retenant encore d'autres éléments : au nord, entre Plappeville et Woippy, les forts Decaen et Déroulède ; au sud-ouest, entre les forts Jeanne-d'Arc et Driant les trois forts de Vaux nord et sud et de Marival.
- Du moins les assaillants avaient-ils pu prendre le groupe fortifié de la Marne (non défendu) et le fort de Bellecroix (du XVIIIe siècle, peu défendu en lui-même).

Ce même 18 au soir, deux encerclements à l'est étaient sur le point d'être réalisés mais étaient en fait devenus de peu d'importance puisque ne devaient essayer de regagner l'Allemagne que quelques petits groupes isolés.
- Le premier encerclement, proche de la ville, était recherché vers Vallières entre le 10e R.I., venant du sud, et le détachement Bacon, venant du nord.
- Plus à l'est, un second encerclement plus éloigné était à réaliser dans la région de Pont-Marais par le 2e R.I., venant du sud, et la 90e D.I., venant du nord.

Le 18, avait eu lieu le combat décentralisé (86) qu'avait prévu le général Kittel la veille au soir. Lui-même n'avait pu rejoindre son P.C. du fort Jeanne-d'Arc afin de participer à une défense s'accrochant le plus longtemps possible aux quatre grands forts de la rive ouest. Ces forts étaient livrés à eux-mêmes et, heureusement pour les Américains, n'avaient pas les effectifs, les armes et munitions ainsi que les ravitaillements suffisants pour empêcher durablement et efficacement les agresseurs d'utiliser l'important nœud de communications de Metz. De son côté, le général Kittel n'était plus que le chef de son propre centre de résistance : la caserne Riberpray dans l'île Chambière. Il s'attendait naturellement à une attaque concentrique le lendemain et comprenait que les liaisons téléphoniques n'avaient plus beaucoup d'importance pour la défense. Pour être assuré que les Américains ne puissent les utiliser, il prescrivit, le 18 au soir, de détruire les lignes à longue distance au central de la poste principale (rappelons que ce sabotage n'eut lieu que le lendemain, à 11 h 55).

---

85. Celui-ci manquait de munitions. Un ravitaillement par air fut envisagé au cours de la nuit du 18 au 19, mais s'avéra être impossible.

86. Les pertes allemandes du 18 furent modérées. Il y eut peu de blessés mais par contre manquaient quelque 500 « disparus ». Le moral était de plus en plus atteint.

Le seul pont intéressant non encore sauté était celui de l'avenue de Plantières sur la Seille, en bas de Queuleu.

Les F.F.I. messins avaient commencé leur action, mais celle-ci était restreinte et non coordonnée.

- M. Berwick eut l'occasion d'entrer en contact avec les Alliés pour leur donner des renseignements préparés à cet effet. Il agit de lui-même. Les premiers Américains rencontrés eurent le tort de ne pas prendre en considération son annonce du minage du coude du boulevard de Trèves. C'était malheureusement normal : problème de langue, excitation du combat, méfiance envers des civils qui, probablement pour la plupart des Américains, n'étaient que des Allemands...
- L'équipe de Roger Becker, Henri Thiriot, d'autres certainement sur la rive ouest de la Moselle, prévenus de l'arrivée des Américains, les aidèrent en les guidant et les renseignant. Mais, là encore, il ne dut s'agir que d'actions individuelles, non coordonnées.
- L'essentiel de la mission donnée par les Alliés, la non-destruction des ponts, n'avait pas été réalisé [87]. L'auteur n'a pu obtenir aucun renseignement concernant un réel essai de sauvegarde des ponts. Les F.F.I. messins pouvaient-ils faire mieux pour ces ponts ? Compte tenu de la situation, de l'armement trop restreint détenu et de la disparition des « corps francs » (celui de Pierre Gloutier ne se manifesta pas ; François Ull était incarcéré et il n'est pas évident qu'il ait constitué au préalable une équipe efficace), l'auteur estime qu'il était impossible pour les F.F.I. d'empêcher toutes destructions réalisées préalablement à l'arrivée des Américains. Les Allemands présents et voisins auraient eu le temps de se défendre, au pire de remettre en état le système de mise à feu. La seule possibilité eut été d'intervenir, en liaison avec les Américains, lors de leurs arrivée pour neutraliser l'équipe de destruction juste au dernier moment. Or, le 18, ce n'aurait pu être le cas que pour le pont du Sauvage (l'île Saint-Symphorien) sur la Moselle ; mais le manque d'habitations voisines permettant une approche, une embuscade voire un repli aurait rendu l'opération délicate. De toutes façons, il eut fallu une certaine coordination au sein même des F.F.I. et, si possible, avec l'assaillant. Ce ne fut pas le cas. Du reste, les chefs de brigade interrogés par l'auteur lui ont bien dit que cette sauvegarde des ponts n'était pas leur mission, leur préoccupation... Pourtant l'ordre fut entendu à la B.B.C., probablement les 16 et 17...

Le paragraphe du compte rendu quotidien du 18 novembre du groupe d'armées G concernant Metz fut le suivant : « Le centre de la ville est encerclé. Que des activités réduites de combat sur le front ouest. L'ennemi, qui a pénétré dans le fort de Queuleu avec l'appui de chars, en a été rejeté et le fort a arrêté une nouvelle attaque. La situation à Saint-Julien, où l'ennemi a attaqué cet après-midi avec des lance-flammes, demeure confuse ». Si la première phrase est d'une objective concision, la présentation de la situation des forts est bien incomplète.

---

87. Ce problème capital sera étudié dans la conclusion de ce travail.

Le 19 novembre : pénétration dans la majeure partie de la ville [88]

Généralités

Depuis le 18 au soir, la ville elle-même (avec son centre de résistance principal de la caserne Riberpray) était investie de tous côtés, alors qu'à l'extérieur demeuraient d'autres centres de résistance (les forts) [89] investis également.

L'effort américain, le 19, se porta sur la ville elle-même, les forts les plus importants (ouest de la Moselle-Seille) n'étant que fixés.

A l'intérieur de la ville, le « nettoyage » découla des données suivantes.

Facteurs déterminants.

- Manque d'effectifs.
  - Les éléments d'attaque étaient (rappel) peu nombreux. L'obligation de fixer d'importantes résistances débordées diminua encore grandement les effectifs intervenant en ville. Ceci fut particulièrement marquant au sud. Le 11e R.I. n'avait plus qu'un bataillon et demi disponible, le 1er, et deux compagnies du 3e (le 2e bataillon, réduit, entourait Saint-Privat et une partie du 3e : Verdun) alors que son front initial, le 19 matin, de la Seille à la Moselle, était de quelque 2,5 km et qu'il tombait sur les principales défenses de la face sud. Le 10e R.I. avait, lui, son 2e bataillon face au fort de Queuleu alors que son 1er bataillon avait à nettoyer un carré d'environ 2 × 2 km, de la Seille à Borny, soit Queuleu et Plantières. Certes, il n'y avait pas dans toute cette zone sud d'importantes résistances allemandes, mais les attaquants n'en étaient pour le moins pas sûrs. Au nord de la ville, le détachement Bacon avec un, puis deux bataillons était plus à l'aise pour s'occuper de la vieille ville, entre le bras mort de la Moselle et la Seille. Le 378e R.I. n'avait que son 3e bataillon (le 1er était devant les forts de Plappeville, du Saint-Quentin et de Decaen) pour s'emparer de l'île Saint-Symphorien puis pénétrer au sud de l'esplanade. Le 377e R.I. enfin, toujours à la pointe de l'attaque, disposait de deux bataillons (le fort Déroulède ne devait pas retenir beaucoup d'hommes) pour neutraliser la résistance principale : le P.C. du général Kittel à Riberpray (rappelons que c'est bien pour éviter les principaux forts, ceux des hauteurs ouest de la Moselle, que l'effort allié avait été produit, du nord au sud, entre ces hauteurs et la Moselle).
- Surestimation de l'ennemi.
  - Les attaquants étaient ceux qui avaient connu les très durs combats, voire les échecs du fort Driant, de Maizières-lès-Metz, de la Seille. Ils connaissaient très bien la valeur de leurs adversaires. De plus, il y avait tous ces forts qui résistaient encore malgré les attaques de la veille. Il y avait Metz, une place d'armes jamais prise d'assaut depuis Attila. Il y avait les rodomontades ennemies, la désignation de Metz comme forteresse, l'affirmation répétée par Hitler, bien connue des Américains, que Metz ne se rendrait pas, que sa garnison se battrait dans ses rues

88. Ce dimanche 19, fête de Sainte-Elisabeth, était l'anniversaire de l'entrée officielle des troupes françaises à Metz en 1918.

89. Rappel : ouvrages Déroulède et Decaen, forts de Plappeville, Saint-Quentin et Jeanne-d'Arc, ouvrages de Vaux et Marival, forts Driant, Verdun, Saint-Privat, Queuleu et Saint-Julien.

jusqu'au dernier homme. Le général Kittel, après guerre [90], a eu raison de souligner que tout ce « battage », n'était qu'un bluff [91] sur le plan militaire, mais il eut son effet sur le plan psychologique, au moins autant pour les attaquants que pour les défenseurs. Terminons en disant que, pour la majorité des Américains, le combat de rues prévu dans cette grande ville était leur premier et que ce genre de combat est particulièrement éprouvant.

- En fait, cet ennemi, c'était bien normal, n'était plus si redoutable. Des éléments bien encadrés et isolés dans des centres de résistance tenaient, malgré certainement le désir d'un bon nombre, mais n'avaient qu'assez peu de munitions et de ravitaillements. Hors de ces centres, pratiquement dans toute la ville n'étaient que de petits éléments dispersés et des isolés dont la majorité ne cherchait qu'à se cacher dans une cave en attendant d'être faits prisonniers par les Américains (crainte des réactions des « terroristes ») ou tâchant de se procurer un vêtement civil pour tenter de disparaître. Des éléments « fanatiques », ou simplement pour leur honneur militaire, étaient décidés à remplir leur devoir tout en en comprenant l'issue ou à faire le maximum pour rejoindre les lignes allemandes, gênés pour cela par la non connaissance des ponts encore intacts et de la progression américaine.

- Sous-estimation de la population.
  - Rappelons que beaucoup d'attaquants pensaient être entrés en Allemagne, qu'ils ne pouvaient parler avec les habitants et que leur confiance dans les F.F.I. était fort médiocre. Le commandement U.S. n'avait pas apprécié de tomber sur des ponts sautés alors qu'il savait que c'était la seule mission donnée aux résistants et cela devait se savoir (mais il semblait ignorer le fait que ces F.F.I. n'avaient pas les moyens de remplir cette mission).

D'où

- Prudence.
  - La progression en ville, le 19, fut très lente, plus lente que ne le valait la résistance ennemie, surtout à l'est du bras mort de la Moselle. Les attaquants, n'avançaient que méthodiquement, attendant l'arrivée d'appui : des tirs d'artillerie parfois a priori ou le soutien de chars, mais les ponts détruits posaient un problème d'où découlait l'évidente préoccupation d'en rétablir au plus vite.
- Méfiance.
  - Beaucoup de témoins disent avoir été frappés d'abord par le fait que les Américains marchaient silencieusement (les soldats allemands avaient des bottes ferrées) et avaient un équipement et des véhicules jamais vus, puis par un premier contact généralement peu engageant. Un habitant voyait par un soupirail ou une fenêtre entr'ouverte les premiers G.I., criait sa joie, voulait lancer des fleurs ou embrasser et tombait sur une face sévère et méfiante, une arme braquée sur lui et une interpellation pas du tout aimable : « German ? ». Cela, pourtant bien compréhensible,

---

90. *Studies* MS.B.079.

91. Cette question sera rappelée dans la conclusion de cette étude.

faisait l'effet d'une rude douche froide... [92] et même coûta la vie à certains.

- C'est peut-être ce premier contact décevant qui explique une autre opinion souvent indiquée : les premiers G.I. étaient sales (c'était normal, compte tenu de nombreux jours de combat par très mauvais temps) mais également peu avenants ; petits jaunes ou grands noirs et non beaux spécimens américains. Certains ajoutent qu'il s'agissait de prisonniers de droit commun se rachetant, voire de bagnards. (Ceci reste à prouver. Certains ont pu vouloir donner cette impression en jouant les « gros durs » ou les « têtes brûlées » montrant leurs tatouages et se disant « Chicago SS », surtout aux jeunes demoiselles ; et quel est le régiment du monde qui n'a pas — à tort — la réputation d'être une unité disciplinaire ?).

D'où un double style de combat.

- Centres de résistance.
  - Autour des forts, de Riberpray, voire de quelques points de résistance à l'intérieur de la ville, ce fut un combat classique.
- Ailleurs.
  - Ce fut un enchevêtrement de mouvements exécutés par les deux parties et vus des soupiraux, jusqu'à l'arrivée des Américains, par une population terrée dans les caves par suite des tirs et de l'appréhension des combats de rue annoncés. Elle y était souvent mélangée à des soldats allemands descendus là, de gré ou de force, en attendant le moment d'être faits prisonniers. Les Américains progressaient lentement, rasant les murs de chaque côté des rues, se méfiant de tous alors que dans d'autres rues, car ils ne pouvaient être partout, des éléments ou isolés allemands cherchaient à échapper au piège qui se refermait sur eux. Une certaine confusion fut accrue par le fait qu'après le passage des Américains — et le premier contact souvent refroidissant —, des habitants sortaient dans les rues, oubliant dans leur joie que les combats n'étaient pas terminés.

Conséquences et conclusions.

- Malgré leur méfiance initiale, les Américains acceptèrent l'aide de civils et de F.F.I. Les premiers indiquaient où se trouvaient des « German » ou, on l'a vu et on le verra, devaient servir (un peu en bouclier...) à guider vers eux... Les seconds remplissaient le même rôle mais étaient aussi laissés à la chasse aux prisonniers dans les caves, ce qui soulageait d'autant les attaquants [93]. Cette chasse était fructueuse et assez facile (il y eut au moins des coups de poing avec des récalcitrants mais pas de coups de feu) et rapportait aux F.F.I. des armes voire quelques « souvenirs »...

---

92. Par exemple, la population venait entourer et fêter une dizaine de chars arrivés à l'angle de la rue de la Basse-Seille et du boulevard Maginot. Les équipages, méfiants, voulurent repousser leurs admirateurs ; n'y parvenant pas, un G.I. noir tira une rafale dans une façade... La foule reflua sur le trottoir et « finies les embrassades » conclut Alexandre Koslowska, qui a raconté la scène à l'auteur.

93. Les F.F.I. livraient leurs prisonniers aux Américains. Les quelques unités françaises entrées dans Metz à partir du 20 (16e puis 30e B.C.P., 5e escadron de gardes : voir plus loin) auraient préféré qu'ils les leur donnent pour accroître leur propre bilan...

- La relative confusion des mouvements dans la ville elle-même explique celle de beaucoup de témoignages (94) et l'absence de précisions ou, pire, les affirmations non fondées de récits écrits (dont celui, après guerre, du général Kittel « prié » de remettre aux Américains un compte rendu des faits d'alors, mais il ne connut à la fin que ce qui se passa dans son petit secteur et jusqu'à sa blessure).
  Faute de témoignages précis suffisants, il ne peut s'agir, ici aussi, que de l'indication des grandes lignes et de quelques détails de cette bataille du 19 au 22 dans la ville.

La pénétration (croquis n°s 31 et 32)

La pénétration convergente vers le centre de la ville à partir des lisières de la cité occupées le 18 au soir fut la suivante (95), en considérant successivement les divers secteurs à partir du nord et à nouveau dans le sens inverse des aiguilles d'une montre et en précisant que toutes ces actions furent relativement simultanées.

L'île Chambière (96).

- Les 2 et 3/377e R.I. ayant conquis, la veille, l'île de la place de France se trouvaient face à l'île Chambière, la principale résistance, le P.C. du général Kittel à la caserne Riberpray.
- Le matin, il y aurait eu un peu de cafouillage : choix de l'emplacement du franchissement de vive force, tirs d'artillerie mal appliqués, essai de franchissement à hauteur de Riberpray repoussé, indiqua le général Kittel après guerre (97).
- Un historique du 377e R.I. fait état, lui, d'un changement de dernière minute du point de franchissement. Alors que le 2e bataillon devait bénéficier d'une journée de repos avec services religieux et réorganisation pour l'attaque finale de la cité, la compagnie E reçut l'ordre, à 11 h 30, de franchir la Moselle à midi... La plage d'embarquement sur les bateaux d'assaut fut réalisée sur le canal, un peu au sud-ouest de son confluent nord avec la Moselle. Naviguant d'abord sur ce canal (à l'abri des vues ennemies ?), les bateaux chargés accostèrent sur la rive est de la Moselle, peu au sud du pont mixte sauté. Mais les appuis de feu n'avaient pas eu le temps d'être mis en place. La mousqueterie des compagnies G et M, dans l'île de la place de France, était insuffisante. Les premiers bateaux subirent de lourdes pertes (ce doit être ce dont se souvenait le général

94. Le « Café Français et des Halles », place Saint-Louis, servait aux Allemands de dépôt, notamment d'armes. Monsieur Jean Beauchat a vu, quelques jours avant la libération, les occupants mettre en batterie deux mitrailleuses devant la porte puis les enlever et partir deux ou trois jours plus tard, avant l'arrivée des Américains, laissant l'armement rangé à l'intérieur sur des tables et des portemanteaux. Des Messins vinrent alors prendre des fusils Mauser, des pistolets P 38, des biscuits, etc...

95. Le 19, une patrouille du 377e R.I., envoyée reconnaître le fort Gambetta, constata qu'il avait été évacué.

96. Un témoin (Mlle Lucie L..., dont les Mémoires ont paru dans « Le Lorrain » des 8 à 20 novembre 1945) raconte : « La nuit (du 18 au 19) a été épouvantable. On remonte des caves. A 9 h, messe dans les caves des sœurs de Sainte-Chrétienne. Le cheval tué le 17 rue Goussaud est toujours là. Quelques personnes ne dédaignent pas de s'en tailler des biftecks. A nouveau, des obus tombent sur la Manufacture (des tabacs) qui flambe. La plupart des maisons sont sans vitres, sans eau ni électricité ».

97. Dans : « Studies » MS.B.079.

Kittel, à l'emplacement près, à moins qu'ait été effectivement d'abord envisagé un franchissement face à Riberpray et envoyé les « tirs d'artillerie mal appliqués » correspondants). Par la suite, les appuis américains s'accrurent et le délai de franchissement fut réduit par un embarquement à la pointe même de l'île de la place de France. Bref [98] les compagnies E, puis F, puis G passèrent la rivière et s'établirent dans d'anciens baraquements de l'île Chambière au sud de la voie ferrée (le nord de cette voie était dans la zone de responsabilité de la Task Force Bacon).

- Le général Kittel [99] a indiqué en 1946 que les Américains (le 2/377e R.I.) se seraient emparés de la caserne Thomassin dans l'après-midi puis, le soir, de la caserne contiguë Séré de Rivières. Il a précisé que l'officier chargé de la défense de cette dernière avait déjà annoncé vers 17 h qu'il allait se rendre aux Américains. Le chef d'état-major du général, le major Zimmermann, y alla pour l'en dissuader... et ne revint pas de cette mission. Il semble, en fait, que le 19 après-midi, le 2/377e R.I. n'ait fait qu'investir les deux casernes en cause.
- Le 19 au soir, le 2/377e R.I. et la compagnie I [99 bis] du 3/377e R.I. occupaient donc dans l'île Chambière la zone entre les casernes de l'actuel 2e régiment du génie et la voie ferrée de Thionville. Il était à pied d'œuvre pour l'action contre le principal centre de résistance ennemi.

L'île Saint-Symphorien.

- Cette île était alors peu habitée, ne comptant guère que quelques maisons de part et d'autre du boulevard central et les six habitations de la rue du Stade.

---

98. Le 19 novembre, à 15 h 28, le premier lieutenant Eugène Green, officier de renseignements du bataillon, téléphona au lieutenant colonel John P. Doidge, officier d'Etat-major du régiment, ce résumé de la situation : « Nous sommes passés, nous avons nettoyé le terrain sur une profondeur d'environ 200 yards... Nous avons déjà envoyé 110 prisonniers de l'autre côté de la rivière (par les barques d'assaut) et nous en avons encore plus de 200 ici... Je compte en avoir un millier pour la nuit.. Les pertes furent sévères au début, mais maintenant elles sont légères. Tout le monde a passé la rivière, sauf la deuxième section de la compagnie G, une section de la compagnie H et l'Etat-major de bataillon » (Historique du 377e R.I.).

99. Dans « Studies » MS.B.079.

99 bis. La Compagnie I avait durement combattu au château Brieux (Maizières-lès-Metz) du 9 au 15 (rappel) et avait de faibles effectifs. Son chef, le lieutenant Mac Intyre, commandait en fait à deux sections d'une vingtaine de grenadiers-voltigeurs seulement chacune. (La première était commandée par le sergent « technique » Larson, faute d'officiers, et la seconde était sous les ordres du sous-lieutenant Grant W. Canfield). La troisième était en réserve mais en fait peu efficace par manque d'effectifs. Et la quatrième section, celle d'« appui » (mortiers de 60 mm et mitrailleuses de 7,62 à refroidissement par air) était dirigée par le lieutenant Vincent A. Geiger faisant en même temps fonction d'officier « exécutif » (chargé notamment du ravitaillement). Il est faux de croire que les Américains avaient de nombreux soldats et ce fait est une des raisons pour lesquelles ils appuyaient au maximum leurs troupes par des tirs ou bombardements préalables ou d'accompagnement.
L'histoire de cette Compagnie I qui, on le verra, s'illustra encore à Riberpray, est bien connue à Metz notamment par « les amis de la 95e D.I. », M. Goergen et l'auteur, car l'ex lieutenant Geiger et plusieurs de ses camarades sont revenus quelquefois à Metz, d'où ces renseignements.
Du 16 au 18 novembre, la compagnie fut à La Maxe.
Le 19, la deuxième section s'empara du quartier des Vallières, y faisant quelque 150 prisonniers et prenant un grand stock de munitions. L'ex sous-lieutenant Canfield a avoué à l'auteur avoir eu « beaucoup de chance » parce que l'ennemi avait mis en batterie des mitrailleuses au rez-de-chaussée mais... ne s'en servit pas !
C'est de ce casernement que partit cette section le même 19 pour, avec le reste de la compagnie, franchir la Moselle.

- Une défense assez faible (dont un canon de 20 mm) n'empêcha pas les Américains de franchir en fin de matinée (préparation jusque-là) [100], la Moselle en bateau, à hauteur du pont du Sauvage, détruit la veille.
- La progression dans l'île fut rapide. Parmi les prisonniers alors faits fut une jeune Allemande en tenue militaire, bien embarrassée d'avoir à empêcher son pantalon de tomber tout en ayant les mains derrière la tête... Plus gênants furent alors les tirs du fort Saint-Quentin.
- Vers 13 h, les assaillants approchèrent des ponts sud-est de l'île, sautés le 17 ou 18 au matin (pont sur le bras mort de la Moselle, puis pont sur le canal alors vide). Le général Kittel [101] a indiqué avoir envoyé des éléments de la caserne Barbot défendre cet ensemble. Il faut noter que les habitants de l'île, dont ceux de la rue du Stade, avaient été évacués à l'intérieur de la ville. Peu avant ces journées, quelques habitants de cette rue, dont le photographe Paul de Busson, revinrent se cacher chez eux. Ce 19, vers 13 h, alors qu'ils n'avaient rien entendu de l'action préalable au nord-ouest de l'île et qu'ils préparaient un déjeuner sommaire dans les locaux annexes de derrière leurs maisons, ils furent soudain l'objet de tirs américains (tirs a priori ou activité répérée ?). MM. de Busson et René Fuchs grimpèrent agiter des chiffons blancs ; le tir cessa et peu après, vers 14 h, les Américains étaient sur place.
- Les civils présents, regroupés, furent conduits par les G.I. dans une maison du boulevard où ils passèrent la nuit.
- Par la suite, des Américains fouillèrent proprement ces maisons proches des ponts et réalisèrent le franchissement de ces derniers à 17 h (compagnie L soutenue par la compagnie I), amenant des bateaux déjà utilisés le matin au nord-ouest. S'il y eut défense du pont, elle dut être très sommaire. Aucun terrassement n'avait été réalisé au sud-est des ponts et M. de Busson et ses amis, pourtant proches, n'entendirent pas le bruit d'un combat sérieux. Néanmoins, le 20 au matin, un soldat allemand tué gisait au sud-est du pont du canal, juste au nord du boulevard Saint-Symphorien, entre celui-ci et la rue Hegly.
- Les Américains prirent pied après 17 h au sud-est des ponts et en occupèrent les abords. Le général Kittel a indiqué [102] qu'ils avaient alors pénétré jusqu'à deux blocs d'habitation de la caserne Barbot. Mais, pour

---

100. Après destruction du pont du Sauvage, le 18, vers 11 h, le 1er bataillon (pourquoi lui ?) proposa le « plan A » suivant. Il s'agissait d'essayer de s'emparer par surprise, le 19, vers 5 h du matin, des ruines du pont puis d'y faire passer le bataillon. Si cette première opération ne réussissait pas, il était proposé de leurrer l'ennemi par une diversion plus au sud, à 6 h 30, et de franchir en force à 7 h.
La préparation de ce nouveau franchissement par le 3/378e R.I. fut plus longue que prévue au cours de la nuit du 18 au 19. A 22 h 50, ce bataillon rendait compte : « Par suite du fait que les sapeurs ne sont pas encore arrivés, si nous avons à franchir la rivière en bateau, nous ne pourrons le faire que beaucoup plus tard que prévu au plan A ».
A 23 h, le commandant du 320e bataillon du génie câbla : « Le 377e R.I. a utilisé tous les bateaux que nous devions récupérer »... Mais 50 minutes plus tard, il indiquait : « Nous avons récupéré 13 bateaux ; nous serons en mesure de joindre le 3e bataillon vers 3 h 30 ».
Le 19 à 7 h 30, le 3/378e R.I. annonça : « Bateaux arrivés à 5 h 30. Nous ne pourrons pas commencer le franchissement avant 11 h ou 12 h ».
A 12 h 30, le même bataillon put enfin rendre compte : « Tout se déroule conformément au plan ». Il était sur l'île Saint-Symphorien.
101. Dans « Studies » MS.B.079.
102. Dans « Studies » MS-B.079.

lui, cette caserne ne faisait qu'un ensemble avec la caserne de Lattre et le bâtiment de l'Etat-major boulevard Clémenceau. Du moins une tête de pont avait été ainsi facilement réalisée dans la ville nouvelle.

- A 20 h 30, le P.C. du 3/378e R.I. s'installa au restaurant du Sauvage.

Montigny.

- Le 1/11e R.I. et une partie du 3/11e R.I., en retard, avaient progressé la veille vers le grand ensemble de voies ferrées allant du triage au canal.
- Le 19, les forts Saint-Privat et Verdun continuèrent à tenir encerclés.
- Dans Montigny même, la défense allemande était très restreinte, reposant en particulier sur des pièces d'artillerie refoulées vers le nord par la progression américaine. Par exemple, des canons en batterie dans le jardin botanique firent feu ce jour-là. Quelques pièces (voir plus loin) étaient dans le cimetière de la rue Saint-Ladre. Une autre était au bord du canal, un peu à l'est du pont de la rue des Bateliers. Une autre encore s'était placée, le 18, à l'angle des rues Nicolas-Hamant et Saint-Ladre.
- L'artillerie américaine intervint. Six obus tombèrent par exemple sur le petit séminaire au cours de la nuit du 18 au 19. Dans la matinée du 19, deux personnes furent blessées rue de Reims (près de l'Ecole d'instituteurs) ; une ambulance militaire allemande les évacua à l'hôpital Bon Secours. C'est probablement le repérage de la pièce de la rue Nicolas-Hamant qui fut responsable de la mort de deux personnes près de l'église Jeanne-d'Arc (dont une dans la cave du presbytère).
- Un rapport du 20e corps précise que le 3/11e R.I., le 19 « à 16 h, avec l'appui des chars atteignit son objectif final : la voie ferrée » (celle des Friches) alors que le « 1/11e R.I. termina le nettoyage du faubourg de Saint-Privat et revint sur les arrières du fort Saint-Privat pour en compléter l'investissement » (la compagnie A occupa « l'hôpital » (ex-hôpital militaire ?) au nord du terrain d'aviation et la compagnie L du 3e bataillon fut à l'extrémité ouest du fort Saint-Privat). De fait, le 19 au soir, les Américains bordaient la voie ferrée [103], du canal au sud du pont Saint-Ladre, ayant fait sans difficultés prisonniers des défenseurs au sud de la voie (dont dans l'entreprise Jochum, rue Saint-Ladre, et probablement les servants du canon voisin que l'entrepreneur avait neutralisés en leur versant à boire... La pièce, pointée vers l'ouest, ne tira aucun obus).
- Le retard du 11e R.I. (manque d'effectifs du 2/11e R.I. à l'est de l'aérodrome) eut pour conséquence l'emploi de chars envoyés devant l'infanterie et une probable impasse sur la partie est de la zone (celle des casernes et de Jérusalem, alors surtout occupée par des jardins). Le 19, en fin de matinée, un seul char s'avança prudemment rue du Général-Franiatte, peut-être jusqu'au pont sur la voie ferrée. Gilbert Michels n'y vit aucun autre Américain ce jour-là. Certains, par Blory, allèrent-ils alors vers la Horgne ?

---

103. Il semble bien que des éléments aient, dès le 19 en fin d'après-midi, débordé la voie ferrée pour occuper la place Saint-Victor. Un détachement du génie fut poussé pour déblayer une obstruction de rue. Les Allemands quittèrent les ateliers S.N.C.F. le 19.

PONT DE QUEULEU

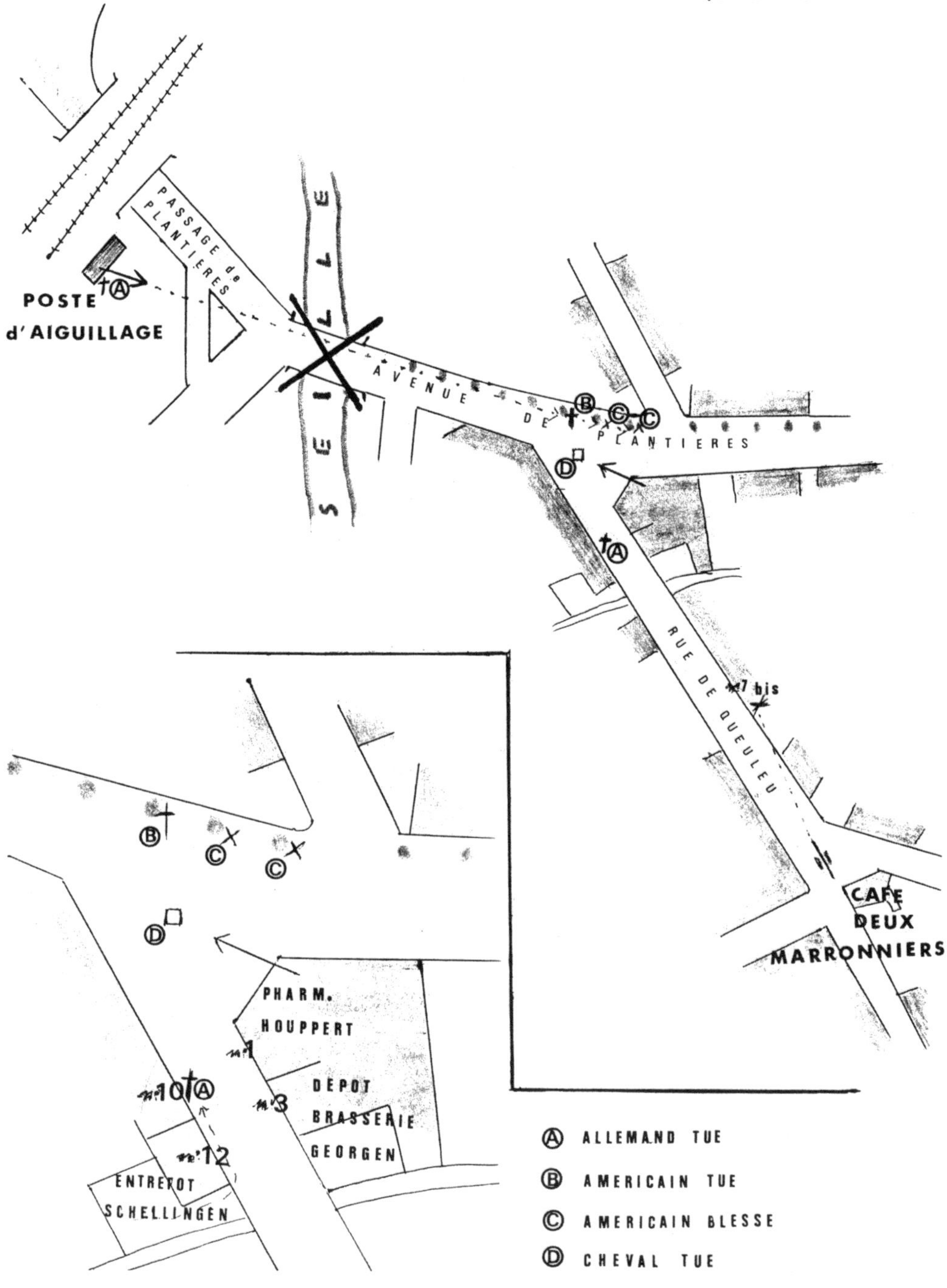

- Le rapport du 20e corps cité conclut : « la nuit du 19 novembre, le 11e R.I. attendait au sud de la voie ferrée [104] de prendre le contact avec les unités de la 95e D.I. (le 3/378e) qui étaient en train de " nettoyer " le cœur de la cité ». Plus simplement, ce 11e R..I. était en retard car, à partir du 19 à 14 h, la limite entre les 5e et 95e D.I. était la rue du Génie et la place de Vigneulles. C'est du reste bien pourquoi une patrouille de reconnaissance [105] y fut envoyée le 19 au soir.

Le Sablon.

A partir du 19 à 14 h, ce quartier faisait partie de la zone de responsabilité du 11e R.I. et non du 10e R.I. La Seille formait limite. Or, le 19 au matin, le 10e R.I. atteignait la Seille à la place Hocquard alors que le 11e R.I. n'était encore qu'au sud de Montigny. Il était normal dans ce cas qu'un contre-ordre vint. Le 19 après-midi, le 10e R.I. reçut l'ordre de franchir la Seille le 20, à 7 h, et de « nettoyer » le Sablon [106].

Queuleu-Plantières.

- Le 2/10e R.I. continua à encercler le fort de Queuleu, ne s'emparant que d'un petit ouvrage avancé.
- Le 3/10e R.I., ayant occupé Borny la veille au soir, continua plein nord, occupant le fort des Bordes au passage vers Vallières avec mission d'y entrer en liaison avec la reconnaissance du groupement Bacon. Cette jonction fut réalisée à 11 h 40 dans ce village. Elle coupait la route de Sarrebrück près de Metz, achevait l'encerclement rapproché de la ville et permettait aux deux éléments de coordonner leurs actions de part et d'autre de la limite séparant leurs deux divisions (la 95e et la 5e) et allant du sud du fort de Bellecroix au sud de Vallières et au nord du fort de Lauvallière.
- Le 1/10e R.I., l'essentiel des forces, convergea vers le pont de la Seille, près de l'ex foire-exposition, sa limite d'objectif.
- La progression principale semble s'être faite par la rue de Queuleu jusqu'au pont, et secondairement par les rues de Tivoli et des Trois-Evêchés, peut-être par la rue Georges-Ducrocq.

---

104. Le 19 au soir :
  - Le 1/11e R.I. devait avoir sa compagnie A ramenée un peu en arrière dans l'ex-hôpital militaire, probablement pour couper le fort Saint-Privat de Metz.
    La compagnie B devait être rue Saint-Ladre, au sud du cimetière et de la voie ferrée.
    La compagnie C devait être à hauteur des ateliers S.N.C.F. ;
  - le 2/11e R.I., aux effectifs réduits, a dû rester le 19 au nord-est du terrain d'aviation ;
  - le 3/11e R.I avait une compagnie renforcée restée autour du groupe fortifié Verdun, une autre compagnie aux Friches, près du canal et de la voie ferrée et la troisième (la compagnie L) à l'extrémité ouest du fort Saint-Privat.

105. Le 19 au soir, une reconnaisance du 11e R.I., comprenant Martin Muller de Jouy-aux-Arches, engagé chez les Américains à partir du 15 novembre, fut envoyé place Philippe de Vigneulles pour effectuer la liaison avec le 378e R.I. venant de l'île Saint-Symphorien. La patrouille progressa par la rue de Reims, la rue de Gaulle et la rue du Génie mais ne trouva pas d'éléments du 378e. Ceux-ci aussi n'arrivèrent que le 20. La patrouille revint sans encombres (témoignage de Martin Muller : archives départementales n° J 6356).

106. A 18 h, le 11e R.I. reçut l'ordre suivant de la 5e D.I. : « Par suite changement mission applicable immédiatement, compagnie B est détachée auprès du 10e R.I. ; compagnie A et B du 7e génie passent en soutien du 10e R.I. ; 284e bataillon d'artillerie de campagne est relevé de son renforcement actuel (du 11e R.I.), remplacé par le 19e bataillon d'artillerie de campagne et replacé en soutien général ».

- Les Allemands n'avaient préparé la destruction du pont sur la Seille que la veille. Ils disposaient, pour la défense de ce point, du poste d'aiguillage placé sur le pont voie ferrée enjambant le passage de Plantières et d'où ils dominaient bien les abords.
- Arrivés au carrefour de l'avenue de Plantières, des Américains venant de la rue de Queuleu remontèrent cette avenue vers l'hôpital et ce n'est qu'alors, vers 9 h, que le pont sur la Seille sauta [(107)].
- La résistance du poste d'aiguillage fut neutralisée cette matinée du 19. M. Adrien Mayer, de la 3ᵉ brigade de F.F.I. (voir plus loin) a indiqué à l'auteur que des F.F.I. auraient participé des deux rives de la Seille à cette action. Quoiqu'il en soit, l'affaire fut réglée dans la matinée et un soldat allemand fut tué là. Enfin la non destruction des deux ponts voie ferrée proches permit à la population d'aller de la place Mazelle à Queuleu-Plantières et vice-versa en faisant un peu de gymnastique [(108)].
- Simultanément, d'autres Américains arrivèrent très tôt à Plantières par l'avenue de Strasbourg. Entre le cimetière de l'est et le coude de cette avenue, ces assaillants n'eurent à récupérer que 7 ou 8 Allemands, dont un officier que Roger Bauler, le radio du réseau Mithridate, habitant au 130 de cette avenue, au coude, avait seul et sans arme déjà faits prisonniers [(109)].
- Les premiers éléments américains, arrivés tôt près du pont de la Seille, ne furent pas immédiatement suivis par d'autres (problème d'effectifs cité). Ceci permit à des Allemands de l'hôpital Legouest d'en sortir après le passage des premiers G.I. et, notamment, d'aller avertir les habitants du 24 avenue de Plantières du début d'incendie provoqué au 26... D'autres Américains arrivèrent ensuite et 40 à 50 Allemands prisonniers furent regroupés dans le hangar du marchand de charbon situé à l'angle des rues des Treize et Ancillon.
- Il ne s'agissait plus effectivement que du « nettoyage » du quartier, du ramassage d'Allemands cachés dans les caves et attendant d'être faits

---

107. M. Goergen qui habitait chez ses parents au 3, rue de Queuleu a dit à l'auteur (voir croquis) :
- que la première patrouille de trois Américains qui approcha du pont sur la Seille en venant de l'avenue de Plantières fut prise à parti par des Allemands occupant le poste d'aiguillage situé sur les voies au-dessus du « passage de Plantières ». L'éclaireur de tête fut tué et ses deux camarades furent blessés. Une ambulance venue de l'avenue de Plantières vint relever ces deux derniers et prendre le fusil du mort ;
- qu'après ces faits, un G.I. vint chez les Goergen pour voir si du grenier on pouvait tirer sur le poste d'aiguillage. Ce n'était pas le cas. L'Américain alla alors placer une arme automatique chez le pharmacien Houppert, à l'angle des rues ;
- que pendant ce temps, d'autres hommes du 10ᵉ R.I. mirent en batterie un canon antichar devant le café « des deux marronniers ». Le premier et seul coup tiré percuta le mur latéral de l'immeuble n° 7 bis... Cette pièce ne pouvait avoir aucune efficacité ;
- qu'un cheval abandonné fut tué au centre de l'embranchement de l'avenue de Plantières et de la rue de Queuleu. Des civils lui enlevèrent une cuisse...

108. La destruction du pont sur la Seille près de l'ex foire-exposition n'empêchait pas les piétons de franchir cette rivière. Après la réduction de la résistance du poste d'aiguillage, donc dès le 19 après-midi, des habitants de Queuleu purent ainsi circuler. Par la rue des frères Lacretelle, il fallait grimper sur le talus du chemin de fer longeant la route de Borny puis, ou bien le franchir en descendant dans la caserne Feraudy et emprunter ce pont non sauté, ou bien marcher sur le talus vers la gare de Metz, passer ainsi au-dessus du passage de Plantières (pont intact), redescendre le talus (escalier) à hauteur du poste d'aiguillage cité pour arriver à la place Camille-Hocquard et enfin, par le passage de Plantières, gagner la place Mazelle en passant sous le pont de voie ferrée par lequel on venait d'arriver.

109. M. Bauler avait alors pris le pistolet de l'officier... et dut le rendre aux Américains.

prisonniers. Dans la matinée, Roger Bauler, mettant sa capote française, alla à Queuleu, toujours seul et non armé, par la rue du roi Albert et, suivi de quelques habitants étonnés, sortit par de simples et énergiques « Alles raus », « Hände hoch » quelques groupes de sept ou huit Allemands dans la région rues de Queuleu et Roederer. Il livra ces prisonniers aux Américains proches. De son côté, la 3e brigade F.F.I. du capitaine Bock s'installa le 19 après-midi rue des Treize, face à la rue du Me Echevin, dans une villa qui servait de poste de police allemand et dont les occupants furent alors faits prisonniers. La brigade était composée de quatre sections chargées de récupérer les Allemands cachés dans les caves, avec leurs armes, en liaison ou non avec les Américains. Un élément alla vers le pont Lothaire. La section de l'adjudant Louyot se dirigea vers le carrefour rue de Belletanche-avenue de Strasbourg ou était un poste américain. Une patrouille mixte (G.I. guidés par des F.F.I.) alla reconnaître Belletanche et Grigy et fit des prisonniers dans une casemate proche de ce dernier village. La section d'Adrien Mayer, en liaison avec la première, fit prisonniers une soixantaine d'hommes de la défense passive en tenue, réfugiés de nuit dans le garage de l'avenue de Strasbourg proche du café du Pont Rouge et de la rue Baudoche. Puis ils neutralisèrent des Allemands disposant d'un canon antichar, mis en batterie dans la casemate située à l'angle des rues Baudoche et Androuin-Roucel (angle sud du cimetière). Les armes et matériels récupérés étaient stockés au P.C. de la rue des Treize et les prisonniers (156, précise un texte officiel F.F.I.) livrés aux Américains occupant alors l'hôpital Legouest.

- Bref, le 19 au soir, le fort de Queuleu tenait toujours, les Américains avaient pénétré dans tout Queuleu et Plantières et avait assuré la liaison avec le groupement Bacon. Ayant atteint les limites fixées, le 10e R.I. n'avait plus qu'à nettoyer, avec les F.F.I., le terrain conquis.

La vieille ville.

- Le 18 au soir, grâce au pont Sainte-Barbe intact, le groupement Bacon avait occupé le nord du boulevard Paixhans et avait pénétré jusqu'à l'important nœud de communications de la place des Paraiges.
- Le 19, prudemment, le groupement continua l'occupation de la ville en progressant d'une part, au nord, vers la place d'Armes et la Préfecture et, d'autre part, au sud, vers le grand séminaire. Là aussi, les Américains bénéficièrent de l'aide de F.F.I.
- Vers la place d'Armes (croquis n° 33), il y eut un double mouvement. Dès le matin, les Américains remontèrent la rue Marchant et, par la rue du Chanoine-Collin, débouchèrent à l'angle est de la place d'Armes [109 bis]. Là, le docteur Adrian, progressant avec les éclaireurs, vit l'un d'eux tuer un

109 bis. Etait-ce ce jour là ou un jour suivant, Robert Mirgain et son père, sacristain de la cathédrale, y entrèrent par les sous-sols et en soulevant une grille du chauffage central. Ils allaient voir les dégâts subis. C'est juste lorsqu'ils se trouvèrent devant la chapelle du Saint-Sacrement (appelée également du Sacré-Cœur) que tout un pan nord de cette chapelle avec des vitraux de Maréchal, s'effondra... Craignant pour le ciboire plein d'hosties qui se trouvait dans le tabernacle de l'autel, le sacristain alla s'envelopper d'un linge liturgique et, suivant son fils qui portait une bougie allumée, il transporta le dépôt sacré à la crypte... La cathédrale reçut 19 obus. De quelle nationalité ? Ce doit en être un qui brisa une des colonnettes de la chapelle citée, d'où l'effondrement. Le 22, les deux mêmes personnes allèrent fixer avec du fil de fer (faute de hampe) un drapeau tricolore en haut de la cathédrale.

Allemand [110] se trouvant à l'angle opposé, près du café de la Lune. Puis débouchèrent de Fournirue, sur la même place, des éléments venus de la place des Paraiges (à l'angle de la rue Fabert sous les arcades, du côté nord, gisait un autre Allemand tué auparavant). La jonction était faite. Mais là aussi, il ne s'agissait que d'éléments américains relativement isolés. De leur côté, les Allemands essayaient de sortir du piège par d'autres rues. Dans la matinée, l'équipage d'un véhicule hippomobile demanda rue Taison au père de Mlle Poulain de lui indiquer un pont non sauté. Des Allemands en automobile vinrent ensuite en mi-journée dans cette même rue donner ou vendre du pain, de la farine, du sucre, des tissus, peut-être pour se procurer des vêtements civils. Simultanément un détachement d'artilleurs avec canon et camions arriva place Saint-Jacques à l'entrée actuelle du Centre Saint-Jacques. En milieu d'après-midi, un Américain et deux F.F.I. descendirent la rue Taison. Ils furent vus par les artilleurs, d'où petit combat pour l'honneur, sans victime, et capture des Allemands. Par la suite des Américains commencèrent la fouille rapide de ces maisons à la recherche, vaine, d'ennemis cachés.

- Pendant ce temps, en milieu de journée, les Américains avaient repris leur progression vers la Préfecture, car l'occupation au moins du nord de l'île sur laquelle elle est bâtie leur incombait [111]. Or le bras mort, avec ses ponts détruits dans la nuit du 17 au 18, créait un obstacle. Certains G.I. durent regagner la place de la Cathédrale [111 bis] par la rue Ambroise-Thomas. Vers 15 h, la progression reprit vers la place de Chambre. Vers 15 h aussi, un éclaireur fut blessé rue d'Estrées à l'entrée du parking actuel. Avant le soir, des Américains arrivèrent devant le pont de la Préfecture sauté. Des F.F.I.

---

110. Gaston Wagener a indiqué à l'auteur que cet Allemand aurait été tué par son frère Roger, également F.F.I., dans des conditions qu'il ignore.
Mme Losson, quant à elle, a indiqué avoir été présente ce matin-là, près de l'entrée de la Cathédrale, côté place Saint-Etienne, et avoir vu une automobile pleine de F.F.I. et peinte de V, croix de Lorraine et « F.F.I. », déboucher de Fournirue place d'Armes, s'arrêter un moment près de « la Lune », le temps qu'un homme en descende, abatte de près cet Allemand d'un coup de fusil et remonte pour continuer ensuite par la rue d'Estrées...

111. Le commandant de la 95e D.I. n'avait pu deviner que les Allemands feraient sauter les ponts des Roches et de la Préfecture, mais laisseraient intacts les ponts Saint-Marcel et Moreau. Il avait donc donné a priori comme limite de zone pour le 377e R.I. la partie du bras mort passant sous les deux derniers ponts cités. L'île de la Préfecture était donc de la responsabilité de la Task Force Bacon, gênée par la destruction des ponts du sud-est, alors que les éléments du 377e R.I. occupant l'île Chambière auraient pu, par le pont Moreau intact, prendre par derrière les défenseurs de la Préfecture. Par contre, les éléments du colonel Bacon arrivèrent en face de la Préfecture le 19 en fin d'après-midi, alors que le 2/377e R.I., dans l'île Chambière, n'aurait pu intervenir qu'un jour après. Il était donc normal que le 19, outre la question des limites de responsabilité, les éléments Bacon prennent à parti la résistance. Comme il aurait été normal qu'une action par le Pont Moreau soit réalisée le 21, si la réduction des défenseurs avait tardé.

111 bis. Marcel Soragna a dit à l'auteur avoir vu au moins un blindé américain placé devant l'entrée de l'hôtel de ville s'apprêter à tirer sur une tourelle du haut de la cathédrale où des ennemis avaient été repérés. Des F.F.I. auraient dissuadé ces Américains de le faire, allant eux-mêmes faire prisonniers sans difficulté les quelques Allemands qui s'y trouvaient en poste d'observation.
Ceci est impossible car Robert Mirgain, fils du sacristain d'alors et habitant au 2, place de Chambre, témoin des faits, a relaté à l'auteur ce qui suit. Début novembre, les Allemands vinrent inspecter la cathédrale et, par écrit, signifièrent au sacristain qu'il serait fusillé si les cloches sonnaient. Celui-ci, avec son fils, bloqua donc hermétiquement (avec des tubulures d'échafaudage) toutes les issues de la cathédrale et il était impossible que quelqu'un ait alors pu pénétrer dans cet édifice.

(notamment l'équipe de l'adjudant Naudin de la 2e brigade d'Eisenkopf, qui habitait rue de la Paix) étaient en cet endroit [112]. Un G.I. fut tué devant l'épicerie Aselborn d'une balle dans la tête et son corps fut ramené sous le portail du 4, place de Chambre. Les Américains prirent alors les choses en main. Un sergent et quatre hommes arrivèrent par la rue du Vivier au numéro 1 de la place de Chambre, montèrent au 1er étage, chez M. et Mme Walgenbach pour s'y mettre en batterie à la fenêtre face à la Préfecture et placer un guetteur chez le coordonnier Klein, à l'angle de la rue du Vivier et de la place de Chambre (cf. croquis n° 34). Deux chars légers M3 de la Compagnie A du 778e Bataillon de chars arrivèrent et, à tour de rôle, se mirent en batterie à l'angle du coiffeur Oberlé, tirant de leur canon de petit calibre (environ 35 mm) et de leurs mitrailleuses de 30 (7,62 mm) sur les fenêtres et soupiraux de la préfecture. Des fantassins tiraillèrent de même de là avec leurs armes individuelles. Ces tirs, plus ou moins espacés, continuèrent la nuit et jusqu'au 20 au matin. (D'autres blindés durent être en batterie près du pont des Roches, face à la place de la Comédie). Les Américains, pour éviter la rue du Vivier bien vue de la Préfecture, établirent la liaison avec leurs arrières, la rue des Jardins, par les toits (itinéraire indiqué par M. Walgenbach).

- Le tunnel de l'hôtel de Lyon, rue des Piques, mérite une mention spéciale. Les Allemands avaient creusé un tunnel sous la colline Sainte-Croix, entre la rue des Tanneurs [112 bis] et cet hôtel. Il avait été commencé des deux côtés et n'était pas terminé. Du côté du bras mort, c'est l'évacuation des déblais qui avait nécessité la pose de rails pour des wagonnets, rails de petit gabarit que l'on aperçoit sur des photographies prises par Paul de Busson, rue du Pont-de-la-Préfecture, lors de la suite des combats. A quoi devait servir ce tunnel ? Il est affirmé sans preuve par certains qu'il s'agissait de préparer l'éventuelle destruction de la vieille ville. Du moins le tronçon partant de l'hôtel de Lyon servait-il alors à entreproser 30 m^3 de carburant. Il était gardé par quelques soldats. C'était, de toutes façons, une menace pour la ville et un trésor en temps de pénurie.
  - Le lieutenant Thiriot, chef de la 5e brigade, habitait rue Mazelle. Le 18 au soir (rappel), il avait été prévenu par M. Becker et son équipe, de cette 5e brigade, de l'arrivée du groupement Bacon et avait participé à leur cantonnement près de la place des Paraiges. Le 19 au matin, en tenue militaire (culotte de cheval et vareuse) cachée par un imperméable civil, sur lequel était un brassard de la Croix rouge allemande donné par Mme le docteur Burger, le lieutenant alla au pont Féraudy. Il y rencontra une sentinelle américaine [113] et, se débrouillant en anglais, essaya d'expliquer qu'il fallait garder davantage ce pont. Henri Thiriot, par le

112. Ils firent prisonniers des Allemands cachés dans les caves voisines, notamment pas mal qui étaient venus ce 19 dans la très grande cave du marchand de charbon Witz.

112 bis. Du côté de la rue des Tanneurs, l'orifice était un peu au nord-est du carrefour de la rue de Mexico. Des prisonniers russes, ayant peu à manger, y travaillaient, disposant d'un gros compresseur pour creuser ce tunnel. La terre était évacuée, là aussi, par des wagonnets circulant sur des rails de petit gabarit posés le long de la rue des Tanneurs puis de la Basse-Seille. Traversant le boulevard périphérique, ils arrivèrent au jardin public. Là, le tracé obliquait vers le sud, un treuil permettant de tirer les wagonnets chargés le long de la pente jusqu'au rebord du rempart d'où la terre était jetée sur la rive de la Seille.

113. On peut penser qu'il ne s'agissait que d'un trop léger poste de garde envoyé pour garder ce pont avant que la zone (voir plus loin) soit occupée... D'où la remarque du lieutenant.

boulevard de Trèves, fut conduit au P.C. du colonel Bacon, dans un des bâtiments des Subsistances militaires. Il se fit connaître de ce colonel qui appela son officier de renseignements, le lieutenant Lyon. Le chef F.F.I. renseigna ces derniers, trés intéressés par un résistant officier de réserve avec qui ils pouvaient se comprendre. Après-midi, le lieutenant Thiriot revint à ce P.C., alors transféré à l'école Paixhans et, ayant remis sa brigade à la disposition du commandant Grégor, devint en fait l'officier de liaison (interprète, guide, agent de renseignements) du colonel Bacon.

- C'est ainsi qu'ayant indiqué la présence du tunnel et de ce qu'il contenait, il y partit en début d'après-midi guidant le lieutenant Lyon et une section d'une trentaine d'hommes. Par les rues Marchant, Saint-Ferroy, Coffe-Millet et le quai Félix-Maréchal, ils arrivèrent sans encombre à l'hôtel de Lyon (du quai Félix-Maréchal, ils devaient être peu visibles des défenseurs de la préfecture. En tous cas, ils ne subirent aucun coup de feu et ne rencontrèrent aucun Allemand) (113 bis). Ils firent prisonniers les cinq ou six soldats allemands qui étaient en train de se mettre en civil et, par le même itinéraire, à nouveau sans problème, regagnèrent le P.C. américain après avoir laissé une garde sur place (les Américains laissèrent une grande partie du carburant aux F.F.I., ce qui leur permit de circuler beaucoup et le colonel Bacon décida d'abord de faire fusiller les quelque cinq prisonniers devenus francs-tireurs en se mettant en civil ; mais le fit-il ?).
- Le 19 vers 21 h, Mme Glock qui habitait rue des Piques, en face de l'hôtel de Lyon, y alla et a dit à l'auteur y avoir vu alors des soldats allemands neutralisés par l'alcool (ainsi que des G.I.) par le propriétaire de l'hôtel, M. Paul Raux...

• Ce même 19, le groupement Bacon progressa également vers le sud à partir de la place des Paraiges et de la caserne Krien occupée sans avoir été défendue (cette caserne, qui n'abritait en 1944 que des bureaux et fut détruite depuis lors, était située entre le boulevard Paixhans et la Seille, entre le boulevard Paixhans et l'école de la Grève).

- Le matin, des Américains guidés par l'équipe F.F.I. Becker étaient partis de la place des Paraiges par la rue Haute-Seille, vers la place Mazelle. A hauteur de la prison du Cambout, ils avaient été accueillis par des coups de feu venant du grand séminaire et n'avaient pas insisté, attendant les chars tandis que leurs F.F.I. se livraient à la chasse aux Allemands cachés dans les caves du quartier (rue Mazelle, du Wad Billy, etc.). La chasse fut fructueuse grâce aux indications des habitants. En particulier, une quarantaine de soldats sortirent de la cave de la Sécurité sociale, rue Mazelle. Becker et ses cinq ou six camarades amenèrent ainsi quelque 150 prisonniers, dont certains en civil, au P.C. du boulevard Paixhans où les Américains récupéraient les montres bracelets...
- Ce n'est qu'à 17 h que les Américains (114) progressèrent de la caserne Krien à la Porte des Allemands et dans la rue du même nom jusqu'à l'église Saint-Eucaire (un Allemand fut tué non loin et au nord de la porte citée). Dans cette même rue, eut alors lieu une dramatique

113 bis. Un sous-lieutenant fut tué en bas de la rue des jardins. (quand ?) (renseignement G. Guillaume).

114. Le 2/378e R.I. ayant franchi le pont Sainte-Barbe derrière le 1/377e R.I.

méprise. L'épicier Gelpe, ancien aviateur, tout joyeux de l'arrivée des libérateurs, avait déjà été les saluer le 18 en fin d'après-midi, caserne Krien. Le 19 il était chez ses beaux-parents, les Lallement, eux-mêmes épiciers dans la rue des Allemands, tout près de l'église Saint-Eucaire. Dans l'après-midi, huit Américains progressèrent de la Porte des Allemands vers le centre ville sur le côté sud de la rue. M. Gelpe, pour les fêter, ouvrit de derrière la partie basse du volet métallique de la devanture. Puis il fit du bruit en ouvrant la partie haute alors que les soldats venaient de le dépasser sur l'autre trottoir. Un G.I. se retourna et vit les bottes noires à lacets (réglementaires de l'armée de l'air française) et tira une rafale de pistolet-mitrailleur. M. Gelpe et son fils de 4 ans qui était à côté de lui furent tués. Mme Lallement, grièvement blessée, fut conduite à l'hôpital Sainte-Croix et y mourut le 22. La patrouille américaine, elle, avait continué son chemin. Mlle Steinmetz, habitant encore au 122, a indiqué à l'auteur que les Américains mirent une ou deux pièces en batterie juste au sud de la Porte des Allemands, face au grand séminaire (il s'agissait peut être de mortiers).

- Le problème du séminaire ne fut réglé qu'en fin de journée [115] par une action de chars et d'artillerie. Bruno Piérarski, de la 2e Brigade F.F.I., guida les deux chars envoyés de l'école Paixhans par le boulevard Maginot à la place Mazelle contre le grand séminaire occupé par la police allemande. En chemin, ces blindés prirent à parti quelques Allemands tirant des fenêtres de la caserne Krien puis d'autres surpris au débouché de la rue Mazelle. De cette place, les chars tirèrent quelques coups de canon contre la façade est du séminaire, ainsi que trois canons mis en batterie près du pont Féraudy. Simultanément, quelques chars, guidés par Sigismund Olinski, monté sur l'un d'eux, partirent de la place Saint-Louis. La rue Royale étant dépavée, ils prirent les rues Saint-Louis, Saint-Henry et de la Gendarmerie. Le soir, un enfant envoyé par les sœurs de Saint-Vincent-de-Paul vint trouver Henri Thiriot, revenu chez lui rue Mazelle, pour lui dire que des obus américains tirés de Queuleu et destinés au grand séminaire tombaient en partie chez elles, à l'hôpital Sainte-Blandine, séparé par la rue d'Asfeld de l'objectif. Le lieutenant y alla et constata que des coups longs étaient effectivement tombés sur le toit, créant une relative panique, mais que le mal était déjà enrayé. Des Américains étaient sur place, avaient déjà dû donner l'ordre d'arrêter les tirs et avaient déjà fait prisonniers pas mal de Feldgendarmes et de soldats sortis de cette prison qui avait tant fait trembler les Lorrains. Leur capture donna lieu à la récupération de mitraillettes et de pistolets automatiques. Bref, les Allemands du grand séminaire ne se défendirent pratiquement pas.
- Revenant chez lui, passant place Saint-Simplice (il faisait alors nuit noire), le lieutenant fut accosté par quelques Allemands en tenue (dont deux ou trois officiers) lui demandant « poliment » mais sous la menace d'un revolver, de leur faire passer les lignes américaines... L'intéressé, toujours dans la même tenue depuis le matin, leur dit, en montrant son brassard de la Croix rouge, qu'il était de service au grand séminaire.

---

115. Le 19, dans la matinée, quelques F.F.I., dont Jean-Paul Leblanc, tiraillèrent du quai Félix-Maréchal contre la préfecture. Dans l'après-midi, la même équipe tira du remblai de la voie ferrée proche contre le grand séminaire et vit venir les Américains de la place Mazelle. Elle alla ensuite faire prisonniers les trois servants d'une mitrailleuse en position à l'angle nord-ouest du quartier Bridoux (Borny).

Saint-Julien et Bellecroix.

- Le 19 au matin, le 2/378ᵉ R.I. était toujours en face du fort Saint-Julien non pris. Mais, à l'aube, une section de la compagnie F, rampant sur le pont menant à l'entrée (dont la grosse porte avait été finalement détruite la veille), surprit un sous-officier allemand en train de poster un groupe de combat. Sous la menace d'une baïonnette, ce sous-officier dut conduire le sergent Rautmann au commandant du fort qui, se laissant persuader par l'Américain, accepta la reddition de l'ouvrage.
- Le 2/378ᵉ R.I., alors disponible, redescendit par Saint-Julien pour renforcer le 1/377ᵉ R.I. dans Metz même et occuper à l'est de la Seille et au sud du fort Bellecroix la caserne Feraudy [116] vide (abritant des services dont les occupants étaient partis dès le 18, à 15 h, avant l'explosion de la Porte des Allemands) et le triangle de voie ferrée qui existait alors entre cette caserne Feraudy et l'hôpital Legouest (le seul ennui rencontré à cet endroit aurait été d'inutiles tirs d'artillerie exécutés par la 5ᵉ D.I. US...).

Le centre de la ville [116 bis]

- Il semble que le détachement Bacon ait en fait occupé, le 19 au soir, mais non nettoyé, la vieille ville au nord-est des rues du Palais, Tête-d'or, place Saint-Louis, rue de la Gendarmerie. Au sud-est, Queuleu était occupé. Au sud-ouest par contre, le Sablon n'était qu'entouré. Le 11ᵉ R.I. n'avait probablement pas dépassé la voie ferrée, de la rue Saint-Ladre du canal, et le 378ᵉ R.I. n'avait qu'une petite tête de pont au boulevard Clemenceau. Dans la zone urbaine non encore libérée, ne sont connus, le 19, que deux faits.
- Le général Kittel a indiqué, après guerre [117], que dans cette zone se trouvait notamment le commandant d'armes, le colonel Meier, avec quelque 700 hommes dans une caserne. Il s'agissait probablement de la caserne Ney et de soldats de toutes origines sans grande valeur militaire. Ce colonel devait avoir pour mission de venir renforcer la défense de l'île Chambière, mais par où ? Avant midi, il rendit compte par téléphone à son général que c'était impossible et proposa une « sortie »... Le général a estimé qu'elle échoua...
- Ce même général a indiqué avoir prescrit, le 18 au soir, la destruction du central téléphonique de la Poste centrale de Metz. M. et Mᵐᵉ Petig, alors concierges et étant sur place avec leur famille, ont pu préciser à l'auteur ce qui se passa. Depuis pas mal de temps, les Allemands avaient, d'une part, préparé la destruction éventuelle de tout le bâtiment et, d'autre part, l'avaient mis à l'abri d'un bombardement, en protégeant le central par une voûte de ciment de 50 centimètres d'épaisseur et en aménageant très sérieusement [118] le sous-sol pour pouvoir y vivre.

---

116. Cette caserne a été détruite et remplacée par celle des pompiers.

116 bis. Ce 19, des Allemands brûlèrent des véhicules militaires rue aux Ours.

117. « Studies » MS.B.079.

118. Cet aménagement, encore en partie en place et insoupçonné du public, est périmé mais fut très bien conçu et réalisé. Les caves furent renforcées, cloisonnées par des portes blindées comportant des appareils optiques de surveillance et des filtres à gaz. Les soupiraux furent bouchés, sauf une meurtrière, et des échelles métalliques permettaient une évacuation éventuelle. Une ventilation à main et à moteur pouvait contrebattre l'infiltration de gaz. Des sacs de craie étaient prévus contre le phosphore. Des W.C. furent aménagés, etc.

- Une douzaine de soldats, dont le grand séminaire était le cantonnement, venait assurer en permanence la sécurité de l'ensemble. Lors des alertes, ce poste de garde vivait et couchait dans les caves ainsi que quelques civils : le couple Petig et ses quatre enfants, M. Becker, chargé du chauffage, et sa femme, et un autre M. Becker employé à la direction. Le 19, le poste militaire fut renforcé par six SS venant également du grand séminaire.
- Le 19, en fin de matinée, des soldats allemands paniqués crièrent aux concierges : « Les Américains sont à la gare [119]... La poste va sauter ». Les quelque dix-huit militaires et les civils déjà nommés coururent à la cave dans leurs locaux habituels et à 11 h 55 exactement (Mme Petig a bonne mémoire et se souvient de son plat de pois cassés...) une grosse explosion eut lieu, suivie de quatre plus faibles. C'étaient les câbles à grande distance [120] et les batteries qui étaient visés. Une partie du portail B s'effondra (à l'angle des rues Gambetta et Pasteur). Sautèrent notamment, à hauteur du 1er étage (d'où destruction du portail) les câbles des réseaux urbains et interurbains, ainsi que, sous le regard du trottoir proche, une chambre de câbles en sous-sols. Plus au sud-est, au sous-sol également, fut détruite la salle des batteries (ensemble de grosses caisses en bois plombées à l'intérieur fournissant plus de 4 000 ampères/heure sous 48 volts).
- Après les explosions, des Allemands vinrent de l'extérieur dire à ceux qui étaient dans la cave de rejoindre, les SS le grand séminaire, et la Wehrmacht la caserne Barbot, ce qu'ils firent [121].
- Bref, toutes les communications téléphoniques en ville et vers l'extérieur furent dès lors coupées.

Les forts de la rive ouest :

- Ils tenaient toujours (Déroulède, Decaen, Plappeville, Saint-Quentin, Jeanne-d'Arc, Vaux et Marival, Driant) et continuaient de gêner par leurs tirs et les effectifs dépensés pour les investir.
- L'ensemble Plappeville-Déroulède, le plus proche, était le plus contrariant. Le 1/378e R.I., initialement chargé de réduire le seul fort de Plappeville [122], se rendit vite compte que celui-ci ne faisait qu'un ensemble avec celui du Saint-Quentin. Il demanda donc d'être chargé des deux, ce qui lui

119. Cette affirmation était exagérée. Mais cette menace bien réelle explique cependant l'opportunité de cette destruction à cette heure-là, compte tenu de l'ordre reçu.

120. Ce sont bien les câbles à longue distance qui ont sauté et non le relais téléphonique militaire. La destruction des premiers rendait le second inutilisable.

121. Mme Petig a indiqué à l'auteur qu'après ce départ des soldats, elle a vu deux ou trois « faux F.F.I. », habillés comme tels avec le brassard correspondant, pénétrer dans les caves de la poste. S'agissait-il de soldats allemands se camouflant d'une façon dangereuse ou de rôdeurs à la recherche d'un butin ? Les « vrais » F.F.I. (voir plus loin) ne se présentèrent que le lendemain car, ce 19 après-midi, le quartier de la poste n'avait pas encore été occupé par les Américains.

122. Le 1/378e R.I. rendit compte à 9 h qu'il encerclait le fort. Il annonça dans la journée : « Six hommes (Allemands) sont montés sur les super-structures du fort de Plappeville et ont dit qu'ils étaient affamés mais ne pouvaient sortir parce que le tunnel passant sous le fossé, la seule issue, était détruit. Ils ont dit que d'autres voudraient se rendre s'ils pouvaient sortir ».

fut accordé à midi. Mais alors cet objectif était trop important pour ce seul bataillon qui manquait d'autre part à Metz même.

- Le 379ᵉ R.I., arrivé à Moulins devant un pont sauté, était dépassé vers le nord sur la rive est par le 11ᵉ R.I. Il ne pouvait servir dans Metz même. En train de « nettoyer » son secteur, il reçut donc l'ordre de prendre en charge l'ensemble Plappeville / Saint-Quentin.

L'encerclement éloigné à l'est.

- L'encerclement rapproché avait été réalisé à 11 h 40 entre le 10ᵉ R.I. et le détachement Bacon à Vallière.
- Plus à l'est, le 1/2ᵉ R.I., renforcé d'une compagnie de chars, avait progressé vers Pont-Marais. Coupant la route de Sarrrebrück au nord d'Ogy, un de ses éléments entra en contact à 10 h 30 à Pont-Marais avec une avant-garde de la 90ᵉ D.I. C'était le second encerclement, à quelques kilomètres à l'est / nord-est de l'autre, réalisé 1 h 10 après (pendant ce temps, le 2/2ᵉ R.I., progressant également vers le nord, plus à l'ouest, prenait le fort de Lauvallière inoccupé).

Conclusions

Le 19 au soir, les Américains (122 bis), par leur prudente et facile pénétration convergente, débordant les forts qui résistaient, avaient très grosso modo atteint les rues de la Caserne, du Palais, Tête d'or, de la Gendarmerie, occupaient Queuleu mais n'avaient qu'ébauché la pénétration à Montigny et dans la nouvelle ville et n'avaient pas pénétré au Sablon. Il leur restait :

- A occuper tout ce sud.
- A « nettoyer » l'ensemble de la ville, avec l'aide des F.F.I.
- A neutraliser les deux résistances qui demeuraient dans la cité : la préfecture et surtout le quartier Saint-Vincent.
- A régler le problème des forts dépassés (seul celui de Saint-Julien avait été pris le 19).

La pénétration dans Metz ne s'était heurtée qu'à de faibles résistances, hormis l'île Chambière. Le général Kittel a indiqué que les pertes allemandes

---

122 bis. Le 19 novembre à midi, si le P.C. de la 95ᵉ D.I. était encore à Moyeuvre-Grande, des éléments de cette division s'étaient rapprochés de Metz tandis que d'autres, au nord de la ville, avaient glissé vers l'est, à l'ouest de la Moselle, en prévision des opérations futures vers la Sarre (voir croquis page suivante).

- Les P.C. des trois R.I. étaient maintenant près de notre cité : le 377ᵉ au nord de Woippy, le 378ᵉ vers Saulny, le 379ᵉ à Châtel-Saint-Germain.
  Le P.C. du 359ᵉ Bataillon d'artillerie, appuyant ce 379ᵉ, avait pris la place du P.C. de ce régiment aux fermes de Caulre.
  Le P.C. du 358ᵉ Bataillon d'artillerie, appuyant les 377ᵉ et 378ᵉ, était venu à la ferme de Calembourg.
  Le P.C. du 320ᵉ Bataillon du génie était resté près de Jœuf, mais sa Compagnie A, en soutien du 377ᵉ, était basée près de Saint-Agathe et la Compagnie B, appuyant le 378ᵉ, à Semécourt.
- Plus au nord :
  Le P.C. de l'artillerie divisionnaire s'était porté au sud d'Amnéville.
  Le 360ᵉ Bataillon d'artillerie s'était déplacé de la région de Montois-la-Montagne à l'ouest de Maizières-lès-Metz.
  Le 778ᵉ Bataillon de T.D. avait son P.C. au N.-N.O. de Maizières-lès-Metz.
  Le 547ᵉ Bataillon d'artillerie antiaérienne avait son P.C. à Jœuf.
  Le 607ᵉ Bataillon de T.D. avait son P.C. à Sainte-Marie-aux-Chênes.
- La T.F. Bacon avait son P.C. à Malroy alors que celui du 920ᵉ Bataillon d'artillerie qui l'appuyait était à Argancy.

95e D.I. – 19 novembre 1944

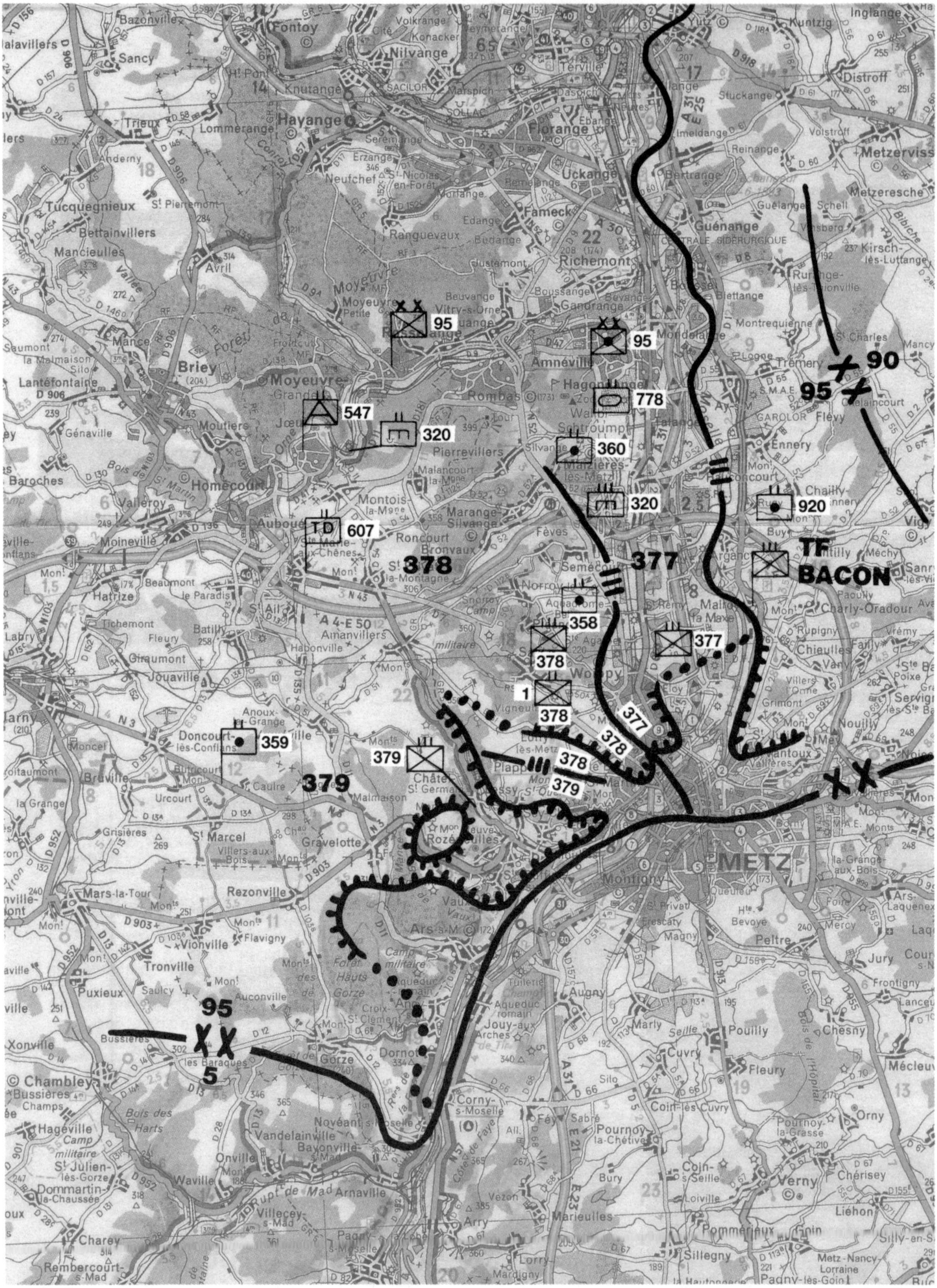

(D'après le compte rendu du général C^dt la 95e D.I.)

avaient été ce jour-là [123] « modérées » en ce qui concernait les tués et les blessés mais se montaient à quelque 4 000 « disparus ».

Les deux dernières destructions opérées par les Allemands l'avaient été à l'approche des Américains et non au préalable : pont du bas de Queuleu, Poste centrale.

Des F.F.I. avaient servi de guides, avaient, derrière les Américains, fait la chasse aux Allemands cachés dans les caves et attendant d'être faits prisonniers. Le lieutenant Thiriot, comme la veille le lieutenant Berwick, avait réalisé une mission particulière et aidait dorénavant directement le colonel Bacon. Un vrai corps franc aurait probablement pu, ce jour-là, éviter une des deux destructions mais cela eut nécessité préparation et coordination, ce qui ne fut pas le cas. Le P.C. initial des F.F.I. fut celui des Américains à l'école Paixhans. Celui de la 3e brigade (capitaine Bock) s'installa le 19 après-midi rue des Treize. Le même jour (ou dès la veille ?), le lieutenant Griboux fixa le point de rassemblement devenu P.C. de sa 4e brigade à l'école des Frères rue Saint-Augustin, en avance sur les Américains.

A 16 h, le général Kittel avait télégraphié à la 1re Armée allemande : « L'ennemi a atteint la ligne de chemin de fer de Montigny, le fort Saint-Privat, le Sablon, le fort Steinmetz. Les attaques contre l'île Saint-Symphorien et la partie sud de l'île Chambière (centre principal de résistance de la division) ont été repoussées ». Ce général qui n'était plus au courant de ce qui se passait ailleurs que dans son centre de résistance, était vraiment trop optimiste.

Le compte rendu journalier du groupe d'armées G pour ce 19 fut : « Le valeureux combat de l'occupation de Metz fixe de fortes forces ennemies et a permis au 13e corps d'armée SS, par l'allégement qui en a résulté, de se regrouper et de former une réserve ». Ceci était vrai.

La nuit du 19 au 20 fut étrangement silencieuse. Les forces américaines étaient éparpillées dans la ville ; elles étaient au contact des dernières résistances et dans la zone non encore occupée, aucun objectif ne méritait un tir. « Un silence surnaturel hante les rues de la ville. Le barrage d'artillerie de la nuit précédente, très éprouvant ne s'est pas reproduit cette nuit. La nuit est calme », a noté le général Kittel [124]. Ce dernier a également fait état de l'échec d'un ravitaillement par air nocturne : « Nous avions échoué dans notre seconde tentative de ravitaillement par l'intermédiaire de trois avions. Nous voulions lancer des munitions d'infanterie sur les forts Saint-Quentin et Plappeville. Les avions furent à la verticale du point de rendez-vous à l'heure, mais le signal (fusée) n'a pas été tiré. C'est la seule fourniture qui manquait aux défenseurs ».

Le 20 novembre : fin de la pénétration américaine

Ce lundi, les Américains avaient à :
- achever l'occupation de la cité ;
- continuer son « nettoyage », aidés par les F.F.I. ;
- tenter de mettre hors d'état les dernières résistances à l'intérieur de la ville (préfecture et surtout l'île Chambière) et dans les forts.

123. « Studies » MS.B.079.

124. « Studies » MS.B.079.

Achèvement de la pénétration

Il restait à occuper Montigny, le Sablon et le sud de Metz.

A *Montigny* (125), le 11e R.I. se cantonnant à cette banlieue, l'occupa sans difficulté le 20 au matin (126). La progression principale se fit le long de la rue de Pont-à-Mousson (la compagnie C) (127). D'autres Américains progressèrent le long de la rue du 20e corps (la compagnie B) (128) (voir plus loin) et le long du canal (une compagnie du 3e bataillon), sondant les rues adjacentes. L'ensemble atteignit sa limite, la rue du Génie et la place Saint-Thérèse où il prit contact à 8 h (129) avec le 3/378e R.I. qui l'avait devancé au lycée technique. La seule résistance rencontrée fut celle du pont Saint-Ladre et du cimetière voisin (cf. croquis n° 35).

- Il a été indiqué qu'aux 58 et 60 de la rue Litaldus étaient cachés le réfractaire Alphonse Koch et le lieutenant Antenat, un des adjoints de la brigade F.F.I. Einsenkopf, alors qu'un autre résistant, Louis Schwendimann habitait au 39 rue Saint-Ladre, voyant très bien de chez lui le pont et ses environs. MM. Antenat et Koch avaient été récupérer (rappel) quelques

---

125. Dans : « Montigny, cité cheminote », Fernand Leroy indique que le 20, des habitants vinrent avec des charrettes chercher du charbon aux ateliers S.N.C.F. Le chef d'arrondissement Leigenguth dit alors au contremaître Schambourg de faire arrêter ces vols. Le contremaître alla à la Préfecture (probablement après le 20...) chercher de l'aide. Il n'obtint que cinq mousquetons et le conseil d'utiliser les uniformes de pompiers qui étaient aux ateliers. M. Schambourg organisa ainsi un « groupe de défense ».

126. Les deux camps de prisonniers russes de Montigny durent être simplement abandonnés par leurs gardiens.
Un camp de femmes russes était au nord de l'aérodrome de Frescaty. Ces prisonnières, notamment chargées de l'entretien des voies ferrées, étaient gardées par de vieux soldats allemands qui détournaient la tête quand des civils apportaient quelque ravitaillement aux femmes. (Un autre camp d'Urkrainiennes était dans des bâtiments militaires sur la rive sud de l'embouchure de la Seille dans la Moselle).
Un camp d'hommes était constitué de baraques montées en bordure sud du triage près de la rue de Sugnon. Gilbert Michels se souvient avoir donné du vinaigre, faute d'alcool, à ces prisonniers cherchant des boissons « fortes ».

127. Comme partout, les premiers Américains étaient très méfiants, n'acceptant de boire quelque chose qu'après le donateur, et refoulant les libérés trop démonstratifs. Place de la Nation, par exemple, le boulanger-patissier Mathis étant sorti avec un grand drapeau tricolore fut vite sommé de le remballer...

128. Le 20, rue du Général-Franiatte, Gilbert Michels ne vit qu'une compagnie américaine venir s'installer au quartier Collin. Il devait s'agir d'une unité de soutien qui resta là quelques jours. Après leur repas, les hommes, très décontractés, sortaient du quartier place Domremy où se trouvaient deux grandes poubelles près de l'église en construction. Ils jetaient leurs restes dans l'une, restes en partie récupérés par les civils pour leur propre consommation... « On y trouvait des morceaux de beurre, de bacon, de chocolat mêlés aux mégots de cigarettes et autres déchets. L'autre poubelle était pleine d'eau bouillante chauffée au moyen d'un puissant réchaud à essence ; les soldats y trempaient leur vaisselle ». Les casernes voisines ne furent pas occupées par les Américains (déclaration du témoin à l'auteur).

129. Le 20, à 6 h, le 1/11e R.I. rendit compte que sa « compagnie C avait atteint son objectif à 5 h 30, suivie de la compagnie B et du chef du 7e génie ». Le message suivant, envoyé à 8 h 30, indiquait que la « compagnie C a pris contact avec éléments 95e D.I. ». L'objectif du premier message devait donc être l'objectif final : rue du Génie — place de Vigneulles et non un objectif intermédiaire, tel que la place de la Nation où le Jardin Botanique — rue Mangin. La compagnie C traversa donc Montigny de nuit et attendit, de 5 h 30 à 8 h, le 3/378e R.I. qui ne progressa lui qu'au jour (vers 7 h) à partir de sa tête de pont du boulevard Clemenceau. (Une tranchée antichar coupait la rue de Pont-à-Mousson au carrefour à hauteur de la rue Charles-Pètre et les Allemands y avaient mis en batterie un canon).

grenades et deux armes au fort Saint-Privat, vers le 1er septembre, et les avaient cachés depuis lors au numéro 60.

- Le 15 ou 16, les Allemands avaient bien préparé la défense du pont. Trois canons (des 75 ?) avaient été mis en batterie à l'angle ouest du cimetière d'où ils avaient un très bon champ de tir vers le sud. Un canon antichar avait été placé à l'extérieur de l'angle est du cimetière et battait très bien de là le pont et le prolongement de la rue. Quatre soldats et une mitrailleuse couvraient très bien cette pièce à partir de l'atelier de marbrier situé à l'angle des rues Litaldus et Saint-Ladre. Au moins deux Allemands étaient enfin au château d'eau de l'autre côté de la rue (cantonnement probable de l'ensemble, placé sous le commandement d'un vieil adjudant allant de l'un à l'autre en bicyclette).
- M. Schwendimann a dit à l'auteur avoir pris la mitrailleuse un matin (le 17 ?) pendant l'absence des soldats. Le 19, les trois canons du cimetière tirèrent. Le même soir, les assaillants, venant du sud, ne devaient pas être loin du pont car auraient été vus du château d'eau par un soldat. Dans la nuit du 18 au 19 enfin MM. Antenat et Koch, alors groupés au 58 de la rue Litaldus, allèrent récupérer au 60, fusils et grenades.
- Le 20 dans la matinée, ces deux hommes, soulevant des tuiles du toit, virent des Américains progresser vers eux de la rue Saint-Ladre, venant du sud, et de la rue Litaldus, venant du nord-ouest. De son côté, M. Schwendimann vit que le canon antichar était parti et que la seule défense restante était les trois canons et leur vingtaine de servants.
- En milieu de journée, MM. Antenat et Koch, avec fusils et grenades, pénétrèrent dans le cimetière. Le premier se dirigea vers l'ex-cimetière des enfants d'où deux ou trois Allemands lançaient des grenades dans la rue Litaldus et y tuèrent un éclaireur américain. Antenat lança une grenade contre eux, en blessant un ; tous se rendirent. De son côté, M. Koch, seul, se dirigea vers la quinzaine d'hommes près des trois canons. Il n'eut pas à tirer, l'ensemble, vieux et démoralisé, se rendit.
- Les Américains, arrivés aussitôt, prirent en charge les prisonniers, dont le blessé. De leur côté, MM. Schwendimann et Antenat allèrent chercher dans une charrette le noir américain qui venait d'être tué et le ramenèrent dans ce qui servait de morgue du cimetière Saint-Ladre. Des habitants vinrent déposer des fleurs... et M. Schwendimann se vit ensuite reprocher son acte par les services américains chargés de ramasser leurs tués...

Au Sablon.

- Compte tenu du retard, normal, du 11e R.I., le 10e R.I. reçut l'ordre le 19 après-midi de prendre à son compte le Sablon en traversant la Seille le 20, à 7 h, c'est-à-dire à l'aube. Le 10e R.I., qui disposait depuis le 19 après-midi de son 3e bataillon (il avait alors réalisé la jonction à Vallières et n'était plus utile dans cette banlieue est) monta donc une double manœuvre.
- Un élément du 2/10e R.I., de Magny, fut chargé de remonter ves le nord l'avenue Malraux (enjambant les ponts détruits au sud du Sablon) pour « nettoyer » la partie du quartier se trouvant au sud de la rue Lothaire et à l'ouest de la voie ferrée de la gare des marchandises.
  - La liaison avec le 3/10e R.I. (voir plus loin) se fit à hauteur de la brasserie de l'Union.

- Il n'y eut pas de combats, mais pas mal de prisonniers furent capturés. Une trentaine de soldats allemands déserteurs vivaient cachés dans les caves de la brasserie depuis une vingtaine de jours (ils avaient ramené une vache et la bière ne manquait pas !). Mais surtout (voir plus loin) c'est là que fut fait prisonnier le général SS Dunckern. Non loin de là, dans le dépôt agricole situé à l'est de la rue Vandernoot, vingt à trente autres soldats se rendirent aussitôt (jusqu'à la veille, ils étaient chargés de la défense du Sablon, le long du talus du chemin de fer voisin).

- Parallèlement, l'action principale fut menée par le 3/10e R.I. à partir d'une passerelle lancée en bas de Queuleu sur la Seille en face de l'ancienne distillerie Schweitzer (n° 93 de la rue Georges-Ducrocq) à mi-distance entre le pont Lothaire sauté et la rue Collignon.
  - Les premiers éléments passés allèrent faire prisonniers beaucoup d'Allemands (un témoin parle de 350...) se trouvant dans le dépôt du marchand de ferrailles Hennequin. Ils ramenèrent ces soldats, et un canon, à la passerelle, firent un tas d'armes à l'ouest de la Seille et firent passer les hommes. Deux de ceux-ci s'étant cachés dans des tonneaux de la distillerie, y furent découverts et auraient été tués.
  - La majorité des Américains cependant remonta la rue Lothaire jusqu'à la rue Saint-Pierre et occupèrent le quartier en progressant principalement le long des trois grandes rues.
  - Certains suivirent l'avenue Malraux vers le sud pour prendre liaison avec l'élément du 2/10e venant de Magny [130].
  - De la cité Manceron, certains progressèrent rue Saint-Pierre jusqu'à la voie ferrée (limite au nord-ouest avec le 3/378e R.I.), c'est-à-dire jusqu'à la rue aux Arènes à hauteur du passage du Sablon. Un canon allemand y était en batterie devant le garage Hubert. Il tira trois coups dans la rue Saint-Pierre et les neuf servants (un officier excité et huit vieux artilleurs) furent faits prisonniers, comme se rendirent sans combat trente à quarante soldats allemands démoralisés qui, dans la cour arrière de la maison des Machet, avaient dès la veille au soir demandé à ceux-ci de faciliter leur reddition aux Américains.
  - Parallèlement, avenue André Malraux, d'autres Américains se dirigèrent vers la gare des marchandises. Au nord de la rue Lemud, un soldat allemand tira d'une maison isolée située entre Sente A My et l'avenue Malraux sur les Américains l'ayant déjà dépassé. Un grand noir américain monta le désarmer, le descendit en le tenant par le collet et l'aurait abattu peu après.
  - Pendant ce temps, pour faciliter les communications, le soutien des troupes du Sablon, les Américains lancèrent sans délai un pont Bailey sur l'arche détruite du pont Lothaire.

- Après ces mouvements matinaux des premiers éléments, ce n'est que l'après-midi que la troupe vint s'installer dans le quartier [131], créant de

---

130. Un Américain fut tué devant le 113 de l'avenue Malraux et d'autres l'auraient été près des ponts sautés entre le Sablon et Magny.

131. Le franchissement de la Seille rue Lothaire eut lieu le 20 très tôt et tout le Sablon fut « nettoyé » dans la journée, pratiquement sans combat.
Après guerre, le général Kittel (Dans : « Studies » MS.B.079) a déclaré : « La résistance de la police allemande et du Volkssturm cessa le (19) soir dans le quartier du Sablon »... Le 19, il n'y eut aucun Américain au Sablon. Il s'agit bien du 20.

l'appréhension auprès de la population se demandant si les Allemands n'allaient pas profiter de ce temps mort pour revenir.

- Il fallait que la liaison fut établie entre le 10e R.I. au Sablon et le 11e R.I. à Montigny. Le 19 après-midi, un nouvel ordre de la 5e D.I. (rappel) avait prescrit :
  - au 10e R.I. de nettoyer le Sablon, ainsi que la partie de Montigny se trouvant à l'est de l'axe formé par les rues de Verdun et du 20e corps ;
  - au 11e R.I. de mettre sa compagnie B à la disposition du 10e R.I.
    En conséquence, cette compagnie B, progressant derrière la compagnie C à l'est de Montigny, assura cette liaison.
  - Venant du chemin de la Horgne, un élément passa ainsi le matin le pont du même nom, après qu'il y ait été du reste bombardé par l'artillerie (la maison à la sortie ouest du pont (angle nord) fut ainsi incendiée la veille au soir).
  - Venant de la rue du 20e corps par la rue Mangin, un autre élément franchit le pont Saint-Clément.
- Le fond de la vallée de la Seille fut vite utilisé par les Américains. Ils y créèrent en amont un terrain d'aviation pour piper-cub. A hauteur de la gare des marchandises, ils installèrent un bon nombre de canons (dont des Allemands pris à cet endroit) qui tirèrent notamment sur le fort Saint-Quentin.

Au sud de Metz.

- Partant de sa tête de pont du sud-est du pont Saint-Symphorien, le 3/387e R.I. reçut l'ordre, le 20, de « nettoyer » le centre de Metz, de l'église Sainte-Thérèse à la vieille ville occupée par le T.F. Bacon. Voici les grandes lignes de son action.
- Il fallait déjà assurer la liaison avec les deux voisins.
  - Au sud, le 1/11e R.I. de la 5e D.I. avait occupé Montigny le matin même. C'est probablement la Compagnie K, en réserve, qui, par la rue Paul-Ferry [132] notamment, arriva place Philippe de Vigneulles, y occupa le lycée technique et prit liaison avec le 1/11e vers 9 heures.
  - Au nord, c'est probablement la Compagnie J qui, par le palais de justice (où elle fit des prisonniers) et la rue des Clercs, entra en liaison avec le 1/377e R.I. à 8 h 45, vraisemblablement à hauteur de la rue du Palais.
- Mais l'objectif principal du bataillon était la gare. La Compagnie L, en tête du dispositif, atteignit cette gare à 11 heures et continua par l'avenue Jean XXIII pour prendre contact à 12 h 30 près du grand séminaire avec le 2/378e R.I. du T.F. Bacon [132 bis].
- De son côté, la Compagnie I eut à contrôler le secteur de la place Mondon. La première section (du lieutenant Anderson) suivie du commandant de

---

132. Mlle Maujean habitait avec ses parents, 39 avenue de Nancy, à l'angle de cette avenue avec la rue Paul-Ferry. Ce matin-là, remontant de la cave à l'insu de ses parents, elle voulut d'une fenêtre du 1er étage jeter des chrysantèmes aux premiers G.I. longeant la rue Paul-Ferry. Elle poussa donc le volet italien... et se baissa vite car une rafale de pistolet-mitrailleur arrivait dans sa fenêtre... Elle redescendit sans avoir jeté des fleurs...

132 bis. Le lieutenant G. Lundberg, commandant la Compagnie D d'appui du 1/378e R.I. (section de mitrailleuses à refroidissement à air et section de mortiers de 81 mm), alla de son côté ce 20 en jeep à la gare. Il monta sur le quai au moment où une locomotive partait en direction de Nancy (elle ne put aller loin !) emmenant deux ou trois soldats allemands qui échangèrent des coups de feu avec le lieutenant.

compagnie (le capitaine Ch. D. Crawford) [(133)] et de la deuxième section (sergent Bakken) en réserve progressa sans dommage par le boulevard Clemenceau et l'avenue Joffre. La troisième section (lieutenant Harrigan) prit les avenues Kennedy puis de Lattre de Tassigny et peut-être la rue Wilson et l'avenue Schuman [(134)].

Arrivé place Mondon, le capitaine entendit des coups de feu en direction de la gare [(135)]. Il ordonna alors au lieutenant Anderson de pousser avenue Foch jusqu'à l'hôtel Royal pour couper la retraite des ennemis refoulés par la Compagnie L. Il n'y en eut pas.

« Tout à coup, les habitants [(136)] de Metz sortirent dans les rues. En délire, ils offraient du vin et du champagne aux soldats et criaient « Vive la France, Vive l'Amérique ». Alors que j'avais le désir de me joindre à la liesse populaire, je dus regrouper ma compagnie et établir mon P.C. à l'hôtel Pfeiffer (actuellement Foch). Ce fut un très bon moment pour tous » (C^ne^ Crawford).

Le lieutenant Anderson ne resta pas longtemps à l'hôtel Royal car le commandant du 3/378e R.I. (lieutenant-colonel Kelly) vint y installer son P.C. de même que, peu après, le commandant du 378e R.I. (colonel Metcalf). (Un autre P.C. fut à l'hôtel Pasteur).

- L'action du 16e B.C.P. sera relatée plus loin. Indiquons dès maintenant qu'une patrouille mixte de chasseurs et de gardes, sous les ordres du lieutenant Martin, progressant à pied par les avenues de Nancy et de Lattre de Tassigny, deux heures environ après les premiers Américains, arriva au Palais du Gouverneur vers 12 h 30. Le garde Rouffet eut l'honneur d'y hisser le pavillon tricolore vers 14 h.

A l'est de Metz.

Le 95e groupe de reconnaissance eut pour mission de nettoyer la région nord-est de Metz, ce 20 novembre.

---

133. Le capitaine Crawford a fourni ces renseignements à l'auteur.

134. Ce dut être en franchissant l'avenue Foch que les attaquants furent pris à parti relativement dans le dos par des Allemands en position le long de la façade nord-est de la caserne Barbot. Ces défenseurs furent abattus dans leurs trous individuels (et y étaient encore le 22).
Lors du « nettoyage » de la caserne Barbot, les Américains, guidés par des F.F.I., abattirent dans le bâtiment à droite de l'entrée, un adjudant allemand invectivant les F.F.I. qui firent prisonniers une trentaine de soldats ennemis. Le même ensemble américain-français alla ensuite capturer quelque cinq autres défenseurs près de la chapelle des Templiers.
Au square Galliéni, la Compagnie I fit prisonniers dans un abri antiaérien « 7 soldats SS et 217 autres » (c'est beaucoup...) et, effectivement, « si ces soldats ne s'étaient pas rendus si facilement, ils auraient pu sérieusement ralentir notre avance ». (C^ne^ Crawford)

135. L'auteur ne peut connaître le détail de ces progressions. M. Nicolas, habitant 8, rue Gambetta, lui a indiqué qu'il s'est entretenu ce jour là avec le commandant Grégor qui, suivant les premiers Américains, rejoignait son bureau de la Salec. (Ces Américains firent sauter la serrure de la poste centrale en tirant une rafale de mitraillette.)

136. Place de Maud'huy, de jeunes Lorraines accueillirent avec joie les premiers Américains venant de l'avenue Kennedy. L'une leur permit de se laver, l'autre leur indiqua la présence d'ennemis au lycée Georges de La Tour et fut chargée... d'avancer devant ces éclaireurs pour les en déloger, ce qui se fit heureusement très simplement !
Le soir même, ces jeunes filles et d'autres (une quinzaine au total) furent les invitées des officiers des services spéciaux américains (C.I.C.) dans un immeuble qui venait d'être évacué par les Allemands (renfoncement de la rue des Clercs où se trouve actuellement le restaurant Flunch). Ces demoiselles, invitées par cartons, furent prises chez elles et ramenées en jeep et le repas fut correct et joyeux.

Le 1er escadron s'empara de Vremy et de Failly et récupéra des explosifs stockés par les Allemands dans le tunnel de Failly.

Le second escadron fit une quarantaine de prisonniers dans cinq villages de la région de Servigny-lès-Sainte-Barbe.

Ces deux escadrons attaquèrent ensuite le fort Champagne qui se rendit sans avoir tiré un coup de feu.

Le 3e escadron fit plus de cinquante prisonniers dans les environs de Vallières (le 21, l'ensemble, moins un peloton du 3e escadron laissé en liaison avec la 5e D.I., rejoignit le reste du T.F. Bacon à Metz, T.F. qui, on le verra, fut dissous le lendemain).

Continuation du « nettoyage »

Ce « nettoyage » continua dans les mêmes conditions que la veille, avec l'aide des F.F.I. (137) et du 16e B.C.P. (voir plus loin) dans les quartiers déjà libérés et dans ceux qui le furent dans cette matinée du 20. Il ne peut en être donné ici que quelques exemples, les diverses équipes F.F.I. se déplaçant en fait à leur guise, d'une façon non coordonnée. Pour les Américains, le nettoyage de la zone du 3/378e R.I. fut terminé à 11 h et celui de la zone du T.F. Bacon à midi.

Après l'école Paixhans, le P.C. « opérationnel » des F.F.I. de Metz, en fait du capitaine Tribout, fut installé à la Trésorerie générale, rue François-de-Curel (elle avait jusqu'alors été occupée par les services allemands des « biens sous séquestres »). De son côté, le commandant Krieger rejoignit le 20 son bureau de la Salec (Société alsacienne et lorraine d'électricité), au deuxième étage d'un immeuble de la rue Gambetta (actuellement bureaux E.D.F.) à l'angle de la rue Pierre-Perrat. Ce fut son P.C. où vint le voir le 21 son prédécesseur J. Scharff (voir plus loin).

Le lieutenant Eisenkopf (chef de la 2e brigade) se trouvait le 20 au matin place Saint-Thiébaut. Une sœur de l'hôpital Sainte-Blandine vint le prévenir que pas mal de soldats allemands étaient encore cachés au grand séminaire, qu'ils voulaient se rendre mais, craignant de le faire à des « terroristes », l'utilisaient comme intermédiaire. Le lieutenant lui dit d'aller les chercher, qu'ils n'avaient rien à craindre et seraient faits prisonniers régulièrement. Ce fut fait. Le chef F.F.I. les fit alors aligner, mains en l'air place Saint-Thiébaut, quand des Américains arrivèrent de la place Saint-Nicolas par la rue des Augustins. Ils semblaient prêts à fusiller ces prisonniers. Le lieutenant Eisenkopf, en tenue, s'interposa. Les G.I. se contentèrent de prendre les montres des Allemands (138)... L'équipe F.F.I. reçut de civils, d'autres prisonniers qui ne cherchaient que le moyen de se rendre (certains avaient leurs divers insignes d'uniforme arrachés). L'officier français conduisit l'ensemble à l'école Paixhans par la rue d'Asfeld et les boulevards, croisant au passage, près de la tour de la Sorcière, une femme morte à la jupe retroussée. Par la suite, le chef de la 2e

137. Le 20, dans la matinée, des F.F.I. en voiture parcourant le centre ville annoncèrent par haut-parleur l'arrivée des « libérateurs » et appelèrent la population à rester chez elle et à ne pas sortir les drapeaux tricolores trop tôt... Le moins que l'on puisse dire est que ce conseil ne fut pas suivi.

138. Dans : « Lorraine, album mémorial », A. Kemp indique que les soldats américains « ont le droit de confisquer n'importe quel objet pour le garder en souvenir ». Il semble plutôt qu'il ne s'agisse pas d'un droit mais d'une tolérance de fait... très pratiquée.

brigade vint installer son P.C. au 14 de l'avenue Foch, grand et bel immeuble déjà repéré, car occupé par le service allemand N.S.K.K. Comme dans toutes les brigades, ses équipes allaient à leur guise où ils pensaient avoir quelque chose à faire et où on leur signalait la présence d'Allemands. Une répartition préalable des secteurs entre brigades ne semble pas avoir été faite mais, de par leur recrutement, les brigades avaient, très grosso modo, leur zone. L'équipe Becker, par exemple, rechercha des prisonniers dans la vieille ville, puis, après avoir été voir ce qui se passait à la Préfecture, opéra de son côté aux environs de la rue aux Ours. L'équipe Naudin, de son côté aussi, s'occupa des bords du bras mort de la Moselle.

La 3e brigade du capitaine Bock continua d'agir à Queuleu [(139)]. En particulier, après la reddition de ce fort (voir plus loin), la section « Mayer y alla récupérer armes et matériels ». Dans l'après-midi, un commandant allemand et deux soldats en train de se mettre en civil furent pris, ainsi que leur camionnette chez le boucher Cabayot, près du café des « Deux marronniers ». Un historique F.F.I. précise pour le 20 : « nettoyage des abords du Sablon : 14 prisonniers ».

La 4e brigade du lieutenant Griboux avait son P.C. déjà installé à l'Ecole des Frères, rue Saint-Augustin. L'historique F.F.I. cité fait état de la capture, les 19 et 20, de 150 prisonniers par un groupe franc composé de 30 hommes. En fait, le chef de brigade a indiqué à l'auteur qu'il s'agissait plutôt de plusieurs petites équipes.

Le lieutenant Thiriot (5e brigade) continua à aider directement et personnellement le colonel Bacon. Ses éléments se raccrochèrent à d'autres brigades, tel Becker à la deuxième.

L'historique F.F.I. cité indique pour la 6e brigade du sous-lieutenant Christ : « Le 17 novembre 1944, la brigade se groupe et progresse en direction de Metz. Les 19, 20, 21 et 22, aux côtés des troupes U.S., elle prend part aux combats de Magny, Peltre, le sud-est de Metz. Nettoyage du fort et de la forêt de Peltre ». Cette brigade n'aurait donc pas participé aux actions dans Metz même.

Le lieutenant Berwick (7e brigade), après sa mission auprès des Américains, rejoignit (dès le 20 ?) son P.C. : son bureau à l'usine d'électricité. Des hommes de sa brigade « nettoyèrent » le quartier du Pontiffroy, livrant une vingtaine de prisonniers aux Américains. La brigade eut à déplorer la mort de deux de ses hommes. Armand Bremm, âgé de 30 ans, fut tué chez lui, le 20 novembre, place des Charrons. Le même jour, en fin d'après-midi, le sergent Gustave Leininger, 38 ans, fut tué à la sortie sud-est du Moyen-Pont sauté. Ce F.F.I. fut tué par des Allemands situés de l'autre côté du pont, près du café du « Retour du pêcheur ». Il aurait appris que ces soldats voulaient se rendre. Il y alla et que se passa-t-il exactement ? Un Américain aurait été tué non loin de là. De son côté, l'adjudant de réserve Lebeau, du Service des eaux, coupa l'eau des forts de la rive ouest car tous ces ouvrages étaient reliés à une station de pompage située à Longeville-lès-Metz. Cet acte gêna l'ennemi, ne

139. Le 20, des Américains s'installèrent au 12 de la rue de Queuleu. Deux soldats allemands cachés dans l'entrepôt arrière de cet immeuble voulurent en sortir vers 3 ou 4 heures du matin le 21. Mais une sentinelle était en faction devant le n° 12. Les deux hommes buttèrent sur elle. L'un d'eux, âgé, se rendit aussitôt ; l'autre, jeune, non. Il fut tué devant le n° 10 et son corps y resta un moment avant d'être déplacé devant le n° 3. (Renseignement M. Goergen).

disposant plus que du trop petit château d'eau situé dans chaque fort mais la pluie fut un bon palliatif.

Le 20 au matin, l'occupation de la rue des Clercs par les Américains permit à l'adjudant de réserve Philippe Stamer, alors au 42 rue des Clers [139 bis], de gagner le rendez-vous de sa 8e brigade (celle du lieutenant de réserve de Znaniesky) le café Plom-Muller, place de la République (près du cinéma Eden).

Ce même jour, M. Stamer reçut mission, avec quelque six hommes de sa brigade, de tenir un poste de garde à l'entrée de la caserne Barbot pour y faire prisonniers les Allemands qui s'y cacheraient encore (il n'y en eut que trois déguisés en cuisiniers et d'abord pris pour des squatters ukrainiens) et empêcher les pillages notamment par les Russes et Ukrainiens alors en liberté dans la ville. D'autres F.F.I. de la brigade s'adonnèrent ailleurs à la chasse aux prisonniers. Le P.C. du lieutenant fut installé rue Pasteur à l'angle de la rue Ausone.

L'historique F.F.I. cité indique simplement pour la 9e brigade du lieutenant Costa qu'elle prit part, du 19 au 22 novembre, « aux combats de la libération de Metz et de ses faubourgs ». Son P.C. aurait été à Devant-lès-Ponts ou au premier étage de la Trésorerie générale longeant la rue Saint-Thiébaut.

Capture du général SS Anton Dunckern

- Dans la première édition de ce livre, l'auteur n'a pu faire part que de versions contradictoires concernant cette capture : dans son P.C. de la rue aux Ours ? non loin des Bordes ? ailleurs ?
  Depuis lors, il a heureusement pu obtenir [140] copie de l'hebdomadaire américain « Yank » du 17 décembre 1944, qui apporte une réponse à cette question.
- Le chef de la Gestapo a été fait prisonnier le 20 novembre dans la brasserie « Union » au Sablon (elle n'existe plus) par la Compagnie E du 2e Bataillon du 10e R.I. (venant de Magny).
  Le 19, les Américains bordaient la Seille en aval du pont Lothaire. Dunckern essaya donc de la franchir plus au sud, à hauteur de cette brasserie, pour tenter de rejoindre son pays. Voici un extrait de l'article cité : « Le 20 novembre (tôt le matin), par un temps froid et pluvieux... il descendit sur la rive et attendit pendant que ses hommes préparaient une embarcation... Il pouvait entendre les Américains au nord et sur la rive opposée de la rivière, se préparant à la traverser vers l'ouest... L'embarcation coula... Dunckern battit en retraite avec quelque trente officiers et se cacha dans une brasserie derrière quelques tonneaux de bière... » C'est là que cet ensemble, et la trentaine de soldats déserteurs déjà signalés, furent faits prisonniers.
  Suite de l'article cité : « Des soldats comme Léonard O'Reilly, Harry B. Colburn, Amor Caldwell et Paul Stapleton l'y trouvèrent. O'Reilly a raconté : « Il était arrogant et désagréable sous la pluie. Il ne voulait parler qu'à un officier de haut grade... Il portait l'uniforme noir de la Gestapo, immaculé... » Le Lieutenant Colburn a déclaré : « Il avait l'air de vouloir me cracher dessus, mais nous n'étions pas d'humeur à nous laisser faire. Nous avons dû

---

139 bis. C'est en bas de cet immeuble appartenant à Me Moppert que se trouvait (rappel) un canon antichar. Le 19 au soir, un gradé ordonna aux servants de faire sauter la pièce et les obus entassés là. Après son départ, des riverains réussirent à persuader ces Allemands de n'en rien faire. La pièce dut être récupérée le 20 par les Américains.

140. Grâce notamment au colonel Stanley Hays et à M. Ralph R. Cupelli.

Capture du général SS Dunckern. (Hebdomadaire Yank)

le pousser dans nos lignes car il ne voulait pas aller avec les autres prisonniers... ». O'Reilly a ajouté : « Nous savions qu'il était une huile, mais nous ne savions pas qui il était ». Amené au centre de rassemblement des prisonniers du 10e R.I., il n'avait pas encore été identifié. Mais le major Edouard Marsch réalisa finalement qu'il détenait quelqu'un d'important. Il alla trouver le sergent Henry Tillinger (probablement interprète) et dit : « Je pense que nous avons capturé un général de la Gestapo ». Tillinger était sceptique parce qu'aucun général de la Gestapo n'avait encore été fait prisonnier durant la guerre. Tillinger a demandé à Dunckern son livret de solde et là se trouvait la réponse. Dunckern, l'homme qui était sévère avec les hommes et galant avec les femmes, le collectionneur d'art, a été capturé par de simples soldats alors qu'il se cachait derrière des tonneaux de bière. Le général Irwin, commandant la 5e D.I., ne souhaita pas voir Dunckern et celui-ci fut donc emmené à l'arrière... ».

- Robert Allan [141] a précisé que le général fut alors pris pour un officier de la Wehrmacht puis, identifié, fut envoyé comme cadeau de Noël au général Patton qui aurait pris plaisir à le faire interroger par un interprète israélite. « Dunkel (sic) est le premier haut dignitaire de la SS à avoir été capturé par

141. Dans : « Lucky forward ».

la 3e Armée U.S. Il sera considéré comme prisonnier politique, puisqu'il n'appartient pas à la Waffen SS mais à l'Ordre SS ».

- Il a également été dit que Dunckern aurait déclaré au général Patton que les forts se rendraient si lui leur en donnait l'ordre. Le chef de la 3e Armée aurait répondu : « Inutile, ils sont pris comme des rats » pensant qu'encerclés, ils allaient se rendre rapidement.
- L'épisode de l'interrogatoire par Patton est plausible, compte tenu du grade SS de l'intéressé. Il semble bien, par contre, que l'offre de Dunckern de prescrire aux garnisons des forts de se rendre :
  - n'aurait pas été suivie par les chefs des grands ouvrages, officiers de la Wehrmacht méprisant la Gestapo et décidés, ils le prouvèrent, à tenir le plus longtemps possible. Ce refus probable devait être connu du général Patton, ce qui a pu contribuer à lui faire rejeter l'offre en cause ;
  - avait pour seul but de la part de Dunckern d'affirmer, de prouver qu'il n'était plus général SS mais général de la Wehrmacht (d'où conditions d'internement plus favorables). Il a été dit que c'est effectivement avec ce deuxième titre qu'il fut dès lors prisonnier (contrairement aux propos de Robert Allan).
- A la fin de cette étude, dans le chapitre « répression », sera relaté le procès de ce général, procès dont le verdict fut particulièrement clément.

Actions contre les résistances

Celle de la *Préfecture* (142) est la plus connue... parce que Paul de Busson, photographe messin, en a pris d'intéressants clichés. Mais ce ne fut pas la principale (ni Anthony Kemp dans son « Mémorial », ni le général Kittel dans son compte rendu de 1946 n'en parlent). Quoiqu'il en soit, depuis le 19 en fin d'après-midi, des Américains du groupe Bacon se trouvaient rue du pont de la Préfecture en face d'une résistance dans cet immeuble de l'autre côté du pont sauté, mais pouvant néanmoins être franchi par l'écluse y attenant.

- Dès le 19 après-midi, l'équipe F.F.I. de l'adjudant de réserve Naudin était rue des Roches et aurait commencé à prendre à parti les défenseurs de la Préfecture. Elle resta avec les Américains arrivés en fin d'après-midi. Le

142. Du 19 au soir au 21 début après-midi (voir plus loin), le combat ne fut pas permanent. Les Américains attendirent surtout que les Allemands se rendent. Ce fait, donc l'existence de périodes de calme complet à cet endroit — et l'imprudence de jeunes gens — peuvent seuls expliquer le témoignage suivant. M. Hermann, habitant rue Dupont-des-Loges, vit le 20 au matin les Américains arriver place de la République. Il voulut alors aller en prévenir son ami Roger Illy qui habitait rue des Bénédictins, non loin de la caserne Riberpray. Les Américains le laissèrent passer sur les restes de l'écluse du pont de la Préfecture (« c'était alors le calme plat ») et l'intéressé y aida même à passer un civil inconnu gêné par sa bicyclette... De l'autre côté du pont Moreau (intact), M. Hermann rencontra rue des Bénédictins un soldat allemand en armes et comprit qu'il y avait un problème... Il continua néanmoins, alla chercher son camarade et refit le trajet inverse sans autre incident que celui d'avoir à franchir le pont Moreau en s'abaissant à hauteur des murets car des Allemands tiraient alors du lycée sur des habitations proches des Thermes qui avaient été pavoisées en tricolore un peu prématurément ! (Ce retour dut être dans la matinée, puisque le 3/377e R.I. attaqua au cours de l'après-midi). Le lendemain 21, les deux camarades refirent encore le même trajet, cette fois probablement l'après-midi, après la reddition de la Préfecture et alors que les combats au quartier Saint-Vincent s'étaient déplacés vers la place du même nom (voir plus loin).

20, à 5 h du matin, de nuit, le jeune Alfred Wojtecki [143], âgé de 17 ans, fut tué sur le pont ainsi que, à une heure indéterminée, le sergent Jean Hoersen, 26 ans, à l'angle de la rue du Pont de la Préfecture et du quai Félix-Maréchal. Au moins le premier fut abattu alors qu'il allait sommer les Allemands de se rendre... Il semble qu'au préalable, il ait parlé de cette intention à des Américains présents et parlant polonais. Cette action particulièrement courageuse était téméraire, car la petite compagnie qui tenait la Préfecture et faisait croire qu'elle y était très nombreuse en tirant de beaucoup d'ouvertures [144] ne pouvait psychologiquement se rendre à un jeune F.F.I.

- Devant ces faits, les Américains firent partir les autres F.F.I. et firent une tentative d'un autre ordre. Un colonel U.S. vint chercher caserne Ney un officier supérieur allemand prisonnier pour qu'il aille intimer l'ordre aux défenseurs de se rendre. De fait, cet officier ennemi, à la tête bandée, fut amené en command-car avec des gardiens devant le n° 4 de la place du Champé puis, à pied, il alla devant le pont sauté de la Préfecture avec un G.I. portant un drapeau blanc. Mais les défenseurs ne voulurent pas se rendre. Le parlementaire repartit donc.
- Constatant cet échec et l'inefficacité des tirs des blindés, les assaillants décidèrent de faire appel à de plus gros moyens, préférant « casser » l'adversaire, voire son abri (la préfecture), que d'exposer des fantassins. Les blindés partirent donc et, par la suite, arriva un canon [145] qui se mit en batterie au même angle du coiffeur. La pièce tira quelques coups... Des Américains montèrent sur les toits pour tirer de haut sur les défenseurs. Le G.I. en sentinelle face au pont, chez le coordonnier Klein, fut tué et son chef de groupe, au première étage du 1, place de Chambre, y ramena les objets et pièces d'identité du mort. Tout ceci ne fut pas décisif.

Ile Chambière [146]

- C'était la principale résistance ennemie : P.C. du général Kittel à la caserne Riberpray et dans les bâtiments voisins. Rappelons que c'est la rapide avance du 377e R.I. vers le sud qui empêcha ce général de rejoindre, en temps voulu, le fort Jeanne-d'Arc comme il l'avait prévu. Kittel a noté [147] que, le sachant, des officiers et quelques soldats allemands venant de la ville de Metz parvinrent à rejoindre, ces jours-là, le centre de résistance principal pour le renforcer et renseigner son chef coupé de tout (rappel), ignorant le développement des combats dans la cité.

---

143. Le père de ce F.F.I. fut déporté politique en 1943. Il ne revint en France en juin 1945 que pour y mourir. Le reste de la famille, bien qu'interdite de séjour en Alsace-Lorraine, y revint clandestinement début septembre 1944, mais Alfred dans une cache inconnue du reste des siens ! C'est le matin de son enterrement que sa sœur, actuelle Messine, apprit sa mort...

144. « On aurait dit qu'ils couraient dans tous les étages pour tirer de toutes les fenêtres » (Mme Walgenbach, habitant 1 place de Chambre).

145. A. Kemp dans : « Lorraine, album mémorial », indique qu'il s'agit d'une pièce de 90 mm de la 3e compagnie du 807e Tank Destroyer Battalion.

146. Dès le 20 :
- la brèche de quelques mètres faite dans le pont mixte fut provisoirement colmatée par des boisages. Cela permit notamment d'évacuer sur la rive ouest les Allemands faits prisonniers dans l'île Chambière ;
- un pont d'assaut fut lancé par le génie américain juste au sud et tout près de ce pont mixte.

147. « Studies » MS.B.079.

- Le 20 au matin, les 2 et 3/377e R.I. étaient à pied d'œuvre, au nord de l'île, au nord de la rue de la Caserne ou du boulevard du Pontiffroy.
- Ils y étaient aidés par des F.F.I., notamment de la brigade de Berwick. Le général Kittel en était bien conscient et a relaté après guerre [(148)] : « la circulation à travers la ville et même les petites rues (de l'île Chambière) ne fut plus possible à partir de l'après-midi, car les F.F.I., sortis de leur réserve, servaient de guides aux Américains ou combattaient de leur propre chef ».
- Le 20, le 2/377e R.I. fut chargé de nettoyer la partie nord de l'île, entre la rue des Bénédictins et la voie ferrée car si, dès la veille au soir, il avait pu investir les casernes Thomassin et Séré de Rivières, des résistances y subsistaient ainsi que dans tous les immeubles au sud. Le bataillon remplit sa mission au cours de la journée. Un historique du 377e R.I. rapporte beaucoup de faits d'armes individuels. Le sergent Miller put notamment neutraliser au bazooka les mitrailleuses empêchant les compagnies F et G de progresser puis put persuader un infirmier militaire demandant l'évacuation de blessés d'obtenir la reddition des autres soldats. Le 20, à 11 h, la compagnie E prit contact avec le 1/377e R.I. au pont des Basses Grilles (ou Saint-Georges).
- Le 3/377e R.I., maintenant passé en entier dans l'île Chambière, avait la tâche de réduire la résistance au sud.
  - Le 377e R.I. demanda par écrit, le 20, au général Kittel de parlementer. A quelle heure fut envoyé ce message probablement porté par un prisonnier allemand ? Il va être dit que le 3/377e R.I. n'attaqua qu'après-midi. Il se peut donc que la requête ait été envoyée le matin puisque la réponse en fut attendue. Cette attente étant vaine, l'assaillant en conclut que le général refusait de se rendre. Interrogé après guerre sur ce point [(149)] (le 10 janvier 1946, par M. Monroe Ludden) le prisonnier des Américains déclara qu'il avait bien reçu ce message mais qu'il n'y avait pas répondu parce qu'il n'était pas signé du général commandant la 3e Armée et il justifia cette raison en citant « les règles de la guerre sur terre » de la Convention de La Haye [(149 bis)].
  - Après cet effectif refus de se rendre, le 3/377e R.I. n'avait plus qu'à attaquer. Il le fit l'après-midi sous forme de deux actions simultanées.
  - Un débordement par le sud parti, grosso modo, du collège Saint-Clément progressa par les rues Saint-Georges et Saint-Vincent vers la place Saint-Vincent. Cette avance très prudente dura de 14 à 17 h, car des défenseurs allemands étaient un peu partout et chaque maison devait être fouillée. Il s'agissait d'un vrai combat de rues et non pas d'un simple ramassage de prisonniers comme dans la cité elle-même. Néanmoins c'est « Gott sei Dank » (Dieu soit remercié) qu'exprima au moins un des prisonniers lors de sa capture ! A partir de 17 h, il y eut vrai combat au lycée Fabert et dans la maison lui faisant face. « Les balles sifflent de

148. « Studies » MS.B.079.

149. Cf. « Ethint 77 », interview recueilli après celui qui a été catalogué « Student MS.B.079 ».

149 bis. Dans son compte rendu d'opérations, le général commandant la 95e D.I. a noté que : « le général (Kittel) avait écrit au commandant du 377e R.I. qu'il ne se rendrait jamais vivant ».

part et d'autre ; c'est épouvantable. Tout à coup des cris déchirants ; de la maison en face du lycée, des Allemands viennent de tirer sur un civil ; quelques plaintes encore et il est mort. Personne n'ose se hasarder dans la rue... » [150]. Les Américains, pour progresser, passaient par les caves (rappelons que des communications entre elles avaient été réalisées sur ordre des Allemands). Mais la résistance était trop importante. Ils attendaient des renforts, notamment l'appui de chars.

- L'action principale directe fut menée à partir de l'usine d'électricité, le long de la Moselle. Les assaillants parvinrent à prendre pied dans les garages de la caserne, mettant, dit le général Kittel, le feu aux baraquements par leurs balles traçantes. Effectivement, la Compagnie I du 3/377e R.I. s'infiltra par A (voir croquis page 263) dans le bâtiment D et, de là, dans les garages E et F, soit directement, soit par B et C. Les Allemands craignirent que les Américains s'avancent par le vaste réseau de souterrains du XVIIIe siècle s'étendant sous toute la caserne et ses abords. Le général Kittel a dit avoir réussi à en faire expulser les premiers attaquants grâce à des lance-flammes créant une fumée rendant tout séjour impossible. Il ne peut s'agir que de la Compagnie K chargée, elle, de l'hôpital Belle-Isle. Le soir, des pièces d'artillerie antichar tirèrent sur Riberpray.

- Ainsi, le 20 au soir, le nord de l'île était nettoyé, un débordement de la résistance jusqu'environ l'église Saint-Vincent avait été réalisé mais ne pouvait déboucher et seuls les garages de Riberpray avaient été conquis. Le général Kittel était bien décidé à tenir dans ce centre dont il avait pris le commandement direct.
- En attendant les combats du lendemain, les deux adversaires se reposèrent. Pour éviter que les Allemands de Riberpray viennent alors surprendre de G en F la Compagnie I par les souterrains, c'est au contraire le sous-lieutenant Canfield qui y fit lancer des grenades fumigènes et plaça une garde. La nuit fut calme.

Les forts de la rive est.

- Le fort de Queuleu continua de tenir, fixant le 2/10e R.I. [151].
- Le fort de Saint-Privat [152] fit de même, encerclé par le 2/11e R.I. Le 20 après-midi, deux Allemands sortirent du fort avec un drapeau blanc. Espérant qu'il s'agissait d'une reddition, le chef de bataillon américain Shell et un médecin militaire parlant couramment l'allemand allèrent à leur rencontre. L'Obersturmbannführer von Matzdorf, chef de la défense, ne

---

150. Mémoires de Mmle Lucie L..., parus dans « Le Lorrain » du 8 au 20 novembre 1945. Cette personne, comme le civil tué, était de celles qui, ne voulant pas être évacuées, s'étaient cachées dans leurs caves. La victime était Lucien Houillon, porteur de journaux né en 1904. Il aurait été tué dès 13 h 30.

151. Ce jour-là, alors que quelques F.F.I. tentaient de reconnaître le fort par l'entrée principale (voir plus loin), Léon Legris, à la tête de quelques F.F.I. de la 3e brigade, patrouilla au sud-est du fort et y fit des prisonniers.

152. Le 20, à 9 h 15, l'élément « rouge 5 » du 11e R.I. rendit compte : « Le drapeau nazi flotte à mi-hauteur (du mât) du fort Saint-Privat. Trois chars avec des drapeaux blancs ont été envoyés pour voir » (s'il y avait reddition).
Une heure après, le commandant du 11e R.I. prescrivit : « Cessez le feu sur fort Saint-Privat pour voir si l'ennemi veut se rendre ».
A 10 h 50, le 20e corps ajouta : « Agitez des drapeaux blancs devant tous les forts pour voir s'ils veulent se rendre ».

demandait que l'évacuation de vingt grands blessés, refusant toute capitulation et se disant prêt à se battre jusqu'à la mort « si c'est nécessaire ».
- Le 3/11e R.I. dut continuer de fixer la résistance du groupe fortifié Verdun.

Les forts de la rive ouest.
- Ils tenaient toujours (Déroulède, Decaen, Plappevillle, Saint-Quentin, Jeanne-d'Arc, Vaux et Marival, Driant) et continuaient de gêner par leurs tirs, surtout ceux du Saint-Quentin.
- Le 19, le 379e R.I. avait déjà reçu l'ordre de relever le 378e R.I. à Plappeville Saint-Quentin. Le 20, l'ordre d'opérations n° 7 lui prescrivit d'attaquer le 21 à 7 h 30 tous les forts de la rive ouest qui résistaient. Il bénéficierait alors d'importants appuis d'artillerie, mais « il ne faudra pas attaquer les fortifications qui délivreront une importante puissance de feu ou qui pourraient nous occasionner des pertes par ailleurs ». Le même 20, le 3/379e R.I. alla donc relever les éléments du 1/378e R.I. qui encerclaient Plappeville [153]. Cette décision d'essayer d'en finir, le 21, avec les forts était due à la volonté de récupérer le maximum d'effectifs pour continuer l'attaque vers la Sarre.

La situation des défenseurs des *forts* était des plus démoralisantes.
- Ils savaient très bien que leur seule issue était d'être faits prisonniers ou d'être tués. Ils sentaient également que leur pays allait connaître la défaite.
- Leur cadre de vie était des plus austères : vie dans des vieux forts subissant de fréquents bombardements, humidité et froid non combattus par une ventilation et des moyens de chauffage satisfaisants. Pas d'électricité et peu d'eau. Nourriture insuffisante. Pénurie de munitions et de pas mal de matériels.
- Pour stimuler ces combattants, l'Allemagne effectua une action psychologique par deux voies :
  - la radio, écoutée par les défenseurs, vanta leurs mérites, les cita en exemple et les incita à se battre jusqu'au bout ;
  - le compte rendu quotidien de la Wehrmacht diffusé partout (les occupants des forts le connurent-ils ?) salua un exemple local de courage : le lieutenant Werner, commandant la 3e compagnie du 1 010e régiment de sécurité, défendit son P.C. jusqu'à ce que tous ses occupants soient tués ou blessés.

Remise en place de la police française

Me Wolff avait été nommé, le 31 août, par le commandant Grégor « à la direction de police ». Il prit possession le 20 des locaux du commissariat central, rue du Coetlosquet. Il y fut ensuite rejoint par d'autres personnes. Mais les locaux étaient en mauvais état, ne servant plus depuis l'automne 1940 que comme annexes du grand séminaire. Le nouveau directeur de la police et son équipe naissante [154] allèrent donc dans ce dernier ensemble de bâtiments, vides, en occupant une partie et récupérant du mobilier abandonné.

---

153. Un rapport du 20e corps précise que le 20, deux cents allemands du fort de Plappeville se rendirent, mais qu'il en restait davantage.

154. Me Wolff fut particulièrement aidé par l'ancien commissaire Jérôme Willig qui (rappel) avait été libéré le 31 août et s'était depuis lors caché à l'hospice Saint-Nicolas. Le fichier des habitants de Metz fut récupéré grâce à l'ancien policier René Willig.

La première tâche fut de ramasser le maximum de documents et d'armes laissés par la Gestapo. Ceci correspondait à l'ordre reçu le 6 octobre par le réseau Mithridate : (rappel) : « Faire immédiatement après retraite allemande razzia dans bureaux Gestapo, police, Arbeitsamt, Wirtschaftsamt, N.S.D.A.P. Saisir tous cachets et formulaires officiels et militaires ainsi que papiers vierges état-civil ».

Il s'agissait d'assurer surtout le maintien de l'ordre en liaison avec les Américains et d'éviter les pillages en cours des maisons vides et des stocks abandonnés (notamment les magasins de l'Intendance [155] du boulevard de Trèves). Pour cela furent utilisés les F.F.I. (à partir de quel jour exactement ?). Le chef de la 4e brigade, le lieutenant Griboux, envoya ses hommes garder ces magasins de l'Intendance. Ils y furent rejoint à partir du 22 au matin par des F.F.I. de la 3e brigade (capitaine Bock). Des Messins y venaient avec des charrettes « récupérer » ce qui n'avait pas été détruit... Tout le monde dut y trouver son compte, mais, par la suite, ce qui restait fut livré par les F.F.I. aux nouvelles autorités. Les F.F.I. gardèrent d'autres dépôts (tel celui de la rue du Sablon : Cadario) ainsi que les bâtiments publics libérés : des casernes, la Préfecture quand elle fut prise, etc.

Conclusions

Le 20 au soir, toute la ville était occupée par les Américains sauf l'île de la Préfecture et le sud de l'île Chambière. Elle était donc en cours de « nettoyage », avec l'aide des F.F.I. et du 16e bataillon de chasseurs à pied.

Les deux résistances urbaines et les forts encerclés ne représentaient plus pour le commandement américain qu'une gêne (fixation d'effectifs) qu'il fallait gommer au plus tôt car l'essentiel était la poursuite de l'attaque vers la Sarre.

Les combats du 20 n'avaient été significatifs que dans l'île Chambière. Le général Kittel a estimé [156] avoir perdu, ce jour-là, quelque 2 000 hommes, dont très peu de morts et de blessés.

Le compte rendu quotidien du groupe d'armées G pour le 20 indiquait : « Le combat pour Metz continue. En dehors de la principale résistance, il s'est décomposé en combats isolés pour de multiples établissements et points d'appui. Une sommation de reddition a été refusée par une défense valeureuse. Le 13e SS corps d'armée n'a pas subi aujourd'hui de poussée ennemie par suite de la fixation des forces ennemies par Metz ».

Le 21 novembre : Attaque des résistances

Ce jour-là, il s'agissait de poursuivre le « nettoyage » en ville avec l'aide des F.F.I. et maintenant de deux des trois bataillons de chasseurs à pied. Mais il importait surtout, alors que la libération de la ville ne se heurtait plus qu'à

155. Lors de la destruction du pont voie ferrée sur le bras mort de la Moselle, juste au nord de ces magasins, deux wagons de ravitaillement (un de farine et un de lumignons) tombèrent en partie dans l'eau. Leur chargement fut pillé. Avant leur abandon des magasins le 18, les Allemands incendièrent un dépôt de boîtes de conserves. Celles dont le contenu pouvait être encore consommé furent « récupérées » par des civils, puis par des prisonniers allemands gardés par des Américains.

156. « Studies » MS.B.079.

quelques résistances qui devraient finir par se rendre, de penser à l'avenir. Pour cela :

- Les Américains devaient récupérer le maximum de leurs effectifs (et de leurs ponts militaires) pour renforcer l'attaque contre la Sarre. Ils tentèrent donc de juguler, le 21, les dernières résistances.
- Les Français devaient reprendre en mains l'administration de la ville et de la Moselle libérée. Cela signifiait la remise en route d'une municipalité française et le retour des autorités officielles, militaires, civiles et religieuses.

L'action contre les résistances

La préfecture.

Dans la première édition de ce livre, l'auteur a retracé la fin de la résistance de l'élément de la préfecture. Il n'a rien à y modifier, mais de nouveaux renseignements lui permettent de décrire le cadre général dans lequel se place cet épisode.

Le cadre général.

Cette résistance n'ayant pu être balayée le 20, le commandement américain ajouta un double débordement par les deux extrémités de l'îlot de la préfecture.

- Le commandant du 3/378e R.I. (J.E. Kelly) prescrivit le 21 au capitaine Ch. D. Crawford de la Compagnie I d'y aller avec un élément appuyé par un char pour aider le 1/377e. Arrivé quai Vautrin, le lieutenant Anderson fut blessé d'une balle à l'épaule et évacué. (Il fut la seule victime de la compagnie lors de ces journées.) Puis le capitaine, bientôt rejoint par son commandant, fit tirer dans les fenêtres de la préfecture, du théâtre ou de la

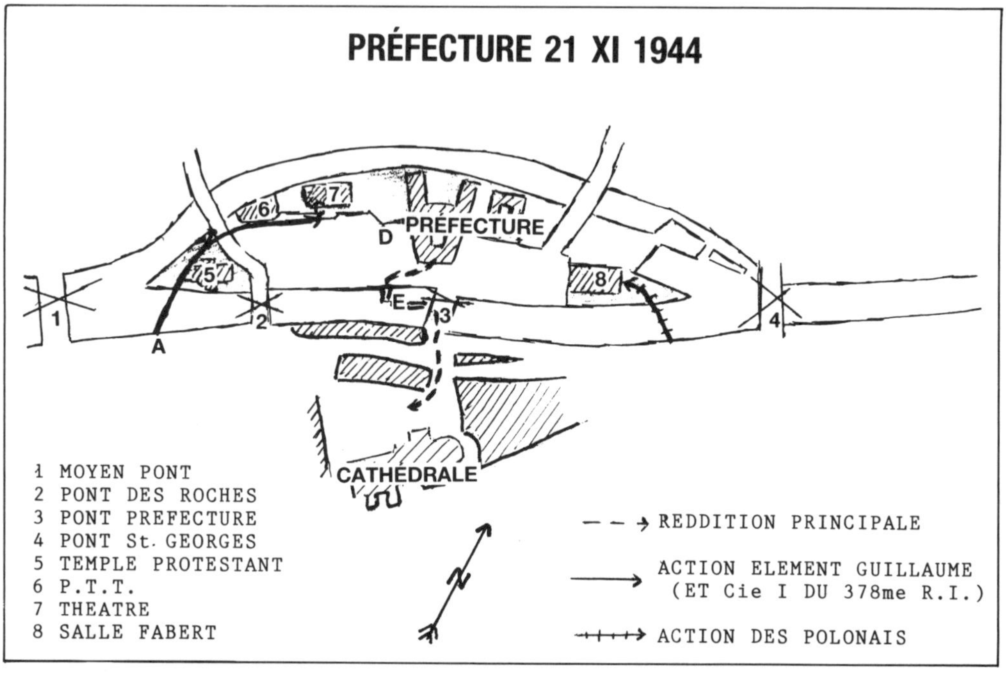

poste (?) étant lui-même monté au 2e étage d'une maison de la rive sud-est du bras de la Moselle. Le sergent Pat Cain fut envoyé sommer les Allemands de se rendre. Ils finirent par le faire. 10 prisonniers et 4 blessés furent donc évacués sur l'hôtel Pfeiffer. (Récit du capitaine Crawford) [156 bis].

- M. Gilbert Guillaume a dit à l'auteur avoir appartenu à un groupe de 26 F.T.P. homologués Fabien mais qui, après Paris, suivit isolément la 3e Armée américaine avec une soixantaine de Polonais. Cet ensemble, toujours rattaché à un régiment (soutien et ordres), arriva à Metz par Maizières-lès-Metz et Devant-les-Ponts et reçut l'ordre de coopérer à la réduction de la résistance de la préfecture.
  Avec une vingtaine d'hommes de son groupe, Guillaume franchit en bateaux pneumatiques en A (voir le croquis de la page 259) le premier bras de la Moselle, gagna en B une vespasienne puis le théâtre en C. Un sous-officier allemand se rendit alors à eux (D). Ils attendirent là 5 à 6 heures et virent le groupe principal ennemi se rendre en E au capitaine de La Vasselais alors qu'une quinzaine d'autres Allemands se rendirent à eux.
- Pendant ce temps, les Polonais faisaient de même à l'extrémité nord-est de l'île et progressèrent jusque près de la salle Fabert. A eux aussi se rendirent une quinzaine d'Allemands qui étaient en F et dans les jardins voisins.
- Les deux groupes ramenèrent leurs prisonniers place de Chambre puis, avec les Américains, entrèrent à la préfecture où ils trouvèrent dans la cave un soldat allemand qui s'y était réfugié.

L'action principale.

- Un élément allemand particulièrement réduit (une vingtaine d'hommes), placé sous les ordres d'un lieutenant, continuait de tenir le bâtiment de la Préfecture faisant face au pont détruit mais que l'on pouvait néanmoins franchir par l'écluse. Le lieutenant et surtout son sous-officier étaient assez disposés à se rendre aux Américains après leur « baroud d'honneur » mais un soldat, fanatique, était contre une telle décision.
- Depuis quelques jours, le professeur Eugène Ewig, l'archiviste départemental, vivait dans la cave du bâtiment, voulant rester à Metz et non être évacué. Il y avait été rejoint par un employé de son service avec femme et enfants.
- Les Américains voulaient neutraliser la résistance et, pour cela, étaient prêts à canonner, à détruire la préfecture. Au courant, le capitaine Guy de la Vasselais [157], chef de la liaison tactique de l'Armée française attachée

---

156 bis. La compagnie rejoignit alors la place Mondon et « les festivités continuaient dans les rues où il y avait toujours plus de monde. Vers le milieu de l'après-midi, la foule se rassembla devant le monument aux morts et le capitaine et certains de ses hommes ont assisté à la cérémonie qui s'y déroula en présence d'autorités locales » : (le préfet Rebourset qui venait d'arriver ; voir plus loin). Puis Crawford retourna à l'hôtel Pfeiffer et put enfin s'y reposer et prendre son premier repas chaud depuis le 14 novembre.

157. Le diplôme déjà cité indique : « Pendant le siège de Metz, vous avez effectué des patrouilles journalières en voiture de combat et à pied profondément à l'intérieur des lignes ennemies. Vous avez pu revenir en donnant des informations utiles sur Saint-Privat, Plappeville, Corny, Novéant, Augny, Magny, Fey et plus tard Frescaty et Metz. A Metz, vous êtes entré dans la ville avec les premières troupes américaines. Vous avez fait le maximum pour éliminer la nécessité d'un bombardement d'artillerie excessif sur la ville et vous avez collaboré dans la destruction de la principale ligne téléphonique allemande. (Ce dernier point resterait à expliquer).

au 20e corps (rappel), intervint comme il l'avait déjà fait auparavant (rappel) pour éviter des démolitions inutiles. Le diplôme que reçut cet officier des mains du général Walker à la fin des opérations comporte : « Par liaison personnelle et avec des unités américaines de l'avant, vous avez pu arrêter le bombardement d'artillerie qui était dirigé contre la préfecture, en étant volontaire vous-même pour réduire la résistance allemande qui était à l'intérieur ». Pour son action à Metz, dont à cet endroit, le capitaine reçut la Silver Star « pour action d'éclat ».

- Les Américains, après le téméraire héroïsme du F.F.I. Wojtecki, avaient écarté les camarades de ce dernier mais au moins l'un d'eux dut servir de guide au capitaine de la Vasselais (photographies page 85 du livre de Paul de Busson).
- En milieu de journée, après une matinée qui dut être localement calme, cet officier prit donc en mains la réduction de la résistance, en présence des photographes messins Bour et de Busson et d'un autre reporter, dont les clichés sont à l'Etablissement cinématographique et photographique des Armées (françaises) au fort d'Ivry. Il y eut tirs de semonce et envoi de fumigènes (photographie page 87 du reportage de Busson) puis une reddition en deux temps, les Allemands (qui n'eurent aucune perte) rejoignant les Américains sur la rive sud-est en passant par l'écluse.
- Le professeur Ewig a bien voulu écrire à l'auteur ses souvenirs : « Lorsque les combats s'envenimèrent (milieu de la journée), l'employé me pria d'intervenir auprès du lieutenant pour obtenir la reddition. Monté en haut, je constatai que la troupe avait déjà cessé le feu et quittait la Préfecture, (elle était conduite par le sous-officier « qui n'avait apparemment pas envie de résister à outrance »). Retournant dans la cave, je rencontrais à ma surprise le jeune lieutenant avec un de ses soldats qui me demandait si j'avais vu ses hommes. Je lui dis qu'ils s'étaient rendus et qu'il ne lui restait qu'à se rendre. Le soldat était un fanatique, mais le lieutenant consentit finalement sous condition que je fasse le parlementaire, ce que j'ai fait. Arrivé au pont, j'ai expliqué la situation. On se méfiait de moi, car on me disait que je serais fusillé s'il y avait encore d'autres soldats à la Préfecture ». L'accord fut conclu et le lieutenant, son soldat fanatique et M. Ewig furent alors faits prisonniers, une demi-heure environ après le premier élément (photographie reproduite en couverture de ce livre).
- Tout l'effectif fut rassemblé vers 14 ou 15 h et fouillé près du pont puis emmené au fort Saint-Julien par le capitaine de la Vasselais, alors aidé par des F.F.I. par la place d'Armes et la rue des Allemands [157 bis].
- Conclusion
  Cette résistance de la Préfecture, bien connue à Metz à cause de la présence alors des reporters messins et maintenant des souvenirs de l'archiviste Ewig, caractérise bien le genre des combats en ville. Moral allemand gardé par quelques fanatiques, mais souci (crainte, honneur militaire) des troupes encadrées de se rendre après un petit baroud d'honneur aux Américains et non aux F.F.I. Méfiance des attaquants,

157 bis. M. J... travaillait aux archives municipales et habitait au premier étage du 4, place de Chambre. Lorsque le convoi de prisonniers y passa, cet employé et sa femme étaient à leur fenêtre. M. J. aperçut M. Ewig et lui fit un petit signe... vu par un G.I. ! Plusieurs Américains montèrent appréhender ce suspect et l'emmenèrent... Il ne serait revenu chez lui que deux à trois semaines plus tard...

toujours prêts à détruire toute résistance pour éviter de subir des pertes. Action réduite des F.F.I. mais salut à l'héroïque témérité du jeune Wojtecki.

Le quartier Saint-Vincent [158].

- Après une nuit calme, la compagnie L se mit en position dans la partie de la rue Saint-Vincent au nord-est de la rue Goussaud et dans la rue Saint-Georges pour progresser vers la place Saint-Vincent. Simultanément, au nord, la compagnie I reprit son attaque de la caserne Roberpray. Enfin la compagnie K s'était infiltrée, par le bord de la Moselle, jusqu'à l'hôpital Belle-Isle.
- Le génie avait alors terminé de lancer un pont sur le bras principal de la Moselle, au nord de l'île de la place de France. Des chars purent ainsi venir dans la matinée soutenir les fantassins. A bout portant, la partie supérieure de la caserne Riberpray fut systématiquement canonnée ; les défenseurs se rendirent [159]. De la rue Saint-Vincent, un autre char tira sur

---

158. Il n'y eut plus que quelques opérations de « nettoyage », le 21, dans la partie nord de l'île Chambière.

159. A Riberpray, l'auteur a obtenu des ex lieutenant Geiger, sous-lieutenant Canfield et sergent Odum les renseignements suivants (voir croquis page 263).
Profitant de la nuit, les Allemands s'étaient repliés du bâtiment G dans l'immeuble principal. Les Américains occupèrent donc G. De là, le sous-lieutenant Canfield alla reconnaître par où pénétrer dans le bloc central. Le sergent Mac Coye, qui l'accompagnait, fut alors blessé et évacué. Canfield envoya ensuite son tireur au bazooka, le soldat George Link, lancer une ou deux roquettes. Mais cela ne pouvait suffire.
Le commandant de compagnie, Mac Intyre, prescrivit donc à la première section d'attaquer. Le sergent Larson pénétra ainsi avec ses hommes en H mais dut rendre compte qu'il avait affaire à une forte résistance. Son chef demanda donc d'une part l'appui d'un blindé (un char T.D., venu en K, commença à tirer de là sur la façade latérale L et peut-être en M) et, d'autre part, ordonna à la deuxième section d'aller renforcer la première. Le sous-lieutenant Canfield prépara son bond à la porte O, ayant à côté de lui son sergent d'état-major Harold Odum. Un sniper ennemi eut alors la chance, d'une seule balle, de blesser l'officier à l'épaule gauche et son adjoint à la jambe droite. Les deux furent évacués et la section fut confiée au sergent Kupiac qui l'entraîna. Le commandant de compagnie, Mac Intyre, fut à son tour blessé en I de deux balles dans le poumon alors qu'il s'apprêtait à rejoindre les sections. Il fut évacué à son tour hors de Riberpray et, avec les autres blessés Mac Coy, Canfield et Odum, fut transporté en ambulance à Verdun.
Pendant ce temps, le lieutenant Geiger prit le commandement et dirigea le « nettoyage » du bâtiment principal. L'historique du 377e R.I. indique que « le troisième étage était plus coriace que le deuxième. A chaque extrémité du couloir, au haut de l'escalier, se tenaient un officier et environ quinze hommes. Chaque fois qu'un soldat américain voulait monter, ils faisaient rouler des grenades le long des escaliers ». De fait, le lieutenant Geiger reçut une grenade à manche sur la jambe...
Une quinzaine d'Allemands retranchés dans la partie nord du dernier étage, la dernière résistance (beaucoup de défenseurs s'étaient éclipsés), ne voulut pas se rendre mais parlementer avec un officier américain. « Le lieutenant Geiger reçut leur capitulation après qu'il eut enlevé à peu près trois couches de vêtements pour trouver les insignes de son grade (il n'était pas sain de montrer ses insignes à Metz avec tous ces tireurs auxquels ils servaient de cible ») (Historique du 377e R.I.).
Pendant ce combat, la compagnie perdit deux ou trois tués et une douzaine de blessés dont les quatre qui ont été cités.
L'unité continua la fouille de la caserne par celle des importants souterrains. Elle y trouva « une large part de conserves de poisson, de barres de chocolat, de fruits en conserve et de gros morceaux de fromage dont la place était largement approvisionnée » (Historique du 377e R.I.). Il y avait aussi du scotch VAT 69... Il y en avait tant que tout ne put être emporté et que ce liquide servit à certains à se laver les dents...
Par la suite, des hommes, par ces souterrains, allèrent jusqu'à l'hôpital Belle-Isle et en rapportèrent au lieutenant Geiger, outre l'annonce de la capture du général Kittel sur la table

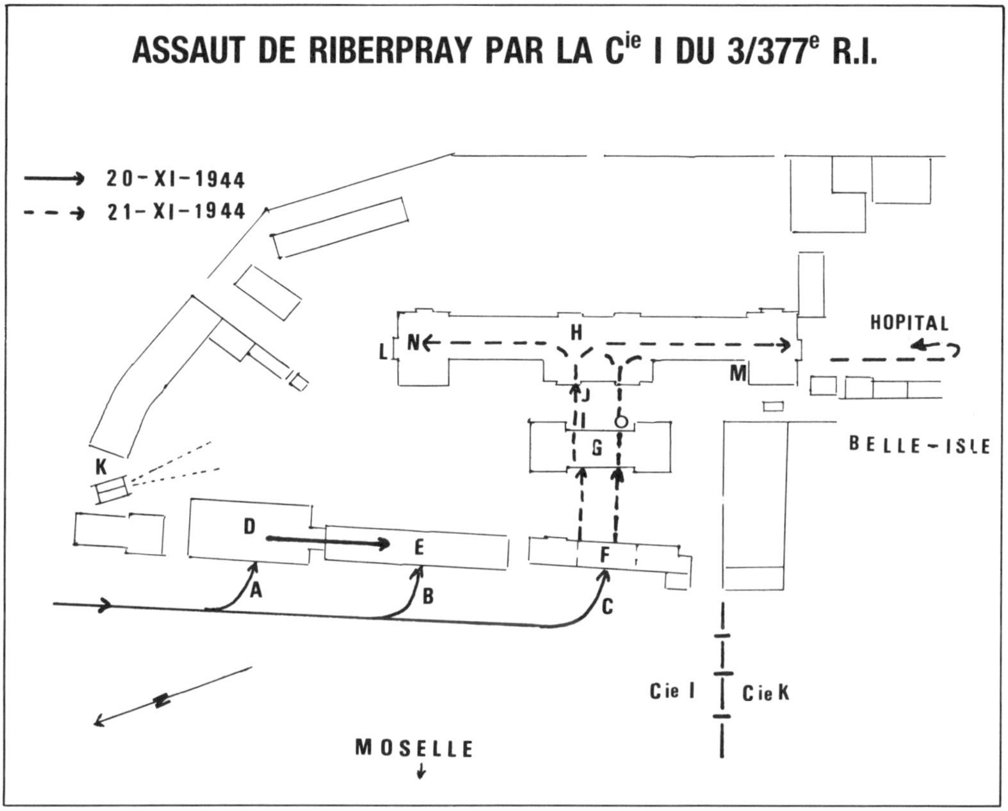

ASSAUT DE RIBERPRAY PAR LA Cie I DU 3/377e R.I.

le clocher de l'église du même nom d'où des Allemands faisaient feu sur les assaillants. Une cinquantaine de défenseurs, dont des blessés, furent faits prisonniers [160]. La canonnade se reporta sur les maisons situées en face du lycée et provoqua un incendie.

---

d'opérations (voir plus loin), la montre de ce dernier. (L'Américain remit par la suite cet objet à l'« officier relations » de la 95e D.I. pour le général commandant cette division... qui ne l'a jamais reçue !).

Pendant ces faits, quelque 150 prisonniers furent faits aux abords de la caserne. Le lieutenant Cochran, observateur de la compagnie canons, fut tué alors qu'il rassemblait un certain nombre de ces Allemands et le premier soldat Edgar Crabtree abattit trois officiers ennemis qui refusaient de se rendre.

160. La troisième section de la compagnie L eut pour mission de s'emparer de l'église Saint-Vincent, tandis que les première et deuxième sections étaient chargées du lycée, de l'hôpital Belle-Isle et de la piscine.

« La prise de l'église fut rapide. La section du lieutenant Albano attaqua l'entrée à la grenade et le lieutenant Albano abattit deux Allemands, postés derrière la porte à moitié entr'ouverte. La porte se ferma et dut être ouverte par un coup de bazooka. L'entrée de l'église fut rendue plus facile par un char posté de l'autre côté de la rue, qui envoya dix obus au travers de la porte. Ensuite l'escouade du sergent Thomas Kiddon accompagnée du lieutenant Spando, pénétra dans l'église et captura quinze Allemands » (Historique du 377e R.I.) M. H. Thiriot, de la fabrique de cette église, pense pourtant que les portes de cet édifice ne durent pas être tellement abîmées...

• Vers 11 h [161], le général Kittel, qui participait à la défense de ce dernier centre de résistance, fut blessé au genou gauche. Il fut transporté dans les casemates de la Manufacture des tabacs où s'étaient réfugiés les principaux services de l'hôpital Belle-Isle et y fut opéré sous anesthésie. Peu après, il fut fait prisonnier mais les conditions de sa découverte et de sa capture font l'objet de versions différentes [162]. Le général refusa

---

161. C'est par erreur que Mlle Lucie L..., dont les Mémoires ont été publiées dans « Le Lorrain » du 8 au 20 novembre 1945, indique que le général Kittel a été blessé le 22 à 7 h 30 et emmené à l'hôpital Belle-Isle où il refusa de se laisser opérer, voulant continuer la lutte.

162. M. Marcel Dero, directeur de la Manufacture, a relaté en 1958 : « Le 22 novembre, (alors que) je me trouvais en train de fixer l'emblème de la Croix rouge sur la porte d'entrée de la Manufacture... j'ai signalé au premier sergent américain qui débouchait sur la place Saint-Vincent la présence dans les casemates de la Manufacture du général... blessé ». (Il s'agit du 21, car les Américains débouchèrent sur cette place le 21 après-midi).

- A. Kemp (dans : « Lorraine, album mémorial ») indique qu'en milieu de journée du 21, des Américains de la compagnie K récupérèrent un de leurs infirmiers qui venait de s'évader de la Manufacture où il était détenu prisonnier. Il indiqua la présence du général. Les assaillants foncèrent prendre le bâtiment, forçant à se rendre des éléments qui tenaient la salle des générateurs et ne pouvaient y être grenadés par crainte de couper l'électricité.
- Un historique du 377e R.I. mentionne :
  « La compagnie K s'était frayée son chemin jusqu'à l'hôpital allemand. Elle avait fait une courte halte en attendant les ordres à venir. Le sergent Orrin Wilson et le premier soldat Kenneth Anderson se trouvaient en face d'un bâtiment situé à proximité de l'hôpital quand le sergent Peterson descendit la rue en courant : « Je viens de prendre un général et j'ai besoin d'aide », cria-t-il. Anderson et Wilson prirent le sergent Harter, le sergent Hensala et les jumeaux Burton (les premiers soldats Stephen et Robert) avec eux. Les sept hommes se rendirent à l'hôpital où ils rencontrèrent un mitrailleur de la 5e division prisonnier des Allemands. D'une fenêtre de l'hôpital, le prisonnier avait vu passer Peterson et, sous prétexte d'aller chercher de l'eau, il s'était rencontré avec lui et lui avait signalé qu'un général allemand se trouvait dans la cave de l'hôpital. Il conduisit les hommes de la compagnie K vers la salle d'opérations située dans les sous-sols ; là, sur la table d'opérations, était étendu le général Kittel. Kittel avait été blessé à la jambe gauche (probablement par le tir de la compagnie I) ; le membre était placé dans une gouttière. Le médecin français qui soignait la blessure de Kittel demanda l'autorisation de continuer à donner ses soins au blessé, tout en plaçant une garde devant la porte de la salle d'opérations, qui pourrait continuellement surveiller le général. « Nous craignions qu'ils n'essaient de glisser une aiguille ou autre chose au général et de nous frustrer de notre prisonnier » raconta le sergent Hensala, « mais rien de semblable ne se produisit ».
  A l'intérieur de l'hôpital, la plupart des Allemands ne se rendaient pas encore compte que les Américains avaient pénétré dans le bâtiment, de sorte que le sergent Peterson, avec l'aide d'autres hommes de la compagnie K, put placer des sentinelles à l'entrée de tunnels stratégiques. Les Allemands qui pénétraient par ces souterrains dans l'hôpital tombaient directement entre nos mains. « Il en venait de partout » raconta le premier soldat Anderson.
  Les gardiens du général Kittel « nettoyèrent » la salle de tous ceux qui n'avaient rien à y chercher. Une infirmière allemande fut autorisée à le soigner, mais il ne lui était pas permis de lui adresser la parole et même chaque fois qu'elle pénétrait dans la pièce, elle était soumise à une fouille sérieuse. Le lendemain matin, le Général fut évacué de l'hôpital par des prisonniers de guerre. Pendant que le sergent Harry Brochman montait la garde à la porte de la chambre du général, celui-ci lui dit en mauvais anglais : « Les hommes du 377e sont de bons combattants, ceux du 378e sont vraiments bons. Où est le 379e ? ». Le général déclara qu'il avait reçu de trois prisonniers de guerre américains des renseignements sur le développement des combats ».

Le docteur messin Adolphe Paulus, alors présent à l'hôpital Belle-Isle, a bien voulu donner les renseignements suivants à l'auteur.
Cet hôpital avait été organisé dès avant 1940 puis par les Allemands pour pouvoir fonctionner en cas de guerre et de bombardement, dont chimique. Une salle d'opérations avait été aménagée au sous-sol.

d'ordonner aux derniers défenseurs de Metz (les forts principalement) de se rendre. Il fut évacué sur un hôpital américain.

- Le combat continuait à l'échelon de la forteresse. Vers 14 h, par radio, le colonel von Stössel, commandant le 1 215e V.G.R. au fort Saint-Quentin, fut prévenu que le commandement de l'ensemble lui revenait. C'était prévu.
- Le combat continuait également au quartier Saint-Vincent. Appuyés par des chars et aidés par des F.F.I., les Américains débouchèrent vers 14 h de la rue Saint-Vincent sur la place du même nom. « Les tanks, placés à présent sur la place Saint-Vincent, tirent en plein dans la rue Goussaud, pendant que d'autres vont à l'assaut vers la rue Saint-Marcel » (164). La résistance allemande continuait, notamment dans la Manufacture des tabacs pourtant bien endommagée. Un soldat américain fut tué vers 14 h devant le 7 de la rue Saint-Vincent. A 15 h 30, seize Allemands retranchés ou tirant du haut du clocher de l'église furent faits prisonniers. A 16 h 45, les combats s'intensifièrent, les Américains cherchant à « nettoyer » l'ensemble du quartier (165) avant la nuit. Des F.F.I. indiquaient des centres de résistance. L'incendie proche de la place centrale devenait inquiétant. Depuis le matin, le témoin cité de la rue Saint-Vincent y vit passer au moins six fois des prisonniers allemands, dont des blessés. « Il y en a tellement que les brancards ne suffisant plus, ils sont couchés sur des volets ; des médecins et des infirmiers les accompagnent ». Le F.F.I. Raymond Kœrber, 27 ans, fut tué ce jour-là rue Saint-Georges ; il appartenait à la 4e brigade. Antoine Kreicher, 47 ans, fut tué près de la caserne Riberpray, mais quel jour ? Et il ne fut pas homologué F.F.I. Les destructions dans tout le quartier étaient importantes et l'incendie gagnait. Mais les derniers défenseurs ne désarmèrent pas avant la nuit.
- Il s'agissait (rappel) de la principale résistance dans la ville même. Des Allemands étaient bien décidés à s'y défendre jusqu'au bout, comme le prouve le message suivant envoyé, ce 21, à 10 h 30, par pigeon voyageur

---

C'est là que fut opéré le général Kittel. Il aurait donné son revolver au Père Chrysostome, capucin curé de Saint-Vincent et aumônier de l'hôpital. Avant d'entrer dans la salle d'opérations, le blessé dit : « Schweinerei ! Hat mir das noch müssen passieren ! » (« Saloperie ! Est-ce que cela devait encore m'arriver ! »). Il fut opéré par un chirurgien et un assistant allemands aidés de deux ou trois infirmières françaises (dont la fiancée du docteur Paulus et la sœur Gabrielle, de la Maternité) car il n'y avait plus de personnels allemands. Le bruit aurait couru que Kittel se serait tiré lui-même une balle dans le genou pour « sauver la face »... Après l'opération, le général fut placé sur un lit dans une chambre de la galerie souterraine et gardé par des hommes de la Compagnie K. Puis, après son réveil, il fut fait prisonnier ainsi que les deux chirurgiens et pas mal d'Allemands épuisés, dont des officiers, qui s'étaient réfugiés dans cet hôpital.

164. Mémoires de Mlle Lucie L... (« Le quartier Saint-Vincent, 12 à 22 novembre 1944 » dans : « Le Lorrain » du 8 au 20 novembre 1945).

165. Les première et deuxième sections de la compagnie L « nettoyèrent » d'abord le lycée puis occupèrent l'hôpital Belle-Isle non défendu. S'approchant de la Moselle, les attaquants découvrirent un capitaine SS qui se dissimulait dans un abri. Le sergent Kiddon y pénétra avec ses hommes : « A bout portant, le capitaine tua un F.F.I. qui accompagnait le groupe » (historique du 377e R.I.). Le sergent Mac Quaid, à coups de grenades, fit sortir cet officier et dix Allemands. « Dans l'abri, la compagnie découvrit le meilleur porto qu'elle n'ait jamais goûté » (historique du 377e R.I.). Les Américains continuèrent vers la piscine et y butèrent sur une résistance ; ils concentrèrent leurs tirs sur les bâtiments, (en particulier, l'équipe bazooka du sergent Jérôme Daunbauer tira de la morgue de l'hôpital). Beaucoup de prisonniers furent faits dans tout ce quartier. Un bon nombre d'entre eux n'attendait que cette occasion mais bien d'autres se défendirent énergiquement, créant de sérieuses pertes à l'assaillant, en particulier parmi les officiers semblant spécialement visés par de bons tireurs.

et diffusé par la 1re Armée dans le rapport journalier du groupe d'armées G, ce 21 au soir : « Avec le reste de mon élément et quelques fantassins, je tiens encore mon point d'appui sur l'île Chambière. L'ennemi attaque de tous côtés avec de l'infanterie, des chars et des terroristes. Quatre canons antichars tirent encore. Nous tiendrons jusqu'au dernier homme. Vive la grande Allemagne. Salut au Führer - Lautenschläger, commandant et chef » (du 1 462e groupe de chasseurs de chars).

Les forts de la rive est.

- Le fort de Queuleu se rendit le 21 à midi. Il semble que ce soit de lui-même, sans nouvelle attaque [(166)].
- Dans l'après-midi, le capitaine Kittstein, du 11e R.I., alla parlementer avec l'Obersturmbannführer von Matzdorf, le chef du fort Saint-Privat. Arguant de cette capitulation, il essaya d'obtenir celle de ce fort. En vain. Mais, dans la nuit du 22, un certain nombre de défenseurs de cet ouvrage désertèrent et indiquèrent aux Américains que le moral de leurs camarades était au plus bas.
- Le groupe fortifié Verdun continua également de résister.

Les forts de la rive ouest.

- Le 20, le 379e R.I. avait reçu l'ordre d'attaquer les forts qui tenaient encore, mais sans s'exposer à subir des pertes importantes.
- Forts Saint-Quentin et Plappeville. Le 3/379e R.I. avait relevé, le 20, l'élément du 1/378e R.I. [(167)] qui faisait face au Saint-Quentin. Le 21, le 1/379e R.I. fit de même à Plappeville et l'attaque commença. Une nouvelle fois l'artillerie dépensa beaucoup de munitions pour rien ; l'infanterie ne suivit donc pas. Une attaque aérienne n'eut ensuite pas plus de résultats. De même, les belles promesses diffusées après par les haut-parleurs de l'élément de guerre psychologique. Le colonel Vogel sortit bien avec un drapeau blanc mais uniquement pour demander l'évacuation de ses blessés.
- Les petits forts Déroulède, Decaen, Vaux et Marival. La date de la reddition de ces ouvrages secondaires ou de leur abandon par leurs défenseurs est inconnue de l'auteur.
- Les forts Jeanne-d'Arc et Driant. Furent-ils attaqués ce jour-là ? Du moins continuèrent-ils à résister.

Les F.F.I.

Ils continuèrent de remplir leurs diverses missions : guidage et renseignements lors des combats du quartier Saint-Vincent, ainsi que fin du « nettoyage »

---

166. Le 20 après-midi, trois ou quatre F.F.I. seraient venus en fourgonnette Citroën C4 reconnaître le fort par la route principale. Reçus à coups de fusil, ils s'éclipsèrent, abandonnant le véhicule au carrefour de l'entrée du fort. Le 21, vers 10 h, le frère de Pierre Rostouchère vint à cet endroit avec deux camarades. Ils virent la camionnette dans le fossé mais eux aussi furent pris à parti par les défenseurs et se sauvèrent. Peu après 11 h, les Allemands hissèrent un drapeau blanc. Il fut vu d'un avion d'observation américain. Des G.M.C. vinrent alors charger les quelque 200 prisonniers. Avant le 21, un soldat américain fut tué près de ce carrefour et cinq G.I. furent enterrés à une centaine de mètres de là, ainsi que deux soldats allemands.

167. Ce bataillon devenu disponible rejoignit le 3/378e R.I. par l'île Saint-Symphorien et l'aida dans l'ultime « nettoyage » de la ville.

(récupération de soldats allemands cachés dans des caves et de leurs armes) [168], gardes de dépôts, de casernes et de bâtiments publics. Des F.F.I. recherchèrent également des véhicules allemands [169].

Le commandant Krieger, revenu dans son bureau de la Salec, y reçut, ce jour-là, deux importantes visites.

- Just Scharff (son prédécesseur à la tête des F.F.I. de la Moselle) a relaté [170] : « Dans la matinée (venu par Saint-Julien [171]), je rencontre pour la première fois (c'était trop tard !), le commandant K, dans son bureau de la rue Gambetta. Notre entretien porte notamment sur la mission confiée aux groupes F.F.I. encore engagés sur le front nord-est du Grand Duché du Luxembourg ; aux groupes qui se trouvent depuis quelques jours sur le front de Saint-Avold et aux brigades qui demeurent isolées sur les arrières du front ennemi, dans le nord-est et l'est du département. Après cet entretien, qui est bref, je rejoins, avec mon compagnon (M. Schouller) la camionnette qui nous attend à l'entrée nord de Saint-Julien-lès-Metz pour nous conduire sur le front de Saint-Avold. J'ai pu me rendre compte, au cours des quelques instants passés dans les murs de Metz, où les combats des F.F.I. n'ont pas tous cessé, que la brigade du secteur 1 de Metz (Gloutier) n''a pas rallié le commandant K et qu'elle a raté l'une de ses principales missions : l'ennemi, au moment de son repli, a pu détruire le central téléphonique principal de Metz, dont nous avions prévu, depuis le début du mois d'août, la protection, par un dispositif minutieusement étudié en liaison avec plusieurs membres du personnel mosellan de la poste centrale » [172].
- Dans le « journal » du lieutenant-colonel Bilbane, commandant le service de renseignements sur les opérations de la 3e Armée U.S. [173], cet officier

168. Le 21 après-midi, des F.F.I. « nettoyèrent » la foire exposition (place Hocquard), y firent des prisonniers (dont un gendarme caché à l'étage de l'octroi local) et les conduisirent à la Trésorerie générale.

169. Par exemple, Sigismond Olinski put amener au P.C. du lieutenant Eisenkopf une automobile de la Wehrmacht remplie de papiers militaires, de grenades et de munitions provenant du dépôt Dezavelle (rue de Pont-à-Mousson) et considérée à tort comme piégée. Une autre V.L. Auto-Union fut récupérée sous un porche d'une épicerie en gros de la rue Mazelle, etc. Certains de ces véhicules furent regroupés voire remis en état dans l'ancien garage Citroën de la rue d'Austrasie. Le problème de l'essence ne se posait pas grâce au stock pris dans le tunnel de l'« hôtel de Lyon » (rappel).

170. Dans : « La libération de l'Est de la France ».

171. Les remarques entre parenthèses inserrées dans ce texte ne sont pas de M. Scharff, mais de l'auteur de cette étude.

172. J. Scharff a récemment donné à l'auteur les précisions suivantes. Le 21 novembre, il avait rendez-vous avec des officiers américains près du village de Sainte-Barbe pour organiser avec eux la suite de l'action de ses F.F.I. A Malroy, il apprit la possibilité d'aller à Metz et y pénétra par le pont Sainte-Barbe. Il se rendit d'abord près du pont de la Préfecture et y rencontra notamment le capitaine Tribout qui lui indiqua la présence du commandant Grégor, rue Gambetta. J. Scharff y alla après avoir été saluer, rue du Wad Billy, Charles Saint-Paul, malade et déprimé. J. Scharff laissa entendre à A. Krieger qu'il pouvait fournir des armes allemandes aux F.F.I. messins désirant poursuivre leur action, notamment en participant à la sauvegarde des houillères du nord-est du département. Le commandant Grégor répondit que, sans liaisons avec Nancy, il n'avait pas reçu d'ordre pour cette mission. Lors de cette brève rencontre, aucun des deux responsables ne souleva la question du commandement départemental. J. Scharff partit ensuite rejoindre les Américains.

173. Dossier 8 P 11 du Service historique de l'armée de terre. Rappelons que le vrai nom de l'officier en cause était : lieutenant-colonel Réthoré.

a noté : « 21 novembre. Liaison à Metz du colonel Bilbane avec le commandant Grégor, chef des F.F.I. et avec le commandant Villards, chef du Centre régional de Metz (?). Le colonel, à son retour, remet au colonel Schalcross (commandant le détachement OSS) un rapport concernant l'action des F.F.I. de Metz dans la protection des ponts de la ville » [174].

Retour de l'administration et des autorités françaises

L'administration municipale.

- Le 5 août, Me Moppert avait été chargé par le commandant Grégor, notamment « de mettre en place un commandement civil provisoire ». Dans la clandestinité, il eut deux adjoints : M. Kempnich, fleuriste [175], qui crut pouvoir, de ce fait, présider le mariage civil de François Ull (rappel) et M. Bigel, marchand de métaux en gros, qui pourra fournir à la libération d'utiles lampes à acétylène à la municipalité renaissante. Mais surtout, le maire provisoire désigné entra en contact avec M. Edouard Frankum, chef du Bureau municipal des écoles avec qui il put, peu à peu, établir la liste orale des employés à convoquer le jour J.
- Gaston Wagener, ex sous-officier d'active, chef F.F.I. [176], a indiqué à l'auteur que le 18 novembre après-midi (peut-être le 19), au courant de l'arrivée des Américains, il alla de la rue Taison par la rue Marchant au P.C. américain du boulevard Paixhans. Là, un commandant lui demanda d'aller chercher M. Jean Amos, prévu pour être maire de Metz... Le F.F.I. alla rue aux Ours chez M. Weydert, chez qui se trouvait la famille Amos. L'envoyé ne vit que Mme Amos qui lui dit que son mari était malade et ne pouvait pas venir... Il devait s'agir du choix des « Affaires civiles » américaines, renseignées par des officiers de liaison français non au courant de la désignation de Me Moppert, mais connaissant bien la personnalité du brasseur...
- Le jour J fut le 21 novembre. A 9 h, Me Moppert se présenta à l'hôtel de ville mais la grille en était fermée. Il alla alors à la Trésorerie générale, P.C. des F.F.I., manifester avec eux sa joie. Revenu à 11 h à la mairie, il put alors y entrer et y fit convoquer pour 14 h les employés prévus. Quelque 50 à 60 d'entre eux furent présents. MM. Moppert et Frankum répartirent les responsabilités et l'assemblée résolut trois problèmes.
  - L'hôtel de ville n'avait plus de carreaux. Le maire provisoire apprit qu'il en existait une réserve et que la pose pourrait en être réalisée en un jour. Il fallait également éclairer l'hôtel de ville ; les quelques 100 lampes de M. Bigel furent les bienvenues.
  - Problème des plaques allemandes de rue. Il fut décidé de les laisser jusqu'à la remise des anciennes, heureusement gardées cachées.

---

174. L'auteur a naturellement, mais en vain, cherché à connaître ce texte essentiel.
175. L'acteur Noël-Noël connut M. Kempnich et eut l'idée d'utiliser la profession de ce dernier pour son film, « Le Père tranquille », sorti en 1946. Le sujet du film lui avait été inspiré par le colonel Remy et le cas authentique d'un entrepreneur charentais qui faisait de la résistance à l'insu de tout son village.
176. L'intéressé a dit à l'auteur être chef de la 5e brigade et avoir eu son P.C. dans les anciens locaux du « Républicain Lorrain » rue Serpenoise. Cette 5e brigade était celle du lieutenant Thiriot. Celui-ci (rappel) aida directement et personnellement le colonel U.S. Bacon. S'agissait-il de cette brigade alors privée de son chef ? Les deux intéressés n'ont pu le préciser à l'auteur.

A la Population

Nommé Gouverneur Militaire de METZ, j'aurai à cœur de mériter votre confiance et votre affection.

Je salue avec une émotion profonde votre délivrance et je m'incline pieusement devant les victimes de la fureur allemande.

Je salue tous ceux et toutes celles qui ont " maintenu " l'idéal français et ont souffert en raison même de leur fidélité à la Patrie.

METZ, la fière Citadelle lorraine, mêlée à toutes les gloires et à tous les deuils de la Patrie, revoit aujourd'hui, fraternellement unis à l'Armée américaine ses bataillons français ; ils sont l'avant-garde de l'Armée de la France nouvelle, conduite à la Victoire par le Libérateur que la Lorraine toute entière aura bientôt l'honneur et la fierté d'acclamer.

Avec toute la FRANCE,
meurtrie mais résolue à retrouver sa grandeur,
" Tous Ensemble ",
nous travaillerons pour que revivent METZ et la Lorraine, rempart sacré de la FRANCE immortelle.

Metz, le 20 Novembre 1944

Le Général de Division André DODY,
Gouverneur Militaire de Metz et Commandant la 21e Région,
Signé : DODY

Verdun. Imp.-Lib. R. MARCHAL.

(Archives municipales de Metz)

- Problème des cartes allemandes de ravitaillement : elles resteraient en vigueur momentanément.

- Le 22, à 9 h 30, la municipalité (autorités provisoires et bureaux) pouvait ainsi accueillir les vainqueurs (voir plus loin).

Le retour des autorités

- Compte tenu de l'évolution des combats, ce n'est que le 21 au matin que le colonel Collier, chef d'Etat-major du 20e corps, autorisa l'entrée des autorités françaises dans la ville de Metz.
- Le commandant P. Sorbac, officier de liaison français auprès du 5e bureau (Affaires civiles) du général Walker, témoin des faits cités, les a relatés dans son compte rendu du 22 novembre [177]. « Le général Dody, gouverneur de Metz, vint (de Verdun) conférer le matin (du 21) avec le commandant du 20e corps et son chef d'Etat-major pour régler l'entrée officielle fixée au lendemain 22 novembre, à 10 h. Bientôt arrivèrent également au quartier général (à Jarny) le préfet de la Moselle, M. Rebourset, en grande tenue, accompagnée du secrétaire général, M. Jung, du directeur de Cabinet, M. Mondon, du secrétaire général pour la Police, M. Kuster et de quelques chefs de service, ainsi que de Mgr Heintz, évêque de Metz, puis le capitaine de Maud'huy, fils du général et délégué de la Croix rouge en compagnie de sa nièce, de la Croix rouge également ». Après un déjeuner au mess des officiers, partirent séparément, d'une part le général Dody et des officiers de son Etat-major (autorisés à utiliser les ponts militaires de Metz) et, d'autre part, les autorités civiles accompagnées du commandant Sorbac.

Arrivée du général Dody.

- Avant d'entrer à Metz, le général fit réaliser une affiche datée du 20. Elle commençait par un respectueux salut à la cité et à ses défenseurs. « Nommé gouverneur de Metz, j'aurai à cœur de mériter votre confiance et votre affection. Je salue avec une émotion profonde votre délivrance et je m'incline pieusement devant les victimes de la fureur allemande. Je salue tous ceux et toutes celles qui ont " maintenu " l'idéal français »... Mais elle terminait par un appel à l'union : « Avec toute la France... " tous ensemble " nous travaillerons pour que revivent Metz et la Lorraine... ».
- Rappelons qu'une patrouille mixte française (gardes et chasseurs) était entrée au palais du gouverneur le 20 vers 14 h (détails plus loin).
- Le 21 dans la matinée, s'y seraient retrouvés quelques chasseurs du 16e B.C.P. et le lieutenant Thiriot. Ces personnes allèrent attendre, en début d'après-midi, le général Dody sur la rive ouest de la Moselle et, repassant un pont lancé par les Américains, escortèrent le Gouverneur jusqu'à son palais. Le général Dody, à bord d'une Packard américaine [178], était suivi de quelques jeeps dans lesquelles étaient montés de ses officiers d'Etat-major [179].

---

177. Dossier 8P 11 ou 8P 23 du Service historique de l'armée de terre.

178. Donnée par le commandant Jean Cosson, chef F.F.I. de l'arrondissement de Briey et futur conseiller à la cour de cassation.

179. Le lieutenant de Vaulx, officier de renseignements, entra dans Metz le 20 à l'aube sur les ruines du petit pont de la Porte des Allemands.

Proclamation
du Préfet de la Moselle

Chargé, par le Gouvernement de la République, de l'administration du département de la Moselle, je mesure l'ampleur de ma tâche et l'honneur qui m'échoit.

A la veille de franchir le seuil de la Cité Messine retrouvée, ma pensée va vers les Mosellans que la cruauté de l'étranger a chassés de leurs foyers, expulsés ou déportés qui bientôt nous rejoindront. Elle va aussi, attristée, vers ceux qui sont tombés sur la terre de la France métropolitaine et d'outre-mer, vers les jeunes que l'ennemi a fait immoler sur de lointains champs de bataille et vers les victimes d'une terreur policière sans précédent dans l'histoire.

Le malheur nous unissait malgré les frontières artificiellement dressées. Nous nous regroupons, au jour de la délivrance, animés du même désir de contribuer à faire, dans l'ordre et la liberté, une France forte et belle.

Je connais assez la fidélité de vos sentiments, la fierté de l'âme lorraine, pour être certain de la sincérité et de l'ardeur de votre concours à cette œuvre magnifique, à laquelle j'apporte, profondément ému, ma bonne volonté !

Au travail, coudes à coudes, cœurs à cœurs !

Vive le département de la Moselle !

Vive la République !

Vive la France !

Le 25 Octobre 1944.

Marcel REBOURSET,
Préfet de la Moselle.

(Archives municipales de Metz)

- Le palais avait été pillé par des Allemands et des Français. Il devait être remis en état. De plus, le fort Saint-Quentin envoyait quelques obus dans le jardin. Après une heure ou deux, le général décida donc d'aller installer sa résidence (logement et popote) rue aux Ours dans la propriété Vautrin. La maison Tillement, à l'angle de l'avenue Robert-Schuman et de la rue Sainte-Glossinde, abrita les bureaux de l'Etat-major de la 21e Région militaire.
- Dès lors, le lieutenant Thiriot, connaissant très bien la ville, fut l'officier d'ordonnance du général.

Arrivée du préfet et de l'évêque.

- M. Rebourset signa le 25 octobre une affiche qui ne pouvait que ressembler à celle citée du général Dody. « ... Je mesure l'ampleur de ma tâche et l'honneur qui m'échoit. A la veille de franchir le seuil de la cité messine retrouvée, ma pensée va vers les Mosellans... chassés de leurs foyers... tombés sur la terre de la France... immolés sur de lointains champs de bataille... Nous nous regroupons au jour de la délivrance... Au travail, coudes à coudes, cœurs à cœurs ».
- Mgr Heintz, dans sa lettre pastorale du 1er octobre à Lyon, remerciait Notre-Dame de Metz et lui aussi prêchait la patience et l'union. « Plus que jamais la charité du Christ doit régner dans nos cœurs... compréhension... pardon ».
- Après le déjeuner à Jarny, « nous (les autorités civiles françaises et leur escorte militaire) partons vers midi et demi en caravane pour Metz. En tête, la jeep du lieutenant-colonel Libcke (chef américain du 5e bureau - Affaires civiles - du 20e corps) dans laquelle j'ai (le commandant Sorbac déjà cité) pris place, puis quatre voitures civiles et deux motocyclistes de la gendarmerie (le préfet Rebourset avait demandé sept motocyclistes au Groupe mobile de réserve Dupetit-Thouars le 20 novembre). Nous passons la Moselle à Thionville et prenons lentement la route qui suit presque le fleuve. Les villages sont à moitié détruits et presque déserts... Saint-Julien... (le coude du boulevard de Trèves) où les cadavres américains sont en train d'être relevés par des prisonniers allemands... Halte un moment près des magasins de l'Intendance, très démolis par le tir et dont les décombres fument... (Un civil qui a reconnu M. Rebourset) s'offre pour nous conduire à l'hôtel de ville par un chemin sûr, car mortiers et mitrailleuses crépitent par moments... Nous repartons tout doucement, notre jeep en tête, suivie de la voiture du préfet (où l'évêque de Metz a pris également place), encadrée par deux motocyclistes, puis les autres voitures. Nous entrons en ville... Vers le centre, la foule augmentait, certains reconnaissent le préfet ou l'évêque. Des cris, des larmes « Vive la France ! Vive Rebourset ! Vive Monseigneur ! ». Peu à peu, tout le monde se rue et suit le cortège qui débouche sur la place de l'hôtel-de-ville... Nous y pénétrons : des femmes, des jeunes filles vêtues du traditionnel costume lorrain nous embrassent. Nous montons au 1er étage, dans la grande salle d'honneur, et quand le préfet et l'évêque apparaissent à la fenêtre avec le colonel Libcke, la Marseillaise éclate, chantée à pleins poumons par une foule en délire maintenu par les F.F.I. locaux. Par moment, la canonnade et la fusillade rappellent que la bataille continue toute proche. Une conférence se tient presque aussitôt avec le préfet de la Moselle et son personnel, le chef de la résistance faisant provisoirement

fonction de maire, l'avocat Moppert... les chefs des services municipaux et les officiers américains (et de liaison français des 5e et 95e D.I.)... On vient nous annoncer que la résistance vient de cesser à la préfecture ; nous voyons en effet défiler sur la place quelques dizaines (moins) de prisonniers, les mains croisées sur la tête. Et nous partons aussitôt pour la préfecture... Le passage (du pont sauté) est difficile par des portes d'écluse d'accès ardu. Des débris de toutes sortes jonchent la place devant la préfecture dans laquelle nous pénétrons : les dégâts, causés par des armes légères, ne sont pas trop graves ; néanmoins les fenêtres, les portes sont arrachées, des plâtras, des débris de meubles jonchent les pièces. L'administration du département ne pourra donc pas s'installer là avant au moins quelques semaines. Des F.F.I. gardent les issues, empêchant les pillages. La concierge de l'immeuble (la femme de l'employé aux archives) et le gardien des Archives (le professeur Ewig) sortent des caves où ils ont vécu depuis huit jours. Nous repartons, le préfet, le secrétaire général, M. Mondon et moi, encadrés par deux gendarmes. Partout le préfet est acclamé, des scènes touchantes se déroulent à tous les coins de rue, les mains se tendent, les yeux se mouillent. Des drapeaux français à croix de Lorraine et des drapeaux alliés sont à presque toutes les fenêtres et à chaque minute on ajoute banderolles et nouveaux drapeaux ! L'émotion est générale et le souvenir de ces heures inoubliables ». L'auteur de ce rapport, le commandant Sorbac, oublie cependant d'indiquer que le préfet alla se recueillir devant le monument aux morts et revint ensuite travailler à la mairie. « Puis nous rentrons à l'hôtel-restaurant Moitrier où nous passerons la nuit et où le préfet reçoit à sa table ceux venus à Metz avec lui, puis le capitaine Goussot, commandant la gendarmerie de Metz, le capitaine Wolff ».

- Alors que le préfet et quelques personnes allaient de l'hôtel de ville à la préfecture, Mgr Heintz rejoignit à pied l'évêché par la place Saint-Jacques. Il s'y arrêta pour prier devant la statue mariale, disant à la foule : « C'est elle, notre " Reine Espérance " qui protégea la ville et ramènera tous les pauvres exilés » puis chanta le « Magnificat » avec les présents. Il continua par la place de la République et connut lui aussi un chaleureux accueil le long de son parcours.

Police.

- Le préfet ne disposait encore que des deux compagnies de gardes mobiles, basées à Angevillers et Conflans-Jarny.
- Il avait, de même, deux groupes mobiles de réserve (G.M.R., ancêtres des compagnies républicaines de sécurité : C.R.S.) :
  - le G.M.R. Dupetit-Thouars avait (rappel) ses trois éléments à Moyeuvre-Grande, Hayange et Thionville ;
  - le G.M.R. Poitou reçut l'ordre, à Nancy, le 19, de gagner Metz.
- Le 17, à Hayange, le secrétaire général pour la police de Moselle, M. Kuster, demanda au commissaire général de la République à Paris :
  - la venue de directeurs régionaux des services techniques et administratifs, de chefs régionaux des services des Renseignements généraux et de la sécurité publique et d'un commandant régional des compagnies de réserve ;

- le retour sans délais à Metz de beaucoup de policiers [180], alors en service « à l'intérieur » (dont ceux du corps urbain, repliés à Toulouse, Lyon et Versailles) ;
- la création à Metz d'une « compagnie de réserve Moselle » et d'une brigade de surveillance du territoire.

Conclusions

Les Américains.

- Pour eux, le problème de Metz était relativement réglé. Ils avaient pu, le 21, venir à bout des défenseurs de la préfecture et du fort de Queuleu. Il leur restait le quartier Saint-Vincent, mais ce centre de résistance était fort entamé et devait être « nettoyé » le lendemain. Il y avait encore six groupes fortifiés. Ils venaient de montrer qu'ils ne voulaient pas se rendre mais il suffisait de les encercler pour les y forcer un jour ou l'autre.
- En conséquence, l'essentiel était pour eux de récupérer le maximum de moyens — en fait la 95ᵉ D.I. et des ponts militaires [181] — pour renforcer l'action vers la Sarre. D'où :
  - le détachement Bacon fut dissous et ses composants, notamment les 1/377ᵉ et 2/378ᵉ R.I., rejoignirent leurs corps ;
  - le 379ᵉ R.I., encerclant les forts de la rive ouest, reçut l'ordre, le 21 au soir, de s'apprêter à être relevé le lendemain par le 2ᵉ R.I. de la 5ᵉ D.I.

Les Allemands.

- La capture du général Kittel n'avait pas, pour les défenseurs, de conséquences directes, cet officier ne pouvant plus coordonner l'action des centres de résistance.
- Celui du quartier Saint-Vincent, le seul sérieux en ville, ne pouvait plus se défendre longtemps.
- Les six groupes fortifiés encerclés, livrés à eux-mêmes, tiendraient autant que leur moral le permettrait, compte tenu d'une situation pour eux sans espoir et de conditions matérielles de vie de plus en plus éprouvantes.
- Le compte rendu quotidien du groupe d'armées G indiqua le 22 au soir : « La bataille de Metz se poursuit sans décroître d'intensité. Dans le dos des importantes forces ennemies attaquant le cœur de la ville, de nombreux points d'appui isolés opposent par d'incessantes et puissantes

---

180. Il s'agissait :
- du commissaire central Pierron, replié à Limoges,
- du commissaire de police de sûreté Jakob, replié à Aurillac,
- du commissaire d'arrondissement Lidolff, replié à Port-Vendres,
- du commissaire d'arrondissement Gassert, replié à Marseille,
- du commissaire d'arrondissement Stoessel, replié à Paris,
- du commissaire d'arrondissement Weissbecker, replié à Aurillac,
- du chef des Renseignements Généraux Lellorain,
- du commissaire de police R.G. Heintzelmann, replié à Toulouse,
- du commissaire de police R.G. Hurtu, replié à Aubusson.

181. Il s'agissait de récupérer le maximum de ponts d'assaut lancés mais d'abord de les économiser en utilisant autant que possible les matériaux les plus divers trouvés sur place pour rétablir les franchissements sur les ponts sautés. C'est ainsi que le Pont des Morts fut provisoirement rétabli grâce aux madriers pris dans le grand dépôt du marchand de bois voisin. Ailleurs, des poutres furent prises dans les dépôts de la Wehrmacht et des Chemins de fer et même amenés en camions militaires des scieries de Meurthe-et-Moselle et de Meuse.

attaques une résistance exaspérée ». Ce n'était pas exact le 21, mais la guerre psychologique est une réalité.

Le retour de la souveraineté française.

- Une municipalité provisoire se mettait en place.
- Les autorités militaires, civiles et religieuses de la Moselle avaient regagné Metz, reprenant en mains la situation.
- Pour Metz même manquait encore un signe : la remise de la ville par les Américains à la France, car c'était bien les Américains qui l'avaient prise de vive force, les premiers depuis Attila...

Le 22 novembre : fin de la résistance en ville

Fin de la résistance du quartier Saint-Vincent (plan n° 36)

Il restait au 3/377e R.I., après une nuit calme, à neutraliser [182] les derniers Allemands qui se défendaient encore au lycée Fabert et dans les tunnels du réseau souterrain du quartier, tandis que l'incendie de la Manufacture des tabacs gagnait [183].

Lycée Fabert.

- Dès l'aube, à 7 h 30, deux chars américains arrivés sur la place Saint-Vincent tirèrent sur l'ancien lycée dont les défenseurs se rendirent peu après.
- En milieu de matinée, la rue Saint-Vincent, au nord-est de la place, était redevenue calme. Mlle Lucie L... (dont le témoignage a déjà été cité) put ainsi gagner à 10 h la place d'Armes par l'écluse et le pont sauté de la préfecture pour assister à la cérémonie de remise de la ville par le général Walker à la France (voir plus loin). Ainsi, cette prise d'armes avait lieu alors que la résistance Saint-Vincent n'était pas encore complètement réduite. Peu après, le docteur Adrian, chef de l'équipe Croix rouge déjà citée, franchissant en sens inverse l'écluse et le pont sauté de la préfecture, alla à l'ancien lycée Fabert. En chemin, il vit un soldat allemand tué qui gisait à l'angle des rues Saint-Georges et du pont Moreau, un civil corpulent mort place Saint-Vincent sur le trottoir entre l'église du même nom et la rue Goussaud et un deuxième Allemand tombé devant le portail même de l'église.

---

182. Cette action fut menée par la compagnie K appuyée par la compagnie L, des F.F.I. et des chasseurs (voir plus loin). Juste après midi, des Américains passèrent par le pont (mal sauté) dans l'île du Saulcy peu occupée par l'ennemi.

183. M. Marcel Dero, directeur de la Manufacture (qui donnait au réseau Mithridate des renseignements sur les effectifs allemands, effectifs connus par le biais des livraisons de tabac fournies) fut arrêté le 10 juillet 1944 comme otage, car père de Maurice Dero insoumis à la Wehrmacht et évadé en France. Il fut interné au camp de Woippy et put s'en évader le 1er septembre au matin (faits déjà indiqués). Au retour des Allemands, il fut sommé de reprendre la production puis s'opposa au départ en Allemagne des machines et stocks de tabac. Le 21 novembre, il convainquit les quelque trente défenseurs de la Manufacture de se laisser enfermer sans armes dans les casemates de l'établissement et les livra aux Américains le lendemain. Ce même 22, le commandant Grégor le nomma responsable du ravitaillement en tabac.

- En fin de matinée, les deux chars étaient embossés sur le côté sud-ouest de la place, l'un face à la rue Saint-Marcel, l'autre pouvant battre la rue Belle-Isle. Le premier cité tira deux obus sur l'entrée de l'internat du lycée, rue Saint-Marcel, au-delà de Sainte-Constance. Les Allemands en sortirent alors pour se constituer prisonniers. C'était la fin des combats au-dessus du sol. Il ne restait plus qu'à ramasser des soldats cachés dans les caves voisines, dont celles de l'ancien lycée, juste au sud-ouest du portail de l'église Saint-Vincent.

Souterrains.

Anthony Kemp [184] indique que les assaillants « nettoyèrent » ces tunnels à coups de grenades au phosphore. Aucune autre précision n'est donnée. Par contre, un historique du 377e R.I. mentionne que cette mission revint à la compagnie K et qu'elle s'en acquitta en bénéficiant de l'aide d'un « Russe que les Allemands retenaient prisonnier depuis deux ans » et qui « guida les patrouilles au travers d'un inextricable labyrinthe de souterrains ».

Fin des combats dans Metz.

A 14 h 35 exactement, le 377e R.I. rendit compte au général Twaddle, commandant la 95e D.I., de la fin des combats dans l'agglomération ; une patrouille du 2/377e R.I. venait de rendre compte qu'elle venait d'occuper le fort Déroulède, trouvé inoccupé. Trois minutes après, le 20e corps en était informé, tandis que le général Walker était de retour de la prise d'armes du matin (voir plus loin).

Ne se défendaient plus que les six groupes fortifiés extérieurs et cinq « nains ». (Le fort Déroulède fut trouvé inoccupé ce 22).

Début de la relève de la 95e D.I.

Le 379e R.I. se regroupa, le 22, à l'ouest de la Moselle.

Les 377e et 378e R.I. durent faire de même au nord de la ville, laissant celle-ci au 11e R.I. qui installa son P.C., ce jour-là, à l'hôtel Royal, avenue Foch, tandis que le 10e R.I. garda peut-être tout l'est de la ville (Sablon, Queuleu [184 bis], Bellecroix). Le 2e R.I., le plus à l'est du dispositif, s'apprêta de son côté à aller relever le 379e R.I. à l'ouest de la Moselle.

Les derniers comptes rendus allemands

Le compte rendu journalier du 22 au soir du groupe d'armées G comportait : « De Metz, aucune communication reçue. De source sûre : des combats (sont encore en cours) au sud-ouest et au sud de la place fortifiée ».

Dans ce même compte rendu, le paragraphe particulier à la 1re Armée précisait : « La liaison radio avec Metz n'est plus assurée. De source sûre : les forts de Plappeville, Saint-Quentin et Jeanne d'Arc tiennent. Des combats sont en cours dans la région du fort Driant ».

---

184. Dans : « Lorraine, album mémorial ».

184 bis. Après le 21, une file de chars américains stationna rue de Queuleu, au-delà du café « des deux Marronniers », alors que des G.I.'s avaient leur popote rue de Lacretelle et aux « Courriers mosellans ». Des prisonniers allemands (en tenues américaines sur lesquelles était peint en noir : W P) leur servaient de boys. (Renseignement de M. Goergen.)

Il ne fut plus question de Metz dans les comptes rendus du 23 et des jours suivants.

Les unités françaises du 16 au 22 novembre

Consignes initiales

Le 21 novembre, le général Dody envoyait à tous ses subordonnés la note de service n° 61/2 contenant « quelques consignes pour les troupes qui vont entrer en Moselle libérée ».

I. « Le premier rôle des troupes de la 21e Région militaire est d'affirmer la « présence française ».

a. En chaque point de la Moselle libérée, la seule vue d'un uniforme français aura un effet moral essentiel. Discipline et correction, gentillesse et fraternité.

b. (Pour cela) il faut que, à tous les échelons, les chefs éclairent leurs subordonnés sur le problème lorrain. Il faut... que le dernier homme du rang sache que, par deux fois, des dizaines de milliers de Lorrains ont tout abandonné pour ne pas rester sous la botte allemande et que ceux qui sont restés dans leurs foyers n'ont souvent pas moins travaillé pour la cause française que ceux qui les avaient quittés. On ne devra pas ignorer les difficultés qui ont surgi après 1918... Si certains cantons sont de langue allemande, ils n'en sont pas moins de cœur français... Toutes ces questions sont délicates et demandent beaucoup de tact et d'expérience ; en aucun cas, un soldat n'est habilité à se transformer en juge ou en justicier... ».

II. « Il est un rôle de direction plus délicat et réservé aux officiers et aux plus intelligents de leurs hommes.

a. Il convient d'abord d'informer les Lorrains sur le vrai visage de la France dont ils ont été complètement coupés pendant quatre ans... Il convient de rassurer les Mosellans (sur l'avenir de Metz et du département, ainsi que sur leurs nouvelles autorités).

b. Il faudra orienter la « résistance » dans un sens strictement français, patriotique et militaire.

c. Il faudra faire comprendre la position respective des Américains et de nous-mêmes... ».

Répartition initiale

Le général Dody signa le 18 novembre, à Verdun, la « décision pour l'utilisation des unités », n° 105/3 et secrète.

a. « Le 8e B.C.P. et son escadron de gardes (le 5e) sont mis à la disposition du 20e C.A. U.S.
Le lieutenant-colonel Pochard (commandant des troupes et non de la 1re demi-brigade), le capitaine Pugliesi-Conti (8e B.C.P.) et le commandant de son (5e) escadron de gardes, capitaine Riehl, un représentant du 4e bureau (de la 21e Région) se présenteront le dimanche 19 novembre 1944, à 10 h 30, à l'Etat-major du 20e C.A. U.S., colonel Leach (à Jarny). Les commandants d'unité

apporteront leurs demandes de matériel en particulier habillement et campement, quantités globales.

b. Deux escadrons (4e et 8e) de la Garde aux ordres du commandant Daucourt seront mis à la disposition de la 3e Armée U.S.
Le commandant Daucourt et ses deux commandants d'escadron se présenteront dans les mêmes conditions, le lundi 20 novembre 1944, à 10 h 30, au colonel Macdonald, Prévost Marshall à Nancy, Etat-major de la 3e Armée.

c. Les 16e et 30e B.C.P., un escadron (le 3e) de la Garde restent à la disposition de la 21e Région ».

Vers le 20 novembre, cette répartition des unités fut modifiée par l'interversion des 3e et 5e escadrons de la Garde.

L'ex-capitaine Riehl a écrit à l'auteur les raisons pour lesquelles son escadron (le 5e) fut préféré au 3e pour rester à la disposition de la 21e Région :

- « je suis marié à une messine ;
- je connaissais très bien la région, ayant été en garnison à Metz pendant trois ans avant la guerre ;
- ma belle-famille était restée à Metz pendant l'occupation allemande et y résidait toujours au mois de novembre 1944 ».

Patrouille mixte. au palais du Gouverneur (20 novembre)

Les trois bataillons de chasseurs à pied et le groupe d'escadrons de la Garde mis à la disposition du général Walker n'avaient pas les moyens sufffisants pour être engagés en première ligne (rappel). Mais chasseurs et gardes voulaient naturellement avoir néanmoins l'honneur d'entrer les premiers à Metz, et le général Dody les y poussait. Mais seuls les gardes avaient leurs propres véhicules.

Le 19 à 15 h, une patrouille motorisée du 8e escadron, alors cantonné à Jaulny (voir plus loin), gagna Arnaville par la vallée du Rupt-de-Mad, traversa la Moselle à Arnaville et gagna Augny où se trouvait (voir plus loin) le 16e B.C.P. Le lieutenant Martin, chef de la patrouille, en repartit le 20 en fin de matinée en patrouille mixte, avec quelques chasseurs [185], pour que les deux, ensemble, aient l'honneur d'être les premiers Français à pénétrer dans Metz. Après 12 h, deux Lorraines aperçurent les quatre hommes, alors à pied, place de Maud'huy, se dirigeant dans l'avenue alors vide de Lattre de Tassigny vers le palais du Gouverneur. Elles les fêtèrent et les y suivirent (elles y avaient été en fin de matinée ; des Américains y étaient déjà arrivés). Au palais, le garde Rouffet eut l'honneur de hisser le drapeau tricolore, vers 14 h (rappel).

Cette patrouille entra ensuite dans la caserne Ney. « La cour en était remplie de véhicules de toutes sortes et de chevaux que des personnes se disant propriétaires, sont venus rechercher ! Et nous avions, dans les sous-sols de la caserne remplis de provisions introuvables à l'époque (café, sucre, beurre, etc.), recueilli douze Allemands dont un commandant qui ne demandaient qu'à se rendre » [185 bis].

---

185. Un document de la Garde fait état de sept gardes et douze chasseurs.

185 bis. Extrait d'une lettre de l'ex-lieutenant Martin à l'auteur.

Les chasseurs

Les trois bataillons ne formaient pas encore la 1re demi-brigade. Le lieutenant-colonel Pochard venait d'être désigné comme « commandant des troupes » de la 21e Région militaire et avait obtenu du général Walker que les trois unités soient utilisées isolément en deuxième ligne (rappel).

Le lieutenant-colonel Pochard et son Etat-major étaient à Conflans à côté du P.C. du général Walker. Le lieutenant-colonel Pochard a écrit que, le 16, ce commandant du XXe Corps lui a donné les ordres suivants : « Le 30e Bataillon se portera à Thionville puis appuiera l'action de la 90e D.I. U.S. sur Metz par le nord. Le 8e Bataillon... se portera sur Gravelotte et appuiera l'action de la 5e D.I. U.S. sur Metz par le sud » et a ajouté qu'« en conclusion, le général Walker, très cordial, me dit : « You will enter in Metz not behind us but with us » (« Vous n'entrerez pas à Metz derrière nous mais avec nous »). Les 16 et 19, le même lieutenant-colonel alla voir le 8e B.C.P. en action dans la région de Gravelotte. Le 20, il participa à la remise des insignes (voir plus loin) et regagna le soir son P.C. « J'étais [186] à table avec mes officiers lorsque, vers 22 h, arrive le capitaine de la Vasselais, officier de liaison du 20e corps U.S. : « Les Américains sont entrés à Metz ; la demi-brigade fait mouvement sur la ville demain matin ». Très émus, nous nous sommes levés et avons chanté la Sidi-Brahim... J'ai commencé à rédiger mes ordres pour le lendemain. Les Américains devaient nous envoyer des camions à 9 h à Vionville. Mais, vers minuit, coup de tonnerre : arrive le capitaine Chabot du 16e bataillon, qui nous annonce « que les chasseurs sont entrés dans Metz à midi avec les patrouilles américaines et que c'est un Français qui a arraché le drapeau à croix gammée du palais du Gouverneur militaire avant de hisser le drapeau tricolore. Vous imaginez notre émotion ». Ce récit montre en particulier que le lieutenant-colonel était mal renseigné, trop tardivement, sur l'action des trois B.C.P. qui n'agissaient pas groupés. Lui-même et son état-major se transportèrent le 21 à Thionville, suivant le P.C. du 20e corps. Là, le lieutenant-colonel Pochard rencontra les autorités françaises partant vers Metz et apprit du général Walker l'existence de la cérémonie du lendemain. Lui-même s'y rendit avec son adjoint, le commandant Kugler, par Bousse et Saint-Julien. Ce 21, il entra en contact au palais du Gouverneur avec le 16e B.C.P. Il participa le lendemain à la prise d'armes décrite plus loin.

Le commandant Kugler et le capitaine Millet de l'Etat-major du « commandant des troupes » allèrent, le 19, à Frescaty reconnaître la zone de départ du 16e B.C.P., le lendemain. Ils étaient pilotés par le capitaine de la Vasselais. Ils durent organiser alors la reconnaissance mixte au palais du Gouverneur déjà décrite.

Le 8e B.C.P.

- Il était cantonné à Dieue depuis le 22 octobre.
- Le 16 novembre, la 3e compagnie vint à Vionville. La 1re compagnie l'y rejoignit le 18. Le reste du bataillon dut arriver à Vionville ou Rezonville ces jours-là.
- Le 18, à la demande des Américains (le bataillon venait d'être mis à leur disposition), deux sections de la 1re compagnie (lieutenant de Berdouare) et toute la 2e compagnie (lieutenant Fromageot) effectuèrent des

186. Récit du lieutenant-colonel Pochard à M. Roger Bruge, paru dans « Le Républicain Lorrain ».

patrouilles de reconnaissance et de « nettoyage » dans la région située entre Gravelotte et le groupe fortifié Jeanne-d'Arc, en particulier bois de Genivaux et ferme Saint-Hubert. Ce fut le baptême du feu. De son côté, la 3e compagnie ramena une trentaine de prisonniers mais malheureusement le chasseur Lapeyrade sauta sur une mine. Ce fut le premier mort de l'ensemble des bataillons.

- Le 20 au soir, les chasseurs du 8e B.C.P. furent rassemblés à Rezonville pour, en présence du lieutenant-colonel Pochard, recevoir l'insigne du bataillon (le marabout de Sidi-Brahim et une croix de Lorraine). « Mlle Nicol, qui était en quelque sorte la marraine des chasseurs » [187], venait d'en apporter 300.
- Le 21, le 20e corps U.S. fit partir le 8e B.C.P. à Thionville (son P.C. y demeura pendant trois mois).
- Les 21 et 22, un détachement vint à Metz participer à la cérémonie du 22 au matin.

Le 16e B.C.P.

- Il était cantonné à Haudainville depuis le 23 octobre.
- Entre le 16 et le 18, il dut faire mouvement jusqu'au sud de Metz.
- Le 19, « des éléments légers du 16e B.C.P. et de la Garde mobile sont engagés avec les Américains au sud de Metz sur la route de Pournoy » [188]. Il devait s'agir de « nettoyage » dans les villages de cette région.
- Le 20 au matin, le 16e B.C.P. arrivait de cette région à Augny, à la sortie nord-ouest duquel les Américains avaient placé un bouchon antichars. Le bataillon ne totalisait que quelque 150 hommes (rappel). Les trois compagnies formées n'étaient donc que de grosses sections et le capitaine Xhaard, créateur en fait de l'unité, avait gardé le commandement d'une petite 1re compagnie.
  - Cette 1re compagnie (et la patrouille mixte qui la devança de quelques heures seulement) avait pour objectif le palais du Gouverneur et la caserne Ney. Partie d'Augny, elle gagna la route nationale de Nancy, au sud-ouest de Tournebride, après avoir reçu à hauteur du champ de tir d'Orly quelques obus de 88 tirés du fort Saint-Quentin. Elle passa à côté de la rotonde des locomotives, franchit les ruines du pont voie ferrée sauté depuis début septembre (des sapeurs avaient déjà dégagé un passage mais une patrouille américaine tenta en vain d'y arrêter les chasseurs, par crainte de tireurs d'élite restés sur place malgré leur dépassement par les premiers éléments ayant exprès progressé de nuit). « A Montigny, nous voyons plus de dix Américains » [189] [190] tués d'une balle dans la tête par des tireurs d'élite isolés allemands. La patrouille arriva au palais sans encombres. (Montigny avait déjà été occupé par les

---

187. Récit du lieutenant-colonel Pochard à M. Roger Bruge, paru dans « Le Républicain Lorrain ».
188. Lettre du 21 décembre 1944 du lieutenant-colonel Pochard au préfet de la Moselle.
189. Extraits du « Mémoire pour servir à l'histoire de la Libération de Metz » écrit le 10 avril 1985 par le général Xhaard.
190. Le témoin vient d'écrire à l'auteur qu'il ne s'agissait peut-être que de 5 à 8 tués et que, probablement, ils avaient été vus « étendus sur des brancards, bien alignés », une balle dans la tête, avant Montigny, peut-être au sud d'Augny.

Américains et la patrouille mixte avait quelque deux heures auparavant hissé le drapeau tricolore). Le capitaine Xhaard et, peu après encore, le chef de bataillon Aubry, commandant le 16e B.C.P., purent constater le pillage effectué et le désordre causé par une importante foule se faisant distribuer du pain K.K. La compagnie se porta à la caserne Ney. Une camionnette allemande était encore chargée d'un cadavre. Dans les caves étaient plus de cent blessés de la Wehrmacht et quelques morts [191]. « Chaque cave est dotée d'un tonneau de margarine où les blessés font leurs tartines... J'enterre un Allemand dans la cour de la caserne ; à mon avis, il y est toujours » [189] [192]. Le capitaine inspecta l'ensemble des bâtiments. Une énorme quantité de mobilier [193] était entassée dans certains locaux. Un colonel américain éméché cherchait un officier supérieur allemand pour parlementer avec les défenseurs de la Préfecture. Le capitaine Xhaard en trouva un, « légèrement blessé et volontaire » [189] et discuta en français avec l'officier américain. Celui-ci partit avec l'Allemand auquel il indiqua que les haut-parleurs étaient déjà prêts et (rappel) cette tentative échoua. (Mais fut-elle effectuée jusqu'au bout ?). La 1re compagnie repartit en fin de journée boulevard Clemenceau à l'Etat-major de la région. Là aussi des tués (une dizaine) et des blessés [191] étaient dans les caves. Pour assurer l'ordre de nuit (éviter les pillages) [194], le capitaine plaça une petite section dans chacun des trois bâtiments : palais du Gouverneur, caserne Ney, Etat-major boulevard Clemenceau. Il reçut l'ordre d'installer sa compagnie le lendemain à la caserne de Lattre de Tassigny.

- La 2e compagnie (lieutenant Hugel) fut envoyée au fort Jeanne-d'Arc, a indiqué à l'auteur le capitaine Xhaard. Il s'agit probablement d'une confusion avec le fort Saint-Privat, nettement plus près d'Augny.
- La 3e compagnie (lieutenant Ibanez) fut utilisée, d'après la même source, au terrain d'aviation de Frescaty pour y aider les Américains.
- Le 21, le lieutenant-colonel Pochard vint rejoindre (rappel) le chef de bataillon Aubry au palais du Gouverneur. « Dans la ville, les chasseurs du 16e bataillon étaient partout et les habitants les fêtaient comme des fils retrouvés » [195].
- L'ensemble de ce petit bataillon fut ensuite regroupé à la caserne de Lattre de Tassigny et un élément participa à la cérémonie du 22 (voir plus loin).

Le 30e B.C.P.

- Il s'était constitué depuis le 25 octobre au camp d'Angevillers.
- Vers le 20 novembre, il vint occuper à Thionville le quartier Jeanne-d'Arc.
- Le 21, un corps franc fut créé et placé sous les ordres du lieutenant Duverger. Il était composé de deux groupes d'une douzaine d'hommes

191. Ces tués et ces blessés, commes les autres regroupés à Metz, devaient en grande partie avoir été atteints lors des combats dans la périphérie de Metz et non dans la ville même.

192. C'était le cadavre de la camionnette. Il fut enterré le long et au milieu du bâtiment à gauche en entrant, dans un sol remué par les tranchées et les abris.

193. Il aurait appartenu à des Israélites déportés.

194. « Notre action la plus dangereuse a été de désarmer un F.F.I. à brassard, ivre mort, qui tirait sans arrêt avec un fusil italien » (lettre du témoin à l'auteur).

195. Récit du lieutenant-colonel Pochard à M. Roger Bruge, paru dans « Le Républicain Lorrain ».

chacun. L'un, comprenant des anciens du 8e B.C.P. du Limousin, était sous le commandement direct de cet officier. L'autre était formé de F.F.I. locaux sous les ordres du sous-lieutenant Rauscher, lorrain, ancien du 30e B.C.P. d'avant-guerre.

- Ce corps franc fut transporté en camions à Metz, dès ce 21, par la rive est de la Moselle et arriva caserne Ney en début d'après-midi.
- Vers le soir, le groupe Duverger s'est installé dans la Préfecture et le groupe Rauscher dans le voisinage. Ils patrouillèrent de nuit dans les environs.
- Le 22, le reste du 30e B.C.P. vint à Metz loger au quartier Barbot.
- Un élément participa à la prise d'armes de la fin de la matinée.
- Le corps franc continua son action pendant ce temps-là. « Au matin du 22, le groupe Duverger a fait une vingtaine de prisonniers sur la place de la Comédie et a participé ensuite au " nettoyage " de la Manufacture des tabacs. De son côté, l'autre groupe participait au nettoyage des bords de la Moselle entre l'hôpital Belle-Isle et l'île du Saulcy. C'est là que le groupe a fait sortir un groupe d'officiers allemands d'un bunker. Tous avaient les mains sur la tête quand, brusquement, l'un d'entre eux a tiré un pistolet de sa botte et a abattu le chasseur Cizamolo. Immédiatement le sergent Pawelski abattit l'officier allemand à la mitraillette » (196).

Conclusion

« Ainsi les trois bataillons de chasseurs de la 1re demi-brigade ont participé, dans la mesure de leurs moyens, conformément aux ordres reçus et aussi aux possibilités offertes par les Américains, aux opérations ayant amené la réduction de Metz » (197).

Les gardes

Le 5e escadron (capitaine Riehl).

- Le 20 novembre à 23 heures, l'escadron reçut à Jeandelize du « lieutenant-colonel Béart commandant les troupes placées sous les ordres du général Dody » l'ordre suivant :
  « 1) Les 95e et 5e D.I. américaines sont entrées ce jour dans la ville de Metz.
  2) Un détachement de la 1re 1/2 Brigade de Chasseurs de Lorraine et la Garde républicaine participeront à l'entrée dans la ville le 21 novembre.
  3) Point initial : place de la mairie à Conflans-Jarny le 21 novembre à 10 heures ».
  Le 5e Escadron y fut renforcé par un peloton du 4e Escadron. Il se joignit au détachement de Chasseurs et, dans des camions américains, gagna Thionville à midi. Il y fut cantonné au fort de Guentrange. « L'état-major du XXe Corps ayant décidé de laisser les troupes françaises à Thionville jusqu'au lendemain, les camions américains retournèrent à leur point de départ ! » (197 bis).
- Cela ne faisait pas du tout l'affaire du gouverneur et des gardes, chaque unité voulant être dans « les premiers Français » à entrer à Metz (seul un

---

196. Témoignage de A. Hubsch, qui fit partie du groupe Duverger du corps franc du 30e B.C.P. Il venait du 8e B.C.P. de la Haute-Vienne.

197. Lettre en date du 21 décembre 1944 du lieutenant-colonel Pochard au préfet de la Moselle.

197 bis. Extrait du rapport du capitaine Riehl en date du 28 novembre.

élément du 8e Escadron y avait pénétré ce 20 : la patrouille du lieutenant Martin).

Le capitaine Riehl vint prendre liaison à Metz avec le général Dody. Celui-ci « lui donne l'ordre verbal de tenter à tout prix d'entrer le jour même à Metz avec son escadron, celui-ci disposant de ses moyens organiques ». Et le gouverneur confirma par le message suivant : « Prière rendre compte mouvement sur Metz de l'escadron. Mouvement doit être fait même par petites fractions. Le mettre à la disposition du colonel Laurent, commandant d'armes de Metz ».

Le garde Cunin fut envoyé en patrouille pour reconnaître les itinéraires et, après le retour à Thionville du capitaine, à 17 heures, l'escadron partit pour Metz. Il traversa la Moselle sur le pont de bateaux américain d'Uckange, longea la rive est et « à 19 heures, le convoi fut stoppé dans les faubourgs de Metz par les Américains. Le capitaine montra son laissez-passer établi par le XXe Corps et l'escadron entra en ville à 19 h 30 où, après avoir attendu un moment place d'armes, il passa la nuit au lycée de jeunes filles » (place de Maud'huy) [197 bis].

Le commandant Daucourt et les 4e et 8e escadrons.

- Le chef de groupe d'escadrons et ses deux subordonnés allèrent, comme prescrit, le 20, à 10 h 30, à l'Etat-major de la 3e Armée à Nancy. Ils y reçurent mission d'assurer à partir du 22, à 18 h, la sécurité des arrières américains en assurant la garde de dix ponts et tunnels au nord-ouest de Metz (voir chapitre suivant).
- Le 4e escadron avait encore son P.C. à Jarny.
- Le P.C. du 8e escadron était encore à Jaulny le 21 novembre, mais son déplacement sur Briey était alors prévu.

Le 3e escadron.

- Cet escadron était à Angevillers depuis le 10 novembre.
- Un peloton du 4e Escadron était avec le 5e Escadron. Il fallait aussi que le 3e Escadron ait l'honneur d'entrer dans Metz.
  Le deuxième peloton (adjudant-chef Renard) y fut donc envoyé le 22 au matin pour participer à la prise d'armes à côté des autres éléments. Mais les difficultés du trajet ne le firent arriver qu'après, en tout début d'après-midi... Il fut lui aussi cantonné au lycée de jeunes filles.
- Ce même 22, le sous-lieutenant Pinet, commandant provisoirement cet escadron, vint lui aussi dans la matinée et reçut alors l'ordre du colonel Collignon, chef d'Etat-major du général Dody, « de former groupement avec le 8e B.C.P. (à la place du 5e escadron) stationné à Thionville et de me mettre avec ce bataillon à la disposition du 20e corps U.S. En réponse à une demande de ma part, il m'a été prescrit de continuer à assurer le service en cours de surveillance des recettes postales, jusqu'au terme prévu : dimanche soir 26 novembre, et de rejoindre Thionville ensuite... J'ai donc récupéré à Metz le peloton Renard » [198].

Unités de la 20e Région militaire

Dans : « Libération de l'Est de la France », G. Grandval a noté : « Le 2e bataillon du 26e R.I. reconstitué à Nancy (et appelé 1/20e bataillon de marche)

---

198. Lettre n° 1 080/2 du 23 novembre adressée par le sous-lieutenant Pinet « au chef d'escadrons commandant le 2e groupe de la 4e légion de Garde républicaine », à Conflans.

s'est aussi, drapeau de la région en tête, infiltré dans la ville (de Metz) par le sud ». Malgré des demandes répétées, l'auteur n'a pu obtenir des renseignements à ce sujet des « Anciens du 26e R.I. ».

Il est par contre assuré que la 1re compagnie du 2/20e bataillon de marche du commandant F.T.P. Richard [199] vint à Metz en camions américains. Via Nomeny, elle entra en ville par l'avenue de Strasbourg et fut cantonnée dans la caserne Ney. Jean Marque, qui en faisait partie, se souvient de trois faits. Il leur était interdit de sortir en ville isolés (crainte des derniers Allemands... ou de bagarres ?) et d'aller dans les caves de la caserne où se trouvaient des tonnes de savon (ces caves étaient, paraît-il, minées ; mensonge dissuasif ?). Commandée par le capitaine nancéien Mathieu, secondé du lieutenant Trenen, ex-sous-officier d'active, cette 1re compagnie participa, au moins une partie, à une prise d'armes place d'Armes et défila rue Serpenoise, assez mal (les hommes n'avaient pas appris à marcher au pas...) mais néanmoins acclamés.

Unités diverses et commandements divers

Subdivision.

- Le lieutenant-colonel Poirot, commandant la subdivision de la Moselle, dont le P.C. était à Hayange, à côté du préfet Rebourset, fut muté le 17 novembre sur la côte atlantique. Il fut remplacé par le commandant Ollé-Laprune (de la sécurité militaire) en attendant l'arrivée du colonel Laurent désigné.
- Par note de service n° 345/1 Org. du 21 novembre, le général Dody prescrivit :
  1. « Le colonel commandant la subdivision de la Moselle exercera les fonctions de commandant d'armes délégué de la place de Metz à compter du 20 novembre 1944.
  2. Jusqu'à nouvel ordre, la place de Metz comprendra :
     - l'arrondissement de Metz-ville,
     - l'arrondissement de Metz-campagne ».

Le 1/151e R.I. et le Centre régional d'organisation et d'instruction étaient restés à Fresnes-en-Woëvre, s'y occupant d'incorporations et d'instruction.

La compagnie de Quartier général s'apprêtait, à Verdun, à rejoindre Metz. C'est elle qui monta la garde au palais du Gouverneur à partir du 21 novembre 1944.

Gendarmerie.

- Le 18 novembre, le général Dody prescrivit au commandant de la compagnie de gendarmerie de la Moselle, le chef d'escadrons Lebas de « s'efforcer de pousser en avant ses brigades dès la libération du territoire » et,

---

199. Sous-officier d'active jusqu'en 1940, puis policier dans Metz annexé et enfin résistant, Charles Stenger dit Richard a écrit dans « Le Républicain Lorrain » du 31 mars 1948 : « ...Richard envoie l'un de ses officiers, le lieutenant Christ, se porter vers le fort Driant et lui ordonne d'occuper Ancy... Le 2e bataillon de marche entre à Metz avec les libérateurs et, au cours du combat du fort Saint-Privat, perd deux officiers... ». Jean Marque pense que :
- juste avant la libération de Metz, deux officiers furent envoyés à Augny au P.C. du colonel Fabien (?) et furent tués dans leur voiture par un obus,
- une action contre les forts Saint-Quentin puis Driant (voir plus loin) fut menée par eux après le 22 novembre.

L'auteur n'a pu consulter un vrai historique de ce bataillon.

pour cela, « obtenir par persuasion auprès du commandement américain les autorisations nécessaires ».

- Le 20, le capitaine Goussot, commandant la section de gendarmerie de Metz, quitta le matin Mars-la-Tour où était sa section, et vint mettre en place les brigades de Magny et de Peltre. Le 20 au soir, venant de Magny, cet officier fit une reconnaissance jusqu'à la place d'Armes.
- Le 21, avec une vingtaine de gendarmes, il occupa rue aux Ours des locaux de l'ancienne gendarmerie (ex-Ecole d'artillerie et du génie). Vers midi, le chef d'escadrons Lebas y vint en liaison.
- Le 22, cet officier s'installait à son tour à Metz.

Air Avancé Nord-Est.

Le 18 novembre, dès lors sous les ordres du lieutenant Sognet, nommé ce même jour « commandant de la Base Aérienne n° 138 à Metz », le détachement Air Avancé Nord-Est franchit la Moselle vers Manharel et les deux groupes qui le constituaient vinrent passer la nuit à Pagny-lès-Goin et à Coin-lès-Cuvry.

Le 19, ils gagnèrent la ferme d'Orly, d'où (voir le croquis fait par B. Lépine) ils repartirent le 20 au matin, les deux groupes à pied et le lieutenant Sognet, notamment accompagné par l'aspirant féminin interprète Perles, en jeep.

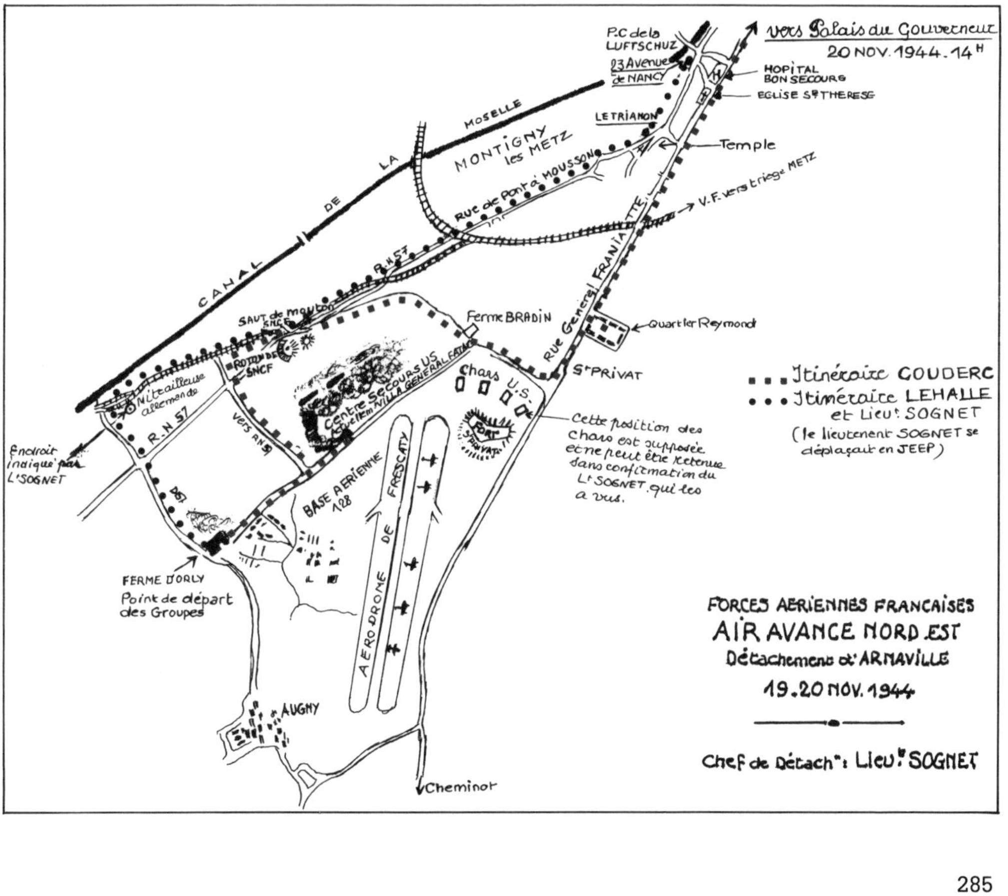

Malgré les tirs intermittents de l'artillerie du fort de Queuleu (aucune perte) l'ensemble progressa par les deux itinéraires indiqués. Le lieutenant Sognet repéra les servants d'une mitrailleuse allemande tués près de la voie ferrée puis quatre chars américains déjà en position face au fort Saint-Privat. L'adjudant-chef Villard (chef du groupe Lehalle), de son côté, eut la joie de retrouver à la brasserie « Le Trianon » ses beaux-parents qui en étaient propriétaires.

Les aviateurs occupèrent ainsi l'immeuble du 23 avenue de Nancy, ex-siège du P.C. de la Luftschutz, dont ils firent leur propre P.C. et le quartier Reymond, où fut le commandement de la 5e Division aérienne allemande. Ils poussèrent par la rue de Verdun jusqu'au palais du Gouverneur où, a raconté le lieutenant Sognet, « le 20 novembre à 14 heures, l'aspirant hisse le drapeau français au balcon ». (Précisons que les Américains y étaient arrivés vers 10 heures, que la patrouille mixte gardes-chasseurs du lieutenant Martin vint y hisser le drapeau tricolore environ 2 heures après et que la compagnie Xhaard du 16e B.C.P. y arriva également dans l'après-midi par sensiblement le même itinéraire, mais sans repérer les aviateurs... ce qui était assez normal dans l'ambiance d'alors.)

Conclusions

L'idée de base était simple. Il s'agissait d'affirmer la France auprès des Américains, de remettre en place notre souveraineté en participant militairement à la reconquête du pays et en prenant en compte les territoires libérés. Il s'agissait de pousser en avant troupes, gendarmes et responsables civils malgré la grande pénurie de nos moyens et une certaine réticence américaine assez compréhensible. Ils s'agissait également de récupérer le maximum d'infrastructures militaires, dont Frescaty.

Le capitaine Xhaard, du 16e B.C.P. (devenu général de corps d'armée) a bien senti cela en écrivant à l'auteur : « Il faut reconnaître que si nous poussions " hardiment " en première ligne (pas tout à fait !) c'était pour montrer l'Armée française renaissante, mais que nous n'avons pas combattu... d'ailleurs nous n'avons eu aucune perte ! ». Ce même témoin a bien remarqué que les Américains étaient « très timorés », eux qui avaient dissuadé les chasseurs de sortir d'Augny par crainte de l'artillerie du fort Saint-Quentin repérant tous les mouvements dans cette région, puis de progresser au-delà du pont de chemin de fer d'Alger à cause de tireurs d'élite allemands peut-être restés derrière les premiers éléments américains ayant progressé de nuit. Il ne s'agissait alors pas d'une réticence politique mais les soldats des Etats-Unis venaient de subir de très grosses pertes dans les très durs combats de la périphérie de Metz, alors que les chasseurs avaient l'inconscient optimisme de ceux qui n'avaient pas encore été engagés. De fait, cet optimisme était fondé, puisque les Français étaient en deuxième ligne et n'intervenaient que dans Metz, où il n'y eut que très peu de combats. Mais la réserve américaine s'explique facilement.

Metz venait d'être libéré. Parfois, certains posent la question de savoir si elle le fut par les Américains, les chasseurs (pourquoi pas les gardes ?) ou les F.F.I... L'exposé objectif des faits indique l'évidente réponse : par les Américains. Mais il était nécessaire qu'il y eut à côté d'eux des unités françaises et des F.F.I. qui firent... ce qu'ils purent (voir le chapitre des conclusions). La cérémonie du 22 au matin montra bien le fair play des Américains (la présence des chasseurs et des autres éléments français), mais aussi que c'était bien eux qui rendaient Metz à la France.

6.
Epilogue

Citoyens de Metz !

ILS sont partis. Nous sommes libres!

Et nous allons tout de suite nous remettre au travail de reconstruction, tous ensemble, la main dans la main.

Une première réunion des autorités municipales s'est tenue ce matin en plein accord avec les autorités américaines et le mouvement FFI.

Nous allons refaire les services d'électricité et d'eaux, les premiers d'entre tous ; nous espérons les refaire dans les dix jours.

Nos amis américains et l'administration française nous apporteront, d'ici quelques jours, des vivres et surtout du lait pour nos petits. Ils nous fourniront du matériel pour refaire nos ponts et notre ville.

En attendant, quelques consignes :

1. Il est absolument interdit à quelque commerçant que ce soit, de vendre sans cartes des marchandises (vivres, charbon et autres). Les anciennes cartes de ravitaillement restent valables. Le ravitaillement est assuré.
2. Les autorités militaires désirent que, provisoirement, la population civile circule le moins possible. Les enfants resteront à la maison.
3. Nous adressons un appel pressant aux habitants de Metz de collaborer avec nous et de nous signaler tous les abus qu'ils pourraient constater.
4. L'eau de boisson ne peut être consommée que bouillie.

Pour terminer, un mot de reconnaissance ému à nos libérateurs américains, un autre aux vaillants Messins, dont le cran et le courage ont été splendides de toujours, mais surtout depuis le 1er septembre dernier.

Vive Metz ! Vive la France ! Vive les Américains ! Vive les Alliés !

METZ, le 20 novembre 1944.

Le chef du secteur de l'arrondissement de Metz-Ville FFI.

Liebe Mitbürger!

Endlich sind sie fort, und wir sind frei !

Und nun heisst es, erneut an die Arbeit und an den Wiederaufbau unserer Stadt und unserer Häuser gehen.

Eine erste Versammlung der städtischen Behörden fand heute morgen im Einverständnis mit den amerikanischen Militärbehörden und der Leitung der FFI. statt. Es wurde beschlossen, dass Elektrizität und Wasser zunächst wieder in Stand gesetzt werden müssen, was etwa zehn Tage in Anspruch nehmen dürfte. Unsere amerikanischen Verbündeten und die französische Verwaltung bringen in einigen Tagen Lebensmittel und vor allem Milch für unsere Kleinkinder ; sie liefern uns ferner Material zur Wiederherstellung der gesprengten Brücken usw.

Für heute sei unseren Mitbürgern mitgeteilt :

1. Es ist allen Kaufleuten jeglicher Branche ausdrücklich verboten, Lebensmittel, Kohlen oder Waren aller Art ohne Bezugschein und Lebensmittelkarten abzugeben. Die laufenden, diesbezüglichen Karten gelten bis auf weiteres. Die Lebensmittelversorgung der Stadt ist gesichert.
2. Die amerikanischen Behörden wünschen, dass sich die Zivilbevölkerung vorläufig möglichst wenig in den Strassen aufhalte. Kinder gehören auf jeden Fall in die Häuser.
3. Wir rufen alle Mitbürger zur Mitarbeit auf und bitten sie, uns im allgemeinen Interesse alle etwaigen Missbräuche zu melden.
4. Trinkwasser darf nur in abgekochtem Zustand genossen werden.

Endlich noch ein Wort heissen Dankes an unsere amerikanischen Befreier, ein Wort auch herzlicher Bewunderung für unsere Metzer, die seit Jahren, insbesondere aber seit dem 1. September 1944 harten Mut, lothringische Widerstandskraft und zähes Durchhalten allen Stürmen zum Trotz bewiesen haben.

Es lebe Metz ! Es lebe Frankreich ! Es leben unsere amerikanischen Befreier und alle Verbündeten !

Imprimerie V. GUEBLEZ, Metz, 6-8, en Nexirue

(Archives municipales de Metz)

La première affiche

Imprimée à Metz, datée du 20 novembre, elle était signée du « chef de secteur de l'arrondissement de Metz-ville F.F.I. ».

« Citoyens de Metz ! Ils sont partis. Nous sommes libres !

Et nous allons tout de suite nous remettre au travail de reconstruction, tous ensemble, la main dans la main.

Une première réunion des autorités municipales s'est tenue ce matin, en plein accord avec les autorités américaines et le mouvement F.F.I.

Nous allons refaire les services d'électricité et d'eaux, les premiers d'entre tous ; nous espérons les refaire dans les dix jours.

Nos amis américains et l'administration française nous apporteront d'ici quelques jours des vivres et surtout du lait pour nos petits. Ils nous fourniront du matériel pour refaire nos ponts et notre ville.

En attendant, quelques consignes :

1. Il est absolument interdit à quelque commerçant que ce soit, de vendre sans cartes des marchandises (vivres, charbons et autres). Les anciennes cartes de ravitaillement restent valables. Le ravitaillement est assuré.
2. Les autorités militaires désirent que, provisoirement, la population civile circule le moins possible. Les enfants resteront à la maison.
3. Nous adressons un appel pressant aux habitants de Metz de collaborer avec nous et de nous signaler tous les abus qu'ils pourraient constater.
4. L'eau de boisson ne peut être consommée que bouillie.

Pour terminer, un mot de reconnaissance émue à nos libérateurs américains, un autre aux vaillants Messins, dont le cran et le courage ont été splendides de toujours, mais surtout depuis le 1er septembre dernier.

Vive Metz ! Vive la France ! Vive les Américains ! Vive les Alliés ! »

Quelques remarques.

Dès avant la fin de la libération de la ville, « le chef de secteur de l'arrondissement de Metz-ville », le responsable F.F.I. local se présentait, s'affirmait comme étant la première autorité dans la cité. Il s'agissait de Me Moppert, désigné à ce poste par le commandant Grégor dès le 5 août 1944 (rappel). L'affiche, datée du 20, fait état d'une réunion des autorités municipales « ce matin ». L'intéressé a indiqué à l'auteur qu'elle n'aurait eu lieu que le 21 après-midi.

L'affiche visait également à rassurer les Messins sur leur vie matérielle : ravitaillement et reconstruction... grâce aux Américains et à l'administration française.

Mais le texte, s'il faisait appel avec raison à l'union de tous les Messins, glorifiait un peu exagérément leur cran et leur courage aux dépens des vrais libérateurs : les Américains, et ouvrait dans la trompeuse euphorie des « lendemains qui chantent », une dangereuse porte en poussant la population à dénoncer les abus.

Conclusion

La libération venait d'apporter joie et liberté mais ne résolvait pas tous les problèmes et en créait de nouveaux.

Félicitations

Les Américains

Le général Marshall au général Patton : « Félicitations pour la prise de Metz et la splendide avance malgré les inondations, les obstacles, la boue et la résistance acharnée de l'ennemi ».

Le général Patton au général Walker, le 21 novembre : « La manière habile avec laquelle votre corps a accompli la prise de cette cité imprenable de Metz est un succès militaire de premier ordre ».

Le même général Patton déclara à ses troupes : « Je suis vraiment très fier de vous. Votre pays est fier de vous. Vous êtes de magnifiques combattants. Vos exploits de la bataille de Metz rempliront les livres d'histoire pendant un millénaire ».

Le général Twaddle proclama aux hommes de sa 95e D.I. : « Le 8 novembre, au début de votre offensive contre Metz, je vous ai dit : " La route qui mène à Metz nous emmènera en Allemagne ". Sur cette route, nous avons gagné le surnom que vous vous êtes vous-mêmes choisi : "Victory Division"... » Depuis lors, la 95e D.I. a pris pour devise, officiellement en 1967 : « Iron Men of Metz » (« les hommes de fer de Metz »). Quelle fut l'origine de cette dénomination ? Les Américains disent que ce sont les Allemands qui les qualifièrent ainsi. Ceci reste à préciser.

Un historique du 10e R.I. mentionne : « Ainsi Metz était tombé, Metz, l'imprenable forteresse, la cité qu'aucun dans l'histoire avait été capable encore de prendre d'assaut, avait été attaquée et son orgueilleuse garnison, mise à genoux. Derrière nous étaient presque quatre mois d'actions victorieuses ininterrompues, combats sur tous les types de terrains et de temps. Nous n'avons pas combattu que les Allemands mais aussi les éléments. Nous avons combattu la boue, la neige, la glace, les fondrières, les marais et les forêts. Nous avons lutté contre les rivières. Derrière nous étaient le sang, la sueur, un glorieux passé de bataille et devant nous était l'Allemagne ».

Les chasseurs

Le général Walker écrivait le 8 décembre au colonel Pochard. « Le 20e corps a pris Metz. C'est avec beaucoup de fierté que je remercie les officiers et soldats de la 1re brigade de chasseurs pour leur participation à la bataille... ».

Les F.F.I.

Dans son « ordre général n° 2 » du 30 novembre 1944 (voir plus loin), le général Dody, gouverneur militaire de Metz et commandant la 21e Région, déclarait : « La résistance de Metz et de la Moselle a superbement rempli son rôle patriotique malgré les obstacles et les dangers de toute nature, plus grands ici que dans le reste du pays... Pour leur tâche d'hier, que tous soient félicités par la voix du gouverneur de Metz... ».

La population

Metz

Le 3 juillet 1948 [1], le président de la République remit à la ville la croix de guerre avec palme. La citation correspondante était :

---

1. A l'occasion du tricentenaire du rattachement officiel de Metz à la France.

HEADQUARTERS
THIRD UNITED STATES ARMY
Office of the Commanding General
APO 403

21 November 1944

SUBJECT: Commendation.

TO : Commanding General, XX Corps,
APO 340, U.S. Army.

1. The workmanlike manner in which your Corps accomplished the capture of the heretofore impregnable city of Metz is an outstanding military achievement.

2. Please accept for yourself and pass on to the officers and men of the XX Corps my high commendation for the superior manner in which you accomplished your difficult mission.

G. S. PATTON, JR.,
Lieutenant General, U.S. Army
Commanding.

(Historique du 20e corps)

HEADQUARTERS XX CORPS
OFFICE OF THE COMMANDING GENERAL
APO 340
U.S. Army

8 December 1944

Colonel Pochard
Commandent
1st Brigade, Chasseurs of Lorraine

My dear Colonel:

The XX Corps has captured Metz.

It is with much pride that I commend the officers and soldiers of the 1st Brigade, Chasseurs, for their part in the battle.

I would like you to express to your battalions my pleasure and gratitude in having under my command during this traditional operation, elements of the 1st Brigade, Chasseurs of Lorraine, comprising the 8th, 16th, and 30th Battalions, Chasseurs, a pied.

Faithfully yours,

WALTON H. WALKER
Major General, United States Army
Commanding

(Coll. part.)

RÉPUBLIQUE FRANÇAISE

VILLE DE METZ
(MOSELLE)

HOTEL DE VILLE, le 29 décembre 1944.

CABINET DU MAIRE

N° 74

Monsieur le
Lieutenant-Colonel P o c h a r d
Commandant la 1ère Demi-Brigade
de Chasseurs de Lorraine

Mon Colonel,

C'est avec émotion et fierté que j'ai pris connaissance des étapes glorieuses parcourues par vos vaillants Chasseurs de la Brigade des Forragères Rouges.

Leurs faits d'armes, quelquefois obscurs, mais toujours héroïques, sont autant de nouvelles pages à l'Histoire de ces prestigieux Bataillons.

Comme premier magistrat d'une ville libérée avec le concours de ces unités, je vous félicite et je rends hommage à la bravoure de vos troupes. Je m'incline avec respect devant vos morts et vous assure de la gratitude et de la reconnaissance de notre Cité.

Veuillez agréer, mon Colonel, l'expression de ma considération très distinguée.

Gabriel Hocquard

Maire de Metz.

(Coll. part.)

« Par son attitude exemplaire, sous le joug allemand pendant quatre années d'occupation, malgré une brutale annexion de fait et une terreur sans précédent ;

Par sa confiance en la victoire, malgré ses blessures et le martyre imposé à sa population : plusieurs dizaines de milliers de Messins expulsés par l'ennemi, deux mille cinq cents déportés ;

Par son dévouement et son aide à des milliers de prisonniers évadés, Metz la Lorraine, bastion de l'Est, dont la libération donnée comme but à la France combattante marqua l'irrémédiable défaite du Germain, a été à l'heure de la résistance et du combat, l'exemple du devoir patriotique, se montrant digne de ses glorieuses traditions ».

Montigny

Cette ville reçut également la croix de guerre avec palme le 11 novembre 1948, avec la citation suivante :
« A vu sa population sévèrement éprouvée par de nombreux bombardements qui s'ajoutèrent à de nombreuses mesures de déportation et d'expulsion frappant plus du quart de ses habitants. Confiants dans les destinées du pays, nombre de ces derniers entrèrent résolument dans la résistance, après avoir aidé à l'évasion de prisonniers de guerre, malgré les risques et les sanctions impitoyables qui en résultèrent. Par ses souffrances, par ses sacrifices, Montigny-lès-Metz partageant les glorieuses destinées de Metz la guerrière s'est acquis des droits à la reconnaissance de la France. »

Remarques

Rappelons que, de leur côté, les Allemands avaient créé une « bande de bras » pour honorer leurs combattants.

Toutes ces félicitations étaient marquées d'une certaine exagération.

Cérémonies

Mercredi 22 novembre 1944 :

Remise de la ville à la France, place d'Armes

Ambiance

Les autorités arrivèrent à cette prise d'armes à 10 h, alors que les combats au quartier Saint-Vincent ne cessèrent qu'à 14 h 35 (rappel), après la fin de la cérémonie...

Si le « nettoyage » officiel de la ville était terminé, il restait encore des soldats allemands cachés et des civils pro-nazis en liberté. Des mesures de sécurité s'imposaient. Elles furent prises au préalable par des officiers de liaison français et par le capitaine Wolff qui relate [(2)] : « Je dus assurer l'ordre de cette manifestation et faire en sorte que des éléments isolés ne tirent pas sur les autorités et la troupe », d'où fouille de la cathédrale et mise en place de sentinelles face au public et aux maisons.

L'artillerie américaine ne cessa pas, pendant la cérémonie, de tirer contre les forts encore aux mains des Allemands et ceux-ci répliquèrent peut-être un peu.

Le temps fut affreux. Une petite pluie glaciale tomba sans arrêt.

L'ambiance était bien particulière.

Participation des troupes

Deux compagnies des 5e et 95e divisions U.S. (les deux qui participèrent directement à la prise de la ville) se placèrent sur la place d'Armes devant le corps de garde. Une musique américaine fut également présente.

La participation française fut triple :

- Le long de la cathédrale, face à l'hôtel de ville, quelque 300 chasseurs à pied furent à l'honneur : le lieutenant-colonel Pochard, les trois chefs de bataillon avec un élément de chacun des 8e, 16e et 30e B.C.P. et la fanfare du 8e B.C.P. à 14 exécutants.
- De Nancy étaient venus trois éléments : le drapeau de la Région C [(3)], la musique du 26e R.I. [(4)] et un élément [(5)] (une section ?) de ce même 26e R.I. reconstitué (où furent-ils placés ?).

---

2. P. Wolff dans : « Journal d'un résistant mosellan ».
3. Ce drapeau portait sur une face : une croix de Lorraine, le blason des huit départements formant cette région et la devise : « Il n'est pas nécessaire d'espérer pour entreprendre ». Sur l'autre face étaient brodés : « Honneur et Patrie, Forces Françaises de l'Intérieur, Région C ».
4. Dès fin septembre, le colonel Grandval avait reçu à Nancy le capitaine Taelmann, ancien chef de musique du 26e R.I. qui avait pu camoufler ses instruments et venait proposer de reconstituer une formation. Ce fut naturellement accepté et la nouvelle musique participa à sa première prise d'armes le 7 octobre, place de la Carrière.
5. « L'Est Républicain » du 24 novembre fait état de la présence d'une section d'honneur du 1er bataillon de marche. Est-ce à cette cérémonie que participèrent des éléments de la 1re compagnie du 2/20e bataillon de marche, d'origine F.T.P. ?

N° 1 — Le numéro : 10 Rpf. ou 2 francs — 23 Novembre 1944

La Lorraine Libérée

Rédaction et Administration: Metz, 14-16, rue des Clercs. — Rédacteur-gérant: Lucien Ehringer

Au général de Gaulle, à nos Libérateurs, Honneur et Gloire !

Lorsque le Marquis de Lafayette se rendit en Amérique, se doutait-il qu'un jour les fils de ceux qu'il avait aidés à recouvrer la liberté, viendraient à leur tour nous prêter main-forte en vue de retrouver la nôtre ?

Et pourtant c'est ce que vous venez de réaliser.

Ce sont vos chefs glorieux, vos vaillants soldats, la masse irrésistible de vos avions et de vos chars qui vont définitivement mettre fin à nos souffrances. Depuis El Alamein nous avons suivi, haletant, votre marche victorieuse à travers les déserts d'Afrique, nous tressaillimes de joie à la nouvelle de votre débarquement en Algérie, de la traversée si laborieuse de la Sicile, de votre avance toujours plus proche en Italie. La catastrophe de Stalingrad, d'autre part, révéla au monde combien était creuse et trompeuse cette soi-disante invincibilité

Mais tout cela n'est rien, puisque nous avons tenu bon.

Dès le début, nous avons suivi, haletants, les efforts de notre grand Chef et défenseur, le général de Gaulle, pour conserver l'intégrité du territoire français, et tout au long des quatre années d'occupation notre confiance s'est sans cesse accrue à chaque pas qu'il faisait vers nous. La France a retrouvé la Lorraine et la Lorraine, terre de dur labeur et souche de profond patriotisme restera à jamais française.

* *
*

L'arrivée foudroyante de vos Armées a préservé notre bonne ville de Metz du terrible sort qu'un ennemi implacable lui avait prémédité. Ce qui s'est passé ailleurs allait se produire chez nous. Quelques 2 000 otages étaient sur le point d'être saisis nos

Un acte historique dans Metz libérée

La première grande manifestation d'amitié franco-américaine

Le général Walker, vainqueur de Metz, a remis officiellement la Ville aux autorités françaises

Metz est libre. Nous sommes enfin libres. Les monstres ont définitivement quitté notre chère ville, où pendant quatre longues années ils poursuivirent notre population d'incessantes tracasseries criminelles contraires à la dignité humaine et au droit international. Libres, oui, jamais ce mot n'a occupé avec autant d'intensité notre esprit et notre cœur. Par moments, les événements des derniers jours nous apparaissent comme dans un rêve, tant nous éprouvons de la peine à nous dépouiller des traces profondes imprimées en nous par l'angoisse et la souffrance. Par deux fois, hier, à la cérémonie franco-américaine place d'Armes, et mardi, lors du passage dans les rues de la ville de notre sympathique Préfet et de Mgr Heintz, les Messins ont eu l'occasion de manifester leur immense joie de la liberté retrouvée.

néral de la police, le capitaine Wolf, délégué à la police, des officiers de la garde mobile, des représentants du « Souvenir Français » et de nombreuses personnalités messines.

A 9 h. 45, la « Mutte » lance pour la première fois depuis longtemps sa note grave sur la ville. Les clairons sonnent ; les troupes présentent les armes. Le général Walker, vainqueur de Metz, descend de voiture et vient se placer au centre du carré face au Général Gouverneur et au Préfet.

L'instant est solennel et émouvant. Au nom de l'Armée américaine, le général remet aux représentants de la France la ville que ses vaillantes troupes ont conquise. La cérémonie est brève, mais tout chacun ressent profondément la grandeur de l'acte qui vient d'être accompli. Cet acte marquera à tout jamais un grand tournant

(Archives municipales de Metz)

- Des gardes furent également présents. Le 5e escadron du capitaine Riehl, renforcé d'un peloton du 4e escadron, était arrivé à Metz le 21 au soir (rappel). Dès le lendemain matin, cet ensemble participa à la cérémonie avec un fanion [6] et sa garde de deux hommes. Il assura l'ordre tout autour de la place, notamment sur le côté sud-ouest, près des trophées de la place. Puis il rendit les honneurs aux généraux Walker et Dody lors de leur départ de l'hôtel de ville.

Remise de la ville

A 9 h 45, la Mutte (grosse cloche de la cathédrale) sonna.

A 10 h, le général Walker, commandant le 20e corps U.S., arriva en « command-car », accompagné du général Dody et du colonel Collier, chef d'Etat-major du général américain. Devant l'hôtel de ville, ils retrouvèrent le préfet Rebourset, les généraux commandant les 5e et 95e D.I. alors qu'un peu en retrait étaient Me Moppert, faisant fonction de maire, Mgr Heintz, le commandant Grégor, etc.

Pendant l'exécution des deux hymnes nationaux par la musique américaine, « des cris éclatent de partout : " Vive l'Amérique, vive la France, vive la République " [7] ». Puis le général Walker vint en face du général Dody et du préfet Rebourset et leur dit : « Mon général et Monsieur le préfet, c'est avec une extrême fierté et un grand plaisir que je remets en vos mains l'ancienne et courageuse ville fortifiée de Metz qui a été libérée par l'assaut des soldats des 95e et 5e divisions d'infanterie du 20e corps de la 3e Armée américaine. Pendant l'enfance de votre République, la France vint en aide à l'Amérique avec du matériel, de l'argent et des hommes. Chaque soldat américain considère comme un privilège d'être à même d'aider à rembourser, autant que possible, la dette envers la France. J'espère et je crois que la ville de Metz sera à jamais le symbole des relations amicales qui ont toujours existé entre nos deux pays. Général Dody et Monsieur le préfet, la ville de Metz est vôtre ».

Le général Dody lui répondit : « Mon général, vous avez voulu, en pleine bataille, devant les troupes américaines et françaises réunies, nous remettre solennellement la ville que vous avez délivrée. Ce geste nous va droit au cœur... En cette place, cœur de la cité d'où partit La Fayette, se forge en ce moment un nouveau lien de l'amitié franco-américaine. Mon général, permettez à un soldat s'adressant à un soldat, de vous dire au nom de toutes les autorités, de la population de Metz et de la Lorraine notre gratitude et de vous donner l'accolade en témoignage de notre fraternité ». Ce qu'il fit. Le préfet dit ensuite quelques mots [8].

---

6. Sur le fanion (probablement du groupe d'escadrons, peut-être d'un escadron) était brodé un aigle. Les hommes étaient en capote, portant casque français et leggings. Le lieutenant Charles de Vaulx photographia l'ensemble devant une des deux sculptures trophées de l'ouest de la place d'Armes.

7. Compte rendu du 22 novembre 1944 du commandant P. Sorbac, officier de liaison français auprès du 20e corps, présent.

8. Il retraça brièvement les malheurs subis par la population messine pendant cinq ans avant de conclure : « De tout cela, général Walker, vous, le chef des admirables troupes de votre grand pays et nos Alliés, vous nous avez délivré... N'est-ce pas trop de prédire que votre nom restera dans l'histoire, associé à l'illustre titre de « vainqueur de Metz ?.. ».

« Une nuée de jeunes femmes et de jeunes filles, en costume lorrain, s'échappe alors de l'hôtel de ville et entoure le général Walker qui est embrassé à profusion et reçoit des bouquets cravatés aux couleurs américaines et françaises » [9]. Ceci aurait fait dire à cette autorité : « Je n'ai pas revu d'aussi jolies filles depuis mon départ d'Amérique » [10].

« Le cortège pénètre alors dans l'hôtel de ville et monte l'escalier d'honneur où des F.F.I. de Metz présentent les armes impeccablement ». Me Moppert accueillit les autorités dans le grand salon. Après avoir rappelé les quatre années de souffrances subies, il dit au général Walker : « De tout ceci, mon général, vous le chef, vos troupes admirables, votre grand pays et ses alliés nous ont délivrés. Aucun mot, aucune parole humaine ne pourront exprimer notre merci d'une façon suffisante ». Puis, il adressa au général Dody, au préfet Rebourset et à Mgr Heintz, « l'hommage de nos vœux d'accueil bien cordial et la promesse d'une collaboration compréhensive et féconde ». Les généraux américain et français puis M. Rebourset répondirent. Après la fin du vin d'honneur, le général Walker prit congé avec sa suite puis repartit à son P.C. (à Thionville depuis le 20) après avoir reçu les honneurs des seuls chasseurs et gardes à la sortie de l'hôtel de ville et « les acclamations de la foule très nombreuse et enthousiaste » [11].

Cérémonie française

Les autorités françaises, de leur côté, gagnèrent à pied, à 10 h 45, le monument aux morts, par la place Saint-Jacques, précédées par de jeunes Lorraines en tenue et suivies par la foule. Le dépôt de gerbes fut émouvant, suivi d'une vibrante Marseillaise. Le Monument aux morts était encore avec son inscription allemande : « Sie starben für das Reich » (ils sont morts pour le Reich) et M. Machet a indiqué à l'auteur que des soldats allemands tués dans leurs trous individuels le long de la façade nord-nord-est de la caserne Barbot (donc face au cénotaphe) n'avaient pas encore été relevés.

De leur côté, les chasseurs défilèrent, par six, rue Serpenoise, derrière la fanfare du 8e B.C.P. ainsi que la musique du 26e R.I., avec le capitaine Taelmann [12] au son de la marche lorraine, et les gardes s'étant reformés colonne par trois après avoir assuré le service d'ordre [12 bis].

Le colonel Grandval avait été prévenu et invité le 21 à participer à ces manifestations du lendemain. Ce 22, à 7 h, il passa donc à Thionville en voiture, accompagné de son chef d'Etat-major, le lieutenant-colonel Nerot, mais eut ensuite, à cause notamment de la boue, des ennuis de circulation. Il arriva en retard. (Paul de Busson l'a photographié, encadrant avec son chef d'Etat-major, le préfet Rebourset lors du retour du Monument aux morts).

Un déjeuner au bon restaurant Moitrier mit fin aux festivités.

---

9. Compte rendu du 22 novembre 1944 du commandant P. Sorbac.
10. Dans : « La Lorraine libérée » n° 1.
11. Compte rendu du 22 novembre 1944 du commandant P. Sorbac.
12. C'est cette musique que Paul de Busson a photographiée et non la fanfare des chasseurs.
12 bis. Un peloton de gardes avec son fanion participa à cette manifestation. « Pour se rendre et revenir des diverses cérémonies, l'escadron traversa une grande partie du centre ville et fut l'objet de vivats et d'applaudissements ». (Rapport du capitaine Riehl en date du 28 novembre).

Impressions

Lors de la prise d'armes de la matinée, le général Dody remarqua : « Ces pleurs et ces vieux qui saluent personnifient la Lorraine rendant hommage à ses libérateurs ».

De son côté, le lieutenant-colonel Pochard, voyant que la foule était surtout composée de vieux, de femmes et d'enfants avoua : « Les hommes manquent, engagés de force dans la Wehrmacht ou expulsés, et le drame se dessine dans les figures qui nous regardent intensément, dans les yeux dont les larmes coulent sans aucun respect humain. Et c'en est déchirant ».

Cérémonies ultérieures

Vendredi 24 novembre : retour de G. Hocquard, maire.
Passage du général Giraud.

Le 24, à 16 h, place d'Armes, étaient présents :

- Le général Irwin, commandant la 5e D.I. américaine, le préfet Rebourset, Mgr Heintz, Me Moppert, « maire intérimaire » rapporte « La Lorraine libérée » du 25 novembre, etc.
- Deux compagnies de la 5e D.I., avec musique et drapeaux, ainsi que des éléments du 30e B.C.P., des F.F.I. et une quarantaine de gardes assurant le service d'ordre, le long de l'hôtel de ville.

Puis, relate le journal : « Brusquement, comme par miracle, arrivée de M. Gabriel Hocquard, maire de Metz, qui reprit sur le champ ses fonctions » (Roger Xardel lui donna son écharpe, prête).

Ensuite, nouvelle surprise pour la foule, le général Giraud apparut aux côtés du général Dody. Cet ancien gouverneur de Metz, aimé des Messins, fut fort acclamé. (La veille, il avait rencontré le général Patton et approuvé ses plans).

La prise d'armes se déroula alors : Marseillaise exécutée par la musique américaine, revue des troupes par le général Giraud, remise de la fourragère et de l'insigne du 30e B.C.P. au général Irwin, nommé « chasseur honoraire du 30e B.C.P. ».

Les autorités furent par la suite reçues par M. Hocquard dans le cabinet de la mairie. Celui-ci :

- Rappela que le général Giraud venait, peu de jours auparavant, de décorer à l'hôtel Dieu de Clermont-Ferrand Sœur Hélène (13) mourante. « Elle symbolisait l'effort messin ».

---

13. Le 18 novembre, en présence notamment de MM. Hocquard, Schuman, Serot et de Mme Peupion, le général Giraud avait décoré Sœur Hélène (Hélène Studler) de la Légion d'honneur et de la croix de guerre avec palme. La citation qu'il avait signée à Paris, ce 18, est indiquée ici car, si elle ne concerne pas directement cette étude, elle rappelle l'action d'une résistante particulièrement admirable et connue à Metz.
« Hélène Studler, religieuse de Saint-Vincent-de-Paul.
De septembre 1939 à juin 1940, a apporté l'aide la plus efficace aux brancardiers français pour relever sur le front des blessés et les ramener à l'arrière.
De juin 1940 jusqu'en novembre 1942, a fait preuve des plus belles qualités de patriotisme et de caractère en assistant de nombreux prisonniers de guerre français cachés dans Metz. Arrêtée et emprisonnée, a fait preuve d'un stoïcisme admirable et très chrétien.

- Souligna en anglais, pour les Américains, le rôle de La Fayette parti de Metz.
- Et conclut en invitant la population à ne pas oublier la devise de la ville : « Si nous avons paix dedans, nous avons paix dehors ».

Le général Giraud répondit : « J'avais promis d'être un des premiers parmi vous, j'ai tenu parole ».

C'était la journée des surprises, peu appréciées par quelques-uns.

« Le salut du maire de Metz à la population », daté du 25, parut dans « La Lorraine libérée » du 30 novembre. C'était à nouveau un appel à l'union : « ... Ici et là-bas, tous ont accompli leur tâche de Français... Bientôt les expulsés nous reviendront et vous sauront gré d'avoir conservé à l'ombre de la cathédrale et de l'hôtel de ville, ce qui pouvait être gardé de nos foyers et de nos autels. Vous les accueillerez avec générosité et bientôt la belle union messine se refera dans la cité rendue à ses destinées nationales ».

Samedi 25 novembre [14] **: Enterrement de F.F.I.**

Cette cérémonie eut lieu au cimetière de l'Est [15]. Il s'agissait de l'enterrement de sept F.F.I. : MM. Armand Bremm, Alvisse Buchler, Adrien George, Jean Hoersen, Raymond Koerber, Antoine Kreischer et Gustave Leininger, ainsi que du chasseur Oreste Cisamolo du 30e B.C.P.

Etaient notamment présents le général Dody, le préfet Rebourset, Gabriel Hocquard, des détachements des 16e et 30e B.C.P. et des F.F.I. locaux.

Le commandant Grégor prit la parole : « ... Leur sacrifice sera pour nous, leurs camarades, une invitation à suivre leur exemple. La grandeur de la tâche les avait séduits. Ils n'avaient devant les yeux que le bien général du pays en comparaison duquel ne comptent pas les mesquins intérêts privés ».

Puis, relate « La Lorraine libérée » des 26 et 27 novembre, « le capitaine Tribout, chef d'Etat-major des F.F.I. relata les états de service des morts »... « Vous ne songiez point à faire de la gloire, vous, camarade B... (Bremm)

N'a pas craint, dès sa sortie de prison, de reprendre son activité. A été de ce fait un des éléments essentiels de la résistance et un des piliers du maintien de la cause française en Lorraine occupée.
A, au péril de sa vie, permis à plus de 2 000 soldats français et à de nombreux Lorrains recherchés par la police d'échapper aux geôles allemandes.
Obligée à son tour de s'échapper en zone libre, a repris dès son arrivée, de la façon la plus efficace, sa participation à la résistance française. A partir du 11 novembre 1942, étant traquée par la Gestapo, a poursuivi malgré tout son œuvre de charité apportant aux nombreux Lorrains et Alsaciens chassés de leurs départements un précieux réconfort matériel et moral.
Modèle le plus pur de charité et de ferveur autant que de patriotisme.
La présente citation comporte l'attribution de la croix de guerre avec palme ».
Les obsèques de Sœur Hélène, décédée vers le 1er décembre, eurent lieu le 6 décembre à l'hôtel-Dieu de Clermont-Ferrand.
La dépouille mortelle fut ramenée à Metz le 17 juin 1946, lors d'une émouvante cérémonie puis enterrée à Belletanche, au cimetière des Sœurs de la Charité.
La statue de Notre-Dame des prisonniers, près de la porte de l'hospice Saint-Nicolas de Metz, rappelle le souvenir de l'héroïque Sœur Hélène en en reprenant les traits.

14. Le samedi 25, dans la matinée, le général Giraud fut fait caporal d'honneur du 30e B.C.P. à la caserne Barbot.
15. L'actuel monument aux morts des F.F.I. du cimetière de l'Est porte l'inscription : « La ville de Metz aux héros de sa libération » et les noms : Bremm, Buchler, George, Hoersen, Koerber, Kreischer, Leininger, Wieczorek et Wojtecki.

tombé en vous élançant au combat. Et vous B... (Buchler), vous n'y songiez pas non plus, alors que malgré vos soixante ans, vous n'aviez pas hésité à rentrer dans nos rangs et à affronter les risques de la bataille. Et vous, G... (George), tombé en allant porter des ordres aux camarades engagés. Vous, H... (Hœrsen), sergent G... (Guigomola [16]) qui aviez fait treize prisonniers allemands et leur aviez fait traverser la ville avant l'arrivée de nos libérateurs américains. Vous K... (Kreischer), camarade plein de cran, tué devant la caserne Belle-Isle... Vous non plus, L... (Leininger), qui étiez connu de longue date pour votre spécialité de cacher les prisonniers français évadés et qui aviez entre autre réussi à capturer un « major » de la Schutzpolizei. Vous non plus, camarade W... (Wojtecki), tombé au cours de combats de rues... » Ces « états de service » sont malheureusement bien vagues.

Dimanche 26 novembre : défilé F.F.I.

Le commandant Grégor remit un fanion au groupement F.F.I. local. Sur une face étaient brodés la devise : « Il n'est pas nécessaire d'espérer pour entreprendre », une croix de Lorraine et un V. Sur l'autre étaient inscrits : « Honneur et Patrie, F.F.I., Région 21 » [17].

De nombreux F.F.I. défilèrent en ville par brigade et colonne par trois. Le reporter de Busson a photographié cette manifestation rue Robert Schuman et devant l'ancienne gare.

Dimanche 26 novembre : Te Deum [18]

Ce Te Deum d'action de grâce, présidé par Mgr Heintz, regroupa, outre un nombreux public et les trois principales autorités locales (général Dody, préfet Rebourset, maire Hocquard), les généraux Giraud et Irwin.

Après des chants sacrés, l'évêque de Metz broda dans son homélie sur : « Dieu abaisse les puissants et il exalte les humbles ». Un aumônier américain s'adressa ensuite à ses compatriotes. La bénédiction du Saint-Sacrement mit fin à cette cérémonie à la sortie de laquelle le général Giraud [19] fut très acclamé.

Mercredi 29 novembre : grande prise d'armes

L'importance des effectifs présents fit utiliser cette fois la place de la République alors que, comme les jours précédents et suivants, de sporadiques tirs d'artillerie du fort Saint-Quentin rappelaient que la guerre n'était pas finie.

A côté des principales autorités françaises déjà citées, étaient notamment, comme les fois précédentes, le colonel Laurent, commandant la subdivision de la Moselle et commandant d'armes de Metz, le colonel Collignon, chef d'Etat-major de la 21e Région militaire et M. Mondon, chef de cabinet du préfet.

L'Armée américaine était représentée par de nombreux drapeaux (en particulier celui de chacun des Etats des Etats-Unis), une musique, des unités à pied

16. Le nom fut ensuite rectifié. Il s'agit d'Oreste Cisamolo.

17. Ce fanion a été repris par la famille du commandant Krieger après le décès de ce dernier. Le premier porte-fanion fut le sous-lieutenant Schwartz.

18. Le même jour fut dite à Montigny une messe solennelle au cours de laquelle fut lue la lettre pastorale de Mgr Heintz. A 15 h 30 eurent lieu vêpres et procession. Les prières furent en français et les cloches sonnèrent malgré l'absence d'électricité.

19. Le 26 à midi, le général Giraud invita une vingtaine d'autorités messines et américaines à un déjeuner au restaurant Moitrier.

et des chars. Du côté français étaient présents le drapeau de la Région C, des éléments des 8e, 16e et 30e B.C.P. et la fanfare du 8e B.C.P. ainsi qu'un détachement de gardes fourni par les quatre escadrons, en majorité du 5e puis du 8e, et placé sous le commandement du chef d'escadrons Daucourt.

Après hymnes nationaux et revue, le général Dody procéda à une remise de décorations.

- Il fit le général Walker officier de la Légion d'honneur.
- Le général Irwin, les colonels Slack, Collier, Warcock et Wasdervoor ainsi que le lieutenant-colonel Johasan furent faits chevaliers dans cet ordre.
- Le capitaine de la Vasselais, le lieutenant-colonel Libki et Mlle Thiam [20] reçurent la croix de guerre.

Le général Walker, nouvellement décoré, et le général Dody décorèrent ensuite des soldats américains.

Un défilé clôtura cette cérémonie.

Vendredi 1er décembre : nouvelle prise d'armes

Elle eut lieu à nouveau place de la République, à 16 h, en présence d'unités américaines et françaises et avait pour but d'honorer et de remercier des combattants des Etats-Unis de rang plus modeste.

Au nom du général Dody, le colonel Collignon et le capitaine de la Vasselais remirent cinquante croix de guerre, dont certaines à titre posthume.

Samedi 2 décembre :

M. Hocquard fut reçu par le général Walker. Le maire de Metz lui remit alors la médaille de la reconnaissance de la ville.

Dimanche 3 décembre : messe d'action de grâce

Elle fut présidée par Mgr Heintz à l'église Notre-Dame.

Dimanche 3 décembre : réception à Montigny

M. Marchand, sous-préfet de Metz-campagne, fut reçu officiellement ce jour-là à Montigny par le premier adjoint, M. Ulrici. (Le maire, M. Peupion, avait été déporté). Assistaient notamment à cette cérémonie les F.F.I. Antenat et Schaff (le futur maire). Il fut annoncé que la commune redeviendrait indépendante (elle avait été englobée par les Allemands dans « le grand Metz ») et qu'en attendant l'élection d'un conseil municipal fonctionnerait une commission provisoire, dirigée par M. Ulrici.

Samedi 23 décembre : hommage de Metz aux Américains

Cette cérémonie se déroula alors que la contre-attaque du maréchal von Runstedt dans les Ardennes n'était pas encore stoppée (voir plus loin) et créait une grave appréhension dans la population messine.

A midi, un déjeuner « intime » au restaurant Moitrier regroupa les personnalités.

---

20. La citation, signée ce même 29 novembre par le général Dody et portant attribution de la croix de guerre avec palme, est : « Jeune fille de Metz, animée du plus pur patriotisme, s'est consacrée pendant les années d'occupation à la tâche périlleuse de l'évasion des prisonniers. Plus de 500 Français ont pu ainsi échapper à l'ennemi. Condamnée aux travaux forcés, a souffert pendant 21 mois dans les prisons allemandes. A mérité d'être citée en exemple à toute la jeunesse de France ».

LES FESTIVITÉS

22 novembre 1944 - Cérémonies officielles

La fanfare du 8e B.C.P. devant la cathédrale.

(Coll. Ch. de Vaulx)

Au premier plan, les gardes. Au fond, les Américains. Au centre, à droite : les autorités

(E.C.P. Armées France)

Les autorités devant l'Hôtel de Ville.
Au premier rang, le préfet Rebourset, les généraux Walker et Dody ; au deuxième rang, les généraux H.L. Twaddle (95e D.I.) et S.L. Irwin (5e D.I.) ; au troisième rang, le capitaine de la Vasselais.

(Archives municipales de Metz)

(Coll. Ch. de Vaulx)

Place d'Armes, le drapeau de la Région C (F.F.I.).

Place d'Armes, le fanion des gardes.

(Coll. Ch. de Vaulx)

(E.C.P. Armées France)

Place d'Armes, les chasseurs à pied.

(E.C.P. Armées France)

Place d'Armes, la foule se presse autour d'un G.I. généreux...

(E.C.P. Armées' France)

Place de la République, ronde de Lorraines en costumes traditionnels.

(Coll. P. de Busson)

La Musique du 26ᵉ R.I. se rend au Monument aux morts.

(Coll. part.)

◀ *L'inscription allemande figurant sur le Monument aux morts, « Sie starben für das Reich » est dissimulée sous des drapeaux tricolores.*

Devant le Monument aux morts : Mgr Heintz, le préfet Rebourset, le général Dody, la Musique du 26e R.I. et les chasseurs.
▼

(Coll. P. de Busson)

25 novembre 1944 - Obsèques de F.F.I.

(Coll. part.)

Brassard F.F.I.

(Coll. P. de Busson)

Au cimetière de l'Est, le discours du capitaine Tribout. ▶

Les cercueils et l'assistance.
▼

(Coll. P. de Busson)

26 novembre 1944 - Défilé des F.F.I.

(Coll. P. de Busson)

Avenue R.-Schuman, devant la maison Tillement, siège de l'état-major de la 21ᵉ Région militaire, le sous-lieutenant Schwartz, porte-fanion, suivi par M. Chapuis, puis le lieutenant Griboux et sa brigade.

Le lieutenant Berwick et sa 7ᵉ brigade. Portraits de 8 F.F.I. tués (en partant du bas à gauche) : Aloisse Buchler, Gustave Leininger, Jean Wieczorek, Paul Hanser, Antoine Kreischer, Adrien George, Armand Bremm, Alfred Wojtecki.

(Coll. part.)

29 novembre 1944
Prise d'armes

Place de la République, de gauche à droite, les généraux Dody et Walker, les colonels Collier (C.E.M. 20e corps) et Collignon (C.E.M. 21e R.M.), les chefs d'escadrons Bernard et Aubin (E.M. 21e R.M.) et le capitaine de la Vasselais, officier de liaison du 20e C.A.

(Historique du 20e corps)

Remise de décorations par les généraux Walker et Dody.

(Coll. P. de Busson)

Drapeaux américains défilant place de la République.

(Coll. part.)

(Coll. Cel Pochard)

Les fanions des 8e, 16e et 30e B.C.P.

(Coll. P. de Busson)

Le 8e escadron de Gardes. Garde du fanion : gardes Herbach, Durand et Rouffet. En tête du peloton : adjudant-chef Faure.

23 décembre 1944 - Hommage au 20e corps

Gabriel Hocquard, maire de Metz, décore le drapeau du 20e C.A.

(Archives municipales de Metz)

Le général Walker, sur la place d'Armes, est fait citoyen d'honneur par le maire de Metz, Gabriel Hocquard.

(Coll. P. de Busson)

11 février 1945 - Le général de Gaulle à Metz

(Coll. P. de Busson)

Le général de Gaulle félicite le capitaine Tribout. Derrière ce dernier, le drapeau des F.F.I. porté par le sous-lieutenant Schwartz.

(Coll. Bauler)

Roger Bauler, décoré par le général de Gaulle.

Le palais du Gouverneur

(Coll. P. de Busson)

21 novembre 1944. La compagnie de Q.G. monte la garde devant le Palais du Gouverneur.

(Coll. H. Thiriot)

Le 9 mars 1945, rue aux Ours, réception du général Walker par le général Dody. A gauche, le capitaine de la Vasselais ; à droite, le colonel Collignon (C.E.M. 21ᵉ R.M.).

11 juin 1945. Réception du général américain Gaffey par le général Dody, au Palais du Gouverneur. A gauche, le colonel Demonet, commandant le 134e R.I. ; à droite, la Musique de garnison, sous les ordres du capitaine Semler-Collery. (Coll. H. Thiriot)

(Coll. H. Thiriot)

Fin de la réception du général Gaffey par le général Dody.

25 novembre 1945 - Premier anniversaire de la libération

De l'Hôtel de Ville à la Cathédrale. De gauche à droite : le prince Félix de Luxembourg, le général Giraud, le ministre Louis Jacquinot, le général Patton et le maire de Metz, Gabriel Hocquard. ▶
(Coll. P. de Busson)

▲ Le général Patton est fait sergent-chef d'honneur du 8e B.C.P. ; le général Walker est nommé sergent et le général Collier caporal-chef du 16e B.C.P.
(Archives municipales de Metz)

Le général Patton remet des décorations sur la place d'Armes. Lui-même arbore la croix de guerre 1939-1945 et la médaille de Metz. ▶
(Coll. de Busson)

(Coll. P. de Busson)

Le général Patton remet à Mgr Heintz, évêque de Metz, un ostensoir en provenance de l'ancienne chartreuse de Rettel.

(Coll. P. de Busson)

Le général Patton remet à Mgr Heintz la crosse de Renaud de Bar (XIVe siècle).

Les années passent...

(Coll. P. de Busson)

L'Armée, la Lorraine et l'Alsace...

(Coll. Mme Mondon)

Place de la Préfecture, le général d'armée Kœnig s'entretient avec des F.F.I. messins. A gauche : MM. Mondon et Krieger.

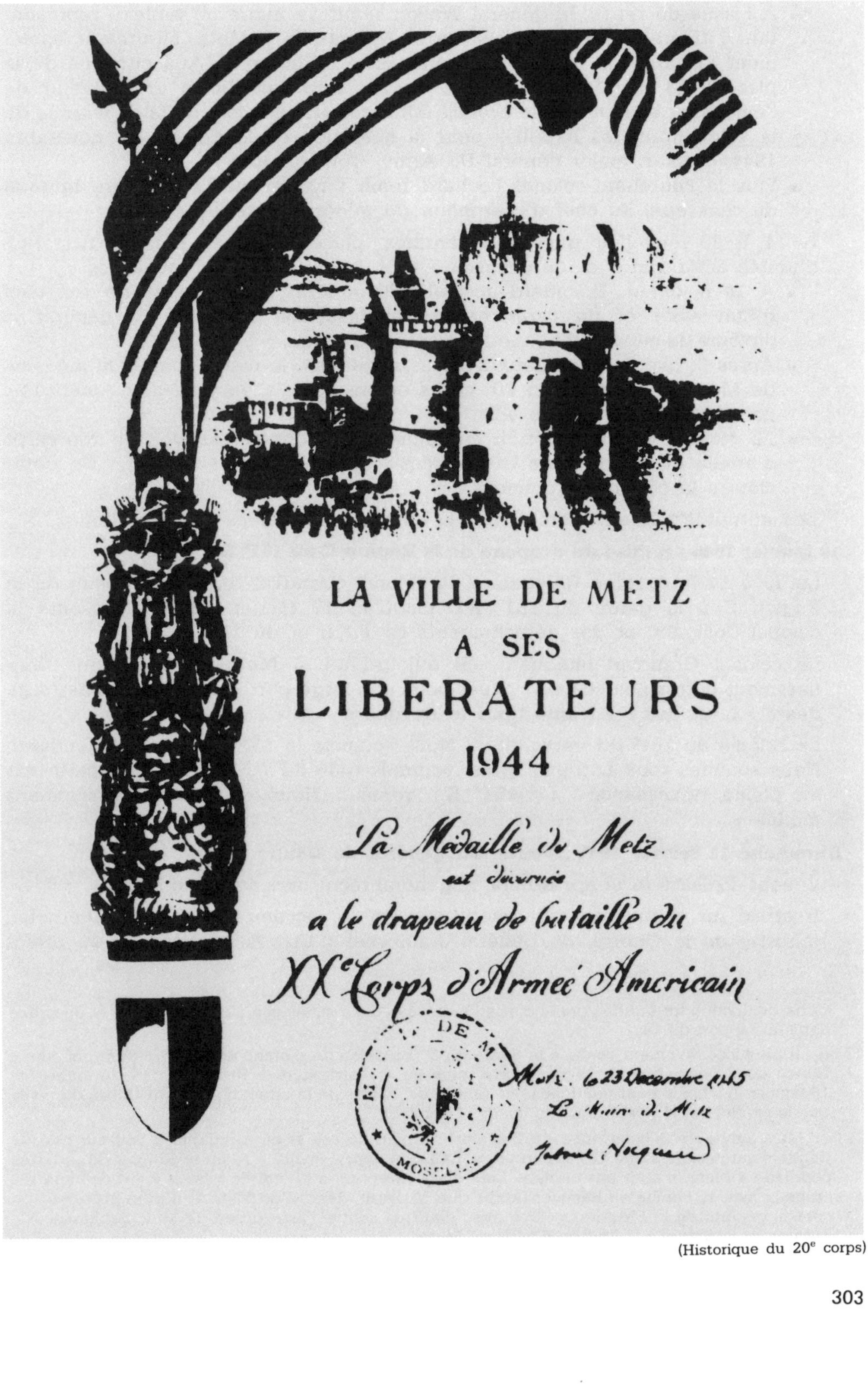

(Historique du 20e corps)

- A l'issue du repas, le général Walker remit au maire un tableau représentant l'itinéraire du 20e corps, de la Normandie à Metz. Figuraient également l'insigne de ce corps d'armée et la dédicace : « Aux citoyens de la place forte de Metz, hommage du 20e corps américain en souvenir de l'émouvant et inoubliable accueil fait à ses troupes lors de la délivrance de la ville durant les batailles pour la libération de la France, 19 novembre 1944, Walker, major général US Army, Commanding ».
- Puis le lieutenant-colonel Pochard remit l'insigne de la première brigade de chasseurs au chef d'Etat-major du général Walker, Collier.

A 14 h 30, eut lieu une prise d'armes, place d'Armes, avec participation d'unités américaines et de chasseurs avec leurs formations musicales.

- A 14 h 35, M. Hocquard accueillit le général Walker, suivi de son chef d'Etat-major et du capitaine de la Vasselais, et remit au général le diplôme de citoyen d'honneur de la ville de Metz [21].
- Après l'exécution des deux hymnes nationaux, le maire épingla la médaille de Metz au drapeau du 20e corps et, en anglais, rappela aux Américains présents l'histoire de la ville.
- Le général Walker répondit en soulignant l'honneur qu'avait eu son corps d'armée de libérer trois cathédrales : Chartres, Reims et Metz. Un défilé clôtura la cérémonie officielle.

Les autorités allèrent alors visiter la cathédrale, guidées par Mgr Heintz.

19 janvier 1945 : remise du drapeau de la Région C au 151e R.I. [21 bis]

Le 19 à 14 h, caserne Chambière, le colonel Grandval remit le drapeau de la Région C à la garde du 151e R.I. jusqu'au 17 février. Etaient présents le colonel Collignon et des détachements de F.F.I. et du 151e R.I.

Le colonel Grandval indiqua : « Si aujourd'hui, à Metz nous pouvons faire fièrement flotter nos couleurs, c'est pour une large part à tous les combattants des F.F.L. et des F.F.I. que nous le devons ».

Le colonel du 151e R.I. répondit : « Nous sommes le 151e, au passé légendaire. Nous sommes tous Lorrains. Nous sommes tous F.F.I... L'Armée française est en pleine renaissance... Le 151e R.I. renaît... Nous en ferons un régiment modèle ».

Dimanche 11 février 1945 : venue du général de Gaulle

Venant d'Alsace le 11 après-midi, le général reçut un « accueil délirant » [21 ter].

Il arriva en voiture au monument aux morts, accompagné de M. Diethelm, ministre de la Guerre, du général Juin, chef d'Etat-major général, du préfet

---

21. Cette distinction fut étudiée par le conseil municipal dans sa séance du 12 décembre et accordée dans un rapport du 19.

21 bis. Il fut successivement confié à la garde du 1er bataillon de marche de la 20e Région militaire à Nancy du 9 novembre au 15 décembre, puis au 4e cuirassiers à Reims, du 15 décembre au 18 janvier. Il a finalement été déposé au musée de l'Ordre de la Libération à Paris (ainsi, du reste, que le révolver et le poste radio du colonel Grandval).

21 ter. Mais Sylvie de Sélancy (née de Berthier), témoin de ces faits, a indiqué à l'auteur que de Gaulle n'eut pas alors que des admirateurs. La façon dont il évinça à Alger le général Giraud, très populaire à Metz, n'était pas oubliée. Lors de la réception à l'hôtel de ville, il y eut des apartés orageux avec la famille de Berthier tandis que M. Sérot, député de Metz et ancien président du conseil général de la Moselle, s'éleva avec d'autres contre l'arrestation de M. R. Schuman. (Ce dernier fut incarcéré à la Maison d'arrêt de Metz).

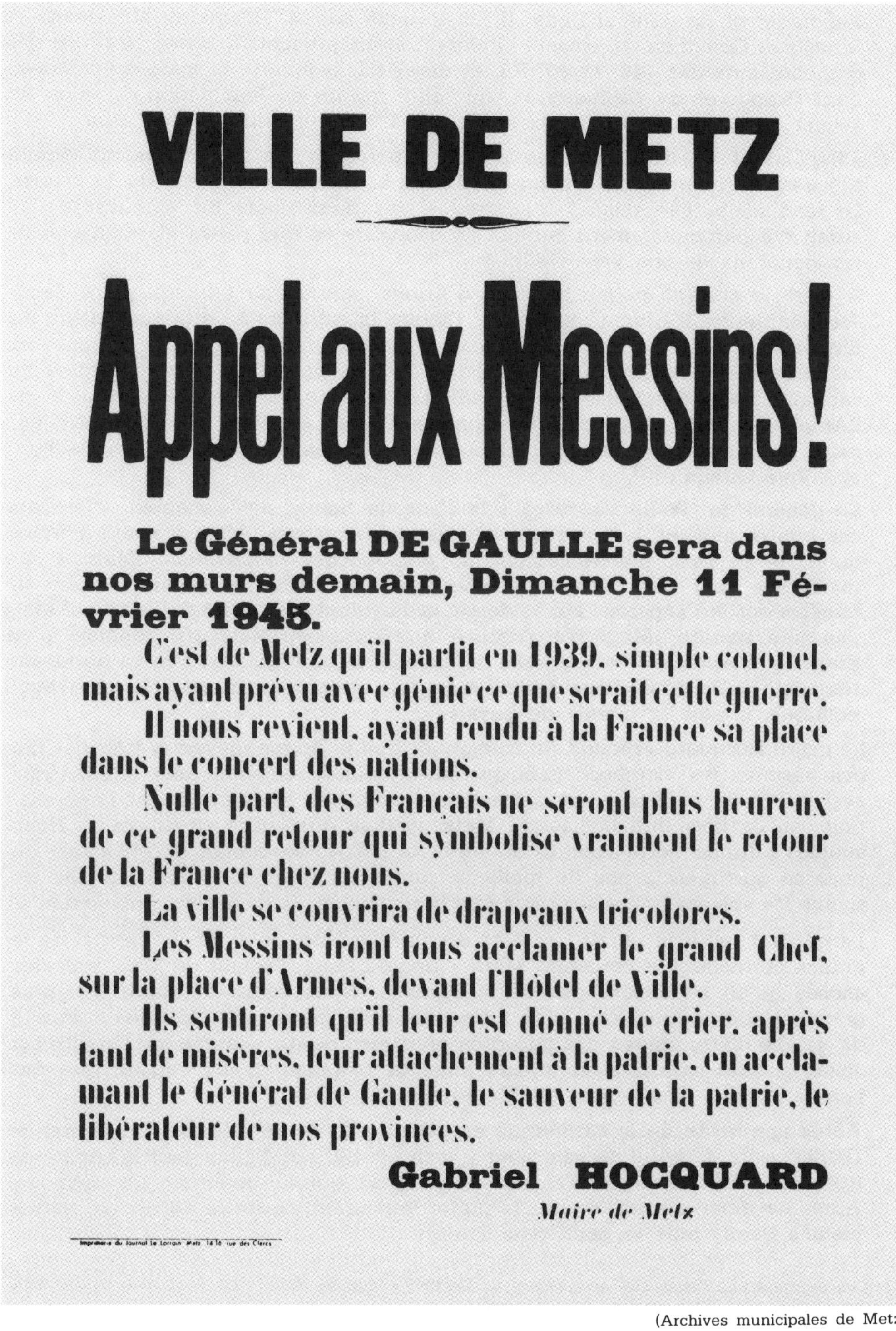

VILLE DE METZ

Appel aux Messins !

Le Général DE GAULLE sera dans nos murs demain, Dimanche 11 Février 1945.

C'est de Metz qu'il partit en 1939, simple colonel, mais ayant prévu avec génie ce que serait cette guerre.

Il nous revient, ayant rendu à la France sa place dans le concert des nations.

Nulle part, des Français ne seront plus heureux de ce grand retour qui symbolise vraiment le retour de la France chez nous.

La ville se couvrira de drapeaux tricolores.

Les Messins iront tous acclamer le grand Chef, sur la place d'Armes, devant l'Hôtel de Ville.

Ils sentiront qu'il leur est donné de crier, après tant de misères, leur attachement à la patrie, en acclamant le Général de Gaulle, le sauveur de la patrie, le libérateur de nos provinces.

Gabriel HOCQUARD

Maire de Metz

Imprimerie du Journal Le Lorrain Metz 14-16 rue des Clercs

(Archives municipales de Metz)

Rebourset et du général Dody. Il fut accueilli par M. Hocquard, Mgr Heintz et le colonel Collignon, le colonel Grandval étant présent. Il passa la revue des détachements des 146e et 80e R.I. et des F.F.I. (« il serre la main du commandant Grégor et du capitaine Tribout qu'il félicite de leur action »), salua les scouts du lieutenant de Vaulx et de Mlle Thiam, et déposa une gerbe.

« Répondant au désir exprimé par le général de Gaulle, le général Giraud assistera à la cérémonie » avait annoncé « La Lorraine libérée » du 11 février. Le lendemain, elle relata : « l'entrevue des deux chefs fut émouvante » (il aurait été particulièrement curieux de connaître ce que pensa alors chacun de ces généraux de son vis-à-vis !).

A pied, le cortège gagna la place d'Armes, saluant au passage place Saint-Jacques, le 26e R.I. venu de Nancy. Devant la cathédrale, le général salua les drapeaux (du 80e R.I. et de la Région C détenu par le 146e R.I.) et passa en revue les détachements (de la division Leclerc, des F.F.I. sous les ordres du capitaine Bock, de chasseurs, du 146e R.I., du 150e R.I. venu de Verdun et de l'Armée de l'air). Ces autorités montèrent alors à l'hôtel de ville entre des haies de Lorraines en tenue folklorique et sous les cris de « Vive de Gaulle », et « Vive Giraud » [(22)].

Le général de Gaulle s'adressa à la foule du balcon de la mairie... « Pendant ces quatre années, les plus cruelles de notre histoire, Metz a souffert infiniment, je le sais, matériellement et plus encore moralement. Metz a été martyrisée, torturée, déchirée, déchirée surtout dans ses foyers où tant de familles ont été séparées par le destin et la volonté farouche de l'ennemi. Mais pas une minute, Metz n'a renoncé à elle-même, Metz n'a renoncé à la France... ». Après ces félicitations de circonstance, le général s'éleva au niveau national : « Du Rhin nous ferons une rue française. Ce sera la rénovation politique, sociale et morale du pays ».

Le maire Hocquard répondit en soulignant que le drame messin n'était pas fini (les absents, les victimes) mais que Metz voulait redevenir une grande ville avec l'aide de la France, en gardant ses traditions mais en jouant l'assimilation. « ... Je dois dire la joie de Metz, je dois dire aussi sa douleur... Nous voulons affirmer notre volonté de servir la patrie, de donner à l'ensemble du pays ce que nous avons de meilleur, comme nous voulons nous enrichir de toutes les valeurs françaises dans une harmonieuse et définitive assimilation ».

Le général reprit la parole : « Metz est un symbole, un symbole éternel de la France éternelle. L'exemple de Metz, l'idée de Metz, l'amour de Metz sont des choses qu'on ne sépare pas de la France... Nous avons à refaire une plus grande Nation... meilleure, plus fraternelle, plus pure, plus dévouée ». Puis il dit sa joie d'être auprès des autorités présentes dont : « le général Giraud, cet illustre soldat que tout le monde aime et respecte »... Là encore, que dut penser l'ancien Gouverneur de Metz !

Après une visite de la cathédrale en compagnie de Mgr Heintz, le général de Gaulle revint à l'hôtel de ville pour y recevoir 180 notabilités dont le comité de libération (MM. Krieger, Tribout et Stenger) qui lui remirent un mémoire. Après un dîner « intime » chez le préfet Rebourset, ce fut le départ en voiture jusqu'à Pagny puis en train pour Paris.

---

22. Ces derniers cris firent dire au général de Gaulle, « Mon général, vous êtes bien connu dans cette ville, vous allez pouvoir être sénateur ».

RÉPUBLIQUE FRANÇAISE

Le Général DE GAULLE à la Lorraine et à l'Alsace

Parce qu'ils ont le plus souffert,

Parce qu'ils ont été pour la France à la pointe du combat,

Les Alsaciens et les Lorrains n'ont jamais été plus près du cœur de la nation.

Le drapeau tricolore flotte sur Metz et Strasbourg.

La France, libre à nouveau et toujours glorieuse, recueille maternellement l'ALSACE et la LORRAINE libérées.

Charles de GAULLE.

Imprimerie du Journal: Le Lorrain, Metz, 14-18, rue des Clercs

(Archives municipales de Metz)

L'enthousiasme avait été réel mais les « belles paroles » ne suffisaient pas à faire oublier et encore moins à résoudre les problèmes locaux.

Lundi 12 février 1945 : le général Giraud, citoyen d'honneur

Le général de Gaulle avait été fait citoyen d'honneur de la ville de Metz le 11 février. Le lendemain, ce fut le tour du général Giraud (décision prise le 29 décembre par le conseil municipal).

Gabriel Hocquard reçut donc ce dernier le 12, à 10 h, à l'hôtel de ville : « Vous êtes ici chez vous ». Puis il lut le texte du diplôme : « Magnifique soldat a, comme le maréchal Fabert (sa statue venait d'être remise en place), mis sur la brèche et sa personne et sa famille [23] et ses biens pour le salut du pays ».

Le récipiendaire répondit très simplement : « ... Nous devons gagner la paix... Maintenant que nous sommes vainqueurs, nous devons remettre la France politiquement, humainement et socialement à la tête du monde ».

9 mars 1945 : visite du général Walker au général Dody

Le général Dody n'avait pas encore repris possession du palais du Gouverneur, encore en restauration. Il reçut donc le général Walker rue aux Ours dans l'immeuble Vautrin qu'il occupait.

Fêtes de mai et juin 1945

Le 4 mai, réception officielle à Metz de Lady Baden Powel.

Le 7 mai, réception à Montigny d'une vingtaine de déportés de Dachau.

Le 8 mai, une prise d'armes eut lieu place d'Armes, en présence d'unités américaines et françaises, de la musique de garnison dirigée par le capitaine Semler-Collery, du général Dody, du Town Major Schwarzwald commandant la base de ravitaillement américaine, etc. Par la rue Serpenoise, le cortège gagna le monument aux morts puis des jeunes gens mirent le feu place de la République à un tas de journaux nazis surmonté de l'effigie d'Hitler.

Le 9 mai, une messe d'action de grâce fut célébrée à la cathédrale.

Le 10 mai (Ascension), journée de « Ceux de la Résistance ».

Le 15 mai, renaissance du « Souvenir français » avec le président d'honneur, le général de Cugnac.

Le 18 juin, une nouvelle prise d'armes eut lieu place de la République, en présence des généraux Giraud et Dody, des déportés revenus, etc. Les F.F.I. locaux prirent part au défilé derrière leur fanion porté par François Ull [24], récemment rentré d'Allemagne.

8 juillet 1945 : plaque du 507ᵉ R.C.C.

A Montigny, au quartier Lizé, remise en place de cette plaque par le général Dody, en présence de l'ancien étendard du 507ᵉ régiment de chars de combat.

14 juillet : fête nationale

Lors des cérémonies, le président Krieger déclara : « Il faut que la Lorraine soit non pas recollée à la France mais refondue en elle, en évitant ainsi une séparation inadmissible avec le reste de la Nation ».

---

23. Le général était alors domicilié à Dijon. Sa femme et plusieurs de ses enfants furent déportés. Ses fils Henri et Bernard servirent dans la 1ʳᵉ Armée française.

24. Aurait-il porté ce fanion dès la prise d'armes du 8 mai ?

15 juillet 1945 : congrès des déportés et internés ainsi que des prisonniers de guerre.

29 juillet 1945 : journée du **« Groupement des expulsés de la Moselle ».**

12 août 1945 : « rassemblement de la résistance mosellane »

Lors de cette journée organisée par l'U.N.R. et en présence du général de Lattre de Tassigny, le préfet Rebourset remit au président Krieger le drapeau de l'U.N.R., dont le porte-drapeau fut le lieutenant Ehringer.

15 août 1945 : Notre-Dame de Metz

Procession d'action de grâce rue Serpenoise et place Saint-Jacques.

30 septembre 1945 : centenaire de Sidi-Brahim

Cérémonies en présence du drapeau des chasseurs gardé par le IIe B.C.A.

22 octobre 1945 : accueil des 151e R.I. et 2e R.G.

Retour de ces unités à Metz, officiellement accueillies place de la gare.

Dimanche 18 novembre : premier anniversaire à Montigny

Lors de ces cérémonies, pose d'une plaque, 1 rue de la Vacquinière, rappelant que c'est de cette maison que partit en 1939 le colonel de Gaulle alors commandant du 507e R.C.C.

Jeudi 22 novembre 1945 : premier anniversaire. Les F.F.I.

« Metz, dans sa joie, n'oublie pas ses héros » (*Républicain Lorrain* du 23 novembre 1945). L'essentiel des cérémonies consista en l'inauguration de sept plaques posées aux endroits où sept F.F.I. furent tués.

A 10 h, un dépôt de gerbes au Monument aux morts y regroupa notamment : autorités (dont le député Krieger et le préfet honoraire Rebourset), F.F.I. et éléments du 151e R.I.

De là partit un cortège qui fit halte aux sept emplacements où le commandant Grégor dévoila successivement les plaques ainsi libellées : « Ici est tombé le... novembre 1944 pour la libération de Metz... (prénom et nom) des F.F.I. ». A chaque fois « le commandant adresse au héros le salut de ses frères d'armes ». Les arrêts furent les suivants :
- 7, rue du Pont-à-Seille pour Adrien George
- 4, place des Charrons pour Armand Bremm
- rue Belle-Isle le long de la caserne Riberpray pour Antoine Kreicher
- 12, rue Saint-Georges pour Raymond Kœrber
- angle Moyen-Pont - Quai Saint-Louis pour Gustave Leininger
- 8, rue de la Préfecture pour Jean Hoersen
- Pont de la Préfecture pour Alfred Wojtecki

La fin de la cérémonie eut lieu place de la Comédie. Le préfet Tuaillon et le général américain Collier, ainsi que le « commandant Tribout, relevant d'une grave maladie » rejoignirent les autres autorités au balcon du théâtre. Le commandant Grégor fit alors un discours tirant la leçon des morts, leur promettant de poursuivre la tâche commencée et les assurant qu'une France nouvelle sortirait des efforts de tous. Deux écoliers de l'école Sainte-Thérèse récitèrent un hymne aux morts puis le capitaine Stenger parla au nom de

« l'Union lorraine de rénovation » (voir plus loin) et la musique du 151e R.I. clôtura cet ensemble.

A 14 h 30, la musique du 2e régiment du génie donna un concert place Mazelle.

Dimanche 25 novembre 1945 : premier anniversaire. Les Américains

Le 24 (25) au soir, le général Walker reçut le « tout Metz » au restaurant du Globe. Cinq cents convives, dont naturellement toutes les autorités locales, bénéficièrent d'un repas « très américain », rehaussé par un orchestre du même type. Après les toasts (général Walker et maire Hocquard) les autorités allèrent assister aux soirées organisées au théâtre municipal (premier concert du conservatoire local), au cercle militaire et à l'Hôtel des Mines.

Le 25, à 9 h 30, le général Dody reçut au palais les autorités venues de l'extérieur : le prince Félix de Luxembourg ainsi que les généraux Patton (25 bis), Walker et Giraud. M. Jacquinot, ministre d'Etat, également venu, était de son côté accueilli par le préfet Tuaillon (26).

A 10 h, les autorités se regroupèrent à l'hôtel de ville. Le maire de Thionville fit alors le général Walker citoyen d'honneur de sa ville. Puis M. Hocquard fit de même pour le général Patton, suivi par les maires de Château-Thierry, Reims, Epernay, Toul, Verdun, Sarreguemines, Thionville et Luxembourg.

Les autorités gagnèrent alors la cathédrale, accueillies à la porte par Mgr Heintz. C'est alors que le général Patton lui remit trois précieux objets pris par les Allemands et récupérés en Allemagne : un ostensoir de l'ancienne chartreuse de Rettel, un ciboire et la crosse de Renaud de Bar du XIVe siècle. Un Te Deum et l'homélie de l'évêque (Dieu a exaucé nos prières) tinrent lieu de remerciement.

Eut lieu ensuite une grande prise d'armes place de la République au cours de laquelle de nombreuses décorations furent remises.

- Le colonel américain Liebeke fut fait chevalier de la Légion d'honneur.
- Le général Patton devint sergent-chef d'honneur du 8e B.C.P., le général Walker sergent d'honneur du 16e B.C.P., le général Collier caporal chef au même bataillon.
- Le prince Félix de Luxembourg remit la croix de guerre luxembourgeoise à plusieurs personnes dont les généraux Walker, Collier, Collignon, le commandant de la Vasselais et le député Krieger.
- Le général Dody décora de la croix de guerre une cinquantaine de combattants américains.
- Le général Patton remit une trentaine de Bronze Star Medal à des membres de la 1re demi-brigade de chasseurs.

---

25. Le 24 en matinée, le général Dody avait reçu le général Walker, cette fois au palais du Gouverneur remis en état. Il avait été avec lui visiter une exposition sur la 2e D.I.M. au Mag-Est puis un déjeuner au palais, suivi d'un concert (146e R.I.), avait regroupé les autorités locales.

25 bis. En quittant le commandement de sa 3e Armée, il dit à ses hommes : « Le seul honneur qui est mien, et à moi seul, c'est d'avoir commandé à un tel groupe incomparable d'Américains ».

26. M. Rebourset, devenu préfet honoraire, avait repris ses fonctions d'avocat.

- Les F.F.I. messins ne furent pas oubliés. Furent ainsi décorés MM. Krieger, Antenat, Eisenkopf, Griboux, Koch et Thiriot.
- La « médaille de Metz » fut décernée à tous les Français et Américains qui venaient d'être à l'honneur.
- Un défilé — tardif — clôtura la cérémonie.

Les autorités se retrouvèrent au restaurant Moitrier. Six discours suivirent le banquet... M. Hocquard rappela une nouvelle fois : « Notre joie ne sera pure que si elle est rythmée par le souvenir de nos deuils ». Le général Walker lui remit un chapeau et des bottes de cow-boy, offerts par le maire de Dallas. Le ministre Jacquinot fit acclamer le général Giraud, « exemple de l'abnégation et du courage patriotique » et ajouta : « Je voudrais que le grand peuple des Etats-Unis comprenne nos inquiétudes et excuse nos doléances. Nous avons été si souvent envahis... Nous avons un besoin ardent de sécurité et nous demandons au gouvernement des Etats-Unis de nous aider à l'obtenir... garanties réelles... Le Rhin demeure le secret de notre passé comme la garantie de notre avenir ».

Dimanche 2 décembre 1945 : congrès des déportés

Jeudi 6 décembre 1945 : retour des cloches et de Saint-Nicolas

Le major Wilmot, de l'Armée britannique, remit officiellement à Mgr Heintz, place de la République, 28 cloches récupérées par les Anglais à Hambourg et première visite de Saint-Nicolas (le commandant Trévelot, oncle de l'auteur, accompagné de sous-officiers de son ancien 4e escadron du 30e régiment de dragons de Borny).

Dimanche 9 décembre 1945 : accident du général Patton

Blessé ce jour-là dans un accident d'auto près de Mannheim, le général fut transporté dans un hôpital d'Heidelberg et y décéda le 21 décembre.

3 mars 1946 : remise de médailles de Metz

Lors d'une prise d'armes, place d'Armes, le général Brion, président du « comité de la médaille de Metz » remit cette médaille, et d'abord à titre posthume à des F.F.I. tués lors de la libération.

14 juin 1946 : réception de la veuve et du fils du général Patton à Metz

Lors de leur pèlerinage, cette veuve et le lieutenant Georges Patton allèrent ensuite à Gravelotte et à Saint-Avold.

17 juin 1946 : retour de la dépouille mortelle de Sœur Hélène

Lors d'une grande et émouvante cérémonie, la dépouille mortelle d'Hélène Studler fut accueillie et saluée à Metz d'abord devant le monument aux morts puis, après un service religieux à la cathédrale, devant son porche afin de magnifier les vertus patriotiques et religieuses de la sœur.

Elle fut ensuite enterrée au cimetière des Sœurs de la Charité à Belletanche.

Dimanche 15 décembre 1946 : 2e anniversaire de la Libération et pose de la 1re borne de la « Voie de la Liberté »

Cette « voie de la liberté », marquée de 1 200 bornes kilométriques, œuvres du sculpteur Cogné, va de Sainte-Mère-Eglise à Cherbourg d'une part mais surtout à Avranches, Rennes, Angers, Chartres, Reims et Metz. Elle a été poussée ensuite jusqu'à Bastogne par Thionville et Luxembourg. Cette idée fut lancée par M. Hocquard et le commandant de la Vasselais qui fondèrent un « comité national » auquel correspondit aux Etats-Unis un semblable dirigé par Mme Patton et le général Walker.

La première borne fut inaugurée à Metz, place d'Armes, ce 15 décembre, à l'endroit de l'actuelle statue du maréchal Fabert et dévoilée par le colonel Hyatt, représentant l'ambassadeur des Etats-Unis... [27]

27. A l'occasion du dixième anniversaire de la libération, les 20 et 21 novembre 1954 furent marqués par de nombreuses cérémonies avec participation de F.F.I. à la tête desquels furent J. Scharff, président honoraire du groupement F.F.I. de la Moselle et E. Kron, président départemental de ce groupement (voir plus loin). A. Krieger, député, faisait alors partie des autorités présentes.
Les F.F.I. messins reçurent le 20 un nouvel emblème, un drapeau dont le parrain fut Jean Costa et la marraine Marie-Louise Archen. Le porte-drapeau fut le frère du F.F.I. G. Leininger, tué le 20 novembre 1944. Il est en 1986 Emile Corso. Le drapeau porte sur une face : « groupement F.F.I. de la Moselle » avec un V et une croix de Lorraine et sur l'autre face : « Honneur et Patrie ».

Suite des opérations

Reddition des forts

Généralités

Les assiégés [28]

- Leur vie pénible
  - Claustration. Les Américains « tiraient sur tout ce qui bougeait » mais également effectuaient des tirs systématiques à cadence régulière, moins pour tenter d'atteindre des défenseurs ou de détruire la fortification (ils avaient enfin compris) mais pour forcer les défenseurs à rester enfermés dedans. Les sorties étaient rares. De plus, pour pouvoir être rapidement à leurs postes de combat, les Allemands devaient rester dans leur propre secteur et non se déplacer dans les souterrains. Claustration et isolement.
  - Mauvaises conditions de vie. L'éclairage n'était assuré que par quelques lumignons, les moteurs diesel ne fonctionnant par économie qu'en cas d'attaque ou de tir. Pas de chauffage. Une très forte humidité imprégnant tout. Une mauvaise ventilation évacuant mal la fumée des tirs. La promiscuité des dortoirs.
  - Manque d'hygiène et de soins. Les poux abondèrent (au fort Driant, pour tenter de s'en débarasser, un soldat fit une boule de sa chemise, la plaça sur un pavé et tapa dessus avec un autre). En deux mois, M. Furnstein ne prit qu'un bain. Le manque de médicaments et de vrais pansements ainsi que l'humidité firent que les abcès se multipliaient et ne guérissaient pas. Le bruit courait qu'à l'infirmerie, trop pleine, il n'y avait plus de chloroforme pour les opérations.
  - La non préparation en temps voulu de la défense de Metz, puis la pénurie générale et enfin l'encerclement des forts, expliquent suffisamment leur mauvais ravitaillement. Avant le siège, des voitures hippomobiles puis, quand les tirs américains tuèrent trop de chevaux, des chenillettes servirent au transport nocturne de l'alimentation : repas froid à midi et chaud vers 23 h (ces mêmes véhicules remmenaient les morts...). Les défenseurs n'avaient guère en réserve que des légumes déshydratés et des biscuits. Aussi, dès septembre, des hommes allaient de nuit « récupérer » des légumes et des fruits aux abords, voire des volailles et autres dans les maisons des évacués. Les chevaux tués amélioraient également « l'ordinaire ».
  - Conclusion : mauvais moral, malgré les émissions radio montant en épingle la poursuite de la résistance et malgré la vue de quelques prisonniers américains. (Le 2 novembre, par exemple, deux G.I. capturés au fort Driant furent montrés à tous les défenseurs). L'action psychologique menée par les Alliés (haut-parleurs et tracts, voir plus loin) eut bien

---

28. L'auteur a eu la chance de bénéficier du témoignage de René Furnstein, Strasbourgeois « malgré-nous », qui fit partie de la garnison du fort Driant du 7 octobre au 8 décembre 1944. Un autre Alsacien, de Molsheim, participa un moment au ravitaillement de ce fort. Le « malgré-nous » messin Charles Heine ne fut présent que peu de temps au fort Saint-Quentin, durant l'été 1944.

moins d'effet que les dures conditions de vie relatées, l'absence de courrier [29] et la connaissance par les assiégés de la situation désespérée de leur pays et de l'invasion soviétique (beaucoup de défenseurs du fort Driant étaient originaires de Prusse et, ayant combattu à l'Est, savaient ce que cela signifiait pour leurs familles). Par contre, et justement par opposition, ils étaient conscients que leurs adversaires d'alors n'étaient pas des brutes [30]. Néanmoins, disciplinés, bien tenus en main par les cadres et quelques fanatiques et vivant les uns sur les autres, non isolés, les défenseurs « tinrent » [31].

- Leurs activités militaires [32].

  La défense des forts exigeait naturellement : services de permanence, patrouilles, contre-attaques, tirs réciproques, etc. Mais les forts faisaient plus que se défendre. Ils contribuèrent à stopper les Américains à l'ouest, à faire échouer le franchissement à Dornot, à gêner les actions ultérieures. Ils continuèrent après être encerclés. Les Messins se souviennent du « bruit de fond » que firent les canons du Saint-Quentin et d'ailleurs au cours des premières cérémonies qui ont été relatées. Il serait intéressant de connaître leurs objectifs d'alors. M. Furnstein se souvient que sa batterie tira en limite de portée sur un atelier de réparation de chars américains dans l'île Saint-Symphorien. En fait, les dégâts et les pertes causés par l'artillerie des forts après le 21 novembre semblent avoir été très réduits. Il est important de noter que ces tirs auraient pu être beaucoup plus meurtriers et destructeurs. Lors de leur reddition, les forts devaient, comme la batterie de M. Furnstein, disposer encore de pas mal de munitions et peu de pièces devaient être devenues inutilisables. Les Allemands n'auraient effectué que des tirs de harcèlement, normalement sur les itinéraires (région de Gravelotte) et sur les ponts, et non des tirs nourris contre la ville et sa population. Moral atteint, crainte des représailles, réflexe « civilisé » ?

Les assiégeants

- Leur mission.

  Elle était naturellement de capturer les assiégés pour les empêcher de nuire et pour redevenir disponibles dès que possible, afin de contribuer à la suite des opérations vers la Sarre. La consigne était néanmoins d'éviter des pertes par des actions offensives. Il s'agissait d'accélérer les redditions dues au manque de ravitaillement en sapant le moral des défenseurs.

---

29. Le « malgré-nous » René Funstein ne reçut aucune lettre de ses parents, à Strasbourg, entre le 1er septembre et le 2 novembre.

30. Un « cessez-le-feu » de deux heures permit de ramasser les morts et les blessés à la suite d'une des grosses attaques américaines d'octobre. Le 7 novembre eut lieu un nouvel arrêt, des Allemands sans arme mais avec un drapeau de la Croix rouge allant relever les leurs sur les superstructures du fort.

31. Il y aurait eu peu de déserteurs. Au fort Driant, il y en aurait eu deux peu avant la reddition : un Silésien et un Lorrain « Malgré nous ». Ce dernier, profitant de sa fonction d'observateur d'artillerie au grand portail extérieur du fort et de la complicité d'un Silésien et d'un Autrichien, put s'évader le 6 décembre (deux jours seulement avant la capitulation). Il en a adressé le récit à l'auteur dans une lettre malheureusement anonyme.

32. Entre le 22 novembre et le 13 décembre, un avion survola Metz à basse altitude et, abattu, s'écrasa en bordure sud-est du fort Saint-Quentin. Le pilote (ç'aurait été une femme ?) fut enterré sur place.

- Leurs effectifs.
  - Le souci des Américains de récupérer les troupes malencontreusement fixées par ces forts et l'absence d'opérations militaires contre eux expliquent les relèves fréquentes des unités « de siège » et l'appel à une certaine aide française.
  - Le 19 novembre (voir plus loin), la 10e D.B. et la 90e D.I. du 20e corps s'étendaient sur la Basse-Nied au nord des Etangs et le 12e C.A. tenait la Haute-Nied. Entre les deux, l'angle droit de la rivière proéminant vers l'ouest (région de Pange) n'était que surveillé par le 2e R.I. de la 5e D.I., le reste de cette division et la 95e étant fixés à Metz. Pour renforcer ce secteur en vue de la reprise de l'attaque vers la Sarre (voir plus loin), il fut d'abord décidé d'y placer la 95e D.I. Elle fut pour cela relevée par la 5e D.I. du 21 au 23 novembre. Les premier et troisième bataillons du 11e R.I. continuèrent d'assiéger les forts Saint-Privat et Verdun mais le deuxième bataillon fut chargé d'assurer la sécurité à l'intérieur de Metz. Il installa son P.C. à l'hôtel Regina alors que le P.C. du régiment vint à l'hôtel Royal, succédant à celui du 3/378e R.I. Le 10e R.I., moins son deuxième bataillon resté à la caserne Grandmaison, vint prendre le secteur du fort Saint-Quentin et le 2e R.I. s'étala du fort Jeanne d'Arc au fort Driant (le premier bataillon face au fort Jeanne d'Arc, le second face aux « 7 nains » et le troisième face au fort Driant). L'offensive vers la Sarre progressant, le 20e Corps eut besoin de nouvelles unités. Le seul 10e R.I. de la 5e D.I. fut d'abord rendu disponible, relevé par le deuxième bataillon (moins la Compagnie K) du 11e R.I., ce dernier régiment ayant récupéré son 3e bataillon après la reddition du groupe fortifié Verdun le 26. Dès le 27, le mouvement eut lieu. Pour la même raison, la 5e D.I. dut être ensuite reprise en entier. Du 6 au 8 décembre, les 2e et 11e R.I. partirent à leur tour vers l'est, remplacés pour les ultimes moments de la résistance des forts par les 26e D.I., au nord, et 87e D.I., au sud, du 3e corps d'armée américain.
  - Des gardes du 5e escadron participèrent à la surveillance de forts au sud de la ville ; le 30e B.C.P. en « marqua » d'autres et la 1re compagnie du 2e bataillon de marche de la 20e Région militaire (26e R.I.) s'en serait pris de nuit au fort du Saint-Quentin [33] ; des éléments de la 8e brigade F.F.I. patrouillèrent à Longeville-lès-Metz pour éviter que des Allemands du Saint-Quentin viennent, de nuit, s'y ravitailler dans les maisons des évacués. Le Service des eaux continua à tenter d'en priver les défenseurs.

- Leurs activités militaires.
  Il y eut des activités de patrouilles de surveillance, mais surtout des tirs et des actions psychologiques. De jour et de nuit, notamment les pièces d'artillerie de la vallée de la Seille [33 bis] tirèrent souvent à intervalles réguliers contre ces forts. L'aviation et les chars intervinrent également. Par haut-parleurs et tracts, les Américains recherchèrent pourparlers et redditions. Ils surent, en plus de leurs tracts passe-partout, en créer un

33. Cette action n'aurait été qu'assez faible sous prétexte que les défenseurs auraient détenu des otages.

33 bis. A l'extrémité nord-ouest de la rue des Couvents (Montigny), au moins un canon américain, en batterie près du remblai du canal, tira sur le Saint-Quentin.

Ein Wort an die abgeschnittenen deutschen Einheiten bei Metz

METZ IST GEFALLEN

Unter den zahllosen deutschen Soldaten aus Metz, die sich jetzt in der Sicherheit amerikanischer Kriegsgefangenenlager befinden, ist auch Oberst Meyer, der bisherige Stadtkommandant von Metz.

Oberst Meyer hat kapituliert, weil er nicht wie Oberst Wilck, der letzte deutsche Befehlshaber der Stadt Aachen, sein Gewissen mit dem Blut von nutzlos hingemordeten Soldaten und Zivilisten belasten wollte.

Wenn Oberst Meyer heute bei Euch wäre, würde er Euch sagen:

Kameraden!

Die HKL ist bereits 30 km. östlich von Metz.

Die Reste der deutschen Einheiten in Lothringen ziehen sich vor den anstürmenden Amerikanern hinter den Westwall zurück.

Ein weiteres Ausharren in Euren Stellungen ist sowohl für die deutsche als auch für die alliierte Heerführung ohne jegliche taktische Bedeutung.

Ihr habt Eure Pflicht als Soldaten getan.

Eure Pflicht jetzt ist, Euch Euren Familien zu erhalten.

Die Schlacht um Metz ist verloren, aber

Ihr Könnt Euer Leben Retten

LETZTE NACHRICHT: Generalleutnant Kittel, Befehlshaber der 462. Infanterie Division und SS-Brigadeführer und Generalmajor der Polizei Dunckern haben sich ebenfalls in Metz ergeben.

PWB 31

Tract lancé sur le fort Driant. (Collection Furnstein)

annonçant la capture des généraux Kittel et Dunckern et du colonel commandant d'armes, le colonel Meyer [34].

Les redditions

Dès le 25 novembre, les défenseurs du groupe fortifié *Verdun* [35] (48e bataillon de mitrailleuses de forteresse) entrèrent en pourparlers avec le 3/11e R.I. qui les encerclait. Le 26, à 8 h, deux officiers et 148 hommes se rendirent au commandant John Acuff, adjoint au chef du 3e bataillon. Ils avaient épuisé leurs réserves de nourriture. La Compagnie K du 11e R.I. eut alors l'honneur de monter les couleurs américaines sur le fort car c'était elle qui en avait subi les tirs meurtriers lors de l'échec du franchissement de Dornot en septembre.

Les ouvrages de *Marival, Bois-la-Dame* et *Saint-Hubert* furent trouvés inoccupés, le même 26, par des patrouilles du 2/2e R.I. [35 bis].

Le 27, les deux derniers ouvrages des *« Sept nains »*, ceux de *Vaux nord et sud* tombèrent aux mains du même bataillon [35 bis].

Le 29, le colonel Black (ayant remplacé, le 21, le colonel Yuill à la tête du 11e R.I.) conféra avec von Matzdorf, le chef du fort *Saint-Privat* (occupé notamment par le 22e de forteresse). La reddition fut convenue lors d'une deuxième rencontre et la garnison (22 officiers et 488 soldats, dont 80 blessés) se rendit effectivement à 16 h [36].

---

34. Le texte de ce tract est :
« Un mot aux unités allemandes isolées près de Metz
Metz est tombé !
Parmi les très nombreux soldats allemands de Metz qui profitent maintenant de la sécurité des camps de prisonniers américains, se trouve le colonel Meyer, qui fut commandant d'armes de Metz.
Le colonel Meyer s'est rendu parce que, contrairement au colonel Wilck, le dernier chef d'Aix-la-Chapelle, il n'a pas voulu charger sa conscience du sang de soldats et de civils sacrifiés sans raison.
Si le colonel Meyer était aujourd'hui avec vous, il vous dirait :
Camarades !
La principale ligne de résistance est maintenant à 30 kilomètres à l'est de Metz.
Devant les assauts américains, les restes des unités allemandes en Lorraine retraitent derrière le Westwall. S'accrocher plus longtemps à vos positions n'a plus aucune valeur tactique pour la conduite des opérations tant allemandes qu'américaines.
Vous avez fait votre devoir de soldat.
Votre devoir est maintenant de survivre pour vos familles.
La bataille de Metz est perdue.
Mais vous pouvez sauver votre vie.
Dernière nouvelle : le général Kittel, commandant de la 462e D.I. et le SS Brigadeführer Dunckern, chef de la police, se sont également rendus dans Metz ».

35. Un avion allemand largua, le 22, à 3 h du matin, près du fort, du ravitaillement et des munitions (la compagnie américaine I, qui encerclait les ouvrages, récupéra une partie de cet envoi).

35 bis. L'historique « The assault on Fort Driant » indique que ces cinq ouvrages furent occupés par le 2/2e R.I. au cours de la nuit du 24 au 25 novembre.

36. Jusqu'au 29, les Américains se contentèrent de canonner de temps en temps le fort pour ébranler non les remparts mais le moral des défenseurs, ainsi forcés de se terrer dans des abris humides et froids (jusqu'à la libération, le fort avait surtout servi de dépôt de pièces de rechange pour l'école de « Stukas » de Frescaty). Deux ou trois obusiers automoteurs américains furent notamment mis en batterie près de l'actuel restaurant algérien, à l'extrémité nord de la rue Coste et Bellonte. Ces pièces utilisèrent le fossé de la route pour tirer, à quelque 800 mètres de là, sur les superstructures du fort. Gilbert Michels a assisté près de ces pièces (aucune riposte ennemie) à ces tirs exécutés sans pointage (la cible ne pouvait être manquée)

Le colonel von Stössel commandait depuis le 17 novembre au fort *Saint-Quentin*[37], encerclé par le 1/10 R.I. puis par le 2/11e R.I. à partir du 27. Le chef des assiégés, probablement en panne de radio depuis le 25, envoya les 2 et 4 décembre deux agents de liaison porter un message au 82e corps d'armée allemand. Ces messagers furent faits prisonniers, ce qui permit aux Américains de connaître le moral, bas, de leurs adversaires. Le 1er décembre, le colonel Black, suivi du capitaine Kittstein (d'une unité de guerre psychologique) se présenta au fort muni d'un drapeau blanc. Les pourparlers échouèrent. Le 6, ce furent les Allemands qui proposèrent une nouvelle réunion par suite du manque de ravitaillement. Le colonel américain Franson rencontra le colonel von Stössel, à 11 h, au sommet de la colline proche de l'entrée ouest. On tomba d'accord et 22 officiers, 124 sous-officiers et 458 hommes se rendirent. Les Américains récupérèrent une grande quantité d'armes et d'équipement.

Le 7, le fort de *Plappeville* capitula à son tour.

Le 8, ce fut le tour du *fort Driant,* le 2e R.I. de la 5e D.I. voulant obtenir ce succès avant d'être relevé par la 87e D.I. La « batterie Moselle » fut évacuée le 17 octobre, un coup heureux de canon de char américain ayant faussé la coupole d'une des deux pièces d'artillerie de 105 sous tourelle, non rentrée par erreur. La garnison rejoignit le fort Driant et le génie fit sauter la « batterie ». Fin novembre, le lieutenant-colonel Richter, responsable du fort après le 17 novembre, tenta lui aussi d'envoyer une patrouille porter des documents à l'arrière. Ces hommes auraient été faits prisonniers en essayant de franchir la Moselle sur des tonneaux. Vers le 4 ou 5 décembre, le colonel envisagea d'effectuer une sortie de nuit avec ses fantassins, couverte par l'artillerie du fort. Il répugnait (sens du devoir et crainte d'éventuelles représailles ultérieures ?) à accepter une inévitable reddition sans avoir « sauvé l'honneur ». Mais le moral très bas de ses hommes l'obligea à leur demander leur avis au préalable... Il questionna ainsi lui-même ses troupes et, en ce qui concerne M. Furnstein, c'est son adjudant-chef lui-même qui poussa ses hommes à dire leur désaccord sur ce projet qui sacrifiait les artilleurs. L'idée fut abandonnée mais la façon de faire du colonel, particulièrement étonnante dans l'Armée allemande, montre bien combien bas était le moral d'hommes n'attendant plus qu'une reddition à des Américains « gentleman » et non à des Soviétiques. Le fruit était mûr. Le 8, un premier contact entre deux parlementaires prépara la rencontre, à 15 h, au bas de la colline, du colonel Richter et du colonel Roffe, commandant le 2e R.I. assiégeant le fort. L'accord fut conclu et indiqué à la garnison soulagée. Les hommes préparèrent leur départ[38], mangeant leurs dernières pommes de terre et, contrairement à l'accord passé avec les Américains, sabotant ce qu'ils pouvaient : armes faussées et jetées dans les latrines, grosses ampoules cassées, etc. Pendant ce temps fut collée sur le Soldbuch d'au moins les hommes du 938e régiment d'artillerie côtière, une attestation certifiant que le détenteur avait participé aux combats du « Feste Kronprinz

---

par des artilleurs particulièrement décontractés. « C'est très calmement, entre deux " camel " que les servants des pièces envoyaient leur acier ébranler les murs du fort ».
Le même témoin vit, le 29, le drap de lit fixé au bout d'une perche qui apparut au-dessus de l'ouvrage. En fin d'après-midi, il vit une dizaine de camions G.M.C. transporter par la rue du Général-Franiatte, vers le centre ville, les prisonniers entassés debout et mains sur la tête.

37. Composé de deux principaux ouvrages.

38. Ils n'eurent curieusement pas le droit d'emporter ciseaux et aiguilles.

(Driant) » de telle date à ce 8 décembre 1944. A l'heure dite, ce fut enfin le départ, les blessés en premier. Les G.I. entrèrent dans le fort, heureux, comme les défenseurs, de ce dénouement. Les officiers et sous-officiers allemands furent séparés de la troupe. L'ensemble (19 officiers et 592 sous-officiers et hommes) monta dans les camions G.M.C. non bâchés en colonne sur la route reliant Driant à Ars-sur-Moselle. Il ne fut pas chanté le « Horst Wessellied » comme certains l'ont affirmé. L'ensemble arriva de nuit avenue Foch, par mauvais temps. Après un arrêt d'environ une heure, il continua sur Florange puis, peu de jours après, sur Stenay. Par train enfin, ces prisonniers gagnèrent Cherbourg, après avoir reçu des pierres au passage dans une gare de triage parisienne [(39)].

Le 13 tomba le dernier fort : *Jeanne-d'Arc.* Il avait été ravitaillé peu avant d'avoir été encerclé et encore le 23 novembre, semble-t-il, cette fois par air. L'énergique commandant Voss, chef du 462e bataillon de fusiliers, en était le chef. Il disposait de quelque 500 hommes et de la majeure partie de l'Etat-major de la 462e V.G.D. puisque c'était de là que le général Kittel avait prévu de diriger la défense de l'ensemble de la forteresse, plus précisément des principaux forts de la rive ouest, mais qu'il en avait été coupé de fait par la percée du 377e R.I. de Woippy vers le sud.

Conclusions

Ainsi, jusqu'à vingt jours après la libération de Metz, certains des 2 650 défenseurs des forts fixèrent quelque 7 000 Américains (deux régiments d'infanterie, avec les Etats-majors et services correspondants).

Tout en reconnaissant que « avec une division d'infanterie de plus, Walker aurait certainement atteint la Sarre plus rapidement » [(40)], A. Kemp conclut que « les garnisons assiégées n'ont rien réussi de plus qu'une gêne locale » [(41)] pour les Américains parce que « dans le temps imparti, une division supplémentaire n'aurait pas gêné les Allemands pendant le regroupement avant l'offensive » des Ardennes.

En fait, cette gêne fut réelle mais effectivement sans grande portée. Elle fut :

- Psychologique, tant vis-à-vis des Américains que des Allemands et des Messins. Il est toujours désagréable de connaître l'existence de résistances

---

39. On peut ajouter :
    - que le déserteur silésien du fort Driant dont il a été parlé fut remis par les Américains avec ses camarades prisonniers... et a dit avoir été frappé par eux, d'accord pour se rendre mais non déserter,
    - que le « déserteur Malgré nous », après avoir été interrogé par les Américains à Vaux et à Courcelle-sur-Nied, fut lui aussi regroupé au camp de prisonniers de Stenay avec les Allemands de sa batterie mais ne fut pas battu. Dès le lendemain, il partit en train à Cherbourg puis fut dirigé vers le camp de Saint-Pierre-L'Eglise où il s'engagea dans l'Armée française le 23 décembre,
    - que le « Malgré-nous » Furnstein se souvient très bien d'avoir été, comme tous les autres, « délesté » d'au moins un objet ou effet à chacune des fouilles par les geôliers américains (et il y en eut beaucoup),
    - qu'il ne fut séparé des vrais Allemands qu'à Cherbourg. Eux partirent en bateau en Amérique. Lui fut incorporé à la 2e compagnie du 1er bataillon d'instruction français se trouvant à Saint-Pierre l'Eglise. La pauvreté de l'Armée française faisait que les conditions de vie (manque d'habillement et d'équipement entre autres), n'y étaient pas satisfaisantes. L'intéressé fut démobilisé le 28 février 1945 et se débrouilla pour rejoindre Strasbourg le 5 mars.
40. A. Kemp, dans : « Lorraine, album mémorial ».

laissées en arrière, d'autant plus que leurs possibilités demeurent inconnues. Cette défense prolongée dans une situation désespérée dut servir à la propagande ennemie, comme au sens du devoir des chefs encerclés tandis qu'elle rappelait aux habitants la proximité de la menace et l'opiniâtreté des ex-occupants.

- Stratégique : ce fut la fixation d'effectifs manquant ailleurs, mais non d'une façon véritablement décisive.
- Concrète : elle créa quelques pertes aux Américains en hommes et en matériels, et aux Messins [(41)] : victimes civiles, dégâts immobiliers, gêne et retard dans la reprise de la vie de tous les jours et dans le retour sur la rive ouest de la Moselle [(42)].

Mais cette « gêne » aurait pu être beaucoup plus importante de deux façons :

- « Vers la fin, les forts de Metz ne réagirent que passivement face à leur encerclement » a noté A. Kemp à juste titre. Il est important de rappeler qu'avec leurs seuls propres moyens : des canons encore en état [(43)] et des munitions, les Allemands auraient pu faire beaucoup plus de mal en tirant sur les Américains, les ponts, voire simplement la ville. De son observatoire d'artillerie du fort Driant, le « malgré-nous » Furnstein voyait la cathédrale pavoisée de tricolore et la portée de ses canons permettait d'atteindre la moitié sud de Metz. Le Saint-Quentin n'avait pas de problème d'observation ni de portée. Tous les autres forts avaient des observatoires.
- « Si les forts avaient tenu juste deux semaines de plus que les derniers à se rendre, Patton aurait été si maintenu à la Moselle qu'il aurait été incapable de réagir si rapidement pendant l'offensive des Ardennes » indique également A. Kemp. Mais il s'agit d'un « si »...

Les Allemands voulaient-ils faire davantage ?

- Le général Kittel certainement. Rappelons l'essentiel : il voulait s'accrocher aux quatre grands forts de l'ouest et y diriger une défense agressive. La pénétration du 377e le coupa des forts.
- Leurs défenseurs avaient eu le moral trop atteint pour être plus dynamiques. Ils firent leur devoir mais n'auraient pas été capables, n'auraient probablement pas admis d'en faire plus. La garnison du fort Driant fut soulagée par la reddition. Elle ne chanta pas le « Horst Wessellied »... Elle savait se rendre à des Américains et non à des Russes.

---

41. L'auteur regrette de ne pouvoir préciser le bilan des pertes et destructions dues aux forts encerclés. Il sait qu'au cours d'une prise d'armes place de la République, des tirs ennemis firent se mettre à plat ventre des spectateurs mais il n'y aurait pas eu alors de victimes.
42. L'hôpital de Plappeville fut évacué le 1er décembre par crainte de coups de mortiers ennemis... et de tirs américains trop courts.
43. Le général Kittel a relaté, après la guerre, que des canons des forts n'étaient plus en état de tirer (mis hors service par des coups directs ou usés pour avoir trop tiré) et que les munitions étaient rares. C'est une explication « officielle » de la relative « passivité » citée, qui n'est pas convaincante. Le « malgré-nous » Furnstein sait que si les deux pièces de la « batterie Moselle » ont été détruites, sa batterie de trois pièces de 100, dans le fort même, était en état (peut-être y avait-il un peu de jeu dans certains mécanismes, mais cela n'empêchait pas de tirer...) et que une seule des trois pièces de 150 de la batterie voisine était hors d'usage. Quant aux munitions, il en resta beaucoup. L'explication est donc à chercher ailleurs.

Les Allemands pouvaient-ils faire davantage ?

- A. Kemp a écrit : « Il eut été indispensable de gorger les forts de nourriture et de munitions et les faire servir par de petites unités d'élite, soutenues par des sapeurs du génie et autres spécialistes de forteresses ».
- Il est exact qu'un effort de remise en état des forts aurait du être réalisé en temps voulu, avant le mois d'août. Mais le Führer voulait « la bataille de l'avant » et pouvait craindre de saper le moral de « l'arrière ». En août, il était déjà trop tard, à cause de la pagaille et des hésitations qui caractérisèrent la retraite. A partir du début septembre, la priorité fut donnée à la préparation de la contre-attaque des Ardennes. Il n'était plus question de « gorger » les forts d'unités d'élite, de nourriture et de munitions. La Wehrmacht était alors trop pauvre pour en donner ainsi à la forteresse messine. De plus, les travaux défensifs alors effectués le furent davantage au profit de diverses positions dans la profondeur qu'au bénéfice des forts eux-mêmes. Quant au général Kittel, il en prit bien sûr le commandement trop tard pour pouvoir transformer la situation et n'eut pas de moyens supplémentaires.

Bref, les forts ont tenu dans la limite de leurs moyens, gênant les Américains en leur fixant deux régiments plus utiles ailleurs et ces derniers se contentèrent de tenter d'accélérer les inéluctables redditions en agissant sur le moral des défenseurs par des coups et une action psychologique. Tout ceci est normal.

Vers la Sarre

Rappel de la mission initiale

Le 18 octobre, le général Eisenhower avait prescrit la reprise générale de l'offensive début novembre, afin d'atteindre le Rhin d'Arnhem à Karlsruhe.

Le général Patton décida, le 3 novembre, d'effectuer un double débordement de Metz jusqu'à la Nied puis d'exploiter vers le Westwall sarrois et le Rhin.

Le 12e corps, au sud de Pont-à-Mousson, devait s'emparer de la Nied supérieure puis de la Sarre, à l'est de Sarrebrück.

Le 20e corps eut pour mission d'« encercler, puis de détruire l'ennemi à Metz et de s'emparer d'une tête de pont sur la Sarre ».

Le bond sur la Nied (7 au 19 novembre)

Il se fit pendant qu'avait lieu le triple mouvement concentrique sur Metz (la 95e D.I. venant du nord-ouest, la Task Force Bacon du nord-est et la 5e du sud, son 2e R.I., à l'est, s'approchant du coude de la Nied près de Pange).

Pendant ce temps, le 12e corps, et principalement ses 80e D.I. et 6e D.B., s'était porté de la Seille de Nomeny sur la Nied supérieure, au cours relativement parallèle à celui de la Seille.

Le 20e corps, au nord de Metz, avait fait de même. La 10e D.B. avait exploité entre la ligne Maginot et la frontière atteignant la Nied de Bouzonville, tandis que la 90e D.I., plus au sud, arrivait aux Etangs.

La double action sud-ouest/nord-est du 12e C.A. et nord-ouest/sud-est du 20e corps avait reporté le front de l'angle droit Seille Moselle sur l'angle droit, aux côtés relativement parallèles, de la Nied et débordé Metz.

La décision du 25 novembre

Le général Eisenhower rassembla ses grands subordonnés à Vittel, le 25 novembre. Par suite des difficultés rencontrées du fait de l'ennemi et de la saison, il décida de s'emparer de tout l'ouest du Rhin avant d'en tenter le franchissement. C'était sagement reconnaître la fin de l'espoir d'une victoire avant l'hiver.

L'objectif de la 3e Armée demeurait la Sarre mais le 12e corps devait resserrer son dispositif vers l'ouest pour laisser un créneau à l'ouest du Rhin à la 7e Armée américaine (44).

Le bond sur la Sarre

Il fallait d'abord réorganiser le 20e corps après le nettoyage de Metz et malgré les forts qui tenaient encore. Les 10e D.B. et 90e D.I. durent se redéployer face au nord-est et les 5e et 95e D.I. être récupérées pour se placer entre ces premières divisions et le 12e corps. Rappelons que la 95e D.I. fut la première relevée et fut engagée dans les régions de Boulay, le 24 après quelques jours de repos. Puis le 10e R.I. de la 5e D.I., formant la Task Force Bell, vint assurer la liaison entre cette 95e D.I. et le 12e corps.

Le 2 décembre, la Sarre et le Westwall étaient atteints de Merzig à Saarlautern, mais de cette ville à Sarre-Union et au-delà, la 95e D.I., Bell, et le 12e corps, en retrait, se heurtaient à une forte résistance. Ce même jour, le général Walker prescrivit de pénétrer dans le Westwall entre Merzig et Saarlautern et, le 3, la 95e D.I. s'empara d'un pont intact dans la banlieue de cette dernière ville.

Jusqu'au 19 décembre, la progression fut pourtant lente dans ce secteur à cause d'une importante défense ennemie mais le 12e corps put progresser jusqu'à Sarreguemines. Le 11e R.I. de la 5e D.I. avait rejoint le 2 décembre, puis ce fut le tour du 2e R.I. La 5e D.I., ainsi reformée le 7, prit alors place sur la Sarre entre les 90e et 95e D.I.

Le 13 décembre, à Nancy, le général Patton lança les bases d'une attaque générale du Westwall de la Moselle au Rhin, le 20e corps, déjà bien engagé, le franchissant en premier pour déborder Sarrebrück.

La contre-attaque des Ardennes

Le 16 décembre, 24 divisions allemandes, dont 10 divisions blindées contre-attaquaient dans les Ardennes vers Bruxelles et Anvers face au 8e corps d'armée distendu de la 1re Armée américaine. Et les troupes de von Rundstedt arrivèrent non loin de Dinan...

Le 19 à Verdun, le général Patton reçut l'ordre, avec sa 3e Armée, de contenir puis de contre-attaquer le flanc sud allemand. Récupérant le 3e corps, abandonnant le terrain pris au nord de la Sarre, relevé à l'est de Saint-Avold par la 7e Armée s'étirant vers l'ouest, le général réalisa alors une très belle et délicate manœuvre. Il ne laissa à l'est de la Moselle pour couvrir Metz face à une attaque attendue le long de la rivière, rive est, que le 20e corps, réduit aux 95e

---

44. La percée de la 2e D.B. par Saverne sur Strasbourg venait d'avoir lieu (15 au 23 novembre), tandis que la 1re Armée française, du 14 au 22, venait de forcer la trouée de Belfort et d'atteindre Mulhouse.

et 90e D.I., puis à la seule 90e D.I., puis à la nouvelle 94e D.I. venant relever la 90e. Les faibles troupes s'accrochèrent notamment à la ligne Maginot. Tout le reste, dont la totalité du 12e corps, fut, en cinq jours et discrètement, reporté à l'ouest de la Moselle sans que la 15e Armée allemande tenant la Sarre s'en aperçoive. De l'ouest à l'est, de Arlon à Luxembourg, le 3e corps et le 12e corps continrent d'abord l'ennemi à compter du 22 décembre puis, le 25, se lancèrent dans une contre-offensive décisive.

Pour soulager les troupes dès lors malmenées dans les Ardennes, le commandement allemand lança le 31 décembre l'opération Nordwind vers Bitche et en basse Alsace. Elle aussi échoua finalement mais après avoir, elle aussi, créé de graves inquiétudes (repli américain, problème de Strasbourg). A l'ouest de cette offensive, la 11e D.B. SS attaqua, le 7 janvier 1945, le long de la rive est de la Moselle, n'ayant en face d'elle que la 94e D.I. qui venait de relever la 90e. Après de durs combats du 7 au 11, cette 94e réussit à stopper l'ennemi en lui créant de lourdes pertes.

Que s'était-il passé à Metz pendant ces journées particulièrement dramatiques ?

- La garnison américaine. Le 9 décembre, la 87e D.I. qui venait de relever le 2e R.I. de la 5e D.I. devant le fort Jeanne d'Arc, reçut l'ordre d'aller prendre la place de la 26e D.I. du 3e corps. Cette dernière division avait été placée dans la région des Etangs et avait été particulièrement éprouvée dans ce secteur. Avec ses effectifs réduits de moitié, elle vint se reposer à Metz, y formant une division d'instruction et de réserve aux côtés des divers services qui étaient venus s'installer à Metz. Fin décembre, cette 26e D.I. n'y avait plus qu'un régiment, le reste ayant été poussé en avant.

  En effet, le P.C. du 3e C.A. (général Millikin) était à Metz (depuis quand et où ?). Il avait alors deux unités en ligne : le 6e Corps de cavalerie et la 6e D.B. Le 19, le corps reçut l'ordre de « prêter » initialement ces deux grandes unités au 20e Corps et de se porter en avant pour attaquer sur la direction Bastogne - Saint-Vith avec sa 26e D.I. et les 80e D.I. et 4e D.B. du 12e Corps d'armée. Dès lors, Metz devint un centre de communications capital pour la manœuvre de Patton. Dans la nuit du 18 au 19, un pont Bayley fut réalisé pour éviter le cisaillement de deux itinéraires principaux et, du 18 au 26, 5 300 wagons représentant 60 000 tonnes de ravitaillement transitèrent dans notre cité.

- L'ambiance dans laquelle vivait la population messine était mauvaise, malgré l'annonce par le préfet Rebourset qu'il resterait sur place quoiqu'il arrive (il alla également apaiser les esprits lors d'une tournée dans la région de Sierck, du 19 au 22) et la cérémonie du 23 décembre place d'Armes qui a été décrite et voulait montrer la confiance officielle. « Metz et la Lorraine du Nord, encore incomplètement libérée, tremblent... et toute la population lorraine... est inquiète... Dans Metz sans ponts, dans cet hiver de froidure et de désespoir, la même question encore est posée : « Vont-ils revenir, les nazis ». Les figures sont graves. Metz regarde les libérateurs à la mine dure. Finis les sourires... Metz et la Lorraine ne comprennent pas. Encore une fois, les Lorrains accusent. Où sont passés tous ces officiers pavanant dans les rues depuis le 25 novembre ? Et les fonctionnaires nouvellement promus et arrivés ?.. Par ordre supérieur, la Lorraine mosellane vient d'être encore une fois abandonnée. Quelle monstruosité » [45]. Si cette présentation des causes

---

45. A. Caboz, dans : « La bataille de la Moselle ».

et des faits est fort discutable, celle de l'ambiance est réelle. La population fut angoissée et des Messins quittèrent la ville [(46)]. « Des cars furent pris d'assaut, place du Roi-Georges, par des clients qui se disputaient les places » [(47)].

- Le général Dody et son Etat-major [(48)] se portèrent à Reims. La plupart des bataillons de marche de la Région, formant le groupement de sécurité du Nord-Est (G.S.-N.E.) placé sous les ordres du général, se déplacèrent vers l'ouest pour y assurer la protection des arrières des unités américaines en direction de Paris... « L'Armée allemande aurait pu facilement réoccuper Metz et la Moselle, si elle n'avait pas engagé toutes ses réserves sur la Belgique. Les quelques officiers français qui étaient restés à Metz eurent pour mission de circuler dans la région de Creutzwald/Saint-Avold en auto pour faire croire à la présence de troupes alliées. C'est donc à ce rôle de plastron que nous avons joué », a noté P. Wolff [(47)]. Il faut remarquer que plus efficace était le rideau de troupes du 20e corps laissé sur place... Me Wolff poursuit : « J'avais préparé tous les documents et dossiers à détruire si par malheur les troupes allemandes devaient revenir sur Metz, et éviter des ennuis aux résistants et patriotes lorrains ». Le 27 décembre, la section de défense passive fut remise sur pied. Certains durent penser aux nombreux F.F.I. messins qui avaient fièrement défilé le 26 novembre... Le colonel Grandval enfin proposa au général Juin, qui refusa, de reprendre le maquis avec ses bataillons de marche. Le 30 décembre encore, de Gaulle prescrivit à Dody « au cas où le pire se produirait... de faire tenir par des forces françaises venues de l'intérieur et sommairement armées les passages de la Meuse vers Givet, Mézières et Sedan » [(48 bis)].

En conclusion, on ne peut nier que ce premier Noël « libre », marqué de plus par la persistance d'importants problèmes matériels (voir plus loin), fut vécu dans une grave inquiétude compréhensible.

L'attaque aérienne allemande du 1er janvier 1945 [(48 ter)]

- L'opération « Grand coup » avait été planifiée par le Haut Etat-major de la chasse allemande pour l'automne 1944 mais n'avait pu être réalisée. Il s'agissait d'une très importante attaque visant à éliminer la supériorité aérienne des Alliés. Ensuite, en décembre (contre-offensive des Ardennes), le commandement du 2e Corps de l'aviation de chasse prépara une attaque simultanée de toutes les formations de chasse ennemies en France, Belgique et Hollande. Le but était de détruire au sol le maximum de leurs avions. De là naquit l'opération « Bodenplatte » prévoyant cet assaut dès que la météorologie le permettrait. Le 15 décembre, le général major Peltz, commandant le

46. Le rapport de place n° 2 des 3 et 4 janvier prescrivit le black-out dans tous les bâtiments militaires à partir de 17 h.

47. P. Wolff, dans : « Journal d'un résistant mosellan ».

48. Seul de l'Etat-major resta le lieutenant de Vaulx, officier de renseignements, le lieutenant Thiriot assurant la liaison entre Metz et Reims.

48 bis. H. Amouroux, dans : « La page n'est pas encore tournée ».

48 ter. Résumé de « Pik As, Geschichte des Jagdgeschwaders 53 » par Jochen Prien.

2e Corps aérien, réunit ses principaux subordonnés à son P.C. et tenta de les persuader du succès du plan.

- L'escadre de chasse 53 avait pour insigne l'as de pique « Pik As ». Elle était dotée d'appareils Messerschmitt des derniers modèles et était alors composée d'un état-major et de trois groupes : les II, III et IV/JG, 53 stationnés sur cinq bases aériennes proches de Stuttgart. Le 31 décembre, elle alignait 79 appareils et 89 pilotes disponibles (sur des droits théoriques de 208). Cette escadre était, comme les autres, comprise dans le plan Bodenplatte. L'E.M. et les groupes II et IV avaient pour objectif Frescaty et le groupe III Etain.
- Après le mauvais temps de fin décembre, une amélioration fut prévue le 1er janvier. Le 31 décembre après-midi arriva donc le mot de code attendu : « Varus ». C'était pour le lendemain matin. A l'escadre 53, on s'apprêtait à fêter dignement la fin de l'année et certains crurent d'abord à une mauvaise plaisanterie... Mais ils déchantèrent vite car tous les pilotes de chaque groupe furent convoqués à une réunion bien gardée (sentinelles à l'entrée) au cours de laquelle leurs chefs leur transmirent leurs missions ainsi que l'ordre strict suivant : chaque appareil devrait prononcer au moins deux voire trois attaques et détruire deux avions ennemis... De plus : silence radio et ordre d'éviter tout combat aérien avant d'arriver sur l'objectif. On fit entendre ensuite un encouragement préalablement enregistré du Reichsmarschall Goering...
- La préparation de l'attaque souleva de grosses difficultés : trop rapide étude du plan de vol, remise en état du maximum d'appareils, prise de réserves supplémentaires de carburant, compte tenu de la grande distance séparant d'un objectif non reconnu et sur lequel les appareils du 365e Groupe de chasse qui venaient d'y arriver auraient peut-être déjà décollé... La nuit fut claire mais il y avait 20 centimètres de neige.
- L'ordre final n'arriva qu'à 8 h 30 (il fallait que la météorologie soit bonne sur tous les aérodromes pour que l'attaque ait lieu partout au même moment) et ce moment devait être 9 h 20. Les décollages s'étalèrent donc de 8 h 35 à 8 h 45.
- L'état-major et les Groupes II et IV totalisaient 54 appareils. A 9 h 20 ils furent sur Frescaty où deux des trois escadrilles américaines venaient de décoller. La 389e se préparait à le faire à 9 h 30, ses appareils étant bien alignés au sud-ouest du terrain. La première attaque détruisit pas mal de ceux-ci puis ce fut « le grand cirque », les Allemands ayant l'ordre d'attaquer plusieurs fois alors que la fumée des appareils incendiés les gênait et que la D.C.A., revenue de sa surprise, était devenue efficace. Ce fut enfin le demi-tour.
- Les Américains perdirent ainsi 25 appareils détruits et 11 endommagés, soit 36 mais n'eurent que 5 blessés. Treize avions allemands furent abattus sur place [48 quater] et davantage furent perdus, ayant dû se « poser sur le ventre » avant d'atteindre leurs bases parce qu'endommagés lors de l'attaque ou en panne de carburant.

---

48 quater. Parmi ceux-ci :
- L'un s'écrasa dans le jardin du 248, rue de Pont-à-Mousson, entre cette maison alors complètement détruite lors des bombardements de 1944 et les ateliers tout proches du chemin de fer. Le pilote, jeune, mort sur le coup, fut évacué peu après. Le moteur, détaché de l'appareil lors du choc, alla tomber sur les fosses septiques des ateliers.
- Un autre tomba à quelque cent pas du château de Mercy. Le pilote put s'éjecter à temps et fut fait prisonnier.
- Un troisième explosa (aile arrachée et moteur à 20 mètres) en percutant le mont Saint-Quentin à quelque 350 mètres à l'O.-S.O. de l'actuelle tour hertzienne, au carrefour de petits chemins.

- A Metz même, ce fut la surprise, certains ayant d'abord cru qu'il s'agissait d'avions alliés. Puis ce fut une grande « pétarade », les canons et mitrailleuses de D.C.A. qui étaient disséminés en ville ouvrant le feu. A Frescaty naturellement ce fut pire, mais les Américains réagirent vite et eurent la chance d'avoir déjà deux escadrilles sur trois parties et de n'avoir que 5 blessés.
  Cette attaque aérienne du 1er janvier 1945, plutôt suicidaire, fut, d'une façon un peu wagnérienne comme il se devait, la dernière action militaire allemande à Metz.
- Le IIIe Groupe avait pour objectif Etain. Par hasard, près de Pirmasens, ses 26 Messerschmitt tombèrent sur une trentaine de Thunderbolt supérieurs et qu'ils ne purent éviter. 12 appareils allemands furent abattus et d'autres également perdus au cours de leur retraite.
- Lors de cette attaque menée par 790 à 1 035 appareils de 33 groupes de 10 escadres contre tous les aérodromes des Alliés, ceux-ci perdirent quelque 470 avions et pratiquement pas de pilotes alors que les assaillants eurent à déplorer la perte de 232 pilotes et environ 400 avions.
  Le JG 53 avait engagé 80 appareils. Il en détruisit 36 mais en perdit 50 et 18 pilotes.
  Ce fut un très grave échec dont l'aviation allemande de chasse de jour ne se remit jamais, les Alliés ayant, eux, des réserves, tant en pilotes qu'en appareils.

La fin de la libération du département

Forbach

Couvrant Sarrebrück, la région de Forbach servit aux Allemands de tête de pont au sud de la Sarre. La 36e V.G.D. s'y maintint face à la 6e D.B. du 12e corps en décembre. La ville fut alors bombardée. La contre-attaque von Rundstedt y fit desserrer l'étreinte américaine. L'offensive reprit en février et les combats dans

---

Le corps du pilote fut fort carbonisé et des Américains vinrent l'extraire de la carlingue. Il n'aurait été enterré sur place qu'un certain temps après par M. Meyer de Plappeville, garde du fort Saint-Quentin pour le service du génie. La tombe n'aurait d'abord été qu'une simple levée de terre. Puis une sommaire croix de bois aurait été fichée dessus. Au moins deux Messins y déposèrent quelques fleurs chaque année. Le cadavre fut exhumé vers 1956 ainsi que ceux d'une dizaine d'autres Allemands enterrés près du fort Girardin. M. Jean Beauchat affirme que sur la croix était une grossière plaque en zinc ou aluminium portant l'inscription : « Aviatrice allemande inconnue. 1-1-45 ». Il s'agit là d'une légende tenace. Le pilote était un homme non identifié. (Les deux seules femmes pilotes allemandes (chacune « Flugkapitän ») furent alors :
- la comtesse Malitta Schenk von Stauffenberg, tuée le 8-4-1945,
- Hanna Reitsch, décédée vers 1979).

- Le pilote Ernst Off, grièvement blessé, parvint à poser en catastrophe à 250 mètres au S.O. de la mairie de Sainte-Ruffine son avion touché par la D.C.A. Il choisit un endroit relativement plat et dégagé d'arbres fruitiers : le « ruisseau de la fontaine », un peu à l'ouest de l'endroit où il est franchi par le « sentier sous les jardins ». L'appareil ne fut que peu endommagé et son pilote mourut sous le choc ou peu après. Il ne fut retiré de la carlingue que le 16 janvier et enterré ce jour-là au cimetière local. Simple tombe avec une croix de bois noire portant au centre une « croix de fer » et le nom du défunt. Cet adjudant, né le 24 septembre 1918, fut exhumé le 21 juillet 1961 pour être enterré au cimetière militaire allemand de Niederbronn. En 1945, des habitants récupérèrent divers matériels (dont la roulette de queue servant à la confection d'une brouette et les deux roues avant utilisées pour une charrette) et des enfants jouèrent dangereusement avec le canon de bord et ses munitiens... Le bruit court encore que Off était chef d'une escadrille dont les pilotes étaient de jeunes femmes...

la ville et ses abords se prolongèrent du 19 février au 8 mars. Le canton de Forbach fut totalement libéré le 14 mars.

Bitche

Le Bitcherland connut un sort identique. Les premiers Américains (100e D.I.) arrivèrent le 13 décembre. La contre-attaque Nordwind les en chassa. Ils revinrent définitivement le 16 mars. La date officielle [49] de la libération totale de l'arrondissement de Sarreguemines est par canton : Rohrbach : 16 mars ; Sarreguemines : 17 mars ; Bitche : 27 mars ; Volmunster : 13 avril.

49. Décision, en date du 1er avril 1946, du général commandant la 6e Région militaire, décision reprise par arrêté préfectoral.

Les unités françaises

L'ambiance

Elle est indiquée par la directive du 7 novembre [50] de « la commission militaire du Conseil national de la résistance » (ex COMAC, de gauche) qui créa des commissions militaires régionales, départementales et locales. Toutes ces commissions, placées sous l'autorité des comités de libération, devaient « aider efficacement » les commandements militaires et rendre compte à l'échelon national. N'était-ce pas plutôt un contrôle, un noyautage, voire une emprise ?

« Pendant les années de résistance et pendant l'insurrection nationale, les mouvements, partis et syndicats ont consacré tous leurs efforts à l'action qui les a conduits à l'Insurrection nationale victorieuse. Les meilleurs hommes de la résistance se sont consacrés à cette tâche ; beaucoup d'entre eux ont rejoint les F.F.I. et maintenant l'Armée nationale dans laquelle ils apportent le souffle de l'élan populaire et l'esprit démocratique désiré par tous... La lutte continue... Il est plus que jamais nécessaire d'intéresser tous les Français à l'effort de guerre... Il faut que l'Armée et le peuple soient en communion d'esprit... d'où trois tâches :

1) Eliminer les traîtres et les restes de Vichy... Il faut que les combattants du Front aient la certitude que ne se trouve pas dans leur dos un complot tendant à détourner le sens de leur lutte...
2) Armer et équiper les forces armées françaises et préparer militairement tous les Français.
3) Garantir aux combattants un moral élevé ».

20e Région militaire

26e R.I.

Lors de la réorganisation du 1er février 1945, le 2/26e (1/20) du lieutenant-colonel Bourdillat devint le 1/26e R.I. Le nouveau 2/26e R.I. fut l'ex 2/149e (4/20) et le nouveau 3/26e R.I. fut l'ex 5e puis 29e B.C.P. (21/20). L'ensemble partit à Sarreguemines en mars, à la disposition du général Dody et entra en Allemagne le 27 mars derrière la 3e Armée américaine. Le régiment reçut à Paris le 2 avril du général de Gaulle le drapeau du 26e de Dordogne. Le 7 avril, une prise d'armes à Nancy y marqua son véritable retour.

2/20e bataillon de marche

Sa 1re compagnie, arrivée de Nancy à Metz le 30 novembre, avec en particulier un fourgon-car du 3e Escadron des Gardes y cantonna à la caserne Ney, puis à Chambière. Elle participa à une action de nuit contre le fort Saint-Quentin, action menée mollement par crainte de représailles contre les otages que les Allemands y auraient détenus, fut-il dit alors à tort. Des éléments auraient ensuite été engagés contre le fort Driant. D'autres auraient participé à des contrôles de véhicules [51].

---

50. Archives départementales de la Moselle. 151 W. dossier 137 : affaires militaires de la préfecture de la Moselle (1944-1950).
51. Gaston Wagener, chef F.F.I., ne put récupérer des effets que lui ramenait lors de la première quinzaine de décembre un camion venant de Nancy. Ce véhicule fut contrôlé près du pont voie ferrée enjambant la rue de Pont-à-Mousson à Montigny.

21e Région militaire

Organisation et commandement

Par ordre n° 457/1. Org. du 29 novembre, le commandant de la 21e Région militaire prescrivit : « Il importe que le commandement territorial soit présent partout (en Moselle) dans les moindres délais pour sauvegarder les personnes et les biens français... servir d'intermédiaire entre les populations civiles et les troupes américaines... ». Le même texte annonçait en conséquence la création de trois commandements de zone :
a) Zone Thionville-Boulay (zone Nord)
b) Zone Forbach-Sarreguemines (zone Centre)
c) Zone Château-Salins-Sarrebourg (zone Sud).

L'ordre d'opérations n° 4 du général Dody, en date du 22 novembre, fixa l'implantation et les missions des diverses unités.

- Le P.C. du général et de son Etat-major était 23 rue de la République (la maison Tillement) (52).
- Le commandement de la subdivision et de la place ainsi que la compagnie de quartier général (53) et la musique (54) étaient à la caserne Ney. La mission du commandant d'armes délégué, disposant du 5e escadron de la garde (55) était d'assurer « la sécurité de Metz en liaison avec le commandement américain et de coordonner sans retard l'action des F.F.I. ».
- Le commandant des troupes (lieutenant-colonel Pochard) était chargé d'assurer la liaison avec le 20e corps et les unités américaines engagées, ainsi que de poursuivre la mise sur pied et l'entraînement des troupes. P.C. à la caserne Barbot.

Le 8e B.C.P. et le 3e escadron de la Garde restaient à la disposition du 20e corps.

Le 8e B.C.P. était la caserne Jeanne-d'Arc à Thionville depuis le 21 et le 3e escadron à Angevillers depuis le 10. Le 22, cet escadron sut être aux ordres du

---

52. L'officier de réserve messin Charles de Vaulx, ayant repris du service, faisait partie de l'Etat-major du général Dody à Verdun. Connaissant bien la ville, il fut l'« échelon précurseur » chargé d'organiser l'arrivée à Metz du général et de son Etat-major dès la libération. Venu par le nord-est, il rencontra près de la porte des Allemands un F.F.I. qui le conduisit à la Trésorerie générale, P.C. du capitaine Tribout. On lui indiqua la maison Tillement (ex Kreisleitung) à l'angle de l'avenue Schuman et de la rue Sainte-Glossinde. Il y alla. Cela convenait pour les bureaux. Quelques F.F.I. vinrent garder l'immeuble. Le palais du Gouverneur étant en mauvais état, pillé et visé de temps en temps par les artilleurs du fort Saint-Quentin, le logement du général Dody fut prévu rue aux Ours, dans la maison Vautrin qu'avait occupée la Gestapo. L'officier précurseur organisa enfin une popote en bas de la rue Taison dans une maison appartenant à la paroisse Notre-Dame. Arrivant à Metz, le général Dody fut accueilli à la maison Tillement notamment par un groupe de F.F.I. lui présentant les armes. Le lieutenant Thiriot se présenta ensuite à lui rue aux Ours et devint son officier d'ordonnance. L'un et l'autre allèrent se rendre compte de l'état du palais du Gouverneur dont la garde et la réfection furent prescrites.
53. Elle comprenait, le 15 novembre, 43 tirailleurs marocains sur un effectif total de 143.
54. Dès le 22 novembre, la création d'une musique du « gouvernement militaire de Metz » fut prévue. Des articles répétés dans la presse firent appel aux volontaires. Le chef fut le capitaine Paul Semler-Colery.
55. Cet escadron avait son P.C. à la caserne Ney mais, probablement parce qu'elle n'était pas encore en état, des éléments logèrent dans des maisons vides. Les gardes participèrent au service d'ordre en ville (notamment lors des prises d'armes), à la capture des soldats allemands cachés qu'on leur indiquait, et à la surveillance du fort Saint-Privat.

bataillon (rappels). Le peloton Renard rejoignit donc, de Metz, la caserne Jeanne-d'Arc, le 22, et le reste de l'escadron y vint d'Angevillers, le 27.

Le 24, le deuxième peloton eut l'ordre de garder le pont sur la Moselle à Uckange.

Le 27, le 20e Corps prescrivit à l'escadron d'assurer la garde de matériels « secrets » à Kédange, Hombourg et Budange.

Le 29 prit fin la mission de surveillance des recettes postales.
Le même jour, la 21e Région Militaire prescrivit l'envoi le 30 d'un fourgon-car à Nancy pour en ramener à Metz le Bataillon Richard 2/20.

Le 1er décembre, le 20e C.A. donna l'ordre à l'escadron de garder les ponts voie ferrée et les tunnels de Budange à Ebertwiller.

Le groupement Daucourt (Etat-major et les 4e et 8e escadrons) restait à la disposition de la 3e Armée.

Le commandant avait reçu, le 20, l'ordre de garder dix ponts et tunnels au nord-ouest de Metz à compter du 22 à 18 h (rappel).

Le 4e escadron détacha un adjudant ou maréchal des logis chef et neuf gardes à chacun des ponts de chemin de fer de Conflans, de l'ouest de Conflans, de Richemont et d'Homécourt et au tunnel de Montois-la-Montagne. Le 29 novembre, l'escadron reçut l'ordre de garder dorénavant les seuls ponts de Jarny à Arnaville.

Le 8e escadron envoya de son côté treize gradés et gardes à chacun des ponts de chemin de fer de Briey (deux ponts), de Richemont (encore ?) et de Thionville et au tunnel de Fontoy. Les consignes étaient très strictes : garde à chaque extrémité de l'ouvrage, arme toujours approvisionnée, « détruire les mines flottantes au fusil », contrôles fréquents dont des employés de la S.N.C.F., n'autoriser à approcher que les soldats américains donnant le « mot ».

Les 16e et 30e B.C.P. (56), 1/151e R.I. et C.R.O.I. restaient « à la disposition du général gouverneur ».

Les deux B.C.P. furent à la caserne Barbot et les deux autres éléments caserne Ney.

Ils eurent surtout à assurer l'ordre et la sécurité en ville, tout en faisant de l'instruction et en renforçant leur cohésion. Les causes d'incidents dans la cité étaient nombreuses. Des soldats américains ivres avaient la détente ou le coup de poing facile (57). D'autres, faute de chauffage, brûlaient ce qu'ils pouvaient, dont des meubles, dans les maisons vides qu'ils occupaient et créèrent des

---

56. Le 30e B.C.P. comprenait alors 3 compagnies : la 1re du capitaine Le Mittre, la 2e du capitaine Chaduc et la 3e du lieutenant Duverger. C'est un élément de cette dernière unité qui assura la garde d'honneur du général Giraud, autour du 24 novembre, à l'hôtel du Grand Cerf, rue des Clercs.

57. Dans son compte rendu du 27 novembre, le capitaine Giacobbi, officier de liaison auprès de la 5e D.I., a noté pour le 21 de ce même mois : « Deux officiers français de l'Etat-major du général Dody ont été frappés et blessés par des soldats de l'U.S. Army, soldats en état complet d'ivresse. Un autre soldat américain aussi en état d'ivresse, a tiré un coup de feu devant les Quartiers généraux du général Dody. En conséquence, et après deux entretiens que j'ai eus avec le colonel chef d'Etat-major de la 5e D.I., le couvre-feu a été décidé, pour toutes les troupes stationnées en ville, à 6 h du soir. L'Armée américaine, regrettant profondément ces incidents, a donné des ordres au Provost Marshal pour qu'une garde soit montée par la Military Police devant les Quartiers généraux français ».

Gouvernement Provisoire
de la République Française

FRANÇAIS

les Armées de la Libération que vous avez impatiemment attendues sont là.

AIDEZ-LES!

1° En vous taisant :

L'ennemi a laissé derrière lui des espions qui vous observent — la moindre indication peut avoir de graves répercussions.

2° En fournissant au Bureau de Sécurité Militaire le plus proche ou, à défaut, au Commissariat de police, à la Gendarmerie, tout renseignement dûment signé sur :

Les faits de sabotage ;
Les espions au service de l'ennemi ;
Les traîtres à la Patrie ;
Les crimes de guerre ;

3° En aidant à la récupération de tout matériel ennemi.

La loi châtie sévèrement les indiscrétions... mais des milliers de Français peuvent être sauvés par un bon renseignement.

Aidez-nous et taisez-vous!

Bureau de Sécurité Militaire de la XXIe Région Militaire, 10, rue aux Ours, Metz.

Imprimerie du Journal Le Lorrain, Metz, 14-16, rue des Clercs

(Archives municipales de Metz)

incendies. Certains autres volèrent [58]. Les soldats français n'étaient guère en reste. Un certain relâchement de la discipline fut constaté en janvier [59]. Des rixes eurent lieu avec les C.R.S. [60], les F.F.I. engagés doutant de leur patriotisme préalable. Des habitants de Metz profitèrent de la situation pour se livrer aux pillages. Parmi eux enfin étaient restés des Allemands et des pro-Allemands.

Tout ceci nécessitait des mesures de protection auxquelles participèrent les quatre unités citées.

- Un couvre-feu fut donc instauré, dès le 24 novembre, de 18 [61] à 6 h, pour limiter les rixes et les vols dans une ville sans lumière.
- Des patrouilles en ville furent rapidement instituées et renforcées en janvier. Le rapport de la place n° 5 du 10 au 12 précisa leur mission. Il rappela que la circulation était interdite après le couvre-feu de 20 h à tous les militaires, sauf aux officiers détenteurs d'un ordre de mission, mais que ces derniers devaient être rentrés avant 22 h. Il s'agissait pour les patrouilles, en liaison avec la Military Police (dont le P.C. était 22 rue de la Vacquinière), de « prendre toutes mesures pour éviter les incidents. La police militaire américaine et la troupe française doivent collaborer intimement pour assurer le maintien de l'ordre et la sécurité dans la ville de Metz ». Il fut entendu qu'à partir du 12 janvier un homme de la Military Police accompagnerait chaque patrouille française partant de la caserne Barbot (deux patrouilles) et de la caserne Chambière (une patrouille) pour agir en ville entre 20 et 21 h et ramener chez eux les militaires des deux nationalités ivres ou créant du désordre, les Américains étant livrés le lendemain aux leurs.
- La crainte des sabotages fit garder les ponts de la Moselle, du canal et de la Seille, en liaison avec le major Douglas dont le P.C. était au 2e étage de l'école des filles, place du Général-de-Maud'huy (P.C. du 11e groupe blindé). Les M.P. américains étaient chargé d'y surveiller la circulation. Les postes de garde français devaient « veiller à ce que personne ne s'approche des piles, des culées, des ponts eux-mêmes qui sont menacés par l'intervention d'agents ennemis, de parachutistes, etc. Cette garde est un acte de guerre » [62].
- Il y avait plus simplement à assurer les postes de police devant les locaux militaires, dont le palais du Gouverneur en réfection [63]. Enfin des gardes assurèrent la circulation en ville.

---

58. Dans le même compte rendu du capitaine Giacobbi est mentionné : « Pillage. Il a été pratiqué partout sur une grande échelle. A Metz, de nombreuses plaintes me sont déjà parvenues (en particulier, je citerai deux vols importants : l'un est de 1 000 marks, l'autre est d'environ 500 000 F de bijoux. L'U.S. Army, saisie des faits par mes soins, enquête ».
59. Le rapport de place n° 6 (13 au 15 janvier) relève la mauvaise exécution du service de garde aux ponts. Le rapport n° 8 (18 au 20 janvier) comporte des punitions d'hommes du 151e R.I. pour mauvaise tenue, relève que cinq blessures involontaires par armes à feu entre militaires français ont eu lieu en une semaine et prescrit une « reprise en main ».
60. Le 24 janvier 1945, il y eut des « incidents » entre chasseurs du 16e B.C.P. et gardes républicains de sécurité. Cette animosité déjà ancienne persistant nécessita une note de service particulière du 5 mars.
61. Le couvre-feu fut reporté à 20 h à partir du 20 décembre.
62. Rapport de place n° 6, du 13 au 15 janvier 1945.
63. Hommes de la compagnie de Q.G. vus sur la photographie prise par Paul de Busson.

La gendarmerie continua d'étendre son implantation. Le 24 novembre, elle se réinstalla à Montigny.

La compagnie de garde des prisonniers de l'axe n° 491 fut créée à la caserne Chambière. Tous les prisonniers faits par les uns et les autres devaient y être conduits.

Evolution

2/20e bataillon de marche

Ce bataillon fut rebaptisé 2/151e R.I., le 2 décembre 1944, puis 2/146e R.I., le 5 février 1945.

Sa 1re compagnie, venue de Nancy en novembre, quitta Metz pour la région de Forbach (lors de la contre-attaque des Ardennes ?). Servant un peu de « bataillon de choc » pour les Américains, elle entra à Saint-Ingbert puis alla à Bad-Durkheim.

Etat-major [64] de la 21e Région militaire [65]

Il ne resta que vers le mois de janvier 1945 dans la maison Tillement. Il regagna ensuite l'immeuble du boulevard Clemenceau où il est encore actuellement.

Le palais du Gouverneur n'était pas en état. Il fut notamment pillé lors de la libération. Le général Dody logea donc 12 rue aux Ours dans la maison Vautrin. C'est là, encore qu'il reçut le général Walker le 9 mars 1945. Il s'installa au palais le mois suivant.

Les chasseurs

La 1re demi-brigade ne fut officiellement créée que le 16 janvier 1945, à Metz. Elle fut alors sous les ordres du colonel Pochard [66]. Son successeur fut le colonel Le Merre, le 2 septembre 1945. Les unités régimentaires (au total 175 hommes, le 4 avril 1945) furent formées par des éléments du 8e B.C.P. en surnombre et par de nouveaux engagés volontaires.

Quatre sections d'éclaireurs furent constituées dès après la libération de Metz avec des éléments des diverses unités. Elles furent poussées dans la région de Saint-Avold pour la garde des mines de Sarre et Moselle et de la Houve et, à partir du 1er décembre, pour effectuer des patrouilles en avant des lignes américaines dans la région de Carling et de Merlebach puis vers Forbach. Le 11 janvier 1945, le ministre de la Guerre puis le général retransmettaient aux chasseurs les remerciements du ministre de la Production industrielle pour leur action qui permit une reprise rapide de l'extraction de la houille.

Lors de la contre-attaque des Ardennes, le 8e B.C.P. patrouilla le long de la frontière à hauteur de Sierck, participa à la sécurité des arrières du 20e corps et

---

64. Il eut bientôt pour interprète le sous-lieutenant Sylvie de Bertier, devenue depuis lors Madame la comtesse de Sélancy.
65. La 6e Région militaire fut créée début 1946, regroupant les 10e, 20e et 21e R.M. Son siège fut fixé à Nancy par décret du 18 février, puis à Metz, par décret du 13 mars.
66. Les Messins ont la joie, aux anniversaires de la libération de Metz, de revoir cet officier qui fut professeur d'histoire et de géographie à Chambéry.

poussa son instruction. En mars 1945, il entra en Sarre avec ce 20e corps et, en avril, fut sur le Rhin de Coblence avant de s'embarquer, le 28 avril, à Thionville pour la région de Fontainebleau. Le 16 octobre, il fut renforcé par des éléments du 2/26e R.I. (ex 4/20e bataillon de marche).

A partir de mi-décembre, le 16e B.C.P. participa lui aussi à la sûreté des communications du 20e corps tandis que, par roulement, deux de ses sections étaient en ligne devant Forbach. Lui aussi entra en Sarre début mars, atteignit le Rhin le 29 mars, assura la sécurité des arrières américains et, le 1er mai, rejoignit Egrevillle (Seine-et-Marne). Le 1er mars, il avait été renforcé par trois sections du 30e B.C.P. F.F.I. Charentais. Le 1er octobre, il le fut par le 3/26e R.I. (ex 21/20e bataillon de marche).

Après le 22 novembre, le 30e B.C.P. participa à la garde des forts messins et à la recherche des défenseurs s'en échappant (un officier allemand fut tué et deux sous-officiers faits prisonniers près de Verny par le groupe du sergent Ch. Ruff, le 10 décembre). Lui aussi participa ensuite aux actions dans la région Saint-Avold-Forbach. Début mars, il entra en Sarre et, à Sarrebrück, fut en réserve du 20e corps. Le 29 avril, il rejoignit Lorrez-le-Bocage (Seine-et-Marne). Le 21 février, il avait été renforcé par l'essentiel du 30e B.C.P. F.F.I. charentais (fusion décidée le 16 janvier). Il était alors complet, à quatre compagnies.

Le 151e R.I.

Il y en eut aussi deux.

Le 4/21e bataillon de sécurité, appelé 1/151e R.I., fut créé à Fresnes-en-Woëvre peu avant le 15 novembre et à cette dernière date ne comptait encore qu'un officier (le chef de bataillon Gastaud) et un sous-officier (rappel). Il ne grossit guère. Le 2 décembre, le 2/20e bataillon de marche, d'origine F.T.P., devint le 2/151e R.I. (sa 1re compagnie était alors à Metz). Le 19 janvier 1945, le colonel Grandval remit à Metz le drapeau de la région au 151e R.I. dont le chef de corps souligna : « Nous sommes tous Lorrains, tous F.F.I. »... Par ordre no 25 du général commandant la 21e R.M. en date du 4 février, le 1/151e R.I. devint le 1/146e R.I. Le 5 février, le 2/151e R.I. (ex 2/20) fut transformé en 2/146e R.I. Ce dut être la fin de « ce » 151e R.I.

Le 1er régiment de Paris (la colonne Fabien dont le chef se tua en Alsace le 27 décembre) rejoignit la 1re Armée fin novembre en Franche-Comté. Le 12 janvier, il devint le 151e R.I. F.F.I. Renforcé le 2 février par le maquis F.T.P. de la Loire, mais surtout encadré à partir du 1er mars par des officiers et sous-officiers d'active de tirailleurs, il devint, ce même 1er mars, le 151e R.I. C'est lui qui franchit le Rhin à Germersheim le 31 mars, continua la campagne jusqu'en Autriche et rejoignit Metz, sa garnison de tradition, le 19 octobre (ainsi que le 2e R.G. alors dénommé C.O.G. 522).

Les gardes

Quelle fut la mission initiale du 3e escadron jumelé au 8e B.C.P. ?

Le 10 décembre, le groupement Daucourt fut mis à la disposition du général Duvigier, gouverneur militaire de Strasbourg. Le 14, l'Etat-major du groupement et le 5e escadron y partirent. Le 3e escadron suivit le lendemain. Mais la 3e Armée se faisait « tirer l'oreille » pour rendre les 4e et 8e escadrons, le Provost Marshal devant trouver des difficultés pour les relever dans leur mission de gardien de ponts et tunnels, d'autant que la contre-offensive des Ardennes commençait.

Le 19 décembre, par message n° 2.785/E.M.G.G., le ministre de la Guerre câblait au général Dody :

1. « j'interdis qu'escadrons garde soient mis à la disposition 3e Armée américaine ;
2. diriger toute urgence 4e et 8e escadrons groupe Daucourt sur Strasbourg ;
3. rendre compte date départ ».

En conséquence, ces deux escadrons rejoignirent effectivement Strasbourg les 26 et 27 décembre.

Les 4e et 8e Escadrons et un peloton du 5e, sous les ordres du commandant Daucourt, furent envoyés, le 5 janvier, au-devant des Allemands qui venaient de franchir le Rhin au nord de Strasbourg. Au prix de fortes pertes (quatre tués, dont un officier, et seize blessés, dont un officier) les gardes réussirent à stopper l'ennemi. Jusqu'au 3 février, deux escadrons tinrent les avant-postes et patrouillèrent à Kilstett.

La décision ministérielle n° 5.672/GEND.IT du 9 février 1945 réintégra les régiments de garde dans la gendarmerie en les renommant légions de gendarmerie mobile avec leur organisation d'avant-guerre.

Les 10 et 11 février, le groupe participa au service d'ordre et fournit un escadron d'honneur lors de la venue du général de Gaulle se rendant ensuite, le 11 après-midi, à Metz.

Conclusions

La crainte de sabotage de points sensibles après la libération ou d'actions sur les arrières des troupes peut étonner actuellement. A cette époque, les responsables étaient préoccupés par le maintien sur place d'Allemands et de collaborateurs. Il y eut effectivement quelques rares exemples d'infiltration de commandos allemands sur les arrières américains dans la région de Gravelotte. Des ennemis furent effectivement parachutés en Moselle avec de bons moyens de transmissions et la connaissance des arguties de droit à utiliser en cas de capture (et certains d'entre eux furent effectivement pris). Toutes les gardes assurées ne furent donc pas inutiles.

A part le 8e B.C.P., une compagnie du 16e B.C.P. et les escadrons de garde venus constitués « de l'intérieur », il n'y eut guère d'apports locaux. Le lieutenant-colonel Pochard a noté sur un de ses historiques, à la date du 8 janvier : « Aucun F.F.I. ne s'est engagé aux trois bataillons depuis le 21 novembre ». Peut-être a-t-il — un peu — exagéré ? Pourtant les invitations dans la presse locale aux engagements ne manquèrent pas ! Qu'étaient devenus les F.F.I. qui avaient défilé le 26 novembre ?

Air Avancé Nord-Est

L'Air Avancé Nord-Est devint le « Détachement de Metz de la Base aérienne 121 ». Il dépendait directement du colonel Girard, commandant à Nancy la « 1re Subdivision aérienne » créée en décembre 1944 et travaillait pour le « Centre de Rassemblement et d'Administration des Personnels 201 » de Nancy.

Le fort Saint-Privat ne capitula que le 29 novembre et toute l'infrastructure de Frescaty avait été détruite par les bombardements américains répétés. Les faibles effectifs de l'Air Avancé Nord-Est ne pouvaient vivre dans ces ruines. Ce détachement resta donc (P.C. et cadres) au 23, avenue de Nancy alors que la base vie fut à Reymond puis, lorsque les Américains vinrent l'occuper en décembre, à Chambière. Frescaty resta inoccupé jusqu'à l'arrivée, à Noël, du 365e Groupe de chasse américain qui, lui, avait les moyens et avait besoin de terrains proches de l'Allemagne [66 bis].

Le détachement d'aviateurs français avait pour missions de marquer auprès de tous, civils, Américains et unités de l'Armée de Terre, la présence des ailes françaises, de préparer le retour à Metz d'éléments importants de l'Armée de l'Air française, également de prévenir les familles de cette région des décès d'aviateurs mais essentiellement de récupérer sur place, avant les Américains... et les civils, et d'envoyer à Nancy le maximum de matériels allemands intéressants. Il y en avait : des machines-outils dans les forts, des objets divers un peu partout, mais en premier lieu d'utiles pièces détachées prélevées sur les très nombreuses carcasses d'avions ennemis se trouvant à et près de Frescaty. Une mission interalliée [66 ter] venue là le 21 février 1945 en dénombra 97 ! [66 quater].

En février 1945, l'Air Avancé était sous les ordres du commandant Clause, ayant pour adjoint le capitaine Sognet et disposant du lieutenant Laurent, de quelques sous-officiers et d'une douzaine d'hommes.

L'ensemble ne réoccupa Frescaty qu'après le 15 avril, au départ du 368e Groupe de chasse américain.

---

66 bis. Ces premiers Américains eurent la surprise de découvrir des cadavres de soldats allemands encore abandonnés dans les champs situés juste à l'est de la gare d'Augny.

66 ter. Renseignement obtenu grâce à Monsieur R. Baudru.

66 quater. 52 Fockewulf (dont 3 FwA, 31 FwF, 4 FwG et 14 non précisés),
29 Junker (dont 21 Ju87 et 8 Ju88),
14 Messerschmitt (dont 8 Me109, 3 Me110, 1 Me111 et 2 Me210),
1 Ar96B et 1 Fil56.

La résistance [67]

Fin des activités F.F.I.

Le P.C. des F.F.I. passa de la Trésorerie générale au 32 de l'avenue Foch. Le commandant Krieger y eut pour secrétaires Mlle Krummenacher et Mme Lebrun. Un autre P.C. F.F.I. fut installé rue Gambetta, au 2e étage de l'immeuble du magasin « Tout pour l'auto ». Pendant quelques mois, des chefs de brigade s'y réunirent chaque semaine. On y distribua aux F.F.I. nécessiteux des « bons de vestiaire » et, à Noël 1945, un colis du Cosor [68]. Les brigades continuèrent d'occuper leurs P.C. déjà indiqués. Un bureau militaire F.F.I. fut enfin créé à l'Etat-major du général Dody, dans l'immeuble Tillement.

Les chefs de brigade eurent pour tâche de dresser la liste de leurs F.F.I. Ceux-ci, reconnus comme soldats, furent payés comme tels (rue de la Gendarmerie) en fonction de leur grade. Les candidats à l'inscription furent alors nombreux...

Après la libération, des F.F.I. furent utilisés à *diverses tâches :*

La principale fut un service de garde.

- Pour contrer les pillages en cours, des éléments gardèrent des dépôts (sans s'oublier parfois) notamment les magasins des subsistances militaires, boulevard de Trèves. (Des F.F.I. des 3e, 4e et 5e brigades y furent, et Gaston Wagener [69] se souvient qu'il dut tirer en l'air pour chasser les amateurs de meules de gruyère, boîtes de sardines d'un kilo, et autres denrées fort appréciées). Des maisons vides furent également gardées (dont la maison Tillement). Une équipe de la 8e brigade garda l'entrée de la caserne Barbot avant la venue des troupes régulières.
- Ces gardes eurent également pour but la sécurité. C'est ainsi que des F.F.I. participèrent à la surveillance des ponts et à la garde des voies.
- Rappelons également les patrouilles de la 8e brigade au Ban-Saint-Martin contre les défenseurs du Saint-Quentin venant y chercher de nuit du ravitaillement.

Parallèlement, les F.F.I. continuèrent leur chasse aux militaires allemands qui s'étaient cachés ainsi qu'aux armes (notamment revolvers) qu'ils avaient jetées.

Ils eurent d'autres tâches diverses, servant un peu à tout, à remblayer les excavations de la place Saint-Louis, à effectuer des transports, etc.

---

67. Il faut noter qu'un certain rôle fut joué par les scouts. Leur chef, le lieutenant Thiriot, s'en occupa pendant l'annexion. A la libération, certains servirent d'agents de liaison au profit de l'Etat-major F.F.I, de la Croix rouge, etc. ; d'autres, armés, gardèrent l'ex-immeuble de la Hitlerjugend, 19 avenue Foch, devenu leur propre P.C. où une permanence fut établie dès le 28 novembre. La reprise du mouvement fut rapide sous l'impulsion du lieutenant cité, du lieutenant Charles de Vaulx, autre chef scout, et de Mlle Thiam. Dès décembre 1944, six troupes étaient recréées à Metz. Leurs membres aidèrent les services sociaux, les sinistrés et réfugiés puis les prisonniers de guerre de retour. Il s'agissait de contrer l'influence de l'ex-Hitlerjugend.

68. De 1945 à 1949, un vestiaire d'habits civils fut créé caserne Féraudy. Le colis du Cosor (quel était cet organisme ?) contenait un peu d'habillement et de nourriture, ainsi que des cigarettes.

69. Cet ex sous-officier d'active ayant, dès avant la libération, contacté certains S.O.R., regroupa des F.F.I. et eut son P.C. rue Serpenoise dans les locaux du « Républicain Lorrain » qui viennent d'être détruits.

F.F.I. P.C. Moselle, le 23.11.44

REGION MOSELLE

No. 3

NOTE DE SERVICE

Il est porté à la connaissance des intéressés que le rapport du Commandant F.F.I. est fixé à 8 heures du matin chaque jour au P.C. (Hôtel Tillement) pour prendre effet le 24 courant.

Le Commandant GREGOR

Chef du département de la Moselle

Destinataires :

Capitaine TRIBOUT

chef d'arrond. Me MOPPERT

Capitaine WOLFF

M. LOTH

Archives.

F.F.I.

REGION MOSELLE

I N V I T A T I O N

Le Commandant GREGOR, chef de la région Moselle F.F.I., a l'honneur d'inviter

Monsieur MOPPERT
Chef d'arrondissement

aux obsèques solennelles des F.F.I. tombés au champ d'honneur qui auront lieu samedi le 25 Novembre 1944 à 15 heures au cimetière de l'Est.

P.C.Moselle, le 24.11.1944

Le Commandant GREGOR
Chef du Département de la Moselle

F.F.I.

REGION MOSELLE

I N V I T A T I O N

Le Commandant GREGOR, Chef de la Région MOSELLE, prie

M onsieur MOPPERT, Arrondissement Metz-Ville
Membre du Comité,

de vouloir bienassister à la Réunion du Comité Régional de Résistance, qui aura lieu

Jeudi 3o Novembre à 15 Heures,

à la Salle de Réception, P.C. de l'Etat-Major, (anciennement Trésorerie Générale, Banque du Luxembourg).

P.C. Moselle, le 29.11.44

Le Commandant GREGOR,
Chef de la Région MOSELLE

COMITE DE RESISTANCE DEPARTEMENTAL

I N V I T A T I O N

Metz, le 7.12.44

Monsieur KRIEGER (Commandant GREGOR), Président du Comité de Résistance Départemental, invite

M aître MOPPERT
Membre du Comité,

à la Réunion pleinière qui aura lieu le Vendredi 8 Décembre 1944, à 14 Heures, au Siège du Comité, 5, Rue Pasteur (2ème Etage).

La présence de chaque membre est indispensable.

Le Secrétaire Général :

(Collection Moppert)

RÉPUBLIQUE FRANÇAISE

Comité départemental
de Libération
Moselle

COMITÉ DÉPARTEMENTAL DE LA LIBÉRATION * MOSELLE *

Metz, le 9 décembre 194 4
5, avenue Foch

PROCES-VERBAL DE LA SEANCE PLENIERE DU C.D.L.

DEPARTEMENTAL

1) - **Ouverture de la séance :**

Le Commandant GREGOR, Chef de la Résistance du Département de la Moselle, ouvre la séance à 9 Heures, dans la Salle des Conférences de la Préfecture.

Sont présents :

M. KRIEGER (Cdt. Grégor)	Résistance
TRIBOUT (Cap. Thibaut)	"
NILLES	C.G.T.
STENGER (Lt. Xavier)	Résistance
VAROQUY	Parti Communiste
Louis VAROQUY	Jeunesse Communiste
LOTH	Résistance Patronat
WOLFF (Capitaine)	" Epuration
FABERT	" Agriculture
Mme Dr. BURGER	" Déportés
M. MOPPERT	"
SCHWOB	C.G.T.
RIETH (remplaçant Mr. ENGLER	"
QUIRIN	Syndicats Chrétiens

Les autres membres convoqués, notamment les Chefs d'arrondissements de Metz-Campagne, Forbach, Sarreguemines, Sarrebourg, Boulay, Château-Salins, Thionville, ainsi que Mr. SCHULER (S.F.I.O.), Mr. RUBECK (Parti Communiste), Mr. LINDER (Jeunesse Catholique), Mr.WI TZER, Mme MUNIER et le représentant de l'U.R.D. et Démocrate Chrétien, ne purent être touchés faute de moyens de communications.

....

(Collection Stenger)

Il restait du temps libre. Des chefs de brigade voulurent en profiter pour « militariser » leurs effectifs. Le lieutenant Eisenkopf voulut réaliser un « rapport » rassemblant chaque matin tous ses hommes à son P.C. de l'avenue Foch. Gaston Wagener fit faire aux siens de l'ordre serré et du maniement d'armes, place de la République. Cet aspect ne plut pas à tous.

L'antenne locale du réseau *Mithridate* n'avait plus d'activité depuis le dramatique 7 novembre. Du moins ses membres furent-ils mis à l'honneur le 24 novembre. Ce jour-là, un « déjeuner présidé par le colonel Kotch, commandant le G.2 (le 2e bureau) de la 3e U.S. Army et le colonel Schalcross, commandant le détachement OSS (fut) offert à l'équipe des agents de Mithridate récupérés à Metz. Le colonel Kotch présenta à 16 h le chef de mission, M. Leroy, et son radio au général Gaffey, chef d'Etat-major » [(70)].

Ce même radio, comme d'autres F.F.I., fut décoré par le général de Gaulle le 11 février 1945. Rappelons enfin que des F.F.I. participèrent en corps constitué à bon nombre des manifestations qui eurent lieu après la libération.

L'effritement

« F.F.I. ?.. Ce que nous voulons ?.. Une Lorraine dans laquelle toutes les forces intérieures sont et resteront indissolublement unies au service non pas d'un parti mais de la patrie ». Tel était l'éditorial signé du « Comité régional de la résistance » dans le numéro 4 (26 et 27 novembre 1944) du journal « La Lorraine libérée ». Indissolublement liés, ils ne l'étaient pas et le devinrent de moins en moins et ceci est malheureusement « normal ».

Causes de l'effritement

La résistance s'était formée au gré des occasions, voire des hasards, surtout en Moselle annexée et regroupait des personnes parfois bien différentes et des motivations variables. L'unité, théorique, de l'objectif n'effaçait pas cette diversité et n'empêchait pas des jalousies entre clans et entre personnes. Le changement du chef départemental compliqua la situation. Malgré certains efforts, trop tardifs, du capitaine Tribout, voire du commandant Grégor, la résistance messine n'était pas fortement structurée à l'arrivée des Américains.

De ce fait, à la libération, les missions furent peu coordonnées. Il y eut surtout un certain nombre d'équipes, de meneurs suivis de leurs camarades, qui agirent comme ils l'entendaient. Il n'y eut en fait pas de plan appliqué. Il s'agit plus d'improvisations que de coordination. Le secteur 1 avait disparu et

---

70. Dans : « Journal du lieutenant-colonel Bilbane, commandant le service de renseignements, sur les opérations de la 3e Armée U.S. ». C'est lors de ce repas (rappel) que cet officier indiqua que Londres n'avait plus écouté la station radio messine. La fin brutale du 7 novembre lui avait fait penser que le radio avait alors été pris par l'ennemi. Le poste de Roger Bauler et les archives du réseau furent confiés au chanoine Anneser pour être déposés aux Archives nationales après exploitation du prêtre pour son livre : « Vautours sur la Lorraine ». Le poste fut un moment exposé en 1945 au journal « Le Lorrain ». Où est-il maintenant ? Les Archives départementales de la Moselle n'ont qu'une partie des messages émis et reçus. Les Archives nationales n'ont rien. L'héritière du chanoine a dit à l'auteur ne rien posséder...

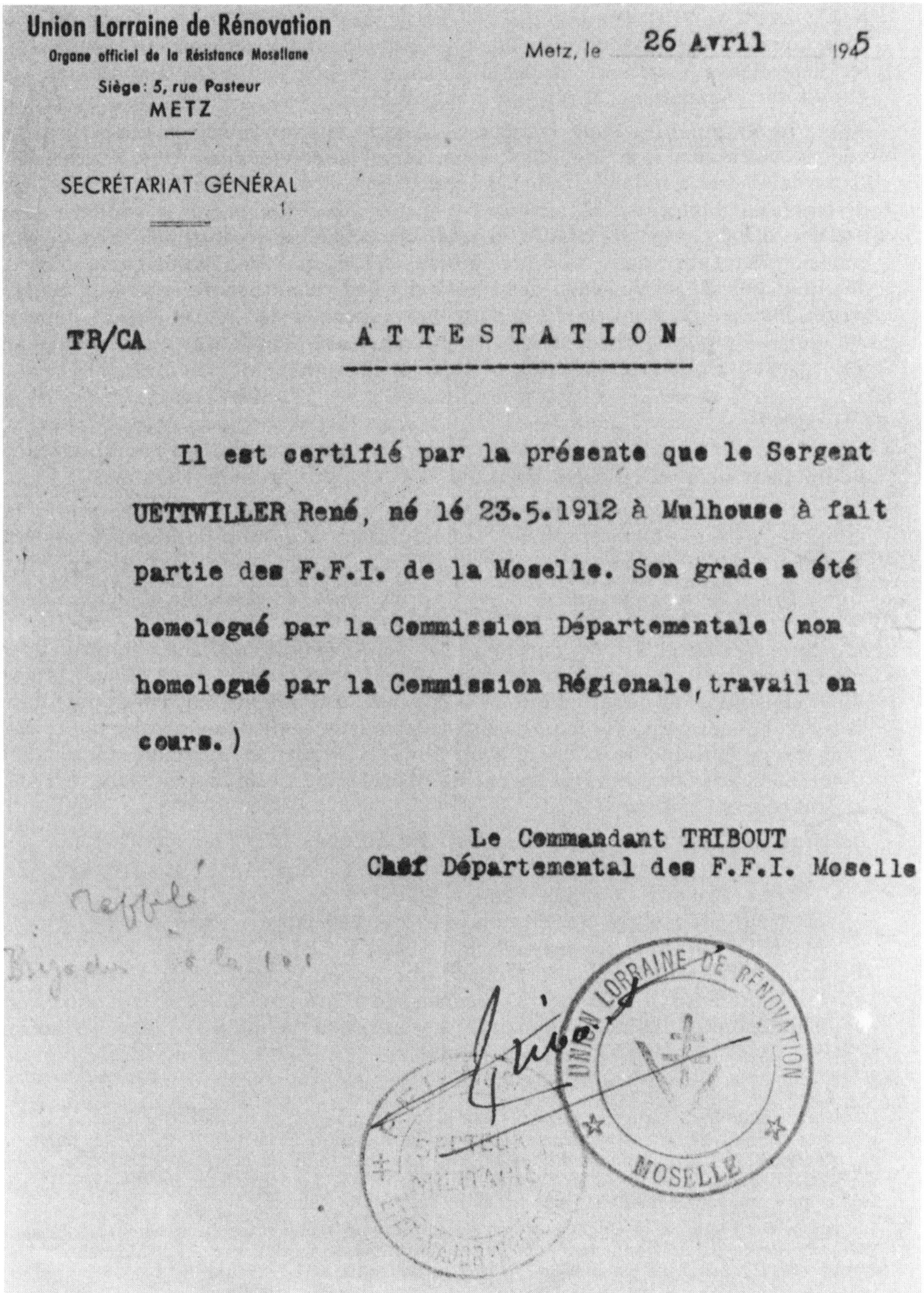

Union Lorraine de Rénovation
Organe officiel de la Résistance Mosellane
Siège : 5, rue Pasteur
METZ

SECRÉTARIAT GÉNÉRAL

Metz, le 26 Avril 1945

TR/CA

ATTESTATION

Il est certifié par la présente que le Sergent UETTWILLER René, né lé 23.5.1912 à Mulhouse à fait partie des F.F.I. de la Moselle. Son grade a été homologué par la Commission Départementale (non homologué par la Commission Régionale, travail en cours.)

Le Commandant TRIBOUT
Chef Départemental des F.F.I. Moselle

UNION LORRAINE DE RÉNOVATION
MOSELLE

(Collection Eisenkopf)

il n'y avait pas de commandos [71]. La protection des ponts n'était pas la préoccupation des exécutants. Qui plus est, au moins deux chefs de brigade, les lieutenants Thiriot et Berwick, furent pris par des missions particulières auprès des Américains. Il n'y eut pas unité.

Après la libération, à Metz comme ailleurs, la joie créée par la liberté retrouvée ne suffit pas à souder les cœurs. L'ambiance générale très mitigée qui régna alors sera relatée dans la conclusion. Du côté des résistants, des divergences d'intérêts, des jalousies, encore exacerbées par la toujours très délicate distribution des grades et des décorations, ne contribuèrent pas à la cohésion de l'ensemble. Certains étaient déçus par des lendemains qui ne chantent pas ou se posaient des questions lors du retour de ceux qui étaient partis. Plus simplement, la vie « normale » reprenait ses droits, ses exigences, d'autant plus que le redémarrage ne fut pas aisé. Déçus ou pris par ailleurs, des résistants jugèrent que « la page était tournée ».

L'effritement

Qu'était ce *« Comité régional de la résistance »* qui avait signé l'éditorial cité ? Regroupant diverses bonnes volontés, il était pour le moins informel.

La création du *« Comité départemental de la libération »*, indiquée plus loin, était de portée politique et ne pouvait donc être que temporaire et non durablement unificatrice.

Une *« Union lorraine de rénovation »* fut donc créée en décembre 1944 [72]. Elle fit notamment sortir, le 6 juin 1945, sur les presses du journal « Le Lorrain », la brochure : « Clartés » [72 bis], dans laquelle elle se définit : « L'Union lorraine de la rénovation, vaste mouvement de rassemblement populaire, est l'organe officiel de la résistance du département de la Moselle. Elle a pour but d'organiser dans une action commune, l'union de tous les Français et de tous les résistants. Elle fera de la Lorraine le bastion avancé de la France de demain, un bastion inébranlable de culture française... ». Sa devise était : « La Lorraine aux Lorrains, la France aux Français ».

Le *« groupement F.F.I. de la Moselle »* lui succéda le 19 novembre 1945.

- Il fut créé par 43 « membres constituants » dont MM. Krieger, Stenger, Tribout, Griboux, Berwick, Thiriot, Christ, Kron, Costa, Kosobeck, Antenat et Wolff. Des chefs de brigade comme Eisenkopf n'étaient alors plus à Metz. Les statuts précisaient que « l'association a pour but de maintenir dans le département de la Moselle une liaison et une solidarité entre tous les camarades des Forces Françaises de l'Intérieur qui ont combattu, en clandestinité, l'armée allemande les armes à la main ». Le siège social

---

71. L'ex-corps franc de Gloutier ne survécut pas à l'arrestation de ce dernier. Certains de ses 34 membres officiels durent servir dans l'une des neuf brigades du secteur 2. Ce fut au moins le cas de Hecq. M. Saint-Paul ne sut et ne put pas maintenir ce commando, car une grave maladie le mit « hors service » au moment de la libération. Le corps franc de François Ull, s'il exista un jour... ne se manifesta pas après la capture de celui-ci.

72. Sur papier à en-tête de l'« Union Lorraine de Rénovation » une attestation datée du 26 avril 1945 est signée par le « commandant Tribout, chef départemental des F.F.I. Moselle »... Les statuts de l'U.L.R. furent élaborés par MM. Ch. de Vaulx et L. Stenger.

72 bis. Cette revue, qui devait être mensuelle, fut lancée par M. Tribout de Morembert. Seul le premier numéro parut.

était fixé 3, rue Gambetta. Un bureau directeur de six membres devait convoquer les membres à des assemblées générales trimestrielles.

- Ce groupement, présidé par le commandant Krieger, devenu député, se manifesta notamment lors de son congrès extraordinaire du 2 mars 1946. A l'issue, une délégation alla remettre au préfet une résolution dans laquelle « les F.F.I. et maquisards de la Moselle » s'élevaient très vigoureusement contre une épuration jugée trop faible [73]. Après la mort de M. Krieger, ce groupement demanda que son nom soit donné à une rue.

Entre-temps, pour relancer ce mouvement associatif qui périclitait, Jean Costa voulut lancer le *« Réveil de la résistance »* fin 1953. Il fit cet appel : « Neuf années se sont écoulées... Camarades, unissons-nous pour continuer à la (la France) servir. Le Réveil de la résistance, de caractère nullement politique, a pour but le rassemblement de tous les braves de la clandestinité... ». Une première réunion eut lieu le 31 janvier 1954 au café Pasteur.

De son côté, M. Leroy voulut regrouper les *« Anciens des réseaux de renseignements »* (pas seulement Mithridate). Il en fut le président, le radio Bauler étant secrétaire. Un fanion fut réalisé, béni par Mgr Heintz à l'évêché et remis à M. Richard, porte fanion, par le général de Gaulle lors de sa venue le 11 février 1945. Mme Leroy fut la marraine de l'emblème. L'amicale tint quelques réunions-repas. M. Leroy démissionna de la présidence et préféra transmettre ses fonctions à Me Kédinger plutôt qu'à M. Bauler. Mme Leroy a indiqué à l'auteur que le fanion « a disparu ».

Le mouvement national *« Ceux de la résistance »* (C.D.L.R.) installa une section à Metz dans les tout derniers jours de janvier 1945.

Un comité mosellan de coordination des mouvements F.F.I. et F.T.P. se réunit le 28 février 1946...

Après l'échec final de ces divers essais de rassemblement, Me Wolff invita d'anciens résistants messins et leurs épouses à des déjeuners amicaux au foyer Lasalle, 9, rue du Grand-Cerf. Les 9 février 1980, 14 mars et 19 décembre 1981, de 15 à 18 personnes se retrouvèrent ainsi.

Conclusions

- Dès la libération, commença la dislocation de la résistance, chacun se tournant soit vers l'armée, soit vers la politique, soit simplement vers la reprise de la vie civile.
- De nouvelles réalités, de nouvelles difficultés firent qu'ensuite, pour beaucoup, « la page était tournée ».
- Cet effritement, une des causes de la disparition fort regrettable de documents du moment et de témoignages de valeur, contribue à rendre difficile, plus de quarante ans après, la recherche sérieuse des faits d'alors.

---

73. « Considérant que les mesures administratives prises en matière d'épuration qui annihilent pratiquement les effets d'une épuration insuffisante en soi, auront pour conséquence le retour triomphant et arrogant des vils laquais du nazisme dans les lieux mêmes où ils ont commis leurs pires méfaits... Redoutant... constatent... décident... prêtent serment solennel qu'ils ne permettront plus que les criminels et les traîtres qui ont terrorisé les patriotes de la Moselle reviennent les narguer par leur présence et leurs revendications, invitent Monsieur le Préfet... engagent leur président... espèrent... s'adressent publiquement aux associations... »

RÉVEIL DE LA RÉSISTANCE

Neuf années se sont écoulées...

Les souffrances sont oubliées et la victoire a effacé les larmes. Les événements se sont succédés ; la France veut renaître et retrouver sa grandeur du passé.

Soldats sans uniforme, vous avez lutté et donné le meilleur de vous même pour votre pays. J'ai connu votre combattivité, votre patriotisme et votre cœur. Après tant d'héroïsme, l'idéal que vous avez défendu est-il atteint ? Non, la France a encore besoin de vous.

Camarades, unissons-nous pour continuer à la servir

Le Réveil de la Résistance de caractère nullement politique a pour but le rassemblement de tous les braves de la clandestinité.

Je vous invite à la réunion des combattants qui aura lieu le **dimanche 31 janvier 1954, à 10 heures, à Metz,** au **Café Pasteur,** rue Pasteur (petite salle, entrée par le Café).

Pour le Comité provisoire :
J. COSTA,
Chef de Brigade.

(Coll. Eisenkopf)

Vers l'Armée

L'appel de l'Armée

Dès le 19 septembre 1944, le ministre de la Guerre [74] précisait par lettre n° 217/CAB.MIL à tous les généraux commandant les régions militaires : « Les divers commandements locaux F.F.I. sont purement et simplement sous vos ordres ; ils doivent être, au surplus, intégrés dans un délai aussi court que possible, dans votre Etat-major de région... ».

Dès le numéro 2 du journal « La Lorraine libérée » (24 novembre), le général Dody indiquait donc : « Les Français appartenant aux Forces Françaises de l'Intérieur doivent se considérer comme relevant directement de l'autorité militaire, c'est-à-dire du commandant militaire de la Région. Seul, celui-ci a autorité pour fixer les conditions dans lesquelles les F.F.I. participeront au maintien de l'ordre et à la sécurité du territoire ».

Le 30 novembre, la même autorité faisait connaître les mesures prises à compter du 1er décembre : « les F.F.I. passaient sous ses ordres et avaient à choisir entre un engagement et le retour à la vie civile » [75]

- L'ordre général n° 2 (déjà cité en partie) était la présentation « diplomatique » de ces mesures :

  « La " résistance " de Metz et de la Moselle a superbement rempli son rôle patriotique, malgré les obstacles et les dangers de toute nature, plus grands ici que dans le reste du pays.

  Sur le plan militaire, son rôle est terminé ou, pour mieux dire, il va se continuer dans le cadre de l'Armée nouvelle.

  Une partie de ses hommes va en effet rejoindre volontairement les unités régulières.

  Les autres resteront à leur poste dans le secteur social, administratif et économique.

  Pour leur tâche d'hier, que tous soient félicités par la voix du Gouverneur de Metz, heureux de prendre à ses ordres les fiers soldats F.F.I de la Moselle... ».

- La décision n° 467/1. Org. contenait les modalités d'exécution.

  ...

  « Le commandement du secteur militaire F.F.I. est remplacé par une section F.F.I., constituée à l'Etat-major de la Région... Elle fonctionnera également en tant qu'organe liquidateur.

  Les volontaires pour contracter un engagement sont dirigés selon leur désir : sur la gendarmerie, la garde républicaine ou les polices municipales, (ou) sur un corps ou service de leur choix. Pour la 21e Région : en premier lieu : sur le 1/151e destiné à amalgamer les F.F.I. Moselle (ou) sur la 1re demi-brigade de chasseurs de Lorraine (ou) sur le Centre régional d'organisation et d'instruction : Unités blindées : n° 507, d'artillerie n° 61, du génie : 2e génie, des transmissions : 18e génie et des F.T.A. : 402e D.C.A.

---

74. Une « Direction des F.F.I. », présidée par le général « Joinville », fut créée le 26 septembre 1944 au ministère de la Guerre.

75. Il n'empêche que des F.F.I., de moins en moins nombreux il est vrai, du commandant Scharff et lui-même continuèrent d'aider jusqu'à mi-mars 1945, en tant que F.F.I., les Américains au nord-est du département, notamment lors des combats autour de Sarreguemines et de Bitche et pour la sauvegarde des charbonnages et y subirent des pertes. A cette époque, certains F.F.I. étaient complètement habillés (sans signe distinctif) et nourris par les Américains.

GOUVERNEMENT PROVISOIRE DE LA RÉPUBLIQUE FRANÇAISE

GOUVERNEMENT MILITAIRE DE METZ

APPEL

A partir du 15 juin 1944, les engagements dans les Forces Armées Françaises ont repris.

Tout citoyen français peut contracter un engagement devant le chef de la Brigade de Gendarmerie la plus proche de sa résidence.

En attendant la mobilisation générale à laquelle il sera procédé, dès que les circonstances le permettront, le Gouvernement Provisoire de la République et le Commandant en Chef des Forces Armées Françaises comptent sur la foi patriotique des Français en état de porter les armes pour venir grossir les rangs des *Forces Françaises* qui n'ont jamais cessé la lutte et ont encore ajouté à la gloire de nos drapeaux.

Le Général de Division DODY, Gouverneur Militaire de Metz,
Commandant la 21ᵉ Région,
Signé : DODY

Verdun. — Imp.-Lib. R. MARCHAL.

(Archives municipales de Metz)

Les non-volontaires pour contracter un engagement sont rendus à la vie civile après remise de leurs effets militaires et de leurs armes.

...

Le C.R.O.I. (caserne Ney) fonctionnera à partir du 1er décembre comme centre de renseignements et d'aiguillage pour le personnel (et) comme centre de rassemblement du matériel ».

De nombreux articles dans les journaux convièrent à l'engagement dans les diverses unités possibles.

La réponse

Une partie des officiers et sous-officiers de réserve ou de carrière en cause reprit du service. Citons par exemple, MM. Thiriot, Eisenkopf, Antenat, Wagener, Mayer, Denis, Leroy, Bauler.

Les nouveaux engagements semblent avoir été par contre en nombre restreint. Rappelons la phrase du lieutenant-colonel Pochard en date du 8 janvier : « Aucun F.F.I. ne s'est engagé aux trois bataillons depuis le 21 novembre ».

Beaucoup des F.F.I., portés sur les récentes listes des brigades, estimaient en avoir fait assez. Ceux qui par contre s'engagèrent, le firent certes parce qu'ils pensaient que c'était leur devoir mais aussi parfois parce qu'ils firent un complexe vis-à-vis de ceux qui avaient combattu et continuaient de le faire sur les divers théâtres d'opérations, alors qu'eux-mêmes étaient restés « sous la botte ». Il y eut enfin des F.F.I. qui, non cadres de réserve, s'étant donné des galons et ayant cru, à tort, pouvoir les garder à l'Armée, déçus, rejoignirent la vie civile.

On peut noter aussi que la connaissance de la langue allemande et peut-être l'habitude de la clandestinité poussèrent des volontaires à l'engagement dans des services spéciaux français ou américains. Ce fut le cas, par exemple, de M. Becker travaillant pour un élément dont le P.C. était au Casino bar, rue du Chanoine-Collin. L'équipe Leroy-Bauler, de son côté, servit à l'antenne locale de la Direction générale des services spéciaux devenue la Direction générale de l'espionnage et du renseignement afin d'éviter le sigle S.S. Roger Bauler, « engagé volontaire pour la durée de la guerre » lors de son entrée dans le réseau Mithridate, continua d'être radiographiste rue Poncelet puis rue des Roses. Du 20 au 31 décembre, pendant la contre-attaque des Ardennes, il fut envoyé à Sarreguemines pour faire passer des agents de renseignements en Allemagne.

Conclusion

A partir du 1er décembre, les F.F.I. étaient sous les ordres de l'Armée et avaient à choisir entre l'engagement et le retour à la vie civile. Des responsables s'engagèrent ; peu d'autres.

Vers la politique

L'initiale prééminence de M. Krieger (76)

Elle apparaît, par exemple, dans les trois invitations-convocations que reçut alors Me Moppert, « chef de l'arrondissement de Metz-ville ».

76. Après la libération, Alfred Krieger, président du comité départemental de libération de la Moselle, fut directeur commercial de la Société d'Alsace-Lorraine d'Electricité (Salec) reformée alors. Il demeurait 15 rue Pasteur.

Le 23 novembre, la note de service n° 3 à l'en-tête : « F.F.I. région Moselle » fut envoyée du « commandant Grégor, chef départemental de la Moselle » aux « destinataires : capitaine Tribout, chef arrondissement Moppert, capitaine Wolff, M. Loth, archives ». Le texte en était : « Rapport du commandant F.F.I. à 8 h chaque jour au P.C. (hôtel Tillement) à partir 24 ».

Le 29 novembre, Grégor, « chef de la région Moselle » invitait Me Moppert, encore « chef de l'arrondissement de Metz-ville », à assister à la réunion du « comité régional de la résistance le jeudi 30 novembre, à 15 h, à la salle de réception, P.C. de l'Etat-major (anciennement Trésorerie générale ; banque du Luxembourg).

Le 7 décembre, encore au nom de M. Krieger « président du comité de la résistance départementale », l'abbé Stenger, secrétaire général, invitait Me Moppert à assister à la réunion plénière du 8, à 14 h, au siège du comité, 5, rue Pasteur, 2e étage.

Le comité départemental de la libération (77)

« La Lorraine libérée » n° 13 du 7 décembre annonça sa création la veille et en donna la composition (78). Son comité directeur était composé de :
- M. Krieger, président au titre de la résistance,
- M. Tribout, vice-président au titre de la résistance,
- M. Nilles, vice-président au titre de la C.G.T.,
- Abbé Stenger, secrétaire général au titre de la résistance,
- M. Waroquy, trésorier au titre du Parti communiste.

« Le Lorrain » n° 2, du 12 décembre, diffusa la proclamation du nouveau comité : « Le mot F.F.I... s'est élargi et transformé en comité de libération le 8 décembre. Fidèle expression des opinions de tous les Lorrains (de la gauche à la droite), le comité de libération doit être considéré comme le mandataire de notre province. Il est donc l'organe consultatif national des pouvoirs constitués.

Le travail du comité de libération sera assuré par le fonctionnement de cinq commissions :
- celle du ravitaillement et des transports,
- celle de l'épuration,
- celle des questions monétaires,
- celle de l'administration des affaires municipales pour la paix sociale,
- celle des victimes ».

---

77. Le Conseil national de la résistance avait précisé, dès le 23 mars 1944, que le rôle de ces comités était, après la libération, de représenter provisoirement la population auprès des autorités et d'aider ces dernières.

78. Lors de la séance plénière du C.D.L., le 8 décembre à la Préfecture, furent présents, outre les cinq personnalités du comité supérieur :
- M. Loth, au titre de la « Résistance Patronat »,
- Le capitaine Wolff au titre de la « Résistance Epuration »,
- M. Fabert au titre de la « Résistance Agriculture »,
- Mme Dr Burger, au titre de la « Résistance Déportés » (A son retour d'Allemagne, en juin 1945, le Dr Burger la remplaça).
- Me Moppert.
- M. Schwob, au titre de la C.G.T.
- M. Rieth, au titre de la C.G.T.
- M. Quirin, au titre des syndicats chrétiens.

A noter que, parmi ces 14 présents, il y avait officiellement 4 communistes.

La proclamation affirmait ensuite la volonté du comité de réaliser « des réformes économiques : élimination des grandes féodalités économiques, financières et sociales... la reconstitution de syndicats indépendants, ... un programme de justice, de propreté et de progrès au service d'une France nouvelle, meilleure et plus belle ».

Le comité « rendra aux institutions démocratiques et populaires l'efficacité que la conception et la trahison du temps d'avant-guerre lui avaient fait perdre ».

Le comité faisait enfin appel à tous, à l'union de tous.

Me Wolff [79] a indiqué que les membres du Conseil de la résistance en Moselle avaient créé ce comité en accord avec le commissaire de la République. Il ajoute que « ce comité devait, avec les services de la préfecture, contribuer à la réorganisation de l'activité industrielle, commerciale et agricole du département, car il n'existait pas de Conseil général ».

Dans son compte rendu du 16 janvier 1945 au ministre de l'Intérieur portant sur la situation de la première quinzaine du mois, le préfet Rebourset mentionnait : « Les relations entre l'administration et le comité départemental de libération sont en tous points satisfaisantes, le comité départemental de libération ne manifestant jusqu'à présent aucune tendance à sortir de son rôle pour empiéter sur les attributions de l'administration ».

La carrière politique de M. Krieger

Il faut noter que son homologation F.F.I. s'arrête le 19 novembre, avant même la fin de la libération de la ville. L'intéressé s'estimait pourtant être chef F.F.I. départemental et les combats, ainsi que des actions F.F.I., durèrent au moins jusqu'au mois de mars (l'homologation des mêmes services de Just Scharff [80] continue jusqu'au 13 janvier 1945, ce prédécesseur évincé et théoriquement réintégré ayant suivi jusqu'alors l'activité des F.F.I. de Moselle). La politique attirait le commandant Grégor.

Il n'est question ici que de rappeler en quelques mots sa carrière à ce titre et son évincement par M. Mondon.

- Le 21 octobre 1945, après le retour de tous dans leurs foyers, eurent lieu les élections pour la première Assemblée nationale constituante, en même temps qu'un référendum. La liste d'entente républicaine et démocratique eut quatre élus, dont MM. Schuman et Sérot. La liste d'union gaulliste et d'action républicaine eut deux élus dont M. Krieger. La liste comuniste eut un élu et la liste S.F.I.O. et d'union familiale aucun.
- Le 2 juin 1946, avec la même étiquette, M. Krieger fut élu à la deuxième Assemblée nationale constituante ainsi que le général Giraud et M. Schaff, de Montigny.
- Le 10 novembre 1946, aux élections à la première Assemblée nationale la liste d'union gaulliste eut deux élus : M. Krieger en tête et, en second, M. Mondon.
- Le 17 juin 1951, lors des élections à l'Assemblée nationale, la liste R.P.F. eut trois élus dont M. Mondon en tête, suivi de M. Krieger.

---

79. Dans : « Journal d'un résistant mosellan ».

80. Cet ingénieur de chez de Wendel continue à être fort intéressé par l'industrie mosellane et à rester fidèle à la famille à laquelle il se dévoue et qui l'aida notamment dans son action lors de la résistance.

- Le 2 janvier 1956 enfin, M. Mondon fut élu, premier de la liste d'entente et de progrès, alors qu'Alfred Krieger, premier de la liste d'union des Républicains sociaux, ne fut pas élu.

M. Krieger, né le 5 mars 1903, à Pfaffenhoffen (Bas-Rhin) décéda subitement à Metz le 25 novembre 1957, neuf jours après avoir reçu la rosette de la Légion d'honneur des mains de M. Drillien, président des officiers de réserve de Metz [80 bis].

Conclusions

Fin sans incidents

Ceci ressort de deux rapports du préfet de la Moselle au ministre de l'Intérieur :

Dans celui du 20 décembre, concernant la première quinzaine de décembre : « Les forces armées de la résistance ont été dissoutes sans incidents. Il s'agissait de troupes de qualité, encadrées par des officiers et des sous-officiers de réserve. Ceux-ci avaient conservé les grades qui leur avaient été donnés par les autorités françaises. Il y aurait lieu à mon avis d'envisager leur promotion à un grade supérieur ».

Dans celui de la première quinzaine de janvier 1945 : « Les sections de F.F.I. se sont dissoutes, certains de leurs membres s'étant engagés dans l'armée régulière, les autres se considérant comme libérés, mis à la disposition comme militaires de réserve. Ces derniers participent à la garde des voies de communications, des ponts, concurremment avec des militaires de l'armée régulière et de l'armée américaine ».

Homologations

Ainsi prirent fin les activités des F.F.I. en tant que tels. Les derniers furent ceux qui restèrent jusqu'à la remise des matériels à l'armée régulière. Les résistants s'y engagèrent ou reprirent la vie civile.

Les listes nominatives établies par brigade à la libération comprenaient pour le moins des « erreurs » (sans revenir, ici, sur le fait que de vrais résistants ne cherchèrent pas à la libération à se faire reconnaître officiellement, la satisfaction du devoir accompli leur suffisant).

L'obligation du contrôle de la réalité des faits avancés par les F.F.I. répertoriés en France (rappelons que dès le 1er juillet 1944, il y en avait à Metz 1 218 recensés) amena à la création du Certificat d'appartenance modèle national. Seuls 255 F.F.I. des neuf brigades messines ont obtenu ce label dont la remise a été close à compter du 1er mars 1951, par décret 51.95 du 27 janvier 1951. La différence des totaux est très grande, compréhensible. Mais il ne faut cependant pas oublier que les démarches à remplir ont rebuté certains et que d'autres ont quitté la région à cette époque ou ne furent que de passage en novembre 1944.

Sur les 255 F.F.I. locaux homologués, 127 étaient décédés à la date du 1er novembre 1984 ; juste la moitié.

A la même date, seuls 45 des 128 survivants habitaient à Metz.

Mais les F.F.I. ne furent pas les seuls résistants à Metz. Il a été parlé des réseaux de renseignements. Rappelons que début août 1985, le « groupe Mario » a été reconnu comme unité combattante pour la période du 1er juillet

---

80 bis. Le premier drapeau des F.F.I. fut alors remis à la famille du défunt.

1941 à la libération, au titre de la résistance intérieure française (R.I.F.) et du 1er juillet 1942 au 23 novembre 1944, au titre des F.F.I.

La carte du « combattant volontaire de la résistance » (C.V.R.) est du ressort de l'Office national des anciens combattants et victimes de guerre. Elle a été attribuée soit au vu du certificat d'appartenance modèle national délivré par l'Armée (article R. 254 du code des pensions militaires d'invalidité et des victimes de guerre), soit après décision d'acceptation de deux témoignages de valeur (article R. 255). La loi 1.423 du 31 décembre 1957 a fixé au 1er janvier 1959 la forclusion de l'attribution notamment (81) de cette carte. Le décret 75.725 du 6 août 1975 a levé cette forclusion...

La section F.F.I. de l'Etat-major de la 21e Région militaire fut le premier organe liquidateur. M. Adrien Mayer est l'actuel liquidateur départemental F.F.I. O.R.A. ayant succédé à M. Kron.

De son côté, le capitaine Stenger est le liquidateur départemental de « résistance Est Moselle » pour les résistants isolés, n'ayant appartenu ni aux F.F.I. ni à un réseau.

Une dangereuse évolution

La Résistance locale avait été dirigée presque exclusivement par des cadres de réserve s'adonnant à des actions à finalité militaire.

Le 24 novembre, le « commandant F.F.I. » Grégor tint son premier rapport quotidien d'après la libération à l'état-major de la 21e R.M. avec quatre subordonnés.

Le 8 décembre, le même Grégor lançait à la préfecture le « Comité Départemental de Libération » lors d'une réunion groupant 14 membres dont 4 communistes. Et ce C.D.L. était « l'organe consultatif national des pouvoirs constitués ». La majorité des F.F.I. avait repris la vie civile. Très peu s'étaient engagés. La Résistance s'était arrogée des pouvoirs politiques mais déjà ceux-ci étaient noyautés par les partis et les syndicats, dont communistes qui, pourtant, ne participèrent pas à Metz à la résistance finale.

On était vite revenu à la situation politique d'avant 1939 !

---

81. Une cinquantaine d'associations de victimes de la répression allemande, pour la plupart créées en 1956, revendiquèrent la réparation du préjudice moral subi par diverses catégories de personnes. La loi du 6 août 1948 créa le statut des « déportés et internés résistants ». La loi du 9 septembre 1948 définit le statut de « déportés et internés politiques ». Un décret du 27 décembre 1954 fixa le statut du « patriote résistant à l'occupation ». La loi Mondon du 19 juillet 1954 reconnut les droits des Lorrains et Alsaciens incarcérés ou déportés pour désertion et insoumission, ainsi que ceux des parents qui les aidèrent, etc. Mais cette diversité, cette inégalité des droits, bien que normales, ont causé des mécontentements.
Le B.O.P.P. n° 14 du 8 avril 1957 a donné la liste des formations de la Moselle reconnues comme « unités combattantes » en application d'un décret du 23 décembre 1949. Il s'agit de 6 « secteurs » de l'« Organisation de Résistance de l'Armée » (O.R.A.), dont le secteur de Metz pour la période du 1er janvier 1943 au 23 novembre 1944 (rappel).

Reprise de la vie

Dans la première euphorie de la libération [81 bis], le commandant Sorbac [82] rendit compte le 22 novembre : « ... Le moral est extrêmement bon... Le ravitaillement pas mauvais, sauf le manque de farine... A part les abords de la ville et certains points peu nombreux, tels que l'île de la préfecture et la Manufacture des tabacs, les dégâts sont insignifiants... L'électricité doit être raccordée, m'a-t-il été dit à l'hôtel de ville, d'ici deux ou trois jours... ».

Plus réaliste, Paul Durand nota dans l'éditorial du « Lorrain » du 30 décembre, édité à Riom : « Une seule Lorraine... Ne nous le dissimulons pas : les difficultés seront grandes... ».

Le 23 novembre, à l'Assemblée consultative, l'ancien député de Meurthe-et-Moselle P.O. Lapie déclara : « La Lorraine a faim et froid et même, on doit le dire ici, elle a le sentiment qu'elle a plus froid et plus faim maintenant que pendant les quatre années d'occupation de cette zone interdite ». Cela était encore plus vrai en Moselle.

De fait, des difficultés plus nombreuses et graves que celles qui pouvaient être imaginées à la libération compliquèrent la reprise de la vie et causèrent des lenteurs et des déceptions.
Il faut néanmoins noter que cette reprise se passa mieux localement, malgré les importants et divers drames subis, que dans beaucoup de départements de « l'intérieur ».

La vie administrative

Si les rapports entre les autorités nées de la résistance et les responsables préfectoraux et municipaux ne créèrent pas de grands problèmes (rappel) et si le Parti communiste fut le seul [83] à pousser initialement ses pions (deux sur cinq membres du comité directeur du Comité départemental de la libération), d'autres importants problèmes marquèrent la reprise de la vie administrative.

Isolement

« Nous sommes complètement coupés des régions voisines », rendait compte le préfet le 20 décembre, réclamant des moyens de liaison par air et par fer et espérant que le retour de l'électricité allait au moins permettre de correspondre

---

81 bis. M. Darfschlag a donné à l'auteur les renseignements suivants :
- A la libération, les Allemands ont laissé, caserne Krien, des skis blancs et des bicyclettes sans pneus.
- Pendant les quelques jours qui suivirent la libération, ce fut la « pagaille »... Des adolescents et des adultes « récupérèrent » de l'armement, dont des fusils Mauser à crosse cassée, des grenades à main (rive est de la Seille en face du jardin public), des munitions, etc. Certains pêchèrent à la grenade dans la Seille ou tirèrent contre des poules d'eau, firent exploser des détonateurs, etc. Ces bruits divers firent croire à tort, notamment au commandement français revenu, que la lutte continuait dans certains quartiers. Des Messins firent des barques avec des bidons largables d'avion en aluminium...
- Les Américains firent des dépôts de jerricanes près de la porte des Allemands, de munitions près du pont Sainte-Barbe et de matériels divers place Coislin (là, entourés de barbelés).

82. Officier de liaison aux Affaires civiles du 20e corps, qui accompagna les autorités civiles françaises lors de leur retour à Metz le 21 novembre (rappel).

83. « Les partis politiques n'ont pas repris d'activité, la population étant surtout préoccupée par les événements militaires et la vie économique » (rapport du préfet de la Moselle au ministre de l'Intérieur concernant la première quinzaine de janvier 1945).

par radio. Les routes étaient en très mauvais état ; les véhicules et l'essence manquaient ; les voies ferrées et les canaux étaient inutilisables.

Problème des Américains

« Les relations avec les autorités américaines sont toujours aussi cordiales si on les envisage du point de vue strictement personnel. Mais elles sont beaucoup plus difficiles si on s'en tient aux résultats... La population a l'impression que les Américains se croient déjà en territoire allemand. Lorsqu'on explique la situation vraie aux officiers, on arrive à les convaincre, mais cette conviction ne dépasse pas l'interlocuteur du moment ».

La question la plus importante était celle naturellement des responsables civils, de l'intention « aussi stupide que scandaleuse des Américains d'imposer en France le gouvernement militaire allié Amgot » [(84)]. L'épisode Jean Amos a été cité ; cette tentative échoua par suite de la désignation préalable de Me Moppert et du rapide retour de Gabriel Hocquard. C'est pour contrer de telles velléités que C. Hettier de Boislambert fit accepter par Washington les « missions militaires de liaisons administratives ». Dès le 21 novembre après midi, le détachement administratif américain du major Bean arriva à Metz et s'installa le 22 à l'hôtel de ville. « Je lui ai fait rattacher le commandant Flecher et le capitaine Flocard (officiers de liaison français), le premier attaché au préfet et le second réservé pour l'arrondissement de Metz-campagne. A ce détachement est aussi attaché le sous-lieutenant Raymond Weil » [(85)]. Depuis le 22 novembre, Metz devint zone de la 5e D.I. qui y installa son P.C. Son représentant auprès des autorités civiles fut le lieutenant-colonel Peddy, doublé du « capitaine français Giacobbi, que j'ai présenté aux différents fonctionnaires et au capitaine Wolff » [(85)].

Problèmes de l'Alsace-Lorraine

Non subordination à Strasbourg.

Parce que l'entité Alsace-Lorraine ne correspondait « ... ni aux intérêts économiques ni aux aspirations des populations » (ordonnance du 27 septembre 1944), le préfet de la Moselle obtenait des pouvoirs équivalents à ceux de ses homologues du Bas-Rhin et du Haut-Rhin. Metz n'était pas subordonné à Strasbourg.

Assimilation ?

- Par l'ordonnance sur l'organisation administrative en Lorraine, parue au journal officiel du 19 octobre, M. Rebourset et les deux autres préfets étaient en particulier chargés par le paragraphe 4 de l'article n° 2 de « préparer et proposer au gouvernement toutes mesures législatives susceptibles de réaliser l'unité de législation entre les départements du Bas-Rhin, du Haut-Rhin et de la Moselle et les autres départements ».
- Il s'agissait donc du problème de l'assimilation complète des provinces libérées. Le maire Hocquard l'avait demandée au général de Gaulle lors de sa visite du 11 février 1945. M. Krieger la souhaitait pour éviter tout nouveau développement de l'autonomisme. Les communistes également, pour lutter contre les avantages religieux. Il s'agissait de profiter de la

84. G. Grandval et A.J. Collin dans : « Libération de l'Est de la France ». « AMGOT = Administration militaire alliée des territoires occupés ».

85. Compte rendu, en date du 22 novembre, du commandant Sorbac, officier français des Affaires civiles du 20e corps.

libération pour unifier les législations, donc annuler l'article 14 de la loi du 1er juin 1924 qui avait entériné la coexistence de deux systèmes, le maintien d'anciennes lois allemandes, plus avantageuses pour les autochtones. Réaliste, Robert Schuman était contre cet alignement qui serait « préjudiciable aux communes ».

- Le vœu 69 voté par le Conseil général le 3 novembre 1945 fut donc nuancé. « Le Conseil général demande l'unification de toutes les lois et institutions sur l'ensemble du territoire français. Il considère toutefois qu'il faut, afin qu'une telle mesure ne prenne pas pour notre département l'aspect d'une régression, qu'elle soit précédée ou accompagnée des réformes indispensables dans l'intérêt de toute la France... ».
- A l'Assemblée nationale, la lutte fut dure. En fait, R. Schuman obtint satisfaction. Les avantages concrets l'emportèrent, comme après 1918, sur une idée généreuse née dans la joie de la libération. La loi de 1924 fut rétablie puis prorogée à plusieurs occasions... et demeure en vigueur.

La préfecture de Moselle

Les débuts.

- Les bureaux furent d'abord installés à l'hôtel de ville puis, à partir du 1er décembre, furent ouverts de 10 h 30 à 12 h et de 14 h 30 à 16 h, 5 rue Pierre-Perrat dans l'immeuble de l'ex-Arbeitsamt.
- M. Rebourset habita rempart Saint-Thiébault dans l'immeuble Pierron.
- Le 21 novembre, les personnels restés à Montauban recevaient, sauf deux, l'ordre par télégramme de rejoindre Metz, via Bar-le-Duc. Le 4 janvier, M. Rebourset demandait l'autorisation de rappeler les sept derniers fonctionnaires chargés de liquider les mandatements. L'échelon de Montauban fut enfin « liquidé » en mai 1945 et les dernières villas libérées le 1er juin.
- La popote fut au restaurant Moitrier.
- La première réunion hebdomadaire des chefs de service se tint le 14 décembre.

Les carrières.

- M. Marcel Rebourset espérait devenir conseiller d'Etat. Il ne le put pas. Nommé préfet honoraire le 21 octobre 1945, il reprit son étude d'avocat. Il avait été président des officiers de réserve de Metz avant guerre. Ce commandant fut élu à l'unanimité le 26 novembre 1945, président national de l'« Union nationale des officiers de réserve » [86]. Il fut également président de l'« Union internationale des officiers de réserve ». En décembre 1954, il demanda à reprendre sa liberté et proposa son successeur, élu à l'unanimité. Il mourut à Langres, son pays natal, le 12 janvier 1959, à l'âge de 68 ans. Ce fut « un grand Lorrain et un grand Messin ».
- Le directeur de cabinet Raymond Mondon devint maire de Metz, député, et plus tard ministre des Transports. M. le sous-préfet Chrétien, revenu à Metz le 10 décembre, seconda M. Mondon puis, le 20 janvier, fut nommé

86. Dans son appel du 27 novembre 1945 aux officiers de réserve, le nouveau président déclara : « Après cinq ans de léthargie volontaire, l'U.N.O.R., revenue à la vie, voit s'ouvrir pour elle une ère de travail fécond. Il ne s'agira pas seulement pour ses dirigeants d'organiser des rassemblements... de camaraderie... Il ne leur suffira pas non plus de défendre les intérêts de Français qui ont donné au pays plus que l'obligatoire... Nous aurons à établir les problèmes du recrutement et de la formation des cadres, de leur perfectionnement et de leur entraînement, de leur utilisation rationnelle... Nous apporterons à la préparation militaire des jeunes gens le concours d'hommes (qualifiés)... ». Ce préfet honoraire titulaire de huit citations connaissait ce dont il parlait.

sous-préfet de Sarreguemines puis de Château-Salins. Me Henri Béna fut, à partir du 12 novembre, sous-préfet de Château-Salins et eut provisoirement ses bureaux à Nancy quai Isabey ; il reprit ensuite son cabinet d'avocat.

La mairie de Metz

Une municipalité française dirigée par Me Moppert, désigné par le commandant Grégor, s'était réinstallée à l'hôtel de ville le 21 novembre.

Le 24, l'ancien maire Gabriel Hocquard, revenant d'Annecy, reprit aussitôt ses fonctions et fut aidé par le fait qu'il était professeur d'anglais.

Le premier mariage français eut lieu le 29 novembre.

La première réunion officielle du conseil municipal fut tenue le 12 décembre.

- Un comité d'accueil des réfugiés fut créé au sein du conseil. « Il faut que les gens restés ici viennent à l'aide de ceux qui rentrent » (notamment une collecte parmi la population rapporta une importante somme en marks).
- Le maire dit son désir de s'entendre avec le comité de libération. (Il y eut d'inévitables frictions).
- Les problèmes de l'eau, du gaz et de l'électricité furent débattus et M. Hocquard prêcha la patience.
- Le conseil fut d'accord pour nommer les généraux Walker et de Gaulle citoyens d'honneur de la ville, ainsi que pour créer une médaille de Metz (voir plus loin) et baptiser une rue du nom du 20e corps.

Il fallut régler le problème du « Grand Metz ». Les Allemands avaient créé la « Grosstadt Metz » en rattachant à la ville les treize communes suburbaines de Montigny, Ban-Saint-Martin, Plappeville, Woippy, La Maxe, Longeville-lès-Metz, Moulins-lès-Metz, Sainte-Ruffine, Scy-Chazelles, Saint-Julien, Vallières, Borny et Magny. En 1944, le déficit du budget global était de 160 millions de marks. Le « Grand Metz » fut dissous, mais, bien sûr, la liquidation de la dette commune causa des querelles qui ne cessèrent qu'en 1958.

Police et Justice

Il était très urgent d'arrêter les pillages (dus tant aux locaux qu'aux étrangers venus de l'est et aux Américains) et les vengeances.

Le capitaine Wolff avait été chargé de la police par le commandant Grégor. Dès le 20, il avait pénétré au grand séminaire qui venait d'être « nettoyé » et avait pris des documents laissés par la Gestapo (rappel) [87]. Il en fut, peu après, chassé par les Américains et installa ses services place du roi-Georges. Ses moyens étaient restreints. Il fut secondé par l'ancien commissaire Jérôme Willig qui, libéré de prison le 31 août, s'était caché depuis lors à l'hospice Saint-Nicolas (rappel). M. Kuster, intendant de police, arriva à Metz dès le 21 novembre et participa « aux opérations d'épuration dans le quartier de l'hôtel de ville en vue de la cérémonie (du 22) qui s'est déroulée sans incident » [88]. La police était gênée par le manque de personnels (dont des renseignements généraux). Les deux compagnies républicaines de sécurité, de 105 et 114 hommes, étaient l'élément essentiel, chargé des gardes diverses dont celles des ponts et de la préfecture et du service de la circulation, aidé pour cela par

---

87. Il récupéra également des archives (dont des listes de membres du parti, des S.A. et des SS) à la direction de la Sicherheitsdienst (avenue Foch), à la Kreisleitung (direction du Parti nazi) et à l'Ortsgruppe (Metz centre).

88. Compte rendu du commandant Sorbac en date du 22 novembre.

les gardes du 5e escadron. Les F.F.I., de leur côté (rappel), furent chargés de participer à ces divers services de garde. Une trentaine d'anciens policiers reprirent du service.

Lors du couvre-feu, les patrouilles de Military Police ramenaient place du roi-Georges les civils interceptés. Les rares autorisations de circuler devaient être contresignées par l'élément des services civils de l'hôtel de ville. Me Wolff put en délivrer aux médecins et aux agents qui travaillaient à la réfection de l'usine d'électricité.

La première affiche placardée dans Metz demandait (rappel) aux habitants de « signaler tous les abus qu'ils pourraient constater ». Dès les 26 et 27 novembre, le journal « La Lorraine libérée » diffusait l'avis suivant : « La direction de la police est actuellement submergée par le flot de dénonciations. Abstraction faite des cas vraiment sérieux et motivés, appuyés par des témoignages, délateurs et délatrices anonymes sont priés de s'abstenir ».

Par suite des multiples problèmes posés et des moyens insuffisants pour les résoudre, le capitaine Wolff a noté : « Nous fûmes débordés par ce travail de réorganisation des services de police ».

Le 8 décembre, M. Pierron, ancien « commissaire central de Metz, y revint et y reprit la direction de la police » [89]. Les bureaux furent transférés rue de Verdun et une 3e C.R.S. vint renforcer le dispositif.

La justice correctionnelle se mit en place de son côté en décembre. La première audience du tribunal de première instance se déroula le 13 décembre et condamna pour vols des Ukrainiens et Polonais.

Services divers

Un tribunal militaire permanent, chargé de juger les collaborateurs, fut mis en place le 23 décembre (voir plus loin).

Les Eaux et Forêts se réinstallèrent, dès le 23 novembre, 11 rue Paul-Michaux.

Début décembre, la Chambre de commerce fonctionna dans les locaux de l'ancien pensionnat du Sacré-Cœur, rempart Saint-Thiébault. La Direction des réfugiés, prisonniers et déportés fit de même 11 avenue Foch, le Service des mines place Déroulède, le Service de l'agriculture dans la Maison de l'agriculture, place Saint-Thiébaut.

Les écoles et les lycées rouvrirent leurs portes à partir du 20 décembre ou du 3 janvier et un baccalauréat fut passé à Nancy fin janvier.

La vie matérielle

Le 24 novembre, « le préfet de la Moselle..., considérant la nécessité de maintenir à titre transitoire et pour éviter le désordre, certaines dispositions de la législation économique (allemande) en vigueur... arrête :

Article 1 : Les titres de rationnement actuellement en vigueur pour les denrées alimentaires et les produits industriels restent provisoirement valables.

89. Le capitaine Wolff reprit alors du service militaire. Il devint officier du 5e Bureau (sécurité militaire) de l'Etat-major de la 21e Région militaire. Ce bureau s'installa successivement 14 rue de Verdun, 10 rue aux Ours (siège du général SS Dunckern), rue de Guise puis boulevard Clemenceau.

Le Préfet de la Moselle,
Officier de la Légion d'honneur.

Vu l'ordonnance du 19 septembre 1944 attribuant au Préfet de la Moselle les pouvoirs de Commissaires régionaux de la République, considérant la nécessité de maintenir à titre transitoire et pour éviter le désordre, certaines dispositions de la législation économique en vigueur;

Sur proposition du Secrétaire général pour les Affaires économiques.

ARRÊTE:

Article 1er: Les titres de rationnement actuellement en vigueur pour les denrées alimentaires et les produits industriels restent provisoirement valables.

Article 2: Les prix actuellement pratiqués ne peuvent être dépassés.

Article 3: La monnaie allemande conserve provisoirement son pouvoir libératoire sauf dans les communes dans lesquelles s'effectue du 20 au 25 novembre la conversion monétaire. Ces communes ont été définies par l'arrêté préfectoral du 18 novembre.

La monnaie française, monnaie légale, a pouvoir libératoire dans toutes les communes de la Moselle.

Article 4: Dans le cas de transaction effectuée en monnaie française et en attendant que les prix soient fixés dans cette monnaie, les prix en francs s'obtiendront en multipliant par 15 le prix légal actuel en marks.

Metz, le 24 novembre 1944.

Le Préfet de la Moselle: **Marcel Rebourset.**

(Archives municipales de Metz)

Article 2 : Les prix actuellement pratiqués ne peuvent être dépassés.

Article 3 : La monnaie allemande conserve provisoirement son pouvoir libératoire... La monnaie française, monnaie légale, a pouvoir libératoire dans toutes les communes de Moselle.

Article 4 : Dans le cas de transaction effectuée en monnaie française et en attendant que les prix soient fixés dans cette monnaie, les prix en francs s'obtiendront en multipliant par 15 le prix légal actuel en marks ».

Le manque de moyens de transport, principale cause de la pénurie en sources d'énergie et en ravitaillement, joint à ce problème du taux d'échange des marks, créa de graves lenteurs dans la reprise de la vie de tous les jours et fit que la Moselle eut plus froid et faim que pendant l'annexion de fait.

Transports

La Moselle était « le département le plus sinistré de France ».

- Les routes étaient fort abîmées et certaines réservées [90] aux Américains. 550 ponts routiers avaient sauté et les grosses réparations ne débutèrent que fin 1945. Les camions et le carburant manquaient.
- 389 kilomètres de voie ferrée étaient à refaire, 273 ouvrages d'art étaient détruits. Il ne restait plus qu'une cinquantaine de locomotives en état dans le département.
- Les canaux étaient abîmés et coupés par les ponts sautés.

La reprise des transports fut très lente.

- Les denrées contingentées du mois de février 1945 représentaient 15 000 tonnes, or le parc disponible ne totalisait que 500 tonnes. L'obligation, diffusée à Metz le 3 décembre, de déclarer, avant le 5, tous les véhicules utilitaires existants et la remise en état de certains véhicules ne résolurent pas le problème. Des camions furent réclamés à l'échelon central et, surtout, les Américains en prêtèrent en n'oubliant pas le carburant.
- Les premières liaisons avec l'extérieur furent réalisées avec Nancy. Depuis le 15 janvier, ce fut le cas grâce à un service journalier d'autobus. Le 12 janvier était arrivé le premier train de marchandises, via Bénestroff. Quinze jours plus tard vint le premier train de voyageurs.
- La grosse préoccupation des cheminots fut de relier Metz aux carreaux des mines. La voie directe Hagondange-Metz reservit à partir du 1er février environ. La réparation de la ligne Creutzwald-Merlebach ne débuta que début mars par une compagnie du génie français disposant de matériels américains.

Circulation

Le 20 novembre, d'Hayange, le préfet Rebourset arrêta :

« article 1 : toute circulation de véhicules autres que ceux affectés aux Services du ravitaillement général et des Services publics est interdite sur le territoire de la ville de Metz...

article 2 : toute circulation de piétons et de cyclistes entre Metz et sa banlieue immédiate et la région est suspendue pendant une durée de huit jours, à compter de la publication du présent arrêté ».

---

90. Bernard Meddahi dans : « La Moselle et l'Allemagne. 1945-1951 ». Thèse de 3e cycle 1979 Metz.

Les ponts

Le génie américain réalisa en décembre des ponts provisoires ou des passerelles à l'emplacement, semble-t-il, de tous les ponts sautés en ville sur la Moselle et la Seille (par exemple : pont du bas de Queuleu, 18 décembre, et Moyen-Pont, le 25).

Les laissez-passer.

- L'accès à la rive gauche demeura longtemps interdit.
- Le 1er décembre, les laissez-passer n'étaient encore donnés que pour raisons médicales ou de ravitaillement.
- Le 29 décembre, le Moyen-Pont et le pont des Grilles étaient interdits à tous, même aux détenteurs d'un laissez-passer américain. Les ponts des Morts et de Thionville n'étaient franchissables qu'avec une autorisation. Les autres ponts rétablis étaient par contre d'accès libre.
- Début janvier (contre-attaque des Ardennes), la délivrance des laissez-passer devint de plus en plus difficile.

Mines et explosifs.

- Une note de service du 19 décembre de l'Etat-major de la 21e Région militaire stipulait : « De nombreux civils sont victimes journellement d'accidents mortels provoqués par les mines ou pièges de toute nature placés par les Allemands avant leur départ ». Pour éviter ces drames, il fallait instruire les civils. D'où : « Le directeur du génie installera avant le 20 décembre un magasin d'exposition de mines rue Serpenoise où il sera montré, de façon claire, la manière de reconnaître les emplacements minés et d'éviter les accidents ».
- Cela n'empêcha pas de nouvelles pertes dues, surtout en ville, à des engins explosifs non éclatés. Le 20 décembre, un enfant de huit ans fut tué devant l'église de Queuleu par une grenade prise dans la poche d'une veste d'un soldat allemand. Le lendemain, un enfant de dix ans fut tué par une explosion en fouillant des décombres près de la Porte des Allemands. En novembre, trois Américains entrant dans un petit blockhaus du boulevard Paixhans (près de l'actuelle maison du bâtiment) y sautèrent sur un engin.
- Une note de service du 20 février 1945 de l'Etat-major de la 21e Région militaire prescrivit au Service du matériel de déminer les terrains militaires de la 21e Région. Il disposait de cinquante prisonniers allemands du dépôt 211, de gradés et d'hommes du 146e R.I. et de huit détecteurs de mines américains.
- En février et mars 1945, l'équipe du lieutenant Robardet [(91)] démina 706 hectares, enlevant 28 011 engins dans le seul triangle Amanvillers-Talange-Maizières-lès-Metz. Le 8 février 1946, le général Dody écrivait au ministre de la Guerre : « Grâce au dévouement et aux connaissances techniques du capitaine Robardet, plus de 600 000 mines ou engins ont été enlevés à ce jour pour une faible proportion d'accidents mortels ».
- Deux écoles de déminage furent créées, dont une à Metz.

---

91. Dans : « Connaissez-vous Louis Robardet ? », par Roger Bruge, dans : « Moselle et Mosellans dans la seconde guerre mondiale ».

- En septembre 1945, 305 civils et 1 400 prisonniers de guerre s'occupaient du déminage dans le département. A la même date, sur 28 570 hectares mosellans (50 000 environ étaient à déminer), 579 774 mines et 642 713 engins avaient été relevés.
- Ce travail systématique dura jusqu'en 1950.

Charbon

Avant 1940, Metz consommait 120 000 tonnes de charbon par an. Il y avait bien eu des stocks en ville mais aucun ravitaillement n'était arrivé depuis septembre. Les Allemands s'étaient servis, le marché noir sévissait et priorité était donnée aux hôpitaux, aux industries alimentaires, aux boulangers et aux réfugiés.

Il fallait aller chercher le charbon à Creutzwald et Hagondange car, en décembre, les mines du bassin de Faulquemont, noyées, étaient inutilisables pour plusieurs mois et celles de Petite-Rosselle étaient encore chez l'ennemi.

Il fallait donc des moyens de transport et de la main-d'œuvre, car les installations de chargement automatique étaient hors d'usage.

En janvier, les Américains donnèrent de l'essence et prêtèrent deux camions de 15 tonnes qui allèrent tous les jours charger à Hagondange.

Début février, un train de 30 wagons remplis à la main (il fut question d'utiliser des prisonniers allemands) vint d'Hagondange à Metz.

Vers le 1er février, le lieutenant de Veteuil, officier de liaison auprès de la 7e Armée américaine, fut détaché à Metz car si cette ville était dans la zone de la 3e Armée, les mines étaient dans celle de la 7e.

Electricité

Des transports dépendait le charbon et de lui l'électricité.

Elle reviendrait dans deux ou trois jours, avait-on dit au commandant Sorbac le 22 novembre.

La centrale de la Tannerie de Saint-Julien procura un peu d'électricité à partir du 28 novembre à Saint-Julien, Vallières, Plantières et Queuleu. Ces deux derniers endroits retombèrent dans l'obscurité le 26 décembre.

L'usine électrique locale était abîmée. L'artillerie américaine avait tiré contre un fortin dans l'usine et les Allemands avait créé un incendie. Les tableaux de distribution étaient détruits. La centrale manquait de pièces de rechange et nécessitait quinze tonnes de charbon par jour. L'électricité ne pouvait d'abord venir que de Creutzwald par le transformateur de Lauvallières. De son côté, le barrage de l'usine d'Argancy avait été atteint.

Du 15 au 19 décembre, environ la moitié de la ville (pas la rive gauche) commença à avoir du courant. Mais « les consommateurs ne veulent pas se restreindre » disaient les journaux, qui rappelaient pourtant que chaque abonné n'avait droit qu'à dix lampes et que l'usage de tous les appareils utilitaires était interdit. Il y eut donc des coupures.

En janvier, chaque secteur fut coupé un jour par semaine de 8 à 9 h, le lendemain de 19 à 20 h et le surlendemain de 20 à 21 h.

La ligne de 10 000 Kws Failly-Amanvillers fut réparée début mars. Devant-les-Ponts fut ainsi éclairé le 9, mais ce n'était pas encore le cas de Ban-Saint-Martin, Longeville et Moulins.

Gaz

Le 6 janvier, il revint rive droite, sauf à l'île Saint-Symphorien, Queuleu et Plantières, et uniquement de 7 h 15 à 8 h 15 et de 11 h 45 à 12 h 45.

Le 9 mars, une demi-heure en plus fut accordée, la coupure intervenant à 13 h 15 au lieu de 12 h 45.

Eau

Il avait été dit, le 22 novembre, au commandant Sorbac que, dans huit jours...

En fait, d'une part pour que les pomperies fonctionnent, il leur fallait de l'électricité, d'où charbon et transport et, d'autre part, plusieurs étaient abîmées, et des conduites étaient détruites (dont celle du pont mixte) ou fuyaient.

Les Messins avaient dû prendre l'habitude de prendre de l'eau dans les cours d'eau, les puits et les réservoirs d'incendie. La pluie n'avait pas manqué, mais la crue avait créé de la pollution. Puis il fallait faire bouillir, donc dépenser de l'énergie...

Les Américains mirent des camions citernes à la disposition de la population.

Le 5 décembre, seule fonctionnait la pomperie sud, procurant 150 litres par habitant des étages inférieurs de la nouvelle ville en matinée, de l'ancienne en soirée. La presse réclama de tous économie et recherche des fuites.

Le 23 décembre, « on manque à nouveau d'eau » d'où queues aux pompes et puits.

En janvier, la pression augmenta grâce à la réparation d'une nouvelle pompe de la station nord. Les Américains aidèrent à la réfection du pont mixte, donc de la conduite de la pomperie d'Hauconcourt.

Fin janvier était attendue l'eau de Gorze pour l'alimentation des bas étages alors que les pomperies devaient fournir les étages supérieurs. Mais, pour faire des économies et éviter les fuites, l'eau était encore coupée la nuit tandis que les journaux continuaient de conseiller de faire bouillir l'eau.

Echange des marks

Ce problème trop lentement résolu fut la deuxième grande cause de la paralysie économique initiale, freinant commerce et embauche.

« La majorité des commerçants qui y (à Metz) ont vécu pendant ces quatre années ont fait de bonnes affaires et se trouvent aujourd'hui devant une fortune assez considérable [92] ». Lors de l'annexion, les Allemands avaient échangé 20 F pour 1 mark. C'est ce taux que réclamaient en 1944 les « libérés », mais pas trop, car ils étaient « inquiets sur le sort que l'administration réservera à la fortune [93] qu'ils ont acquise pendant ces quatre années [92] ».

Rappelons que, dès le 24 novembre, un arrêté préfectoral avait fixé provisoirement le taux de convertibilité à 15 pour 1.

---

92. Rapport du préfet de la Moselle au ministre de l'Intérieur pour la première quinzaine de décembre.

93. « Le Républicain Lorrain » du 1er février 1945 fait état de « 280 millions de marks d'argent liquide disponibles dans la région ».

Le 13 décembre, pourtant, des facilités sont accordées aux commerçants que l'on incite à ouvrir leurs magasins et à accepter les marks qui leur seront repris ultérieurement. Mais l'absence de décision définitive fait que le mark, peu à peu, paralyse l'activité économique de la ville. « Il est bien beau de demander aux commerçants d'accepter les marks, s'ils ne peuvent se réapprovisionner dans cette monnaie. La population commence à ressentir comme une brimade cet immobilisme en matière monétaire » (94).

Concrètement les commerçants ne voulaient pas rouvrir leurs magasins pour devoir accepter des marks sur lesquels ils avaient toute chance de « perdre » et la main-d'œuvre ne voulait pas s'embaucher pour la même raison.

Ce n'est que deux mois après la libération, le 27 janvier, que la presse annonça que le mark n'aurait plus cours légal à partir du 8 février et qu'en conséquence il serait échangé au taux de 15 F pour 1 mark du 29 janvier au 7 février. De plus, l'échange ne porterait que sur 500 marks par chef de famille, plus 150 par conjoint et enfant mineur : « Le surplus sera ultérieurement versé sous réserve de la vérification des déclarations ».

Ravitaillement

Rappelons que l'arrêté préfectoral du 24 novembre prorogea les titres de rationnement allemands, interdit d'augmenter les prix et obligea d'accepter les marks.

Dès le lendemain et longtemps encore, la presse diffusa les appels (95) officiels à l'ouverture des magasins, avec peu de succès, à cause notamment du problème des marks.

Les Américains avaient déjà pris des mesures pour assurer le ravitaillement de Metz en vivres (rappel).

- Dès le 22 novembre, y arrivèrent dix camions de rations.
- De la farine vint de Sainte-Menehould.
- Le 27 novembre, les Américains laissèrent aux Messins les stocks alimentaires abandonnés par les Allemands.
- Cette aide continua par le prêt de véhicules, le don de carburant et la livraison de vivres (en février, par exemple, le 20e corps fournit 150 tonnes de ravitaillement alors que 20 tonnes de poisson et autant de viande furent livrées par le dépôt américain d'Hayange).

Du côté français.

- Une Commission de ravitaillement F.F.I. se réunit dès le 23 novembre et fit remettre en état quelques camions pour permettre la livraison quotidienne de 5 000 litres de lait.

---

94. « Le Républicain Lorrain » du 1er février 1945.

95. • Le 25 novembre : « La municipalité rappelle qu'il est du devoir de tous les commerçants d'ouvrir au plus vite leur magasin en se conformant à l'arrêté préfectoral du 24 ».
• Le 13 décembre, appel du préfet aux commerçants : « Malgré les difficultés, les commerçants doivent ouvrir leurs magasins, mettre leurs produits en vente... Beaucoup de situations acquises peuvent se trouver contestées ».

- De son côté, M. Chanrion, secrétaire général aux Affaires économiques de la préfecture, coordonna l'action de l'intendant Bigard, directeur du ravitaillement général de la Moselle, des responsables de la municipalité et des représentants américains [96].

Les tickets de rationnement allemands furent valables jusqu'au 10 décembre, de nouvelles cartes françaises ayant été distribuées du 7 au 9. Mais « les rations attribuées par les Allemands en Moselle étaient très supérieures aux rations accordées en France [97]. La population accepte les rations françaises diminuées mais pas qu'elles ne soient pas honorées, or il n'y a eu aucune amélioration depuis la libération » rendait compte le préfet au ministre de l'Intérieur, le 16 janvier.

Exemple du pain.

- 22 novembre : le commandant Sorbac a noté : « Ravitaillement : pas mauvais, sauf le manque de farine. La farine est stockée pour Metz à Sainte-Menehould et doit être acheminée par les soins de l'intendant Bigard ».
- 25 novembre : « tous les boulangers de l'agglomération de Metz doivent, malgré les difficultés de l'heure, reprendre immédiatement leur activité et ravitailler leur clientèle ».
- 29 novembre : suppression des inscriptions pour le pain. Chacun peut s'approvisionner chez le boulanger de son choix.
- 1er décembre : première réunion du Syndicat des boulangers. Aucune décision prise.
- 2 décembre : queues aux boulangeries, chacun achetant où il veut.
- 5 décembre : interdiction de fabriquer du pain blanc.
- 9 décembre : queues aux boulangeries, car le manque d'électricité oblige de pétrir à la main, ce qui est plus long qu'à la machine.
- 14 décembre : fermeture administrative de deux mois à l'encontre d'un gérant de boulangerie, rue des Huiliers, ayant apposé la pancarte « pas de pain » en devanture alors qu'il en faisait, dont du pain blanc, vendu au marché noir.
- En janvier, 5 700 tonnes de blé et farine étaient attendues de « l'intérieur », notamment de l'Aisne. Il y eut des retards, d'où Metz décida d'aller les chercher par un train convoyé par un employé du Service du ravitaillement général de la Moselle.
- Jusqu'alors, la farine était moulue à Thionville car l'intendance américaine occupait une partie du moulin messin de la route de Thionville et empêchait ainsi celui-ci de fonctionner. Début février, les Américains évacuèrent ce qu'il fallait et la mouture se fit dès lors à Metz.

Pour les fêtes de fin d'année, un effort fut fait. Les Américains fournirent des friandises, la confection de gâteaux fut autorisée, les magasins durent ouvrir les 24, 26, 31 décembre et 2 janvier, un litre de vin (le premier) et un paquet de cigarettes (le second) furent distribués. Mais la messe de Noël fut célébrée à 17 h, le black-out ayant été imposé de 17 h à 7 h à partir du 15 décembre.

Néanmoins la distribution des denrées contingentées de décembre ne se fit qu'à partir du 29 de ce même mois : 1 250 g de sucre, 250 g de confiture,

---

96. Capitaine Calloway, officier des affaires civiles du 20e corps et capitaine Audu, officier français de liaison au 20e corps.
97. Par exemple : matières grasses : 900 g par mois en Allemagne, 250 g en France.

250 g de semoule, 250 g de pâtes, 100 g de riz, 250 g de café mélangé. L'interdiction de circuler et la campagne dévastée interdisaient un approvisionnement parallèle. Il en résulta une double conséquence : « le légitime mécontentement de la population et, là encore, les Mosellans ont l'impression que Paris ne se préoccupe pas d'eux » [98] et le marché noir, « ce mal commence à régner » [98] alors qu'il n'était que peu répandu lors de la présence allemande [99]. Un service départemental de contrôle économique, mis en place le 10 décembre, eut à s'y opposer.

En janvier, les denrées contingentées ne furent pas toutes honorées.

En février, les rations de beurre (100 g pour le mois au lieu de 250... et 350 en Alsace) et de viande furent incomplètes. Pas encore de distribution de pommes de terre depuis la libération. « La population ne manifeste pas avec véhémence son mécontentement, mais elle fait volontiers remarquer que la radio qu'elle écoutait en cachette lui promettait de Londres ou d'Alger que tout était préparé pour approvisionner la population civile au fur et à mesure de sa libération. Il serait donc particulièrement politique de prouver clairement l'aide que le pays apporte à la Lorraine libérée » [100].

Le retour des Messins d'Allemagne et de « l'intérieur » ne facilita rien. Début juin encore, « le ravitaillement reste très précaire » [100]. La ration de café ne fut pas totalement honorée en mars. Celle de sucre ne le fut qu'à 50 % en avril. La situation était « déplorable » [101] pour la viande : il ne vint que le tiers du tonnage prévu. Un litre de vin fut distribué « à l'occasion de la victoire » [102]. C'était le second depuis la libération, d'où « de très vives critiques de la population » [101].

Le commandant Sorbac rendait compte le 31 janvier : « Il est certain que les autorités civiles de Metz n'ont, en général, agi qu'avec lenteur ». De son côté, le préfet indiquait à son ministre le 20 décembre : « Quant aux relations économiques, il semble que les accords passés entre les gouvernements ne soient pas connus des autorités militaires américaines. Par exemple : prix du charbon ». En fait, les difficultés étaient énormes et la priorité aux combattants américains normale, mais les Messins libérés pouvaient s'attendre à mieux.

Logement

Là aussi, les problèmes furent graves et trop lentement résolus.

Les logements manquaient, pour deux raisons :

- Destructions. Le commandant Sorbac avait jugé le 22 novembre les « dégâts insignifiants » en centre ville. Le conseil municipal constata, le 29 décembre, que sur 20 000 habitations, 2 000 étaient « totalement inhabitables ».

---

98. Compte rendu du préfet au ministre de l'Intérieur pour la première quinzaine de janvier.
99. Il y eut aussi de gros « coulages ». Dans son compte rendu du 26 janvier, le capitaine Jean Audu, chef de la M.M.L.A. du 20e corps, notait la « découverte de plusieurs wagons de farine et de sucre destinés (par les Américains) au département et qui ont disparu sans laisser jusqu'ici de traces ».
100. Compte rendu du préfet au ministre de l'Intérieur pour la première quinzaine de février.
101. Compte rendu du préfet au ministre de l'Intérieur pour le mois de mai.
102. Compte rendu du préfet au ministre de l'Intérieur pour le mois de mai.

• Occupation par les Américains. Depuis le début de l'hiver, les troupes américaines, jusqu'alors cantonnées en dehors des agglomérations, s'installèrent naturellement dans les villes et les villages. « Elles sont très exigeantes au point de vue locaux. Par exemple, la 5e D.I. réclame 180 pièces pour ses bureaux. Toutes les casernes sont occupées. Quant au logement, les Américains émettent la prétention de conserver à leur seul profit tous les logements qui ont été occupés jusqu'à présent par des Allemands, sans préjudice des appartements occupés par des Lorrains et qui sont néanmoins réquisitionnés » [(103)]. Le préfet dit en vain au major de garnison [(104)] américain qu'il s'agissait d'une « nouvelle spoliation après celle des Allemands » [(103)]. De son côté, le capitaine Audu, chef de la M.M.L.A. du 20e corps, rendait compte : « Le problème du logement est aussi aigu pour l'Armée qu'il l'est pour la population... Un peu plus de coopération de la part de la Préfecture serait vivement appréciée » (il s'agissait notamment d'un incident au sujet de l'occupation de la Trésorerie générale). Et les Messins de retour voulaient naturellement récupérer leur logement, qu'ils soient propriétaires ou aient été locataires [(105)].

• L'obligation de n'occuper un logement qu'après autorisation du bureau municipal des logements, 31 rue Châtillon, et celle d'y déclarer tous les locaux vides et toutes les chambres meublées disponibles ne réglèrent pas le problème. Il manquait à Metz 5 000 appartements.

Des Messins de retour durent constater des pillages divers. Ils ne furent pas le seul fait des Américains. Dès fin novembre, les huissiers furent débordés par les inventaires à réaliser.

La reconstruction fut très, trop lente, faute de crédits et de matériaux.

• Le premier problème fut le remplacement des très nombreux carreaux cassés.

• En janvier, une « délégation régionale du Ministère de la Reconstruction et de l'Urbanisme » vint s'installer 2 rue de l'Esplanade. Les personnes ayant subi des dommages durent s'y inscrire avant le 25 janvier.

• Malgré la loi du 28 octobre 1946 et un emprunt départemental d'un milliard de francs, le 10 novembre 1947, le M.R.U. n'avait obtenu en 1948-1949 que de piètres résultats, justifiant la « mauvaise humeur » de la population. En Moselle, 7 % seulement des 26 803 bâtiments totalement détruits étaient en cours de reconstruction en 1950. La réorganisation du M.R.U., en 1951, fit espérer que la moitié de la reconstitution immobilière serait réalisée en 1953... Du moins, à Metz, l'inauguration du pont de Chambière en 1958 marqua-t-elle la fin de la reconstruction des ponts messins [(106)].

---

103. Rapport du préfet au ministre de l'Intérieur au sujet de la première quinzaine de décembre.

104. Le 8 décembre, le préfet rendait compte au ministre de l'Intérieur : « Le Town Major prétend que les autorités civiles et militaires françaises occupant de tels immeubles (vides) devront obtenir une autorisation (américaine)... Procédure contraire à l'ordre public français et aux accords interalliés... Demande d'intervenir pour sauvegarder les biens français et la souveraineté française ».

105. Une ordonnance nationale du 14 novembre stipulait que les locataires partis sans consentement ou expulsés après le 16 janvier 1940 pouvaient récupérer leurs locaux, mais que les locataires actuels ne pouvaient être expulsés que dans certains cas.

106. Thèse de 3e cycle de Bernard Meddahi : « La Moselle et l'Allemagne, 1945-1951 ».

La réparation des spoliations mobilières fut également trop lente parce que délicate... et coûtant cher à l'Etat.

- En Moselle, « à la libération, les 9/10e de la fortune mobilière ont été séquestrés, pillés ou détruits » (106). Cela donna lieu au dépôt de 200 000 dossiers...
- Les ordonnances du 12 novembre 1943 puis des 14 novembre 1944, 21 avril 1945 et 9 juin 1945 avaient bien admis le principe que les propriétaires devaient « rentrer de plein droit en possession de leurs biens, droits et intérêts ». Mais les gérants ou acquéreurs des biens spoliés étaient généralement des Allemands partis... Par ordonnance du 20 mai 1950, il fut décidé que l'Etat indemniserait à leur place.
- L'Office des biens et intérêts privés (O.B.I.P.) de Metz, installé dans cette ville en février 1945, avait été chargé par le décret du 13 décembre 1944 de récupérer et recenser tous les biens. Il fut supprimé le 1er janvier 1954, malgré les réclamations.

Le problème du montant des loyers fut une autre source de mécontentement. Il était quatre fois plus cher en Allemagne qu'en France.

Conclusion. Il fut d'abord difficile de se loger puis d'être indemnisé des dommages subis. « Le problème des dommages de guerre et son aspect complémentaire, la réparation des spoliations, font régner un grave malaise, attisé par une législation française déficiente. L'action de la délégation départementale du M.R.U. et de l'O.B.I.P. de Metz est entravée par le manque de crédits et de personnel. L'obstination des gouvernements successifs à traiter les départements annexés comme le reste de la France provoque la colère des victimes civiles de la répression allemande » (107).

Nettoyage de la ville

Elle en avait bien besoin ! Quelques pauvres Bessarabiennes n'avaient pu maintenir la ville propre en balayant. Il y avait les emplacements de combat creusés par les Allemands, les ruines et gravats d'immeubles atteints, les ordures qui s'entassaient, la boue, voire des chevaux morts.

Dès le 25 novembre, chacun fut prié de balayer devant chez lui, pour au moins retirer les dangereux morceaux de verre.

Le service de la voierie, aidé par les Américains (camions) et la population, avait commencé à boucher les tranchées, à emporter les détritus.

A partir du 11 décembre, le ramassage des ordures reprit, deux fois par semaine.

Le 21 décembre cependant, les rues étaient encore sales. La municipalité dut encore demander aux habitants un effort de nettoyage devant chez eux tandis que les Américains rebouchaient les tranchées de l'Esplanade.

Dégermanisation

Elle visa la langue et les inscriptions allemandes.

La langue.

- Dans son éditorial du 14 octobre 1944, « Le Lorrain » de Riom affirmait : « Pour bien se comprendre, il faut parler français ».

---

107. Thèse de 3e cycle de Bernard Meddahi : « La Moselle et l'Allemagne, 1945-1951 ».

LES LENDEMAINS

La reprise de la vie

(E.C.P.Armées-France)

Prisonniers allemands balayant les rues.

(Coll. P. de Busson)

Fin novembre 1944. Engagés dans les nouvelles unités françaises sortant de la caserne Ney.

Proclamation du Comité départemental de la libération.

(Coll. part.)

(E.C.P. Armées-France)

Panneau du bureau américain des « Affaires civiles ».

(Coll. P. de Busson)

Passerelle sur le canal, au sud du pont Saint-Symphorien.

(Coll. P. de Busson)

Passerelle sur le bras mort de la Moselle, au nord du pont Saint-Symphorien (face à l'actuel kayak-club).

(Coll. P. de Busson)

La statue du Maréchal Fabert.

(Coll. Mme Mondon)

15 mars 1945. Le préfet Rebourset (à droite) et Raymond Mondon, son directeur de cabinet, visitent l'hôpital de Bitche. A l'arrière, le capitaine de gendarmerie Mazoyer.

(Coll. Mme Mondon)

Metz, avant mai 1945. Devant le 5, rue Pierre-Perrat, siège provisoire de la Préfecture de la Moselle, M. Mondon, directeur de cabinet (à gauche) et M. Chanrion, secrétaire général pour les affaires économiques.

Les retours

Les prisonniers

Eté 1945. Accueil, place de la Gare, du 100 000e prisonnier, enfin de retour.

(Coll. P. de Busson)

(Coll. P. de Busson)

Eté 1945. Participation de M. Krieger à cet accueil.

25 novembre 1945, place de la République. Le drapeau du 5e Régiment de tirailleurs marocains.

(Coll. P. de Busson)

(Coll. P. de Busson)

25 novembre 1945, place de la République. Fanions du 151e R.I.

(Coll. P. de Busson)

6 décembre 1945, place de la République. Retour de 28 cloches. Mgr Heintz, avec, derrière lui, Mgr Carré. Le chanoine Anneser, du Journal « Le Lorrain » est le deuxième à sa gauche.

(Coll. P. de Busson)

6 décembre 1945. Saint Nicolas reçu au Palais du Gouverneur. De gauche à droite, le commandant Trévelot (Saint Nicolas), oncle de l'auteur, les adjudants-chefs Lafeuillade et Pincemaille, qui avaient appartenu au 4e escadron du 30e régiment de Dragons que commandait le capitaine Trévelot ; le général de brigade Bourgeois, adjoint et le général Dody, gouverneur de Metz.

Sœur Hélène

(Coll. P. de Busson)

Sœur Hélène Studler.

VOUS QUI L'AVEZ CONNUE ET AIMÉE

SOUVENEZ-VOUS DEVANT DIEU

DE L'AME DE SA SERVANTE

HÉLÈNE STUDLER

en religion Sœur HÉLÈNE

Fille de la Charité

Chevalier de la Légion d'Honneur

Croix de Guerre avec palme 1940

1891-1944

(Coll. Thiriot)

Image mortuaire.

(Coll. P. de Busson)

17 juin 1946. Honneurs rendus devant le Monument aux morts, lors du retour de la dépouille mortelle de Sœur Hélène.

(Coll. P. de Busson)

17 juin 1946. Le cortège funèbre se rend à la cathédrale.

(Coll. P. de Busson)

17 juin 1946. Exposition du cercueil de Sœur Hélène, sous le porche de la cathédrale, après la cérémonie religieuse.

Le Souvenir

Inauguration de plaques F.F.I. - 22 novembre 1945

(Coll. P. de Busson)

Inauguration par M. Krieger de la plaque du sergent F.F.I. Leininger, tué le 20 novembre 1944, à l'angle du Moyen-Pont et du quai Paul-Vautrin.

(Coll. part.)

La même cérémonie, vue sous un angle différent.

(Coll. P. de Busson)

(Coll. part.)

Le fanion F.F.I., place de la Comédie. De droite à gauche, MM. Leininger (frère du défunt), Corso, et le sous-lieutenant Schwartz, porte-fanion.

◀ M. Krieger, lors de ces inaugurations. Derrière lui, M. Pierron, commissaire central.

(Coll. P. de Busson)

Place de la Comédie, à la fin de la cérémonie. De gauche à droite, MM. Krieger, Tribout, Stenger (architecte) et Griboux.

« La voie de la liberté »

Inauguration de la première borne, 15 décembre 1946

(Coll. P. de Busson)

Inauguration place d'Armes (à l'emplacement de l'actuelle statue du maréchal Fabert), par le colonel Hyatt, représentant l'ambassadeur des Etats-Unis, en présence de G. Hocquard, maire de Metz.

(Coll. P. de Busson)

A droite : G. Hocquard, maire de Metz, le commandant de la Vasselais, et M. Cogné, sculpteur de cette borne.

Le dixième anniversaire de la libération

(Coll. P. de Busson)

20 novembre 1954, place d'Armes. De droite à gauche : Marcel Hermann, l'imprimeur Gueblez, X, Just Scharff, Edouard Kron, Bolis, de Rombas. Le porte-drapeau est le frère du F.F.I. Leininger.

(Coll. P. de Busson)

De droite à gauche : X, X, X, X, Henri Griboux, Jean Berwick, X, Mme Mementow, X, Jean Costa.

(Coll. P. de Busson)

21 novembre 1954. Cérémonie au monument des F.F.I. du cimetière de l'Est. De gauche à droite : au premier rang : MM. Becker, Leininger, Urfells ; au deuxième rang : X, Fabianski, Christ. A droite : Henri Griboux ; derrière lui : MM. Barnarius, Sacksteder...

VILLE DE METZ

Dans sa séance 6 juillet 1945
le Conseil Municipal
confère

LE DROIT DE CITÉ
au
Général George Patton
commandant la 3e Armée Américaine

Le Général George Patton, cavalier de race, ami de la France et ancien élève de l'École de Saumur a réalisé avec son armée la prodigieuse avance qui mena les troupes libératrices à travers la France, jusqu'à Metz qu'il a délivrée, rendant l'antique cité à ses destinées interrompues.

Metz le 6 Juillet 1945.
Le Maire de Metz.

TRAITE D'AMITIE CONCLU ENTRE LA FRANCE ET L'AMERIQUE EN 1778

BAS-RELIEF APPOSÉ A METZ AU PALAIS DU GOUVERNEMENT

Diplôme conférant le « droit de cité » au général Patton.

(Archives municipales de Metz)

La médaille de Metz

(Coll. part.)

Metz se souvient

19 novembre 1989

Jean-Marie Rausch, maire de Metz et M. Silins, consul américain à Strasbourg, dévoilent, place d'Armes, la plaque portant l'inscription :

LE 22 NOVEMBRE 1944
EN CES LIEUX
LE GÉNÉRAL WALKER, COMMANDANT LE XXe CORPS D'ARMÉE DE LA TROISIÈME ARMÉE AMÉRICAINE DU GÉNÉRAL PATTON, REMIT AUX AUTORITÉS FRANÇAISES LA VILLE DE METZ LIBÉRÉE PAR SES TROUPES.

« J'ESPÈRE ET JE CROIS QUE LA VILLE DE METZ SERA A JAMAIS LE SYMBOLE DES RELATIONS AMICALES QUI ONT TOUJOURS EXISTÉ ENTRE NOS DEUX PAYS ».

WALTON H. WALKER

M. Faudon, premier adjoint au maire de Metz, M. Houssemand, président des « Amis de Bellecroix », promoteur du monument et le commandant Provencher, attaché militaire adjoint à Paris (mère messine) inaugurent, à Bellecroix, le monument portant l'inscription :

A LA
95e D.I. DES ÉTATS-UNIS
LES HOMMES DE FER DE METZ
NOVEMBRE 1944
THE IRON MEN OF METZ

Les G.I.'s se souviennent

et certains reviennent en pèlerinage dans cette ville où ils sont les bienvenus

L'un d'eux : Stephen J. Bodnar, du 377e R.I. (95e D.I.), blessé le 8 novembre 1944 au château Brieux, à Maizières-lès-Metz.

- « Le Lorrain » messin du 2 janvier, constatant que certains parlaient encore allemand, reprenait : « Parlez français ».

Les inscriptions.

- Dès le 24 novembre, « La Lorraine libérée » souhaitait la rapide élimination de ces inscriptions, certaines d'entre elles, notamment les plaques de rues, ayant été retirées dans l'euphorie des premiers jours.
- Le 3 décembre, le journal insistait : « La municipalité s'occupe activement d'effectuer le changement des noms de rues (les vieilles plaques avaient été gardées...) et invite la population à l'aider à faire disparaître les inscriptions nazies ».
- Le 17 décembre, la municipalité devait lancer un appel aux commerçants leur enjoignant de retirer ces textes allemands avant Noël, faute de quoi les services municipaux s'en chargeraient.

Conclusion.

Après l'euphorie initiale, la réalité reprenait ses droits. Changer les diverses inscriptions commerciales demandait temps et argent... Quant à la langue française, certains la connaissaient mal... Du reste, actuellement encore certains vieux Messins parlent allemand... Rappelons simplement que le 23 février 1945, le préfet dut faire apposer dans des villes et villages mosellans l'affiche bilingue suivante : « Avis aux troupes alliées. Dans cette localité, vous entendrez peut-être parler allemand. Mais ne vous y trompez pas, les habitants sont bien français, non seulement de nom mais aussi de cœur »...

La presse

Le journal : « Voix du GERAL » et « Echo des réfugiés » réunis dura jusqu'au 1er mars 1945 (108).

L'édition hebdomadaire du « Lorrain », à Riom, continua jusqu'au 2 juin 1945.

Dès le 23 novembre (109), « La Lorraine libérée » sortait son numéro 1. C'était le résultat d'une préparation clandestine.

Le 9 décembre, « Le Lorrain », reprenant son ancien titre, faisait suite au journal précédent.

Le 1er février, renaissait « Le Républicain Lorrain ».

« Le Messin » parut à partir du 21 août 1945.

« Le Courrier de Metz », bilingue, sortit le 1er octobre 1945.

---

108. Le Groupement d'entraide des réfugiés d'Alsace et de Lorraine (G.E.R.A.L.), à Clermont-Ferrand, publia d'abord : « L'Entr'aide », dont le titre devint le 1er mai : « Organe de liaison des dispersés », puis le 25 septembre celui qui est indiqué au paragraphe objet de ce renvoi.

109. Le numéro spécial « Clartés », édité le 6 juin 1945 par l'Union lorraine de rénovation et déjà cité, précise que le commandant Grégor décida la création de ce journal dès juillet 1944. MM. Ehringer, Rehlinger et Curens furent chargés de le réaliser, en occupant les locaux de la presse allemande le jour J. « Le 23 novembre, le numéro 1 parut après maintes difficultés. Il n'y avait alors ni lumière, ni eau, ni gaz ; il fallut le composer entièrement à la main, à la lueur de cierges, de bougies et de lampes à acétylène... Le tirage se faisait sur une « pétrolette », vieille machine à essence qu'on alimenta avec beaucoup de mal. M. Gircourt, jardinier route de Magny, procura le moteur que le garagiste Schmidt, de la rue Dupont-des-Loges, fit fonctionner à merveille ».

Divers

Le service postal intra-muros fut rétabli fin décembre [110], alors que la poste principale était en réfection et que le manque de moyens de transport fit attendre davantage les échanges postaux avec l'extérieur.

Des rajustements durent être réalisés pour unifier les prix agricoles, les assurances sociales et les traitements des fonctionnaires (plus payés en Lorraine qu'à l'« intérieur »).

Après la libération, réapparurent les bicyclettes cachées, les cloches sauvées, des statues. Grâce à l'archiviste allemand Ewig, les statues de Fabert et de Ney survécurent dans un jardin de la rue Marchant. La première fut replacée, le 18 décembre, sur un socle provisoire et la seconde peu après. Le concierge du Palais de justice y avait caché de son côté, au sous-sol, le buste du roi Albert Ier.

Décembre marqua également la reprise du cinéma (16 décembre), de l'Harmonie municipale et de l'équipe de football du F.C. Metz.

Les retours

En février 1945, le préfet de la Moselle attendait le retour de 250 000 personnes réfugiées en France et de 50 à 100 000 prisonniers et déportés revenant d'Allemagne. Parfaitement conscient de la gravité des problèmes que cela posait, il demandait à ce sujet audience au ministre de l'Intérieur et au ministre des Prisonniers, déportés et réfugiés (Henri Frenay, ex-chef du grand mouvement de résistance « Combat »).

De fait, les retours eurent lieu avec trop de lenteur et de désordre.

Causes de leur imperfection

Priorité des opérations militaires.

En Moselle comme ailleurs, les Américains refusèrent le retour de la population civile dans la zone des combats pour qu'elle ne gêne pas les opérations. C'était normal. En janvier encore, ce fut le cas.

Mésentente entre Lorrains restés et partis.

La curieuse ambiance régnant à Metz à la libération sera décrite dans la conclusion : elle ne facilita rien. Le préfet rendit compte au ministre de l'Intérieur le 13 juin : « Les craintes que j'ai formulées dès mon arrivée en Moselle se réalisent, et même au-delà de mes prévisions. La reprise de contact avec les habitants restés sur place ne s'opère qu'avec des heurts violents, non seulement en paroles mais en actes ».

Lieux de retour non en état.

Autour de Metz, des villages étaient détruits, les champs minés. Il n'y avait plus de bétail ni de machines tant agricoles qu'artisanales et industrielles ; par

110. Les premières réparations provisoires eurent pour but de rétablir l'alimentation électrique et de remettre en état les câbles. Une petite batterie fut amenée de chez Moitrier et un groupe électrogène de 32 volts, pris dans la caserne Riberpray, servit à charger cette batterie. Le groupe diesel de secours fut également vérifié.

contre, il fallait relever des cadavres d'animaux, rétablir l'eau, l'électricité. Quant au mobilier... A Metz aussi, le problème se posait avec des appartements trop peu nombreux, souvent déjà occupés, souvent aussi dégarnis, peu chauffés et éclairés. Les autorités ne désiraient pas accroître les problèmes locaux, dont celui du ravitaillement, par des retours prématurés.

Grave manque de moyens.

Dans son compte rendu du 25 mai 1945 au ministre des Prisonniers de guerre, déportés et réfugiés, la directrice départementale de ce service rendait compte des « besoins les plus immédiats » :

- « Les transports ferroviaires ou routiers...
- Les matériaux de construction... Il faut assurer le clos et le couvert aux familles sinistrées..., sauver ce qui peut encore être sauvé à vil prix...
- Les mobiliers de dépannage et surtout : lits complets avec couvertures, tables et chaises, buffets, articles de ménage...
- Cheptel et instruments de jardinage...
- Vêtements, chaussures, linge... L'attribution de points textiles et de bons H. ne résout pas la difficulté actuellement. Il n'y a en effet nul stock dans le département... ».

Manque de coordination entre la préfecture et les services du ministère des Prisonniers, déportés et réfugiés.

- Le 6 juin 1945, ce ministère, actionné par son représentant en Moselle, rendait en fait le préfet responsable de la lenteur des retours.
- Le 12 juin, M. Rebourset lui répondit brutalement. « Dès le mois d'octobre 1944, je signalais par lettre à M. de Courcel... l'imperfection des services mosellans des P.D.R... (Ces) services continuent d'ignorer le préfet quand celui-ci n'est pas susceptible de faire leur travail. Interférences d'autorité... On ne masque pas une carence par des paroles... Si je suis responsable, j'entends avoir le droit de donner des ordres. J'ai toujours proclamé qu'il ne suffisait pas de se livrer à des manifestations spectaculaires à l'occasion du passage des prisonniers de guerre ou déportés, mais qu'il fallait surtout songer à la réinstallation des réfugiés... » [111].

Retours de « l'intérieur »

« Le Lorrain » du 23 décembre 1944 (édition de Riom) diffusait encore un « avis à tous les réfugiés » émanant du préfet de Moselle et du directeur départemental du ministère en cause, demandant avec insistance de ne pas rentrer sans ordre émanant d'un organisme officiel. « Il y va de leur sécurité, de leur bien-être minimum et de tous leurs droits... Ceux qui de leur propre initiative se mettraient en route... perdraient tout droit aux avantages réservés aux réfugiés. Aucun bon de transport gratuit ne sera délivré jusqu'à nouvel avis ».

« Mais... le mécontentement grandit parmi ceux qui furent expulsés et qui envoient chaque jour des émissaires pour organiser ce retour auquel on s'oppose. Déjà, entre Lorrains partis et Lorrains restés, un fossé s'est creusé qu'il y a urgence à combler. Il faut réunir au plus vite tous ces enfants d'une

111. Le 14 septembre 1945 encore, le préfet se plaignait au ministre des Prisonniers, déportés et réfugiés de ne pas être tenu au courant. « Interférences d'autorité »...

AVIS
aux évacués

Le Préfet de la Moselle demande aux populations lorraines réfugiées à Metz de ne pas rejoindre leur domicile pour l'instant. En effet, beaucoup de maisons sont devenues inhabitables et, dans certains villages, le risque de guerre n'est pas encore écarté. Au fur et à mesure que les villages pourront être à nouveau habités par la population civile, un avis sera publié par les services de la Préfecture. L'autorisation ne leur sera donnée qu'après entente avec les autorités américaines.

Imprimerie du Journal « Le Lorrain », Metz.

(Archives municipales de Metz)

même petite patrie. Le Lorrain expulsé en France, comment comprendrait-il qu'on lui refuse l'autorisation de rentrer, quand les 60 000 déportés en Allemagne ont le droit de regagner, eux, leurs maisons à demi effondrées, leurs appartements vides, leurs terres délaissées... La question de savoir s'il faut remettre en place ou non les Lorrains expulsés et réfugiés en France ne peut plus se discuter... » [(112)]

Les retours eurent donc lieu, au début surtout grâce à l'aide d'œuvres privées (l'Entr'aide française, la Croix rouge, le scoutisme). Les centres d'accueil très sommaires, tenus ensuite par « l'œuvre de l'accueil » (regroupant l'Entr'aide française, la Croix rouge et le ministère des P.D.R.) manquaient de vestiaires, de dépôts de mobilier, de possibilités de logement, de camions pour le transport du charbon.

La section de Metz du « groupement des expulsés de la Moselle » réclama le 20 juin des primes de réinstallation, des bons de vêtement et de charbon, etc., ainsi que l'expulsion des Allemands. Le 25 août, ce groupement insista.

Les réfugiés revinrent par leurs propres moyens ou en profitant de trains spéciaux. Ces derniers devaient cesser à partir du 4 septembre. Du 4 au 7, 560 expulsés revinrent encore par des trains réguliers, partagés, comme les précédents, entre la joie du retour et l'inquiétude d'une réinstallation dans une région sinistrée. Le 26 septembre, un dernier train spécial ramena de Toulouse 928 expulsés mosellans alors que 105 autres étaient arrivés par trains réguliers.

Retours d'Allemagne

« La situation des prisonniers et déportés qui rentrent d'Allemagne est des plus navrantes. Beaucoup ne retrouvent à leur arrivée ni leurs familles ni leurs biens. Les instructions prescrivent de leur délivrer un vêtement en nature ou 200 points de textile avec un bon H prioritaire. Or... aucune collection de vêtements... les magasins de nouveautés sont fermés... » [(113)].

Dans son compte rendu du 16 février au ministre de l'Intérieur, M. Rebourset s'élevait contre la création d'un centre d'accueil de déportés à Boulay, réclamant à nouveau que ces centres soient en Allemagne, près de la frontière afin d'éviter les contagions et de faciliter la répartition des destinations. En fait, ce ne fut pas le cas. Le 13 juin, la même autorité rendait donc compte : « Si la situation actuelle devait demeurer ce qu'elle est, nous aboutirions très rapidement à l'embouteillage complet ».

Cet énorme problème des « personnes déplacées » revenant d'Allemagne concernait naturellement d'abord les Américains et donc leurs officiers de liaison français.

- Le commandant Sorbac rendait compte le 27 mars : « L'afflux des " personnes déplacées " qui était à prévoir, a immédiatement submergé l'organisation embryonnaire établie par la 3e Armée américaine... Notre organisation ne fonctionne pas à mon avis... avec suffisamment de coordination ».
- Trois jours avant, le capitaine Audu, officier de liaison au 20e corps, moins diplomate, rendait compte à ce commandant Sorbac : « Insuffisance des

112 et 113. Compte rendu, en date du 25 mai 1945, de la directrice départementale des Prisonniers, déportés et réfugiés à son ministre.

moyens de rapatriement. Je me demande ce qui va arriver lorsque les prisonniers et déportés déferleront sur la France par dizaines de milliers par jour... Il faudrait... Peut-être la barrière du Rhin va-t-elle mettre fin à cet exode à rebours et permettra-t-elle à de nombreux camps installés sur la rive droite de remettre un peu d'ordre ».

En conclusion : lenteurs et embouteillages, d'où « misère... amertume... situation psychologique et politique qui... se tend chaque jour davantage » [(114)], par suite du manque de coordination et surtout de moyens.

---

114. Compte rendu, en date du 25 mai 1945, de la directrice départementale des Prisonniers, déportés et réfugiés, à son ministre.

Sanctions

La « bande de bras » du Kampfgruppe von Siegroth

Le général Keitel, commandant suprême de la Wehrmacht, décida le 24 octobre 1944 la création d'une « bande de bras » pour honorer ses combattants. Un décret du 28 décembre en précisa les modalités. Cette distinction, portée en bas de la manche gauche de la veste et du manteau, était noire avec inscription « Metz 1944 » brodée argenté. Elle était décernée individuellement par le colonel von Siegroth à tous les combattants de son Kampfgruppe (pas seulement de l'école) ayant été présents au moins pendant 7 jours entre le 27 août et le 25 septembre ou blessés. Elle pouvait également être adressée aux héritiers d'un ayant droit. Les demandes individuelles avec justification étaient à adresser avant le 31 mars 1945. De plus, la même bande fut portée par tous les élèves et les personnels de l'école pendant leur présence à Meseritz. C'était alors leur « insigne de tradition ».

Combien d'anciens du Kampfgruppe la portèrent ?

La médaille de Metz [115]

Médaille et diplôme

Médaille

- Médaille de bronze en forme de pentagone irrégulier allongé de 39 × 50 × 3 millimètres.
- « Avers : au milieu du champ et en relief, une tête de Messine et en dessous et sur quatre lignes l'inscription : " Metz, à ses libérateurs, 19 novembre 1944 " ».
- « Revers : les armes de la ville portant la Légion d'honneur pendante, sommées d'une couronne murale et posées sur un faisceau de quatre drapeaux, deux français à droite et deux des U.S.A. à gauche ; les hampes supérieures des drapeaux encadrant la silhouette légendaire de la cathédrale de Metz ».
- « Ruban de soie de 37 mm de largeur, parti noir à droite et blanc à gauche... Il est orné d'une petite barrette de bronze de forme rectangulaire de 20 × 6 mm qui est agrafée et qui porte en relief le mot : Metz » [116].

Diplôme.

- Imprimé en sépia sur blanc, de 318 × 225 mm.
- « Il représente, sous deux drapeaux flottants, français et américain, dont la hampe sort d'un faisceau de drapeaux, d'armes et de cuirasses, un paysage familier de la ville de Metz, la Porte des Allemands (à proximité de laquelle se fit l'entrée des troupes alliées dans la ville, en novembre 1944), dans le fond la silhouette de la cathédrale de Metz ».

---

115. D'autres décorations dont la Légion d'honneur, la médaille militaire et la croix de guerre récompensèrent des personnes américaines et françaises qui se distinguèrent lors de la libération de la ville. La médaille de Metz, créée exprès, mérite une mention spéciale.

116. Commissaire colonel R. Stiot dans : « Médaille commémorative de la libération de Metz ». Article paru dans le n° 437 de mars 1968 du « Carnet de la Sabretache ».

Péripéties

Le 7 décembre 1944, reprenant l'idée exprimée le 22 novembre par le général Walker : Metz symbole des relations amicales entre les deux pays, le maire Gabriel Hocquard proposa au général de concrétiser ce symbole, ce qui plut à l'Américain.

Le 12 décembre, le conseil municipal adopta le projet de création de la « médaille de la libération de Metz ».

Le 23 décembre, place d'Armes, le maire remit une médaille au drapeau du 20e corps avec un diplôme décernant cette médaille « au drapeau de bataille du 20e corps d'armée américain ».

Le 13 janvier 1945, le général de Gaulle répondit comme suit à la demande d'approbation qu'il avait reçue : « Il me paraît en effet souhaitable que la délivrance de la ville de Metz... soit concrétisée... par un souvenir durable. Cependant il n'est pas possible que Metz crée une décoration ; au contraire, la frappe d'une médaille commémorative qui ne pourrait être portée mais que l'on garderait précieusement serait, à mon avis, la meilleure solution. Sous cette réserve, je ne puis qu'approuver votre projet ».
Le sculpteur messin Niclausse, membre de l'Institut, continua alors l'étude de la médaille. Le 16 mai, il en présenta la maquette. Elle fut acceptée par le conseil municipal qui vota un crédit de 3 millions de francs pour un tirage de 100 000 exemplaires [117], réalisés par la maison Arthus-Bertrand de Paris.

En août 1945, le général de Gaulle reçut une épreuve originale et, allant voir à Washington le président Truman, lui remit de la part du maire messin « un exemplaire unique grand modèle de cette médaille qui vous dira la gratitude du peuple de Metz à l'égard des armées des Etats-Unis, dont vous êtes le grand chef ».

Le 29 septembre 1945, M. Hocquard écrivit à M. Palewski, directeur du cabinet du général de Gaulle : « J'ose avoir recours à vous pour obtenir du chef du Gouvernement le décret qui, tout en ne lui conférant pas la valeur militaire, lui permettra du moins de figurer dignement dans le voisinage des décorations de guerre ». Le maire de Metz souhaitait en effet pouvoir remettre des médailles lors de la prise d'armes prévue le 25 novembre 1945, à l'occasion du premier anniversaire de la libération de la ville.

Le 8 novembre, par lettre n° 8.003/Cab.dir. de la présidence du Gouvernement provisoire, le grand chancelier de la Légion d'honneur avait, après avis du conseil de l'Ordre, décidé « que la médaille de Metz serait entièrement assimilable à celle de Verdun de la Guerre 1914-1918 ».

Le 25 novembre, un premier lot de médailles put être ainsi décerné aux décorés américains et français.

le 31 décembre 1945, le conseil municipal approuva le « règlement fixant les conditions d'attribution de la médaille de Metz ».

- Elle « est destinée aux combattants des armées françaises et alliées et à ceux de la résistance qui ont pris part à la libération de Metz, entre le

---

117. Il n'y en eut pas en fait 100 000 de réalisées. Les 500 premières (dont 100 avec écrin) furent livrées pour la cérémonie du 25 novembre. 1 800 autres furent frappées ensuite. Sur ces 2 300 médailles existantes en 1968 (le tirage total prévu était tombé entre temps de 100 000 à 30 000), 2 000 étaient attribuées à cette date.

1er septembre et le 25 décembre 1944. Elle peut être attribuée exceptionnellement à des personnalités qui, par leur présence immédiate à Metz sous le feu de l'ennemi, ont contribué, par leur activité et leur dévouement, à rétablir la vie économique et sociale dans le pays ».

- Un comité de huit membres, siégeant à l'hôtel de ville « a pour but d'assurer l'attribution de la médaille de Metz et de conserver à cette médaille tout le prestige dont elle jouit ».
- L'attribution de la médaille... est sanctionnée par un diplôme... délivré gratuitement [118]. Les décorés se procurent la médaille... à leurs frais. Les noms des décorés sont inscrits sur le livre d'or ».

Le premier « comité de la médaille de Metz » comprit :

- Président : général Brion,
- Vice-président : commandant de la Vasselais,
- Secrétaire général : commandant Trévelot de Trévalot [119],
- Membres : MM. Bourrion et Mertz,
  MM. Leroy et Bauler (Mithridate),
  capitaine Thiriot (F.F.I.).

En 1953, après le décès du général Brion et du commandant Trévelot et la démission de M. Leroy, le comité eut pour président d'honneur M. Gabriel Hocquard, ancien maire, pour président le général Colin et pour secrétaire et trésorier M. Alphonse Mertz. Il comprit deux nouveaux membres, conseillers municipaux, Henri Drillien et Eugène Stenger. Le vice-président et les autres membres n'avaient pas changé.

En juillet 1954, ce comité voulut réaliser le « livre d'or » prévu. Il demanda un projet à Arthus-Bertrand. Cette maison en présenta plusieurs, puis l'affaire traîna, par manque de crédits, puis capota en novembre 1955. Il n'existe donc qu'une liste manuscrite d'attribution initialement tenue par l'adjudant Paul Mézières qui aida alors le commandant Trévelot.

Le dernier président du comité est M. Tribout de Morembert depuis juin 1969.

Le 15 novembre 1981, la forclusion fut décidée à compter du 1er janvier 1982.

Détenteurs

A titre collectif.

- Fanion de l'amicale des anciens maquisards et résistants de la police d'Etat de la Moselle (attribution en février 1946).
- 1er bataillon de marche de Paris (attribution le 20 septembre 1946, remise au 151e R.I. le 12 septembre 1947).
- Fanion de la musique du 151e R.I. (attribution et remise le 16 mars 1947).
- 146e R.I.
- Musique 146e R.I.
- Fanion F.F.I. Moselle.
- Drapeau F.F.I. Moselle (attribution le 18 mars 1954 ; remise en novembre 1954).
- Drapeau F.F.I. de la résistance d'Uckange (attribution le 28 janvier 1950, remise le 16 mai 1950).

118. En 1953, le diplôme était délivré contre la somme de 300 F et la médaille contre 500 F.

119. Oncle de l'auteur.

A titre exceptionnel :

- Président Truman, 26-27 août 1945 (par général de Gaulle).
- Général de Gaulle, 30 août 1945.
- Président Eisenhower : 21 novembre 1954 (remise à son représentant M. Achilles).

A titre individuel :

- 1 539 Français dont 298 F.F.I. et 1 F.T.P.
  dont 27 femmes.
- 675 Américains.
- 7 étrangers divers (4 Yougoslaves, 1 Hollandais, 1 Belge, 1 Polonais).
- Total : 2 221.

La répression [120]

Allemands [121]

Civils expulsés [122].

- L'article 3 de l'arrêté préfectoral du 20 novembre (pris à Hayange) prescrivit aux ressortissants allemands de se présenter dans les 24 h au commissariat central (3 rue des Boulangers) pour vérification de leur situation.
- Les hommes de 16 à 60 ans durent se présenter le vendredi 22 décembre, à 8 h du matin, caserne Chambière, porteurs d'une couverture, de leurs affaires de toilette et de deux jours de vivres.
- Les ressortissantes allemandes de 16 à 60 ans et leurs enfants durent à leur tour se présenter le 28 janvier, à 9 h 30, au fort de Queuleu, dans les mêmes conditions (mais un seul jour de vivres).
- Au total, 280 à 300 civils allemands furent ainsi expulsés de Metz, ayant droit chacun à 30 kg de bagages et à 2 500 F ou 150 marks. Il s'agissait surtout de personnes venues après 1940 [123].
- Le 29 octobre, à la suite d'une rafle dans Metz, 190 ordres de refoulement de telles familles furent signés. Si une cinquantaine d'Allemands bénéficièrent alors d'une mesure de bienveillance, ce que l'opinion publique déplora, les autres furent regroupés, ce jour-là, à la Sainte-Famille, à Montigny, et renvoyés le 30 en Allemagne, par train spécial.

Allemands favorisés.

- Le docteur Scholz, le médecin anti-nazi de la police messine, rendit, avant la libération, les services déjà cités. Lors de celle-ci les autorités militaires

---

120. Rappelons que, dès le 27 décembre 1944, la police messine dut demander à la population d'arrêter « les excès de zèle », le « flot de dénonciations » qui la submergeait.
La direction de la Surveillance du territoire vint installer une antenne 12 rue de Verdun, dans les ex-locaux de la Gestapo et il est dit qu'elle en adopta parfois des procédés...
Les Renseignements généraux et la Sécurité militaire agirent de leurs côtés.

121. « Je suis paralysé dans les mesures à prendre par l'absence complète de lieux d'internement des sujets allemands...
La présence d'Allemands en liberté au milieu d'une population qui souffre est du plus fâcheux effet moral ». Rapport du préfet de la Moselle au ministre de l'Intérieur, en date du 20 décembre 1944.

122. B. Meddahi dans : « La Moselle et l'Allemagne, 1945-1951 ».

123. Le 20 janvier, un train emmena d'Hayange à Gaillon, dans l'Eure, quelque 900 internés civils allemands des camps de Queuleu et de Suzange. Ils ne provenaient pas que de Metz.

AVIS

aux ressortissantes allemandes

Les ressortissantes allemandes de 16 à 60 ans, habitant Metz et sa banlieue, célibataires, veuves, divorcées, mariées à un Allemand actuellement interné, parti en Allemagne ou mobilisé dans la Wehrmacht, devront se présenter avec leur famille, dimanche 28 janvier 1945, à 9 h. 30, au Fort de Queuleu. Un car sera à la disposition des mères de famille avec des enfants en bas âge, *58, rue de Verdun*.

Chaque personne devra être munie de couvertures, linge de corps, d'objets de toilette et d'un jour de vivres.

Imprimerie du Journal « Le Lorrain », Metz.

(Archives municipales de Metz)

et préfectorales furent prévenues qu'en civil, il était conduit 16 avenue Foch, chez Mme le docteur Burger. Il y resta deux à trois mois et fut contacté par les services de renseignements français et américains qui tentèrent de l'embaucher. Le docteur refusa, car s'il voulait bien donner des indications sur la Gestapo et les SS, il refusait de trahir la Wehrmacht. En accord avec les Américains, un officier français le conduisit, libre, en Allemagne, à Glan-Münchweiller. En juillet 1945, il demanda à rejoindre sa famille à Wolfenbüttel, près de la frontière de l'Allemagne de l'Est (où le capitaine Thiriot le rencontra, du reste, par la suite).

- L'archiviste Ewig avait rendu, de son côté, des services déjà signalés. Dès août 1944, il était bien décidé à rester à Metz lorsque l'armée allemande s'en retirerait. Il y demeura pendant la « panique » du 1er septembre. Par la suite, alors qu'il aurait dû se replier aux archives de Spire, il eut la chance de recevoir l'ordre du Reichsführer SS Himmler d'expédier les registres ecclésiastiques et d'état-civil en Allemagne « pour sauvegarder l'ascendance arienne des Lorrains ». « Ordre fou », a écrit l'intéressé à l'auteur (il y avait tout au plus un ou deux trains par semaine qui liaient Metz au Hinterland), « mais qui me donnait une nouvelle raison d'être, de rester à Metz ». Arrêté avec la garnison de la préfecture (rappel), il fut rapidement rendu à la liberté. Il a écrit à l'auteur : « Arrivé au fort Saint-Julien, le 21 au soir, un F.F.I. s'approchait de moi en me chuchotant : « Qu'allez vous faire dans cette galère ? Est-ce que je peux faire quelque chose pour vous ? ». C'était un Messin qui avait parfois pris des photos de documents d'archives. Je l'ai prié d'informer Mgr Louis, le vicaire général. Il l'a sans doute fait, puisque je devais ma libération du camp d'internement de civils à Hayange, en janvier ou février 1945, à l'intervention de l'évêque de Metz rentré d'exil... Revenu à Metz, j'ai reçu beaucoup de signes de sympathie. Remerciant l'évêque de Metz, j'ai fait la connaissance de M. Robert Schuman et j'ai servi ensuite pendant quelque temps d'agent de liaison entre lui et M. Adenauer ». Eugen Ewig repartit ensuite en Allemagne professer l'histoire à Mayence puis Bonn.
- Le capitaine Wolff intervint de son côté, lorsqu'il apprit l'arrestation du procureur général Welsch [124] et de M. Schmitt Winter, « substitut auprès du tribunal spécial, très correct dans ses réquisitoires, suivant les directives du procureur Welsch » [125].
- Deux artistes autrichiens [126] et deux journalistes [127] dont une israélite noble, purent également bénéficier de connivences françaises. Ils se

124. Lors d'une audience, le président Sadoul déclara que ce procureur « avait laissé un souvenir très favorable en ce qui concerne son activité en Moselle pendant l'annexion de fait » (« Courrier de Metz » du 5 juillet 1947). Après la guerre, ayant la confiance des gouvernements français et allemand, il présida l'administration sarroise.

125. P. Wolff dans : « Journal d'un résistant mosellan ».

126. Ces deux acteurs étaient Joseph Meinrad (devenu célèbre depuis à Vienne) et Hugo Gottschlich (encore récemment vu à la télévision allemande). Ils étaient cachés chez Mme Clément, près du « Moyen Pont ». M. Ewig servit d'intermédiaire pour que le docteur Wilhelm opère, inutilement, le second d'une appendicite en octobre, ce qui du moins justifiait un séjour à Metz. Après la guerre, J. Meinrad épousa la fille de Mme Clément.

127. Ces deux journalistes du « Metzer Zeitung » étaient Franz Vossen, originaire d'Aix-la-Chapelle, et Marguerite Breitner, fille d'un baron juif autrichien « éliminé » par les nazis. L'un et l'autre ne voulaient également pas quitter Metz et s'y cachèrent jusqu'à la libération. Comme les deux acteurs, ils ne furent pas internés ensuite. Ils se marièrent, puis divorcèrent. F. Vossen s'est fait naturaliser français et habite à Paris.

cachèrent chez des civils, du 1er septembre à la libération, et ne furent pas inquiétés alors.

- Le professeur Ewig a indiqué la présence à Metz alors d'autres « anti-nazis » (liste non exhaustive) : le procureur Kaster, le directeur du musée Hausen, le conservateur des monuments Rensch et le secrétaire des finances Hossfeld.

Prisonniers de guerre.

- Regroupés dans quelques camps (Frescaty, Chambière), ils furent utilisés à diverses tâches en ville et en dehors, dont du nettoyage et du déminage.
- Par article 4 de l'arrêté du 20 novembre, le préfet ordonna à tous les habitants de déclarer la présence de membres de la Wehrmacht ou des formations armées et politiques nazies, de dépôts de munitions ou d'explosifs, et de matériels de guerre.
- Un contrôle rigoureux, effectué fin janvier, permit d'interroger 4 240 personnes et d'en arrêter 220, dont 3 soldats allemands en civil.

Allemands jugés.

- 5 petits chefs locaux furent condamnés à mort par le tribunal militaire en 1945.
- Fritz Kichdorfer, le chef du camp de Woippy, fut condamné, le 17 novembre 1948, à 20 ans de travaux forcés et à 20 ans d'interdiction de séjour.
- Georges Hempen, l'adjudant chef SS, chef du fort de Queuleu de fin novembre 1943 au 17 août 1944, partit à Neustadt le 1er septembre et disparut. Le tribunal militaire de Metz le condamna à mort par contumace le 10 avril 1951.

  Hempen reprit du service comme officier de police à Olsdenbourg le 1er janvier 1960. Repéré, il fut accusé et arrêté en juin 1962. Un procès débuta le 4 novembre 1963 et se termina le 14 septembre 1964 par la suspension des poursuites... Le jugement, repris le 1er avril 1969, se solda alors par l'acquittement de l'accusé le 13 mai 1969...
- Le procès le plus retentissant fut celui du général SS Dunckern :
  - Ce général, fait prisonnier à Metz (rappel), fut incarcéré dans des camps de généraux de la Wehrmacht, près de Londres puis de New York. Transféré en Allemagne dans les camps américains de Neu-Ulm puis Garmisch (12 juin 1947) et Dachau (août), il fut cité comme témoin au procès de Nuremberg. Transféré le 24 septembre 1947 dans le camp français de Reutlingen, il arriva à la prison militaire de Metz le 2 octobre 1947.
  - Une information contre lui pour complicité d'assassinats et de séquestrations ne fut ouverte qu'en décembre 1948 et le procès n'eut lieu que le 31 mai 1951. L'opinion locale et la presse étaient fort montées contre lui : « Supérieurement conseillé, ayant lui-même de profondes connaissances de droit, Dunckern a usé de tous les artifices de la procédure pour retarder l'heure du châtiment ». En fait, le juge d'instruction P. Bernier ne trouvait pas de graves griefs contre cet « homme cultivé et intéressant ». Le temps qui passait faisait tomber les passions.
  - Au procès, la défense avança que l'accusé était général de la Wehrmacht, n'avait fait qu'exécuter les ordres et que le camp de Queuleu

n'était pas de sa compétence. Le commissaire du gouvernement demanda les travaux forcés à perpétuité. L'accusé, ayant bénéficié des circonstances atténuantes, fut condamné à 20 ans de travaux forcés et à 20 ans d'interdiction de séjour.

- En fait, il fut relâché assez rapidement, s'installa comme avocat à Munich (il y était né le 29 juin 1905) et y devint spécialiste du droit international...
- « Il était trop petit pour être jugé avec les grands (Nuremberg), et trop grand pour être jugé avec les petits » (ce qui retarda le procès et atténua le verdict) a dit à l'auteur un Messin qui le connaissait bien et l'a donc apprécié sans pour autant l'absoudre.

Français

Epuration [128].

- Aspect local particulier.
  « Dans le reste de la France, on pouvait librement pratiquer ou non la politique de collaboration ; en Moselle, le choix était officiellement impossible » [129]. La germanisation et la nazification, par persuasion puis par force, obligeaient à adhérer aux diverses organisations allemandes, d'autant plus que la population s'estimait « complètement abandonnée par le gouvernement de Vichy » [129]. « Un certain nombre de Mosellans ont collaboré par conviction, notamment dans les générations d'avant 1918, soit par intérêt, soit par opportunisme, mais dans bien des cas, l'adhésion aux formations nazies n'a été qu'une « collaboration de façade » [130]. Il fut bien délicat de distinguer « conformisme de façade » [129] et collaboration.
- Répression judiciaire.
  - Dès le 11 septembre, ne voulant pas être débordé, le préfet Rebourset, en accord avec le commandement américain et la Sécurité militaire française, chargea ce dernier service d'interner les membres des formations paramilitaires nazies et les collaborateurs notoires de la zone qui venait d'être libérée. La Sécurité militaire eut également à trier les suspects qui lui étaient livrés par les F.F.I., les Américains (le service de renseignements Counter Intelligence Corps) et des autorités sans mandat. Il y eut fatalement alors pas mal d'arrestations arbitraires.
    Le tribunal militaire de Metz commença à fonctionner le 27 décembre 1944. Il rendit des sentences jusqu'en 1955, le maximum d'affaires étant traité en 1947 [131]. Les ordonnances du 26 juin et 14 septembre 1944 avaient créé des « cours de justice » chargées de juger les cas les plus graves, ceux d'actes nuisant à la défense nationale, et des « chambres civiques » s'occupant des personnes « qui étaient seulement reconnues coupables d'indignité nationale ». La cour de justice et la chambre civique de la section de Metz [132] ne débutèrent leurs travaux que le 18 juin 1945.

---

128. Ce chapitre n'est que le résumé de l'important travail de M. Charles Hiegel : « La répression de la collaboration et l'épuration en Moselle » (et non seulement à Metz).
129. Projet de compte rendu du préfet de la Moselle au ministre de l'Intérieur en date du 13 mars 1946.
130. Charles Hiegel : « La répression de la collaboration et l'épuration en Moselle ».
131. Transféré à Nancy en octobre 1945, il revint à Metz en juin 1946.
132. En Moselle, une section à Sarreguemines comprit les deux mêmes juridictions.

- Le tribunal militaire prononça 363 jugements (309 condamnations et 57 acquittements). La cour de justice de Metz : 1 003 (910 et 93). La chambre civique de Metz : 1 875 (1 396 et 479). Soit un total de 3 243 Mosellans (dont combien de Messins ?) dont 859 acquittés. Avec Sarreguemines, le total monta à 4 102 personnes jugées (3 243 condamnées et 859 acquittées).
- La dégradation nationale, à vie ou à temps, fut la sanction la plus courante (1 954 en Moselle). De plus, le tribunal militaire et la cour de justice de Metz prononcèrent 12 condamnations à mort suivies d'exécution, 15 non exécutées, 240 condamnations aux travaux forcés, 780 à la prison et 20 à une simple amende.
- 11,3 % du total concerne la ville de Metz (474 inculpés). Le canton de Metz campagne, surtout à cause des localités ouvrières du nord, présente le pourcentage le plus élevé de la Moselle : 16,3 % (il y eut 110 inculpés à Montigny-lès-Metz).
- La collaboration politique (appartenance à des formations nazies, propagande, dénonciation, etc.) fut de loin la plus générale : 84 % des cas. La collaboration militaire (engagement volontaire) n'en représente que 14 %. Le reste est du « divers », dont 0,4 % seulement pour la collaboration économique.
- Charles Cridlig fut l'un des principaux traîtres jugés par la cour de justice de Metz. Ce sous-officier de carrière servit de 1927 à 1935 au Maroc puis au 462e régiment de D.C.A. de Metz. Il devint adjudant. Arrêté le 15 juillet 1935, il fut condamné à cinq ans de prison, le 1er avril 1936, pour espionnage. Les Allemands le libérèrent en juillet 1940. Electricien à Strasbourg, il fut engagé par Pistorius, de la Gestapo de Metz, comme interprète aux services de la rue de Verdun. En fait il devint très vite un agent très efficace et brutal dans la chasse aux résistants. « Pour ces salops de Lorrains, l'Allemagne ne sera jamais assez sévère ». D'où arrestations (dont celle de la femme du chef de brigade F.F.I. Costa), perquisitions, brutalités, témoignages, etc. A la libération, il se cacha chez ses beaux-parents, à Montigny (avenue de Nancy). Sa belle-sœur le fit fuir juste avant que les F.F.I. Adrien Mayer et Julien Gatelet viennent l'arrêter. Il partit à Neustadt et s'y engagea comme chauffeur dans le Service de rapatriement américain. Il fut arrêté à Nancy le 25 juin 1945, reconnu par une de ses victimes alors qu'il conduisait des Américains au marché. Il fut jugé par la cour de justice de Metz les 23 et 24 janvier 1947, dans une « atmosphère surexcitée ». « Have, le regard fuyant et sinistre », il écouta la lecture des huit pages de l'accusation. L'avocat Paul Wiltzer ne put sauver la tête de son « client » face au commissaire du gouvernement Pottecher et au président Adrien Sadoul. Il fut fusillé le 31 mars 1948, à l'île Chambière, par un peloton de 12 volontaires du 146e R.I. Il avait 42 ans.
  Sa femme, née Renée Grosjean, sténodactylo peu farouche, « aventurière ambitieuse », fut engagée par l'Abwehr et fit de la « basse besogne ». Elle fut arrêtée à Montigny lors de la libération, par les deux F.F.I. de la 3e brigade déjà cités qui la livrèrent à la Sécurité militaire. Le 22 janvier 1947, à 26 ans, elle fut condamnée par le même tribunal à 10 ans de travaux forcés et à 20 ans d'interdiction de séjour.

GOUVERNEMENT PROVISOIRE DE LA RÉPUBLIQUE FRANÇAISE

GOUVERNEMENT MILITAIRE DE METZ

AVIS

AUX POPULATIONS LIBÉRÉES

Il est rappelé que seules les autorités constituées ont qualité, sauf le cas de flagrant délit, pour ordonner des arrestations et y faire procéder.

En ce qui concerne les visites domiciliaires et perquisitions, elles ne peuvent avoir lieu qu'au titre des actes d'instruction, à moins que l'autorité militaire n'ordonne cette mesure par application de l'article 9 de la loi du 9 août 1849 sur l'état de siège.

Toute personne qui, sans droit ni qualité, procéderait de sa propre initiative à des réquisitions, visites domiciliaires ou arrestations, serait immédiatement déférée au Tribunal Militaire siégeant en Cour Martiale.

Les sanctions prévues par la loi sont les suivantes :

« Art. 341-C. Pénal. — Seront punis de la peine des travaux forcés à temps ceux qui sans ordre des autorités constituées, et hors les cas où la loi ordonne de saisir les prévenus, auront arrêté, détenu ou séquestré des personnes quelconques.

Quiconque aura prêté un lieu pour exécuter la détention ou séquestration subira la même peine.

« Art. 342-C. Pénal. — Si la détention ou séquestration a duré plus d'un mois, la peine sera celle des travaux forcés à perpétuité.

« Art. 343-C. Pénal. — La peine sera réduite à l'emprisonnement de deux à cinq ans si les coupables des délits mentionnés en l'art. 341, non encore poursuivis de fait ont rendu la liberté à la personne arrêtée, séquestrée ou détenue avant le dixième jour accompli depuis celui de l'arrestation, détention ou séquestration. Ils pourront néanmoins être renvoyés sous la surveillance de la haute police, depuis cinq ans jusqu'à dix ans.

« Art. 344-C. Pénal (modifié le 28 avril 1832). — Dans chacun des deux cas suivants :

1° Si l'arrestation a été exécutée avec le faux costume, sous un faux nom et sous un faux ordre de l'autorité publique ;

2° Si l'individu arrêté, détenu ou séquestré a été menacé de mort, les coupables seront punis des travaux forcés à perpétuité. Mais la peine sera celle de la mort, si les personnes arrêtées ont été soumises à des tortures corporelles ».

Le Général de Division DODY, Gouverneur Militaire de Metz,

Commandant la 21ᵉ Région,

Signé : DODY

Verdun. — Imp.-Lib. R. MARCHAL.

(Archives municipales de Metz)

- Répression extra judiciaire.
  - Il n'y eut que sept exécutions sommaires connues en Moselle :
    - 11 septembre 1944 : un habitant d'Hayange exécuté dans les carrières de Neufchef par des F.F.I. venus de Meurthe-et-Moselle ;
    - 12 septembre : un habitant d'Aumetz, tué par les mêmes ;
    - 28 septembre : un habitant d'Ebange abattu à Thionville sur ordre du capitaine « Baptiste » (voir plus loin) ;
    - 2 octobre : un inconnu fut trouvé mort dans un blockhaus d'Hayange (canton de Fontoy). Un portrait d'Hitler était épinglé à son veston ;
    - début octobre : un habitant de Guentrange fut tué près de Thionville par un élément du 1er régiment de Paris ;
    - 10 avril 1945 : un habitant de Scy-Chazelles fut trouvé mort à Jussy avec l'indication : « la fin d'un traître nazi, la main justicière » ;
    - 27 septembre 1945 : un habitant d'Amnéville fut involontairement tué par deux résistants non mosellans s'en prenant à son beau-frère, qui venait de sortir du centre de séjour surveillé de Queuleu.
  - Le mécontentement général créé par la lenteur et la mansuétude de l'épuration officielle fut à l'origine de nombreuses violences, pas toujours verbales. Des injures et des coups furent échangés, des drapeaux arrachés, des inscriptions écrites [133]. Plus grave : le 16 juin 1945, deux collaborateurs revenant d'Allemagne furent sérieusement blessés par la foule ; le 23 septembre 1945, une grenade fut lancée contre la vitrine du graveur messin B... ; le 30 septembre, un coup de fusil fut tiré contre M. R..., revenu d'Allemagne. En mars 1946, la fermeture du centre de Queuleu créa une forte agitation.
  - Cette répression extrajudiciaire fut néanmoins plus faible en Moselle que dans tous les autres départements de l'est et a fortiori du sud de la France. Quatre exécutions sommaires furent l'œuvre de F.F.I. ou F.T.P. non mosellans. Les victimes étaient toutes de condition modeste. La pression de l'opinion publique fit qu'il n'y eut que deux poursuites judiciaires se soldant par un acquittement (voir plus loin) et une peine légère. L'absence de vrais maquis dans le département, le départ des grands collaborateurs le 1er septembre avec les Allemands et le grand nombre même des arrestations initiales (mettant les victimes au moins à l'abri des passions) sont des raisons du relativement faible nombre des exactions.
- Internements administratifs.
  - L'ordonnance du 4 octobre 1944 permit aux préfets d'effectuer des internements administratifs jusqu'à septembre 1945.
  - Les premiers désignés furent détenus dans les locaux de sécurité des communes puis transférés au centre de séjour surveillé d'Ecrouves (Meurthe-et-Moselle). Plus de 900 personnes du nord-ouest du département, libéré, y furent en septembre-octobre.
  - Début novembre, l'ancien camp de prisonniers ukrainiens de Suzange (près de Sérémange) devint camp d'internement administratif. Il fut

133. « Des violences sont exercées. A l'occasion de la fin de la guerre, de nombreux drapeaux ont été arrachés des fenêtres de ceux qui sont restés, des croix gammées peintes sur les murs, des femmes rasées, etc. » (Rapport du préfet de la Moselle au ministre de l'Intérieur, en date du 13 juin 1945).

fermé le 18 décembre 1945, les internés étant transférés au camp de Queuleu.

- Ce camp, bien connu de résistants messins, devint le plus important jusqu'à sa dissolution le 23 mars 1946.
- Le retour en France de collaborateurs partis en Allemagne vers le 1er septembre 1944 surchargea les camps. Le maximum fut atteint le 18 juillet 1945 avec 5 925 internés au total.
- Ce grand nombre freina la régularisation des situations et leur étude par les « commissions de vérification des internements administratifs » chargées de saisir, avant le 10 février 1946, cours de justice et chambres civiques. Une première commission étudia, à partir du 28 décembre 1944, le cas des internés d'Ecrouves. Une deuxième, le 16 avril, s'occupa des camps de Suzange et Queuleu. L'ensemble fut réorganisé le 1er octobre.

- Epuration économique.
  - Là aussi, la Moselle, comme l'Alsace, soulevait un cas particulier puisque toute l'activité économique avait été placée sous le contrôle allemand. Les autorités mosellanes obtinrent donc que des instructions spéciales adoptent le 24 janvier 1946 le décret du 18 janvier de la même année. Ne devaient être confisqués que les « profits illicites », à « caractère scandaleux » par le montant des bénéfices ou la façon de les avoir obtenus.
  - Le « Comité départemental des confiscations des profits illicites » travailla du 3 février 1945 au 17 décembre 1948. Ce fut long et délicat. 193 affaires furent examinées. 161 confiscations totalisèrent 132 665 300 francs et 27 amendes 25 358 000. Les branches les plus touchées furent celles du secteur alimentaire (55 sanctions, dont 37 négociants en gros dont 25 marchands de vin) et du bâtiment et travaux publics (21 sanctions).
  - En fait, cette forme d'épuration fut beaucoup plus modérée en Moselle que dans l'intérieur de la France.

- Epuration administrative.
  - Cette forme d'épuration dut également être adaptée. Contrairement à l'« intérieur », des « commissions départementales d'épuration », propres à chaque administration, proposèrent des mesures individuelles que le préfet transmit avec son avis aux ministres respectifs qui décidèrent.
  - La sévérité des sanctions varia selon les administrations. 10 des 21 personnels titulaires de préfecture et sous-préfecture restés en Moselle [134] furent touchés. 16 policiers furent punis, 59 personnels du ministère des Finances, 215 des 940 agents des postes restés en place. 209 dossiers de membres de l'enseignement primaire (sur environ 1 200 fonctionnaires ayant travaillé en Moselle) et une vingtaine de dossiers concernant des personnels de l'enseignement secondaire furent transmis. La S.N.C.F. se montra très sévère. Ce ne fut pas le cas du ministère de l'Agriculture.

---

134. L'administration préfectorale étudia, également (rappel), le cas de ses personnels repliés à l'« intérieur ».

- La mairie de Metz constitua un « jury d'honneur » [135]. A la date du 15 août 1945, une centaine d'affaires avaient été instruites, et trente sanctions prises.
- La rapidité et la sévérité des diverses commissions furent variables. Les dernières ne terminèrent leurs travaux qu'en 1947. Les décisions ministérielles furent souvent prises avec un certain retard.

• Epuration professionnelle.
- Le « comité régional interprofessionnel d'épuration » ne put être créé que le 16 octobre 1945, trop tard. Il ne fonctionna donc pas.
- Par contre, deux sections professionnelles d'épuration de la sidérurgie furent constituées en avril 1945 et furent très sévères, proposant 823 sanctions qui furent entérinées par arrêtés préfectoraux. Il y eut 27 licenciements sur les 32 sanctions prises à l'usine de la S.A.F.E., à Hagondange, et 23 sur 75 à l'usine de Wendel de Moyeuvre-Grande. Trois cadres seulement furent touchés. Tout le reste concernait des petits personnels, dont des Italiens.

• Conclusions.
- L'épuration, fatalement particulière en Moselle, fut plus tardive et plus lente que dans les autres départements.
- « Si la répression extrajudiciaire a été très minime (en Moselle), l'épuration économique relativement modérée et l'épuration professionnelle limitée... la répression judiciaire, les internements administratifs et l'épuration administrative ont atteint un pourcentage élevé en Moselle [137].
- « En Moselle comme en Alsace, la sévérité de l'épuration judiciaire tient davantage au nombre de personnes condamnées qu'à la nature des sanctions (mort, travaux forcés et réclusion ne représentent que 10 % des peines infligées)... Mais ce qui caractérise principalement l'épuration judiciaire en Moselle, c'est le nombre de personnes de condition sociale modeste, notamment dans le milieu des ouvriers et des petits employés, qu'elle a frappées » [136].
- L'épuration fut très sévère au début (notamment les premières décisions prises par le tribunal militaire de Metz), puis relancée par le retour en mai 1945 de collaborateurs ayant fui en septembre précédent, et enfin par le retour des personnes qui furent internées au camp de Queuleu dissous en mars 1946.
- « D'une façon générale, l'opinion publique en Moselle ne fut pas satisfaite par les résultats de l'épuration... (Ce) fut un sujet de discorde et les passions mirent un certain temps à s'apaiser » [137]. Le 2 mars 1946, par exemple, le congrès départemental F.F.I. (rappel) réclama l'éloignement définitif de « revenants » non condamnés. Le préfet approuva cette motion. « Ce retour massif des " éloignés " dans les communes mosellanes tendrait davantage les esprits et aurait certainement des répercussions sanglantes ». Par contre, Me Albert Eiselé s'éleva contre l'intransigeance au nom du particularisme mosellan : « l'épuration fut fantaisiste

135. Sa création fut annoncée dans « La Lorraine libérée » du 9 décembre 1944.
136. Ch. Hiegel dans : « La répression de la collaboration et l'épuration en Moselle ».
137. Ch. Hiegel, dans : « La répression de la collaboration et l'épuration en Moselle ».

et incohérente à l'origine déjà et les jurés, incompétents, acceptant tels quels des témoignages souvent inspirés par une évidente animosité personnelle » [138]. Pour les communistes lorrains, « l'épuration est un véritable fiasco... ; on prend les petits et on laisse courir les grands » [139].

- Une loi du 5 janvier 1951 définit les conditions dans lesquelles des « épurés » pouvaient bénéficier d'une amnistie ou d'une libération anticipée.
- « L'échec de l'épuration en Moselle fait l'unanimité de l'opinion publique » [140].

Les F.F.I. « ne furent pas tous des enfants de chœur ».

- Les méfaits de certains résistants, notamment F.F.I., non messins, ont été évoqués.
- Des chefs de brigade messins n'ont pas caché à l'auteur qu'il y eut quelques « bavures », notamment des « récupérations » de vivres et d'armes.

  Il faut remarquer :
  - qu'après guerre, les jalousies et animosités personnelles entre résistants ainsi que le souci de se dédouaner pour ceux qui en avaient besoin ou de se donner bonne conscience pour ceux qui furent trop prudents sont à la base de calomnies, du moins d'exagérations. Il a été parlé de trafic de pièces d'or. Il a été parlé de parachutage d'argent... ;
  - que ce ne pouvait pas être de « sages personnalités » qui avec deux ou trois mauvais pistolets et une inconsciente bravoure allaient attaquer le poste allemand du café Bellevue. A côté de jeunes cadres de réserve étaient des volontaires aux motivations variables déjà indiquées ;
  - qu'il est toujours tentant de garder un pistolet, et de se servir un peu en période de pénurie quand on a la garde d'un dépôt de vivres.
- Quelques responsables F.F.I. furent l'objet d'accusations.

  Citons simplement les cas suivants :
  - Dès le 2 décembre 1944, le capitaine Tribout fut pris à parti par ses voisins de la rue du Roi-Albert : le ménage Prime. Il contre-attaqua.
  - Rappelons qu'en février 1946, François Ull fut accusé par le fils de M. Communaux d'avoir causé, en fait involontairement, la déportation de ce dernier.
  - Le capitaine Victor Mertz, dit « Baptiste », dont les parents avaient la ferme Bellecroix près du fort Lauvallière, obtint le 29 novembre 1951 l'acquittement du tribunal militaire de Metz. Il avait pourtant ordonné lui-même d'exécuter le 28 septembre 1944 à Thionville le mulhousien Jeannin accusé de collaboration notoire.

Cas de ***« malgré-nous »*** déserteurs.

Dans son rapport du 20 décembre 1944 au ministre de l'Intérieur, le préfet de la Moselle signalait : « Les Américains les arrêtent (les Lorrains déserteurs de

---

138. A. Eiselé, dans : « Aspects juridiques de l'épuration en Moselle et en Alsace » dans : « Ecrits de Paris », n° 47, septembre 1947.
139. « Voix de la Moselle » du 14 novembre 1945.
140. B. Meddahi dans : « La Moselle et l'Allemagne, 1945-1951 ».

l'Armée allemande) et les considèrent comme des prisonniers de guerre [141]. Or il est évident qu'il s'agit là d'excellents Français qui se sont libérés au péril de leur vie ».

Dans son rapport du 16 janvier, M. Rebourset insistait : « Leur sort devient réellement tragique... Tous sont arrêtés par les autorités américaines et transportés à l'intérieur de la France. Cette situation produit les conséquences les plus fâcheuses ».

---

141. De fait, dans beaucoup d'endroits, de tels déserteurs répondirent en confiance à l'appel lancé par les Américains à tous ceux qui avaient revêtu l'uniforme allemand de se présenter à eux. Ils eurent la cruelle désillusion d'être non seulement traités en prisonniers de guerre, mais encore d'aller croupir dans des camps sous la coupe de cadres de l'Armée allemande prisonniers.
Par exemple, 225 réfractaires et déserteurs de la région de Sarreguemines s'étant présentés aux Américains, le 16 décembre, furent ainsi incarcérés et durement traités au camp de Thorée-les-Pins, près de la Flèche [*], dans la Sarthe. Ils ne rejoignirent la Lorraine que le 26 mai 1945. Les prisonniers du camp de Saint-Pierre l'Eglise, près de Cherbourg, furent eux, libérés fin mars 1945. Il y eut d'autres détenus à Marseille. Certains, de la région de Fameck, arrêtés et conduits à Beauvais, ne furent libérés que deux à trois semaines plus tard.
Mais il ne semble pas que de telles rafles aient été opérées à la libération de Metz.
(*) Cf. Eugène Heiser, *La tragédie lorraine*, tome 2, chapitre : « Le calvaire des Fléchards ».

Conclusions

Gratitude envers les Américains

(Archives municipales de Metz)

« Metz, en gratitude aux Armées américaines libératrices ». *La* victoria augusta, *symbole des temps romains, accueille les chars vainqueurs. Dans le ciel, on reconnaît la silhouette de Lafayette qui, à Metz, décida d'aller délivrer l'Amérique.*

Le bilan des pertes concrétise le fait qu'il n'y eut pas grande bataille dans la ville même.

Quatre questions ont été posées dans l'introduction. Leurs réponses permettent d'analyser quelle fut la part de chacun des participants dans la libération de Metz.

L'ambiance qui y régna alors synthétise bien ce qu'elle fut.

Son étude permet enfin de dégager d'utiles généralités.

Bilan des pertes

Humaines

Il est malheureusement impossible de connaître d'une façon satisfaisante le bilan des pertes militaires. Les Américains les calculaient par mois, globalement. Les archives allemandes de Metz ont été détruites par les défenseurs avant leur reddition. A. Kemp [1] souligne qu'une « grande partie des pertes est causée par les facteurs extérieurs au combat (maladie par exemple) ». Quelle fut réellement cette proportion ? Surtout, les batailles les plus acharnées eurent lieu dans les environs de Metz (Maizières, Fort Driant, Dornot, Pournoy), avant le 18 novembre, et non dans la ville même du 18 au 22.

Allemands.

Le général Kittel a fait, après guerre, état de 400 tués et de 2 200 blessés pour sa période de commandement (14 au 22 novembre), mais il indique également que ces pertes allèrent en diminuant au cours de ces journées.

Le 20e corps mentionne 14 368 prisonniers, 3 800 tués et 7 904 blessés allemands, mais son secteur débordait très largement Metz et ce bilan concerne quelle période [2]?

En ville même, un soldat allemand fut tué à l'angle des boulevards Saint-Symphorien et Clemenceau, plusieurs sur le côté nord-est de la caserne Barbot, un au « café de la Lune », un au débouché de la rue Fabert, place d'armes, un en bas de la rue de Queuleu, un près de la Porte des Allemands, un suicidé à l'est du pont Fournier... La défense du pont Saint-Ladre ne compta qu'un blessé. Celle de la préfecture ne fit pas de victimes allemandes. Celle du quartier Saint-Vincent fut la plus sérieuse. Elle dut se solder par d'assez nombreux blessés (dont le général Kittel) et tués autres que les deux cadavres qui gisaient encore le 22 au matin, l'un à l'angle des rues Saint-Georges et des Bénédictins et l'autre devant l'église Saint-Vincent.

Le docteur Adrian, chargé avec son équipe de la Croix rouge, de relever les cadavres dans la partie nord de la ville et de les regrouper place d'armes (ancienne salle d'attente des tramways) puis au rez-de-chaussée de l'école de la rue Taison, puis rue Poncelet, pense se souvenir (ordre de grandeur seulement) d'une quarantaine de corps allemands. Il y en eut également au sud de la cité. Tous n'étaient peut-être pas encore ramassés (les cadavres

1. Dans : « Lorraine, album mémorial ».

2. Le général commandant la 95e D.I. a noté dans son compte-rendu d'opérations que, du 8 au 22 novembre, sa Grande Unité a causé à l'ennemi plus de 1 500 tués et 3 500 blessés, principalement avant les combats dans Metz même, ainsi que 6 082 prisonniers, surtout en ville. (Sont à ajouter les prisonniers faits dans les forts après le 22 novembre).

encore dans leurs trous individuels, le 22, face au Monument aux morts) et qu'en fut-il des tués du quartier Saint-Vincent ?

Au total et comme simple ordre de grandeur, peut-on estimer qu'une centaine de soldats allemands furent tués dans Metz même ?

Les pertes aux abords de la ville, avant le 18 novembre, furent, elles, nettement plus élevées.

Américains.

On retrouve la même disparité chez les assaillants. En novembre, la 5e D.I. eut 185 tués, 1 044 blessés et 147 disparus. Mais toutes ces pertes ne furent pas dues au combat lui-même, furent les plus importants au début de l'offensive. Du 8 au 22 novembre, la 95e D.I. a perdu 2 209 hommes, surtout des fantassins : 281 tués, 403 disparus et 1 525 blessés. Il faudrait connaître également le bilan des autres éléments.

Huit hommes furent tués lors de la destruction du pont du Sauvage. A Montigny, un soldat américain fut tué rue de Litaldus. A Metz même, un autre à l'angle nord-est de la place de Chambre et un autre avenue Malraux... Le T.F. Bacon fut fort touché. Les deux explosions au fort Bellecroix lui causèrent 17 tués et 59 blessés tandis que pas mal d'autres G.I. furent tués au tournant [3] du boulevard de Trèves ; 3 soldats furent tués dans un bunker près de la Porte des Allemands. Quelles furent enfin les pertes au quartier Saint-Vincent ?

Le docteur Adrian se souvient avoir regroupé moins de cadavres américains que d'Allemands. Mais les Américains faisaient aussi leur propre ramassage.

Peut-on simplement, pour donner un ordre de grandeur, avancer qu'à Metz même et malgré au moins 30 victimes à Bellecroix, les Américains eurent effectivement moins de tués que les Allemands ? Une soixantaine ?

Unités françaises.

Le chasseur Lapeyrade, du 8e B.C.P., fut déchiqueté par une mine, le 18 novembre, près de Gravelotte.

Le chasseur Oreste Cisamolo, du 30e B.C.P., fut tué le 22, à 11 h 30, place du Saulcy.

F.F.I.

Le Monument aux morts des F.F.I., au cimetière de l'Est, porte neuf noms sans autres indications. En fait :

- Bremm Armand, 30 ans, fut tué par un obus chez lui, 4 place des Charrons, le 19, à 13 h 30, 2e brigade ;
- Buchler Alvisse, 60 ans, mourut d'une crise cardiaque, le 20 à 11 h 30, 30 rue des Allemands ;
- Georges Adrien, 39 ans, fut tué rue du Pont-à-Seille, le 20, à 5 h 30, 9e brigade ;
- Hœrsen Jean, 26 ans, fut tué le 20, à l'angle de la rue du Pont-de-la-Préfecture et du quai Félix-Maréchal, (attaque de la préfecture), 2e brigade ;
- Kœrber Raymond, 27 ans, adjudant F.F.I., fut tué le 21, rue Saint-Georges, 4e brigade ;

3. Des corps y furent encore retrouvés lors de travaux après guerre.

- Kreischer Antoine, 47 ans, aurait été tué le 20 à la caserne Riberpray (non homologué) ;
- Leininger Gustave, 38 ans, sergent F.F.I., fut tué le 20, à 18 h, à l'entrée sud-est du Moyen-Pont, 2e brigade ;
- Wieczorek Jean, 29 ans, arrêté le 2 août en essayant de s'emparer d'armes dans un dépôt de l'île de Saulcy, fut abattu d'une rafale de mitraillette le 2 septembre au matin, au grand séminaire ;
- Wojtecki Alfred, 17 ans, fut tué sur le pont de la préfecture, le 20, à 5 h du matin (attaque de la préfecture), 2e brigade.

Civils.

- Jusqu'au 1er septembre, 249 civils furent tués par des bombardements aériens [4] et 3 enfants tués accidentellement [5]. Rappelons qu'alors furent surtout visées les gares de triage et de marchandises et que des coups malheureux firent beaucoup de victimes, notamment dans la rue de Castelnau, au Sablon.
- Les 1er et 2 septembre, 4 personnes furent tuées par les Allemands, étant probablement surprises en train de « récupérer » au fort Saint-Privat et à la caserne Moltke.
- Le 7 septembre, 4 autres personnes furent fusillées par les Allemands (1 hôtelier français ayant pillé les jours précédents, 2 Polonais et 1 Ukrainien : vraisemblablement des déserteurs repris).
- Du 9 septembre au 9 novembre, il y eut dans Metz et sa banlieue : 28 victimes civiles par bombardements aériens [6], 87 personnes tuées par l'artillerie américaine [7] et 2 enfants (9 et 10 ans) tués en manipulant des grenades à main [8].
- Du 10 au 16 novembre, il n'y eut pas de victimes ; les combats avaient lieu autour de Metz.
- Du 17 au 22, sans compter les F.F.I. déjà cités, 14 civils furent tués en ville, généralement par obus tombés chez eux (5 le 17 [9], 5 le 19 [10] et 4 le 20 [11] et 3 personnes (M. Gelpe, son fils et sa belle-mère) abattues par méprise le 19, à 17 h, par les premiers Américains progressant rue des Allemands.
- On arrive ainsi au total élevé d'environ 390 victimes, grosso modo 400 avec les F.F.I.

---

4. 1 tué le 25 avril, 93 le 1er mai (on fit à l'époque état de plus de 140), 1 le 5 mai, 41 le 25 mai, 37 le 27 mai, 45 le 29 juin, 1 le 11 août, 19 le 12 août, 2 le 14 août, 4 le 18 août et 5 le 28 août.
5. 1 enfant de 7 ans, le 5 avril, par arme à feu ; 2 enfants de 14 et 15 ans à Frescaty, par bombe d'avion, le 5 mai.
6. 13 le 11 septembre, 1 le 7 octobre, 7 à Magny le 22 octobre et 7, le 8 novembre, à Grigy et Borny.
7. 1 tué le 9 septembre, 1 le 11, 1 le 12, 1 le 18, 1 le 23, 1 le 24, 2 le 25, 7 le 26, 1 le 27, 2 le 28, 3 le 2 octobre, 3 le 5, 3 le 7, 27 le 8 octobre (dont 19 à Frescaty), 4 le 9, 8 le 10, 6 le 11, 1 le 12, 1 le 13, 1 le 15, 3 le 18, 2 le 20, 1 le 21, 1 le 23, 1 le 25, 1 le 28, 2 le 29, 1 le 30 et 1 le 9 novembre.
8. 1 le 11 septembre, 1 le 15.
9. 1 personne à Magny, 2 au 7 rue Vauban, une femme au 31 rue Saint-Marcel et 1 habitant du 6 rue Principale, à Saint-Julien.
10. 1 personne 1 rue Gambetta, 2 au 26 rue Barillot, 1 au 4 place des Charrons (en même temps que le F.F.I. Bremm), 1 au 386 rue de Pont-à-Mousson.
11. 1 personne 2 rue de Toul, 1 femme enceinte 5 rue Saint-Joseph, 1 femme 95 rue de la Victoire et Lucien Mouillon, devant l'église Saint-Vincent.

Mais il faut distinguer par phase :
Plus de 250 tués le furent lors des bombardements aériens de mai à août, bombardements avec erreurs de visée regrettables sur des objectifs du reste trop petits.
Les 8 personnes tuées par les Allemands début septembre le furent en raison de leur conduite personnelle.
Les 107 civils tués pendant « la pause d'octobre » forment un total assez élevé par rapport aux résultats atteints par les Alliés.
Les 17 personnes et les 9 F.F.I. officiels tombés du 17 au 20 novembre, pendant la libération même de la ville, forment un bilan plus explicable.
Au total donc, environ 400 civils tués (dont des étrangers) et victimes, presque exclusivement des Américains (seulement 8 par les Allemands et 4 accidentellement). Cet ensemble aurait pu, et dû, être amoindri par des visées plus précises et un choix plus strict des objectifs. Néanmoins, bien d'autres villes importantes ont déploré des pertes bien plus élevées.

Matérielles

Immeubles.

« Le Lorrain » du 16 décembre, édition de Riom, diffusa ce compte rendu d'un Messin venu en reconnaissance [12] : « ... Des obus rue Serpenoise ; en Fournirue, maison Weber très abîmée ; obus sur les Eco, rue Ladoucette ; bombe sur la maison Dondelinger, place Saint-Louis ; café Nilles, rue des Parmentiers, atteint ; 1 obus au coin des arcades, rue du Grand-Cerf. Le quartier Belle-Isle a beaucoup souffert : lycée, Diaconesses, surtout Manufacture des tabacs. Au Sablon, quartier près de l'église : bombes rue Saint-Livier et Kellermann (maison Koehren) ; pas mal d'obus rue Saint-Pierre ; 1 obus rue Clovis, maison Fuhrmann ; 2 obus sur l'église Sainte-Thérèse ; cathédrale : 1 obus abat un pan de mur d'une chapelle latérale sur la place d'Armes. Dégâts place de la Gare : 1 obus sur les colis postaux, le hall de la gare. P.T.T. : pan de mur détruit ; hôtel Régina, rue Charlemagne, abîmé. Nombreux obus sur la rue Pétain. 8 obus sur le grand séminaire. Préfecture touchée » [13].

« Le Lorrain » du 27 janvier (édition de Riom) diffusa cet autre compte rendu concernant Montigny : « La rue de Pont-à-Mousson et la rue de Reims du bas Montigny à la rue de la Victoire ont terriblement souffert. La rue Saint-Ladre a beaucoup souffert, du cimetière à la fin de la rue allant vers Frescaty. Le cimetière a été touché ».

Ponts.

- Il est souvent indiqué que « tous les ponts sautèrent » ou, avec plus de précision, que furent détruits « 23 des 24 » ouvrages d'art.
- Après guerre, le général Kittel [14] a indiqué que le manque relatif d'explosifs ne lui a pas permis de faire tout détruire comme il en avait reçu l'ordre et qu'il avait donc dû s'en tenir à des choix. Il fit effort d'une part face à l'ouest, la direction de l'attaque américaine, aux dépens de l'est, la Seille et, d'autre part sur les ponts routiers, plus utiles à l'assaillant que les ponts pour voie ferrée.

---

12. L'auteur n'a pu obtenir des services compétents le bilan officiel des destructions d'alors.
13. Sept obus, de petit calibre, endommagèrent les dépôts des Archives départementales dans les bâtiments de la préfecture (deux sur l'ancien dépôt, au 4e étage, et cinq sur le nouveau).
14. « Studies » MS.B.079.

- Pour Metz même [15], le bilan réel est donc le suivant.
  - Les ponts de voie ferrée furent effectivement moins détruits que les ponts routiers. Sur les 30 ponts V.F. existants, seule la moitié exactement sauta, les 15 autres restant intacts, notamment au centre de la ville. Il y avait 22 ponts routiers sur la Moselle, ses bras et le canal. 19 d'entre eux sautèrent. Ne restèrent que les ponts du Saulcy, Saint-Marcel et Moreau. C'était normal. Ils étaient secondaires. Il y avait 7 ponts sur la Seille. 5 sautèrent. Restèrent : le pont Feraudy (c'était normal, car il n'avait pas de débouché) et le pont Fournier. Celui-là aurait dû sauter, rappelons-le, et servit au T.F. Bacon.
  - Cette proportion des ponts intacts sur la Seille et la date relativement tardive de la destruction des autres montrent bien l'effort porté à l'ouest.
  - Le manque d'explosifs cité explique que les ponts sautés ne le furent que partiellement et purent donc être provisoirement rétablis assez rapidement.

Conclusions

Les pertes et les destructions sont toujours trop lourdes, mais leur importance relative concrétise la dureté des combats.

Les combattants allemands et américains eurent de nombreux tués autour de Metz. Dans la ville même, ils n'eurent probablement « qu' » une centaine et une soixantaine de morts (ordre de grandeur).

Quelque 400 civils messins (et étrangers) furent tués, mais seulement 26, environ, dont des F.F.I., pendant la libération même de la ville.

La proportion des immeubles détruits dans la cité fut modeste. Sur 59 ponts, 20 subsistèrent et les autres purent être généralement au moins provisoirement assez vite rétablis.

Il y eut grande bataille, donc grosses pertes et destructions lors de l'encerclement de Metz, mais les combats en ville même furent très restreints.

Essai de réponse à quatre questions

Durée

Pourquoi la libération de Metz dura-t-elle du 18 au 22, alors que l'ennemi était vraiment aux abois et qu'il n'y eut effectivement de combat sérieux qu'au quartier Saint-Vincent ? Plusieurs raisons sont à avancer.

Le manque d'effectifs. Par suite des grosses pertes dues aux durs combats préalables et aux très mauvaises conditions atmosphériques, les unités américaines n'avaient pas leurs effectifs complets et les hommes présents étaient fatigués.

15. A Marly, le pont routier et le pont V.F. furent détruits dès octobre. A Magny, aucun des trois ponts (Seille, V.F. et ruisseau Saint-Pierre) ne sauta.

La lente [16] ***progression du 11e R.I.*** entre le groupe fortifié Verdun et le sud de Montigny est la plus caractéristique. Il faut dire qu'entre Seille et Moselle, une large zone, il tomba sur les bonnes défenses de ce groupe fortifié, de Frescaty et du fort Saint-Privat. Or ses effectifs étaient réduits. Le 2e bataillon, notamment, avait eu 70 % de ses pertes causés par le mauvais temps. Initialement, le 3e bataillon dut encercler les forts Sommy et Saint-Blaise. Le 1er bataillon seul dut contourner l'ensemble Frescaty par l'ouest, le petit 2e bataillon n'avançant que très peu à l'est. Puis le 1er bataillon buta sur le fort Saint-Privat, alors que son régiment devait progresser de la Seille au canal sur un front de plus de trois kilomètres. C'était l'impasse. Elle fut résolue par l'envoi en avant de quelques chars isolés, par la récupération de la moitié du 3e bataillon, par la prise en compte du Sablon et de l'est de la rue du 20e corps par le 10e R.I., plus en avance et... par la quasi absence de défense, au nord du fort Saint-Privat.

L'économie des effectifs. Parce qu'ils manquaient relativement de troupes et aussi par principe, les Américains préféraient détruire préalablement les objectifs plutôt que d'exposer leurs hommes. Les G.I. agirent prudemment. L'exemple de la préfecture est le plus frappant. Sans le capitaine de la Vasselais, un pilonnage en règle aurait détruit le bâtiment et exigé de nouveaux délais.

La surestimation de l'ennemi [17]. Le général Kittel a, à juste raison, parlé, après la guerre, du bluff [18] que fut par exemple la décision d'élever Metz au rang de « forteresse ». Cela ne donna pas plus de moyens mais, claironné, s'ajouta à la crainte inspirée aux Américains par la connaissance de l'histoire de la ville et des fortifications de Vauban, par leurs échecs au fort Driant, par

---

16. « L'attaque a été menée lentement et la progression a été coûteuse (en pertes) depuis le début. Le 11e R.I. s'est taillé son chemin pas à pas à travers l'aérodrome de Frescaty », Dans : Sanders H.L. : « The after action reports of the 284th Field Artillery Battalion during world war II », publié chez Roy et Roeser.

17. Un compte rendu du 10e R.I., fait après la guerre, mentionne bien la valeur réelle des adversaires de ce régiment : « La valeur des troupes ennemies devint de plus en plus faible au fur et à mesure de notre avance vers le nord. Alors que quelques bataillons de mitrailleuses de forteresse et de défense anti-aérienne essayaient d'organiser une défense sérieuse dans Pouilly et Chesny nord, les bataillons de position et de police, inférieurs, se rendaient en masse. Beaucoup de leurs éléments étaient des vétérans de la Première Guerre mondiale, handicapés ou sourds, tous dans des conditions physiques lamentables et inaptes au service en première ligne. Les hommes du Volkssturm et de l'Armée du peuple d'Himmler avaient 16 ou 50 ans, sans entraînement et sans enthousiasme... Tous ces hommes réalisaient qu'ils étaient en train d'être sacrifiés dans un combat sans espoir... La plupart des plus jeunes officiers étaient toujours aussi arrogants et sûrs de la victoire de l'Allemagne, alors que les officiers plus âgés, même de haut rang, s'accordaient pour penser que la guerre était perdue pour leur pays ».

18. « Metz, en tant que fortification ou place forte, était insuffisamment préparée au point de vue des matériels et des personnels. Je pense parfois qu'avec la notion de « forteresse messine » a été créé un bluff très gros et en partie réussi pour fixer des forces américaines sans dépenser trop de précieux matériels et trop de précieux combattants bien instruits... La désignation de Metz comme « forteresse » a, à mon avis, des raisons psychologiques : influencer également les assaillants et les défenseurs. La troupe américaine avait été se chercher une leçon inattendue en attaquant le fort Driant. Sur la carte de l'attaquant, la tache rouge « forteresse » acquit une nouvelle signification et influença, en partie peut-être seulement inconsciemment. La même chose est à présumer chez les défenseurs... L'image souhaitée masquait les faits. La propagande a, des deux côtés, fait ce qu'elle pouvait pour former psychologiquement l'opinion en ce qui concerne la « forteresse Metz ». Un certain respect devant cette « forteresse Metz » résultait du passé historique et de l'inviolabilité prétendue du rempart. « Général Kittel, MS n° B.079 ».

l'opiniâtreté des combats dans Maizières, par les explosions du fort Bellecroix. Ils avançaient « sur la pointe des pieds », pas mécontents même d'avoir parfois devant eux des F.F.I., voire des civils pour approcher des « Germans ». Si, en effet, le manque croissant de liaisons et de coordination permit à une bonne partie des défenseurs d'attendre dans les caves d'être faits prisonniers, de préférence par les Américains plutôt que par les « terroristes », d'autres (préfecture et surtout Saint-Vincent) firent leur devoir jusqu'au bout malgré une situation désespérée pour eux.

La méfiance envers la population. Les premiers Américains arrivés rue de Verdun indiquèrent à Jean-Paul Henry qu'on leur avait dit qu'après avoir traversé la Moselle (c'était le 378e R.I. venant de l'ouest), ils étaient en Allemagne... C'était bien le sentiment général, d'où de rudes premiers contacts fréquents : « Germans ? », une arme toujours prête à tirer sur un volet qui bougeait, fut-ce pour leur envoyer des fleurs, le refus initial de boire en premier, une certaine méfiance vis-à-vis des F.F.I. Cet état d'esprit ne facilita rien.

Dans ces conditions, ***la durée du « nettoyage » de la ville fut normale,*** comme il fut normal que les assaillants n'aient pas voulu prendre de force les forts qu'ils encerclaient et dont la possession n'était pas indispensable pour la suite des opérations.

La manœuvre générale dans Metz

La manœuvre générale américaine et allemande, de juin à novembre 1944, est connue.

Après le piétinement en Normandie, une rapide exploitation et la malencontreuse rupture logistique qui en découla, l'optimiste attaque de front des forts messins échoua. Ce fut dès lors le double débordement et l'action concentrique sur trois directions générales.

De leur côté, les Allemands, avec une remarquable ténacité, surent tirer parti de l'arrêt sur la Meuse de début septembre pour se raccrocher à la Moselle et couvrir ainsi les préparatifs de la contre-attaque des Ardennes [19].

Mais ***dans Metz même ?***

Sa mise en défense fut trop tardive.

Prenant son commandement une semaine seulement avant d'être fait prisonnier, le général Kittel comprit que ses moyens trop restreints et au moral atteint ne pourraient pas, après avoir facilité le décrochage de la 1re Armée, tenir efficacement l'important pourtour défensif de la « forteresse ». Pour fixer le maximum d'ennemis et contrôler le plus longtemps possible les points de passage de Metz, il prévit donc d'axer sa défense sur les grands forts de la rive ouest. La pénétration du 377e R.I., au sud de Woippy, l'en coupa, alors qu'à Riberpray il était près du central téléphonique qui facilitait une défense centralisée de l'ensemble. Dès lors, ce fut un combat décentralisé autour d'îlots : la préfecture (la résistance la moins importante mais la plus connue

19. Interrogé le 10 janvier 1946, le général Kittel a affirmé ne pas avoir été mis en novembre 1944 au courant de cette contre-attaque. Il lui revenait simplement de combattre pour gagner du temps (Ethint 77).

parce que des reporters furent là et qu'il s'agissait de la préfecture), le quartier Saint-Vincent (jusqu'au 21 directement défendu par le général Kittel lui-même) et les forts (où de bons chefs pouvaient bien contrôler leurs troupes). Ailleurs la désorganisation de l'ensemble permit à beaucoup de se cacher en attendant la capture.

Cette action principale américaine au sud de Woippy fut-elle due au hasard ? Le 20e corps ne pouvait connaître l'intention de son adversaire et il était donc normal qu'il réalise, après encerclement, une vaste opération concentrique cherchant les failles de l'adversaire. Néanmoins les deux actions de la « pause d'octobre » contre le fort Driant et Maizières découlaient d'une idée : la préparation d'un encerclement court des forts de la côte ouest, le long de la Moselle, en progressant à l'ouest du fleuve, entre celui-ci et la côte elle-même, à l'abri des vues des forts construits sur cette côte. Fort Driant avait été un cinglant échec. La difficile prise de Maizières-lès-Metz rendit possible l'action contre Woippy et Riberpray. Le principal objectif des Américains était bien celui qu'ils avaient indiqué aux F.F.I. : les ponts de la Moselle. Dans un message du 19 à 6 h 45, le 3e bataillon du 378e R.I. soulignait « leur importance tactique capitale pour tous les plans futurs ». Il s'agissait de tenter de les prendre intacts pour faciliter la prise de la ville et les transits ultérieurs. Mais une autre préoccupation immédiate des assaillants était d'empêcher les défenseurs des forts ouest de se replier à l'est. D'où cette pression américaine entre ces ouvrages et la Moselle qui eut pratiquement l'effet inverse. Elle n'empêcha pas un repli des garnisons des forts, puisqu'il n'en était pas question du côté allemand. Mais, à l'inverse, elle ne permit pas au général Kittel de les rejoindre. Ailleurs, dans la ville, le 20e corps n'eut qu'à coordonner l'action des autres unités, figurants relatifs, en leur distribuant des secteurs de responsabilité et en adaptant ceux-ci au gré de la progression (Le Sablon donné au 10e R.I., au lieu du 11e en retard).

Interrogé le 10 janvier 1946 par les Américains [20], le général Kittel a indiqué que « le plus grand mérite pour la capture de la ville » revenait au 377e R.I. qui « l'avait empêché par son rapide mouvement de se retirer dans la région fortifiée de l'ouest de la ville et d'y durer ». Il signalait ensuite l'action du 2e R.I. (qui réalisa le large encerclement de la ville au sud-est). Pour lui, enfin, « l'audacieux mouvement du T.F. Bacon aurait été excellent si les Allemands avaient été aussi forts dans ce secteur que nous (Allemands) le croyions. Mais, en fait, la Task Force frappa dans un trou non défendu ». (Cette T.F. Bacon permit, du moins, le rapide nettoyage du nord-est de la ville). Le général ne fit pas état du 378e R.I. venant de l'ouest et des 11e et 10e R.I. progressant par le sud. Leur action n'était effectivement que secondaire dans la manœuvre générale ; elle se limitait au nettoyage de leur zone.

Le rôle de la résistance dans la libération [21] de la ville

« Il s'agissait de troupes de qualité, encadrées par des ***officiers et sous-officiers de réserve*** », indiquait le préfet Rebourset le 20 décembre 1944 au

---

20. « Ethint 77 ».

21. Il n'est ici question que du rôle de la résistance dans cette libération. Il ne faut pas oublier pour autant qu'à Metz, au moins autant qu'ailleurs, cette résistance fut plus ancienne et qu'alors sous des formes différentes, notamment l'aide à des personnes fuyant la botte ennemie, si les actions individuelles furent plus discrètes, elles n'en furent pas moins importantes.

ministre de l'Intérieur. Le 16 janvier, il ajoutait : « Il n'y a pas eu de F.T.P. dans le département de la Moselle » (du moins formés dans ce département). De fait, à part Costa, les autres responsables des F.F.I. et du renseignement furent des cadres de réserve. Quant aux communistes de l'ex-commando Gloutier, ils n'intervinrent pas à ce titre.

En fait, une insuffisante organisation préalable fit qu'il n'y eut pas au moment voulu les armes, le commando et la coordination nécessaires.

L'efficacité de l'ensemble ne fut donc *qu'* ***assez modeste.***

- A partir d'août et jusque lors des combats en ville, la fourniture de renseignements fut le rôle principal.
  L'équipe Mithridate vint en tête, transmettant quotidiennement à Londres des informations sur la situation militaire et la population messine. Mais sa mise en veilleuse le 7 novembre l'empêcha d'agir au moment crucial.
  Les agents Navarre, faute de moyens radios, ne purent qu'apporter d'utiles compléments.
  Les chefs de brigade F.F.I. Thiriot et Berwick fournirent aux Américains, lors de la libération même, des renseignements bien exploités, mais trop tardivement pour le second pour éviter les pertes du tournant du boulevard de Trèves. D'autres F.F.I. renseignèrent les assaillants sur les Allemands et les itinéraires à suivre.
- Le jeune Wojtecki fut l'un des rares F.F.I. messins à participer directement aux combats. Notamment à la suite de son héroïque échec, les Américains cantonnèrent ses camarades au rôle d'auxiliaires s'occupant de rechercher les défenseurs cachés dans les caves et leurs armes. La seule mission donnée par les Alliés aux F.F.I. était d'empêcher la destruction des ponts. Elle ne fut pas remplie. Par contre, MM. Moppert et Wolff purent mettre aussitôt en place une administration municipale et une police fort utiles.
- Dans la période transitoire qui suivit la libération de la ville, des F.F.I. participèrent au service d'ordre et à la sécurité de points sensibles et quelques-uns s'engagèrent dans les nouvelles unités et services divers de l'Armée.

Ce ne sont donc pas les résistants messins qui ont libéré leur ville, mais ***leur rôle fut fort utile*** à divers plans.

- Il le fut vis-à-vis des Américains, leur procurant une certaine aide mais surtout en leur montrant que la France existait encore.
- Ce faisant, ils contribuaient à donner du poids au gouvernement français alors que, localement, ils bouchaient la vacuité de l'administration et du service d'ordre.
- Le général Kittel a surestimé, après guerre, l'action des F.F.I. messins et ses hommes n'aimaient pas se rendre à ces « terroristes ». Ils eurent donc au moins un rôle psychologique.
- Mais c'est peut-être vis-à-vis d'eux-mêmes que ce rôle fut le plus important. Si pour certains, la résistance servit de dédouanement ou de moyen pour rechercher des intérêts personnels divers, pour la majorité ce fut l'occasion de sécuriser leur conscience, notamment vis-à-vis de ceux qui allaient revenir à Metz.

Leur efficacité aurait-elle pu être plus grande ?

- Pouvaient-ils faire mieux dans la situation qui fut effectivement la leur, le jour J (manque d'armes et de coordination) ? L'auteur estime que non.

- Auraient-ils pu faire mieux, seuls, avec une préparation accrue ? Normalement oui, mais un avis sérieux ne pourrait être donné qu'après connaissance des ordres F.F.I. succédant au très intéressant ordre n° 1 du 3 septembre. Il y en eut au moins un autre.
  Une plus stricte répartition des zones de responsabilité aurait évité les chevauchements dus aux initiatives des exécutants. Encore aurait-il fallu que ces derniers respectent les consignes données car, jusqu'après la libération, les diverses brigades ne furent que le regroupement trop théorique d'équipes assez indépendantes qui agirent souvent comme telles du 18 au 22 novembre.
  Une action militaire ponctuelle sérieuse (la possession d'un pont, par exemple) ne pouvait, compte tenu du faible armement détenu, être réalisée qu'en regroupant ces armes, d'où l'idée normale du commando retenue par MM. Scharff puis Krieger... et non réalisée jusqu'au bout. Il aurait donc fallu recenser les armes existantes et les redistribuer, donc faire preuve d'autorité car les détenteurs d'armes les gardaient jalousement. Il aurait fallu aussi recréer un commando puisque les deux essais précédents avaient fait fiasco. C'était possible : il en fut bien créé un de circonstance lors de l'attaque du café Bellevue et les hommes de ce coup de main, s'ils furent d'une inconsciente bravoure, étaient néanmoins certainement plus « sérieux » que les autres commandos précédents. Mais un tel commando devenant maître d'un point sensible n'aurait pu le garder longtemps face à une contre-attaque allemande. L'action ne pouvait être possible qu'à portée des premiers Américains prévenus ; donc le 18, en mi-journée, à la Porte des Allemands ou le 19, à l'aube, au pont de Queuleu ou à la poste. Ce ne pouvait donc être qu'une action à portée secondaire. Il eut été utopique de s'en prendre à la défense d'un grand pont de la Moselle.
  Ces deux améliorations, effectivement de portée restreinte, auraient pu être prises à Metz, sans appel à l'extérieur, entre le 3 septembre et le 18 novembre, ne faisant que continuer la mise au point commencée par l'ordre n° 1. Ce qui se passa réellement du 18 au 22 novembre ne semble pas montrer de progrès depuis ce premier texte. Il a été dit que la chasse aux « Schanzer » avait surtout pour but d'éviter la formation de maquis. Elle semble avoir effectivement accaparé l'attention de tous, empêché la poursuite de l'organisation des F.F.I. Elle aurait ainsi atteint au moins ce résultat.
- Pouvaient-ils espérer une aide extérieure le jour J ? A. Krieger avait bien prévenu Londres, le 20 septembre, par Mithridate : « Pour assurer succès entreprise offensive et entraver destruction ponts, indispensable connaître horaire probable intervention alliée - Stop - Absolument prévoir livraison armes et munitions par premiers échelons alliés arrivant - Stop - ». La radio (Charlemagne...) prévint effectivement la résistance messine de l'approche des Américains, mais aucune arme ne fut livrée par les éléments de tête. Il ne pouvait être question que ce fut les Américains eux-mêmes qui se chargent de cette livraison. Il aurait, pour cela, fallu une sincère coopération entre Alliés au lieu de la méfiance, explicable en grande partie, des Américains vis-à-vis de la résistance. Mais des missions françaises étaient là pour cela : la mission « Epinard » du lieutenant-colonel Réthoré (« Bilbane ») notamment. Cela ne fut pas réalisé. Cela n'eut pas changé grand-chose. Cet armement tardif n'aurait pu se faire que le 18 vers Bellecroix. Ce n'aurait pu permettre que la sérieuse protection des

derniers ponts de la Seille et de la poste centrale : des objectifs finalement secondaires. Du reste, les F.F.I. messins n'auraient pas été prêts à utiliser ce renfort d'armes. Les « contre plans » de protection n'existaient pas, inconnus du « secteur 2 ». Il n'y avait plus de commandos. C'eut été trop tard.
Un renfort d'armement devait arriver plus tôt. Or, depuis le 7-15 septembre, Metz était coupé du nord-ouest du département où les éléments du commandant Scharff en récupéraient pas mal sur les Allemands faits prisonniers, comme il était coupé de Nancy, maintenant libéré, d'où les colonels Grandval et d'Ornant devaient être censés pouvoir expédier du matériel. Restait la partie est du département de la Moselle. Mais les F.F.I. n'y étaient encore que peu nombreux et mal armés. Surtout, M. Scharff étant isolé à l'ouest, M. Krieger ne s'occupant que de Metz et le colonel d'Ornant étant en fait « hors course », aucun chef ne pouvait organiser de transports d'armes et l'idée d'un parachutage, un moment envisagé, tourna finalement court.
C'est avant l'isolement dû à l'avance américaine des 7-15 septembre que Metz devait recevoir des armes et c'est pendant cet isolement que l'organisation F.F.I. locale devait être poussée.

Causes de la modeste efficacité locale

- La première, primordiale, à ne jamais oublier, fut la situation particulière des Messins. Ils étaient en Allemagne et dans une ville où la présence nazie était particulièrement dense. Mais ce fait capital n'est malheureusement pas le seul.
- La résistance en Moselle, à Metz, ne fut pas suffisamment soutenue, aidée de l'extérieur.
  - Ni le colonel Grandval ni le lieutenant-colonel d'Ornant ne vinrent en Moselle. De plus, il y eut fatalement mésentente entre l'officier de cavalerie de carrière, issu d'une vieille famille, et son chef, sergent d'aviation au vrai nom de consonnance non lorraine, plus politicien que militaire. Pour se débarrasser de son adjoint, du reste parfois criticable, G. Grandval lui confia en mai 1944 la seule responsabilité de la Moselle, du Bas-Rhin et du Haut-Rhin. Pour reprendre sa liberté, le lieutenant-colonel d'Ornant (« Marchal ») indiqua que, vers le 1er septembre, le commandant Derringer lui avait apporté « un ordre de l'Etat-major du général Kœnig disant que les forces d'Alsace et de Moselle devenaient indépendantes » [22]. Il alla donc traiter directement à Paris avec les généraux Kœnig et Juin. G. Grandval n'apprécia pas du tout... et un échange de lettres aboutit le 12 novembre à sa lettre n° 247/Cab. : « ... Je suis surpris... Voici six mois que je vous ai plus particulièrement confié la région Haut et Bas-Rhin, Moselle. Pour le dernier département, aucune hésitation possible : résultat nul... Estimant qu'il n'y a pas de collaboration efficace possible entre vous et moi, je vous mets à la disposition du général Kœnig que j'avise de ma décision ». De fait, « Marchal » ne s'occupa guère que de l'Alsace, mieux organisée que la Moselle sous la direction du commandant Kibler (« Marceau »)...

---

22. Extrait de la lettre du 21 octobre 1944 du lieutenant-colonel Marchal « commandant les F.F.I. d'Alsace et de Moselle » au colonel Grandval, « commandant la 20e Région militaire ».

- Plus généralement, le commandant Scharff rappelle que, bien conscient des particulières difficultés locales (Allemagne), Londres n'envisagea pas a priori de parachutage d'armes en Moselle...

• Le problème, mal réglé, du chef F.F.I. Moselle.
  - Just Scharff, créateur des diverses branches de « Mission Lorraine », fut le premier chef départemental F.F.I. de Moselle, tout en continuant à s'occuper des autres activités de résistance. C'était dangereux et il ne pouvait pas tout faire (il était pratiquement inconnu des résistants du secteur 2 de Metz). Il fallait un vrai responsable dans cette ville. Conscient de ce fait, J. Scharff, en liaison avec le général Allemandet, chercha en vain en direction de MM. Chevalier et Charles Hermann. C'est alors (juin) que, probablement sur ordre de G. Grandval, le lieutenant d'Ornant demanda par le commandant Kibler aux Alsaciens de trouver quelqu'un. Ce fut la réunion de Grendelbruch, le 17 juillet, et la désignation officielle de A. Krieger (« Grégor ») le 25.
  - Cette désignation d'un nouveau chef F.F.I. départemental ne régla pas la question. M. Krieger semble ne s'être occupé que de Metz, eut la chance d'y être secondé sur le plan militaire par le capitaine Tribout, n'eut pas les « consignes » de son prédécesseur et, dès le 19 novembre, s'en tint à l'aspect administratif de sa fonction et se tourna vers la politique.
  - Consciente du problème, la Région C revint en arrière fin août, mais le commandant Krieger n'en fut pas avisé, car, en effet, un fait nouveau venait d'intervenir.

• L'isolement de Metz.
  L'offensive américaine du 7-15 septembre coupa Metz du nord-ouest du département (les unités et le P.C. de J. Scharff) et de Nancy (la Région C). Le commandant Scharff continua de jouer son rôle départemental à l'ouest de la Moselle, en liaison avec les Américains, puis à l'est, jusqu'au 13 janvier 1945. De son côté, le commandant Krieger fut le chef à Metz. Et le premier ne put plus faire passer des armes au second.

• Le fiasco des commandos.
  - Rappelons qu'il était normal, compte tenu du manque d'armement, de faire effort sur un petit groupe, un commando, pour tenter de réaliser, le jour J, une action d'un des plans et contre-plans envisagés.
  - Just Scharff avait joué la carte de Pierre Gloutier, chef de la cellule communiste de la rue des Allemands. Cet homme connaissait donc d'autres personnes « opérationnelles », mais l'ensemble avait pris ses distances vis-à-vis des amis de Jean Burger, dont ils n'approuvaient pas certaines actions. Gloutier travaillant par la suite à Rombas, son équipe messine se distendit. Après son arrestation [23] (25 août 1943), le représentant messin du commandant Scharff, M. Saint-Paul, ne sut pas garder les contacts. Au moment décisif, lui-même fut gravement malade et le commando du secteur 1 (pourtant à l'effectif théorique de 34 en mars 1945) n'apparut pas... C'était pourtant lui qui devait agir dans le sens des « plans » et « contre-plans » : les ponts en particulier... D'autre part, le commandant Scharff, craignant que ces hommes « engagés » utilisent leur armement à d'autres fins que de résistance (des exemples

23. Pierre Gloutier, déporté politique, ne fut pas homologué au titre F.F.I.

existaient), ne voulut les armer qu'au dernier moment. Quand il décida de le faire, autour du 1er septembre, c'était trop tard, devenu impossible. Certains de ces éléments ont pu s'enrôler à titre individuel dans l'une ou l'autre brigade du secteur n° 2 [(24)].

- Le commandant Krieger, lui, non au courant de ces « plans », fit confiance à François Ull. Il n'est pas sûr du tout que ce clandestin ait réussi à regrouper un véritable commando avant sa propre arrestation le 8 octobre... Avec celle-ci, prit fin cette tentative.
- Aucun commando ne participa aux journées de la libération et leur mission principale, les ponts, ne fut reprise par personne.

- Les jalousies locales.
  Elles nuisirent malheureusement à l'efficacité globale dès avant la libération...

Conclusions

- Un peu comme partout ailleurs, la résistance messine eut un rôle militaire assez modeste mais un rôle politique et psychologique indispensable.
- Le général Kittel a, à juste raison, qualifié de bluff l'élévation de Metz au rang de « forteresse ». Les F.F.I. n'y furent-ils pas à leur façon une autre forme de bluff vis-à-vis de Kittel, des Américains et, fait plus grave, de la population ? Surtout si l'on compare le rôle réellement tenu aux 1 218 recensés dont un grand nombre défila fièrement et armés le 26 novembre ? Il est vrai que la constitution définitive des brigades date d'après la libération [(25)].

Le rôle des unités françaises dans la libération de la ville

Ce rôle est plus facile à définir que celui de la résistance, mais est comparable.

Le faible volume, le manque d'entraînement ainsi que l'armement sommaire des bataillons de chasseurs et des unités de marche expliquent leur seule utilisation en deuxième ligne, d'autant que l'exemple regrettable de la colonne Fabien avait indisposé les Américains.

Seuls les escadrons de gardes étaient solides, mais leur spécificité les fit employer à des tâches particulières.

Tout cet ensemble n'eut donc lui aussi qu'un rôle militaire modeste : complément de « nettoyage » et sécurité des arrières [(26)].

---

24. Il y eut au moins dans ce cas René Hecq, qui fut homologué comme appartenant à la 4e brigade du secteur 2.

25. Rappelons que le commandant Sorbac notait le 22 novembre : « Il y a environ 300 F.F.I. d'une tenue impeccable. Leurs chefs vrais officiers ». De même 255 F.F.I. messins seulement ont eu leur certificat d'appartenance officiel et 298 reçurent la médaille de Metz. Ce total d'environ 300 semble être un ordre de grandeur à retenir...

26. Ce rôle assez effacé déçut certains. Par exemple, A. Hubsch, du 30e B.C.P., a fait part à l'auteur de son « sentiment de frustration dû au fait que nous n'avons pu nous battre comme nous l'espérions lorsque nous nous sommes engagés, comme nos amis qui, au même moment, ont suivi la 1re Armée ou la Division Leclerc... Nous sommes passés à côté des parcelles de gloire auxquelles nous aspirions ».

L. Vax, qui fut, lui, du 8e « Barnum Circus Pochard » (surnom du 8e B.C.P.) a également écrit à l'auteur : « Beaucoup étaient amers au moment de l'armistice parce qu'ils n'avaient participé à

Mais il était également indispensable que ces unités fussent présentes pour concrétiser la participation française à la libération du territoire et affirmer ainsi des droits politiques. D'autre part, chasseurs, gardes et autres représentaient vis-à-vis de tous, dont d'eux-mêmes, l'obligation d'une renaissance d'une Armée garante de l'avenir.

Au moins autant utiles, furent les divers officiers de liaison français auprès des unités américaines. Le besoin d'intermédiaires écoutés et efficaces ne se limitait pas au seul domaine militaire.

Conclusions

Le hasard, dont la présence de photographes, a fait de la préfecture, un authentique symbole de la libération de Metz.

- Peu d'Allemands s'y défendirent pendant 48 heures. Pourtant, parmi eux, certains ne demandaient qu'à se rendre, compte tenu d'une situation générale et particulière désespérée. Ils tinrent néanmoins, refusant de se rendre à des F.F.I.
- Des Américains vinrent avec canon et chars. Ne voulant pas avoir de nouvelles victimes (un tué), ils optèrent pour la destruction du bâtiment, ce qui était très normal pour ces étrangers qui avaient déjà subi tant de pertes.
- Un officier de liaison français, le capitaine de la Vasselais, intervint à titre personnel (car ce n'était pas sa mission au sens strict) comme il l'avait fait plusieurs fois auparavant. Il put obtenir le résultat souhaité : la reddition de la résistance, sans destruction inutile.
- Il y eut aussi des F.F.I., dont l'héroïque jeune Wojtecki qui tenta, presque à main nue, d'obtenir cette reddition. L'héroïsme individuel ne suffit pas à la guerre.

Répétons le néanmoins. A la question : « Qui a libéré Metz ? », il n'y a qu'une réponse de bonne foi : « les Américains ».

Il est nécessaire de ne pas l'oublier et c'est pourquoi les anniversaires du 22 novembre continuent d'être célébrés.

Mais il n'existait pas à Metz de monument rappelant cette dette envers les Etats-Unis. Tardivement [26 bis], deux initiatives simultanées ont heureusement comblé cette lacune.

- M. Rheims, adjoint au maire, et l'auteur ont dû insister pour qu'une plaque soit apposée place d'armes en l'honneur de TOUS les combattants américains qui participèrent à la libération de la cité.

---

aucun combat digne de ce nom, comme leurs grands ancêtres de 14-18 ». Encore eurent-ils la chance, non initialement prévue, de pouvoir entrer en Allemagne. Ce même « ancien » a également indiqué que si l'encadrement du bataillon était de valeur ainsi que son niveau intellectuel moyen, les brassages intervenus depuis la création de l'unité faisaient que les hommes de troupe, caporaux et caporaux-chefs formaient un ensemble assez peu homogène. Quoi qu'il en soit, les Chasseurs « insistaient sur le fait qu'ils appartenaient à l'Armée française régulière, qu'ils étaient encadrés par d'authentiques officiers et non par des F.F.I. galonnés... Vêtus, armés et ravitaillés par les Américains, ils étaient quelque peu tentés de se sentir appartenir à la prestigieuse Armée Patton ». Ce dernier fait créa pourtant des problèmes. Lorsque le 8e B.C.P. fut à Merzig, une sentinelle de ce bataillon abattit un soldat américain qui n'aurait pas répondu à ses sommations... Pour minimiser cet accident, on fit croire que le G.I. avait été victime d'un « sniper » qu'on fit semblant de rechercher... Mais ce sont les Américains qui, le 29 décembre 1944, distribuèrent à chacun des Chasseurs du 8e B.C.P. une attestation numérotée à présenter en cas de problème à ces alliés. Il y était dit qu'il fallait éviter qu'à nouveau des Chasseurs essuient des coups de feu américains...

- M. Houssemand, qui s'occupe beaucoup de la colline de Bellecroix, a eu le grand mérite de lancer avec M. Goergen une « Association des amis de la 95e D.I. » [26 ter] et d'ériger un monument à l'angle du boulevard de Trèves où le 1/377e R.I. subit d'importantes pertes le 18 novembre.

La plaque apposée sur le socle d'un des deux trophées de la place d'armes et l'aigle de la 95e D.I. à Bellecroix furent inaugurés le 19 novembre 1989 lors du 45e anniversaire de la libération.

Les anciens combattants américains qui viennent en pèlerinage à Metz, surtout de la 95e D.I., peuvent ainsi constater que la ville qu'ils ont libérée ne veut pas oublier.

L'ambiance de la libération

« Dix ans déjà, depuis cette libération qui mettait fin à un cauchemar sans balayer en même temps l'angoisse. Quel contraste avec cette explosion de joie et de frénésie de 1918 », remarquait l'éditorialiste du « Lorrain » des 20-21 novembre 1954. Dans le même numéro, Gabriel Hocquard indiquait : « Au bout de dix ans, les plaies ouvertes se sont refermées. Certaines, mal guéries, font encore souffrir, peut-être ». L'auteur, dans sa quête des témoignages, a pu constater que des cicatrices sont encore douloureuses, quarante ans après...

19 novembre 1918 - 19 au 22 novembre 1944. Les photographies nous montrent pourtant d'identiques groupes joyeux de Lorraines en costume traditionnel, les mêmes habits soigneusement gardés ayant servi aux filles et aux petites-filles des femmes de 1918. Il y eut également de la liesse [27], 26 ans plus tard, mais les mises en garde répétées, les appels à l'union déjà cités et lancés avant le jour J par le préfet, le gouverneur, l'évêque et le maire trahissaient bien une préoccupation, la présence de problèmes. « La joie de Metz était très grande, mais on sent qu'il y a partout de la peine et des deuils » [28]. Le docteur messin Adrian, revenant dans sa ville avec les tout premiers Américains, a particulièrement bien remarqué l'ambiance [29] mitigée qui régnait alors et qui ne fait que synthétiser toute cette histoire de la libération de la ville et de ses suites immédiates.

---

26 bis. La plaque rappelant l'entrée des troupes françaises et du maréchal Foch en 1918 n'a été inaugurée que le 18 novembre 1951...

26 ter. Cette division a continué d'exister depuis la fin de la guerre. Elle est division d'instruction en Oklahoma et (rappel) porte officiellement depuis 1967 la devise : « Iron Men of Metz » (« Les hommes de fer de Metz »).

27. Le 22 novembre, à l'issue de l'importante prise d'armes du matin, le commandant Sorbac rendait compte : « En ville, le moral est extrêmement bon. L'enthousiasme de la foule, ses cris, ses chants, les drapeaux partout déployés montrent surabondamment aux Américains que Metz est et reste français malgré contraintes et tortures ». Il s'agissait des impressions d'un officier non messin de liaison auprès des Américains.

28. Compte rendu paru dans « Le Lorrain » du 9 décembre 1944, édition de Riom.

29. « J'ai eu l'impression que les Messins sortaient difficilement d'une certaine torpeur, malgré la fervente adhésion manifestée lors des cérémonies officielles. Il subsistait à mon avis un mélange de crainte et de réserve... Il fallait laisser le temps aux Messins de se réveiller d'un cauchemar... » (exposé de novembre 1984 à la Faculté des Lettres de Metz).

Autant la situation était simple en 1918, autant elle était encore complexe en 1944

- Le 19 novembre 1918, la guerre était terminée, l'armistice signé. Ce n'était pas le cas 26 ans après. Les forts tenaient toujours et canonnaient. La contre-attaque des Ardennes fit repartir des Messins. Il fallut attendre encore plusieurs mois.
- Les libérateurs de 1918 étaient des Français ; en 1944, ce furent des Américains [(30)]... Des habitants leur en voulurent un peu de ne pas être arrivés dès début septembre, ne pouvant être au courant de la panne de carburant, d'avoir causé pertes et destructions par leurs bombardements aériens et d'artillerie effectivement peu précis, d'avoir « refroidi » la population qui ne demandait qu'à se jeter dans les bras des libérateurs, par un premier contact [(31)] particulièrement méfiant mais bien compréhensible pour des étrangers ayant déjà subi de lourdes pertes et pas forcément spécialistes en géographie ! De plus, ces hommes venus d'un autre monde étonnaient par leurs chaussures silencieuses, leur équipement, leurs matériels et choquaient un peu par leur désinvolture et tout leur ravitaillement. Le temps [(32)]... et les petits cadeaux [(33)] améliorèrent vite l'ensemble.

---

30. N'ont guère été citées dans cette étude que les actions des fantassins et des blindés américains. Ils eurent naturellement le rôle principal mais ne purent le remplir qu'avec l'appui et le soutien des autres armes et services.
    Pour la 95e D.I. par exemple, ces appuis et soutiens furent rendus difficiles par la simultanéité et l'éloignement des divers combats, l'âpreté de ceux-ci avant Metz même, et le mauvais temps.
    - A partir du 15 novembre :
      - le 377e R.I., chargé de l'effort principal, et le T.F. Bacon furent appuyés par les 282, 360 et 920e groupes d'artillerie de campagne,
      - le 379e R.I., face aux forts, bénéficia des 204 et 359e groupes,
      - le 378e R.I. profita des tirs du 358e groupe.

      A partir du 18, les combats dans la ville même y empêchèrent les appuis d'artillerie. Les artilleurs s'en prirent alors aux Allemands essayant de fuir vers l'est, avant que cette ultime sortie soit fermée, puis les tirs furent reportés contre les forts de la rive ouest.
    - Le 320e bataillon du génie, pour les mêmes raisons, eut à remplir beaucoup de missions délicates et variées (franchissement, rétablissement d'itinéraires, attaque de blockhaus, destruction, déminage).
      La compagnie A, appuyant le 377e R.I. avait, le 18 novembre, une section au pont d'Uckange, détachée au T.F. Bacon et le reste à Woippy.
      La compagnie B ouvrit la marche du 378e R.I.
      La compagnie C, en réserve à Jœuf jusqu'au 16, aida ensuite le 379e R.I. dans ses actions contre les forts.
    - La remise en état des matériels, les approvisionnements divers furent délicats, ainsi que l'action du service de santé (problème notamment des unités isolées par l'ennemi ou la crue de la Moselle). Le 320e bataillon médical fut rattaché au 30e hôpital de campagne de Giraumont, puis à l'hôpital d'évacuation 103 de Briey.
      La compagnie de ramassage A, P.C. à Rombas, soutint le 377e R.I. La compagnie B fit de même à Homécourt pour le 378e R.I. et la compagnie C à Doncourt pour le 379e R.I.
31. Rappelons que cette déception initiale doit en partie expliquer l'idée répandue que les premiers Américains étaient surtout des noirs ou des jaunes et des condamnés sortis de prison... Certains se disaient « Chicago SS »...
32. Rappelons que, dès le 20 novembre, des Américains voulurent entrer en relation avec la société messine, certes en recevant très correctement des jeunes filles, mais également en demandant à être introduits dans des familles par le biais des officiers de liaison, dont le capitaine Thiriot.
33. A côté des « petits cadeaux » plus ou moins quémandés en échange de sourires de jeunes filles ou d'offre de menus services (dont nettoyage du linge), etc., il y eut aussi du « trafic », par exemple échange à des cuisiniers U.S. de baïonnettes ou souvenirs divers nazis contre des

- En 1918, après 48 années d'annexion, les Messins comptaient bien en général retrouver avec la France un régime à leur goût. En 1944, la volonté affichée de reconstruire une France idéale toute rénovée se heurtait pourtant à la crainte du retour à d'anciennes erreurs, d'autant plus que les « grenouillages » politiques n'avaient même pas attendu la libération pour se manifester.

La relative *homogénéité* de la population de 1918 avait fait place en 1944 à une méfiante *diversité*.

- Les civils allemands furent rapidement expulsés après la Première Guerre mondiale et ne revinrent pas. 26 ans plus tard, ce fut moins net. Il y avait, à cette dernière date, tout un mélange humain générateur d'inévitables méfiances. De plus, la germanisation d'avant 1918 n'était pas comparable à la nazification ultérieure. Le problème de la « résistance » et de la « collaboration » n'avait pas eu du tout la même gravité, n'avait pas causé d'aussi solides haines.
- En 1918, les problèmes des « retours » n'avaient pas présenté la même acuité que plus tard. En novembre 1918, la guerre étant finie, ne revinrent que les quelques civils messins emprisonnés et bien traités à la forteresse d'Ehrenbreinstein (près de Coblence) alors que, plus tard, il s'est agi de bon nombre de déportés et d'expulsés. Quant aux militaires messins, ceux de 1918, régulièrement incorporés, revinrent alors que leurs descendants, devenus soldats malgré eux, étaient encore pour la majorité sur le front ou dans les camps soviétiques. Les familles ne savaient pas encore comment se terminerait ce drame.
- Quelque cinq années à l'« intérieur » marquèrent les personnes qui y vécurent, les éloignant de celles qui étaient restées. Les jeunes avaient continué leurs études, y avaient évolué [(34)], y avaient contacté d'autres mentalités, s'y étaient mariés, alors que ceux qui étaient restés « sous la botte », n'avaient guère fait que survivre, surtout s'ils étaient hostiles à l'occupant [(35)].
- Dans ces conditions, une simple incompréhension était fatale, au retour, entre divers groupes humains [(36)].

---

boîtes de 10 kg de lard, du savon, du chocolat, des cigarettes (il advint que des cartouches de ces produits ne furent pleines... que de choucroute), etc. L'essence aussi intéressait. Il dut y avoir de curieuses opérations... Plus simplement, des gosses chapardèrent des G.I..., qui se défendirent parfois par des coups de feu...

34. Mlle Poulain a très nettement ressenti, à leur retour, l'évolution de ceux qui étaient partis. « J'ai ressenti très longtemps une différence avec ceux qui revenaient. Nous avions gardé les habitudes de 1939. Les jeunes qui étaient partis étaient plus débrouillés que nous ». Pour illustrer ce décalage, cette observatrice avisée avoua à l'auteur son étonnement lorsqu'elle constata après la libération que les sorties en famille d'avant 1939 avaient laissé la place à des séances individuelles à la piscine ou que, petit détail symptomatique, les jeunes filles ne portaient plus de chapeau. A Metz, le temps s'était figé.

35. Ce fut par exemple le cas de la famille de Mlle Hanriot, à qui, à la libération, un des chasseurs du lieutenant-colonel Pochard déclara : « Vous semblez sortir d'un autre monde ».

36. « Je ne tire aucune vanité de ces faits (de résistance) ; beaucoup de mes concitoyens restés comme moi au pays en ont fait autant et davantage ; c'est uniquement pour montrer qu'il n'a pas été nécessaire, pour nous Lorrains, de nous replier en France pour faire notre devoir. Et cependant, aujourd'hui nous sommes nettement handicapés par rapport à ceux dont souvent le seul mérite a été de quitter la Lorraine en 1940 » (lettre en date du 3 mars 1945 du lieutenant Eisenkopf, chef de la 2e brigade, au préfet de la Moselle).

Ceci fut aggravé, en 1944, par *les préjudices* différemment subis.

- En 1918, Metz ne déplora aucune destruction et en remercia Notre-Dame. Personne ne fut lésé.
- En 1944, la ville subit des dégâts qui se répercutèrent de plus sur la vie de tous les jours et le ravitaillement. Des Messins durent abandonner leurs logements et des pillages eurent lieu. Jalousies et accusations en découlèrent.

Ainsi, en novembre 1944, la joie des Messins ne pouvait pas être totale, simple comme 26 ans auparavant. Le nazisme avait créé des drames bien supérieurs à ceux de la première germanisation. La guerre n'était pas finie, l'angoisse et les difficultés non plus. Les retours allaient créer de difficiles contacts et les intérêts particuliers l'emportaient déjà sur « les lendemains qui chantent » espérés.

Déçus, des Messins ont préféré depuis lors « tourner la page ».

Conclusion

L'histoire de cette libération semble être maintenant bien connue dans ses grandes lignes. Des détails demeurent pourtant encore ignorés, alors que des témoins pourraient les révéler. Mais il faut faire vite...

L'auteur a tenté de préciser le rôle des divers acteurs sans cacher les difficultés qu'ils connurent. Seule la vérité est source d'enseignements.

« Il ne faut et il ne faudra jamais oublier que si toute la France a souffert atrocement durant l'occupation, la Lorraine a souffert plus encore... Dans la façon d'administrer la Lorraine, dans la façon de résoudre les problèmes qui se posent et se poseront, il ne faudra jamais oublier les malheureuses années qu'elle vient de vivre » [37].

Le souvenir de ces « malheureuses années » et de la difficile libération de la ville par des étrangers devrait au moins inciter les Messins, et plus largement tous les Français, à faire en sorte que le pays dispose d'une défense le garantissant contre le retour de tels drames.

Le 22 novembre 1944, pendant que le général Walker remettait Metz à la France, à Paris l'Assemblée consultative provisoire adoptait la « résolution » suivante :

« Au jour anniversaire de l'entrée des troupes françaises à Strasbourg, le 22 novembre 1918, et dans l'instant même où les armées alliées, victorieuses, libèrent l'Alsace et la Lorraine, l'Assemblée consultative provisoire tient à adresser son salut fraternel, celui du peuple français, aux populations du Bas-Rhin, du Haut-Rhin et de la Moselle...

La République devra veiller à ce que ses départements du Rhin et de la Moselle ne soient plus exposés jamais aux entreprises de conquête et d'assujettissement de l'Allemagne... »

Mais ceci nécessite prise de conscience et effort !

37. Compte rendu en date du 1er décembre 1944 du capitaine Pierre Giaccobi, officier français de liaison auprès de la 5e D.I. américaine.

Cartes et Croquis

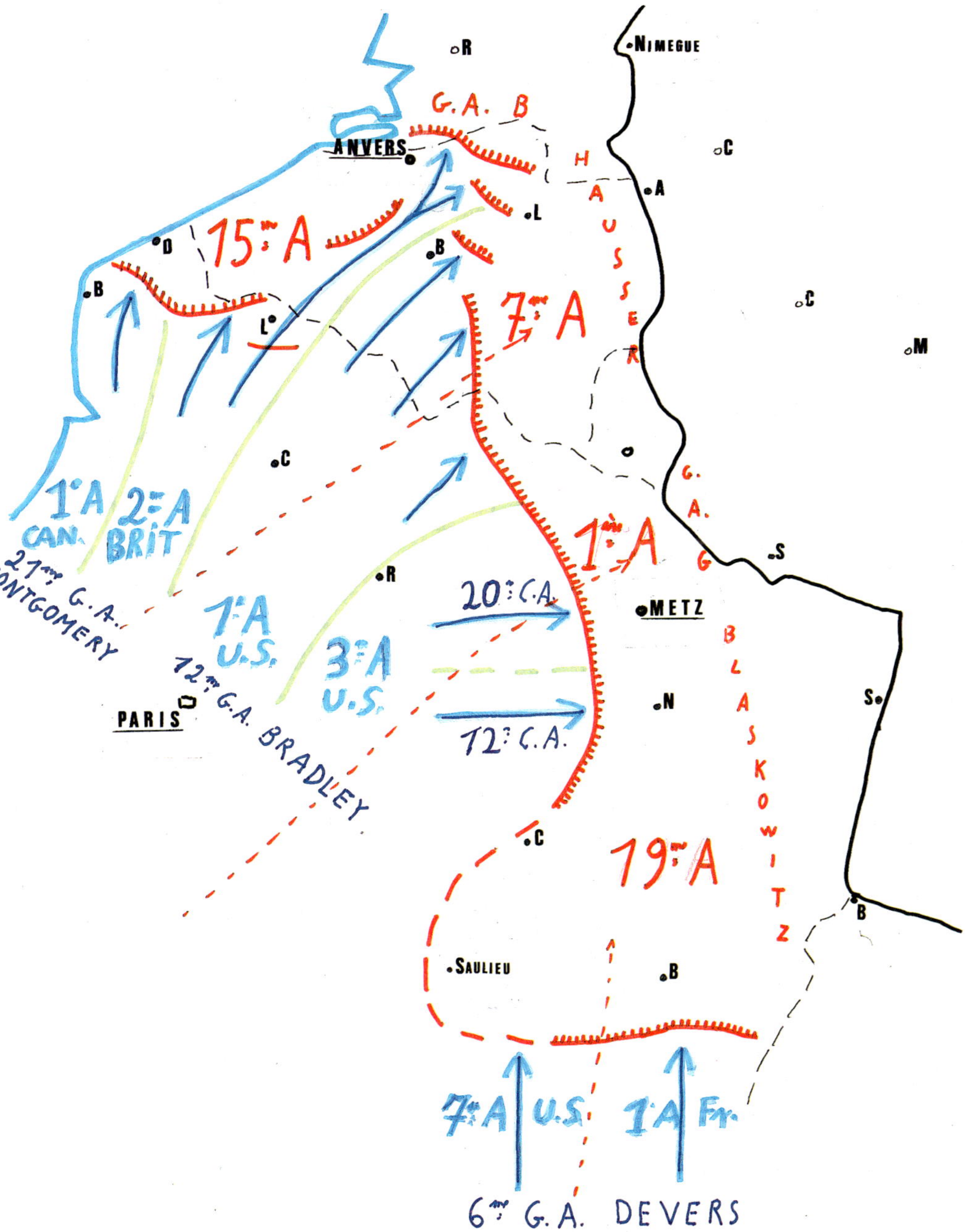

Croquis n° 1 ***Situation générale. 5 septembre 1944***

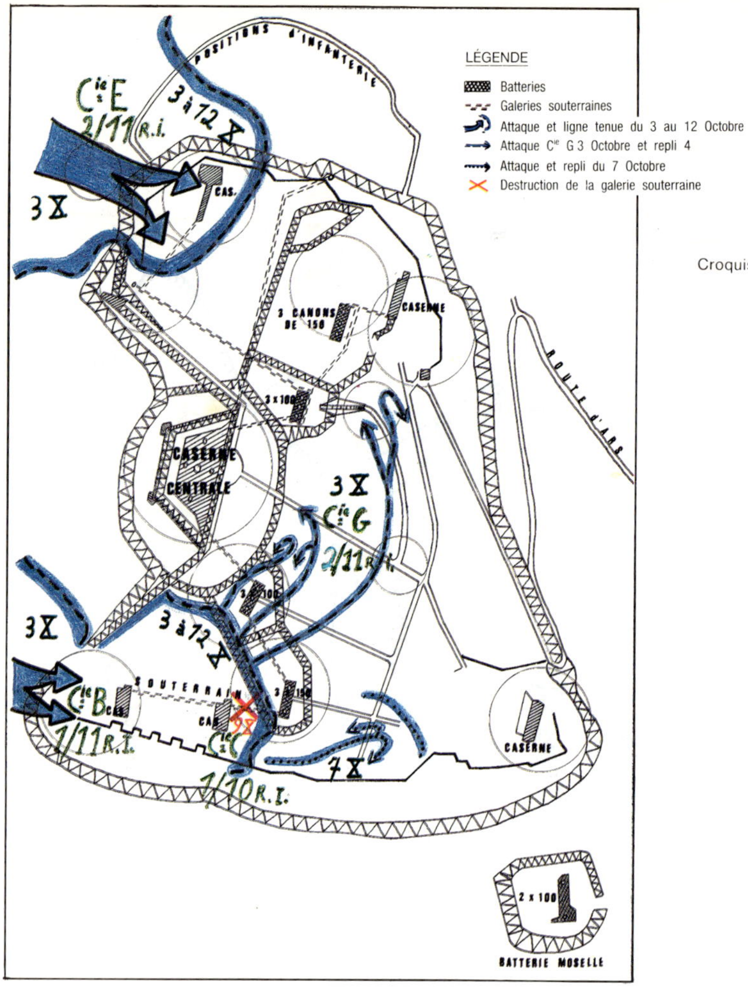

Croquis n° 18 ***Le fort Driant***

Croquis n° 19 ***Maizières-lès-Metz***
3 octobre-15 novembre 1944

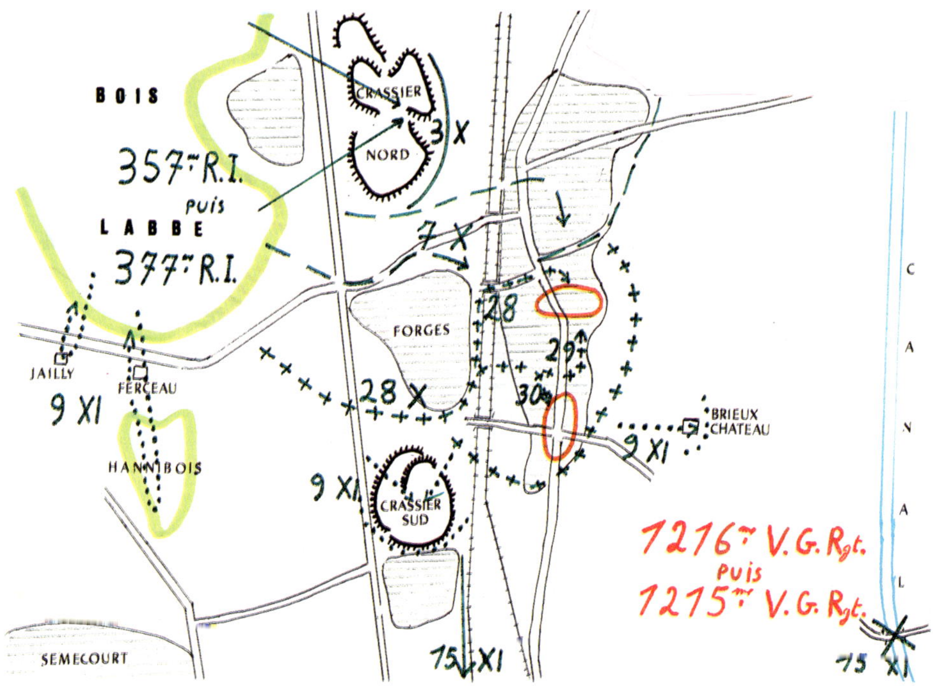

Croquis n° 20 *Les unités françaises (octobre et novembre 1944)*

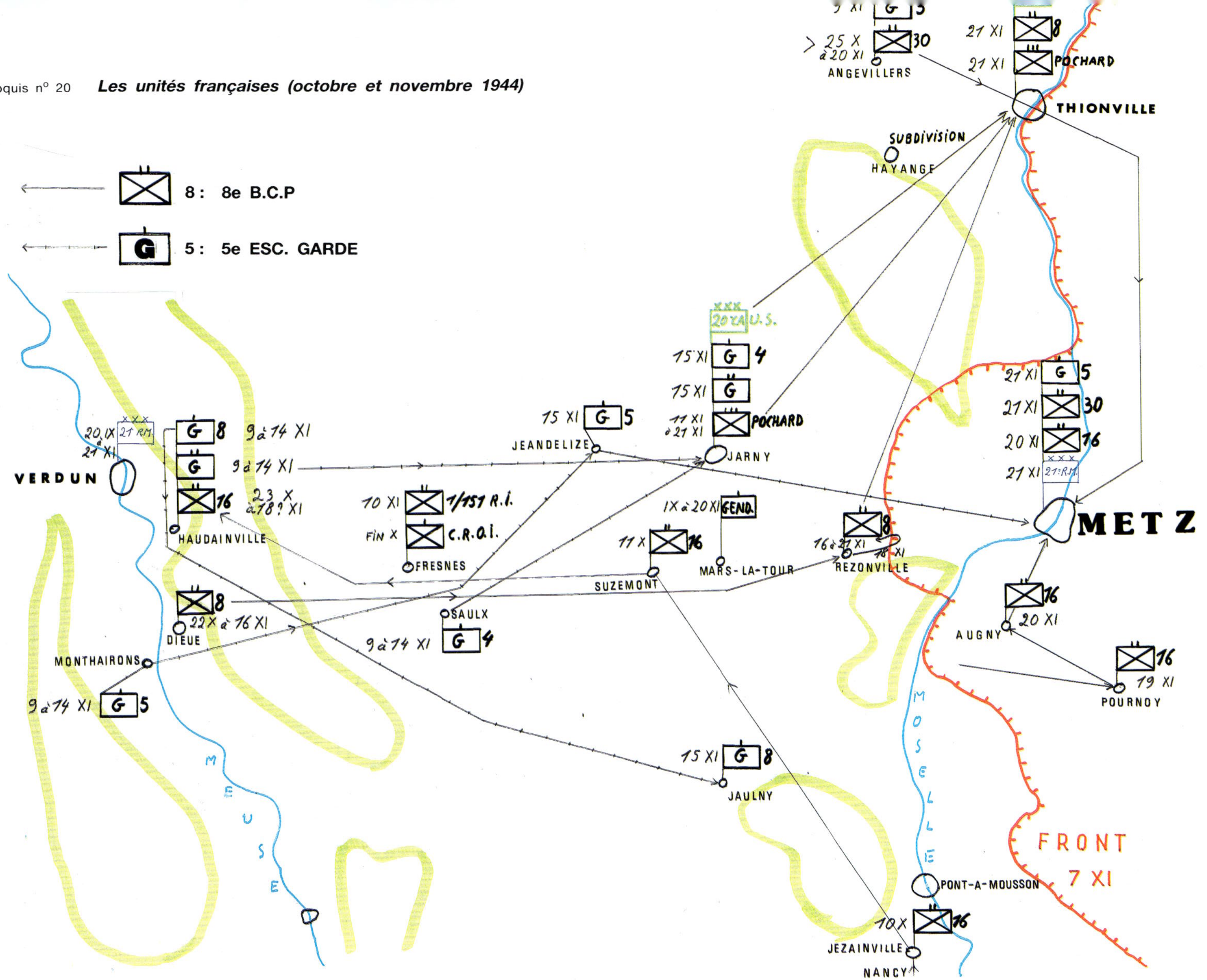

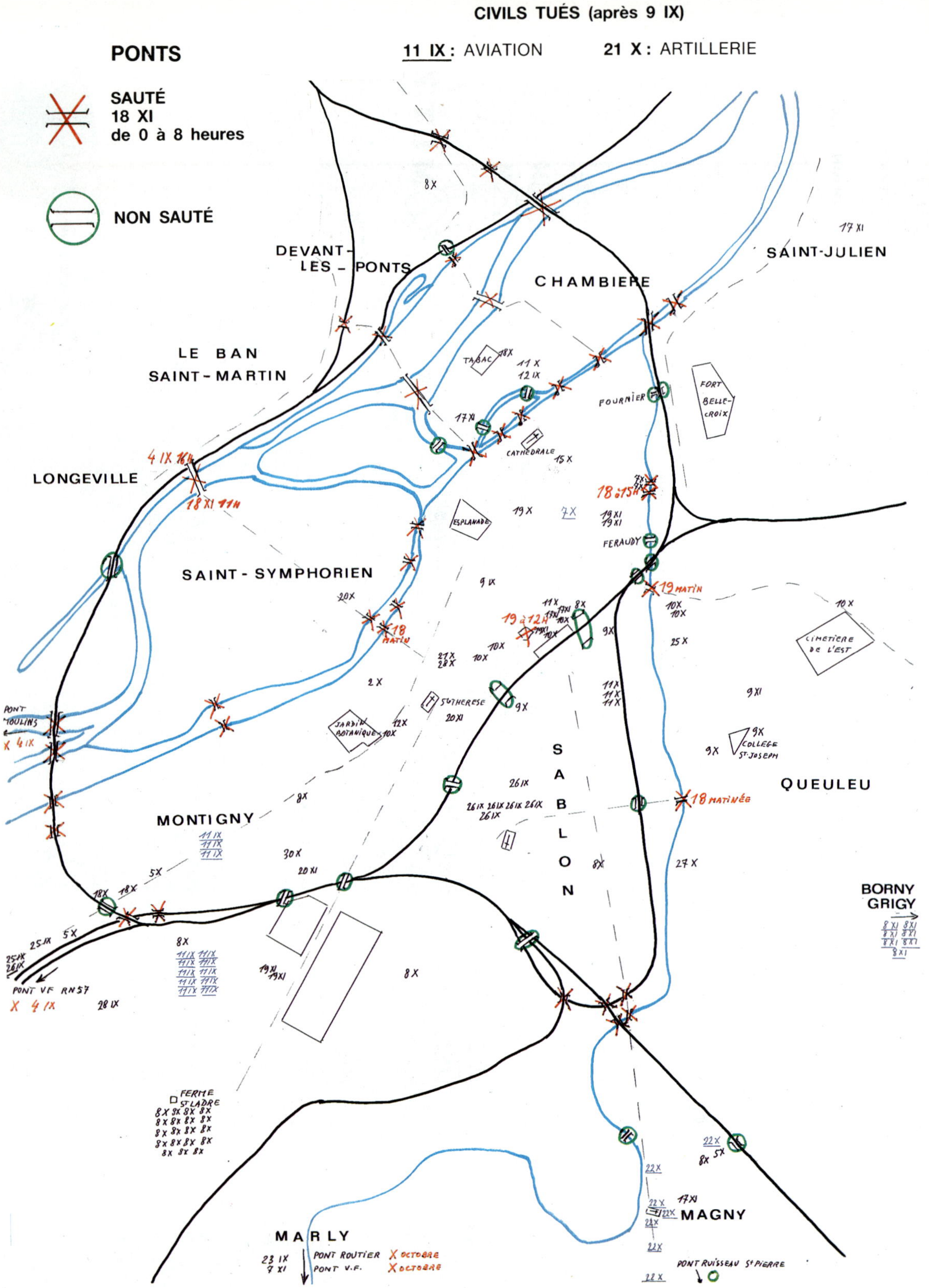

Croquis n° 21 **Ponts de Metz et civils tués**

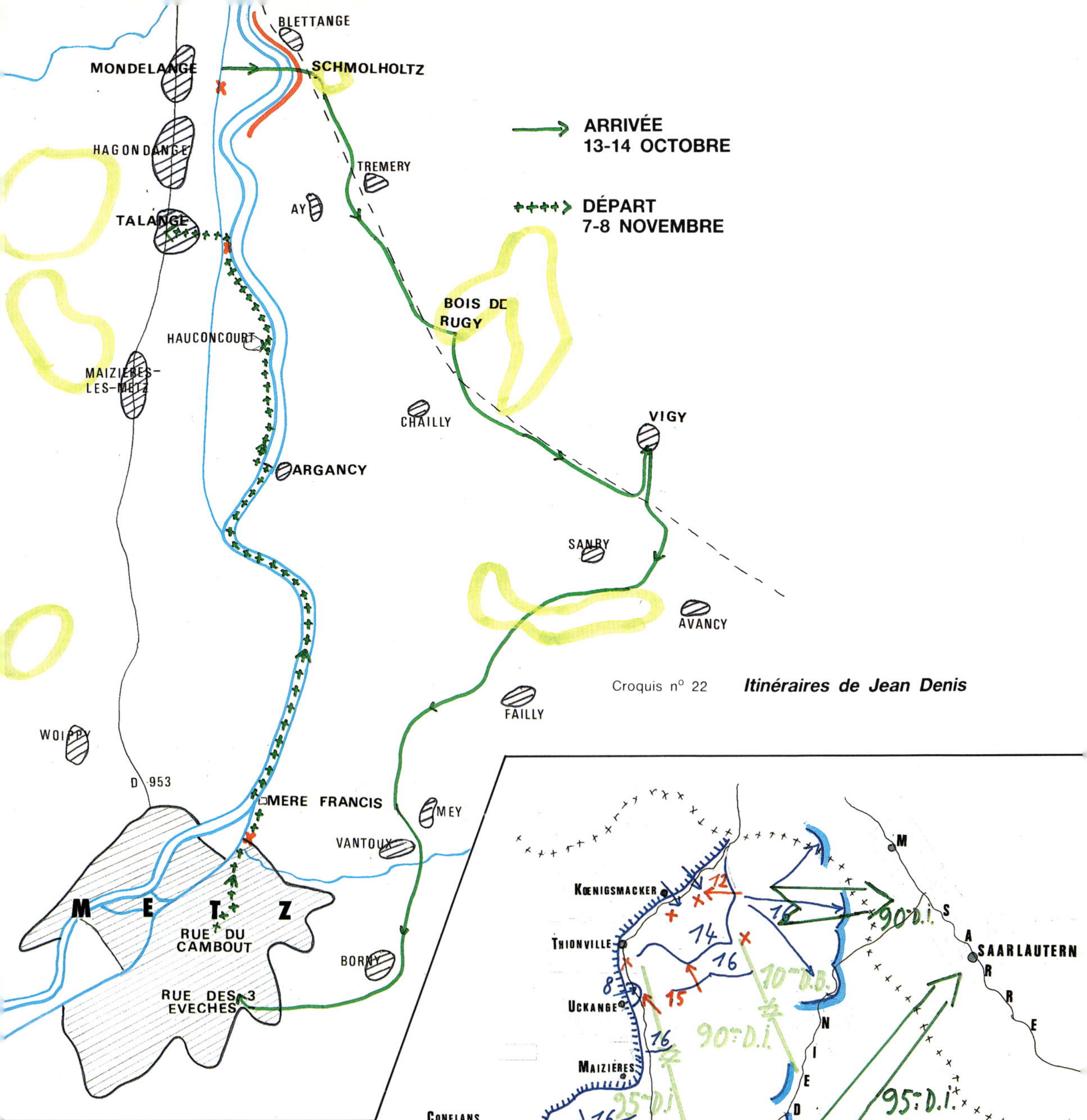

Croquis n° 22 *Itinéraires de Jean Denis*

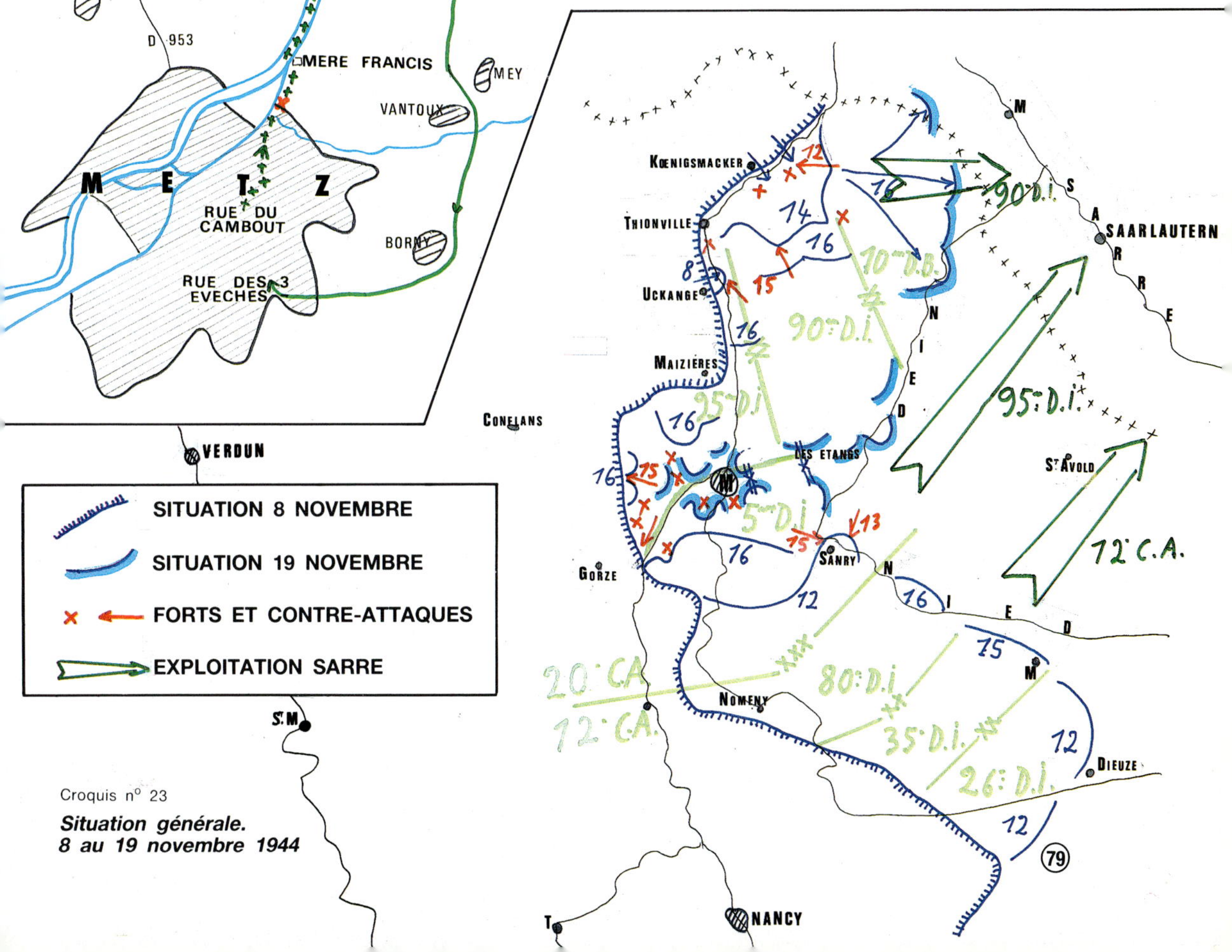

Croquis n° 23

Situation générale.
8 au 19 novembre 1944

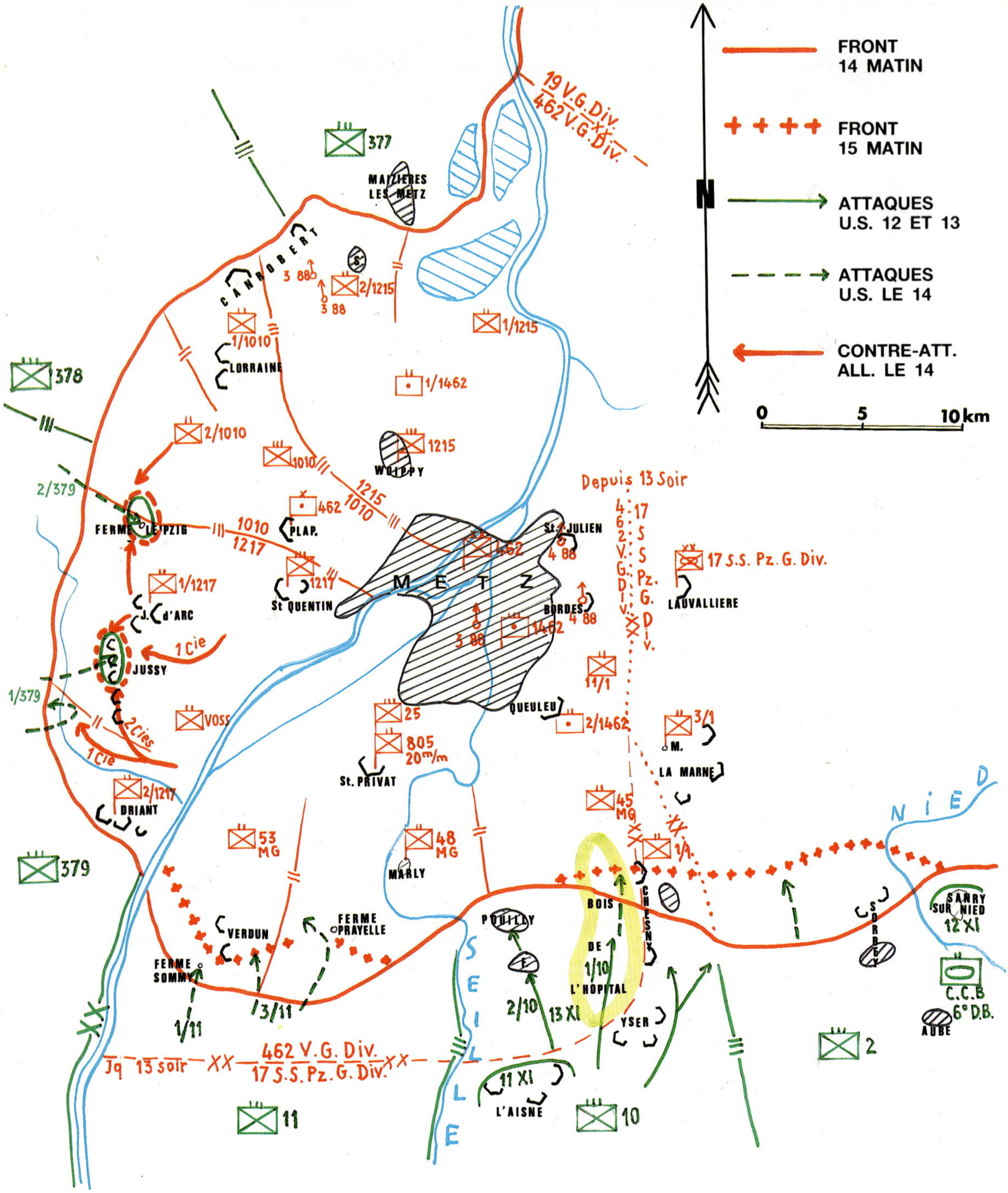

Croquis n° 24 ***Situation du 12 au 14 novembre***

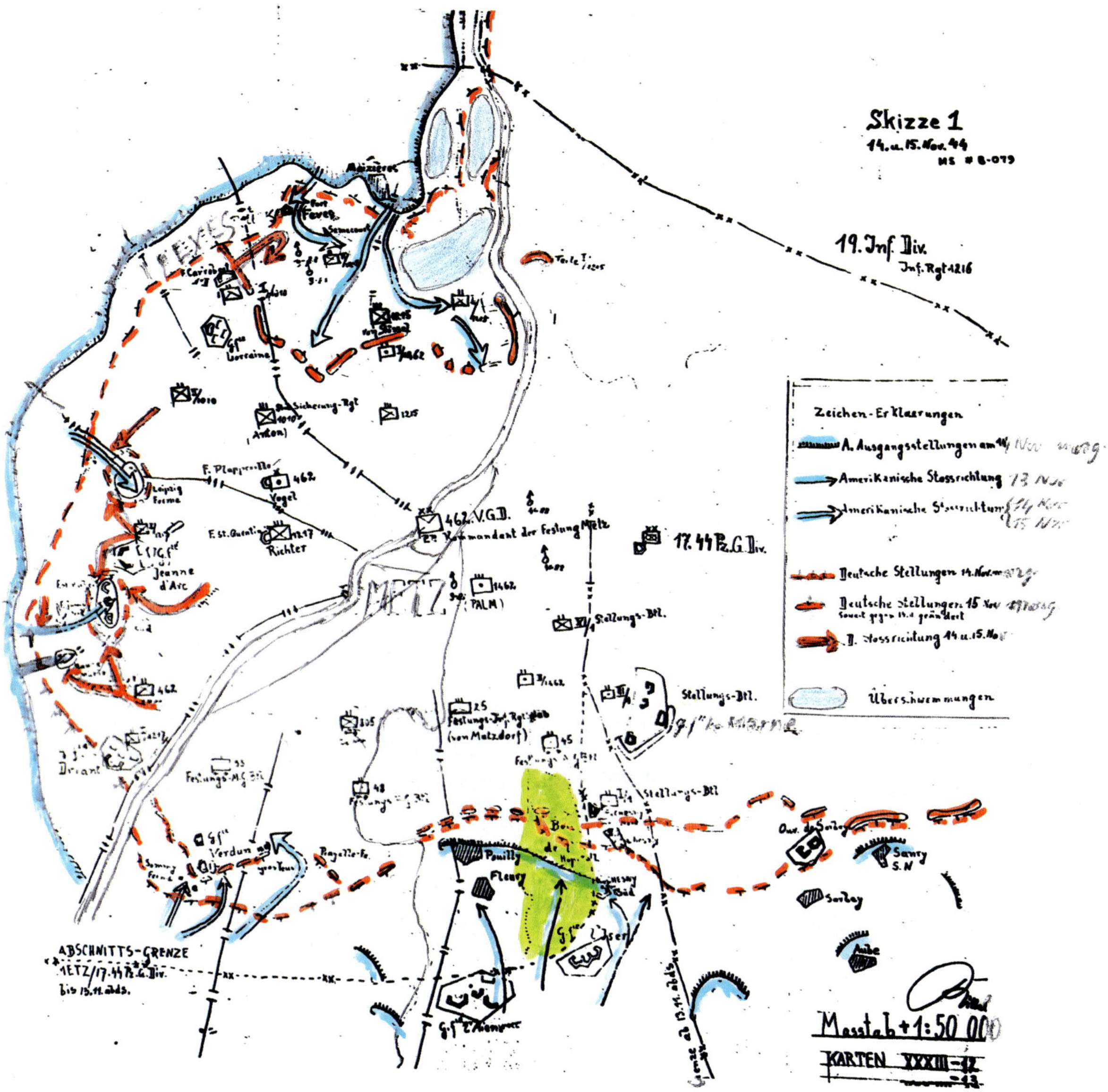

Croquis n° 25 ***Plan n° 1 du Général Kittel. 14 et 15 novembre 1944***

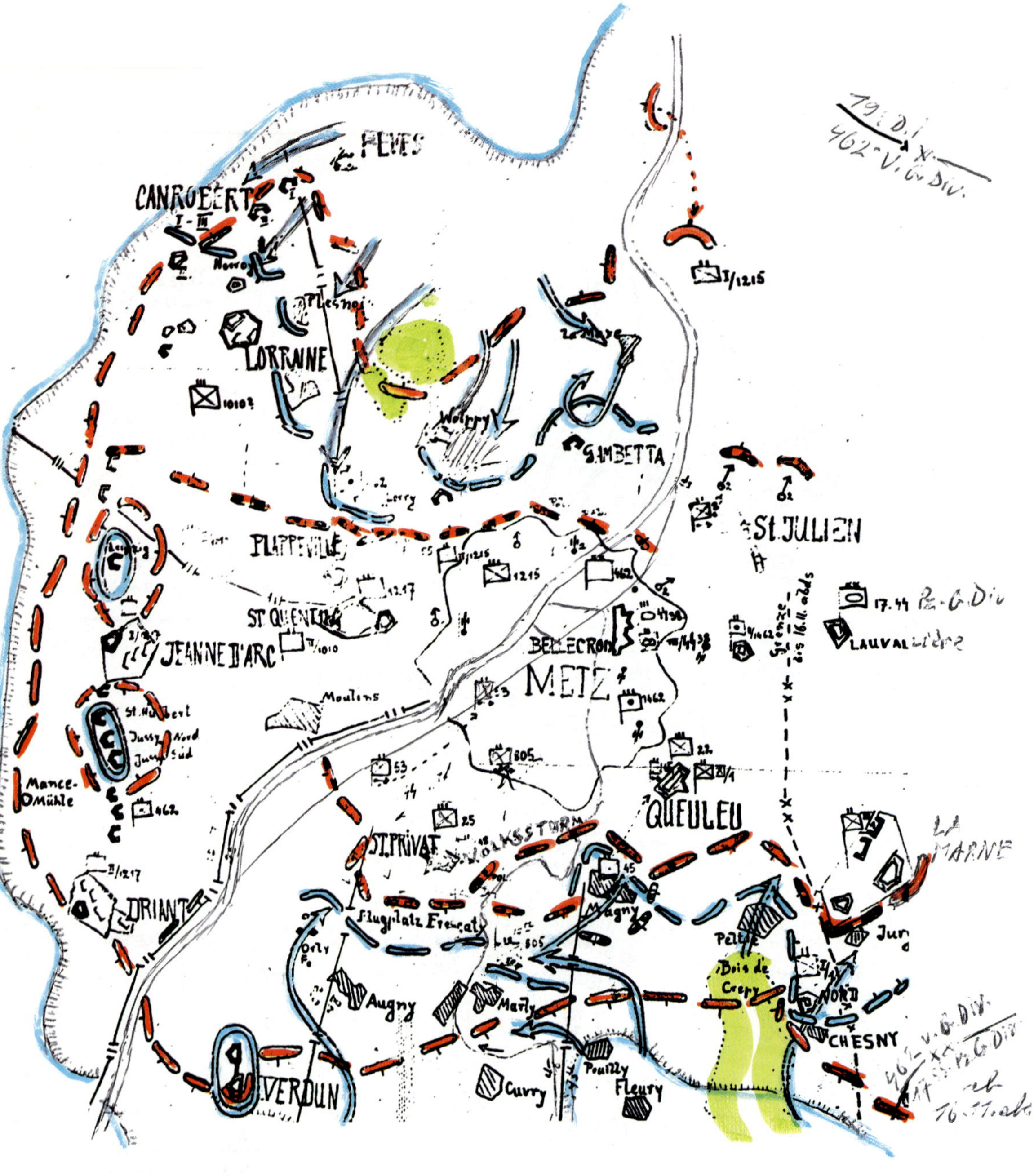

Amerikanische Stellung von 14.II morg.
Amerikanische Stellung am 16 abends
Amerikanische Richtung am 15 und 16
Deutsche Stellungen am 15 morgens
Deutsche Stellungen am 17 morgens

Croquis n° 26 ***Plan n° 2 du Général Kittel. 15 au 17 novembre 1944***

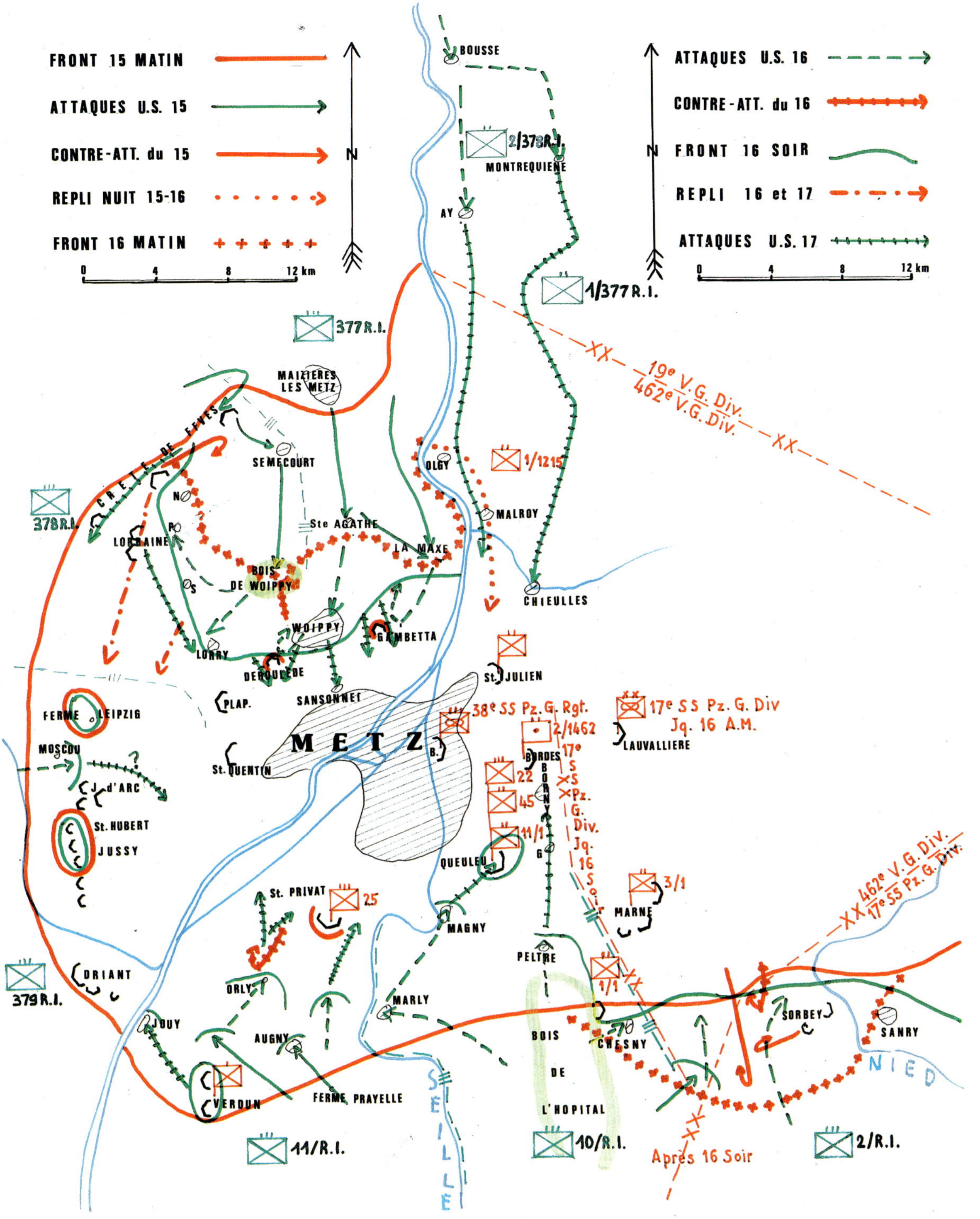

Croquis n° 27 *Situation du 15 au 17 novembre 1944*

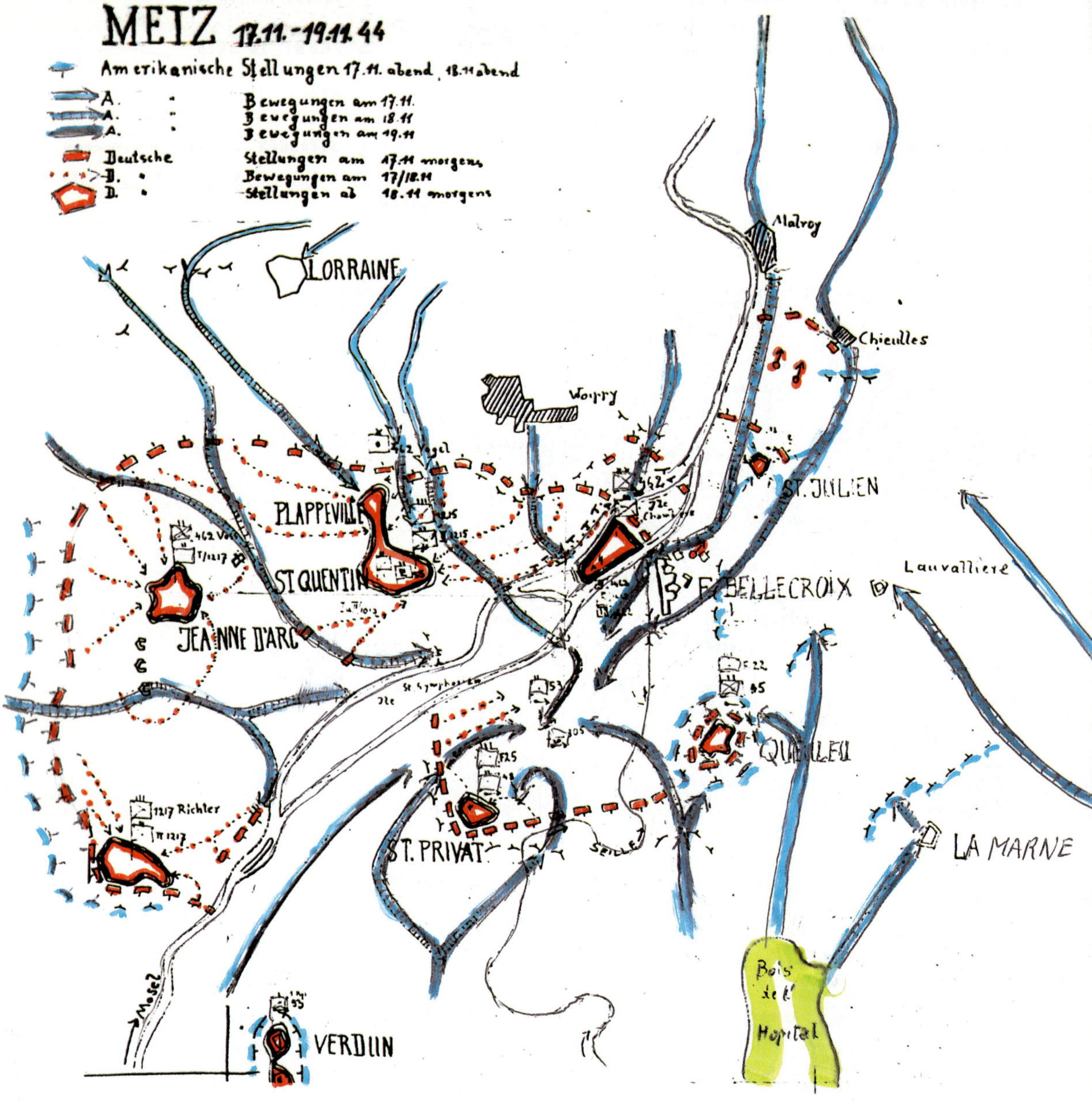

Croquis n° 28 ***Plan n° 3 du Général Kittel. 17 au 19 Novembre 1944***

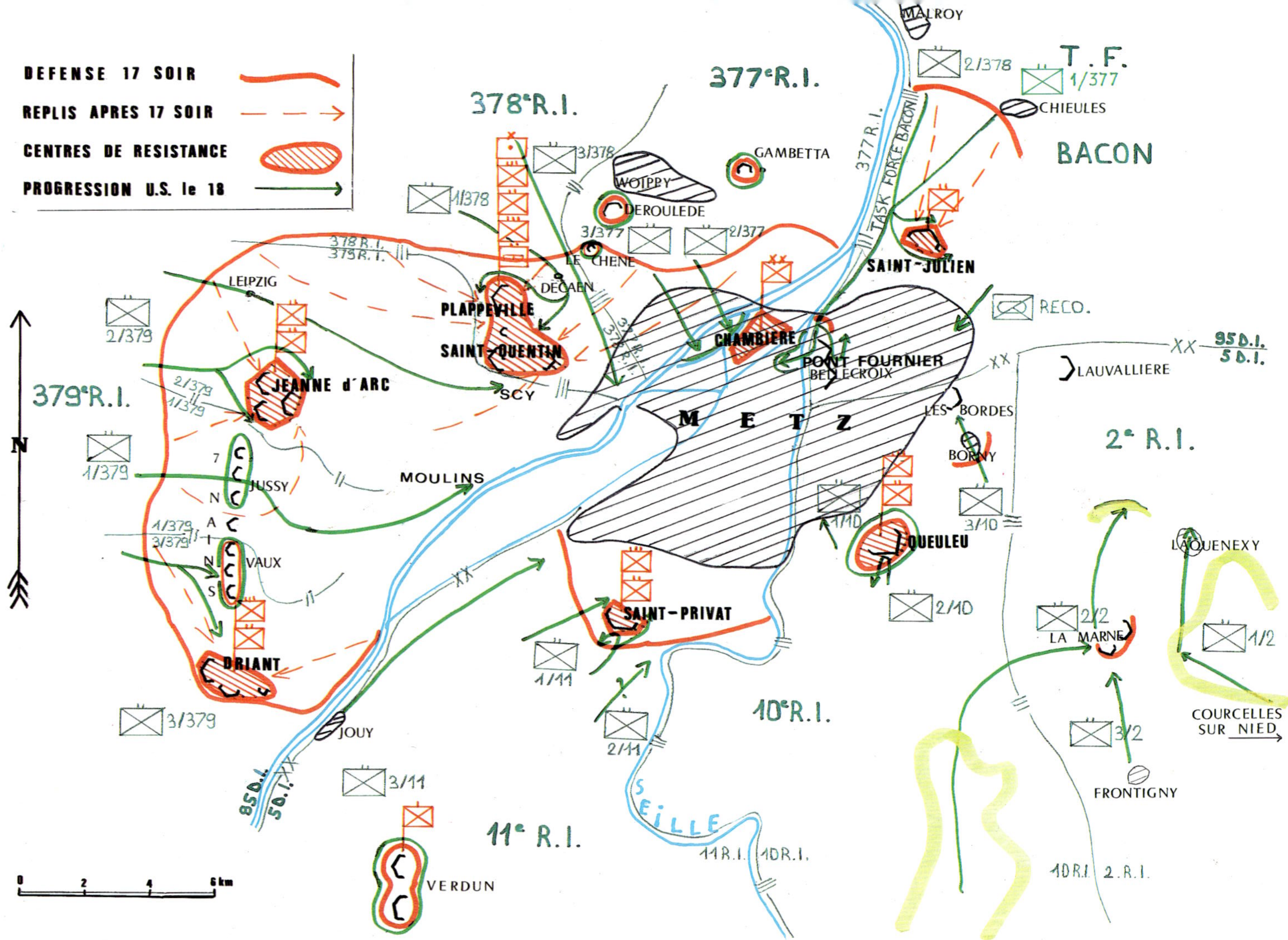

Croquis n° 29 *Situation le 18 novembre 1944*

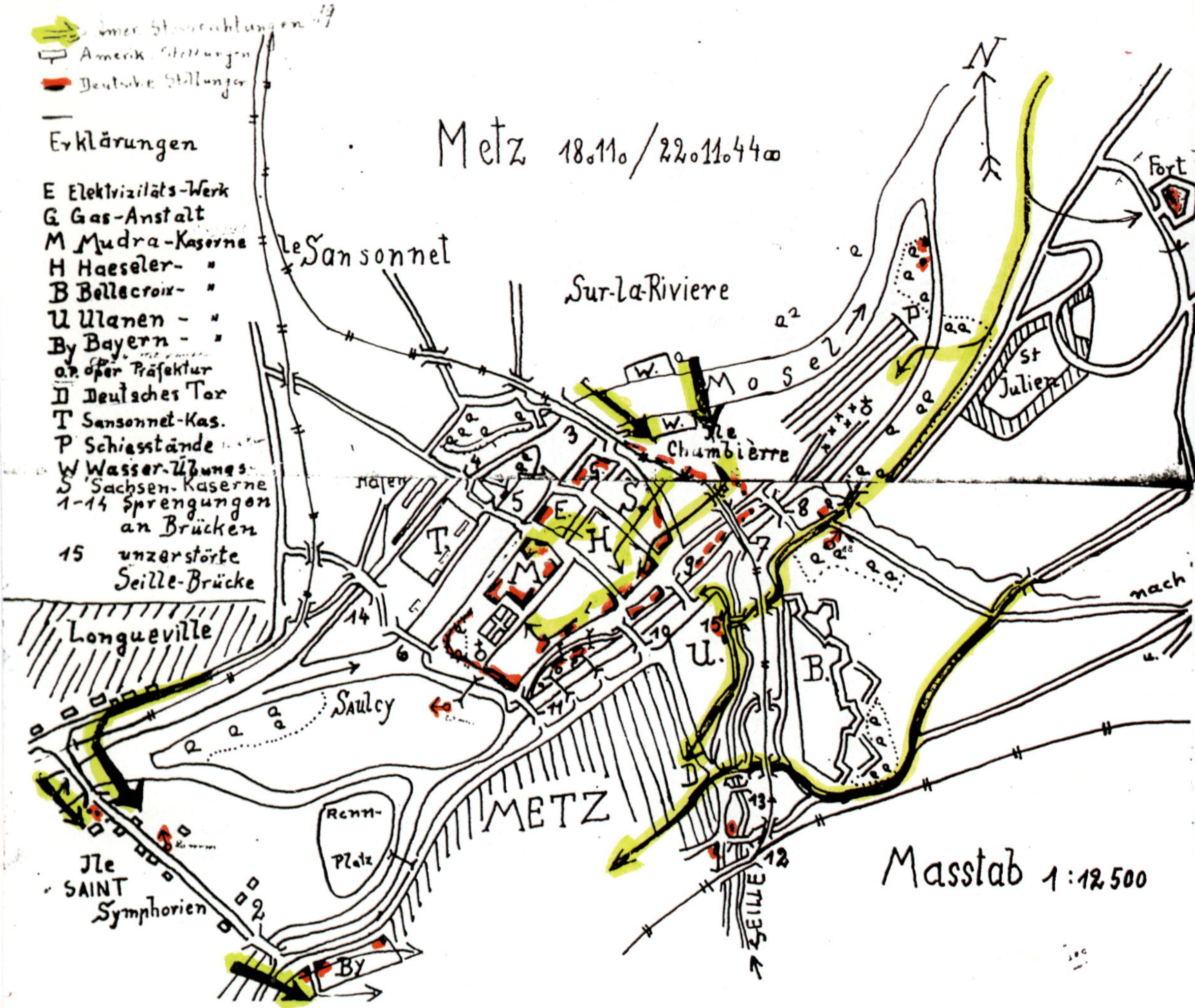

Croquis n° 30 ***Plan n° 4 du Général Kittel. 18 au 22 novembre 1944***

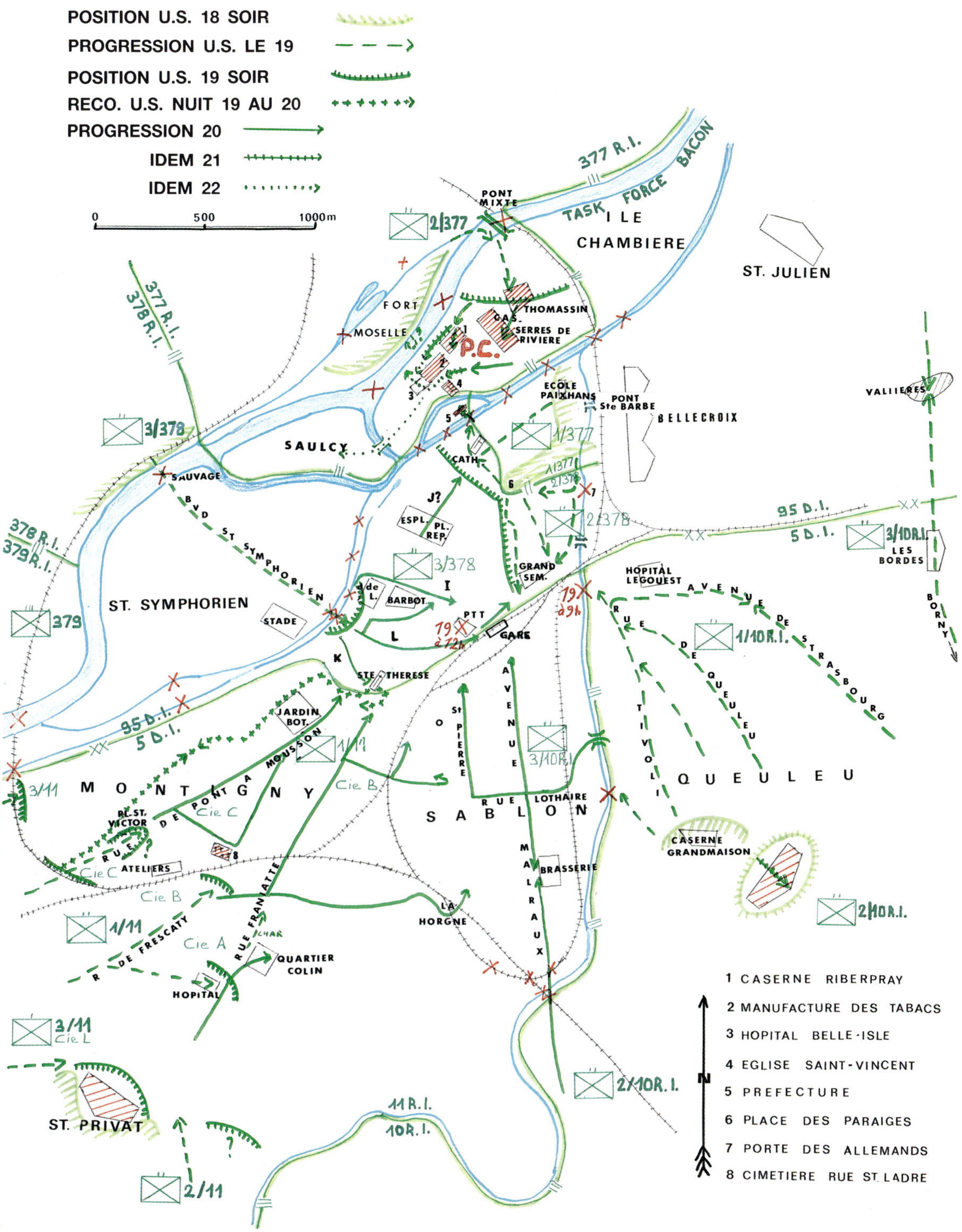

Croquis n° 31 *Situation du 19 au 22 novembre 1944*

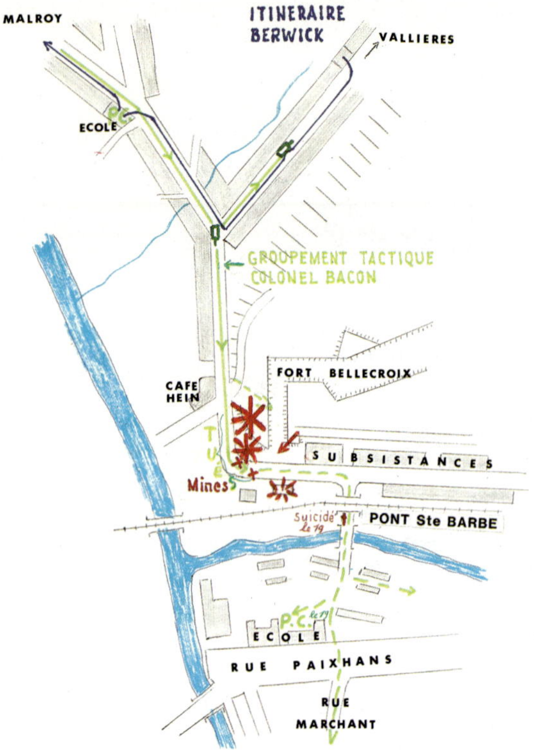

Croquis n° 32 ***Situation à Saint-Julien, le 18 novembre 1944***

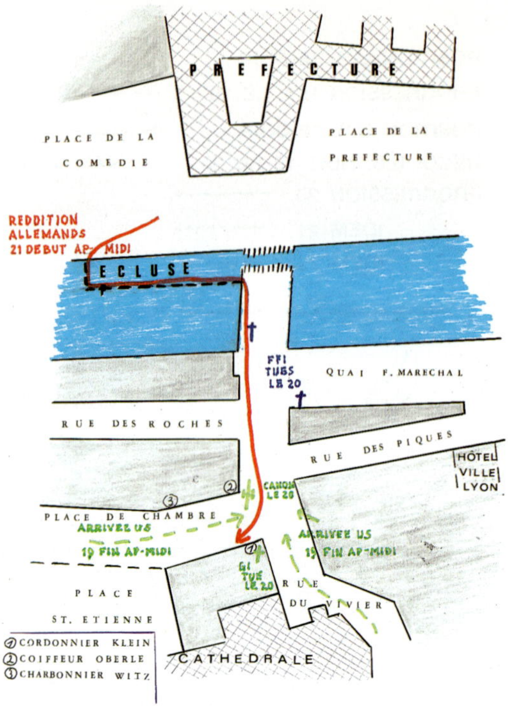

Croquis n° 34 ***La Préfecture. 19 au 21 novembre 1944***

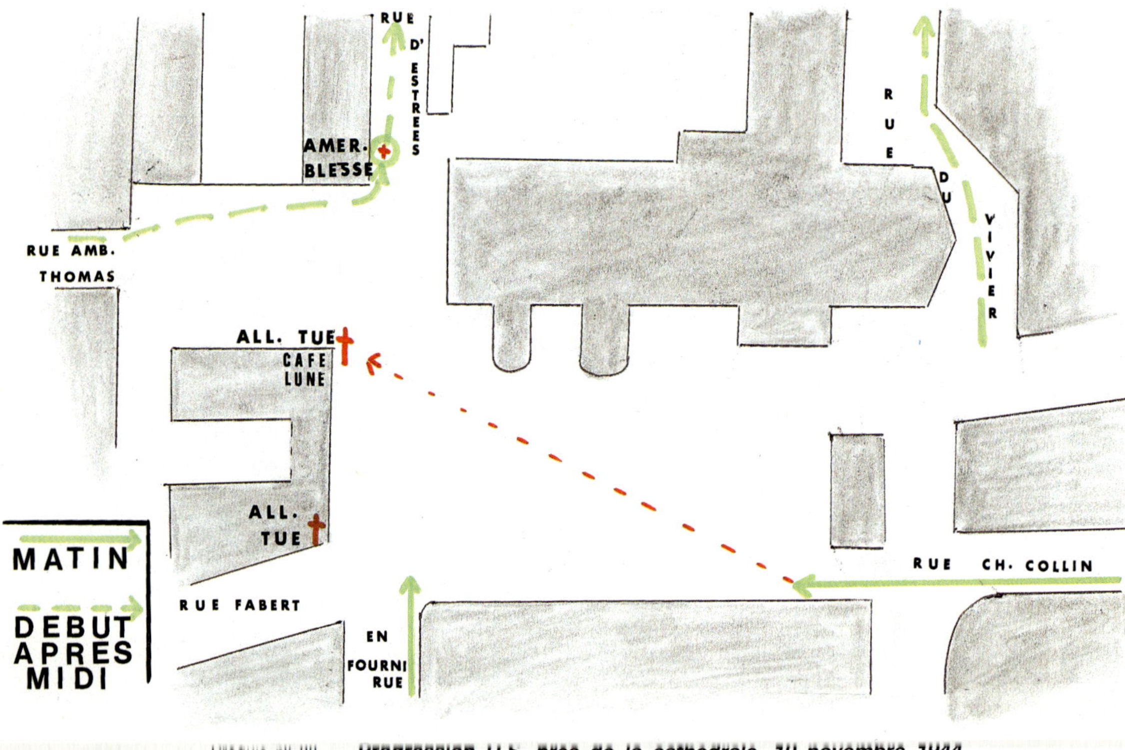

Croquis n° 33 ***Progression U.S. près de la cathédrale. 19 novembre 1944***

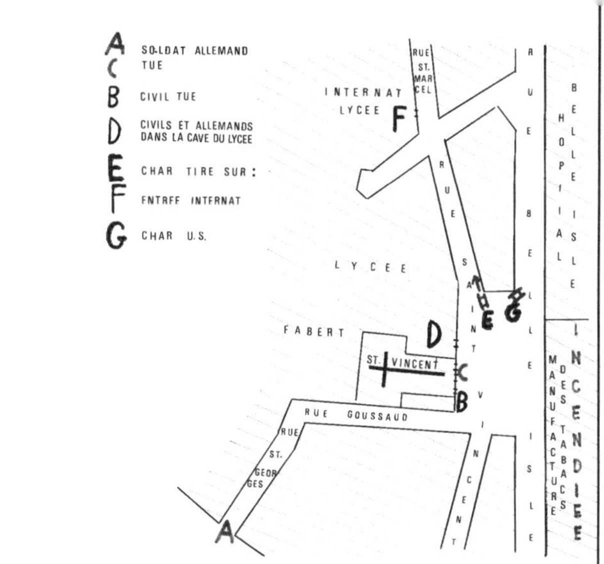

Croquis n° 36

Place Saint-Vincent, le 22 novembre 1944
Fin de matinée

Croquis n° 35

Pont Saint-Ladre (Montigny). 20 novembre 1944

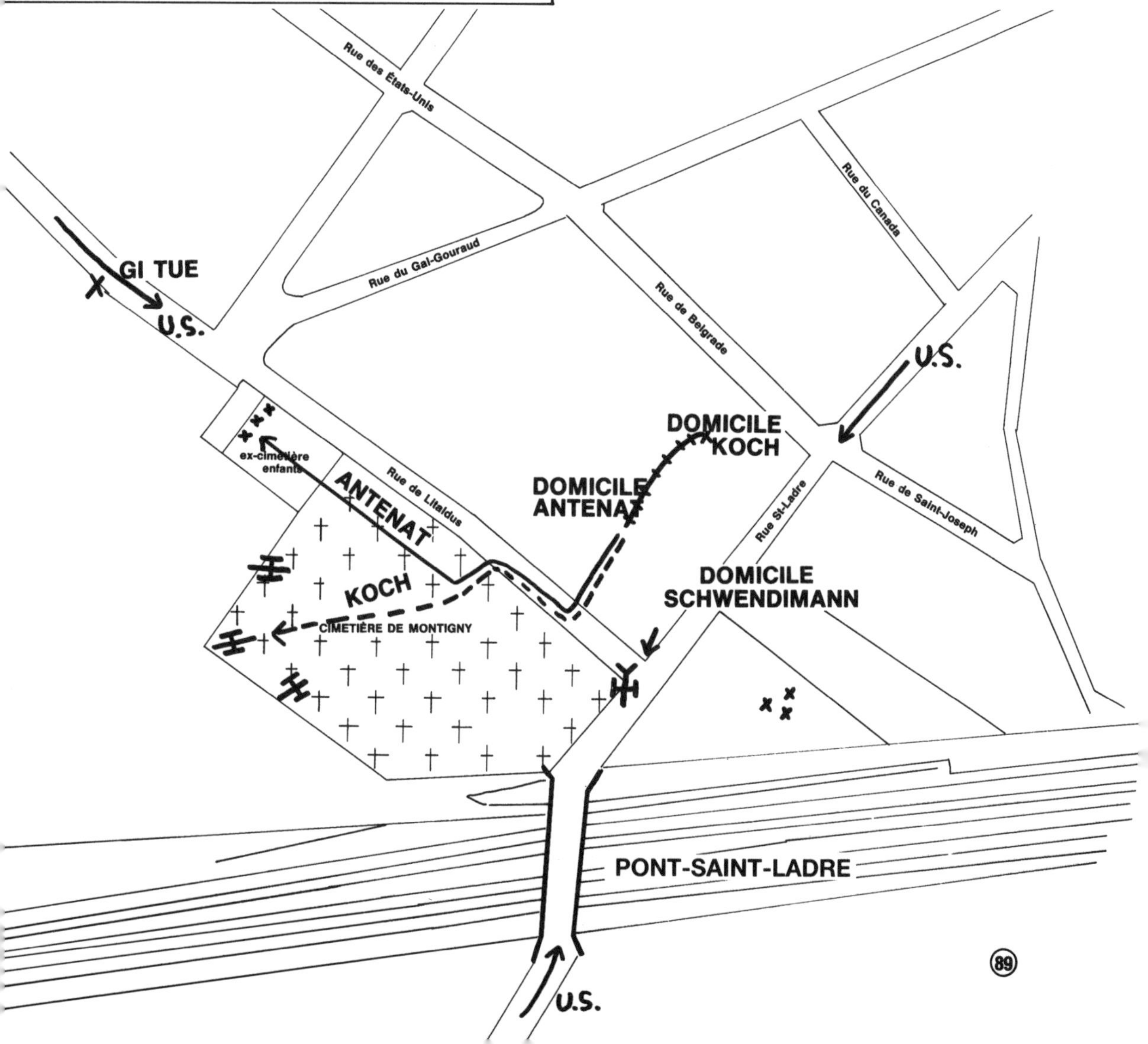

BIBLIOGRAPHIE

Livres et publications

Français

ANDRÉ (Révérend Père C.), *Eugène Koegler (1904-1944)*, A. Thomas, Saint-Dié, 1949, 27 pages.

BURGER (Docteur L.), *Le groupe Mario, une page de la résistance lorraine*, Imprimerie Hellenbrand, Metz, 1965, 197 pages.

BURGER (Docteur L.), *Tragédies mosellanes, le fort de Queuleu à Metz*, Imprimerie Hellenbrand, Metz, 1973, 137 pages.

BURGER (Docteur L.), *En Moselle : résistance et tragédies pendant la Seconde Guerre mondiale*, Metz, 1976, 180 pages.

CABOZ (R.), *La bataille de la Moselle. 25 août - 15 décembre 1944*, Pierron, Sarreguemines, 1981, 445 pages.

CABOZ (R.), *La bataille de Metz. Lorrains, si vous saviez*, Pierron, Sarreguemines, 1984, 380 pages.

COLIN (Général J.), « Contribution à l'histoire de la libération de la ville de Metz ; les combats du fort Driant (septembre-décembre 1944) », *Mémoires de l'Académie de Metz*, 1962, pages 105 à 124.

DENIS (Jean), « La Nasse », Ed. Serpenoise, 1992, 215 pages.

FERRY (G.), *En Moselle après la tourmente*, Imprimerie Gueblez, Metz, 1945, 103 pages.

FOX (Colonel R.C.), « Le 20e C.A. U.S. libère Metz », *Revue historique de l'Armée*, 1953, pages 99 à 124.

de GAULLE (Général Ch.), *Mémoires de guerre*, tome 2, *L'unité*, Plon, 1959, 715 pages.

GRANDVAL (G.) et COLLIN (A.J.), *La libération de l'Est de la France*, Hachette, 1974, 270 pages.

HIEGEL (Ch.), « La répression de la collaboration et l'épuration en Moselle. Bilan statistique », *Les Cahiers Lorrains*, numéro spécial, 4e trimestre 1983, pages 335 à 369.

HOCQUARD (G.), *Images messines*, Mutelet, Metz, 1949, 64 pages.

KEMP (A.), *Lorraine, album mémorial. 31 août 1944 - 15 mars 1945*, Editions Heimdal. Editions Serpenoise, 1985, 517 pages.

MEDDAHI (B.), « L'immédiat après-guerre en Moselle » (résumé de sa thèse de 3e cycle) : *La Moselle et l'Allemagne. 1945-1951*, Metz, 1979, *Les Cahiers Lorrains*, numéro spécial, 4e trimestre 1983, pages 305 à 327.

NEIGERT (N.), *Internements et déportations en Moselle. 1940-1945*, Centre de recherches relations internationales de l'Université de Metz, 1978, 105 pages.

SCHARFF (J.), *La libération de l'Est de la France, le département de la Moselle*, polycopie, Thionville, 1975, 48 pages.

STIOT (Commissaire colonel R.), « Médaille commémorative de la libération de Metz », *Carnet de la Sabretache*, 5e série, n° 437, mars 1968, 4 pages.

WOLFANGER (D.), *Nazification de la Lorraine mosellane. 1940-1945*, Pierron, Sarreguemines, 1982, 230 pages.

WOLFF (P.), *Journal d'un résistant mosellan*, Pierron, Sarreguemines, 1981, 126 pages.

Patton, 1917-1918, 1941-1945, Editions « Army Times », Presses de la cité, 1967, 251 pages.

Clartés, numéro spécial sur la résistance en Moselle et la libération de Metz, par l'Union lorraine de rénovation, Presses du Lorrain, Metz, 6 juin 1945, 20 pages.

« Le commandant Rebourset », bulletin *L'Officier de réserve*, janvier 1946.

Gorze et la guerre 1939-1945, Archives départementales de la Moselle, bibliothèque historique n° 23.850.

Les grandes unités françaises. Historiques succincts, par le Service historique de l'Armée de terre, Imprimerie Nationale, 1980.

« Les bataillons de la 1re demi-brigade de chasseurs en 1944-1945 », *Cor de chasse*, n° 6, juin 1954.

Historique du 26e R.I., Nancy.

Américains

ABRAMS, *History of the 90e Division.*
COLE (H.M.), *The Lorraine Campaign*, U.S. Department of the Army office of Military History, Washington, 1950, 657 pages.
EISENHOWER (Général D.), Général Sir M. WILSON, Maréchal Vicomte MONTGOMERY, *Les opérations en Europe du corps expéditionnaire allié*, Berger Levrault, 1947, 359 pages.
EISENHOWER (Général D.), *Croisade en Europe.*
FUERMANN and CRANZ, *95th Division History.* LOVE (Albert), Atlanta.
MACDONALD (Ch. B.) et MATHEWS (S.T.), *Three Battles : Arnaville, Altuzzo, and Schmidt*, U.S. Department of the Army office of Military History, Washington, 1952, 431 pages.
SANDERS (H.L.), *The after action Reports of the 284th Field Artillery Battalion during World War II*, publié par Roy et Roeser.
The XXe corps, historique publié par l'association du XXe corps, imprimé par Mainichi Publishing C.O. Ltd, Osaka Japon, 408 pages (U.S. Army Center of Military History, Washington).
The 5th Division in France, imprimerie du journal « Le Lorrain », Metz, décembre 1944, 44 pages.
Historique du 11e régiment d'infanterie.
Historique du 377e régiment d'infanterie.
Historique du 284e bataillon d'artillerie.

Allemands

SPIWOKS et STÖBER, *Endkampf zwischen Mosel und Inn (XIIIe SS Armeekorps)*, Munin Verlag GMBH, Osnabrück, 1976, 430 pages.
PRIEN (J.), « Pik As, Geschichte des Jagdgeschwaders 53 ». Ouvrage épuisé, tiré à compte d'auteur.

Archives [1]

Françaises [2]

Archives personnelles de l'auteur (notamment sur les F.F.I. et les unités françaises).
DENIS (J.) (réseau Navarre).
EISENKOPF (G.) (F.F.I.) (dont ordre F.F.I. n° 1 du 3 septembre 1944).
FURNSTEIN (R.) (fort Driant).

---

1. Les livres et publications ne représentent qu'une documentation très insuffisante pour le sujet traité.
   L'exploitation d'archives est donc indispensable, mais a ses limites.
   Il serait opportun de connaître notamment :
   - du côté français :
     - les journaux de marche du 2/20e bataillon et de l'élément du 26e R.I. venu à Metz.
     - le « Journal des missions et opérations » de J. Scharff (de début 1941 à février 1945), remis avec d'autres documents par l'auteur au commandant Krieger en mars 1945.
     - l'ordre N° 2, 3 s'il existe, fait par le capitaine Tribout.
     - les archives locales F.F.I. que l'indifférence, la déception ou l'intérêt n'ont pas encore détruites.
     - les messages (arrivée et départ) de l'antenne locale Mithridate, qui manquent.
     - le bilan et la localisation des immeubles messins détruits et endommagés.
   - du côté américain :
     - les journaux de marche de bataillons, voire compagnies des 378e, 10e et 11e R.I., du 18 au 22 novembre.
     - le rapport sur la non protection des ponts messins établi par le lieutenant-colonel Bilbane, après son entrevue du 21 novembre au soir avec le commandant Krieger.
   - du côté allemand, ordre fut donné, le 17 novembre, de détruire toutes les archives messines. Ne restent donc plus que des documents d'époque plus ancienne ou d'un échelon plus élevé et des interrogatoires d'après la guerre, naturellement moins crédibles.
2. L'auteur remercie particulièrement, pour l'aide qu'il lui a apportée, Monsieur le conservateur Charles HIEGEL (Archives départementales de la Moselle).

MAYER (A.) (liquidateur F.F.I.).
MOPPERT (Maître) (dossier 41 J.2, Archives départementales Moselle, dont désignation).
POCHARD (Colonel) (1re demi-brigade de chasseurs).
RIEHL (Lieutenant-colonel) (escadrons de la garde).
SCHARFF (J.) (F.F.I., importantes notes d'archives).
THIRIOT (H.) (F.F.I.).
XHAARD (Général) (16e B.C.P.).
ADRIAN (Docteur G.), *Mission Croix-rouge française pour la Moselle libérée* (exposé du 23 novembre 1984 à la Faculté des Lettres de Metz).
HANRIOT (E.), *La vie à Metz pendant l'annexion* (exposé du 23 novembre 1984 à la Faculté des Lettres de Metz).
Archives de la médaille de Metz (Archives municipales de Metz).
SCHROD (archiviste municipal de Metz), *Journal du 18 juin 1940 au 18 août 1944*, traduit par Maître Wolff (Archives municipales de Metz).
GRIVEAUD (M.), *Rapport de janvier 1945 sur les Archives départementales de la Moselle* (Archives départementales de la Moselle).
MORHAIN (Chanoine, supérieur du petit séminaire), *Journal du 1er septembre au 19 novembre 1944* (Archives départementales de la Moselle, n° 18 J 248).
MULLER (M., ferme Polka à Jouy-aux-Arches). Témoignage sur ses combats avec les Américains.
Rapports du préfet de la Moselle au ministre de l'Intérieur en date des 20 décembre 1944, 16 janvier, 17 février, 1er mars et 13 juin 1945 (Archives départementales de la Moselle).
Préfecture de la Moselle à Montauban. (Liasse 16, Archives départementales de la Moselle).
Cabinet du préfet de la Moselle. 1944-1950 (Archives départementales de la Moselle 151 W) :

- Dossier « affaires militaires » : liasse 136.
- Dossier « organisation F.F.I. » : liasse 137.
- Dossier « prisonniers, déportés, réfugiés » : liasse 158.
- Dossier « fonctionnement de l'administration régionale de la police » : liasse 163.

Carnets de messages du réseau Mithridate (Archives départementales, n° J 7034) :

- Départs (2 août au 22 octobre).
- Arrivées (13 septembre au 18 octobre).

Réseau Mithridate (Archives nationales, Paris, dossier 72 AJ 63).
Archives B.C.R.A., réseau Mithridate, commandant Lutz (Archives nationales, Paris, dossiers 104, 106 et 111).
Groupement F.F.I. « Jean-Jacques » de Metz. (Bureau résistance de la D.P.M.A.T., caserne Reuilly, Paris).
Corps franc « Passe-Partout » (archives, dont rapport de René Caboz) (Bureau résistance de la D.P.M.A.T., caserne Reuilly, Paris).
Service historique de l'Armée de Terre, Vincennes :

- Dossier « renseignements 20e R.M. » n° 6 P 8.
- Dossier « création 21e R.M. » n° 6 P 7.
- Dossier « organisation 21e R.M. » n° 7 P 80.
- Dossier « bulletin de renseignements » n° 7 P 108.
- Dossier « liquidation des F.F.I. et réorganisation des escadrons de garde » n° 7 P 171.
- Dossier « Région C, dont groupe Mario » n° 13 P 27.
- Dossier « officiers de liaison français » n° 8 P 11 et 8 P 23.
    - Lieutenant-colonel BILBANE (mission « Epinard », 3e Armée U.S.), journal de septembre 1944 à février 1945, notes et comptes rendus.
    - Capitaine de la VASSELAIS (chef mission 20e C.A.).
      Comptes rendus du 13 août 1944 au 5 avril 1945, sauf du 18 novembre au 27 décembre 1944.
      (Diplôme remis à la fin de la guerre par le général Walker, envoyé à l'auteur par le fils du capitaine).
    - Commandant SORBAC (chef M.M.F.A. 20e C.A.).
    - Capitaine AUDU (M.M.F.A. 20e C.A.).

- Capitaine GIACCOBI (M.M.F.A. 5e D.I.).
- Sous-lieutenant PEREIRA (M.M.L.A. 6e D.B.).
- Capitaine AKAR (M.M.L.A. 94e D.I.).
- Compte rendu de la réunion des O.L. du 12e groupe d'armées, le 6 octobre 1944.

Allemandes

Militärgeschichtliches Forschungsamt, Fribourg. « Studies » (interrogatoires par les Américains après la guerre).

- EINEM (Col. Kurt von - C.E.M. 13e C.A. SS) MS.B 412.
- KITTEL (Général Heinrich - Commandant 462e V.G.D. 14 au 21 novembre 1944) MS.B 079 et Ethint 77.
- KNOBELSDORFF (Général - Commandant la 1re A. 6 septembre au 30 octobre 1944) : « estimation de la situation de la 1re Armée le 10 septembre 1944 », MS.B 222.
- KRAUSE (Général W. - Commandant la 462 Div. 27 août au 17 septembre 1944) : « Défense de Metz », MS.B 042.
- MELLENTHIN (Général von - C.E.M. groupe d'armées G) : « Le groupe d'armées G de septembre à début décembre 1944 » MS.A 999 et MS.A 1000.
- ZIMMERMANN (Général Bodo - Etat-major du commandement supérieur Ouest) : « C.R. sur les opérations du commandement supérieur Ouest, des préparatifs contre l'invasion jusqu'au repli sur la ligne Siegfried », MS.B 308.

Bundesarchiv, Militärarchiv, Fribourg :

- Archives groupes d'armées G : RH 19 XII.
- Comptes rendus quotidiens G.A. G : RH 19 XII/15.
- Archives 1re Armée : RH 19 XII/20 K-14.
- Dossier général Kittel, commandant 462e V.G.D.
- « Vorläufige Gefechtsberichte der 462e V.G.D. über die Kämpfe um den Brückenkopf Metz » : RH 26 - 462 M.
- « 462 V.G.D. : Besondere Anordnungen für die Versorgung, septembre à novembre 1944 » : RH 26 - 462/2.
- « Geschichte des Schule VI für Fahnenjunker der Infanterie, Metz. 1.X.1942-1.X.1944 ».

Documents du dossier du procès du général Dunckern.
Affiches (dossier J 6432 des Archives départementales).

Américaines [3] (Archives militaires nationales et Centre d'histoire militaire, 20 Massachusetts Avenue, NW Washington, DC 20314-0200)

Journal de marche du 10e régiment d'infanterie.
Journal de marche du 11e régiment d'infanterie.
Journal de marche du 378e régiment d'infanterie.
Rapport du 20e corps d'armée.
Rapport de la 95e D.I.
Compte rendu d'opérations du général Cdt la 95e D.I. pour la période du 8 novembre au 3 décembre 1944.

Presse

« Le Lorrain », édition Riom, jusqu'au 2 juin 1945.
« La Lorraine libérée », du 23 novembre au 8 décembre 1944.
« Le Lorrain », à partir du 9 décembre 1944.
« Le Républicain Lorrain », à partir du 1er février 1945.

---

3. L'auteur remercie le colonel HUSSENOT-DESENONGES, attaché militaire adjoint Terre à l'ambassade de France aux Etats-Unis, pour sa précieuse collaboration.

Témoignages (4)

L'auteur s'est attaché à interroger beaucoup de témoins. Il les remercie tous et ne cite ici que les principaux.

F.F.I. :

- J. Scharff, chef départemental.
- Chefs de brigade : G. Eisenkopf (2e), H. Griboux (4e), H. Thiriot (5e), J. Berwick (7e).
- L. Stenger, E. Moppert, P. Wolff.
- R. Becker, Mme le docteur Burger, A. Mayer, S. Olinski, B. Piérarski, Ph. Stamer, Mme veuve F. Ull, G. Wagener, R. Zerwes.
- Montigny : A. Koch, L. Schwendimann.
- Alsace : commandant Kibler, capitaine P. Freïss.

Réseaux :

- Mme Leroy, R. Bauler, J. Denis.

Administration :

- H. Béna, P. Chrétien, J. Gandar.

Unités :

- H. Thiriot et Ch. de Vaulx (Etat-major 21e R.M.).
- Colonel Pochard (1re demi-brigade), général Xhaard (16e B.C.P.), A. Hubsch (30e B.C.P.), L. Vax (8e B.C.P.).
- Lieutenant-colonel Riehl, G. Chagot et P. Pouillard (escadrons garde).
- J. Marque (2/20e bataillon de marche).
- B. Lépine (Air Avancé nord-est).

Faits :

- Docteur Adrian (mission Croix rouge).
- J. Beauchat (attaque 1er janvier 1945).
- P. de Busson (île Saint-Symphorien).
- M. Dero (Manufacture des tabacs).
- Archiviste E. Ewig (préfecture et anti-nazis).
- R. Furnstein (fort Driant).
- G. Guillaume (place de la Comédie).
- G. Machet (Nord Sablon).
- G. Michels (Montigny).
- R. Mirgain (cathédrale).
- Docteur A. Paulus (Belle Isle).
- Ch. Petig (poste centrale).
- Docteur et H. Prieur et C. Munsch (café Bellevue).
- Mlle Steinmetz (Porte des Allemands).
- Mme R. Walgenbach (pont préfecture).

---

4. Publications et archives ne permettant pas de connaître la totalité des faits, un appel aux témoignages est indispensable, mais doit faire preuve de discernement.
L'auteur a utilisé cette source de renseignements qui va en tarissant. Il a même lancé, et en vain, un appel par la presse. Il demeure néanmoins persuadé que des personnes pourraient préciser, voire rectifier cette étude, notamment à propos de :
- la date de l'attaque du café Bellevue ;
- la progression des premiers Américains en ville ;
- l'activité des F.F.I. et des unités françaises ;
- les circonstances de la mort d'Allemands, d'Américains et des F.F.I. dans Metz .
De telles précisions, bénéfiques pour l'histoire de notre ville et qui seraient accueillies avec reconnaissance par l'auteur, pourraient faire l'objet d'une mise au point ultérieure.

Divers :

- R. Baudru (aviation).
- M. Darfschlag (ambiance).
- R. Goergen (renseignements divers).
- R. Guth (passage Moselle).
- A. Hauser (transmissions).

Américains :

- G.W. Canfield et V.A. Geiger (Riberpray).
- J.E. Johnston (Bellecroix).
- Ch. D. Crawford (centre ville).
- St. Hays (capture de Dunckern).

ABRÉVIATIONS ET SIGNES CONVENTIONNELS

Abréviations

Françaises

A.	: Armée.
B.C.R.A.	: Bureau Central de Renseignement et d'Action (de Londres).
C.A.	: Corps d'Armée.
D.B.	: Division Blindée.
D.G.E.R.	: Direction Générale de l'Espionnage et du Renseignement.
D.G.S.S.	: Direction Générale des Services Spéciaux.
D.I.	: Division d'Infanterie.
E.M.	: Etat-Major.
F.T.A.	: Forces Terrestres Antiaériennes (ex. : Défense Contre Avions).
G.A.	: Groupe d'Armées.
G.F.	: Groupe Fortifié.
M.M.L.A.	: Mission Militaire de Liaison Administrative.
M.M.L.T.	: Mission Militaire de Liaison Tactique.
P.C.	: Poste de Commandement.
R.I.	: Régiment d'Infanterie.

Alliées

A.M.G.O.T.	: Allied Military Government Occupied Territories (gouvernement militaire allié des territoires occupés).
C.C.	: Combat Command (les D.B. américaines s'articulaient en 3 C.C. : le C.C.A, le C.C.B et le C.C.R, en réserve).
I.S.	: Intelligence Service (Service du renseignement).
M.P.	: Military Police (Police militaire).
T.F.	: Task Force (Regroupement temporaire d'unités pour une mission donnée ou partie d'un C.C. Prenait le nom de son chef ; par exemple : T.F. Bacon).

Allemandes

Gestapo	: Geheim Staatspolizei (Police secrète de sécurité nazie).
K.G.	: Kampfgruppe (Unité créée à la demande, comparable au T.F. américain).
M.G.	: Maschinengewehr (Mitrailleuse).
O.B. West	: Oberbefehlshaber West (Commandant en chef du front Ouest : France, Belgique et Pays-Bas).
O.K.W.	: Oberkommando der Wehrmacht (Haut Commandement des Armées allemandes).
Pz.	: Panzer (Blindé).
Pz.D. ; Pz.R.	: Division, Régiment blindé.
S.A.	: Sturmabteilungen (Sections d'assaut - Formations paramilitaires nazies).
S.S.	: Schutzstaffeln (Echelons de protection - Formations paramilitaires nazies devenues unités de combat).
V.G.	: Volksgrenadier (« grenadiers du peuple » : recrues appelées à partir de 1943 pour combler les pertes).
V.G.D. ; V.G.R.	: Division, Régiment de V.G.

Signes conventionnels

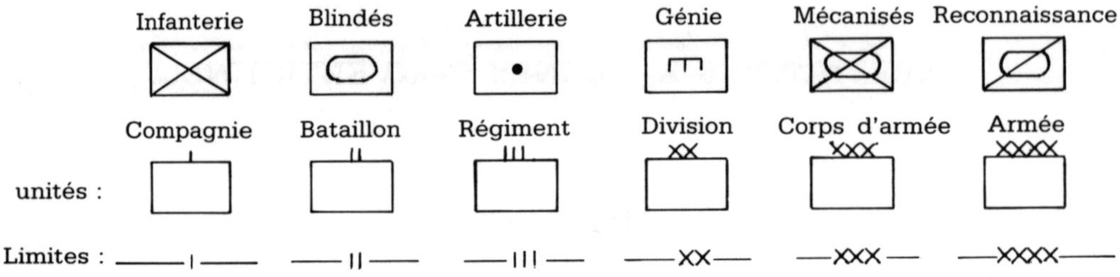

Désignations : 3/377e R.I. = 3^e Bon. du 377e R.I.

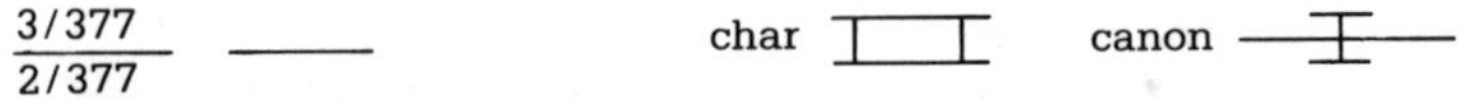

TABLE DES ILLUSTRATIONS

Provenances

Collection P. de Busson. Pages : (3), (5), (5), (7), (7), (8), (8), (10), (24), (25), (26), (26), (26), (27), (27), (30), (30), (31), (31), (32), (36), (37), (38), (38), (39), (40), (41), (42), (43), (44), (46), (46), (47), (47), (48), (49), (51), (51), (52), (53), (53), (54), (54), (55), (55), (56), (56), (57), (57), (58), (59), (59), (60), (60), (61), (61), (62).

Archives municipales de Metz. Pages : 30, 105, 269, 271, 288, 296, 305, 307, 331, 346, 357, 370, 377, 382, 390, (33), (42), (46), (62),

« The XXe Corps » (its history and service in world war II — prepared and written by XXe Corps Personnel). Pages : 291, 303, (16), (17), (18), (18), (18), (20), (20), (21), (23), (28), (28), (29), (29), (40).

E.C.P. Armées-France. Pages : (12), (12), (24), (25), (33), (35), (35), (36), (49), (50).

Collection H. Thiriot. Pages : 32, (6), (6), (9), (44), (45), (45), (56).

« The Lorraine campaign » (H.M. Cole). Pages : (13), (14), (15), (17), (19), (19).

Collection Spiwoks et Stöber. Pages : (11), (11), (12), (12), (19).

Collection G. Eisenkopf. Pages : 44, 67, 341, 344, (9).

Official U.S. Army Photo. Pages : (15), (16), (22), (32).

Collection Mme Mondon. Pages : (48), (52), (52).

Collection colonel Pochard. Pages : (21), (21), (41).

Collection Ch. de Vaulx. Pages : (33), (34), (34).

Archives départementales de la Moselle. Pages : 69, 112.

Bundesarchiv-Militärarchiv. Page : (11).

Collection R. Bauler. Page : (43).

Collection R. Furnstein. Page : 316.

Collection Ed. Moppert. Pages : 42, 338.

Collection P. Wolff. Page : 42.

Collection Scharff. Page : 55.

Hebdomadaire Yank. Page : 252.

Collection Stenger. Page : 339.

Collections particulières. Pages : 3, 292, 293, (1), (2), (3), (4), (4), (10), (10), (13), (14), (23), (23), (37), (38), (39), (40), (50), (58), (58), (63), (64).

Remerciements

L'auteur remercie vivement toutes les personnes qui ont bien voulu l'aider pour la réalisation de cette importante présentation, et notamment :

M. Paul de Busson, reporter photographe,

Me Sary, archiviste de la ville de Metz,

Les divers services des archives militaires nationales américaines, le service officiel photographique de l'Armée américaine et le centre d'histoire militaire 20 Massachusetts avenue NW Washington DC 20314-0200, qui a autorisé la reproduction de clichés provenant des ouvrages de H.M. Cole et du XXe Corps,

Le service photographique de la mairie de Metz.

TABLE DES CROQUIS

Dans le texte

Provenance : Les croquis n° 4, 5 et 6 sont extraits des *Studies MS B 308* (compte rendu du général B. Zimmermann).
Le plan n° 10 appartient au commandant Scharff.

Dans le cahier, en fin de volume

Provenance :

Les croquis n° 25, 26, 28 et 31 sont extraits de *Studies MS B 079* (interrogatoire du général Kittel en janvier 1946).

Tous les autres sont l'œuvre de l'auteur. Parmi eux :

- le croquis n° 2 reproduit un dessin paru dans *Croisade en Europe* (général Eisenhower) ;
- le croquis n° 3 en reprend un figurant dans *The XX Corps* ;
- le croquis n° 9 s'inspire d'une carte publiée par H.M. Cole (*The Lorraine Campaign*).
- le croquis n° 18 est tiré d'un plan du général J. Colin (*Les combats du fort Driant*).

TABLE DES MATIÈRES

achevé d'imprimer
sur les presses de l'imprimerie bialec S.A.
54000 nancy, en avril 1994

d.l. n° 40262 - 2e trim. 1994